经以济世
建德尚美
贺教育部
重大攻关项目
圆满成功

李毓林

教育部哲学社會科學研究重大課題攻關項目

"十三五"国家重点出版物出版规划项目

自然资源管理体制研究

RESEARCH ON NATURAL RESOURCES MANAGEMENT SYSTEM

宋马林

等著

中国财经出版传媒集团

经济科学出版社
Economic Science Press

图书在版编目（CIP）数据

自然资源管理体制研究/宋马林等著 . —北京：
经济科学出版社，2020.12
教育部哲学社会科学研究重大课题攻关项目 "十三
五"国家重点出版物出版规划项目
ISBN 978 - 7 - 5218 - 2249 - 6

Ⅰ. ①自…　Ⅱ. ①宋…　Ⅲ. ①自然资源 - 资源管理 -
管理体制 - 研究 - 中国　Ⅳ. ①F124.5

中国版本图书馆 CIP 数据核字（2020）第 263983 号

责任编辑：孙丽丽　纪小小
责任校对：靳玉环
责任印制：范　艳

自然资源管理体制研究

宋马林　等著

经济科学出版社出版、发行　新华书店经销
社址：北京市海淀区阜成路甲 28 号　邮编：100142
总编部电话：010 - 88191217　发行部电话：010 - 88191522
网址：www. esp. com. cn
电子邮箱：esp@ esp. com. cn
天猫网店：经济科学出版社旗舰店
网址：http：//jjkxcbs. tmall. com
北京季蜂印刷有限公司印装
787 × 1092　16 开　35. 25 印张　670000 字
2020 年 12 月第 1 版　2020 年 12 月第 1 次印刷
ISBN 978 - 7 - 5218 - 2249 - 6　定价：140. 00 元

课题组主要成员

首席专家 宋马林
主要成员 林伯强　吴　杰　张永生　盛明泉
　　　　　　孟旭光　李小胜　崔连标　谢贵勇
　　　　　　王舒鸿　赵　鑫

编审委员会成员

总　序

哲学社会科学是人们认识世界、改造世界的重要工具，是推动历史发展和社会进步的重要力量，其发展水平反映了一个民族的思维能力、精神品格、文明素质，体现了一个国家的综合国力和国际竞争力。一个国家的发展水平，既取决于自然科学发展水平，也取决于哲学社会科学发展水平。

党和国家高度重视哲学社会科学。党的十八大提出要建设哲学社会科学创新体系，推进马克思主义中国化、时代化、大众化，坚持不懈用中国特色社会主义理论体系武装全党、教育人民。2016 年 5 月 17 日，习近平总书记亲自主持召开哲学社会科学工作座谈会并发表重要讲话。讲话从坚持和发展中国特色社会主义事业全局的高度，深刻阐释了哲学社会科学的战略地位，全面分析了哲学社会科学面临的新形势，明确了加快构建中国特色哲学社会科学的新目标，对哲学社会科学工作者提出了新期待，体现了我们党对哲学社会科学发展规律的认识达到了一个新高度，是一篇新形势下繁荣发展我国哲学社会科学事业的纲领性文献，为哲学社会科学事业提供了强大精神动力，指明了前进方向。

高校是我国哲学社会科学事业的主力军。贯彻落实习近平总书记哲学社会科学座谈会重要讲话精神，加快构建中国特色哲学社会科学，高校应发挥重要作用：要坚持和巩固马克思主义的指导地位，用中国化的马克思主义指导哲学社会科学；要实施以育人育才为中心的哲学社会科学整体发展战略，构筑学生、学术、学科一体的综合发展体系；要以人为本，从人抓起，积极实施人才工程，构建种类齐全、梯队衔接的高校哲学社会科学人才体系；要深化科研管理体制改革，发挥高校人才、智力和学科优势，提升学术原创能力，激发创新创造活力，建设中国特色新型高校智库；要加强组织领导、做好统筹规划、营造良好学术生态，形成统筹推进高校哲学社会科学发展新格局。

哲学社会科学研究重大课题攻关项目计划是教育部贯彻落实党中央决策部署的一项重大举措，是实施"高校哲学社会科学繁荣计划"的重要内容。重大攻关项目采取招投标的组织方式，按照"公平竞争，择优立项，严格管理，铸造精品"的要求进行，每年评审立项约40个项目。项目研究实行首席专家负责制，鼓励跨学科、跨学校、跨地区的联合研究，协同创新。重大攻关项目以解决国家现代化建设过程中重大理论和实际问题为主攻方向，以提升为党和政府咨询决策服务能力和推动哲学社会科学发展为战略目标，集合优秀研究团队和顶尖人才联合攻关。自2003年以来，项目开展取得了丰硕成果，形成了特色品牌。一大批标志性成果纷纷涌现，一大批科研名家脱颖而出，高校哲学社会科学整体实力和社会影响力快速提升。国务院副总理刘延东同志做出重要批示，指出重大攻关项目有效调动各方面的积极性，产生了一批重要成果，影响广泛，成效显著；要总结经验，再接再厉，紧密服务国家需求，更好地优化资源，突出重点，多出精品，多出人才，为经济社会发展做出新的贡献。

作为教育部社科研究项目中的拳头产品，我们始终秉持以管理创新服务学术创新的理念，坚持科学管理、民主管理、依法管理，切实增强服务意识，不断创新管理模式，健全管理制度，加强对重大攻关项目的选题遴选、评审立项、组织开题、中期检查到最终成果鉴定的全过程管理，逐渐探索并形成一套成熟有效、符合学术研究规律的管理办法，努力将重大攻关项目打造成学术精品工程。我们将项目最终成果汇编成"教育部哲学社会科学研究重大课题攻关项目成果文库"统一组织出版。经济科学出版社倾全社之力，精心组织编辑力量，努力铸造出版精品。国学大师季羡林先生为本文库题词："经时济世　继往开来——贺教育部重大攻关项目成果出版"；欧阳中石先生题写了"教育部哲学社会科学研究重大课题攻关项目"的书名，充分体现了他们对繁荣发展高校哲学社会科学的深切勉励和由衷期望。

　　伟大的时代呼唤伟大的理论，伟大的理论推动伟大的实践。高校哲学社会科学将不忘初心，继续前进。深入贯彻落实习近平总书记系列重要讲话精神，坚持道路自信、理论自信、制度自信、文化自信，立足中国、借鉴国外，挖掘历史、把握当代，关怀人类、面向未来，立时代之潮头、发思想之先声，为加快构建中国特色哲学社会科学，实现中华民族伟大复兴的中国梦做出新的更大贡献！

教育部社会科学司

前　言

自然资源管理体制是一个涉及自然资源、生态环境和人类社会发展的整体系统，它的健康运行关系到人类的可持续发展问题。然而由于资源的外部性导致自然资源管理的混乱，造成资源的严重浪费和生态环境的污染。如何加强自然资源管理成为影响人类可持续发展的重要议题，特别是对于发展中国家，合理的自然资源管理不仅可能实现经济上追赶发达国家，而且还能够有效避免发展过程中的资源环境破坏问题。

我国当前自然资源管理面临的突出问题是法律制度保障不健全、中央政府和地方政府监管职能存在重叠或者缺失、自然资源的开发利用缺乏有效监督等。因此需要对自然资源的价值进行合理评估，确定自然资源管理体制的基本改革方向。本书基于我国自然资源管理存在的突出问题，确定改革的基本目标和框架，从资源规划、节约保护、生态补偿和监督监管等方面，确定自然资源改革的完整体系；基于自然资源管理体系，采用经济学和管理学研究方法，对自然资源管理过程中出现的问题进行定量化分析，评估自然资源开发、利用和保护的政策效果，为我国自然资源管理过程中的政策制定提供有效的技术支持。

全书共十章，分为上、下两编，分别从理论基础、制度安排和方法体系等层面详细阐述自然资源管理体系中存在的问题以及解决路径，建立起资源保护、资源节约、生态补偿和离任审计相结合的管理体系。

本书是教育部重大攻关项目（项目批准号 14JZD031）的最终成

果，首席专家为安徽财经大学宋马林教授，其他为课题顺利完成做出重要贡献的专家和学者有：厦门大学林伯强教授、中国科学技术大学吴杰教授、国务院发展研究中心张永生研究员、安徽财经大学盛明泉教授、中国海洋大学王舒鸿副教授，以及李小胜、崔连标、谢贵勇和赵鑫等。

摘　要

自然资源管理是对自然资源的合理开发、分配、利用和保护，从而实现对自然资源的优化配置，用以满足人类经济社会发展的需要。随着科学技术的进步，人类对于自然资源的开发利用程度不断加深，与此同时也带来了诸多的自然资源管理问题，如何加强自然资源管理成为影响人类可持续发展的重要议题。

本书旨在探讨我国自然资源管理体系中存在的突出问题及解决路径，阐述改革的基本目标和框架，构建自然资源改革的完整体系；同时通过定量化方法，评估我国自然资源开发、利用和保护的政策效果，为我国自然资源管理过程中的政策制定提供有效的技术支持。全书分为上、下两编内容。

上编为自然资源管理的制度设计，共包括六章，围绕自然资源管理的现状，剖析当前自然资源管理存在的不足，探讨我国自然资源管理体制的改革与构建问题。

第一章至第三章，首先界定自然资源和自然资源管理的基本概念，从经济学和生态学的角度阐述自然资源管理体系研究的理论基础；其次通过研究主要发达国家和新兴经济体自然资源管理的现状和管理体制，为我国自然资源管理实践提供有益的借鉴；最后梳理我国当前自然资源管理发展现状以及存在的问题，以构建适合我国自然资源管理的管理体制、制度安排和监督体制。

第四章至第六章，首先界定我国自然资源管理的整体框架，以产权制度改革为自然资源改革基础，进一步讨论自然资源产权的内涵、模式、作用和意义；其次以自然资源资产负债表为核心内容探讨自然资源核算制度改革，并以地区和森林资源资产负债表为例，尝试编制适应我国自然资源特征的资产负债表；最后阐述自然资源保护制度改革的内容，分析我国自然资源保护制度的发展过程和存在的问题，探究相应的改革措施，并给出促进我国自然资源保护、补偿和规制制度的具体建议。

下编为自然资源管理体制实证研究，包括第七章至第十章，分别从土地、矿产、森林、海洋资源四类资源入手，结合能源环境区域布局、政策模拟等方法对自然资源管理体制进行实证分析。

第七章以土地资源管理为研究主题，首先通过 TEEE 模型建立我国土地资源承载力评价模型，在此基础上量化中国耕地保护的政策压力，并通过第 2 类 LMDI 技术分解其变动原因；其次对我国当前土地资源开发利用效率进行评价，并分析在环境偏向技术进步的条件下，各地区应如何提高行业用地效率和促进资源环境协调发展；最后以蚌埠市为例，通过分析蚌埠市土地资源利用现状，提出了严格控制建设用地供应总量、加大土地资源整治力度等政策建议。

第八章以矿产资源管理为研究主题，首先结合 DEA 方法分析我国矿产资源开发的整体效率，以安徽省为例分析能源矿产行业的开发利用情况并探究其影响因素；然后围绕与国民经济部门密切相关的电力、煤炭等矿产资源相关部门，论述矿产资源开发与经济环境的关系。

第九章以森林资源管理为研究主题，首先从经济效益和生态效益两方面估算森林资源的可持续价值量，并通过系统动力学模型及综合模型对影响因素进行分析；其次以吉林省为例，研究其森林资源可持续利用方案，提出加大宣传力度、优化产业结构等建议；最后立足于我国森林生态环境自身的发展特点，采用 PSR 安全评价思路，结合人类活动对森林生态环境影响的指标，构建我国森林系统安全评价指标体系，并对我国各省区的森林系统安全进行评价。

第十章以海洋资源管理为研究主题，首先从承压和施压角度筛选海洋生态承载力评价指标，计算我国海洋生态承载力，然后根据承压和施压双方的耦合关系，划分海洋生态承载力状态，并将其应用于实证研究；其次基于中国海洋经济发展的现状，结合超效率 SBM – Undesirable 和 Meta – frontier 的分析框架，测算海洋资源利用效率，并进一步采用符号回归法探究海洋资源利用效率的影响因素；最后构建沿海省市海洋资源开发利用综合效益评价模型，测算不同沿海地区海洋资源开发利用的综合效益，提出提升海洋资源利用综合效益的政策建议。

Abstract

Natural resources management refers to the rational development, distribution, utilization, and protection of natural resources to achieve the optimal allocation of natural resources and meet the needs of human economic and social development. With the progress of science and technology, human beings have enhanced the exploitation and utilization of natural resources, which brings many problems in the natural resources management simultaneously. Thus, how to strengthen the management of natural resources has become an important issue affecting the sustainable development of human beings.

This book aims to discuss the problems and corresponding countermeasures of the natural resources management system in China, elaborate the basic objectives and framework of the system reform, and build a complete reformed natural resources system. Besides, quantitative analysis is adopted to evaluate the effects of natural resources development, utilization, and protection policies in China to effectively support the formulation of China's natural resources management policies. The book is divided into two parts.

The first part is the institutional design of natural resources management, which consists of six chapters. Based on the status quo of natural resources management in China, this part analyzes the shortcomings of current natural resources management, and discusses the reform and construction of China's natural resource management system.

Chapters 1 – 3 define the basic concepts of natural resources at first, and elaborate the theoretical basis of natural resources management system research from the perspective of economics and ecology. Then, by studying the status quo and the system of natural resources management in major developed countries and emerging economies, useful references for the practice of natural resource management in China are provided. Finally, the current development status and problems of natural resources management in China are also summarized to construct the management system, institutional system, and supervision system that suitable for China's natural resources management.

Chapters 4 – 6 first define the overall framework of China's natural resources management, and discuss the connotation, mode, role, and significance of natural resources property rights by taking the reform of property rights system as the basis of natural resources system reform. Then, the balance sheet of natural resources is taken as the core content to explore the reform of natural resources accounting system, and the balance sheet that adaptive to the characteristics of natural resources in China is compiled by taking regional and forest resources as examples. Finally, this part elaborates the content of the reform of the natural resources protection system, and analyzes the development process and existing problems of the natural resources protection system in China to explore corresponding reform measures and provide specific suggestions to improve China's natural resources protection, compensation, and regulation systems.

The second part, from Chapters 7 – 10, is an empirical study of the natural resources management system by using the methods of energy environment regional layout, and policy simulation etc. Four types of resources are studied, that is, land, mineral, forest, and marine resources.

Chapter 7 focuses on land resources management. First, the evaluation model of land resources carrying capacity in China is established through the TEEE model, based on which the policy pressure of cultivated land protection in China is quantified, and the reasons for variations are decomposed through the Category 2 LMDI technology. Second, the current efficiency of land resources utilization in China is evaluated, and how to improve industrial land efficiency and promote the coordinated development of resources and environment under the condition of environment-oriented technological progress is analyzed. Finally, by taking the land resources utilization in Bengbu City as an example, some policy suggestions are put forward, such as strictly controlling the total supply of construction land and increasing the intensity of land resources regulation.

Chapter 8 focuses on mineral resources management. First, it analyzes the overall efficiency of mineral resources development in China with DEA method, and studies the natural resources utilization in the energy and mineral industry and explores its influencing factors by taking the Anhui Province as an example. Second, the relationship between mineral resources development and economic environment is discussed around relevant mineral resources departments that are closely related to the national economy, such as the electricity and coal industries.

Chapter 9 focuses on forest resources management. First, the sustainable value of forest resources is estimated from both economic and ecological benefits, and the influencing factors are analyzed by system dynamics model and comprehensive model. Then, taking Jilin Province as an example, this chapter studies the sustainable utilization scheme of forest resources, and puts forward some suggestions, such as strengthening propaganda and optimizing industrial structure. Finally, based on the development characteristics of China's forest ecological environment, the forest system security evaluation index system of China is constructed and the forest system security assessment of every provincial area in China is taken under the PSR security assessment ideas and the influencing indexes of human activities on the forest ecological environment.

Chapter 10 focuses on marine resources management. First, the evaluation indexes of marine ecological carrying capacity are screened from the aspects of both pressure bearing and pressure imposing to calculate the marine ecological carrying capacity in China. Then, according to the coupling relationship between the two sides of pressure, the status of marine ecological carrying capacity is divided and applied to empirical research. Second, based on the status quo of China's marine economic development and combined framework of super – efficiency SBM – Undesirable and Meta – frontier, this chapter calculates the utilization efficiency of marine resources, and explores its influencing factors by using the symbolic regression method. Finally, a model for evaluating the comprehensive benefits of marine resources development and utilization in different coastal areas of China is set up, and corresponding policy recommendations for improving the comprehensive benefits of resources utilization in China are proposed.

目 录

Contents

Contents

Part 2

Empirical Research on Natural Resources Management   211

Chapter 10   Marine Resources Management   418

3

上　编

自然资源管理的制度设计

自然资源管理是对自然资源的合理开发、分配、利用和保护，从而实现对自然资源的优化配置，用以满足人类经济社会发展的需要。随着科学技术的进步，人类对于自然资源的开发利用程度不断加深，与此同时也带来了诸多的自然资源管理问题。本编围绕自然资源管理的现状，对自然资源管理涉及的问题进行准确界定，从理论和实践视角剖析当前自然资源管理中存在的问题，并对自然资源管理体制改革进行研究。

本编共包括六章内容。第一章从自然资源的概念、自然资源管理的经济学和生态学理论基础、自然资源监管体制和监管路径等方面进行阐述，界定自然资源管理的范围和职能。第二章介绍主要发达国家和新兴经济体自然资源管理的现状和管理体制，为我国自然资源管理提供有益的借鉴。第三章对我国当前的自然资源管理发展现状以及存在的问题进行梳理，为构建适合我国自然资源管理的管理体制、制度安排和监督体制奠定基础。第四章确定自然资源改革的总体目标和核心制度，奠定本编自然资源管理体制改革的产权基础。第五章和第六章分别从自然资源的核算制度改革和保护制度改革两个方面展开详细论述，对改革的目标、改革的重点和改革的措施进行详细论证。

第一章

自然资源管理的基本概念和理论基础

自然资源管理体制是一个涉及自然资源、生态环境和人类社会发展的整体系统，其健康运行关系到人类的可持续发展问题。然而，由于资源的外部性导致自然资源管理混乱，造成资源的严重浪费和生态环境的污染。从经济学角度来看，资源难以实现资本化是自然资源外部性难以管理的关键因素；从生态学的角度来看，自然资源、经济发展和生态环境应是相互联系的一个整体。自然资源管理研究需要基于理论和现状，明确自然资源管理的路径、体制和政策，本章将对自然资源管理的基本概念和理论基础进行系统梳理和总结。

第一节 自然资源管理的基本概念

自然资源管理是指为了平衡自然资源供给而采取的根据社会经济系统与自然资源系统之间的内在联系，运用法律、行政、经济、技术等手段对自然资源的分配、开发、利用、调度和保护进行管理等行动，从而实现对自然资源的最优配置，以达到可持续地促进社会经济发展和满足环境对自然资源需求的各种活动的总称。自然资源管理涉及对土地、水、植被和动物等自然资源的管理，特别注重对今世后代的生活质量产生影响的资源的管理。自然资源管理涉及管理人与自然景观相互作用的方式，它将土地规划、水资源管理、生物多样性保护以及农业、矿业、旅游业、渔业和林业等行业的可持续性结合在一起，并且特别注重对资源、生态及其生命维持能力的科学技术的了解。

一、自然资源的内涵和特点

虽然人类认识和利用自然资源的历史久远，但是对自然资源的科学认识和了解在近代才得以逐步形成，并且得到不断发展和延伸。作为人类生存与发展的物质基础，自然资源引起世界各国学者的关注。较早给自然资源下定义的是地理学家齐默尔曼（Zimmermann），他在《世界资源与产业》一书中将自然资源定义为：无论是整个环境还是某些部分，只要它们能满足人类的需要，就是自然资源。随着社会的进步，对自然资源的认识越来越深入，不同的研究方向对自然资源的定义不尽相同。联合国环境规划署（UNEP）所给出的自然资源的定义是，在一定时间和一定条件下，能产生经济效益和提高人类当前与未来福利的自然因素和条件。社会对自然资源的定义呈现多元化发展态势。不过就总体而言，自然资源可以概括为，在一定历史条件下能够被人类开发利用以提高自己福利水平或生存能力的、具有某种稀缺性、受社会约束的各种环境因素和条件的总称，而且就其内涵来讲，主要包括：

（1）自然资源是自然过程中所产生的天然生成物；

（2）自然物成为自然资源，必须有两个基本前提：人类的需要和人类的开发利用能力；

（3）自然物能否被看作自然资源常常取决于信仰、宗教、风俗习惯等文化因素；

（4）自然资源的范畴随着人类社会和科学技术的发展而变化；

（5）自然资源和自然环境是两个不同的概念，但具体对象和范围又往往是同一客体；

（6）自然资源是自然科学概念的同时，还是一个经济学概念，涉及文化、伦理和价值观。

自然资源的特点主要由其自然属性决定，但随着社会发展以及社会进步，自然资源的特点也会受其影响，总的来说主要有以下几个方面：

（1）天然性。自然资源是经过大自然长期作用而形成的，它与钢铁、燃油等人工合成的物品有着本质的区别，后者多是自然资源经过漫长的自然作用而产生的，其形成年代比人类社会的出现要久远得多。

（2）稀缺性。由于大部分自然资源需要经历漫长的地质年代才能形成，因此短期内自然资源的存量是一定的，随着人类社会的发展，自然资源不断被消耗，其储存量在不断下降，甚至会被完全耗尽。

（3）整体性。任何一种自然资源都不是孤立存在的，而是在时间上或者在空间上相互依存，同时对某一种自然资源开发利用会对其他资源产生影响，导致整个自然资源系统发生变化。而且，自然资源也是整个生态系统的重要组成部分，自然资源的开发利用会对整个生态系统造成影响。

（4）种类与功能的多样性。自然资源种类繁多，当前被开发利用的矿产资源数量高达 2 000 多种。每种自然资源一般可以满足多方面的需求，具备多种功能和用途，不同的生产阶段可能对同一种自然资源有着相同的需求，同一种自然资源也可以被用于不同的行业或部门。

（5）可再生性与不可再生性。一般来说自然资源都具有自我修复和再生的能力，理论上可以保持消耗量和再生量的相对平衡，但是部分自然资源的再生速度极其缓慢，在一定时间内可以看成零增长，因此自然资源的消耗可以看作纯消耗，一旦这种资源消耗殆尽，就将不复存在。

（6）分布不均。自然资源的分布与地理位置有很大相关性。受到地质形态、太阳辐射以及气候冷暖等多种因素的影响，自然资源在类别、分布数量以及状态质量方面，都存在显著的地域差异，使得地域分布不均。

（7）公共产品属性。由于自然资源是自然生态系统的重要组成部分并且兼具提供生态环境服务的功能，因此具有很强的正外部性，具备部分公共物品的属性。

（8）不可替代性。随着自然资源的不断使用，其稀缺性越来越明显，很多替代资源也逐步出现，但是几乎所有替代品的原材料仍然全部或部分来自自然资源及其衍生物，从本质上来说仍然是自然资源。同时，很多自然资源是完全不能替代的。

自然资源不仅属于环境要素的一部分，还是人类生存与发展的物质基础和社会财富的源泉，是可持续发展的重要依据之一。按照资源利用程度划分，可分为"资源"和"潜在资源"；按照分布量以及被利用时间的长短，可分为有限资源和无限资源两大类，其中有限资源又可以分为可更新资源和不可更新资源；根据资源的利用目的划分，可分为农业资源、药物资源、能源资源、旅游资源；按照圈层特征划分，可分为土地资源、气候资源、水资源、矿产资源、生物资源、能源资源、旅游资源、海洋资源；按照自然资源属性与用途划分，则属于多级综合分类，主要包括陆地自然资源、海洋自然资源和太空自然资源，其中海洋自然资源包含海洋生物资源、海洋化学资源、海洋气候资源、海洋矿产资源和海底资源等多种资源；从自然资源数量变化的角度划分，可分为耗竭性自然资源、稳定性自然资源、流动性自然资源，其中流动性自然资源又可以分为恒定的流动性自然资源与变动的流动性自然资源，前者是指在某一时点的资源总量总是保持不变，后者是指某一时点的资源总量会由于人们的开发使用而发生变化。

二、自然资源主要管理体制

中国自 1978 年实行改革开放以来的 40 余载，实现了社会经济的快速发展。然而，经济的快速发展是以自然资源的快速消耗为代价的，如果没有充足的自然资源的供给，就无法为实现我国经济从高速度增长迈向高质量增长的转变奠定坚实的物质基础。因此，我国自然资源行政管理体制改革与运行机制变革还有许多重要问题亟待解决。同时，随着我国经济社会的高速发展，对自然资源的行政管理也相应地提出了更高的要求，特别是关于经济的持续快速增长与资源环境约束之间的矛盾如何完美解决以及如何实现经济社会的可持续发展这类问题，更是我们关注的重中之重。

自然资源管理和保护需要整体考虑。不同种类的自然资源之间相互联系、影响和转化，形成了自然资源循环体系。然而当前我国的自然资源管理体系现状却不容乐观，由于不同利益主体各自为政，导致自然资源统筹协调能力被严重分割。过去不同的管理部门分别主管不同的自然资源，分开来看，虽然各个部门在各自的管理领域都能够做到权责清晰；但是总体来看，我国自然资源管理统筹协调性较差，不同部门之间信息共享程度低，因而如何系统地对我国自然资源进行统一整体保护，依旧是一个亟待解决的问题。基于以上大背景，十三届全国人大一次会议审议并批准了国务院机构改革方案，2018 年 3 月我国政府开始组建自然资源部，该部门的成立，主要是为解决各种自然资源由不同主管部门分别管理而导致的自然资源管理缺乏统筹协调和自然资源保护水平低、保护不全面的难题。此项方案的提出，实质上就是将国内一系列主管自然资源的部门的相关职责合并统一，力求寻找到一种最符合我国国情的自然资源管理体制。

参照世界一些主要的资源大国所采用的类似自然资源管理体制的国家公园管理体制，可以把目前世界上通用的自然资源管理体制归纳为以下三种，即政府集中管理制度、公众参与管理制度以及以社区为基础的管理制度。

（一）政府集中管理制度

政府集中管理制度又称国家集中管理体制、中央集权型。众所周知，自然资源是整个生态系统的物质部分，也是最基础、最重要的部分，保障着国家各项产业的蓬勃发展，更对人类的未来起到极为关键的作用。然而，近些年由于人为对大自然的过度索取，一系列环境问题愈演愈烈。因而，党中央从党的十八大以来开始着力重视我国的生态文明建设，同时我国自然资源管理制度改革也为生态文明建设奠定了坚实的理论和实践基础。

"二战"以来，发达国家对自然资源管理体制进行了重大调整，在资源分类管理的基础上呈现出综合管理的倾向。从20世纪90年代开始，互联网信息技术发展迅猛，以整体政府、协同政府、大部制、新公共服务等一系列理论为指导的政府自我革新运动在世界范围内全面盛行，对传统分散式的自然资源管理体制改革产生了积极的推动作用。这些理论强调通过框架性的制度安排，将同一类别的服务集中于同一个政府部门，实现大范围的部门机构整合。以国家公园管理体制为例，以美国和挪威为典型代表，它们主要是实行一种垂直性的管理，当然也不是中央政府垄断所有的管理权，其他政府部门以及一些民间机构，如第三部门也会分担一些管理权，对中央政府的管理进行一定的协助。中央集权型的特点除了实行垂直性的管理以外，其法律体系也非常严谨，特别是准入标准极其严格。国家公园，顾名思义是属于整个国民的公园，因此是纯公共物品，不具有排他性，具有很强的公益性，当然也不会以营利为最终目的。

（二）公众参与管理制度

公众参与管理制度又称为私人管理体制。随着社会经济的高速发展，自然资源被人类无休止地开发，数量急剧减少。但是随着科技水平的大幅度提升，私有产权界定的成本同时也被大幅度降低，这就可以使自然资源的使用者作为主体发挥其最大作用，进而提高自然资源配置效率，避免自然资源的过度浪费。市场经济与计划经济本质的不同之处在于，政府不再大包大揽，市场在计划经济中是残缺的，价格不反映商品供求，只是单纯作为核算手段，但是在市场经济里，物品的价格波动在无形中控制着生产对象、生产数量以及生产方式，市场是资源配置的基础性机制，市场经济一经产生，便成为最具效率和活力的经济运行载体。参照国外与之相关的管理模式，以德国和澳大利亚为例的国家公园管理模式为地方自治型，其实也类似于公共参与管理制度，联邦政府只负责国家公园的总体政策的把控，而具体的实施行为还是由地方相关机构进行实际操作。换句话说，看似国家公园是由中央联邦政府出资出力建立的，但实际上具体的操作事务以及资金来源主要还是地方政府，因而究其本源，国家公园的实际管理责任也当之无愧地属于地方政府所有。但是，正如市场经济也存在很多弊端，自然资源的私人管理体制也存在明显缺陷，主要表现在加剧了人类财富分配的不平等以及私人产权界定困难等。

（三）以社区为基础的管理制度

以社区为基础的管理制度又称作社区自然资源管理体制。社区自然资源管理体制的实质是，社区群众是主动参与资源管理的主体，也是主要的受益群体。在这个过程中，社区群众通过自我能力的逐步提升以及社区自然资源管理机制的建立与逐步完善，逐步明确自身需求与目标并愿意为之付出努力，不断增强自身参与自然资源管理的责任感与义务感，从而可以优化社区资源的自我管理能力以及持续开发水准。

虽然以社区为基础的管理制度结合了政府集中管理制度以及公共参与管理制度这两种制度的优势，但是这种体制实际上也存在一定的缺陷：首先是普通民众容易受到其他人的影响，难以做出真正符合自己意愿的决定；其次是政府为社区这种公益性较强的群体提供的财力支撑不足；最后是社区自身管理能力的问题，相比于政府，其强制力以及政策执行力不足，很难公平有效地保证社区内的居民可以公平合理地参与治理过程。

（四）适应我国国情的管理制度

随着全球经济的高速发展，经济发展与自然环境的冲突问题愈演愈烈。因此世界各国越来越重视人与自然和谐共处问题，自然资源管理体制的改革已经迫在眉睫。我国在党的十八届三中全会上已提及自然资源管理体制改革作为经济体制和生态文明体制改革的重要内容，在此基础上，党的十九大报告正式全面系统地提出了设立国有自然资源资产管理和自然生态监管机构的提议。

党的十八届三中全会以及党的十九大颁布了自然资源管理体制的相关政策，标志着我国开始进入生态文明体制改革的关键时期，各类相应的改革政策密集出台。但总的来看，无论是自然资源开发利用理念还是管理制度和体制，仍存在不同程度的不健全、不完善等不足之处，很大程度上影响了自然资源管理制度改革政策实施的效率。探索适合我国国情的自然资源管理体制，首先应结合实际，分析目前我国自然资源管理中存在的不足以及需要改进之处，再对症下药，找出一种最优的适应我国国情的自然资源管理体制。

第二节　自然资源管理的理论基础

一、自然资源管理的经济学基础

（一）自然资源产权制度和外部性

自然资源资产产权是以自然资源为对象的相关权利的表现形式，包括所有权、占有权、使用权和处置权。自然资源资产是一国或地区发展的基础性资产，并与其长远发展休戚相关。如果自然资源资产产权界定不清晰，往往会使得自然资源资产使用者所承担的权利和义务不相匹配，进而导致对自然资源资产的掠夺性开发和使用；而明晰的产权制度能够激励产权主体以最有效的方式利用资源，同时负担起保护自然资源资产的责任和义务。

在没有交易成本的情况下，产权转让大都通过私下交易完成（Coase，1960），而私有制使个人能够实现其投资回报（Demsetz，1967）。公有制系统内嵌套的私有制是典型的自然资源产权形式（Cole，2002）。一个国家如果不能保障自然资源产权，会导致相对环境资源的过度使用（Chichilnisky，1994）。

外部性的存在使利益主体的边际成本与边际收益不相等，资源配置的帕累托最优无法完全依靠市场机制来实现，不可避免地会导致资源的浪费和效率的缺失。赵新宇（2008）的研究认为，不可再生资源利用的外部性，存在于代际内部的不同发展阶段，它会同时影响社会生产过程与社会再生产过程，这在消费和分配关系中都会得到体现。可以说，构成经济可持续发展的充要条件和内生要素是其经济意义所在。靳利华（2014）认为，自然界外部性（natural externality）是指在缺乏相关交易情况下，自然界对人类生存发展所造成的有利或有害的影响，也即外部性的正负影响。因此，自然界外部性分为正负两类——自然界正外部性和自然界负外部性。

（二）自然资源定价理论和最优开采

为了避免"公地悲剧"的发生，需要对自然资源进行正确定价，调整市场对自然资源的需求，利用市场配置自然资源，使自然资源得到最优开采，既保证自然资源的开采量，又尽可能避免对自然资源过度开采。对于自然资源定价的方法有两种体系：一是以马克思劳动价值理论为基础的价值价格体系；二是以市场供需平衡为基础的市场价格体系。在这两种体系思想的指导下，衍生了几种比较有代表性的价格模型。

1. 影子价格模型

20世纪30年代，处于荷兰的詹恩·丁伯根（Jan Tinbergen）与处于苏联的康托罗维奇（Kantofovitch）两位学者，各自提出了影子价格模型。前者常被称为"效率价格"，是针对市场本身的缺陷而提出的；后者被称为"最优计划价格"，与前者不同，其主要是为了在计划经济体系中实现全社会资源的最优配置。两者思想的共同之处是均考虑到资源的有限性，以实现资源充分合理分配为前提，保证资源的有效利用，以获取最大经济效益为目的，对自然资源的价格进行测算，最后对其使用价值进行定量分析。随后丁伯根的影子价格模型得到了拓展，萨缪尔森将线性规划作为影子价格的计算方法，并将影子价格定义为资源价格，最后用边际生产率作为影子价格的基础。王舒曼和王玉栋（2000）利用自然资源的影子价格理论，对我国的资源价格进行了测算。但影子价格在测度自然资源价格时需要的数据量过于庞大，并且无法测量自然资源动态配置时的最优价格，而影子价格本身与自然资源的市场价格又存在很大差距，无法代替自然资源的价值，这是因为它反映的是某种资源的稀缺程度与总体经济效益之间的关系。

2. 边际成本模型

边际成本模型利用古典经济学中机会成本的概念，在自然资源定价的过程中不仅要将开发费用作为成本考虑因素，还要考虑到目前开发所牺牲的未来收益。边际成本模型将自然资源的成本分解成边际生产成本、边际使用者成本和边际外部成本三种成本，三者分别代表了获得资源需要直接投入的费用、使用此资源者放弃的未来效益和开发资源对外部环境产生的负效益。姜文来（1998）的研究表明，同一资源在不同地区，边际使用者成本、边际外部成本计算的内容和方法均有所不同，这使得边际机会成本缺乏可比性，进而通过时空分析等从宏观上把握资源价格的变化都难以实现。李国平和华晓龙（2008）提出，非再生资源应由资源成本、生产成本以及环境（生态）成本三部分组成。肖文海（2011）的研究指出，自然资源的定价不仅要将开采、生产和销售的成本考虑在内，勘探、修复以及因资源减少对未来造成的成本代价（如因资源枯竭后的转产成本）也要纳入其中；环境定价中，在考虑环境直接治理成本的同时，还要考虑生态环境遭受破坏而导致的人类健康损害成本、迁徙成本以及生物多样性的恢复成本等。

3. 可计算一般均衡模型

可计算一般均衡模型（Computable General Equilibrium，CGE）在瓦尔拉斯一般均衡理论基础上，抛弃了完全竞争必要性假设，将政策干预引入模型。可计算一般均衡模型的假设条件更加接近当前许多国家的混合经济体制，更加贴近经济现实。随着经济理论的不断丰富，计算手段的不断完善，其应用范围不断扩大，能有效应用于自然资源价格计算中。

4. 市场估价模型

市场估价模型也被称作效益换算定价模型。自然资源的开发利用，一方面会带来人类社会中经济活动的正效益；另一方面也不可避免地会对环境产生负效应影响。基于人们对此的认识，构建市场估值模型，通过研究市场中自然资源的价值表现，将正效益和负效益进行换算，通过直接或间接的市场价格来估算自然资源和环境资源的经济价值。虽然该方法比较直观，定价方法众多，适用性较强，但是无法避免市场的价格扭曲，而且主观性较强。

5. 李金昌模型

李金昌（1992）独树一帜，以综合效用论、劳动价值论和地租论为基础建立了自然资源定价模型。自然资源的价值包括自然资源本身的价值以及基于人类劳动所产生的价值。王俊（2007）认为，完整的自然资源价值应包括资源的开采价值、环境价值和可持续利用价值。王迪等（2012）则指出，耕地资源价值核算通常包括其经济价值核算、生态价值核算与社会价值核算三个部分。李香菊和祝玉坤（2012）认为，矿产资源价值主要包括两大部分，即经济价值和生态环境价值。

6. 能量定价模型与能值定价模型

为了实现自然经济系统与自然环境系统的统一，并且做到不同自然资源之间的换算，能量定价模型与能值定价模型应运而生。能量定价模型将国民生产总值能耗比作单位能量价格，并用自然资源的能量与单位能量的价格相乘作为自然资源的价格。能值定价模型是美国著名生态学家奥德姆（H. T. Odum）在20世纪80年代后期提出的。由于不同自然资源对能量吸收转换的效率不同，因此在系统地研究了能量流动在不同生态系统中的表现后，他提出了能值转换率（transformity）的概念，并将此概念发展为一种尺度，用以评价自然资源和环境价值。此外，随着理论与数学方法的不断进步，关于自然资源定价的方法也不断得到完善。也有学者提出了多准则模糊评价模型（multicriteria fuzzy evaluation model），用以寻找合理的水资源定价制度（Zhao and Chen，2008）。

（三）资源税和补贴

资源性产品（resource products）主要是指水、能源、矿产、土地等人类不可或缺的基础自然资源，而资源税则是以上述各种应税自然资源为课税对象，以调节资源级差收入并体现国有资源有偿使用为目的征收的一种税。其目的是将资源消耗所产生的负的外部效用，利用税收的方式体现在市场当中，利用市场对自然资源的利用进行调控，避免自然资源的过度利用以及浪费。格罗斯和施罗（Groth and Schou，2007）在内生增长模型下，将不可再生资源税收的影响与传统资本税和投资补贴的影响进行比较，证明不可再生资源是最终生长的不可缺少的组成部分，利息收入税收和投资补贴不再影响长期增长率，但资源税是增长的决定性工具。达乌班纳斯和格里默（Daubanes and Grimaud，2011）的研究认为，一个标准的单一商品垄断者通过一种静态诱导方式实施的有效税收政策就是一种补贴，当这种垄断是一个消耗约束时，相同的静态补贴也是一个最优策略，甚至能通过严格的税收政策增加积极性。

我国资源税收制度从1984年开始实行并逐步完善，采取"从量计征"模式。孟凡强和赵媛（2009）在对自然资源开采行业开征资源税和资源补偿费背景下，研究了资源开采厂商行为受从价税和从量税的影响，发现与从量税相比，就动态效率的意义而言，从价税的效果略优；不仅如此，征收从价税还会使寡占厂商改进开采行为，使效率趋近于完全竞争时的状态。2010 年，我国在新疆维吾尔自治区试行资源税改革，依据"石油、天然气表目"采取"从价计征"模式。高洪成和徐晓亮（2012）在资源税改革中引入资源价值补偿机制（value compensative mechanism of resource），并构建资源环境 CGE 模型，对资源价值补偿机制的影响进行模拟分析。研究表明，资源价值补偿机制不会对经济系统的总体产生很大的影响，但会显著影响开采业、工业和能源业等基础性行业，其中开采部门受资源价值补偿率和资源回采系数等综合因素影响的程度较大。也有学者根据 2007 年新疆社会核算矩阵，建立 CGE 模型和社会核算矩阵价格模型，从区域的角度测算中国资源税改革的影响程度。结果表明，这次税收改革的重要性在于提升了地区政府的财政收入而不是节省能源和减少碳排放（Zhang et al.，2013）。2011 年，我国在全国范围内实行石油、天然气"从价征收"，税率定为 5%。李香菊和祝玉坤（2012）以标准的动态霍特林模型（Hotelling model）为基础，分析了税收和资源价格之间的关系，研究发现在同一竞争性均衡条件下，从税收的角度来看，从价税要优于从量税。因此，在提高税收收入的同时，征收矿产资源从价税还有助于增加社会福利，该理论为中国资源税计征方式改革提供了强有力的政策支撑。目前我国资源税的课税对象有原油、天然气、煤炭等，但不包括水资源、森林资源、草场资源等，尚且没有实现对全部资源的保护。2016 年 5 月 10 日，财政部、国家税务总局联合对外发文《关于全面推进资源税改革的通知》（以下简称《通知》），资源税改革自 2016 年 7 月 1 日起将会全面推进。在《通知》中，我国将率先在河北开展水资源税改革试点工作，采取水资源费改税方式，将地表水和地下水纳入征税范围，实行从量定额计征，对高耗水行业、超计划用水以及在地下水超采地区取用地下水，在正常生产生活用水维持原有负担水平不变的情况下，适当提高税额标准。邢伟（2018）从用户视角对水资源税推广面临的问题进行了深入分析，在充分借鉴国外水资源税费领域成熟经验的基础上，提出了推进水资源税改革的政策建议。

对不可再生资源征收资源税的同时，也应考虑到资源回收行业与可再生资源对环境产生的外部正效应。如果忽略这些外部正效应，在市场机制调节下，资源回收行业获得的效益并未达到其全部产生的效益，无法使社会中的资源回收效率达到应有的水平，间接造成资源的浪费与环境的破坏。发展中国家由于发展的需要，降低了环境标准，使发达国家为了减少环境成本有机会向发展中国家转移严重污染环境的产业，因而发展中国家在成功谋求到发展机会的同时，其环境成本却也在不断攀升。然而，发展中国家绝大部分企业本身无力承担治理环境污染的费用，政府为保护国内产业、协调发展与环境目标的关系，有时会给予企业一定的环境补贴。徐晓雯（2007）从经济学角度证明了农业绿色补贴对农业污染治理的必要性。杨玺（2015）对我国绿色补贴制度进行了考察研究，发现绿色补贴不仅能够使我国落后的"两高一资"产业结构得到转变，还能使我国产品和生产过程的环保程度得到提高；不仅如此，完善绿色补贴制度，对扶助我国企业立足于国际市场、抵制进口国外不良商品、应对发达国家的反补贴调查及起诉、保护我国的国家经济利益和生态环境安全都起着非常积极的作用。

（四）自然资源的资本化

自然资源是人类生产活动的最基本元素，但由于其并非人类生产活动的产物，其在自然环境中所带来的效应往往会被忽视，科斯坦萨（Costanza，1997）指出，生态经济价值没有被包括在国民收入账户的计算中，因为国内生产总值的核算具有价格属性。为了改变对自然资源生态价值的忽视，"自然资本"的概念应运而生。"自然资本"一词最早见于舒马赫（E. F. Schumacher）的《小的即是美好的》一书，阐述了在社会生产时，人类运用自然资源进行生产会对自然造成破坏和对自然资源进行消耗，但人们只关注到社会财富的增加值，并没有将自然资源的消耗计算在内。

由经济学的一般原理可知，资本的基础和载体就是资源，同时资源向资本的转化需要一定的条件。相应地，发展经济学的主要观点之一便是资源资本化。科斯坦萨等学者在 1997 年给出了自然资本的具体概念，认为自然资本是一种自然资源以及生态环境存量的新型资本形态，并且可以在现在或者将来产生有用产品流或者服务流。而"自然资本"利用形态的有效实施，将会有利于在自然资源利用过程中保证资源利用的高效与可持续。随着自然资本理念的提出以及其概念的明确，自然资源从实物的"资源"到虚拟的"自然资本"的转化也具备了现实基础，并由此为自然资源资本化的后续研究奠定了基础。

综上所述，资源资本化是指在现有政策框架内，在资源开发过程中利用市场机制，将未来的资源收益向现实可利用的资本化方向转化，并将自然资源视为一种资本形式，在令其与货币资本、实物资本和人力资本等资本相结合的基础上实现资源价值增值和效益最大化的过程。在市场经济条件下，将资源向资本的成功转化，需具备将资源经过市场化的开发和经营这一重要前提。资源在进入资源市场的同时，与人力资本、货币资本等其他要素结合，在得到合理配置和科学管理的同时被充分地利用起来，从自然形态向社会形态转化，继而进入产业资本循环，对生产活动产生推动作用。在资源资本化的过程中，资源的保护、开发和利用过程成为资本运动的载体，被纳入资本运动的形式，对该问题的认识和研究，也在基于价值增值的视角来观察和处理资源的保护、开发和利用问题过程中得到深化，提高了有效保护、合理开发以及充分利用资源的水平。如今资源资本化理论已在矿产资源、旅游资源、农村土地、生态环境资源等资源的开发管理中得到了广泛应用。

（五）自然资源管理的评价方法

自然资源管理是人类一直以来都在参与和进行的一项社会活动。人类的生产活动都会或多或少地涉及自然资源的管理。进一步地，随着社会工业化进程的不断深入，各类资源问题也日益凸显，人类彼此间为了争夺资源而爆发的争端也层出不穷。因此在资源有限的背景下，为取得更好的社会建设成果，为人类社会的不断发展和进步做出更大贡献，实行资源可持续发展战略已经刻不容缓。

1. 传统方法

（1）条件价值评估法。

条件价值评估方法（Contingent Valuation Method，CVM）最早由西里阿希·万初普（Ciriacy - Wantrup，1947）提出，并且在 20 世纪 60 年代由于其契合不使用公式的理念而成为资源管理的主流方法之一，文卡塔查拉姆（Venkatacha-lam，2004）对此方法进行了综述。近年来基于该方法成功解决了自然资源管理中的一些问题，如城市空间绿化问题（Jim and Chen，2003）、城市河流质量问题（Bateman，2006）、路面噪声问题（Fosgerau and Bjørner，2015）、水质问题（Atkins and Burdon，2006）、生物多样性问题（Christie et al.，2010）。

（2）可持续净效益指数。

劳恩和桑德斯（Lawn and Sanders，1999）提出的可持续净效益指数（sustainable net benefit index），建立在诺德豪斯和托宾（Nordhaus and Tobin，1972）的研究工作基础之上，这个可持续发展的计量工具框架，期望给出可持续净效益的一个近似估计，从而替代国内生产总值（GDP）等不能很好体现真实净效益水平的计算指标。

（3）成本—效益分析。

洛卡肖（Locascio，2000）的研究指出，所谓产品成本是指在实际的资源管理过程中，为了达到某一管理目标而所需要付出的成本。约翰斯特等（Johst et al.，2002）的研究表明，对于不同区域的牧场上的牧草，割草的时间不同，成本上会有差异，同时对于生态环境也有着不同概率的影响。另外，瓦里安和瑞切克（Varian and Recheck，2010）、科滕和布尔特（Kooten and Bulte，2000）认为，导致不同资源管理手段在资源管理涉及领域成本上存在空间差异性的重要原因，是实现管理过程所需要的管理资源的机会成本的差异性。德雷克斯勒和瓦佐尔德（Drechsler and Watzold，2001）的研究指出，不同管理手段所涉及领域的成本和利益也会随着时间的变化而变化。资源管理成本的时间差异性变化，可能是由实现资源管理所需要的资源类型的机会成本的变化所致。

然而，即便成本—效率分析有着上述种种优势，但也依然存在很多不足。针对成本—效率分析的批评主要集中于成本—效率分析的评价体系、贴现理论及聚合比较体系，这些问题都极有可能导致基于成本—效率分析方法的自然资源管理实证研究结果产生偏差。

2. 广泛应用的方法

（1）生命周期评价。

生命周期评价方法（Life Cycle Assessment，LCA）是一种同时考虑自然环境、人类健康与资源利用的复合评价方法，有着较为广泛的应用，其特点是从产品的全生命周期视角入手，而且其复合角度有效地避免了生命周期评价过程的问题迁移对评价结果的影响。随着世界可持续发展理事会（World Business Council for Sustainable Development，WBCSD）等组织对生命周期评价方法的不断推广，生命周期评价的相关理论得到不断完善和广泛的应用。

进一步地，埃尔金顿（Elkington，1998）认为资源的可持续利用同社会的可持续发展一样包含社会、经济、生态三个维度。不论是从哪个维度考察资源利用问题，生命周期评价方法都可以有效地解决因问题迁移而导致的困难，也正因此，在联合国环境规划署（United Nations Environment Programme，UNEP）等组织的指导下，社会—生命周期评价（Social - LCA）方法也逐渐得到发展，其中有代表性的是乔根森（Jorgensen，2008）的研究。

（2）数据包络分析。

数据包络分析自1978年提出至今已有40多年的历史，其中，单输入、单输出的工程效率的概念在多输入、多输出的同类决策单元的有效性评价中得到推广。由于数据包络分析方法无须任何权重假设等特性，其在较短时间内就得到了广泛的应用，如查恩斯等（Charnes et al.，1989）的城市经济状况分析等。数据包络分析的原型可以追溯到1957年法雷尔（Farrell）在对英国农业生产力进行分析时提出的包络思想；此后，基于运筹学理论与实践的运用和发展，并借助于线性规划技术，逐渐形成了被用于经济定量分析的非参数方法。通过美国著名运筹学家查恩斯等（1978）的努力，非参数方法以数据包络分析的形式在20世纪80年代初流行起来，因此数据包络分析有时也称为非参数方法或者Farrell型有效性分析法。

总体来说，自然资源管理领域的数据包络分析相关研究主要有两个方面：一方面假设决策单元的效率是不变的（Amirteimoori and Shafiei，2006）；另一方面则是假设决策单元的效率是变化的（Beasley，2003；Barba - Gutiérrez et al.，2009）。特别地，一些学者还提出了一个逆向数据包络分析模型（Hadi - Vencheh et al.，2008）；或通过运用最小—最大求和目标函数，实现了对离散资源配置问题的研究（Karabati et al.，2001）；或通过效率分析与数据包络分析相结合的方法，完成了资源配置问题的研究（Korhonen and Syrjanen，2004）。

（3）可计算一般均衡模型。

可计算一般均衡模型（CGE）的设计思想是：在具有一组给定价格的条件下，可以依照生产者行为和生产要素的供给量，得到生产要素的价格及其在各个部门间的分配，进而决定各个部门的总产量，从而形成总供给。同时，就业量、价格等又决定了各种收入，逐渐形成对各部门产品的各种需求，继而构成总需求。

CGE 模型具有三个显著特征。首先它是"一般的"，即对经济主体行为做了外在设定，这些经济主体遵循追求效用最大化或者成本最小化的决策原则；其次它是"均衡的"，模型中的许多价格由供求双方决定，最终使市场供给和需求实现均衡的是价格变动；最后，它是"可计算的"，即分析是可量化的。

（六）自然资源与经济增长

在理论上，自然资源的发现会增加社会财富的其他来源。索洛（Solow，1956）、曼萨诺和里哥本（Manzano and Rigobon，2011）的研究表明，在标准的经济增长模型中，自然资源的新发现会在相当长的时期内提高收入水平。曼苏里亚（Mansoorian，1991）观察到资源丰富的国家往往积累着巨额债务。帕皮拉基斯和盖拉赫（Papyrakis and Gerlach，2007）在更深层次的研究中发现，美国资源丰富的州和资源相对匮乏的州之间，在经济发展上存在很大差异。詹姆斯和阿德兰（James and Aadland，2011）调查了美国的县级地区之间是否存在资源的负面影响，也印证了此结论。

综上所述，中国自然资源经济理论的产生背景是经济体制转型，研究内容和研究工具在其发展的初期体现了中国自然资源经济理论的特殊性。但是，随着市场经济体制的不断完善和资源经济理论的发展，基于市场经济的现代西方资源经济理论研究的前沿成果为研究中国资源经济提供了借鉴思路。自然资源市场化管理已成为我国资源经济理论研究的重点。针对我国自然资源的实际情况和不完全市场经济体制的特点，若要成功构建完善的自然资源产权市场体系，需要不断完善政府规制、企业制度改革、市场交易制度，同时还需要对作为市场制度两大支撑的法律制度和生态伦理进行全面制度建设，这其中尚有许多有待深入研究和解决的理论问题。另外，作为中国资源经济研究的延续，我国在自然资源价值理论、资源安全、制度经济分析等方面，也仍存在不同层次的各种问题需要进一步研究。

二、自然资源管理的生态学基础

(一) 生态学的基本概念

生态学于 1866 年由德国生物学家赫克尔首次提出，其被定义为"研究动物与其有机和无机环境之间关系的科学"，尤其是研究动物与其他生物之间的有益和有害关系的科学。从那时起，人们揭开了生态发展的序幕。1935 年，美国青年学者林德曼（Lindeman）在坦斯利（Tansley）提出生态系统概念后，通过对门多达湖生态系统的详细考察，提出了著名的生态金字塔能量转换的"十分之一定律"。从此以后，生态学开始拥有自己的研究对象、任务和方法，成为相对完整和独立的学科。生态研究的基本对象有两种关系，一种是生物体之间的关系，另一种是生物学与环境的关系。简短的表述是：生态学是研究生物之间、生物和环境之间相互关系的科学。生态学从直接受个体生物和环境影响的小环境出发，建立了自己独立的理论学科，即不同生态系统层次上的生物与环境的关系理论，其研究方法由"描述—实验—物质定量"这三个过程共同组成，系统论、控制论和信息论的概念和方法的引入，共同促进了生态学理论的发展。20 世纪 60 年代，系统生态学成为系统生物学的第一个分支。目前，生物多样性研究、全球气候变化研究、受损生态系统的恢复与重建、可持续发展研究等多个生态学研究热点相继产生，这同系统生态学与人类的生存和发展密切相关。

现如今，人与环境的关系越来越突出，这与人类活动一直处于扩大化与多样化的状态密不可分。所以，除生物个体、种群和生物群落以外，现代生态学研究的范围已经扩大为多种类型生态系统的复合生态系统，这其中自然也包括人类社会，生态学的主要研究内容涵盖了人类所面临的人口、资源、环境等多方面问题。

(二) 资源生态学的理论框架

资源生态学学科体系的建立应以继承和借鉴生态学基本理论为基础，结合资源的特点和运行机制，构建合乎生态逻辑的理论体系，而不应是生态理论体系的机械移植。

1. 基本观念系统

资源生态学的研究对象是资源或资源生态系统。从资源科学研究的视角来看，目前虽然对资源的确切定义尚不统一，但很多人认为资源与环境的含义一致。泛资源理论认为，一切事物都是资源，资源就是一切。但目前关于资源从属于环境却又不等同于环境的关系论述，日益受到学术界的认同。资源和环境是人类可以直接利用的一部分财富的总和。以资源的属性作为分类标准时，资源一般被分为两部分：自然资源和社会经济资源。资源生态学是研究资源和资源生态系统在开发、利用和保护过程中的生态规律的一门学科。

资源生态学是资源科学与生态学之间的边缘学科或交叉学科，它以资源和资源生态系统为研究对象，将资源和资源生态系统作为不断变化的整体，研究其变化过程。作为一门学科，资源生态学既不是资源科学理论与生态学原理的机械移植或重叠，也不应是纯自然科学理论的研究。资源生态学的研究任务，除学科自身的发展需要外，最主要的就是通过研究资源开发过程中的生态规律，为资源开发和生态环境战略提供决策依据。

2. 主要研究内容和领域

（1）资源分布规律。自然资源是自然生态系统的重要组成部分，其空间分布受自然生态系统的变化和演化的影响。

（2）资源生态系统作用规律。从符合生态系统的观点来看，自然资源与社会经济资源是一个互动的统一体，人类社会物质和精神文明能够持续发展正是得益于这两者的相互作用。显然，在自然资源与社会经济资源相互作用的过程中，有许多规律需要探索。

（3）自然资源生态系统与资源生态经济社会复合系统。生态学家奥杜林（E. P. Oduln）认为生态学是研究"自然的结构和功能"的科学；人类作为有机体属于自然，这无疑被包含在自然生态系统中。另一位著名的生态学家塔斯利（A. G. Tansley）认为，生物必须与环境形成自然生态系统，不能与环境分离。

（4）自然资源开发利用与生态环境的关系。对生态环境进行客观准确的判断、对资源开发进行正确的理解，在现实世界中存在很多困难以及误解。因此，在资源生态学研究领域中，深入研究资源开发过程中生态环境问题产生和积累的客观规律，提出可行的生态策略，就显得非常必要。

（5）自然资源开发与保护的生态学原理。自然生态系统必然会受到自然资源开发利用的强度和规模的影响，为了合理利用生物圈内的资源，防止这种影响造成超过一定限度的生态环境问题，必须注意生态学原理的应用。

（6）资源与生态环境理论问题。即便目前世界各国对资源危机和生态环境恶化已经达成共识，但是危机和恶化的原因以及如何共同应对，还需借助资源与生态环境理论研究探讨解决问题的办法。

（三）资源生态学的基本理论

1. 资源的生态经济平衡理论

生态经济平衡是指生态系统与其物质、能源供应和经济系统对这些物质及能源的需求之间的协调状态。生态经济平衡，是保持生态平衡条件下的经济平衡，其特点决定其既应是符合自然生态系统进化发展目标的经济平衡，又应是符合人类经济社会发展目标的生态平衡，生态经济平衡是生态平衡和经济平衡的辩证统一。狭义来说，生态经济平衡是人工生态平衡，一方面人类作为自然人，加入了各种自然生态系统，成为重要的自然生态因子；另一方面作为一个社会，人们将各种自然生态系统与自己的经济和社会活动结合起来，使自然生态系统成为人工生态系统。

2. 资源流动论

自然资源进入经济系统后，在自然资源流动过程中会产生两种效应，即社会经济效应和生态环境效应，它们发生在不同的时间、不同的地区和不同的部门，所以自然资源的可持续利用也可以理解为使资源的社会经济影响最大化，同时使生态环境的负面影响最小化。关于自然资源理论的深入研究，国外学者将经济系统的"物质流"与资源环境等问题相结合进行深入分析，为评价宏观经济活动的可持续性提供重要依据。受国外研究的启发，国内学者借鉴国外对资源的研究思路及方法，对"资源流动论"的理论性进行了深层次探讨，建立我国的"资源流动"体系，保障资源的可持续利用。

资源流动过程实际上是资源生命周期的过程，其增长过程类似于一个"资源树"。资源的流动过程包含三个方面：一是横向流动，即不同地区之间的资源流动；二是纵向流动，即不同产业链之间的资源流动；三是资源或产品的消费过程。基于能源转化和价值增值的视角来看，资源流动过程及其规律是资源可持续利用领域的重要研究问题之一。资源流动过程可分为不同的环节，各个环节的社会经济效应和生态环境效应也不同。因此，对资源流动过程的定量分析，可以在一定的时间和空间范围内系统地描述资源与经济社会、资源与生态环境之间的内在联系。

（四）资源生态学研究的方法论

作为一门交叉应用的学科，资源生态学的研究方法可借鉴资源研究和生态研究的主要方法。然而资源生态学面临着许多重大的全球或区域性的资源与生态环境问题，并涉及许多新的理论问题，因此必须选择新的思维方法和研究方法。

1. 实验观察法

基于野外观察和实验的证实与证伪，是资源生态学理论发展的主要方式。资源的广泛性使生态环境问题的异质性大大增强，许多生态学理论必须加以证明或证伪，才能确定其应用范围。

2. 系统动力学方法

资源开发涉及许多生态、经济和社会因素，关系更为复杂，系统中的物种、能量、信息流和反馈往往由于一定变量的变化而改变系统的性质。利用系统动力学的方法，可以从系统动力学的角度解决这一复杂问题。

3. 层次分析法

该方法是沙蒂（A. L. Saaty S.）在 1980 年提出的一种综合分析方法，它根据复杂系统要素的子系统来判断复杂系统要素的相对重要性。

4. 能量输入输出分析

能源在自然生态系统中通常处于流动、储存或转换状态，它以单一通道（自然能量）的形式变化，而在资源—生态—经济复合系统中，人工太阳能系统以两条通道（太阳能人工能源）的形式转换。评价复杂资源生态系统的性能，常常采用能量投入—产出法。

5. 技术预测与历史外推法

技术预测方法主要是指模型分析，历史外推法主要是利用历史数据进行分析或预测。单独使用任何一种方法都会存在一定的片面性，而通过这两种方法的综合运用，可以互相校正，达到互补效果。

第二章

主要国家自然资源管理体制

由于自然资源分布的不均衡性，使得世界各国所拥有的自然资源总量存在明显差异。同时，由于经济发展阶段和技术水平的差异，各国自然资源开发和保护管理体制同样存在明显差别。本章将以欧美等发达经济体以及印度、俄罗斯等新兴经济体作为研究对象，对比研究各国自然资源的特点、管理现状和管理体制等的差异，梳理自然资源管理体制改革的趋势；借鉴各国实践经验，取长补短，选择适合我国国情的自然资源管理体制，这对于规范和完善我国自然资源管理体制具有十分重要的意义。

第一节　主要国家自然资源管理现状

一、美国自然资源管理现状

（一）水资源管理现状

目前美国主要采取适应性策略对水资源及其开发利用活动进行管理，但在实践中遇到各种具体挑战时往往难以开发和实施。索福克勒斯（Sophocleous,

21

2010）通过分析美国高地平原蓄水层周围几个州的地下水管理体制，认为各州水法体系之间的差异加大了蓄水层水资源统一管理的难度，虽然周围 8 个州已经在水资源管理方面做出了一定的创新，但并不足以维持该蓄水层的长期可持续利用，因此设立州与州之间的州际水资源管理委员会就显得非常必要。在水资源变化越来越不稳定的情况下，水资源管理政策面临着更大的挑战，政策的级联效应越来越大，一项政策的实施可能带来其他潜在的或者无法预料的结果，因此适应性管理（adaptive management）方法更有利于管理当局根据水资源的变化来制定一系列的管理政策。然而，面对气候变化对美国西部水管理机构提出的重大规划挑战，适应性策略原则上是一种明显的解决方案，但在实践中往往难以开发和实施。伦珀特和格罗夫斯（Lempert and Groves，2010）介绍了帮助内陆帝国公用事业局（IEUA）明确制定适应气候变化的适应性政策并将这些政策纳入组织的长期规划流程的工作，该分析采用稳健决策（RDM），在深度不确定条件下支持决策的定量决策分析方法。对于 IEUA，RDM 分析表明该机构目前的计划可能表现不佳，并导致高度供水短缺和高成本的结果，所以适应性战略在实行过程中有待不断优化完善，还有很大的发展空间。

（二）草原管理现状

目前美国对草原的管理采取相对民主化的管理体制，并通过重建物种努力促进生态系统的恢复。安德森等（Anderson et al.，2007）研究了 Midewin 高原大草原的管理，发现许多政府机构在做决策时通常会综合考虑公众的观点和意见，然而这种做法的结果并不理想，甚至遭到反对，其中一个最重要的阻碍便是当地社区与公众之间存在信任问题，这种信任的建立受到诸多因素的限制，如价值观差异、知识缺口、有限的社区参与以及员工的流动率。解决这一问题的关键在于政府要接地气，多与公众交流，让尽可能多的公众一起对草原管理的各个环节负责。

（三）海洋及渔业管理现状

目前美国在海洋及渔业方面不断完善管理法案，并严格执行管理体制实现可持续发展。萨顿·格里尔等（Sutton - Grier et al.，2014）从蓝碳（coastal blue carbon）资源的角度研究了三个保护海岸带及海洋栖息地的法案——《清洁水案法》《海岸带管理法》以及《油污染法案》，发现联邦政府部门已经将部分生态系统的功能和服务融入现有的资源监管和减少污染的实践中，因此若将对碳资源的监管作为一种额外的生态系统服务融入现有的监管体制中，从法律角度上看并不存在立法障碍，只是需要依赖于能够更为准确地测量蓝碳在不同环境、不同海洋栖息地之间移动和排放速率等的先进科学技术。与此同时，为限制过度捕捞行为，保护渔业资源，美国实行了海洋渔业捕捞配额制度，对各个渔业区域进行严格的管理，区域渔业管理委员会每年根据当时资源条件，设定明确的限制，合理分配捕捞配额。配额制度的首要任务是实现渔业资源可持续利用，有了稳定的渔业基础之后，进一步发展第二、第三产业，比如水产品加工业以及海洋旅游业、休闲业等。在进行配额的情况下，很多渔业从业者的收益会大大降低，为了弥补这部分损失，美国允许他们通过配额转让来获得一定的收益。制定配额制度的一个重要基础，是要对本国的渔业资源量有较为准确的把握，由此才能进一步制订明确的计划、分配配额。通过渔业调查、科学研究、采集生物数据等方法，准确估计最新渔业资源量、渔业发展情况是美国渔业管理的关键一环，并采取一系列相应的管理措施。

（四）森林资源管理现状

目前美国森林资源管理中经常被援用的一个较为重要的管理理念是韧性思想或弹性理论（resilience theory），该理念已被相对广泛地应用于美国政府部门的自然资源管理实践中，其中比较具有代表性的是美国林务局。班森和加美司坦（Benson and Garmestani，2011）认为在实际应用过程中，美国林务局仍然面临诸多挑战，主要包括受制于管理当局和无法同时考虑社会与生态两个系统等，不过美国森林体系还是呈现出良性循环（Benson and Garmestani，2011）。美国森林总面积3.0亿公顷，占国土面积的33%，美国对其进行分类经营，包括用材林和非用材林。用材林是指每公顷年产材能力在1.4立方米以上的林地，面积为1.98亿公顷，占森林总面积的66%；非用材林面积为1亿公顷，占森林总面积的34%。[①] 美国用材林的经营呈现良性增长，自20世纪20年代以来，森林年生长量与年采伐量的比例不断增长，经营水平不断上升。

（五）矿产资源管理现状

21世纪以来，美国的矿产资源管理主要以生态环保为导向，但随着"美国优先能源计划"替代了原先的"清洁能源计划"，重能源轻环保思想逐渐凸显。自20世纪90年代以来，环境和生态问题受到美国国民的关注，要求改革原有主张自由发展的1872年《通用矿业法》的呼声不断。进入21世纪，在美国总统的讲话和内政部、能源部各级官员的讲话中，都开始强调保护环境的重要性和长远奋斗目标。为了不断促进生态和环境保护，主管矿产资源相关环保问题的美国内

---

① 数据来源：联合国粮食及农业组织（Food and Agriculture Organization of the United Nation，FAO）。

政部采取了大量实质性的行动，主要手段包括矿权出租出让（公共土地）、环保审批制度、复垦保证金制度（公共土地）和权利金征收管理制度（公共土地）。特朗普和拜登政府将矿产资源的重心由环保转向了能源。魏静等（2018）提出，为了实现美国本土能源的最大利用率，使美国能源具有足够的独立性，特朗普一上任就以"美国优先能源计划"[①] 取代了之前的"清洁能源计划"[②]。特朗普于2017 年 11 月访华，在此期间，中美签署了《页岩气全产业链开发示范项目战略合作框架协议》，凸显了特朗普能源新政的重能源轻环保思想。美国能源信息署（EIA）数据显示，页岩气供应占美国干气供应的比例由 2007 年的 10.3% 上升到 2016 年的 62.2%，科技创新与政策实施大大推动了其进步。

二、澳大利亚自然资源管理现状

（一）水资源管理现状

目前澳大利亚已具备较完善的水资源管理体制，其正在运用的水资源管理制度之一是含水层补给管理（Managed Aquifer Recharge，MAR）。随着全球城市发展对水的水文功能影响的认识不断提高，城市规划在水资源管理中发挥更大作用的压力越来越大，特别是绿色开放空间的规划可以发挥重要作用，因为它们支持重要的生态系统服务，包括那些有助于洪水管理的服务。舒赫等（Schuch et al.，2017）通过对澳大利亚三个城市区域绿色开放空间规划的比较分析，来分析洪水监管与绿色开放空间规划和各种相关规划机制之间的关系。但是，洪水管理与绿色开放空间规划的明确整合有限，鉴于过去的规划决策和缺乏支持实施的信息的遗留问题，以及实现这种整合的重大障碍，舒赫等提出了改善土地利用规划（包括绿色开放空间规划）与水资源管理之间的整合，以协助规划绿色开放空间，作为与洪水管理有关的生态系统服务的"盟友"。

（二）土地资源管理现状

澳大利亚目前的土地资源实行私有制管理，政府与土地拥有者共同建立了可

---

① "美国优先能源计划"是由特朗普提出的能源政策，旨在提供更廉价的能源，最大化利用美国自己的能源，摆脱对进口能源的依赖。该能源优先计划原文来自美国白宫网站 https://www. whitehouse. gov/。

② "清洁能源计划"是由奥巴马提出的，该计划给全美的火力发电厂制定了控制温室气体排放的指导路径和参考标准，并且要求各州按照计划制定和执行针对电力行业的温室气体排放控制法规。

持续的土地管理体系。农业在澳大利亚的经济发展中占据着重要地位，因此其土地资源管理以及农业环境政策的制定显得尤为重要。坦能和洛克（Tennent and Lockie，2013）表示，澳大利亚农业环境政策关注的重点是社区土地保护小组的维系以及相关制度体系的完善，虽然取得了较为有效的成果，但是由于资金的缺乏以及制度结构的安排等原因，导致社区土地保护小组甚至是局部土地保护网络的生存受到威胁，土地资源的保护也面临着新的挑战。

（三）森林管理现状

澳大利亚不仅拥有严格的森林经营法规，而且建立了全国植被信息系统框架，很好地掌握着植被信息数据。近年来，基于 20 世纪 80 年代开始的全国森林资源清查项目，州政府建立了全国植被信息系统框架，该框架整合了来自多种渠道的植被信息数据，展现了植被覆盖的整体状况，这些信息中既包括本地数据，也包括非本地数据；既包括植被覆盖信息，也包括非植被覆盖信息。萨克威等（Thackway et al.，2007）认为，传统的地图编绘方法主要通过反复拍照来反映植被的变化，但是无法区某种变化是由拍照技术引起的还是真实的植被状况发生了变化，森林资源测绘亦是如此，而全国森林资源清查和全国植被信息系统的建立则通过基于现场监控的遥感技术解决了这一问题。

（四）海洋及渔业资源管理现状

澳大利亚目前海洋及渔业资源发展主要采取综合管理模式，有助于实现不同涉海组织间、管理组织间的协作。谢子远和闫国庆（2011）系统总结了澳大利亚海洋及渔业资源管理的主要方案，从行政和功能两个不同的角度进行系统的综合开发管理。首先从行政角度考虑，各领地务必对自己管辖范围内的海洋区域负责，1979 年颁布的《海岸和解书》和后来的《联合国海洋法公约》①明确了联邦政府与各州、领地之间的海域管理权限，使海洋制度达成统一。再者，为了让各产业部门间达成更加默契的合作，对各个部门所负责的实务进行整理划分。澳大利亚从 1997 年开始实行综合管理，对海洋产业进行全面"控制"使其协调发展，实现海洋产业的可持续发展。

---

① 此公约对内水、领海、临接海域、大陆架、专属经济区（亦称"排他性经济海域"，简称"EEZ"）、公海等重要概念做了界定。对当前全球各处的领海主权争端、海上天然资源管理、污染处理等具有重要的指导和裁决作用。

三、其他国家自然资源管理现状

（一）水资源管理现状

加拿大的水资源管理遵循多层级管理以及综合管理理念。科恩（Cohen，2006）的研究表明，加拿大奥肯那根地区的水资源管理涉及多个联邦政府级和省级的水资源管理体系，有的为其提供技术援助，有的作为区域间的桥梁，同时当地政府部门与研究人员共享当地生态系统的相关知识，共同促进奥肯那根地区的水资源管理。关于水资源质量的管理方面，加拿大的管理经验也值得借鉴。从法律角度讲，排放的废水中磷的含量不得超过一定的标准，丹尼斯（Dennis，2011）的研究指出，在此基础上，加拿大南方民族流域提出了一个水质交易项目（Water Quality Trading Project），即污染源处的污水排放者通过向污水排入口处的土地拥有者购买信用积分来排放污水，而这些信用积分需要通过贡献污染源治理措施得到。水质交易项目的成功，得益于社区的合作、立法的支持、信用及成本的确定以及法律责任的保护等诸多重要条件。

张明生（2008）研究发现，目前德国主要通过以下方法进行水资源管理：自来水涨价、对污水排放进行收费以及通过减税鼓励私营企业处理污水等。从表2-1可以看出，德国的自来水价相对较高，德国政府不惜通过调节水价来迫使居民节约用水，德国的各类用水量呈逐年下降趋势。1976年，德国开始实行《排污费法》，1994年做出进一步完善，规定污水必须处理后才能排放，并且根据处理的不同等级缴纳相应程度的排污费，大大提高了企业治污的意识。德国《地表水污染防治法》规定，绝对严格限制排放汞、镉等污染物质。另外，德国通过与邻国密切合作进行水资源管理。

表2-1　　　部分欧洲国家2001年生活用水综合水价

国家	意大利	西班牙	瑞典	芬兰	法国
水价（欧元/立方米）	0.76	1.11	1.85	2.09	2.6
国家	比利时	荷兰	英国	丹麦	德国
水价（欧元/立方米）	2.66	2.87	3.28	3.59	3.82

资料来源：https://eng.ichacha.net/欧洲水网.html。

在法国，水资源的行政管理与管理业务是分开的，分别归属于国家和环境部。目前法国实行的是集供水、排水、水质保护、污水处理一体化的水务管理体制。与法国不同，英国实行以流域为基础的水资源统一管理，目前英国实行的是中央对水资源按流域统一管理与水务私有化相结合的管理体制。

（二）森林资源管理现状

在发达国家，信息技术是自然资源管理的主要工具之一，加拿大森林资源的管理主要依靠多个信息系统的辅助。目前加拿大林务局主要运用四大信息系统加强森林资源的管理：属于非空间系统的森林火险评级系统（Canadian Forest Fire Danger Rating System，CFFDRS）、空间消防管理系统（Sector Field Mass Spectrometer，SFMS）、加拿大荒地消防信息系统（Canadian Wild - land Fire Information System，CWFIS）以及消防 M3 系统（消防监控、绘图和建模系统，Fire M3），它们的主要用途是预防和管理森林火灾。加拿大森林总面积 4.17 亿公顷，占国土面积的 45%，加拿大的森林分类方式与美国类似，划定 43.8% 的森林为非商业采伐，严加保护，其余 56.2% 的森林可进行合理的商业采伐利用。此外，属于加拿大生态保护区的森林有 1.07 亿公顷，保护区内不允许采伐。[1]

俄罗斯是世界林业大国，其森林面积达到 776 万平方千米，占国土面积的 45%。[2] 苏联在 1943 年时就采用森林分类经营的管理模式，目前俄罗斯政府沿用了苏联这一森林经营模式。俄罗斯依据森林功能和经营目标将森林分为三大类别：第一类森林主要包括涵养水源林、防护林带、特殊保护区林、卫生保健林以及禁伐林，这一类森林不允许采伐利用，重在实现森林防护的目标，充分发挥环境效益和社会效益；第二类森林兼具森林保护功能和开发利用功能，在不破坏这类森林的环境功能和防护功能的基础上，可以进行适当的商业利用；第三类森林占全国森林面积的比例最大，约为 70.7%[3]，主要具有开发利用的功能，为国民经济提供木材来源。包括对用材林的采伐利用在内，所有森林经营的最基本前提都是不能破坏其生态系统和生态功能，因此，每个林区应根据森林的功能制定详细的操作规程，并根据实际操作进行调整。

北欧主要包括瑞典、芬兰、挪威，均为林业发达国家，既有天然林、近自然林业经营，也有商品用材林，采取多目标经营模式，实施可持续管理原则，且北欧三国森林中大部分为私有林，瑞典的私有林占森林面积的 50%，芬兰的私有林占 75%，挪威的私有林比例最高，达到 80%。[4] 在北欧，国家实施林地利用的可持续森林管理原则是保证未来具有资源利用的潜力，人类对森林的采伐利用必须在安全合理的范围之内，不能对生态系统的稳定性造成破坏。同时，无论是何

---

①②③④　EPS 数据库：世界农林数据库，www.epsnet.com.cn。

种形态的森林，虽然林业部门没有规定森林采伐的限额，但森林经营者必须依据政府的规定制订经营方案，在之后的经营活动中严格按照方案执行，如芬兰约70%的私有林主编制了森林经营方案并严格按照方案执行，为森林的可持续经营提供了保证。此外，政府通过经济资助，对森林经营者进行引导，如瑞典政府对私有林主编制森林经营方案给予50%的补贴，使编制程序更具有科学性、合理性，同时提高了森林经营者编制经营方案的积极性。北欧三国还十分重视对森林经营者进行技术层面的培训和指导，例如对私有林主提供免费的技术支持、配备专员对经营者进行当面培训等，提高森林经营者的经营管理能力。①

德国也是森林资源丰富的国家，在林业的发展方面具有丰富而宝贵的经验，在各方面都取得了突出的业绩，例如林业立法、行政机构、科技教育等，为其他国家林业的发展提供了借鉴。随着工业和经济的发展，德国提出以"近自然林业"为理念的森林经营模式，并制定了相关方针，向恢复天然林方向转变，这一经营模式也得到各国的广泛认可。"近自然林业"的森林管理包括如下原则：一是尽量做到自然播种；二是依靠自然森林管理的力量，将人类行为影响降到最低；三是不再以单层同龄纯林为主体结构，逐渐形成不同年龄层的混交林；四是森林采伐要由无选择性采伐变为选择性采伐；五是维持森林覆盖率。在人工森林管理的过程中，应该尽量使森林保留率最大化，以维持森林生态系统的协调。德国一直将"近自然林业"的经营理念作为其森林经营的科学指导，同时采取各种相应措施以实现对森林进行更加科学有效的管理，对森林经营进行长期的规划，注重国家自然保护区和森林公园的管理建设。除此之外，德国政府给予经营者资金上的资助，引导各级森林经营者合理管理森林。

日本是一个森林资源丰富的岛国，其国土面积虽然不大，但森林覆盖率达到2/3，森林储蓄量约为35亿立方米，且不断增长。② 根据日本的《森林法》，民有森林和国有森林分别制定林业产业规划，林业产业按照该规划实施经营措施。日本的林业建设注重森林的综合效益，强调对森林的保护。日本是灾害频繁的国家，森林作为重要保障，其作用并不局限于提供木材，更多地体现在公益效用等无形的价值方面，如水源涵养、保护野生动物、国土保护等作用。近年来，日本的森林经营将可持续发展作为其经营理念，保持可持续的森林功能和发挥可持续的森林效益。目前，在日本的全国森林计划体系中，森林的可持续经营位于主体地位，同时从技术层面采取各种措施推动森林可持续经营的发展，为实现其经营目标打下坚实的基础。

---

①② EPS 数据库：世界农林数据库，www.epsnet.com.cn。

（三）土地资源管理现状

加拿大主要从法律和行政两方面入手，同时结合经济手段，对土地资源进行管理，包括立法、规划、权属登记、许可证发放、征收税费等，其中土地用途通过《土地分区管理法》进行管制。土地分区的划分标准是功能和密度，在操作过程中，具体数量与面积视实际情况而定。加拿大的土地资源非常丰富，但政府严格按照用途管理制度进行土地资源管理，主要包括《土地分区管理法》、土地分割以及农用地的等级变更限制制度。

目前，英国主要通过《城乡规划法》（1990 年）和《2004 年规划与强制性购买法》对土地资源进行管理。《城乡规划法》主要包含一些基础的规定，《2004 年规划与强制性购买法》则将重心放到了可持续发展上。土地的管理责任相应地由土地使用者担负，他们在拥有土地使用权的同时，也充分意识到责任与义务；同时，政府会实时进行指导与监督，给予配套的奖励与惩罚等。德国对所有土地实行地籍登记管理，主要通过《土地登记法》进行管理。而荷兰根据自己的土地条件，重点加强荷兰特色农业的发展，通过不断投入与改进，使园艺业和畜牧业逐渐成熟。

（四）矿产资源管理现状

法国的矿产资源主要依赖于进口和废金属回收利用，自产部分只占约 1/5，这样的天然条件决定了法国需要不断加强国际合作来增强矿产资源的储备。杜鲁坎等（Durucan et al.，2006）研究了矿山的生命周期管理，法国针对矿山闭坑过程中出现的问题，于 1999 年专门颁布了法律，规定了严格的矿山闭坑程序，并要求在闭坑前进行复垦和巷道保护以及地下水保护等工作，而且要求监督矿山关闭以后的情况，追究由于不恰当的处理措施而造成环境污染和生态退化等责任。与此同时，法国制定了矿山闭坑保证金制度，规定业主在进行矿山开发前，要根据经审查认定的开采方式、投资额度向国家交纳一定数额的矿山闭坑保证金，用于保证矿山闭坑后的公众安全和环境恢复。此外，还制定了提高能源和资源效率的一些措施，包括使用替代资源、削减二氧化碳排放、土地恢复、开发土地的生物多样性和地质多样性等相关措施。

瑞典拥有悠久的采矿和金属精炼历史，如今瑞典是欧盟最大的铁矿石生产国，也是最重要的贵金属生产国之一，采矿和矿业供应出口产品的年产值超过 175 亿欧元，2013 年该行业在瑞典国内生产总值中的份额达到 1.3%。[①] 瑞典的

---

① 数据来源：美国能源信息署（U. S. Energy Information Administration，EIA）。

大部分矿山以及目前的勘探活动都位于两个最北部县的内陆地区，尽管该地区人口稀少，但由于大部分人口居住在东部沿海城市，因此在这些城市开设新矿仍需要考虑土地的其他用途，例如旅游、娱乐和持续自然保护。此外，瑞典北部的采矿活动因未解决的土著土地权利的冲突而变得非常复杂。瑞典的采矿和矿产政策主要集中在政府任命的一些政府机构，特别是瑞典地质调查局（SGU）及其首席采矿检查员，负责勘探和采矿项目的一系列决策。近年来，瑞典要求公司在开始勘探之前通知土地所有者和其他当地利益相关者，同时萨米议会的监管框架得到了加强。如果利益相关者提出对勘探的担忧，矿业公司有责任尝试达成协议。如果不能达成这样的协议，由 SGU 做出最终决定。

加拿大由联邦和省分工协作管理矿产资源，对矿山的各个生产环节实行监控，使矿区得以逐渐恢复。在萨斯喀彻温省，环境部是省政府部门，负责监督并做出有关勘探的最终决定，只有一个例外——铀矿开采，由加拿大核安全委员会（CNSC）监管联邦政府机构进行环境评估，颁发采矿许可证。当涉及采矿项目的行动属于其管辖范围时，其他联邦和省级机构也参与决策过程，例如获得矿物表面租赁协议等。通常，大型采矿项目将根据《加拿大环境评估法》（Canadian Environmental Assessment Act）进行环境影响评估（EIA），此时加拿大环境评估机构或 CNSC，与省级机构环境评估处协调，管理环境影响评估。环境影响评估是决策过程中的重点，为当地居民、市政府、非政府组织、原住民、省和联邦机构等利益相关者提供了最大机会来影响项目的成果。在勘探阶段，环境影响评估程序启动之前，省级最佳管理实践和法规要求行业与受项目影响最大的群体和社区接触，工业界必须征得同意并赔偿任何拥有地面权利的私人土地所有者。在决策过程中，土著群体都可以就官方的咨询和容纳义务提出法律质疑。与此同时，对于土地权不受影响的非土著行为者，例如市政当局，几乎没有违法的可能性。由于触发咨询和容纳义务的标准低于联邦或省级环境影响评估，所以土著利益相关者早期参与采矿周期。

（五）海洋资源管理现状

加拿大主要通过综合管理原则对海洋资源进行管理，跟随国际海洋管理的战略思想，特别注重生态系统的协调管理，不断提高海洋保护区的管理效率，将一个个散落的海洋保护区连接成一个整体，优化管理结构。德国将海洋划分区域，分别由沿海各州政府和联邦政府负责管理，主要包括联邦环境、自然保护、建设与核安全部，联邦运输和数字设施部以及联邦食品与农业部等部门。同时，积极响应全球的海洋环境保护号召，坚守执行自己的职责。荷兰接近一半的国土是围海造陆形成，被称为"人造"国家，其海港相当发达，途经的货物占海上运输总货物的约30%，莱茵河畔的鹿特丹被称为"欧洲门户"，是全球运转石油、煤、矿砂、金属和木材等货物最多的港口。

位于欧洲北部被称为"万岛国"的挪威，面积32.4万平方公里，人口仅513.6万人（2014年），却是世界渔业最发达的国家之一，海岸线长2.1万公里（包括峡湾），多天然良港。以挪威的HDPE网箱为例，从最初的1 000立方米容积开始，到目前其最大容积已发展到22 000立方米；而TLC网箱的容积也达到了10 000立方米。[①] 此外，网箱还有多种功能特质，如轻质材料，抗风浪和抗老化能力强，可以减小对周边环境的影响，也便于安装。有利于拓展养殖海域，改善养殖条件，改变沿岸浅海和内湾养殖过密、环境恶化的情况。可以看出，科技创新是挪威渔业发展真正的驱动力，而规模化、工业化生产则将渔业资源和科技要素以更高边际效用加以利用，虽然其并没有富足的自然资源，但保持了对科技的大力投入和生产模式的不断创新，实现了渔业长期可持续的发展。

第二节　主要国家自然资源管理体制

一、美国自然资源管理体制

总体来说，合作式（collaborative）的自然资源管理是美国目前主流的自然资源管理机制，在美国自然资源管理制度发展过程中，政府部门所扮演的角色不容忽视，政府部门的参与及响应有利于促进其他利益相关者的参与，有利于加强对额外资源的利用，政府部门在流域管理中发挥着指导作用，由政府部门发起的合作式自然资源管理能够制定具体的目标，并专注于特定的问题和领域。美国的自然资源管理实现了相对集中的统一管理，美国是典型的采用森林垂直管理体制的国家，一般来说，在联邦政府部门设立专门的森林管理部门来管理国有森林，再根据对森林的分区逐步分级建立管理机构。美国森林资源管理体制共设有五级，第一级为美国联邦政府机构，其中由农业部林务局统一管理美国林业活动，对国有林进行全面的管理，其下设有大林区、林区、林业管理区和营林区四级机构。大林区负责各个林区的森林经营事务，宏观调控林业生产，做好规划调查、资源保护、森林管理等基础性工作；林区是森林资源管理的主体，每个大林区下设

---

① 数据来源：美国能源信息署（U. S. Energy Information Administration，EIA）。

15～18 个林区，一般按照行政区划划分，与州县边界一致，负责森林的经营管理，协调各林区之间的工作，分配林业管理区的财政预算并提供技术服务；林业管理区是林区的下设机构，对林区的计划安排进行落实与实施；营林区是美国森林资源管理体制中最基层的单位，主要任务是开展植树造林、森林的更新保护、森林道路铺建等生产经营工作。

二、澳大利亚自然资源管理体制

目前澳大利亚主流的自然资源管理范式是综合自然资源管理（Integrated Natural Resource Management，INRM）。与单一的管理策略相比，综合自然资源管理范式具有诸多优势，因此其应用也越来越广。贝拉米和约翰逊（Bellamy and Johnson，2000）尝试在澳大利亚的农业资源管理中加入可持续发展的观念，不过这无论对农村社区还是政府部门来说都是一项重大的挑战，但是如果能够识别出综合自然资源管理的本质特征，将有助于社区和政府部门更好地实现资源可持续管理。与综合自然资源管理紧密联系的另外一个概念是以社区为基础的自然资源管理（Community – Based Natural Resource Management，CBNRM），这种管理模式可以被看作是综合自然资源管理理念的具体表现形式，在澳大利亚的各种自然资源管理实践中已得到广泛应用。然而，并不是所有的管理实践都产生了效果，甚至很多管理实践均以失败告终。究其原因，主要有以下几点：由上至下的发起方式，使得当地居民缺乏积极主动性，缺少自主权和经济激励。以社区为基础的自然资源管理成功案例则表明，产权私有化是该种管理机制成功的关键，管理部门所起到的作用应是侧重于外部支援的支持性作用，如提供资金支持以及邀请专家提供专门的知识和技术支持，但在当地社区的管理项目设计方面应该做到既不干涉也不强制。流域综合管理（Integrated Catchment Management，ICM）是在综合自然资源管理范式基础上兴起的一种自然资源管理范式，由西澳大利亚州政府部门于 1988 年提出。米切尔和霍利克（Mitchell and Hollick，1993）认为该体制的提出是为了解决土地资源的退化和水资源的衰竭问题，与综合自然资源管理范式相比，该体制将自然资源的综合管理限定在了流域范围内，但是两者的基本理念是一致的，也有学者将其看作是两个相同的概念。除此之外，澳大利亚的多层次管理体制（multi-level governance）也是目前的主要管理模式之一。另外，有效的多层次管理体制还需要多个横向层次组织的积极有效参与，共同促进管理系统的不断完善。

三、加拿大自然资源管理体制

加拿大也广泛应用了综合自然资源管理的理念。麦克莱恩和李（Mclain and Lee，1996）表明，要实现这一理念需要诸多实践工具，其中适应性管理（adaptive management）是最重要的一种。传统的适应性管理方法能够增加知识的获取，加强信息流在政策制定者之间的流动，并为共享资源创造机会。但是来自加拿大新不伦瑞克省、不列颠哥伦比亚省以及哥伦比亚省的实践表明，传统的适应性管理方法效果不佳，要真正达到很好的效果，需要从多方了解其详细信息，达成良好的合作模式。加拿大是典型的采用分级协调管理体制的国家。加拿大为联邦制国家，省有林是其森林的主体部分，地方省的自主权很大。其联邦政府和地方政府之间是一种协调合作的关系，两级政府都设有林业管理部门。加拿大联邦政府只管理直辖的 2 个区及各地的印第安保护区、军事区和国家森林公园等森林，设有自然资源部林务局。加拿大省政府负责管理该省的森林资源。每个省都有一个自然资源部，管理省有林和私有林。各省具有独立的林业立法权，可以制定适合该地区的林业法律、法规、标准和计划，从而分配各省的采伐权和管理责任。加拿大省级自然资源管理更倾向于分散管理。

四、德国自然资源管理体制

德国在 2003 年开始对林业经营管理体制进行改革，成立了一套健全的国有森林资源经营管理体制。与美国相类似，德国也具有垂直的管理体制，不同的是美国以联邦政府为主体，而德国以州政府为主体。德国的林业管理机构一般由四级构成，少数州政府未设置林业管理局，因此只有三级管理机构。第一级为联邦政府机构，属于农林食品部的下设机构，负责制定和监督国家林业政策和林业方针、制定苗木标准、规划建立苗木基地等。第二级为州政府机构，各州均设有农林食品部，由各州独立行使权力，主要负责对州内森林的经营，监督联邦和州森林法的实施，指导整个州的私有林和公有林的管理。第三级是地区级机构，根据州内划分的区域设有森林管理局，其主要功能是实现林业、森林管理计划，组织和监督所有生产单位区管辖的森林经营活动，同时对公有森林和私有森林所有者进行指导，完善林业行政管理政策、法规和业务。第四级为基层机构，主要设置林务局，一般在区域范围内还设有若干森林管理科，它属于生产单位，具体负责一定范围森林的经营管理，并制定和实施年度生产计划，以及公有森林和私有森林的咨询与指导。

五、英国自然资源管理体制

英国在 1990 年颁布的《环境保护法》中，确立了整体化的污染控制方案，强调集中控制产生污染的工业生产过程，引入了"谁污染、谁治理"原则，责成企业采用"不附带额外成本的最佳实用技术"来减少各种生产过程所造成的污染。英国除了通过基本法手段外，还借助土地使用规划法律架构实现出于保护公众利益的土地高效使用。大多数矿产开采和相关活动在开发前都需要得到规划许可。英国针对本国的土地资源和水资源等自然资源，以综合的方式进行统一化管理，使生态系统得以正常健康运行，进一步促进了经济、社会和生态的协调发展。具体的管理体制框架见图 2-1。

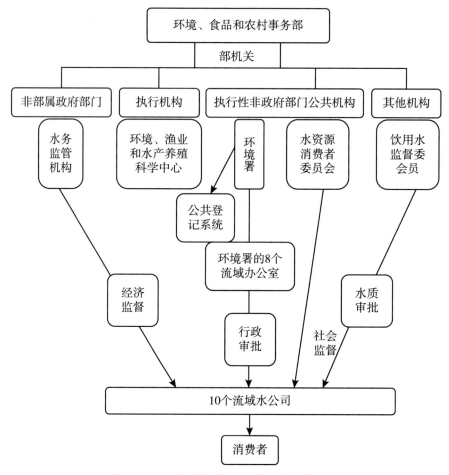

图 2-1 英国的水资源管理体制框架

六、俄罗斯自然资源管理体制

俄罗斯实行以横向发展为重点、纵向发展渐缓甚至停滞的资源管理模式。为了有效地保护森林资源，减少森林资源的流失，俄罗斯设立了三级管理体制。俄罗斯联邦林务局是俄罗斯森林资源管理体制的中央单位，其前身为苏联林业部，作为俄联邦的附属机构，受联邦政府的直接领导，由 11 名成员组成战略决策委员会（包括局长、副局长和其他下属单位领导人）负责相关事宜的决策，例如森林法律法规的制定、森林资源利用状况的检查、林业活动资金的提供和行业税收的制定等。地方管理单位是俄罗斯州、边区或自治共和国的林业管理局，其直接受俄罗斯联邦林务局的领导，但其选任领导人时需要由地方政府与联邦林务局共同决定。目前全俄罗斯拥有 83 个地方管理单位，其中 63 个属于各州和各边区，20 个属于自治共和国，主要负责所属地区林业经营法规的制定、各林管区的资金分配及财政拨款等。在俄罗斯联邦林务局的领导下，林业地方管理单位对本地区的森林保护负责。俄罗斯三级管理体制还设有基层单位林管区，直接负责比较具体的林业经营活动，如进行森林核算、发放采伐证书、加工采伐产品以及进行森林调查等。俄罗斯的三级管理体制分工明确，不仅减少了对森林的破坏，还增加了境内的森林资源，对天然林起到有效的保护作用。

七、印度自然资源管理体制

印度采用的是分散的资源管理模式（Distributed Resource Management Mode，DRMM），即资源与产业管理密切结合，但资源管理方面是按照自然资源不同的属性，将各种资源进行分门别类管理。特别适用于专业化管理，但不足的是彼此的相互关系较为松散。印度对自然资源的管理主要有三种情形：一是一种或一类资源由一个部门管理，如钢铁部、油气部、原子能部；二是一种资源由多个部门管理，如土地、水、海洋；三是多种资源由一个部门管理，如煤炭、有色金属、建材矿产等都由煤炭矿业部管理。在内阁部门中，与自然资源管理相关的部门数量占 1/3，机构门类相对较多，对自然资源管理基本上实行的是一种分类分散与综合集中相统一的体制；而且把上游的资源管理与下游的生产、经营管理相结合，资源产业链的上下游一体化，实行资源与产业的统一管理。这种体制在广大发展中国家具有一定的普遍性和代表性，是发展中国家自然资源管理的实践样本之一。

第三节　各国自然资源管理体制比较及发展趋势

一、各国自然资源管理体制比较

除了以国家为维度进行分析外，也有不少学者关注于各国自然资源管理体制的比较。最常见的是比较分析其中两个或多个国家的自然资源法律制度、管理体制、管理工具等。胡德胜和王涛（2013）比较了美国和澳大利亚水资源管理考核中的责任制度，发现美国的水质管理和水资源管理项目非常严格，对政府部门的监督及考核也较为严厉；澳大利亚的水资源管理制度更注重预防功能，注重水资源的一体化管理，同时也对政府部门实行责任考核。在水资源管理主体方面，美国实行的是联邦政府干预下的州政府管理机制；澳大利亚原则上实行无联邦政府干预的州政府管理机制，但为促进水资源的统一管理，也逐渐在州与州之间实现统一的水资源管理模式。

还有一些研究是从全球范围出发，分析不同国家的自然资源管理法律制度、管理体制或者管理方式的差异。从国际水法的角度，长期的区域合作对淡水资源的利用至关重要，但是近水国家的居民所拥有的自身利益不尽相同，各国的内部限制条件及内部矛盾也多种多样，这使得国际水法的制定面临一系列重大挑战。国际范围内淡水资源的管理，实质上是在特定的社会、经济、环境、物质等制约之下对水资源的重新配置，在制定国际水法时，应将不同国家的限制因素考虑在内，尽可能将其转化为有利于水资源管理，甚至能够反过来改变这些限制因素的法律条文。古普塔（Gupta，2008）认为全球的水资源危机与水资源法律的制定密不可分，因此需要分别从国家层面和国际层面分析其发展的全过程。透过历史发现，尽管绝大部分的水源都来自地下水，但是关于地下水的国际公法几乎没有。国际水法对国际范围内的水资源管理政策具有指导性意义，其对共享淡水资源的规定遵循公平、合理、合作、互利的基本原则，以最大程度保护淡水资源，各国在国际水法的基础上，结合本国国情，修订并完善国家层面的水法，更好地实现水资源的合理利用。

国际上基于发达国家所开展的海洋经济及其对国民经济影响的研究由来已久。从1974年美国《涉海活动的总产值》的研究报告最早提出"海洋GDP"的概念以来，学者们陆续对美国、加拿大、英国、澳大利亚、法国等发达国家的海洋经济产业进行了统计分析，形成了一系列相关的研究报告。这些早期的研究结果都肯定了各国海洋经济活动在国民经济财富创造以及就业岗位支撑中所起到的巨大作用，从海洋产业财富创造的角度肯定了海洋经济对国民经济发展的影响。

但随着对海洋经济发展研究的深入，学者们开始意识到传统的海洋经济价值评估方法已经不能满足海洋经济发展研究的要求，没有考虑到海洋经济活动外部性所造成的环境影响，因此存在很大的缺陷。而海洋经济对海洋环境的影响并不是没有依据的。现实中，海洋经济活动伴随的过度捕捞、海洋油气资源开采溢出、沿海生态系统的破坏、陆源污染以及海洋气候破坏时有发生；海洋生态系统被一些不可持续的人类活动，例如海洋过度捕捞、海洋污染以及栖息地的破坏深刻地影响着；尤其是近几十年来，技术和工业变化已经大大增强了人类获取海洋资源以及影响海洋环境的能力，通过污染、栖息地破坏和外来物种入侵，海洋生态系统将会被改变。而海洋经济活动影响下产生的海洋生态破坏，如海洋气候变暖（ocean warming）、海洋酸化（ocean acidification）等，反过来又会影响海洋经济的健康发展。在这种背景下，越来越多的学者、机构开始倡导建立一个具有生态环境可持续性的、有广阔发展前景的海洋经济，对海洋经济与海洋环境协调关系的研究也开始普遍起来。一些学者开始将沿海区域的海洋经济与海洋的生态环境质量放在一个系统内进行分析，判断两者之间的关系，进而从影响机制的结果入手，评估海洋经济增长的质量，这也成为目前海洋经济学研究的热点。

因经济体制和历史传统，各国自然资源资产管理体制复杂多样。刘丽等（2015）提出各国普遍实行自然资源公有、收益共享以及"谁所有—谁管理—谁受益"的制度。政府在自然资源管理中兼具多重角色和定位。自然资源资产管理是自然资源行政管理的一部分，与自然资源行政管理的各环节密不可分。国际上鲜见将土地、矿产和林业等各门类资源与资产管理相分离，且将资源与资产各自集中到不同部门进行管理的情况。为了更好地进行有针对性的分析，我们对各国自然资源管理体制比较分析状况做出说明。

二、国际自然资源管理体制发展

目前，从总体来看，世界上主要国家的自然资源管理体制各具特点，各有其适用条件，代表了当前自然资源管理体制的发展方向。不管是发达国家或是发展中国家，都需要根据自身的具体情况，特别是自然资源现状和经济发展水平，从而做出具体分析，制定具有本国特色的资源管理体制。以适度性为原则，不盲目扩张贪大求全。同时，各发达国家的自然资源管理越来越注重贯彻协同、合作、统一的管理理念。通过对整体的自然资源进行管理，在分析各种类别的自然资源共同特征后，合理运用彼此之间的相互联系，对不同类别的自然资源做出统一管理。对资源进行综合管理，并不只是简单合并各类机构，而是充分利用彼此之间的相互制约与协调，最大限度地提高总体的管理效率，实现"1+1>2"的效用。综合管理的效应不仅体现在管理效率的提高，同时体现在管理费用的减少。各种类别的自然资源，内在存在一定的经济和法律联系，对其进行横向上的拓展，将彼此之间具有一定联系的资源进行统一综合管理。

自然资源管理是可持续发展概念中的核心问题之一，它是指国家对包括自然资源开发、利用和保护在内的经济活动的宏观管理，以实现资源和经济的协调发展。自然资源管理制度（正规和非正规的）的安排，在塑造人们与自然环境的互动关系以及在自然资源管理的谈判进程中具有关键作用。我国自然资源管理已经由按照自然资源种类分类管理的制度向统一化管理转变，自然资源管理迈开了从分散、制约走向统一、协调的重要一步，相较于国外分散的自然资源管理制度，统一管理制度减少办事程序，提高了办事效率，符合我国现阶段的国情。如今中国处于快速发展的阶段，要制定符合自己国家发展的自然资源管理制度。自然资源管理体制可概括为国家集中管理体制、私人管理体制和社区管理体制三种。自然资源管理体制的不断完善，以当时的时代发展为基础，跟随需求在制度和管理等方面进一步演化深入，同时通过降低成本来提高效率；对自然资源价值的认识更加多元化；从管理模式向治理模式转变；管理内容从完全契约走向不完全契约。自然资源管理体制可以考虑从以下角度做进一步完善：使管理体制更加顺畅，使产权管理更加全面，使社区的参与能力进一步增强，使自然资源监测监督进一步深入。

第三章

我国自然资源管理体制现状

　　自然资源的管理需要符合我国自然资源的特点和经济发展状况，在由传统计划经济体制向市场经济体制的转变过程中，自然资源管理体制也发生了相应变革。新中国成立以来自然资源管理体制的发展主要经历了四个阶段：缺失阶段（1949～1978年）、探索阶段（1978～1990年）、分散管理体制逐步形成阶段（1990～2010年）、健全自然资源管理体制阶段（2010年至今）。我国自然资源的管理体制改革是一个持续的历史发展过程，各个阶段的改革侧重点均有不同，土地资源、水资源、矿产资源、森林资源、海洋资源的管理机构设置也几经变革。土地、矿产、海洋这三大类资源主要在中央国土资源部的管辖范围内，水、矿产（包括石油、天然气等能源）、森林分别独立地由水利部、国家发展和改革委员会（以下简称"发改委"）、林业局管理，构建了"三部一委加一局"的基本管理架构与"集中统一管理与分类、分部门管理相结合，中央政府与地方政府分级管理相结合"的管理体制。中央从宏观角度对重大问题形成调控政策及指导意见，各级地方政府应在参照借鉴的同时，从微观角度对地方小问题进行处理与解决。现行的自然资源管理体制可概括为"大部分集中、个别分散"的管理模式，即将土地、矿产、海洋等大部分国土资源由国土资源部集中统一管理，而水、森林、石油天然气、动物等其他自然资源则交由分部门管理，且实行"中央—地方"分级管理。

　　本章将以主要自然资源的特点和我国现行的自然资源管理体制作为出发点，将土地资源、水资源、矿产资源、森林资源和海洋资源作为主要研究对象，从法律制度、中央和地方管理关系等角度分析当前我国自然资源管理存在的问题，为后续提出相应的解决办法奠定基础。

第一节　我国自然资源基本概述

一、土地资源

土地资源是一个国家经济发展的基本要素。我国拥有总计 60 万平方千米的国土面积[①]，土地资源可以从两个角度进行分类。首先，按具体的地形对土地资源进行分类，分为山地、高原、盆地、平原、丘陵五类。其中，山地适合发展林牧业，平原和盆地则适宜耕作业的发展，而丘陵地区由于其地形崎岖不平，且大多靠近山地，水源充沛，适合种植各种经济树木以及果树。其次，将土地资源按照土地利用的特征来进行划分，分为耕地、林地、草地、内陆水域面积和其他类利用地。表 3 - 1 为我国不同类型土地资源的具体情况。

表 3 - 1　　　　　　我国不同类型土地资源状况

分类依据	按地形分	面积	占总面积（%）
按地形分 （万平方千米）	山地	320	33.33
	高原	250	26.04
	盆地	180	18.75
	平原	115	11.98
	丘陵	95	9.90
按特征分 （万公顷）	耕地	12 172	12.68
	林地	30 590	31.86
	草地	39 283	40.92
	内陆水域	1 747	1.82
	其他	12 208	12.72

资料来源：中华人民共和国自然资源部网站，http：//www.mnr.gov.cn/sj/sjfw/td_192621。

---

① 中华人民共和国中央人民政府官网，http：//www.gov.cn/shuju/index.htm。

从图 3-1 可以看出，山地、高原作为我国国土资源的主要组成部分，共占我国国土资源总面积的 59.37%，而这两类地区的地形和气候会在一定程度上限制地区经济的发展。另外，适合发展果林业的丘陵地区面积占总面积的 9.90%，适合发展耕作业的盆地和平原面积分别占总面积的 18.75% 和 11.98%，两者共占 30.73%。

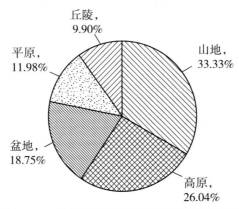

图 3-1　按地形分中国国土资源分布情况

资料来源：中华人民共和国自然资源部网站，http：//www.mnr.gov.cn/sj/sjfw/td_192621。

从图 3-2 同样可以看出，我国耕地面积仅占总面积的 12.68%。由于工业化、城镇化的发展，大量耕地面积被占用，土地质量也遭到破坏，不但会对我国农作物产量产生影响，长此以往必将影响我国的粮食安全问题。若要寻求长期的发展，土地整治工作需进一步加强，耕地面积占用问题亟待解决。另外，土地具

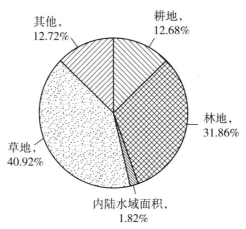

图 3-2　按特征分中国国土资源分布情况

资料来源：中华人民共和国自然资源部网站，http：//www.mnr.gov.cn/sj/sjfw/td_192621。

有不可替代性与有限性，而这更加凸显出土地资源的宝贵性，因此，必须加强对全国土地利用情况的监控分析工作，以保障土地市场的平稳运行。

资料显示，截至 2016 年底，全国共有农用地 64 512.66 万公顷，占我国总面积的 67.20%，包括主要农用地耕地 13 492.10 万公顷、园地 1 426.636 万公顷、林地 25 290.81 万公顷、牧草地 21 935.92 万公顷；建设用地 3 909.51 万公顷，占总面积的 4.07%，建设用地中城镇村及工矿用地达到 3 179.47 万公顷；另外，未利用土地率达到 28.73%。[①] 图 3-3 是 2016 年我国土地利用分布情况，图中直观地反映了各类用地情况，可以看出：农用地在我国土地利用中占据了 2/3 左右，这与我国的基本国情相符，作为人口大国、农业大国，我国仍应严守 18 亿亩耕地红线，在推进土地整治的过程中，这对我国的粮食安全问题至关重要；建设用地占总面积的 4.07%，与近年来城镇化工作的推进相吻合；未利用地占总面积的 28.73%，说明我国应注重土地利用效率，及时计划安排土地利用规划工作、积极开展土地整治管理的实施工作。

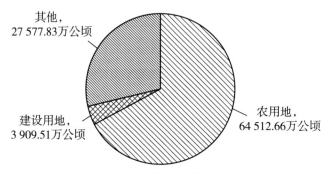

图 3-3　2016 年我国土地利用分布情况

资料来源：中华人民共和国自然资源部网站，http：//www. mnr. gov. cn/sj/sjfw/td_192621。

土地资源是保障经济发展和社会进步的基础资源。在快速推进城市化进程的同时，城市规模逐步扩大，而这必然会导致农业用地非农化的发展趋势，土地资源的需求将日益扩大。因此，应坚持科学发展观，积极响应国家建设集约型社会的号召，建立有效的用地管理决策体系，以促进我国土地资源得到合规有效的管理，转变粗放的土地利用方式，在土地资源有限的条件下，努力创造出最大的经济产出以及社会产出。由此可见，关于土地利用效率评价的研究十分必要。

---

①　《2016 年中国国土资源公报》，http：//www. mnr. gov. cn/sj/tjgb/201807/P020180704391918680508. pdf。

二、水资源

随着社会的进步与发展，现代人类活动的各个方面，如日常生活、农业灌溉、渔业养殖、工业生产活动等都离不开水资源的支持，水资源所扮演的角色早已不再局限于维系生命。作为维持地球生态平衡的关键性因素，水资源既是不可或缺的自然资源，也是无可替代的经济资源。但目前水资源的紧缺情况愈加严重，水资源分布不均的客观现实更是令现状雪上加霜。不仅居民生活受到水资源短缺的影响，工业和农业生产活动更是受到严重阻碍。另外，当前水资源的污染与浪费形势愈加严峻，也进一步加剧了水资源的紧缺状况。基于此，对水资源进行合理配置，促使水资源的供需平衡，建立全国范围内的水资源持续利用预警系统，对有效防治水资源的污染、实现水资源的长期可持续利用尤为重要。

据 1956～1979 年水文气象资料分析，我国平均降水总量为 61 889 亿立方米，水资源总量为 28 124 亿立方米，河川径流量为 27 115 亿立方米，居世界第六位，仅次于巴西、俄罗斯、加拿大、美国和印度尼西亚。但由于我国人口众多，因此虽然我国水资源总量居于世界前列，但人均占有水量仅为 2 300 立方米；单位耕地面积的占有水量仅为世界均值的 75%。[①] 图 3 - 4 展示了我国从 2000 年到 2016 年水资源的总量、人均水资源量、地表水和地下水资源量。

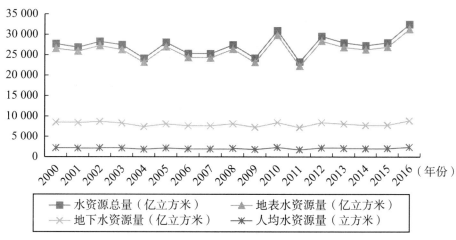

图 3 - 4　中国水资源量统计图

资料来源：国家统计局：《中国统计年鉴》，中国统计出版社 2001～2017 年版。

[①] 中华人民共和国水利部网站，http://www.mwr.gov.cn/sj/tjgb/szygb。

由图 3 - 4 可知，我国水资源总量变化趋势较为平稳，从 2000 年到 2016 年，水资源总量基本维持在 30 000 亿立方米，其中水资源总量在 2011 年最低，为 23 257 亿立方米，在 2016 年达到最高，为 32 466.4 亿立方米，占全球水资源的 6% 左右，仅次于巴西、俄罗斯和加拿大，位列世界第四。我国人均水资源量的变化趋势也较为平稳，2016 年我国人均水资源量为 2 354.9 亿立方米，占世界平均水平的 1/4。按照国际公认的标准，人均水资源低于 3 000 立方米为轻度缺水，人均水资源低于 2 000 立方米为中度缺水，低于 1 000 立方米为严重缺水，而低于 500 立方米为极度缺水。根据这一标准，我国在中度缺水到轻度缺水的范围内徘徊。

地表水是陆地动态水与静态水的总称，以液态和固态的形态出现，包括河流、湖泊、沼泽、冰川、冰盖等。它是人类生活用水的重要来源之一，也是各国水资源的主要组成部分。图 3 - 5 为 2016 年供水总量图，可以看出水资源的供给主要源于地表水、地下水和其他水源三个部分。2016 年，地表水源供水量为 4 912.4 亿立方米，约占供水总量的 81.3%；地下水源供水量为 1 057 亿立方米，约占供水总量的 17.50%；其他水源供水量只有 70.8 亿立方米，约占供水总量的 1.2%。[①] 综上可知，地表水是水资源的主要供给源头。

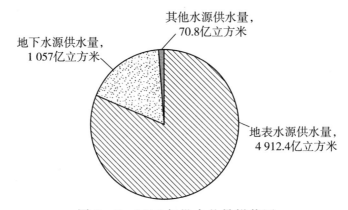

图 3 - 5　2016 年供水总量饼状图

资料来源：国家统计局：《中国统计年鉴》（2017），中国统计出版社 2017 年版。

图 3 - 6 是我国 2000 ~ 2016 年用水量的条形图。从我国用水量的总体变化趋势来看，2000 ~ 2016 年，我国用水总量变化较小，但整体呈上升趋势。2000 年，我国用水量为 5 497.6 亿立方米；2013 年，用水量达到最大值，为 6 183.4 亿立方米；到 2016 年，用水量出现小幅下降，为 6 040.2 亿立方米。

① 《2016 年中国水资源公报》。

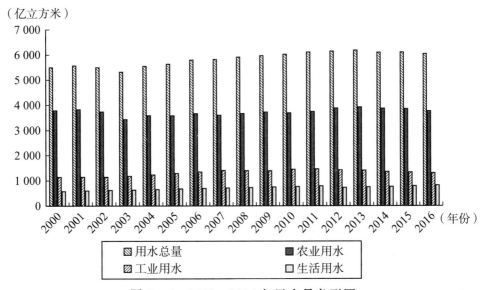

图 3 - 6　2000~2016 年用水量条形图

资料来源：国家统计局：《中国统计年鉴》，中国统计出版社 2001~2017 年版。

　　水资源的利用主要分为三个部分：工业用水、农业用水和生活用水，由图 3 - 6 可知，农业用水量所占比重最大，工业用水量所占比重次之，而生活用水量最少，但呈上升趋势。

　　图 3 - 7 是我国万元 GDP 的用水量。万元 GDP 用水量是根据总用水量除以总 GDP 得到的，在横向上能较为宏观地反映国家或地区总体经济的用水状况，纵向上则反映了我国水资源的利用效用和节水政策的实施情况。从折线图的变化趋势可以看出，万元 GDP 用水量在不断下降，2000 年万元 GDP 用水量为 548 立方米，

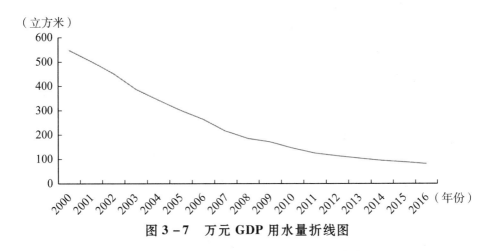

图 3 - 7　万元 GDP 用水量折线图

2016 年为 81 立方米，约为 2000 年的 1/7，表明随着我国经济的快速发展，水资源利用效率在提高。

三、矿产资源

（一）我国金属矿产资源概况

我国金属矿产储量十分丰富，分布也较为广泛。已探明储量的金属矿产有54 种，主要包括铁矿、铜矿、铅矿、锌矿、铝土矿、钨矿等金属矿产。由于不同矿产的地质工作程度不尽相同，导致各类矿产资源的丰富度也不尽相同，如铁、铜、锌、铅、钨等资源相对丰富，而如铬矿等资源就相对匮乏。

（二）我国非金属矿产资源概述

我国非金属矿产资源种类较多，分布也较为广泛。已探明储量的非金属矿产资源主要有金刚石、石墨、盐矿、钾盐、镁盐、磷矿等。我国非金属矿产资源的特点主要有：地质控制程度低的部分，我国非金属矿资源储量比重较大；非金属矿产资源的资源量虽大，但基础储量少；经济可用性差或经济意义未确定的资源储量多，虽控制和推断的资源储量多，但实际探明的资源储量少。

在我国的所有自然资源中，矿产资源品种最为复杂、地理分布最不均衡。如我国煤炭资源呈现出"井"字型分布格局，主要分布在山西、陕西、内蒙古、新疆四个省份，西多东少、北多南少，具有天然的区域分异性；而云南、贵州、四川、湖北四个省份则是磷矿资源的主要分布地，磷矿资源分布呈现"南磷北调"以及"西磷东运"的局面；钾盐矿床以现代盐湖沉卤水矿为主，柴达木盆地占到全国钾盐资源储量的近 90%。东部地区地处我国主要大江、大河的下游，地形以平原为主，作为中国经济发展和对外开放的前沿地区，占有明显的科技和经济优势，具有较高的工业化、城市化水平，且该地区采掘工业、原材料工业产品产量在全国占重要地位，但其资源相对贫乏，矿产资源特别是能源严重短缺；中部地区则坐拥较为丰富的能源、多种金属和非金属矿产资源，该地区生产我国大部分的原煤、原油，是中国主要的基础工业（能源、原材料工业）基地；西部地区能源矿产在全国占有重要地位，矿产资源的远景储量很可观，但黄土高原、西南山区以及沙漠边缘地区生态恶化现象频发，西部地区的生态环境较为脆弱，因此在矿产开发时，需重视保护环境。

作为我国经济社会发展的重要物质基础、空间载体和能量来源，矿产资源却具有空间分布不均衡的特性，不仅区域资源开发利用形式和产业结构深受其影响，矿业城市的兴衰也由其决定，且矿产资源的这种空间分布不均衡的特性在很大程度上决定着我国区域经济发展的总体格局。

四、森林资源

森林在陆地生态系统中居于主体地位，是自然界中层次结构最复杂、多样性最丰富、物种最繁多、生产力最宏大的陆地生态系统。森林具有涵养水源、保持水土、防风固沙、保护物种、固碳释氧、净化环境等独特功能，是人类生存不可缺少的生态产品。

森林资源是林地及其所生长的森林有机体的总称。森林资源包含森林、林木、林地以及依托森林、林木、林地生存的野生动物、植物和微生物。[①] 森林包括乔木林和竹林，林木包括树木和竹子，林地包括郁闭度 0.2 以上的乔木林地以及竹林地、灌木林地、疏林地、采伐迹地、火烧迹地、未成林造林地、苗圃地和县级以上人民政府规划的宜林地。森林资源的确切定义为：以乔、灌木为主体，由植物、动物、微生物组成的生物群落与自然环境相结合的综合体，能为社会提供木材和各种林、副、特产品，并具有保护环境功能的地域或空间。

中国位于亚洲东部、太平洋西岸，国土面积达 960 万平方千米，大陆海岸线长 1.8 万多千米[②]，地跨寒温带、温带、亚热带及热带等气候带，森林资源类型多样、种类繁多、结构丰富。我国森林主要类型由北向南依次为针叶林、针阔混交林、落叶阔叶林、常绿阔叶林、季雨林和雨林。表 3 - 2 为我国天然林类型及分布情况。

表 3 - 2 我国天然林类型及分布情况

天然林类型	主要分布地区	主要树种
北方针叶林和亚高山针叶林	大兴安岭和阿尔泰山	落叶松、云杉、冷杉、樟子松、圆柏
温暖带针叶林	华北和辽东半岛	油松、赤松、侧柏、白皮松
亚热带针叶林	亚热带地区	马尾松、云南松、华山松、杉木、柳杉、柏木等

① 《中华人民共和国森林法实施条例》第一章第二条。
② 中华人民共和国中央人民政府官网，http：//www.gov.cn/。

续表

天然林类型	主要分布地区	主要树种
红松阔叶混交林	东北长白山和小兴安岭一带的山地	红松、核桃树、水曲柳、紫椴、色木、春榆
铁杉阔叶树混交林	亚热带山地	铁杉与壳斗科植物
落叶阔叶林	温带、暖温带和亚热带的广阔范围内	栎树、赤杨、钻天柳、栗树、拟赤杨、枫香、化香、青檀、榔榆、黄连木
常绿阔叶林	亚热带地区，主要见于长江流域的南部	青冈、栲类、石栎、润楠、厚壳桂、木荷等
硬叶常绿阔叶林	川西、滇北和藏东南一带，主要见于海拔 2 000～3 000 米的山地阳坡	高山栎、黄背栎、帽斗栎、川西栎、铁橡栎等
落叶阔叶与常绿阔叶混交林	东南亚热带山 1 000～1 200 米至 2 200 米左右，及亚热带石灰岩山地	水青冈属、化香属、合欢属、枫香属、青冈属、栲属、石栎属、木荷属树种
季雨林	较干旱的丘陵台地、盆地以及河谷地区	麻楝、毛麻栎、中平树、山黄麻、劲直刺桐、木棉、楹树、海南榄仁树

资料来源：国家林业和草原局，http://www.forestry.gov.cn/。

我国森林面积占全球森林面积的 5%，截止到 2017 年，我国森林资源面积达 31.2 亿亩，森林覆盖率达 21.66%，活立木总蓄积达 164.33 亿立方米，森林蓄积量达 151.37 亿立方米。我国已成为全球森林资源增长最快的国家，森林面积和森林蓄积量分别居世界第 5 位和第 6 位，人工林面积居世界首位，生态状况逐步好转。森林资源经过 60 多年的培育和保护，在面积、覆盖率、活立木总蓄积和森林蓄积等方面有了大幅提升，森林面积增加 151.67%，森林蓄积增长 42.7%，森林每公顷蓄积量由 85.88 立方米增长到了 89.79 立方米，森林每公顷年均生长量由 3.95 立方米增加至 4.23 立方米。[①]

---

① 资料来源：1950～2013 年八次全国森林资源清查结果。

（一）按照地区划分的我国森林资源的分布情况

按照自然条件、历史条件和发展水平，针对我国森林资源的分布情况，将我国划分为东北地区、华北地区、华中地区、华南地区、华东地区、西南地区和西北地区。

1. 东北地区

东北地区是我国重要的重工业和农林牧生产基地，包括辽宁、吉林和黑龙江三省，跨越寒温带、中温带、暖温带，属大陆性季节气候。除长白山部分地段外，东北地区地势平稳，分布落叶松、红林松及云杉、冷杉和针阔混交林，是中国森林资源最集中分布区之一。

2. 华北地区

华北地区包括北京、天津、河北、山西和内蒙古。该地区自然条件差异较大，跨越温带、暖温带，以及湿润、半湿润、干旱和半干旱区，属大陆性季节气候。华北地区分布着松柏林、松栎林、云杉林、落叶阔叶林，以及内蒙古东部兴安落叶松林等多种森林类型，除内蒙古东部的大兴安岭为森林资源集中分布的林区外，其他地区均为少林区。针对华北地区独特的地理位置，应将保护和发展森林资源、发展防沙治沙工程、改善生态状况作为该区林业和生态建设的重要任务。

3. 华中地区

华中地区包括安徽、江西、河南、湖北和湖南。该地区南北温差大，夏季炎热，冬季寒冷，降水量丰富且稳定，水热条件优越。森林资源主要分布在神农架、沅江流域、资江流域、湘江流域、赣江流域等处，主要为常绿阔叶林，并混生落叶阔叶林，马尾松、杉木、竹类分布面积也非常广。作为中国集体林主要分布区之一，该区也是进行速生丰产林基地搭建的重要地域。

4. 华南地区

华南地区包括广东、广西、海南和福建。该地区气候炎热多雨，无真正的冬季，跨越南亚热带和热带气候区，分布着南亚热带常绿阔叶林、热带雨林和季雨林，该区植被茂盛，树种、动植物种类最为丰富。

5. 华东地区

华东地区包括上海、江苏、浙江和山东。该地区邻近海岸地带，大部分地区受台风影响降水量丰富，且四季分布比较均匀，森林类型多样，树种丰富，低山丘陵以常绿阔叶林为主。该地区人工林发展对推进林业生态建设、建立农业生态屏障和促进区域经济发展均发挥了积极的作用。

6. 西南地区

西南地区包括重庆、四川、云南、贵州和西藏。该地区垂直高差大，气温差异显著，形成明显的垂直气候带与相应的森林植被带，森林类型多样，树种丰富，森林主要分布在岷江上游流域、青衣江流域、大渡河流域、雅砻江流域、金沙江流域、澜沧江和怒江流域、滇南地区、大围山、渠江流域、峨眉山流域等处。该地区是中国天然林的主要分布区之一，生态多样性十分丰富。

7. 西北地区

西北地区包括陕西、甘肃、宁夏、青海和新疆。该地区自然条件差，生态环境脆弱，境内大部分为大陆性气候，寒暑变化剧烈，除陕西和甘肃东南部降水丰富外，其他地区降水量稀少，为全国最干旱的地区，森林资源稀少。森林主要分布在秦岭、大巴山、小陇山、洮河和白龙江流域、黄河上游、贺兰山、祁连山、天山、阿尔泰山等处，以暖温带落叶阔叶林、北亚热带常绿落叶阔叶混交林以及山地针叶林为主。该地区是西部大开发和全国生态建设的战略重点区域之一。

（二）按照流域划分的我国森林资源分布情况

按照主要流域分布，针对我国森林资源的分布情况，将我国森林资源划为长江流域、黄河流域、黑龙江流域、辽河流域、海河流域、淮河流域、珠江流域。

1. 长江流域

长江是中国第一大河流，全长 6 397 千米，流经全国 19 个省、自治区、直辖市。[①] 长江流域地貌类型多样，绝大部分区域处于亚热带，气候较为温和，自然条件优越，雨量充沛，适宜林木生长，故长江流域森林资源相对丰富，在全国森林资源和生态建设中起到重要作用。

2. 黄河流域

黄河流域全长 5 464 千米，流经全国 9 个省、自治区。[②] 黄河流域地处我国北方中纬度地带，所经流域气候差异较大，地貌变化明显，黄河流域生态环境较为脆弱，因此改善黄河流域的生态状态对于改善我国森林资源和生态状态具有重要意义。

3. 黑龙江流域

黑龙江流域在我国境内面积达 9 313.47 万公顷，约占全流域面积的 48%。[③]该流域跨越我国黑龙江、吉林两省和内蒙古自治区，季节变化明显，气候主要为大陆性季风气候，流域内山峦叠嶂，森林资源丰富，素有"红松之乡"和"林海"之称。

---

①②③ 中华人民共和国水利部网站，http://www.mwr.gov.cn/szs/hl/。

4. 辽河流域

辽河流域位于东北和华北地区，途经我国河北、吉林、辽宁三省和内蒙古自治区，面积达 2 191.31 万公顷。[1] 辽河流域上游气候较为干旱，水土流失严重，森林植被较稀少，而中下游流域雨量较充沛，森林植被较为丰富。

5. 海河流域

海河流域东临渤海，西靠云中山及太岳山，南邻黄河，北依蒙古高原。该流域面积达 2 622.70 万公顷[2]，地处于干旱气候和湿润气候的过渡区，又因流经幅员辽阔的华北大平原，森林资源较少。

6. 淮河流域

淮河流域地处我国东部地区，位于长江流域和黄河流域间，流经我国山东、河南、湖北、江苏、安徽五省，面积达 2 692.83 万公顷。[3] 该流域气候温和，主要发展平原林业。

7. 珠江流域

珠江流域面积达 4 421.00 万公顷[4]，地跨湖南、江西、云南、贵州、广东、广西六省（自治区），地处亚热带气候区，气候温和，雨量充沛，森林资源丰富。

五、海洋资源

海洋面积占据地球表面积的 71%，蕴藏着不计其数的自然瑰宝。海洋资源作为自然资源的重要组成部分，其定义大致可分为两类：（1）广义的海洋资源包含其本身所蕴含的一切具有天然属性的物质，同时也包括了人类依托海洋资源所开发的各种人造资源。换言之，海洋资源既包含了海洋物质、海洋能量、海岸带等与自身水体密切相关的物质，也包含了海上运输、通信、隧道等人类开发及创造的设施。（2）狭义的海洋资源则仅包含海洋本身所蕴含的物质，如海洋化学要素、能量、矿产等。合理分类海洋资源，一方面可以掌握目前海洋可利用资源的现状；另一方面则可以科学有效地制定具有针对性的资源管理策略，进而实现海洋资源的可持续利用。

（一）依据空间分布划分

从空间的角度来看，可将海洋资源划分为海洋水体之下的底土、海洋水体自身以及海洋水体之上的空气，即在陆地、海底、海水、空气之间存在于海水与海底之间的海床、海水与空气之间的海表面、海水与土地之间的海岸线等不同界

---

[1][2][3][4] 中华人民共和国水利部网站，http://www.mwr.gov.cn/szs/hl/。

面，以及由此构成的海洋资源存在空间。

（二）依据资源形成过程划分

1. 不可再生海洋资源

具体指不可利用自然的力量实现增量或者维持现有水平的资源，即不可再生的海洋资源无法实现长期性的可持续利用，例如海洋矿产等资源。

2. 可再生海洋资源

具体指可以利用自然的力量实现增量的物质，即在合理开发及利用的基础上，可再生海洋资源可以维持自我繁殖，例如海水资源、生物资源等。

（三）依据市场机制划分

1. 不可交易海洋资源

具体指无法通过市场进行交易的物质，其价值只能通过间接的方式体现，例如海洋生态环境。

2. 可交易海洋资源

具体指具有具体的市场价格并可以通过市场进行交易的物质，例如海洋生物、矿产等。

（四）依据自然属性划分

如图 3-8 所示，学术界往往将海洋资源分为矿产资源、生物资源、空间资源、化学资源以及能量资源五类。

中国海洋中蕴含着丰富的资源，包括沿海滩涂和浅海资源、港址资源、海岛资源、海洋生物资源、海洋油气资源、滨海砂矿资源、深海矿产资源、海水化学资源、海洋能资源等。

1. 沿海滩涂和浅海资源

沿海滩涂和浅海资源是我国发展养殖业的重要场所，我国沿海滩涂资源的总面积约为 2.2 万平方千米，且每年都在不断扩张，该资源主要分布在平原海岸。我国浅海资源也十分丰富，0~15 米深的浅海面积约占近海总面积的 2.7%。[1]

---

① 数据来自历年《中国海洋经济统计公报》，http://www.mnr.gov.cn/sj/sjfw/hy/gbgg/zghyjjtjgb。

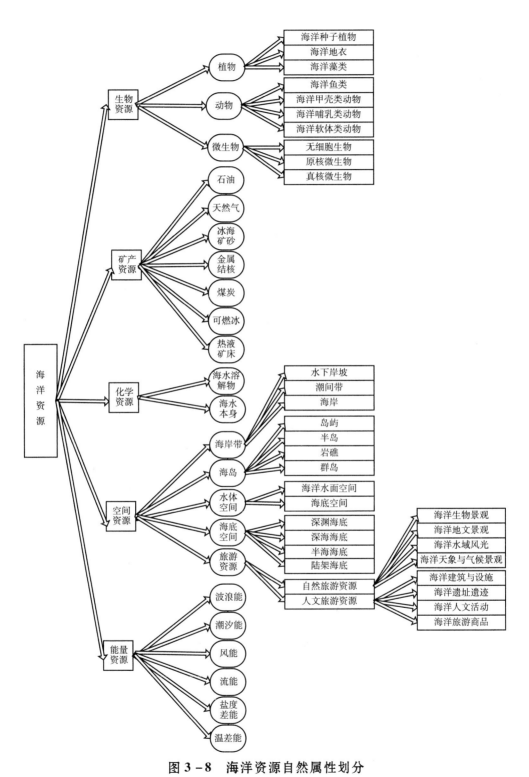

图 3 – 8　海洋资源自然属性划分

2. 港址资源

由于我国大陆有基岩海岸 5 000 多千米，基岩海岸之长使得我国港址资源十分丰富。我国沿岸有 160 多个大于 10 平方千米的海湾，深水岸段长达 400 多千米，大部分岸段无泥沙淤积，具备良好的岸址环境条件。就目前来看，我国可供选择建设的中级泊位以上的港址共有 168 处。①

3. 海岛资源

由于海岛兼备海陆资源，这使得海岛资源对我国海洋经济的发展具有重要作用。据统计，面积大于 500 平方米的海岛我国目前共有 5 000 多个，总面积约为 8 万平方千米，其中有人居住的岛屿 400 多个，总人口 500 万左右。我国海岛的分布较为不均，东海海域的海岛数目最多，约占总海岛数的 58%；南海其次，约占总海岛数的 28%；黄海和渤海两块海域的海岛数总计约占总海岛数的 14%。②

4. 海洋生物资源

地球上有 80% 的动物生活在海洋中，按系统分类可以把海洋生物资源分为鱼类资源、无脊椎动物资源、脊椎动物资源和海藻资源。中国海洋生物资源丰富，海洋生物的种类较多，根据统计资料，中国沿海已经确认的海洋生物有 20 278 种，海洋鱼类有 3 018 种。③ 由图 3-9 可知，2006 年开始中国海洋捕捞产量有过小幅涨跌，但整体产量较为固定，而全国海水养殖产量呈现逐年增加的趋势。从 2010 年起，长期的过度捕捞导致近海渔业资源逐渐呈现枯竭征兆，远洋捕捞开始兴起。截至 2015 年，远洋捕捞产量已达到 219 万吨，年均增长率达到 14%。海水养殖产量和远洋捕捞产量的上升，使我国海产品产量自 2006 年以来整体呈现上升趋势。

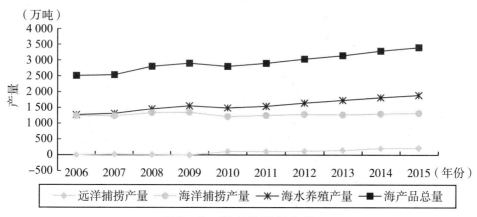

图 3-9 海产品历年产量

资料来源：《中国渔业统计年鉴》，中国农业出版社 2007～2016 年版。

---

①②③ 数据来自历年《中国海洋经济统计公报》，http：//www.mnr.gov.cn/sj/sjfw/hy/gbgg/zghyjjtjgb。

5. 海洋油气资源

随着近年来我国海洋探测技术的提升，我国海洋油气资源查明储量不断增长，产能能力日益突出。据统计，我国海洋石油、天然气累计探明技术可采储量各海域分布如下：渤海海洋石油可采储量 73 513.9 万吨，海洋天然气可采储量 739.9 亿立方米；东海海洋石油可采储量 1 641.8 万吨，海洋天然气可采储量 1 196.9 亿立方米；黄南海海洋石油可采储量 45 802.4 万吨，海洋天然气可采储量 3 489.5 亿立方米。[①]

6. 滨海砂矿资源

我国滨海砂矿种类丰富，辽东半岛、山东半岛、广东和台湾沿岸均有分布，且多属复矿型砂矿，主要有金、钛铁矿、磁铁矿、锆石、独居石和红金石等。据统计，我国滨海砂矿探明储量为 15.25 亿吨，其中滨海金属矿 0.25 亿吨，非金属矿 15 亿吨。[②]

7. 深海矿产资源

深海矿产资源主要包括多金属结合矿、富钴结合矿、深海磷钙土和海底多金属硫化物矿。其中，多金属结合矿经济价值最大，而我国的多金属结合资源包括中国所管辖海域赋存的资源和国际海底享有的资源。在我国所管辖的海域内多金属结合资源主要位于中沙群岛南部深海盆底及东沙群岛东南和南部平缓的陆坡区，从经济角度看极富开采价值，主要可以分为滨海砂矿、海底磷矿、洋底多金属结合和富钴锰结合、海底多金属软泥和海底油气藏。目前，中国大陆架海区含油气盆地面积近 70 万平方千米，油气资源储藏量达 4×10^{10} 吨油当量，天然气资源储藏量为 1.4×10^{13} 立方米。[③]

8. 海水化学资源

世界上海洋海水体积达 13.7×10^{12} 立方米，占据地球总水量的 97%。[④] 海水中含有多种化学元素，目前人类在地球上发现的一百多种化学元素中有八十多种能够在海水中找到，且它们的总量巨大。即使是某些微量元素，如锂等，在海水中的总储量也以亿吨计算。从海水中提取化学物质，可以为我国创造巨大的财富。由于我国沿海许多地区都有含盐量高的海水资源，因此海盐已成为我国盐业生产的重点，我国有四大盐区，分别为辽东盐区、长芦盐区、山东盐区与淮北盐区。除食盐外，由于在海水中能够提取陆地上资源较少的镁、溴、钾等元素，因此我国在海水化学资源的开发利用方面拥有巨大的潜力。图 3-10 展示了我国历年盐田总面积，可以看出，2008 年以来我国的盐田总面积呈现逐渐下降的趋势，在 2015 年为 35 万公顷，年产海盐 3 138.9 万吨。

---

①②③④ 数据来自历年《中国海洋经济统计公报》，http://www.mnr.gov.cn/sj/sjfw/hy/gbgg/zghyjjtjgb。

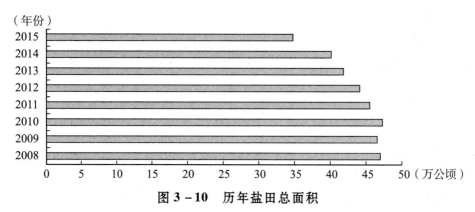

图 3-10　历年盐田总面积

资料来源:《中国渔业统计年鉴》,中国农业出版社 2009～2016 年版。

9. 海洋能资源

据不完全统计,我国海洋能资源的蕴藏量大约为 4.31 亿千瓦。其中,大陆沿岸潮汐能资源蕴藏量达到 1.1 亿千瓦,大部分集中在浙江和福建两省。波浪能储藏量约为 0.23 亿千瓦,主要分布在福建、浙江、广东、海南等省份。[①]

第二节　我国现行自然资源管理体制

一、土地资源管理体制

我国基于宪法、土地法、土地管理法和土地规划法等土地法律法规制度,确定了现行的土地管理体制。现行土地管理法律最根本的依据是《土地管理法》。现行《土地管理法》于 2004 年修订,以满足中国城市建设与经济发展的需求,之后国家逐渐制定了一系列相关的土地管理政策和法律法规,并推进深化土地改革,加强宏观调控力度,不断优化土地资源配置、健全土地管理制度。

自新中国成立以来,中国土地管理体制发展过程至今经历了四个阶段:从短暂统一到多头分散管理阶段（1949～1986 年）、城乡土地集中统一管理阶段（1986～1998 年）、国土资源全面集中统一管理阶段（1998～2004 年）、现行土

---

① 数据来自历年《中国海洋经济统计公报》,http：//www.mnr.gov.cn/sj/sjfw/hy/gbgg/zghyjjtjgb。

地管理机构设置进一步完善阶段（2004 年至今）。自 2004 年起，实施省以下土地垂直管理体制，并成立土地督察局，建立土地督察制度。中国在土地资源管理机构设置上，实现了国土资源多部门分管向统一集中管理的转变，上设国土资源部，下设国土资源厅，纵向按各级政府依次划分为地市国土资源局、县级国土资源局、乡镇国土资源所。改革后的管理模式是省级的国土部门基本维持现状，而对于市级和县级国土资源主管部门，则是由上一级国土部门进行领导班子任免工作；在设区的市（州）土地管理权方面，区一级国土资源局则成为市国土资源局的一个派出机构。乡（镇）土地所在机构编制上，由县（市、旗）政府进行管理；县（市、旗）政府可以根据实际情况以及工作需要，设置一些乡（镇）或区域国土资源管理所，这些土地所是县（市、旗）土地管理部门的派出机构。

中央政府十分重视土地管理工作，出台相关政策文件形成整体规划，提供人力和财力支持，同时地方政府发挥宏观调控职能全力配合。在各级土地管理部门的相互配合、共同努力之下，当下的土地资源管理体制改革取得了一定的成效。如加强了土地管理工作，特别是耕地的保护工作，在耕地总量方面基本达到了动态平衡状态；加强了国土资源的调查评价体系建设和科学规划，使之成为国民经济持续发展的重要基础；推进了国土资源信息系统的建设，有利于实现信息服务社会化；进一步深化土地使用制度的改革，推进土地市场建设；健全相关法制，加之依法行政，使得土地管理秩序有所好转；加大了土地管理基础业务的建设力度，形成了系统化、规范化、科学化、现代化的土地资源管理体制。

不过我国现行的土地管理体制表现出一定程度的不适应性，与新时期中央关于资源环境可持续发展的改革目标存在一定差距。李国敏和卢珂（2011）研究分析认为，现有管理体制与我国国情不适应，主要体现在土地资源管理体制的行政机制过于分散、主权不明、效率低下。首先，将开发利用与保护全国土地资源的工作职责分割给多个部门分散管理，在管理体制上尚未形成统一的协调管理与科学规划，无法充分利用国家的土地资源。其次，现行的土地垂直管理体制从纵向上看过于强化中央政府的宏观调控，使得地方政府权力受限，造成地方政府陷入"想管又无权管"，而为促进地方发展又"要管"的两难境地；在横向角度来看，由于各级政府（中央、地方）的相关土地管理部门间并未形成"合力"，有关的土地资源管理部门开展工作常常难以获得地方政府人力、物力的积极配合，从而大大降低了土地管理的权威性和有效性，使得有关政策与制度难以落实。最后，由于城市土地主权在现行管理体制下不够明确，土地三权（所有权、开发权、使用权）的管理混乱，难以确保现国情下土地资源供给政策的顺利执行。为此，张大璐（2015）等提出，我国应该突破粗放式的土地增长模式的固化思维，探索现代化、科学化、专业化的土地管理机制。传统的粗放式增长模式形成固定思维，导致了土地利用率低、土地资源浪费、土地资源质量下降等问题。现有土地管理体制尚未形成科学合理的规划，造成土地投资成本的增加，因此应进一步细致地划分和界定土地权利，推动现代化、专业化、数字化管理体系建设，解决在当前土地管理及利用中存在的自相矛盾的问题。

除了存在以上主要问题外，中国土地资源管理也面临着许多挑战。城镇化的不断加快，使土地用途发生巨大变化，房地产行业迅速发展，地价、房价持续攀升。巴斯肯特和卡迪奥古拉（Baskent and Kadiogullari, 2007）对城镇化和土地用途改变做了相应的研究。近几年，随着社会经济的发展，城市用地增长率要远高于城市非农业人口增长率，土地资源管理工作中必要的土地开发建设常发生与生态文明建设相悖之处。在开发建设中，时而出现盲目批地、土地征而未用的现象，出现了大量闲置的土地。严金明（2016）认为，新形势下土地供需矛盾突出、人地关系紧张，尤其是近年来城市化进展、商业化建设对土地资源需求激增，随之而来出现了土地资源利用的缺口问题和土地市场管理紊乱等新的挑战。并且，为满足土地资源利用的需求有时会出现过度开垦现象，引发生态环境严重恶化，不适用土地管理标准的开发建设扰乱了生态平衡，导致地质灾害频发。同时，土地改革政策也引发了城市土地利用效率低、囤地和耕地面积损失等严重问题，农村土地使用也存在着人均用地远远超过国家规定标准的问题。土地财政与城市化进程对土地日益增长的需求开始转向农村，现行管理体制在满足经济发展需求的同时，应牢牢把握耕地红线和生态文明红线，节约集约用地，调节空间布局。在现行土地资源管理上，土地资源部门要在促进土地开发建设和生态文明建设中有所权衡，积极面对挑战，勇于创新。

二、水资源管理体制

水资源短缺是世界面临的共同危机，水资源的可持续利用越来越受到人们的关注，其在整个经济社会的可持续发展中处于不容忽视的战略地位。中国是人口大国，尽管水资源总量居世界第六位，但人口基数庞大，人均可利用水资源十分有限。随着经济的发展，中国水资源短缺形势愈发严峻，如何解决由水资源短缺和水污染引发的一系列问题越来越受到政府重视，学术界也开始探讨有关水资源的管理理论且逐渐关注其框架体系的建设。

有效管理水资源需要国家加强宏观调控。我国政府在制定水资源管理制度和水资源开发利用规划的过程中，不仅要考虑具体国情，还应借鉴其他国家先进的水资源管理经验，建立具有中国特色的水资源管理体系。从时间上看，中国水资源发展主要经过四个阶段（1949年以前、1949～1978年、1978～1990年、1990

年至今）才大致形成当下较为完整的水资源管理体制，在内容上主要针对水资源的开发利用许可、水权交易和水污染的治理与限排。中国现行的水资源管理体制是由 1988 年《水法》与 2002 年实施的新《水法》共同确定的，其管理模式是，流域管理和区域管理相结合，规定相关的流域管理机构在工作区域内可以行使的法律权利和监督职责，提出"统一管理结合分部门管理，分离监督管理与具体管理"（王渊和马志国，2008）。具体做法有：建立流域管理制度及行政区域管理的立法基础，强调环境和生态用水、水需求管理以及节约用水的重要性，初步建立国家或流域综合管理制度等。我国主要通过规定水资源的所有权归属于国家，对水资源进行两阶段分配，即通过初始分配和再分配等措施管理自然水资源。现阶段由于水资源的自身特性，中国水资源管理机构包括水利部、国家环保局、建设部、农业部、林业局等。

我国水资源管理模式长期以来一直引导着我国水资源管理的实践活动，即：将"工程水利"作为指导，重点在于人改造自然以及战胜自然；"供给管理"（supply management）和"分割管理"（delegated administration）作为主要的管理方式，强调水资源的开发与利用。中央 2009 年提出的最严格水资源管理制度概念，标志着中国最严格水资源管理制度考核工作正式开始。现代水资源管理指导思想包括水资源可持续利用、人水和谐理论、最严格水资源管理"三条红线"，为中国水资源统一管理的现代化和系统化指明了建设方向。当下整个中国区域内已然形成相对应的管理系统，由水利部与环保局共同领导各流域对应管委会下设的水资源保护局；中央不断完善水资源管理的相关法律条例，推进水资源管理工作有法可循；国家积极开展水资源的科学管理和有关水资源的研究工作，逐步完善水资源的管理和保护工作。在流域管理紧密结合区域管理的综合管制下，水权的管理制度主要包括取水许可、水资源论证和水量分配等，水价的管理制度以全成本核算作为基本原则。

尽管我国正在逐步确立以流域管理和区域管理相结合的综合管理体制，但现实中存在的水资源管理的种种困难也反映出以下问题：区域水资源权属不明确，水权没有明确划分到微观个体；有些地方政府一味发展经济建设，不能落实水环境保护职责；"多龙管水"缺乏协商机制，各政府部门在管理上相互掣肘。当前管理体制需要与中国特色社会主义经济形势相结合，在采取行政手段管控的同时，纳入市场调节功能，"供水成本高、水价低"这一现象不符合市场规律。当前出台的大量涉及水资源管理的立法规定覆盖面不广、缺乏各部门之间的协调机制，现行体制缺乏有效管理体制和利益协调机制，使得管理形式较为分散，各部门之间难以形成合力创造整体效益。除此之外，水资源产权不够明确，造成了水资源短缺和浪费两者并存的局面。管理体制往往局限于机制本身，缺少民众、企业的参与，部分区域的民众未能真正形成节水意识，造成水资源管理效率低下。为将水资源管理制度落实到位，国家应该扩大民众的环境知情权，确保进一步鼓励民众监督和参与协商机制，在强化水资源管理可行性的同时，提升水资源的有效利用率。

除了存在以上主要问题外，中国水资源管理也面临着许多挑战，主要有以下四大方面：一是经济措施与1988年《水法》相关的法律约束间的协调问题；二是为支持水资源的可持续性发展，从强调水利公司结构工程解决方案向资源水利概念的转变问题；三是在建立新水知识体系过程中，仍需适应本土的水科学工程问题；四是如何解决社会结构转型与区别对待的区域差异问题。中国水资源管理所面临的挑战将主要集中于社会结构转型与区域差异两大方面，面对中国社会转型中存在的不确定性，我们要改变传统的管理思路，做出既能够满足当下发展需要又能促进未来增长的艰难抉择。现有的水资源需求、管理模式下，面临着水资源可利用量和水质量安全保障的双重危机，管理体制亟待改革。

三、矿产资源管理体制

矿产资源属于储量有限的非可再生资源。根据其特点以及用途的不同，一般情况下，可以把其分成能源矿产、金属矿产、非金属矿产三大类。矿产资源是重要的自然资源，对其合理开发利用和保护直接关系到国家社会、经济的可持续发展。自新中国成立以来，中国矿产资源管理体制大致经历了三个阶段：1949～1986年、1986～1996年和1996年至今。1986年，我国颁布实施了《中华人民共和国矿产资源法》（简称《矿法》），自此实践部门树立了"合理开发利用和有效保护矿产资源"的中心目标并进行持续的探索，《矿法》先后于1996年和2003年进行了两次修订。

现行的管理体制明确了四级政府（即中央、省、市、县）的矿产资源行政事权，规定了国土资源部监督检查职能，充分激发了地方政府的积极性，同时加强宏观调控矿产资源和执法监督。另外，国家发展和改革委员会（以下简称"发改委"）、能源局、商务部、建设部、环境保护部等部门各司其职，协同执行矿产资源的综合管理职能。

矿产资源现行管理体制赋予国家对于矿产资源拥有绝对所有权，但由于没能真正走出政府管制、公共所有的计划供给模式，这种制度安排对矿产资源的配置效率也越来越低，已不能适应我国经济发展的需要。矿产资源现行管理体制存在的问题主要有以下几个方面：矿产产权管理比较混乱、部门之间存在条块分割、不合理的资源补偿、存在市场与行政错位现象以及政策法规不配套等。在短期利益的驱使下，我国正面临一种局面，即掠夺性、破坏性地开采矿产资源，浪费了大量的资源，严重污染了环境，使得资源变成了制约中国现代化建设、国民经济可持续发展的"瓶颈"。我国矿业权市场建设存在明显滞后，市场主体未真正形成、体系规则不健全、运行不规范，不能真正发挥对资源的市场调节作用，阻碍了矿产资源的可持续发展。现行管理职能分工也存在若干问题，首先是部门间存在着部分权职交叉、权责不全的现象，从而降低了整体行政效率；其次是部门间缺失协调职能，影响有效管理机制形成；最后由于不同的矿产资源的管理权归属于不同的行政单位，出现了"部门分割""行业封闭"，面临着构建科学完整的综合管理体系带来的挑战。虽然国家为完善矿产资源管理法律体系，围绕着《矿法》出台了一系列法律法规，促成法律制度框架的构建，解决矿产资源管理有法可循的问题，但在实践方面仍不能充分适应管理需求，如矿业权的流转制度存在缺陷、矿产资源有偿取得制度不够完善等，这些都是发展公正公平的矿业权市场中的不和谐因素。现行管理方式正从传统化管理向现代化管理转变，管理上宏观调控手段仍存在缺陷，需要考虑资源的综合利用，同时协调生态环境保护。

四、森林资源管理体制

作为自然资源的一个重要组成部分，森林资源是陆地生态系统的主体，是进行各项林业生产经营的基本要素，承担着林产品供给与生态建设的重要任务。

森林资源利用管理是对森林的经营、开发和利用等行为的管理，是实施森林科学经营、控制森林过量消耗的关键手段。在实践中不断完善森林资源管理基本制度，使森林资源管理更加规范，有助于继续提高我国森林资源增速，提高森林资源质量。中国森林资源管理体制经历了两个阶段：一是"多权合一"的管理阶段（1949~1978年）；二是"两权分离"的尝试阶段（1978年至今）。改革开放以后，相对独立的森林资源管理机构被逐渐建立起来，具有权威性的监督体系也得以成长，但森林资源管理依然处在不断改革与发展之中。我国于1984年制定、1998年修订的《森林法》，及随后陆续出台的相关法规文件，旨在建立利权责三者相统一的森林资源管理体制，保障森林资源的可持续发展和综合利用。

在长期实践和探索中，中国在森林资源管理方面形成了一系列具有规范和科学性的基本制度，如森林资源合理化利用管制、林地林权管理、森林资源监测与检查等，使管理工作逐步走上法制化、规范化的轨道。不过我国现阶段森林资源管理体制实施过程中也存在一些问题，主要有：第一，我国森林资源管理制度的产权、股权划分不是很明确，现行《森林法》把森林资源的所有权归国家所有，各级政府就森林资源的产权存在纠纷，不利于资源的开发与利用。第二，中国现行森林资源管理体制不是很稳定，部分管理部门设置繁复、职责划分不清，监管机制和监督职能不尽完善。现体制行政管理机构的设置，分割架空了部分职能，从而引起职能混乱，不但国家对资源的保护和综合利用权力被削弱，森工企业也由于政企不分，无法真正实现市场的有效配置。第三，森林资源的管理和立法工作亟待进一步完善，明确各部门的管理职能，设立权威性的监督机构和层次分明的运营管理体系。从动态角度分析认为，以往行之有效的管理手段已经不能适应当下社会的经济发展形势，除了行政手段外，还需要法律、教育、市场等多方面的配合，管理体制的执法建设、执法力度和财政支持不足，协调机制建设尚不完备、公众参与的积极性难以调动等，都是目前亟须解决的问题。森林管理体制从管理和监督上都离不开公众的参与，公众缺乏对森林资源的保护意识，政府应当给予公众充分的知情权、参与权，进一步实现管理的经济效应、社会效益和生态效益。

中国国有林区资源管理存在的问题，可以归纳为：第一，国有森林资源管理体制上存在着管理职能混乱和管理机构设置不合理的问题，中央设置的森工企业可以无偿使用和监督管理中国国有林区的资源，这些企业不但是管理者，还是经营者，往往很难有效监督到自身；第二，在现行的林业管理体制中占据核心地位的是采伐限额政策，其出发点是限制追求获取利润最大化的林业生产者，但实施效果不佳；第三，立法和制度建设方面，需要加强有关法律制度的完善，继续跟进某些法律条文的改善进度。

现行体制遇到的主要挑战有三个：在包含众多动植物群落的复杂森林系统之中，森林资源的维护存在很多困难，甚至还有偷猎、乱砍滥伐的负面现象时而发生，加重了基层管理人员的负担；森林资源开发的中高层次人才匮乏，部分开发人员专业性不够，资源利用率不高，开发效率较低，长此以往会给整个森林系统带来不可估量的损失；现有关于森林资源的立法与市场化经营活动之间存在着矛盾，产业化水平较低，森林经营的市场机制不能与之相适应，导致无法正常发挥森林资源的合理价值。尽管中国已经参与到全球森林治理的可持续管理中，但是水土流失、非法伐木、退耕还林这三个方面的问题给当下管理体制带来了挑战，对中国的森林资源管理能力提出了更高的要求。

五、海洋资源管理体制

中国海域辽阔，北至渤海北岸，南到曾母暗沙，拥有渤海、黄海、东海和南海四大海域。中国海洋资源管理按照相关的法律法规，依据行业制度和部门规章开展，主要的管辖领域包括海洋矿物资源、渔业资源、海洋空间资源、海洋旅游资源。与发达国家相比，中国总体的海洋资源开发利用水平仍然相对落后，具体体现在意识形态、科学管制、技术装备和经济效益方面的差距，而这些已然阻碍了中国海洋资源进一步的开发与利用。

新中国成立以来，中国海洋管理体制经历了两个阶段——"分散型—职能化"管理体制（1949～1980 年）和"半集中—结合化"管理体制（1980 年至今）。现行管理体制是基于 1998 年政府机构改革形成的，国家海洋局代表国家对海洋资源实行综合管理，分别下设海洋管理分局、陆岸海监站和海监总队，地方设省、市、县三级行政管理机构，形成"中央—地方"自上而下的管理系统。从纵向来看，宏观上由国家统一管理，微观上交由各级地方政府负责；从横向角度看，综合化管理与特定行业或部门的管理相结合，海洋资源管理的执法部门设置有海洋局、农业部、公安部、环保部、交通部、国土资源部、地方政府、海关总署等。中国除了遵循国际《联合国海洋法公约》外，也结合国情制定了《海域使用管理法》《海洋环境保护法》《渔业法》等有关海洋资源利用的法律法规。

长期以来，中国海洋资源管理空缺权威性的综合管理部门，具体工作主要是交由政府的不同部门同时承担，当资源开发活动与管理法律法规产生矛盾时，容易导致各管理部门单纯以局部利益为中心，有时为服从资源开发而牺牲资源管理，管理部门的职能未能得到充分发挥，影响了海洋管理工作的正常有效开展，更有甚者还会造成海洋资源经营管理的失控。现行海洋资源的管理体制依然存在着职权交叉和管理空白，因此当务之急是努力建立科学合理的海洋资源管理体系。我国颁布的《全国海洋功能区划》《全国海洋经济发展规划纲要》《中国海洋 21 世纪议程》等一系列法律法规，是目前国家从整体角度制定的海洋总体政策，旨在促进海洋事业全面协调发展，使中国海洋工作拥有完整、明晰、统一的指导以及整体上的统筹规划能力。

国家基本沿袭新中国成立以来的复合海洋行政管理体系，该体系确实提升了中国的海洋管理能力，但随着改革开放和经济全球化的进展，现行管理体制中的问题开始暴露出来。中国海洋资源的整体开发与利用相对落后，在思想、管理、效益和技术等方面仍有较大的发展空间。近年来学者们针对现行海洋资源管理现状进行分析，指出目前所面对的三个困境：一是海洋管理体制各部门间本身缺乏协调机制；二是当前法律制度建设缓慢滞后和缺少统筹性；三是职能管理体制分散、配套综合建设失衡（陈丽萍，2018；马永欢，2017）。现行管理体制"多头管理、职能分散"，部分管理部门之间彼此管理职责模糊甚至重复，浪费了政府行政资源，拉低了行政效率，国家宏观管理部门与地方政府的冲突缺乏协调机制。当前海洋环境立法规范缺乏统一规划，各职能部门及地方政府在"软法机制"的约束下存在弹性化的利益倾向，另外，重复性立法的补充性法律法规又造成职责交叉、权职不明的隐患。虽然我国较早开始进行海洋的综合管理，但与主要发达国家相比，海洋法律法规体系依然不完善，法律法规的实施效果也不尽如人意，立法存在滞后性。同时，在海洋法制方面，还存在海洋执法力度不够的问题，这不利于我国海洋事业的发展。现行行政管理体制随着市场经济的迅速发展，这种将综合管制与行业（部门）管制结合的复合管理体制，已经不再适应复杂性、综合性的海洋管理需要，如何有效衔接"中央—地方"管理体制、优化地方政府海洋管理是亟待解决的问题。而优化地方海洋管理行政，关键要以划分管辖海域来明确中央政府和地方政府的管理权责边界，解决因"条块分割"而产生的管理上的弊病。

现行体制的改革思路应考虑到生态文明建设的内在需求，从而进一步完善自然资源的管理体制；应充分尊重各个海域的特点，因地制宜制定海洋经济增长与环境保护目标。每个海域情况不同，特点也不同，并不是每个海域的海洋经济发展与环境质量都呈现相同的关系。海洋环境与海洋经济增长之间不协调的发展状态，与海洋环保力度不够直接相关，海洋环境质量状况并不会单纯随着海洋经济相关指标的变动而自发得到改善，之所以出现两者的脱钩，很大程度上是因为海洋经济增长的同时海洋生态系统保护的程度不断加深。而海洋环保的投入力度加大，不仅表现在环保资金的直接支出上，同时政府、企业以及全社会多方力量共同投入来鼓励低耗能、低污染的海洋产业发展，鼓励海洋科技创新也可以达到海洋环境保护的目的。

第三节　自然资源管理体制存在的问题和挑战

一、法律制度存在的缺陷

我国自然资源的种类较为齐全，绝对量大、相对量少，资源质量参差不齐，资源综合利用率较低且浪费严重，环境污染现象严重，经济发展与自然环境建设的矛盾变得日益严峻，给我国的经济社会可持续发展带来更大的挑战。长期以来，我国自然资源管理主要采用传统的行政手段来进行调节，在实际施行中逐渐暴露出一些弊病，如无法可依、法制不健全、资源综合管理匮乏等。因此，为全面促进生态文明的体制改革，必须以构建良好的自然资源管理体系作为基础。

为推动自然资源管理，我国也在不断出台自然资源管理的相关法律法规。

1984 年我国出台了《森林法》，1986 年又先后出台了《矿法》《土法》，后续为迎合蓝色资源的管理需求相继修订出台了《海洋环境保护法》和《水法》，基于各种法律法规构建了各类资源的基本管理框架，使得后续的管理工作开始有法可依，推动了我国自然资源管理体制向法制化、规范化转变。我国目前以《宪法》作为立法基础，相关的资源法以《环境法》为基本原则，建立以单项法（《矿法》《草原法》《森林法》等）为主干的自然资源法律体系，将行政法规规章、地方法规和国际条约等大量的规章约定作为体系的补充。然而，当前资源生态危机和环境破坏日益严重，以上提到的资源法大多是我国计划经济阶段的产物，它们并不能彻底解决现实中的种种资源问题。

要健全我国的自然资源法律制度，首先需要面对法律建设和监督体系两个方面的问题。目前，我国还没有制定专门的自然资源法，《宪法》中也只是对自然资源作了明确定义，上述针对具体资源类别的立法从不同的角度明确规范了自然资源的管理、开发和利用，但这些法律的立法时间都是 20 世纪末，即便后续根据重大资源问题进行过调整和修订，也不能够完全适应当今社会的发展需求。另外，我国管理监督体系并不完善，缺乏对各类自然资源开发利用时的"事前、事中、事后"的监督体系。

现行自然资源法制主要存在五大缺陷：（1）立法过于偏重公法对管理关系的规范，忽视私法在产权、交易关系上的调整功能，打击了资源综合利用对象中政府以外主体的积极性；（2）大部分法规条文原则性的空洞描述较多，关于具体实施办法的规定明显不足；（3）单一针对某一自然资源进行管制，忽略了自然资源的综合效用；（4）有关自然资源的综合利用规定不够系统全面，很难形成相关优惠政策落实的法律保障条件；（5）以往把经济效益作为中心的立法体系，没有充分重视区域稳定性和可持续发展。现行自然资源的立法存在着与良法特质和法治理念不相符的现象，部分法律存在"地方化""部门化"，不能体现自然资源法律的公平正义。

我国关于自然资源法律有效实施方面的司法保障体系，依然存在着能力不足、监督缺位、职能越位、公正性较差等问题，无法确保自然资源法律制度实施的权威性。马永欢等（2017）认为，我国自然资源的执法监督管理体系相对分散，在横向上管理缺失综合监督及协调机制，带来了执法成本高、监督效能低、部门协调难等问题。现行自然资源执法监督机制改革，可以从现代化和信息化监管手段着手，统筹整合自然资源监督力量，实行垂直化管理，提高执法监督力度。另外，生态文明建设给自然管理的法制建设也提出了新的要求和挑战，国家应积极探索自然资源的综合政策管理法，从立法上增加对社会效益和生态效益的考虑。陈晓红（2013）提出法律要朝有利于可持续发展的方向完善与改革，国家生态环境及自然资源保护体制应当着力于资源的有偿使用、用途管理、资产产权的确定、生态环境补偿、环境损害赔偿环境、污染物排放总量控制、排污权交易、生态责任追究等方方面面，以建立健全全面综合的管理制度体系。

二、中央到地方的管理制度不统一

中国现行的自然资源管理模式是：部分国土资源（如土地、海洋等）交由国土资源部统一管制，而水、矿产（包括石油、天然气等能源）、森林等则交由水利局、发展和改革委员会或能源局、林业局分别管理，而且执行"中央—地方"的管理分级体系。以国土资源为例，如土地、海洋、矿产等自然资源的统筹性合理管理和具有科学性的保护利用，由中央设置的国土资源部主要承担，在各省设置的地方一级的国土资源厅主要承担本地的能源资源以及土地、海洋、矿产等资源的管理、规划、开发利用和保护工作。部分自然资源产权不清、职能划分不明晰，因而引起在资源处置权与所用者处置权上中央与地方政府出现法理逻辑的冲突，甚至有时存在因政府权限模糊导致的混乱或者缺位的情形。我国相同类型的自然资源管理机构之间各自为政，体现在中央与地方行政管理机构之间、各个资产管理部门以及不同企业之间。这是因为现行体制下的权、责、利不清晰的产权管理，不但拉低了资源配置效率，还直接或间接地造成自然资源资产的滥用和消耗。

我国自然资源现行管理体制大都是施行"中央—地方"的分级管理，由于各级政府受到执政绩效与管理目标两者的相互制约，导致在管理资源问题过程中，出现中央和地方政府难以协调的情况。就土地管理而言，一方面中央政府把宏观发展目标作为必要需求，从全局和战略上加以管理，如确保国家粮食安全、维护社会稳定和加强耕地保护等；而各级地方政府则重点关注当地短期的发展目标，如促进经济社会发展和增加财政收入，因而容易出现不遵循法律规定滥用资源的情况。总的来说，中央政府基于宏观层面从国家的角度来考量资源管理，重点是具有整体性、阶段性的有利于全局发展的宏观目标，而各级地方政府则主要关注当地的局部和短期的地域层面的发展目标，分歧往往是由双方重点关注的角度不同导致。经济发展指标在各地方政府的政绩考核中占很大一部分的比重，因此各地区政府争相出台能吸引资本进入的优惠政策以促进当地的经济发展，其中常用手段就是提供优惠的生产要素资源，造成进入市场的国有资产（资源类）以较低的价格流通，部分企业甚至可以无成本地对这些资产进行使用，如非法转让矿业许可证，进行肆意的探矿采矿而忽略应严格遵循的自然规律，在造成大量资源类国有资源流失的同时，还对当地的生态环境造成严重损害。再者，在我国现有的资源管理过程中，存在低水平的反复投入与建设，缺失有关资源资产方面完善的价值管理制度，使我国现有自然资源的监督与管理面临更大挑战。我国全民所有自然资源的所有权存在"人不到位"的现象，虽然法律上规定国务院代表国家行使全民所有自然资源资产的所有权，但是实际上该权由地方政府掌控，"权责不一"导致了"公地悲剧"；同时在监管体制上没有明确区分开所有者与管理者两种不同的身份，难以避免自然资源的过度开发；多头管理体制造成管理规则及交易制度不够协调，甚至相互掣肘，自然资源资产保值增值受到影响，自然资源合理开发利用受到制约。

三、存在权责交叉、管理真空的现象

总体上看，我国自然资源管理体制在横向和纵向两个角度分别呈现出适度分离、相对统一的特征，即管理水、土地、森林等自然资源的职责分别由不同的管理部门来承担，各部门在职责范围内施行自然资源资产管理、自然资源用途管制等相互统一的管理模式。

第一，按资源类型分类，由不同部门负责管理。目前我国尚未建立统一管理国家自然资源的部门机构，而是按照资源类型交由不同部门（国土、农业、林业、海洋、水利等）分别管理。根据规定，自然资源（矿产资源、土地资源、海洋资源等）的合理利用与资产保护主要由国土资源部负责，农业部承担指导农业资源区划以及管理保护农业生物物种和水生野生动物的职责，林业局承担保护和开发利用森林、荒漠、湿地及陆生野生动植物资源的责任，海洋局负责海洋、海岛、海域资源的合理开发利用和保护，水利部负责水资源的保护和合理开发利用工作。除此之外，各个类型的森林公园、风景名胜区、自然保护区的环保工作由环境保护部监督、协调及指导，能源（石油、煤炭、天然气、水能、生物质能等）的产业政策及有关标准交由能源局组织制定。

第二，现有的自然资源管理部门在负责管理自然资源资产的同时，还承担着对其用途管制的工作。我国的自然资源管理部门被视作公共管理部门，不仅要代为执行管理自然资源资产的职能，还需承担对自然资源的监督管理及用途的管制。以国土资源部为例，一方面在资产管理上承担着管理矿产资源的开发、征收收益、依法管制矿业权的登记审批与发证和转让审批登记程序的工作；另一方面在监督管理上，还要负责保护自然资源、制定并组织实施对国土及土地利用的规划和用途管制。

第三，现行体制施行中央与地方的分级管理。矿藏、水流、森林、山岭、草原、荒地、滩涂等自然资源，根据宪法规定归属国家所有（法律规定中属于集体所有的上述自然资源除外），然而实际上自然资源是交由"中央—地方"分级管理的。国务院行政主管部门根据法律规定，承担着大部分自然资源（草原、森林、矿产等）的管理职能，由县级以上的政府及有关部门执行当地的管理工作；现行体制下水资源管理，采取的是行政区域与流域相结合的管理体制。

当前我国的自然资源管理体制依然存在着职能交叉、权责不清、机构重叠、效率不高、考核体系不健全等缺陷。（1）职能交叉，体现在政府的上级与下级部门之间、政府部门与其所从属的工作部门之间、政府所属的各工作部门之间，对自然资源的管理存在着职责交叉；（2）权责不清，主要表现为政府与市场或社会中介组织之间、政府所属工作部门之间的自然资源管理权责不够清晰；（3）机构重叠，包括政府内部的部分管理机构设置重复累赘、自然资源管理政出多门等；（4）效率不高，主要体现在部分政府相关管理工作人员官僚主义严重、办事效率低下；（5）考核体系不健全，表现为部分考核政府工作人员过度强调为经济增长所做的贡献，而忽视其对社会可持续发展、当地环境资源、制度的建设与改革等方面所做的贡献。各项关于自然资源管理的立法规定主要依赖于管理机关的实施，但是由于上述自然资源管理体制所存在的种种弊端，法律法规施行的有效性大打折扣。现有自然资源分割管理体制不利于统一监管，目前我国自然资源管理部门按照要素分部门管理，然而自然资源本身是密切相关、有机统一的整体，某一资源遭到破坏通常导致其他资源的连锁式的恶性反应。在过分强调本部门资源利用最大化的利益驱使下，往往同时也对其他资源的数量、结构和功能造成影响。若自然资源资产监管长期处于混乱、无序的局面，各项自然资源的权责不清晰将引起资源的掠夺性开发与使用，影响着资源配置效率，更会导致自然资源资产直接或间接的流失和浪费。现行体制中，对自然资源的分类分级和集中统一管理与社会实践的结合不够，综合协调能力不足。基于分类分级管理形成的资源治理模式，如使用恰当，会让复杂的管理实践变得井然有序；如使用不当，则会引起部门间的分片分行业管制，造成管理碎片化、系统性缺失，这种情况在实践中时有发生。陈丽萍（2018）提出自然资源与经济社会的方方面面相关，难以避免有相互交叉和重叠情况的出现，因此自然资源管理应当借助设置部分以协调为主的组织，处理重叠交叉和目标冲突等问题。马永欢等（2017）建议改革的重点应首先区分所有者与管理者两种不同身份，遵循一件事对应一个部门的管理原则，充分落实全民所有的自然资源资产所有权，并构建"权责合一"的统一体制，即由一个部门统一对所有的国土空间实施用途管制，对山、水、林、田、湖统一保护与修复。

第四章

自然资源管理体制改革

确定自然资源管理体制改革的主要目标应依据我国自然资源存在的问题，以统一管理、保护自然资源的总量和价值、推动自然资源的可持续利用以及推进自然资源整体治理体系改革为基本着眼点，从自然资源产权制度、保护制度、开发制度等方面确定自然资源管理的整体框架；再进一步以产权改革为基本制度内容，讨论自然资源产权的内涵、模式、作用和意义，使得产权制度改革成为自然资源改革的基础，本编以下内容将围绕这一框架体制进行详细阐述。

第一节　自然资源管理体制改革的基本框架

一、自然资源管理体制改革的主要目标

（一）分散管理向统一管理的转变

运用各种手段，包括行政、经济、法律等手段，对自然资源配置、调度、保护等进行管理，即自然资源管理。进行自然资源管理的过程中形成的制度就是自然资源管理制度。自然资源管理活动的目的是在满足社会发展的同时保护环境节

约资源。

虽然从新中国成立以来，我国自然资源管理有了长足发展并取得了瞩目的成就，但是在不断发展、改革的过程中，还是有一些旧的、不合时宜的做法始终没有完全丢弃，而新的管理方式并没有完全到位。虽然已经分层级设立了各个部门、机构，但它们职能存在交叉，相互之间的管理职责可能仍然模糊不清，甚至相互之间的关系难以界定。

针对我国自然资源多头管理、所有权主体缺位的问题，实现统一管理自然资源所有权是自然资源管理体制改革的一个主要目标。部门分类管理带来的利益协调不畅，部门间的权、责、利不清，究其根本是产权界定不清。因此明晰国有资产产权是进一步深化体制改革的首要工作，应建立统一的自然资源管理机构，对所有自然资源进行系统协调规划，从而确保自然资源资产的保值增值，实现由分散管理向统一管理的转变，实现社会经济的可持续发展和代际的公平。各类自然资源的自身特性也决定了它们的发展变化规律不同、分布区域和流域不同、主要功能性质不同，所以从分散管理向统一管理的改革中，必须要协调不同层次、区域、类别的自然资源，才能更好地实施自然资源管理。

机构合并是统一管理的一个外在表现形式，内涵是实现机构间的有机整合，从而大幅提升管理效率，有效控制成本。除了机构合并以外，统一管理还意味着将有内在经济联系、内在法律关系的自然资源进行综合性管理。从分散管理向统一管理的转变过程中，虽然管理方式变了，但是国家还应采取综合多样的管理手段，一方面可以平稳、彻底地将改革进行到底；另一方面即使是统一管理也离不开多样化的管理手段，以此确保自然资源的有效管理。

（二）保护自然资源的总量和价值

保护自然资源源于现代人们对人与自然的新的认识。在发展过程中，人与自然、当代与后代、人与社会的关系重新被认识，人们对于自然、后代、社会的责任重新被认识。我们与自然的关系应该是尊重并认识其发展规律，不能一味攫取；我们与后代的关系，应该考虑到后代生存发展的空间；我们与社会在资源利用方面的关系，应该考虑到集体、世界的整体利益，自然资源从某种角度来说具有全球性。

保护自然资源的目的在于保护自然资源的各种价值，包括生态价值、科学价值、美学价值等。过去人们常常只留意到自然资源的直接经济价值，因此才会无尽攫取来获取直接的经济利益。但是从长远发展来说，只考虑眼前短期的经济利益并不明智，自然资源本身具有生态价值，在生态系统中占有重要地位。同时自然资源还有巨大的科学价值，科研探索不同资源环境中的生物特性，可以更好地开发技术并运用到人类的生产发展中。

我国自然资源总量丰富，自然资源种类较为齐全，绝对量大，但相对量少，人均占有量不多，资源质量参差不齐，资源利用率低且浪费严重，环境污染问题严重，发展与资源环境之间的矛盾日益突出，当前生态环境恶化趋势尚未得到根本扭转，严重威胁到我国经济社会的可持续发展。在过去，我国自然资源管理主要靠行政手段，在实际运行过程中暴露出的弊端也较为突出：法制不健全、无法可依、缺乏资源的综合管理等。因此，建立良好的自然资源管理体系，是我国全面推进生态文明体制改革的基础。为全面推进生态文明体制改革，我国当前的首要任务是利用制度和法律保护自然资源和生态环境。加快完善自然资源保护制度是推进自然资源管理体制改革的首要内容，也是基于我国现阶段的资源情况和经济发展阶段得出的结论。保护自然资源涉及开发利用的源头、过程、后果全过程，为了保护自然资源，要转变发展的方式，强化全过程管理理念，在源头进行保护，在过程中节约，在末端进行治理。

首先，防是源头保护的关键，所以需要完善自然资源保护的制度框架。科学、合理地设计资源保护的制度参数，完善资源保护的制度框架，使得资源保护实现有法可依、有章可依、有据可循。要夯实耕地和水资源保护制度，在经济发展过程中，国家已经意识到保护耕地资源和水资源的重要性，但是由于管理不完善、法规不健全等一系列问题长期得不到有效解决，耕地资源和水资源的保护现状仍不乐观。因此，必须严格执行耕地保护制度，用制度保护土地，划定永久性基本农田保护范围，防止耕地资源进一步退化。落实实施严格的水资源管理制度，合理划定水资源保护范围，加大保护力度，化解资源保护不到位的问题。同时严格控制围填海总量，不合理地围填海虽然会增加土地资源，但也对海洋资源造成了难以逆转的破坏，损害了脆弱的海洋生态，因此必须保证在能够自然恢复的基础上开发利用海洋资源，严防自然海岸线消减、破坏海洋生态的行为。国家还需要对林地、草地、湿地和沙地建立对应的保护、恢复制度，严防过度开发利用。

其次，健全资源保护的激励机制。有效的激励约束政策是保证资源保护制度切实可行的关键，相应激励和约束是过程节约的关键，激励是鼓励节约，约束是限制使用。

（1）完善混合型生态补偿机制。防治结合是末端治理的关键，生态环境的损害需要修复甚至赔偿，所以末端治理需要完善生态补偿机制，以此进一步全面开展生态修复。建立自然资源生态补偿机制，必须确定补偿对象，根据"谁受益、谁补偿"的原则，准确地找出补偿对象。确定补偿主体，对有责任主体的，坚持"谁破坏、谁治理"原则；对无法找到责任主体的，由政府主导吸引社会资金，因地制宜开展综合整治。确定补偿标准，使补偿标准有据可依、有理可依，全面建立生态系统恢复治理保证金制度。

（2）明确补偿途径，建设生态功能区补偿机制的相关配套体系。在补偿方式上，要改变单一的不灵活的补偿方式，将单一的财政转移型方式，逐步发展为由财政转移和生态产业反哺生态的方式相结合的生态补偿机制，从而体现出生态产业的价值。在补偿途径方面，认识到以政府作为补偿主体的不足之处。我国大部分地区还是以纵向转移支付为主，缺乏横向生态补偿机制，这就使得政府出现财力不足的现象，虽然通过牺牲经济利益，创造了生态效益，却未得到相应补偿，因此，许多区域缺乏环境保护的动力，出现生态破坏严重、环境污染难以遏制等现象，所以可以考虑加强建立地区间横向生态补偿制度，同时优化纵向生态补偿机制，构建创新型的纵向补偿与横向补偿相融合的混合型补偿机制，完善转移支付制度。

（3）加快资源税从价计征改革。税收杠杆是进行过程节约可行的机制，按从量计征方式征收资源税，就自然而然地忽略了资源的差异性，不能发挥税收的调节和补偿功能，且所产生的原本应该属于国家的超额利润被企业所占有。而采用从价计征方式征收资源税，不仅可以完善税制，发挥税收的调控和补偿功能，还可以在一定程度上促进资源的合理开发利用。采用从价计征方式征收资源税，会改善国家与企业间利益分配不合理的情况，政府可以将增加的资源税收更多地用于治理改善当地环境，使企业承担相应的环境和社会成本，企业通过改变自身过去的粗犷式生产方式，降低开采成本，提高自然资源利用率，减少资源浪费，共同促进当地经济发展方式的转型。此外，采用从价计征收取资源税，可以将税收与资源价格联系起来，调节资源产品的供给，实现价格与价值的统一，促进资源产品市场的健康发展。因此，从价计征资源税征收，需要在我国逐步扩展到各层次的自然生态空间。

（三）促进自然资源的可持续利用

1. 自然资源可持续利用概况

自然资源的可持续利用是指人类通过利用自然资源，发挥自然资源的价值来可持续性地发展有利于人类生产生活的物品。为了保护我国的自然资源或者避免生态环境的进一步恶化，应当积极探索实现自然资源可持续利用的方法。我国政府一直十分重视资源的可持续利用，采取了一系列的政策措施，对我国自然资源进行保护，促进自然资源的可持续发展。在 21 世纪全面建成小康社会的进程中，我国所面临的最大难题就是生态建设和维持生态系统的平衡。加强生态建设，维持自然资源的可持续利用是我国可持续发展的基础，我国想要加快社会主义现代化进程，就必须实现生态和经济的协调发展，实现人类与自然的和谐相处。

可持续利用的指标体系主要通过生态系统多样性指标、物种多样性指标、遗传多样性指标这三类指标衡量，同时还通过生态系统的生产力维持情况、长期社会经济效益情况等标准来测量。在可持续发展的战略思想指导下，我国通过长期的努力已经基本上形成了自然资源可持续利用的总体框架，同时我国自然资源可持续发展规划中，明确指出要从可持续发展的角度看待资源的利用，合理利用自然资源，使我国自然资源朝着可持续利用的方向发展。[①] 党的十八大以来，由于国家政府的高度重视，以及多部门、多层次的共同努力，我国在自然资源的可持续利用方面已经有了长足的进步，不过由于自然资源的管理体制不够健全，自然资源的产权制度缺乏，国家空间规划体系不够科学，自然资源的法律保障尚未建立等种种因素，我国距离完全实现自然资源可持续利用发展的目标还有较长的距离，这就需要全社会和全体居民的共同参与，努力促进自然资源的可持续利用发展，促进我国自然资源和经济发展的协调与统一。

2. 森林资源可持续利用

目前，全球温室效应正在急速加剧，加快了全球气候变暖的进程，同时我国的木材产品也越来越短缺，这些都直接危及 21 世纪人类的生存。因此森林资源的可持续发展是我国自然资源可持续发展的重要部分。我国政府及林业部门为实现森林资源的可持续利用，保证森林生态系统的平衡，需要制定适用于不同管理层次和尺度的森林可持续利用长期规划。

《关于森林问题的原则声明》中把森林可持续利用定义为：我国森林资源如果想要满足当代以及后代人对经济、社会、生态、文化和精神等各方面的需要，那么就应该以可持续的方式经营。为了防止我国森林受到环境污染以及虫害的侵害，应当积极采取适当的措施以充分维持森林的多用途价值。联合国粮农组织认为：森林的可持续利用是一种通过人为干预等一系列的措施，政府给予政策性支持，颁布相应的法律法规以及运用现代科技手段的行为。这里所指的森林资源不仅包括天然森林资源，还包括人工森林资源。我国政府一直十分重视森林资源的可持续利用，采取了一系列的政策措施对我国森林资源进行保护，同时也将森林资源可持续利用列入《中国 21 世纪初可持续发展行动纲要》的重点领域。我国在贯彻可持续发展战略、西部大开发以及生态建设中，均应将森林资源的可持续利用放在首位，合理利用森林资源，使森林资源更好地与我国经济协同发展。

---

① 资料来源：《2019 年国务院政府工作报告》。

不同国家对森林可持续利用的标准和评价指标体系都有不同的认识，虽然其森林可持续利用评价指标体系都相差不大，但不同国家对森林资源可持续利用的细化程度并不相同。我国森林可持续利用的标准与指标体系包括国家水平、地区水平和森林经营单位总体水平三个层次。我国已经在全国范围内开始了森林资源可持续利用规划，首先在县域级开始试点，为了推动县域级森林可持续利用规划编制工作，建立了一整套完整的森林资源可持续利用制度管理体系，政府部门也相当重视此次森林资源可持续利用的试点工作，国家林业部门也相继制定了相应的法律法规，用以明确县域级森林可持续利用规划的主要目标任务以及具体计划安排等要求，同时规范了县域级森林可持续利用规划编制的程序、方法和主要成果，为全面推进我国森林可持续利用提供基础保障。我国还通过林业体制改革为森林可持续利用提供政策上的保障。近年来，我国大力开展林业生态建设工程，对推动森林资源可持续利用起到很大程度的促进作用。在短短的几年时间内，共同努力高度重视森林资源方面的生态建设，使我国的森林面积相比之前有所回升。然而，林权的市场交易机制尚没有完全建立，森林资源管理制度也并不完善，所以实现森林资源可持续利用发展还有一段很长的路程。

众所周知，由于受森林资源更新能力的限制，森林资源在一定时期内的总量是有限的，到达一定极限后将不会再更新。如果人类一直漫无边际地消耗森林资源，当森林资源的使用量达到一定边界时，生态系统的主动调节将不再发挥作用，从而生态平衡也很难再恢复。在我国现有的经济资源下，由于我国人口过多导致人均可用资源微乎其微，人们的总体生活水平偏低，但是人们对于生态资源的需求却越来越多，随着人口只增不减，而生态资源的供给量在减少，最终导致本来就比较短缺的资源和生态环境会面临着越来越大的压力。所以学者们开始深入研究森林资源人口承载力，通过对森林资源所能供给的人口数进行分析，有助于判断人们对森林资源的实际需求，进而判断现有的森林资源量所能供给的最大人口规模，据此提出相关针对性策略，以保证生态资源与社会经济的协调同步发展。

森林资源人口承载力是指在保持生态平衡的前提下，充分合理利用森林自然资源，在此基础上所能满足的某种生活水平的最大人口规模。首先，森林资源人口承载力以森林资源可持续利用为前提条件，必须保证不影响森林生态系统的正常秩序。其次，森林资源人口承载力的概念具有相对性，这是森林资源人口承载力的最重要特征，人口承载力是相对于那些能够给人类不断供给资源的具有一定质量的森林资源来说的，并不包括未开发的和不可利用的森林资源。最后，相对于不同利用状况的森林资源，其承载能力也不相同。森林资源质量越高、利用程度越高，所能供养的人口数量就越多；反之，森林资源质量越低、利用程度越低，所能供养的人口数量就越少。如果对森林资源的利用只是单一的木材输出，那么很显然森林资源所能供养的人口数将很低；而如果在单一的木材输出的基础上加大产业链，对木材产品进行深加工，产出更多人类需要的物品，那么该森林资源就能供养更多的人口。

需要特别注意的是，这里的森林资源所能供养的人口是指具有一定生活质量的人口，由于不同生活水平的人口对于物质的需求程度不同，那么对森林资源供给量的需求也不同，相对于生活质量低的人口来说，生活水平高的人口对森林资源的需求相对较高。从森林资源的人口承载力的定义中可以看出，人口承载力最终强调的是人口数量而不是资源量，即森林资源如果可以持续利用，那么所能够最大化满足人口的数量是多少，而不是可开发的森林资源总量。

3. 水资源可持续利用

广义的水资源包括了地球水圈中的所有天然水，狭义的水资源则主要指淡水。从 20 世纪 70 年代以来，水资源开发逐渐显现出水资源短缺等问题，其原因不仅仅是水资源量的不足，更深层次的原因是水资源分布不均造成人类活动与资源禀赋的矛盾和不平衡。另外随着社会发展，城市规模不断扩大，工业生产和人类日常生活都排放出大量污水，造成了严重的水污染、水体富营养化。上述问题最终都将反馈到日常生活与工业发展中，造成水资源短缺和污染，水资源质量下降不仅影响人类健康生活而且还会严重制约企业的生产和发展。

我国国土面积广阔，居世界第三位，其中河川径流量居世界第六位。从总量上来看我国水资源并不少，但是人均水资源相对不足；同时单位耕地面积占有的水量仅为世界均值的 75%[1]，严重缺乏耕地用水，不仅会造成农业产量下降，甚至会影响我国土地资源的利用。目前我国水资源存在的问题主要有以下五个方面：

（1）我国水资源呈现出时空分布不均衡、资源分布与人口耕地分布极度不对称的现状。我国东南部地区河道密布，西南部地区河流也较多，西北地区，面积广阔，但水资源拥有量却极低。我国人均水量仅为世界平均水平的 1/4、美国的 1/5，在世界上名列第 121 位[2]，水资源较为匮乏。

（2）在产业结构上，我国目前第三产业还未得到充分发展，而通过建立空间计量模型可以看出，第三产业占比的提高会显著降低工业废水排放量，进而改善我国水环境。目前我国第二产业占比仍较重，第三产业发展略有不足，从而导致水环境状况恶化趋势并未发生改变。2014 年我国第三产业比重为 48.2%，而同

---

[1] 中华人民共和国水利部，http://www.mwr.gov.cn/sj/tjgb/slfztjqb。
[2] 《2019 年水利发展统计公报》，http://www.mwr.gov.cn。

期美国第三产业比重接近80%，而一般发达国家基本达到了70%，发展中国家中的印度在2007年第三产业占比就已经达到53%。①

（3）经济规模对水环境的影响。我国经济增长对工业废水排放存在规模效应，即经济增长会降低工业废水的排放量。由此表明我国一直走"一边发展、一边治理"的道路是正确的，水环境收益表现出经济增长的溢出效应，即使在兼顾经济增长与水环境保护的情况下，水环境的治理效果相对较小，但其影响趋势还应值得肯定。

（4）城镇化率对水环境影响为负，表明城镇化建设过程中会增大废水排放。我国城镇蔓延式扩张，造成城市自然生态系统的破碎。在快速城镇化过程中，长三角、珠三角地区的新城市建设使许多自然景观逐渐被钢筋混凝土所替代，城镇化已经严重影响我国水环境。

（5）进出口对水环境影响为负，进出口总额的增加会增大废水排放量。近年来，虽然我国的外贸依存度有所降低，但仍然较大，这也是我国水环境状况没有显著改善的一个原因。

针对以上主要结论，提出以下几点政策建议：

（1）树立全民节水意识，落实《水污染防治行动计划》（以下简称"水十条"）。为了使全体居民都参与到水资源的保护行动中来，应该加强宣传节约水资源的相关教育，使公民了解我国现在面临的水资源状况，积极主动去保护水资源。将水资源教育纳入国民教育体系，使学生从小树立节水意识。2015年4月国务院印发的《水污染防治行动计划》，是当前节约用水、保护水资源，开展全国水污染防治工作的行动指南。"水十条"中明确提出了水资源质量改善的目标和具体措施，对水环境质量改善有重要促进作用。为落实这项行动计划，首先要发挥市场配置的作用，纳入第三方机构进行治理；其次，政府不应该过多的参与直接治理，反而应该注重政策制度的顶层设计，保证行动的执行有一个有效、有序的政策环境；最后，由于水资源的流动性具有跨越空间的性质，因此应该建立信息化系统，实时检测水情，而不应该割裂开，分别管理监督。

（2）保持适度的经济增长，改善水环境质量。目前我国仍处于工业化和城市化加速阶段，建筑物、铁路、公路、机场等基础设施建设需要消耗大量资源能源，并排放大量废物，对水环境造成重大污染。适度的经济增长对水环境质量有正向作用。所以保持适度的经济增长、创新经济政策可以改善水资源现状。

（3）合理推进城镇化，严把水污染关。城镇化过程中，如果没有把握好城镇化的进度，很可能会带来人口的激增，必然伴随着生活污染的激增和资源利用的

---

① 中华人民共和国水利部，http：//www.mwr.gov.cn/sj/tjgb/slfztjqb。

激增。如果配套基础设施没有保证，污染必定也呈快速增长态势，所以应该严格谨慎规划城镇化的进程速度，做到实时严格检测城市水污染的情况。

（4）有效利用外资，积极引进国外资金改善水环境。一是合理有效利用外资，强化外商直接投资（Foreign Direct Investment，FDI）的技术效应，以此来减缓水污染问题。主要是吸收优良、高效的清洁生产技术，以技术进步推动水资源的改善；在鼓励吸引清洁先进技术的同时，也要对重污染行业的企业设置更加严格的准入标准。二是在引进技术的同时，可以促进国内企业的技术升级换代，激发国内企业的创新能力。三是减少对外依存度，大力发展本国企业，改善我国进出口现状，建立新的高技术的出口优势产业。

（5）有效进行自然资源的可持续利用。具体而言，可以从以下三个层面进行自然资源的可持续利用。一是利用有效的管理机制，寻求经济发展与生态利益间的平衡，利益诱导的同时需要义务约束，为了避免权力滥用导致污染和破坏环境，要积极引导自然资源的权利人正当有效地行使自然资源物权。二是协调平衡并不仅仅着眼于眼前的发展，也要协调当代人发展与后代人的发展。三是要积极稳妥地划定生态红线。在生态红线划定时，还需要科学、明确、合理地制定划定的内容、标准、范围和责任主体，系统性地保护红线区内的生态安全。

（四）推进治理体系和治理能力现代化

实现国家治理体系和能力的现代化，离不开生态文明领域的发展，它是现代化的重要内容，所以需要加快建立生态文明制度，使其形成系统、完整的体系。为了早日实现国家治理能力和体系的现代化，资源治理必不可少；同时国家的汲取能力也是现代化的基础：虽然国家的强制力是不可或缺的，但是不能仅仅依靠国家的强制力来获得资源，如果国家只有靠强制手段才能从社会获取资源，那么它汲取资源的能力反而会消失。现代化的要求是建成更加合理有效地汲取自然资源的制度体系。完善与重构我国现阶段自然资源制度体系的基本路径是：必须遵循自然资源治理的基本规律，同时也要充分考虑生态文明建设的战略意义和生态文明建设的需求；不能一味地汲取，还要在汲取中不断治理，才能长久利用。

目前，我国的自然资源治理体系仍处于相对滞后状态，难以满足现阶段生态文明建设的需要。随着经济不断发展，我国的资源环境也在持续恶化，部分领域或地区甚至出现了加剧的情况。这反映出我国自然资源利用与配置的不合理并没有得到根本解决，生态环境恶化并没有得到实质性缓解。在推进自然资源现代化治理体系的过程中，要明确生态文明建设对它的规范性要求，要明确作为切入的核心内容。生态文明具有丰富的内涵与多层次、多维度的内容，因此，可操作的自然资源治理体系并非某一个固定不变的模式，这使得不同空间、不同时间上构建相应的自然资源治理体系面临多重不确定性。要同时考虑生态文明和自然资源治理体系，充分理解和把握两者的内涵与联系，才能保证自然资源治理体系核心内容的实现。

二、自然资源管理体制改革的主要着眼点

（一）健全自然资源资产产权制度

我国自然资源目前过度消耗、碳排放激增、生态环境恶化等问题日益凸显，生态已经成为我国经济可持续发展的"瓶颈"，其根源在于我国自然资源资产产权制度的缺失。因此，破解生态"瓶颈"，完善自然资源的资产属性，健全自然资源资产产权制度，已然是我国当前阶段迫在眉睫的重要任务。

1. 自然资源产权制度

在没有交易成本的情况下，产权转让大都通过私下交易完成，而私有制是个人能够实现其投资回报的制度保证。国外关于自然产权制度的研究历史悠久。切切尼克（Chichilnisky，1994）认为，一个国家如果不能保障自然资源产权，必然导致相对环境资源的过度使用。科斯特洛和卡菲内（Costello and Kaffine，2008）研究了产权无保障或低保障情况下，可再生资源的动态收获奖励。科勒曼（Coleman，2011）主要研究公共财产权作为一种制度的适应能力，对13个国际森林机构国家的326个森林资源用户群体进行统计分析，用概率模型分析森林资源状况的用户排名，结果表明具有完整产权的用户群体更有可能完好维持森林资源状况；当然，产权的影响还取决于其他形式的适应能力，比如用户的组织能力和敌对群体的数量等。拉姆比尼和阮（Lambini and Nguyen，2014）在产权和新制度经济学框架下，研究加纳和越南跨国背景下森林产权的有效性，可持续生计框架可以解释产权制度对森林生计和管理产生的影响，而且同时也表明产权制度对森林维护与管理有着重要作用。

2. 自然资源资产产权制度体系构建

为构建健全的自然资源资产产权制度体系，可通过以下四个方面进行改革：

（1）完善自然资源资产的权利体系。

明确自然资源的主体归属。若自然资源占有权归国家所有，那么需要合理地划分行政权力和资源资产。国家授权的各级机关只是自然资源资产的管理者和支配者，也就是说，必须分离出资产的经营管理权，应该由非所有人行使权利，以此通过明确划分来避免谋求私利的现象。比如，如果集体拥有自然资源占有权，那么就要确定好集体代表，以保证自然资源资产的所有权精确到位，防止出现错

位、越位、缺位等情况。

（2）加快建立自然资源资产的确权登记制度。

2013 年末，国务院常务会议审议通过全国范围内自然资源资产的统一登记工作由国土资源局主导，并实现土地、森林、海洋等一系列不动产的登记机构、依据、平台系统、簿册四统一。在此基础上，我国进一步加快建立自然资源资产统一确权的登记制度，并覆盖到尽可能多的其他类别的自然资源资产。

加快统一不动产登记机构。过去我国自然资源资产实行各部门独立登记，各自管理。2014 年后，我国开始对土地、森林、矿产、水流、草原等自然资源登记管理部门进行整合，实现统一登记；订立资源资产登记实施办法，加快统一依据；开发不动产登记系统，加快构建统一的数据信息处理平台。为确保不动产登记标准和流程统一，我国应建立一个统一的信息登记系统，加快统一不动产簿册样式。

（3）完善自然资源资产有偿使用制度和产权交易制度。

虽然针对水资源、土地、矿产等自然资源制定了明确的有偿使用制度，但具体施行仍有改进空间。应扩宽资源资产有偿使用界限，加快完善税收体系；应扩宽征税的范围，要涵盖到全部自然资源；对紧缺型资源、再生困难的资源要提高税率。我国自然资源使用权可通过确认、授予、转让和承包四种方法获取，其中转让、承包占主导。为使自然资源市场更具有活力，应创新资源交易机制，健全资源占用规定，改善收益分配制度，建立自然资源产权交易市场；同时为了加快自然资源产权信息的流通，还应健全交易市场的基础设施，完善交易信息共享平台。

（4）完善自然资源权利人的权益保护制度。

为保护自然资源资产使用权主体利益，完善产权争议调解制度，县级以上政府可以构建自然资源资产产权争议调解组织，也可外聘熟悉产权历史和现实情况，并且具有专业物权等法律知识和实践经验的社会人士作为争议调解员，参与产权争议处理活动。另外，应不断简化申请调解争议的手续，以便民惠民为原则。在开发使用自然资源过程中，必然会出现损害资源的情况，例如植被覆盖率降低、水污染加重等，因此务必建立损害赔偿机制。

（二）健全国土空间开发保护制度

健全国土空间开发保护制度，实现国土空间用途有效管制，是自然资源管理改革的重要内容。空间是人类发展共同的载体，空间概念与自然资源的管理密不可分，人类的发展历史是伴随土地利用和国土空间演化的变化史。我国是发展中国家，国土空间辽阔、复杂，在过去人口高速增长时期，高速增长的人口数量对我国的环境承载力形成了巨大冲击，到目前为止，仍存在人口地区与资源地区分布极度不平衡的矛盾。人口膨胀与自然资源耗竭和环境污染都有密切联系，所以在国土空间开发方面，人口增长必然导致土地利用增加，在这个过程中如果没有有效的管理措施，甚至会导致土地利用过度，造成不可逆的损失。土地空间资源的消耗会直接影响农业、工业等行业的发展。土地资源最直接影响的是粮食，粮食供求一直困扰许多发展中国家，这背后存在着严重而又棘手的资源问题，如土壤侵蚀、沙漠化、盐碱化、土壤养分流失、土质恶化等。

我国土地资源利用面临的困境，一方面是由于经济和社会发展对土地有更多的需求，另一方面是有限的土地空间限制了土地资源利用的无限增长，因此国家需要完整准确地把握我国国土空间资源的现状，并进行有效和可持续的管理。自新中国成立以来，我国国土空间开发规范经历了一个从无到有的过程，一定程度上保障了土地资源的合理开发和利用。到目前为止，我国已经基本上形成了多级层次、多元功能、多样类型的国土空间开发保护制度框架。

虽然空间开发保护制度已经有一定的基础，但是依然存在许多问题，并且进一步发展自然资源管理也离不开国土空间开发保护制度的完善，以实现对国土资源利用实行统筹开发、利用、保护和治理。对于生态环境脆弱或者破坏严重的地区，综合整治机制尤为关键和必要。所以空间规划体系应该更加统一协调，完善国土空间开发保护制度。国土整治涉及资源利用的方方面面，是一项复杂的系统工程，因此，政府需要加快制定国土综合整治规划。国土规划在各种规划中是一种较为特殊的规划，虽然表面上国土规划是在区域范围上做出规划，但实际还需要整体考虑区域内的各种要素。其主要特点是：（1）国土空间规划涉及土地资源，因此受地域的影响，规划具有地域性，从宏观层面设计规划时，要同时考虑区域内自然资源、生产活动、人文社会风俗等。（2）国土空间规划具有战略意义。因为国土空间规划的规模一般较大，而且是国民经济建设的基础，所以规划的考量不能仅着眼当下，还要着眼于未来的发展，需要考虑不同阶段的渐进过程，同时为未来的布局预留空间，其战略意义主要体现在它的制定是国民经济建设的风向标。（3）国土空间规划具有综合性。首先国土空间规划要与其他规划相协调和适应，与自然规划、经济规划和社会规划形成一个整体；其次要考虑不同层次地域空间的结合，全国规划与下级区域规划之间相结合，城市与农村地区的规划相结合；再次要考虑地域规划与部门规划相结合，地域规划是部门规划的基础，而部门规划需要体现地域规划的精神；最后是时间上的结合，不同进程下的规划有所不同，应该考虑时间的效应。另外，规划制定后应该如何深入贯彻执行也是需要考虑的，目前各种规划执行监督的主体还不够明确，导致各层级的规划不能很好地发挥作用，进而导致国土空间开发治理也难以进行。

国土开发离不开基础建设的保证，但我国国土开发中基础设施建设落后，运输、邮电、供水和农田水利等重要基础设施的建设远不能满足需要。交通运输能力严重不足，同不断增长的运输量的需要极不适应。自然资源充足的地区一般是经济发展落后的地区，在该区域建设基础设施的成本是地理条件较好地区的数倍，致使这些资源丰富地区的基础交通设施较为缺乏。另外，我国还存在内河航道利用程度低、农业基本建设薄弱等问题。总之，由于我国经济基础底子薄，存在大量有待解决的问题，只有不断地改善这些问题，避免在经济建设中出现新问题，才能具体落实国土开发整治制度改革。至于国土空间开发保护的法律，我国目前尚没有出台相关的具有统领性质的法律法规。国家层面没有统一法规，导致地方只能依靠规划进行国土开发治理，这从另一个方面体现出规划的重要性。但仅依靠规划是不够的，还要通过法律法规的约束，才能达到理想的制约作用。

制度体系方面，国土空间开发保护的制度体系还不完善，综合效能难以发挥。由于空间开发保护制度的多层级性质，上至国家下至地方，各种保护制度之间的相互关系无法界定清晰，因此整体上制度体系仍然处于相对封闭的运行状态，在层次等方面还存在着对接障碍。

为了完善国土空间开发保护制度，应该通过构建分工明确的制度来实现。在这个过程中，应该逐步推行国土空间规划立法，严格土地用途管制。国土空间开发保护是多层次的框架，因此应该建立多层级的法律法规制度体系，才能配合建立一个覆盖各个层级的完整的制度体系。不过多层级的结构又引发了层级之间的协调问题，因此制度的完善与建立，一定要达成多方的协调后再实施。具体做法包括：分区域协作整治国土开发，同时重点考虑如何明确各层级主体功能的区规划地位。分区开发整治可以起到以下作用：分区可以发挥各个区域的优势，达成各行业、各部门的协作，形成合理分工的职能体系，按照国家对不同产业发展的需求，不同地区各自组织相应类型的经济活动，通过不同地区相应产业的分工合作，落后地区可以融入国家的发展进程中；在各协作区可以形成中心城市，通过中心城市辐射该区域的发展，形成集中与分散相结合的空间分布体系；分区协作可以根据自然地带的环境生态特点规划治理。

（三）完善资源总量管理和全面节约制度

基于我国现阶段的资源国情以及经济发展所处的阶段，建立健全自然资源管理体系的首要内容是加快完善自然资源保护节约制度。

1. 完善资源保护节约的制度框架

科学、合理地设计资源保护节约的制度参数，完善资源保护节约的制度框架，使得资源保护节约实现有法可依、有章可依、有据可循。

2. 夯实耕地和水资源保护制度

严格执行耕地保护制度，用制度保护土地，划定永久性基本农田保护范围，防止耕地资源进一步退化。同时，落实实施严格的水资源管理制度，合理划定水资源保护范围，加大保护力度，解决资源保护不到位的问题。严格控制围填海总量，不合理的围填海虽然会增加土地资源，但同时也会对海洋资源造成难以逆转的破坏，损害脆弱的海洋生态，因此，必须要保证在能够自然恢复的基础上开发利用海洋资源，严防自然岸线消减、破坏海洋生态行为。最后，国家还需要对林地、草地、湿地和沙地建立对应的保护、恢复制度，严防过度开发利用。

3. 落实最严格的节约利用制度

破解资源对经济社会发展约束的关键在于节约资源，杜绝一切浪费资源现象的发生。首先，在资源的开发与利用中，要秉承节约的总原则，把资源节约放在首要位置，以最少的资源消耗有效满足经济社会的发展需要。其次，节约资源的长远策略还在于促进资源供需双向良性循环，以经济转型升级调整促进资源节约利用。同时，以资源总量和标准控制促进经济转型升级。最后，对能源、水、土地等战略性资源实施总量控制，合理设定资源消耗的上限，并把资源损耗、生态效益等指标纳入各级政府考核体系，落实执行自然资源节约利用的各种制度。

4. 健全完善国土综合整治机制

国土整治涉及资源利用的方方面面，是一项复杂的系统工程，政府需要加快制定国土综合整治规划，整合相关工程项目和资金运用，对国土资源利用实行统筹开发、利用、保护和治理。对于生态环境脆弱或者破坏严重的地区，综合整治机制更为关键和必要。

5. 健全资源保护节约的激励机制

有效的激励约束政策是保证资源保护节约制度切实可行的关键，具体需要从以下方面入手：（1）完善混合型生态补偿机制。通过完善支付转移制度，确定具体的补偿途径，建设与生态补偿机制相适应的配套体系。我国大部分地区还是以纵向转移支付为主，缺乏横向生态补偿机制，这就使得政府面临财力不足的问题，所以可以考虑加强建立地区间横向生态补偿制度，同时优化纵向生态补偿机制，构建具有创新性的纵向补偿与横向补偿相融合的混合型补偿机制。（2）加快资源税从价计征改革。按从量计征方式征收资源税，会忽略资源的差异性，不能发挥税收的调节和补偿功能，且所产生的原本应该属于国家的超额利润也会被企业所占有。而采用从价计征方式征收资源税，不仅可以完善税制，发挥税收的调控和补偿功能，还可以在一定程度上促进资源的合理开发利用。此外，采用从价计征收取资源税，可以将税收与资源价格联系起来，调节资源产品的供给，实现价格与价值的统一，促进资源产品市场的健康发展。（3）建立完善的资源保护节约的安全制度。完善的资源保护节约的安全制度是确保资源合理利用的关键手段，有助于控制资源管理中的长期风险。

（四）健全资源有偿使用和生态补偿制度

我国已经建立了自然资源有偿使用机制，但是现有机制仍存在一些问题。产权交易市场的不完善导致产权出让、流转不能有效进行，产权界限不清晰，税收和收费没有合理规定，这些均导致有偿使用制度不能发挥应有的作用，不能反映自然资源真实的生态价值。收益分配制度和法律制度保护也不完善，税收与费用划分不科学。为了建立有效的有偿使用制度，应完善资源税费制度，明确资源补偿的性质，合理度量资源消耗，实现资源节约。自然资源有偿使用的基本思路是：资源为国家所有，使用者应当向国家支付费用，而国家向保护者支付费用。自然资源有偿使用制度的发展，将推动自然资源价值核算的研究，基于关于自然资源价值核算的研究和产权理论，可以进一步完善自然资源有偿使用制度。

生态补偿机制以保护自然环境为主要目的，以市场为主要手段，将生态服务价值、发展机会成本、自然环境保护成本考虑在内，以此为基础制定自然资源管理的经济政策、价格机制等。生态补偿机制执行的原则是由使用者付费或者破坏者付费。实施该制度需要依靠政府主导，由市场再贯彻落实。生态补偿可以分为四个类型：生态要素补偿、生态功能区补偿、流域生态补偿和区域生态补偿。我国的生态补偿政策概括来说主要有财政制度、环境资源税费、流域内补偿、市场方式补偿等多种生态补偿方式。

完善生态补偿机制，建立自然资源生态补偿机制，必须确定对象，根据"谁受益、谁补偿"原则准确地找出补偿对象；确定补偿主体，对有责任主体的，坚持"谁破坏、谁治理"原则，对无法找到责任主体的，由政府主导吸引社会资金，因地制宜开展综合整治；确定补偿标准，使补偿标准有据可依、有理可依，全面建立生态系统恢复治理保证金制度；加快完善生态补偿专门立法，增加生态补偿方式。明确补偿途径，完善转移支付制度，构建生态功能区，建设生态补偿机制的相关配套体系，在补偿方式上，要将单一的财政转移型方式，逐步发展为财政转移和生态产业反哺生态相结合的生态补偿机制，体现出生态产业的价值；在补偿途径方面，可以考虑加强建立地区间横向生态补偿制度，依据各个区域资源禀赋的不同划分不同功能区域，因地制宜，同时优化纵向生态补偿机制，构建创新性的纵向补偿与横向补偿相融合的混合型补偿机制，并进一步完善转移支付制度。

三、自然资源管理体制改革的框架体系

基于《关于印发生态文明体制改革总体方案》和生态文明制度体系建设的指导文件精神，可以将自然资源管理制度体系概括为"两大基础、三大环节、四大保障"，如图4-1所示。

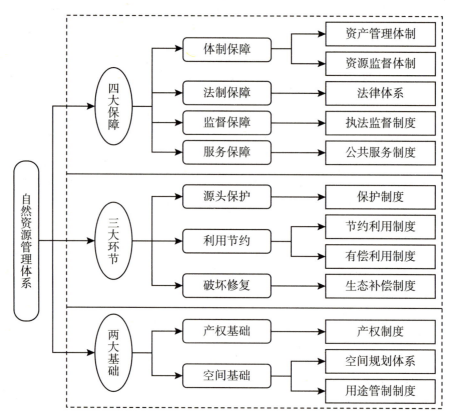

图4-1 自然资源管理体系

产权制度和空间规划体系（包括用途管制制度）是自然资源制度体系中的两大基础性制度。而资源开发主要是产权制度，在生态文明建设的整个过程都会涉及产权制度，所以它又是生态文明建设的基础性制度。空间规划是用途管制的基础，建立规范的空间规划框架，有利于在国土空间开发中保证开发有序、有效率地进行，以此推动整个规划体制的创新。用途管制是优化国土空间开发格局的重要手段，建立健全用途管制制度，有利于进一步解决生态环境现阶段出现的问题。

自然资源制度体系中的源头保护、利用节约、破坏修复是三大核心环节，是生态文明建设与实现美丽中国的治本之策。体制保障、法制保障、监督保障和服务保障是自然资源管理制度体系中的四大法宝。监督保障是有效的手段，能快速明确责任人，为进一步追究责任打下基础；体制保障是理顺自然资源管制格局的根本之策；法制保障能保障改革有效实施并巩固自然资源改革成果；服务保障是推进政府职能转变的基础。

第二节　自然资源产权制度的内涵和意义

一、自然资源产权制度的基本内涵

（一）产权和自然资源产权的定义

产权在经济学中指的是一系列权利，是使用权、占有权、处置权、所有权、收益权的总和。产权是经济体制和法律制度赋予经济当事人权利和利益的集合，是行为主体之间关于权利与义务的关系，实际的产权可以是私人的、国家的，或者公共产权安排。产权作为最基本的经济制度之一，是影响经济活动及经济活动结果的重要因素。

科斯最早使用了"产权"（property right）概念，其研究对法学意义上的财产及财产权有重要启示。产权具有以下规定性：产权是依法占有的财产的权利，它与资源稀缺性相联系；产权具有排他性，对于同一事物，不能有两个人同时拥有控制它的权利；产权一般可以分解为所有权、使用权、出让权、收益权，产权分解后每一种权利都不能无限使用，特别是在社会中行权时，往往受到法律规则的约束；产权最大的功能是将外部性最大化地形成内在的激励。

产权区别于物权，产权反映的不是人与物之间的关系，而是个人或他人受益或者受损的权利，物权侧重于所有者拥有物品的排他性权利。产权包含了物权，物权并不完全等同于产权。产权也区别于所有权，产权可以分解为各种权利，其中有所有权，但是两者的概念并不等价。

产权一般分为私有产权、集体产权、公共产权、国有产权等几种类型，每一种产权适用的范围受社会、政治、资源等多个因素的影响。私有产权的含义是财产归属私人，其使用由个人独有，并且私人可以任意处置自己的财产。集体产权

85

不同于私人产权，其含义是某人在行使某种资源的权利时不能排斥他人的使用，某一个人不能单独决定权利的流转。公共产权与集体产权相似，主要区别在于公共产权强调公共物品，它在公共物品的消费规模上不能做出限制，会出现"搭便车"和"产权拥挤"的现象。国有产权，其产权归属明确，即唯一由国家所有，产权行使由国家选择的代理人来执行，由于其特殊的代理制度所以必须进行严格监管把控，同时设置代理机构也存在成本。

自然资源产权就是有关自然资源的经济体制和法律制度赋予经济当事人权利和利益的集合，包括自然资源的使用权、占有权、处置权、所有权、收益权。目前普遍认为，自然资源的稀缺性是产生自然资源产权的根源。资源本身具有公共物品的性质，产权使得自然资源具有排他性，这是产权的关键要素。在中国，自然资源产权制度的演变也就等同于不同属性的产权占据主导地位的不同时期，从公共产权到国有产权再到现在建立产权市场促进市场效应，中国的自然资源产权制度大致经历了三次较大的变革。现在对自然资源的保护又提出了自然资源资产化的概念，随着资源的稀缺性加剧，自然资源的财产属性越来越明显，因此自然资源资产产权受到重视。资产的性质给资源所有者带来收益，可带来收益决定了交易市场的需求，同时资产化将激励自然资源保护，这样自然资源的可持续利用和产权的排他性也更容易实现。

（二）自然资源产权制度的特殊性

产权制度是规范产权主体各种行为的规范、准则和条例。产权制度具有多层次性，这源于社会生活中产权渗透到方方面面。自然资源是一种特殊的生产要素，有的自然资源属于可耗竭性资源，无法再生；另外从经济学的角度看，自然资源属于公共物品，具有公共物品的非排他性、非竞争性、外部性等性质。作为生产要素的一种，虽然自然资源能满足其他生产要素的特性，但是它本身的特点决定了它还要考虑社会效益、生态效益和环境效益。因此，自然资源产权制度具有特殊性。

自然资源的产权主体具有特殊性和多样性，虽然所有权为国家，但产权中的出让权、经营权、收益权、使用权等其他权利的主体，既可以是个人也可能是集体等，在资源开发利用过程中为了避免垄断，同时行使使用权的主体可能不止一个。产权主体的多样性要求在使用自然资源时有明确限制，这样才能保证代际公平以及资源的可持续利用。自然资源是产权的客体，由于我国幅员辽阔、资源种类多样、数量丰富，不同资源所面临的现实情况不同，比如水资源的流动性带来了空间规划的特殊性，森林资源与土地资源的交织等。自然资源产权客体的特殊性给产权界定带来了很大困难。

二、自然资源产权制度改革的基本内容

（一）建立健全自然资源产权制度体系

我国的自然资源产权制度是从新中国成立开始逐步建立起来的一种公有产权制度。自 1978 年以来，我国取得了举世瞩目的改革成就，已经成为世界第二大经济体。但随着经济的发展，环境问题日益严峻，自然资源持续消耗、碳排放增长迅速、生态环境逐步恶化等，对我国经济的可持续增长形成了巨大挑战。为保护日益稀缺的自然资源，合理和科学地利用自然资源，需要构建完善的自然资源产权制度体系，完善自然资源资产使用权利相关职能，加快建立自然资源资产的确权登记制度、有偿使用制度和产权交易制度，积极探索市场经济前提下占有权的多种存在方式，比如土地等自然资源资产的所有权可以向租赁制、股份制、信托制多元化方向发展。

2013 年末，国务院常务会议通过决议，全国范围内自然资源资产的统一登记工作由国土资源局主导，并实现土地、森林、海洋等一系列不动产的登记机构、依据、平台系统、簿册四统一。2014 年后，我国开始对各种自然资源登记管理部门进行整合，实现统一登记。2015 年 3 月，《不动产登记暂行条例》在全国范围内初步展开。在国家颁布条例的指导下，省、市级地方政府结合自己地区情况，加快制定具体实施办法，确定自然资源资产的登记范围及具体施行细节。

最近几年，国家针对加强自然资源产权管理出台了一系列政策、文件，自然资源管理改革应以权属改革为基础和核心，自然资源开发利用的核心制度是产权制度。但自然资源的稀缺性，要求我们有两种资源配置的抉择，一个是如何在同一时间段内不同主体间配置自然资源，另一个是在当代与未来之间形成代际分配。产权的确定是资源分配的前提，建立市场机制是资源配置实现效率的手段。

完善健全的自然资源产权制度可以为实现市场对自然资源的配置创造必要条件。厂商和消费者的资源利用方式取决于资源配置中的权利与责任安排，通过考察这些权利具体如何影响人类的行为，可以更好地理解环境问题如何起源于政府行为和市场配置。在产权交易市场中，价格是关键因素。关于定价，政府应该减少干预，尽可能缩小价格管制范围，以市场定价为主，利用市场这只"看不见的手"来配置资源。为使自然资源市场更有活力，可以创新资源交易机制，例如成片的草原可以采用招标的方式转让使用权，矿产、湖泊的经营管理权可以通过竞拍的方式取得。随着交易机制的创新和完善，自然资源的价格形成机制将不断完善，进而提升自然资源资产的配置效率。为维护市场秩序、发挥市场配置资源的

功能，要求自然资源产权市场制度包括清晰的产权、便捷高效的交易平台、有效的纠纷解决方式，只有如此，市场主体在决策时会自动将环境因素纳入考虑成本与收益的决策中，有利于实现自然资源的保护。

（二） 以明晰的产权制度提高资源利用效率

中国自然资源管理的问题不仅是资源短缺、过度消耗，还体现在资源利用效率低下方面。提高我国自然资源利用效率，是当下社会经济发展的必然要求，也是可持续发展从理论走向实践的重要保证。因为可持续发展主张的不是停止开发利用，而是在保护后代利益的情况下进行开发，其内涵就是要提高资源使用效率。以产权清晰界定为前提，自然资源才可能得到适当的配置，进而提高资源的使用效率。因此，自然资源资产产权制度是提高资源利用效率的核心制度。明晰的产权制度，可以提高资源的使用价值，减少自然资源退化，能够激励产权主体以最有效的方式利用资源，同时负担起保护自然资源资产的责任和义务。同时在明晰的产权前提下，着重厘清自然资源资产所有权与使用权，使各类权益拥有清晰的边界，由此企业将拥有提高资源利用效率的内在动力。

自然资源产权制度作为一种产权制度，即使存在也会因为外部冲击发生偏离，因此自然资源的产权制度应该建立在强有力的集体行动力之上。自然资源作为一种公共物品，产权难以界定或者界定产权的成本太高，因此很容易被过度使用或侵占。产权虚置和不明晰是"公地悲剧"产生的原因，所以需要建立明晰产权的自然资源产权制度来解决"公地悲剧"的问题。有效的自然资源产权制度能避免"公地悲剧"，能使资源使用者在使用过程中支付使用成本，该成本应等于社会成本，以此有效限制使用者的非理性行为。

（三） 自然资源产权制度存在的问题

1. 产权归属不够清晰，虚置现象严重

产权赋予经济行为主体在稀缺资源使用中的地位以及相应的权利义务。因此明确界定产权归属，在保护每一个行为主体的同时，也能使资源市场更加有序。目前我国自然资源产权制度没有清晰划分产权归属，其结果主要表现为租值耗散、产权界定模糊、监管成本过高等。建立自然资源产权制度并颁布法律法规明确产权关系，同时使设置产权的收益大于设置产权的成本，这样才能调动全社会各个部门、公众积极参与到产权制度的改革中，并能够保证改革的深入贯彻。

（1）自然资源产权界定模糊。自然资源产权界定模糊是指自然资源产权不完整。我国虽然已经明确国家是自然资源所有者，但现行制度措施并没有充分体现国家所有者的权利，自然资源产权的使用权、转让权由于受到不合理的管制而变

得不完整。自然资源性质特殊，国家既是自然资源的所有者，同时也具有最高的行政权力，往往会对产权进行约束。但是机构部门之间存在着无效率的现象，管制的自然资源价值降低，因而造成产权的稀释、删除，即产权残缺。自然资源不仅具有可以直接获取生产性收益的功能，而且还具有生态和社会功能。如果全方位考虑自然资源的价值，那么自然资源的产权界定成本高昂，政府管制是一项合理的措施。但是如果某种资源并非完全纯公共物品，政府受到激励强行规制了部分私人价值，将造成产权主体利益受损，所以政府管制的合理性显得非常重要。

清晰界定自然资源的产权是改革委托代理关系并使原有委托代理更加有效的主要措施。首先需要明确界定自然资源的所有权，我国目前已经有明确的法律规定用于清晰界定自然资源的所有权，只有所有权清晰界定以后，才能有序进行自然资源的利用和统筹规划等。其次是使用权的清晰界定，使用权可以按资源种类进行设定，土地使用权、矿业权、取水权、捕捞权、渔业权、林业权都要分别清晰界定，这样企业才能有内在动力提高资源使用效率。使用权的界定还伴随着有偿使用制度的建立，积极实施改革让使用权流转起来，提高资源利用效率，才能再进一步编制自然资源资产负债表，实行自然资源资产离任审计制度。在使用权、所有权清晰界定的基础上，产权主体才有动力进行价值转换，形成产权交易市场，并且产权是否清晰也决定了交易成本。最后是经营权、流转权，由于自然资源的特殊性质，国家对自然资源的流转经营都有严格限制，为了深入改革资源的市场化配置，可以适当放宽经营权、流转权，比如允许拍卖、招标等。

（2）自然资源的租值耗散。租值耗散是指由于产权制度的缺陷导致资源原价值的下降或者完全消失的现象。自然资源的稀缺性导致市场价格高于其成本并且价格稳定，此时就产生了长期超额利润，当合理的产权管制制度有效时，如果自然资源的供应稳定，这时将会产生租值；如果产权制度安排不合理，违反上述持续产生租值的条件时，就会发生"租值耗散"。政府或者受托管组织没有保护自然资源的明确的直接动力，甚至面临政绩的压力，某些政府会为了实现地区发展而不顾资源的承受力，无节制地利用有限的资源，由此造成"租值耗散"。为了避免发生租值耗散，显然政府管制具有重要作用，政府制定的进入管制制度或者产出能力管制制度，能阻止租值耗散的发生，进入管制的主要做法是限制过度投资。政府管制还有一个目的——征税，税金可以作为租值的一种形式。产权制度缺失导致租值耗散，而产权制度的问题源于自然资源的外部性。蒂坦伯格（Tietenberg，1992）认为，自然资源在使用中可以自由进入将导致外部性，比如渔业资源的过度捕捞，就属于耗竭性资源的外部性，一个厂商的产量会影响其他厂商的生产函数。总之，产权界定模糊与租值耗散之间是因果关系，正是因为产权界定不清晰才造成了租值耗散。

（3）自然资源监管成本过高。产权归属不清晰，产权主体就无法到位。如果产权主体受到保护自己权益的激励，那么在主体监督自身权益完整的同时，也会带来外部效应，形成社会监督。因此，明确的权利归属能保证自然资源利用的监管成本下降。比如，自然资源产权所有权的主体是国家，但是由各级政府部门行权，如果没有明确详细的约束，最终自然资源会沦为地方所有，由此带来管理职责的缺失。如果同一项资源由多个部门共同管理，由于利益相互竞争，部门之间的利益纠纷会导致资源利用无效和收益分配的不合理，国家作为真正的所有人却丧失了权益。因此，要加强法律的约束，确定产权的各类主体，并清晰划分收益，明确产权主体的义务与责任。

2. 产权收益流失严重，权益未得到有效的落实

大量的自然资源被免费或低偿使用，造成"公地悲剧"。本应该属于全体人民或集体所有的收益，却被少数企业、个别部门、某些利益集团所赚取，因此必须有效地落实产权权益。

（1）健全资源占用规定，改善收益分配制度。调整现行自然资源占用权中不符合市场经济和资源配置市场化要求的内容，改善行政手段配置资源的缺点，利用法律的强制性来规范资源的开采经营，有效配置自然资源，发挥其最大效用。同时，通过调节地方与中央的分配关系改善收益分配，既能使地方得到应有的补偿，也能使国家获得一定的资源资产收益。

（2）保护自然资源资产使用权主体利益。当自然资源使用权主体向所有权主体以支付对价等方式获得使用权时，其依法在一定范围内使用自然资源并获取经济利益，应保障使用权主体对资产的占有、使用和收益的排他性权利。收益权与所有权紧密联系，使用者的行动会影响所有者的收益，因为所有者和使用者的信息是不对称的，一般可通过各种规划的制定降低信息不对称性。所有权和使用权的分离能提高资源使用的效率，使用权应该受到专门的法律保护，而所有者的收益权则应该通过特许费的方式得到实现，而不仅仅源于税收。

（3）完善产权争议调解制度。县级以上政府可以构建自然资源资产产权争议调解组织，强化调解人员的专业素养，也可外聘熟悉产权历史和现实情况，并且具有专业物权等法律知识和实践经验的社会人士，作为争议调解员，参与产权争议处理活动。另外，需要不断简化申请调解争议的手续，以便民惠民为原则。建立自然资源破坏补偿机制。在开发使用自然资源过程中，必定会出现损害资源的情况，例如植被覆盖率降低、水污染加重、给当地居民的生活带来负面影响等，因此务必建立损害赔偿机制。同时，结合生态保护责任追究制度和环境损害赔偿制度等相关理论，厘定损害赔偿界定、赔偿范围、赔偿原则、免赔条件等重要问题。

3. 产权交易偏离市场机制，市场化配置程度低

厂商和消费者的资源利用方式取决于资源配置中的权利与责任安排。经济学中，实际的产权可以是私人的、国家的，或者公共产权安排。市场配置不完善还包括世代间外部性、免费资源和市场力量的不完善。世代间外部性是破坏市场配置的因素之一，资源耗竭，污染加剧，当代人将会挤压后代人的生存空间，因此资源配置应该考虑未来的影响。比如，挪威相当依赖自然资源中的石油资源，但是其有专门留给后代的基金，当代人不能动用，这种方式很好地考虑了世代间的配置。免费资源的获取也会影响市场配置，免费必然激励使用者无度索取而无所约束，极端情况下甚至造成生态系统崩溃，使原本可持续利用的土壤、森林等遭遇不可逆的破坏。市场力量是市场经济条件下，企业生存和发展所展现的市场驾驭能力。企业市场力量不完善限制了企业在竞争中的优势地位和获得利润的空间。

建立自然资源产权市场的制度构建措施，应综合考虑产权界定、交易权规定、交易制度安排等，具体可分为三个步骤：首先建立市场化的资源公共权力规制模式，再实现自然资源产权下各种权利的市场化，最后构建一个混合的产权市场。

根据自然资源的特点，自然资源产权市场体系应该是多层次和多元化的，自然资源产权市场运作规则主要包括两个方面：一是清晰界定产权的边界，在此基础上根据资源性质再配置给各产权主体，针对难以界定产权边界的自然资源，最好由公共部门作为产权所有者来进行管理；二是建立政府监管和委托代理制度，只有完善产权法律制度，才能实现有效管理，进而规范自然资源的产权市场。

我国法律目前明确禁止产权的自由交易，现行的自然资源有偿使用制度只不过是政府通过出让来获得收益的一种方式，而不是真正意义上的所有权交易。当前随着改革步伐的加快，产权交易偏离市场机制、市场化配置程度低的问题已经越来越明显，真正意义上的产权交易势在必行。明确区分自然资源的管理权与所有权，只有这样才能避免政府在行使委托代理所有权时的设租、寻租，才能充分发挥产权的激励作用，实现资源有效率利用，以上种种都依赖于自然资源产权交易市场机制的建立。自然资源的产权交易市场应该由两级市场构成：一级市场是自然资源产权的出让市场，自然资源的管理部门收取一定的出让费把自然资源的使用权出让给市场主体一定年限，以此实现市场化经济价值；二级市场是取得自然资源所有权的市场主体，把使用权再转让给其他人，这是一个自然资源使用权的流转市场。产权的可转让性，使自然资源能够根据市场需求的变化在整个社会流动，从而提高资源配置效率。

4. 自然资源管理体制尚不完善，合理的产权制度体系仍未建立

在我国，自然资源管理缺乏综合性，价值核算没有纳入国民经济核算之中，

产权边界不清晰，政策不能有效实施，市场不能有序进行交易，资源配置无效率，补偿机制和价格机制不完善。加快完善产权体制，是建立完善适应国情的自然资源管理新体系的重要一环，才能以此推进市场化和资产化改革。面对以上种种自然资源管理体制的不完善，迫切要求按照生态文明建设的战略要求，统筹协调各方面的关系，健全自然资源资产管理体制。首先要健全完善自然资源综合调查与监测制度，我国幅员辽阔、自然资源种类丰富，必须对其有全面详细的了解才能更好地进行管理，同时随时监测自然资源的动态，发现问题要及时解决调整；在此基础上，加快推进统一确权登记，并完善权属争议解决机制。

5. 自然资源产权保护制度不够完善，生态保护难以落实

各类权益完善的保护制度是产权改革的保障，是后续建立产权交易市场秩序的前提。产权保护制度主要依靠法律法规来进行约束，以此达到降低交易成本的目的，最大限度地发挥产权的功能。另外，社会公序良俗形成的社会环境，对产权保护同样意义重大，通过道德约束和培养价值观念，使产权保护观念于无形之中渗透到社会各个角落并深入人心。

自然资源产权被细分为各类权益，其中最重要的是所有权、使用权和收益权。关于所有权的保护，因为我国大部分自然资源都归国家所有，因此国家作为所有权的主体，其权利保护应该通过法律法规来保障，但在委托代理制度下，如何保证下级政府部门不进行设租是所有权保护的关键。关于使用权的保护，建立产权交易制度、构建产权交易市场，是保护使用权最有力的措施，其中涉及产权交易价格的设定等问题，主张"谁使用、谁支付、谁就有发言权"的原则，才能有效形成对自然资源的利用和管理。使用者使用自然资源获得利益，获得使用权的厂商需要付出成本，以此保证所有者的利益，明确分配各项收益。其中，提倡鼓励有助于保护资源、拥有清洁生产技术的企业，而对重污染排放的企业进行惩罚或者征税，以此促进利益合理分配，促使技术不断进步。另外，由于自然资源还具有社会性，自然资源被物权化后，还要考虑防止权力的滥用，权利滥用会对自然资源造成不可挽回的破坏，其中涉及社会利益与个人利益的协调问题。

因为产权保护不到位，生态保护也难以落实，自然资源生态保护涉及全过程，应转变发展方式、强化全过程管理理念，在源头进行保护，在过程中节约，在末端进行治理。首先，防是源头保护的关键，科学、合理地设计资源保护的制度，完善资源保护的制度框架，使得资源保护实现有法可依、有章可依、有据可循。其次，健全资源保护的激励机制。有效的激励约束政策是保证资源保护制度切实可行的关键，相应的激励和约束是过程节约的关键，激励是鼓励节约，约束是限制使用。最后，要构建资源保护的安全制度。完善的资源保护安全制度是确保资源合理利用的关键手段，有助于控制资源管理中的长期风险。

第五章

自然资源核算制度改革

本章以自然资源核算制度改革为切入点，详细阐述自然资源核算对资源管理的重要作用。自然资源资产负债表是整个核算制度的核心内容。首先，本章对基本概念进行辨析说明，并阐释编制的理论依据及其意义；其次，剖析自然资源资产负债表编制的难点和挑战，确定适应我国自然资源特征的资产负债表；最后，以地区自然资源资产负债表和森林资源资产负债表为例，说明我国编制自然资源资产负债表的可行性和价值。

第一节　自然资源资产负债表的理论

一、自然资源资产负债表的基本概念

自然资源资产负债表是中国政府于 2013 年提出的一个新概念，具有鲜明的中国特色，国外学者关于自然资产负债表的研究则较少。由于国内外的相关研究目前尚处于探索阶段，所以直接以"自然资源资产负债表"为研究主题的文献并不多见。本部分在对当前主要研究成果进行梳理的基础上，从经济与环境的关系，国民经济账户体系（The System of National Accounts，SNA）、综合环境和经济核算体系（System of Environmental Economic Accounting，SEEA）与自然资源核

算以及自然资源资产负债表三个方面进行文献整理和分析。

（一）经济与环境的关系

学者们对经济增长与环境和生态破坏关系的研究，深刻影响了经济发展理论和经济决策的方向。一般认为，经济发展与环境污染关系的研究始于格罗斯曼和克鲁格（Grossman and Krueger，1995）对居民收入水平与环境污染倒"U"型关系的分析；在此基础上，大量学者运用不同数理模型对两者之间的倒"U"型关系进行了证明（Hartman and Kwon，2002；Brock and Taylor，2010），为后续研究奠定了理论基础。此后，大量学者运用经验证据对这一理论成果进行了实证检验，发现污染物排放和居民收入之间确实存在倒"U"型关系（Selden and Song，1994），但这种倒"U"型关系受经济规模、产业结构和技术进步的影响。就中国而言，随着环境污染对社会和经济发展的威胁越来越大，学者开始从产业结构调整、绿色技术进步、环境规制和资源利用效率等视角，研究如何加强环境治理和生态保护，实现环境与经济的协调发展（Wang and Song，2014；Song et al.，2018）。

（二）SNA、SEEA 与自然资源核算

部分环境会计领域的学者认为，自然资源核算是对传统国民经济账户体系的一种修正，在 SNA 体系下，核算的重点是国内生产总值（GDP）及其增长速度，这种资源基础和环境条件影响的核算体系，容易导致"经济虚假繁荣"和资源"空心化"。随着资源消耗和环境污染问题的日益严重，一些学者和组织对资源核算问题展开积极探索，形成了一系列具有代表性的指标和核算体系：20 世纪 70 年代，美国麻省理工学院首次提出运用生态需求指标（Ecological Requisite Index，ERI）来测度经济增长对环境带来的压力；诺德豪斯和托宾（Nordhaus and Tobin，1972）构建了经济福利指标（Net Economic Wlefare，NEW）来计量资源环境；80 年代末期，国内生产净值（Net Domestic Product，NDP）和可持续经济福利（Index of Sustainable Economic Wlefare，ISEW）指标相继被提出，用于衡量真实经济增长率；在此基础上，经过世界环境与经济组织的努力，世界环境与发展大会和联合国于 90 年代最终构建了一个综合经济与环境的核算体系，将环境核算纳入国民经济核算账户，最终形成了《综合环境与经济核算体系》（SEEA - 1993），开始将自然资源账户和调整后的国民经济核算账户纳入一个共同的框架，并创造性地提出了绿色国内生产总值（EDP）的计算方法，为自然资源核算提供了方法指导；随着时代发展和技术进步，SEEA 也在不断完善以适应当前资源和环境核算需求，进入 21 世纪之后，经过不断修订和完善，最终形成了 SEEA -

2012。

相应地，在可持续发展理念的指导下，部分国家先后进行了自然资源核算的尝试。例如，挪威统计局基于实物计量方法编制了自然资源核算账户；芬兰则构建了森林资源核算的框架体系；津巴布韦运用自然资源账户对本国的自然资源进行核算；印度在国民经济核算账户中对其森林资源存量进行了测算；乌干达在国民经济核算过程中对其林业资源进行了测算；纳米比亚基于 SEEA 对本国自然资源进行核算与管理等。这些尝试对经济发展理念转变和环境与生态保护具有有益影响。相对于主要发达国家，中国的自然资源核算理论与实践研究均起步较晚，但在中国政府的主导下，通过对国外相关理论体系和实践经验的借鉴和学习，中国的自然资源核算近年来发展迅速。总体而言，中国关于自然资源分类、账户设立与核算和经济后果的研究同样集中于 SNA 和 SEEA 的框架下，与欧美国家当前关于自然资源核算研究的差异并不大。

（三）自然资源资产负债表

在中外学者关于自然资源分类体系的认知逐渐趋同的情况下，中国学者更多地将其研究重点集中于自然资源资产负债表的开发与编制。前已述及，自然资源资产负债表是一个具有鲜明中国特色的研究主题，自该概念提出以来，相关学者围绕其内涵与功用、构成要素、编制原则与计量属性和表格范式勾稽关系等方面进行了一系列研究。在内涵与功用方面，部分学者展开了自然资源资产负债表是属于财务报表还是管理报表的讨论；在构成要素方面，自然资源负债的存在性、构成内容和计量方法成为研究的重点和难点之一；在编制原则和计量属性方面，考虑到自然资源的产权和计价等问题，如何确定资源的入表范围和计量单位成为学者们着力解决的问题；表格范式和勾稽关系方面，作为一张资产负债表，其在编制过程中是否应遵循会计平衡原理和是否采用复式账户，仍然是学者们争论的焦点。而且，现有研究存在的一个重要不足是，由于中国的自然资源资产负债表研究尚处于起步和探索阶段，因此相关研究对这一主题的讨论往往集中于某一方面，缺乏对自然资源资产负债表基本结构和逻辑框架的整体性研究，这也在一定程度上加剧了相关学者的观念分歧。

二、自然资源资产负债表的理论基础

作为一项由中国政府倡导并推动的报表编制活动，自然资源资产负债表开发和编制的目的是：一方面，中国政府希望通过自然资源资产负债表的编制，可以获得相对准确和可靠的资源和环境变化的信息，从而为领导干部政绩考核和离任审计提供参考依据，即对中国政府而言，自然资源资产负债表具有管理和监督作用；另一方面，中国政府希望通过对此表的编制，更为全面系统地核算自然资源的规模（存量）和变化情况（流量和质量），从而摸清"家底"，即有助于政府部门根据现实情况制定政策和战略。可见，自然资源资产负债表是中国政府经济发展理念和政府治理理念的具体化，其编制和应用过程实质上是国民账户体系与环境经济体系的融合。

根据其编制动机和目标可以发现，自然资源资产负债表涉及的范围和领域较广，具有跨学科的属性，其研究的理论框架涉及经济学、环境学和会计学的相关基础理论（见图5-1）。

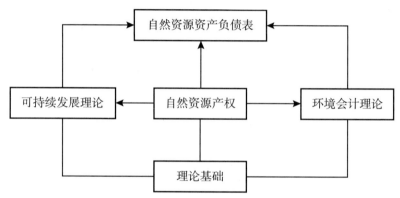

图 5-1 自然资源资产负债表理论基础

（一）可持续发展理论

随着对人口、经济与环境关系认识的深入，可持续发展理论迅速被学术界和实务界接受，为维护资源和环境系统的生产更新能力，在不破坏资源基础和生态平衡的条件下实现经济发展，相关学者展开了大量的研究。随着 SNA-2008 和 SEEA-2012 先后出台，部分学者也开始从可持续发展的视角研究自然资源的价值计量问题：奥布斯特和沃尔登（Obst and Vardon，2014）探讨了自然资源耗损和生态系统退化的价值计量问题，并认为在国民账户中嵌入环境信息，可以为政府经济决策和可持续评估提供数据支持和现实参考，有助于提高决策的科学性和评估的准确性；相关学者同时发现，将经济与环境相融合构建经济环境核算体系，可以有效评估预测经济政策实施的潜在经济和环境影响。可持续发展理论的发展推动了自然资源核算方法、技术标准和评估准则的研究，这些是编制资产负债表的基础和方向。

（二）环境会计理论

关于环境资源的研究，环境会计理论是另一个重要的理论分支。环境会计理论从资源的经济属性出发，强调其稀缺性、有限性和价值性，从会计视角对资源的价格和价值进行确认、计量和管理，为组织决策提供有用信息。环境会计借鉴会计要素和基本原理，将资源消耗、生态破坏的应付补偿和恢复成本视为环境负债和环境成本，为自然资源核算和管理提供了新的视角。例如，贝宾顿和沃特斯（Bebbington and Waters，2001）将会计要素、账户体系和核算原理与计量属性引入环境资产核算，奥布斯特和沃尔登（2014）在进行环境资产的价值计量时引入了净现值法。自然资源资产负债表是一张资产负债表，相关会计原理的引入使得环境资产的核算开始遵循"有借必有贷，借贷必平衡"的复式记账思维，为自然资源资产、负债和所有者权益的确认与计量提供了直接支持。从环境会计理论的当前发展趋势看，其理论研究的主体正逐渐由以企业为代表的微观主体转向以政府为代表的宏观主体，其理论研究开始着眼于国民经济中与自然资源和环境有关的内容，主要从实物和价值层面对国家自然资源的消耗进行计量，因此也被称为"自然资源会计"。

（三）自然资源产权理论

从会计学视角看，明确的产权归属是会计主体确定、要素核算和财务报表编制的前提。相应地，明确的产权归属是自然资源资产负债表核算和编制的基础。在中国这样一个以公有制为主体的国家中，自然资源产权具有鲜明的制度和法律特色。根据《中华人民共和国宪法》（2018年）规定，中国的自然资源归国家（全民所有）或集体所有。自然资源产权根源于其稀缺性，排他性是其关键特征。然而，在中国的制度背景下，考虑到国家通常是一个虚拟的权利主体，自然资源一般处于政府代理管理的状态下，这不可避免地会导致自然资源产权边界不清、权责不明、监管不力和耗损与流失严重等问题。因此，《中共中央关于全面深化改革若干重大问题的决定》（2013）提出了"健全自然资源资产产权制度和用途管理制度"和"健全国家自然资源资产管理体制、统一行使全民所有自然资源资产所有者职责"的论断，这一论断为我国自然资源资产产权制度完善和自然资源资产负债表编制提供了制度和政策支持。

三、自然资源负债表编制的难点和挑战

（一）编制的难点

1. 自然资源概念界定弹性大，难以确定核算范围

国内外学者在界定自然资源的概念时，主要关注两个方面——"自然性"和"可利用性"。克鲁迪拉和费舍尔（1989）认为，地貌、气候的变化等生态环境演变综合作用形成自然资源，人类对其的利用可以分为剥夺性利用和维持性利用两种方式。刘学敏（2008）强调，自然环境中能够被用来服务于人类生产生活的物质才是自然资源，即在经济上具备有用性。而对于自然资源的价值，克鲁迪拉和费舍尔认为，一方面具有商品性，即可以直接将资源运用到社会发展中；另一方面具有安适性，即自然资源的自然存在性，即具有供人们闲暇娱乐的作用。

从自然资源引申到自然资源资产，其关键的概念在于"资产"。一方面，它具有"自然资源"和"资产"的共性，但是区别于自然资源；另一方面，又具有不同于其他资产的特别之处。自然资源资产的基础和源泉是自然资源，它是一种物质资源，同时以自然的形式存在。自然资源资产一方面能够带给人类经济价值，另一方面还能够让人类舒适惬意的生活，具有改善生态环境等非经济价值。更重要的是，由于自然资源是在一定的空间地理范围内存在，具有区域性，所以它不仅仅是作为人类生产生活的物质保障，同时对于一国主权独立与领土完整具有重要意义，具有国家主权性。由此可见，自然资源资产的概念是从对自然资源的探索出发，基于人类生产生活角度提出的。

2015 年 9 月，《生态文明体制改革总体方案》先后在内蒙古、浙江、湖南、贵州、陕西、北京、天津以及河北等省（区、市）进行自然资源资产负债表的编制试点工作。不过由于中国国内对于自然资源资产负债表中"负债"与"资产"概念的界定存在一定争议，特别是对"自然资源负债"有更大异议，试点地区自然资源资产负债表的编制存在没有负债项或者负债的计量与核算没有得到普遍认可的问题，这是制表的难点之一。

2. 涉及的部门多，编制协调难度大

我国自然资源资产由多个政府部门共同管理，如国土资源部门、水利部门、农林部门、环境保护部门、会计审计部门、统计部门等，这些部门都是在自然资源资产负债表的编制过程中会牵涉到的部门，每年都会花费很多成本对自然资源的状况进行监测探究等，但其结果没有被用于自然资源的研究管理，而用在一些具体的经济目标上。另外，政府部门、科研团体和社会组织间缺少对这些零散数

据的整合处理，零散的信息不能适应审计分析的要求，无法获取充分证据来估计审计存在的风险，因此需要各部门协调配合推进，特别是数据的收集整理工作和规范组织工作，形成标准化的共享数据库。

由于涉及的部门多，各个部门的归属指标就可能存在差异，比如退耕还林会出现"一地三证"的现象，也就是说这块土地不仅有土地经营权证，还有林权证和草地证，而林业部门负责林业指标的归属，国土部门负责耕地指标的归属，这样就造成各部门之间的数据存在差异，编制协调的难度加大。为解决这些问题，重要的是搭建一个跨学科、跨部门的平台，以便于各部门进行统一研究工作。在空间上，自然资源具有区域性，不同地区会有不同的独特资源禀赋，这种差异也增大了编制的难度。

3. 自然资源种类繁多，有多种分类方法

我国学者邓宏兵和张毅（2005）将自然资源分为如气候、潮汐能等的"无限的自然资源"和可枯竭的"有限的自然资源"。其中有限的自然资源又分为森林、土壤等"可再生性自然资源"以及无再生能力的"不可再生性自然资源"。巴利·菲尔德与玛莎·菲尔德（2010）将自然资源分为两类：一类是生物资源、太阳能、风能等取之不尽、用之不竭的可再生资源，与其相对应的是会穷尽的煤、原油、核能等不可再生资源。国内外学者对于自然资源进行多种不同分类，没有形成统一的准则，确认、计量和记录的难度都很大。

再者，自然资源数量庞大、难以统计。比如由于技术条件的落后，存在一些已勘探的矿产无法开采、一些自然资源无法度量，或者即使可以计量，也会因为其流动性等难以判断其应有的价值等问题。作为生产力的组成部分，自然资源包含人类的附加劳动，和劳动一起成为国民财富的创造源泉，具有"自然"和"社会"的双重属性，价值构成复杂，难以估计并确定其资源价值。

4. 理论研究不充分，编制形式存争议

我国对于自然资源资产研究还处于探索阶段，相关认识和理论不统一且不成熟，对于制表的整体框架也没有形成统一定论。2015年底，北京、内蒙古以及天津等地开展汇编制表的试点工作，在这些先行试点地区的编制实践中也存在很多问题，比如缺少对自然资源资产负债表负债项目的编制，关于自然资源的文化价值和社会价值的核算也存在争议；另外，虽然《编制自然资源资产负债表试点方案》中明确了将水源、林木和土壤三种自然资源作为核算对象，但是由于自然资源的地域性明显，各不同地区会突出各地区的特色资源，比如内蒙古的草原、深圳的沙滩等，核算的对象不能得到统一，这些问题都给后期制表造成了很大阻碍。

5. 专业性复合人才缺失，知识储备不足

自然资源资产负债表这个概念提出的时间较短，理论并没有跟上实践的发

展，国家要求对其编制进行研究，对于它的探索是一个各学科交叉综合的过程，学科跨度大、计算方法繁杂、涉及面广泛，包括管理学、经济学等学科的理论，同时也涉及生态学、环境科学等研究方法。工作过程中，审计人员的知识背景主要是财政、审计、经济等相关的专业知识，对气候、森林、矿产等自然资源环保方面的专业业务知识有所欠缺；自然资源或生态环保等专业从业者虽然对其专业较熟悉，可是对评估自然资源的价值等方面没有太多涉及，因此这项工作的探索空间广，研究难度较大。

针对该问题，建议在强化对审计领导干部业务知识培训教育的同时，可以聘请相关专家进行配合协作，通过专业人才的不断探索，才能提高审计的质量和效率。另外，需要打破传统的审计干部以财会审计为主要知识结构的想法，培养综合型人才，建立自然资源资产的大数据平台，并实现标准数据共享，建立自然资源资产负债表审计专业队伍，完成对自然资源的责任审计工作，推进制度化、规范化的自然资源资产审计，保证审计结果的权威和准确。可以充分释放社会组织、科研院校等的能量，弥补人才缺失、知识储备不足的问题。

（二）编制的挑战

1. 统计数据系统不完善，存在严重的数据丢失情况

汇编制表工作要求数据准确、有效可用并且时点连续，而我国现行的生态环境统计数据体系存在数据质量低下、覆盖面小以及周期不具有连续性等问题，这给编制工作带来很大挑战。《自然资源负债表试编制度》中规定，普查资料和年度报表是编制过程中的主要数据来源，也就是说，清查年份和没有做监测的指标在数据上会出现缺失。2010~2012 年期间以及更早些年份，地下水、矿产等相关联的指标数据存在严重缺失，大宗自然资源尚有数据，但小河、林地等则没有数据。生物、矿产等多种资源都是汇编制表所要核算的对象，因此需要有环保、统计等多个部门的协调参与和积极配合，才能满足制表所需的自然资源、社会经济和环境保护等信息要求。而部门之间的数据很可能出现指标名称相同但数据不同，部门间数据存在差异等问题。由此可见，对于自然资源资产负债表而言，数据缺失以及数据收集整理任务是制表的一个挑战。

2. 汇编难点是实物及价值量

自然资源的核算应分为两个步骤——实物量核算与价值量核算，目前核算的主要阻力是怎样以货币标准去计量。实物计量不需要根据货币估值，它根据不同自然资源所使用不同计量单位对其数量进行统计，能够直接表明自然资源资产负债表的使用价值，并计算出某期间资产存量的实物数量。如果用实物单位核算自然资源存量，其核算难度较小，但会出现实物单位量化标准不统一的问题，从而

不利于各种自然资源资产之间的横向比较以及综合汇总。

价值计量模式是按照货币单位，以某期间期末资产负债与权益的特定固定价格为基础进行计算，它能够克服实物计量的缺陷，便于对自然资源资产进行汇总和横向比较。国内通常使用价值计量的方法——支付意愿法，即探询消费者是否愿意为了改善自然环境花费一部分货币量。这种方法的可操作性强，但是由于受到消费者主观意愿影响而降低了统计的真实可靠性，造成统计数据与实际存在的偏离。所以应将实物数量的核算作为第一步来开展自然资源资产的综合核算，以此作为自然资源的价值计量核算的基础。另外，其核算不仅限于自然资源资产的自然性、商品性、基础性，自然资源的价值性满足了使用者所需要的经济、社会以及生态效益等，那么在实物量核算的基础上，应将实物与价值计量相结合作为自然资源资产计量的方法，这样让自然资源的使用者对其价值与实物量有相对客观的认识，实现对自然资源资产负债以及权益的综合评估与衡量。但试点过程中所遇到的一个较大问题是，价值量表是否能够真实客观反映与度量行政官员们在任期内对生态环境的保护与破坏程度，例如，林地的生态价值高于其经济价值，居住用地、工业用地等的经济价值高于其生态价值，城市公共管理用地和公共服务用地既拥有生态价值，又对社会发展有重要价值，等等。究竟怎样计量与核算，怎样平衡经济、社会以及生态价值，对三者做出怎样的取舍，才能正确客观反映自然资源的价值，是制表的难点。

3. 产权主体缺位和其他产权要素权属不清

自然资源资产负债表不可缺少的一个重点就是明确的产权。自然资源产权是指自然资源拥有、惩处、获益权利的集合。2016 年 12 月 20 日，由财政部、中央机构编制委员会办公室、环境保护部等七部委联合印发《自然资源统一确权登记办法》，提出对探明存储量的矿产、山岭、滩涂、水流等自然生态系统展开摸底调查，进行所有权统一确权登记，明确各类自然资源的所有权主体以及权利和保护范围等。自然资源产权具备以下特征：主要以不动产产权为基础，有形与无形产权相结合，具有时间、类型以及地域相邻性，物权、股权和债权相结合，同时存在其使用权、获益权和惩处权的分离等。

自然资源产权主体，其一是国家主体，其二是集体主体。在中国，只有公有产权的自然资源，不存在私有形式，公有产权包括集体、全民所有两种形式，表示自然资源资产归集体和全民共有并对其监督，揭示了我国自然资源产权制度特有的本质特征。一方面，自然资源资产产权制度影响自然资源资产主体的权责利益，影响自然资源资产的价值，进而影响是否能够合理利用、善待自然资源资产，让维持人类生存发展的物质基础得以加强；另一方面，由于自然资源的人为损毁或者保护不利现象，导致出现生态破坏等问题，因此，水源、气候、森林环境是否被合理利用并保护，成为制定自然资源资产产权制度需要注意的重点。

在实际执行中，很多公有形式的产权存在产权主体缺位、其他产权要素权属不清以及利益关系混乱等问题，随着社会迅速发展，许多自然资源被利用来促进GDP的提升，从而出现争夺部分闲置的、归属不明的所有权、使用权等问题，这是妨碍汇编工作顺利进行的重要因素，同时也是我国某些区域出现自然资源衰竭等问题的根源所在。在这种情况下，要完善有中国特色的自然资源产权制度，需要做到：协调各种类型产权主体的权益平等；界定清晰产权边界，比如理清全民和集体自然资源资产产权边界；加强对资源处置权、资源收益权等的保护；保障国家和集体利益，顺从民心民意，让自然资源资产产权制度的改革朝着正确的方向行进。

4. 自然资源实物量化与其真实的数量及价值存在误差

如何对自然资源资产登记入账，企业报表往往关注的是经济效益、货币价值，而忽略环境成本，但是自然资源资产负债表的编制，需要在"绿色会计"的基础上进行核算，保证其真实可靠。自然资源的计量可以采用实物与价值量计量这两条路径相结合的方法，由信息使用方根据不同的数据要求获取尽可能详尽、能够满足其需求的数据。在某些情况下，采取实物计量手段获取的数据会更为真实可靠，比如说某些自然资源的市场价值可能并不公允，这时应以实物计量为主要方法，而这里存在的问题是，实物量化、真实数量以及价值这三者之间，可能会因为政策变化、估价主观性强等问题出现数据上的误差，这都会影响核算结果的客观真实性。

可以实物计量或者市场价格公允而能够用价值计量的自然资源都有其现存方法进行参考，使得从这两方面获取的数据会比较可靠。但是对于那些不存在市场价值，或者市场价值不公允的自然资源的计量，理论上虽有很多方法，但在实际操作中不一定实用有效，需要在后面的研究中，对自然资源估价进行探索，尽可能缩小实物量化、真实数量以及价值这三者之间的误差。

第二节　自然资源资产负债表的编制

自然资源资产负债表应具有会计属性和治理属性，既要符合会计报表编制原则，又要具有管理和监督功能。正如 SNA 和 SEEA 存在关联一样，自然资源资产负债表并不是独立的存在，它与自然资源核算账户存在关联。自然资源资产负债表反映的是一定地区某一时点的自然资源状况，可以为资源管理和经济决策提供支持。因此，编制自然资源资产负债表，不仅应考虑"资产负债表"本身的会计属性，还应将报表编制根植于编制主体和使用者所处的经济环境和制度背景下。

一、自然资源资产负债表的框架与要素

（一）内涵与概念

1. 自然资源核算账户与自然资源资产负债表的关系分析

自然资源核算账户于 20 世纪 80 年代末开始建立，并自 SEEA – 1993 出台后开始与传统国民经济核算体系建立联系，逐渐实现了环境信息和经济信息的融合。自然资源核算账户以辖区内拥有的自然资源为核算对象，综合运用实物核算和价值核算的方法反映自然资源存量及其变化，考察经济发展过程中的自然资源利用情况；而自然资源资产负债表，则基于会计恒等式进行核算，测算的是某一时点上的存量大小。而且，自然资源核算账户是其编制和核算的基础（UN et al.，2014）。但不同于自然资源核算账户的核算目的，自然资源资产负债表反映的是考虑了资产负债关系后的环境质量和生态变化问题，两者的关系如图 5 – 2 所示。

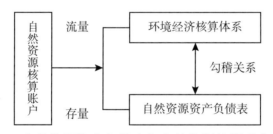

图 5 – 2　自然资源资产负债表与自然资源核算账户的关系

2. 自然资源资产负债表的内涵分析

中国学者主要从"自然资源"和"资产负债表"这两个基本概念对自然资源资产负债表的内涵进行讨论。部分学者从会计学的视角出发，认为对自然资源资产负债表的编制应强调"资产 = 负债 + 所有者权益"这一会计平衡思想，反映责任主体的自然资源存量状况；一些学者则从 SNA 和 SEEA 的角度进行了解读，认为其编制和测算的重点应该是自然资源的存量和流量。但是，尽管对于自然资源资产负债表内涵的理解有所不同，但基本认同它是一张反映存量的静态报表，有利于加强对资源和环境的管理。

（二）主要框架

由于会计理论与方法是其赖以存在的基础，自然资源资产负债表的编制过程也需要遵守基本会计假设，其会计要素确认和计量会涉及会计确认原则和计量方法，报表的逻辑关系构建也无法脱离会计理论的指导。考虑到自然资源资产负债表使用者的目的，本节从报表编制的目标出发，结合会计基本理论，建立自然资源资产负债表编制的主要框架，如图5-3所示。

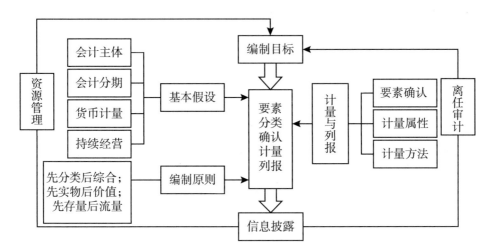

图5-3 自然资源资产负债表编制的主要框架

1. 编制目标与前提分析

自然资源资产负债表编制的目的和动机主要有两个，一是加强领导干部离任审计，维护经济发展和生态的平衡，二是摸清"家底"，为资源管理和经济决策提供数据支持。这一编制目的决定了自然资源资产负债的编制者和使用者是中国的各级政府；而且，自然资源资产负债表所包含要素和对象的复杂性，也决定了只有各级政府及其所属部门（统计局、审计署和财政部等）协同合作，才有可能完成相应的报表数据统计。

同时，该报表的开发不应脱离会计主体、会计分期、持续经营和货币计量这四个基本假设。会计主体假设的提出，实质上是为了确定责任主体；会计分期和持续经营假设为会计核算和信息披露提供了前提；货币计量则为会计核算提供了统一尺度，提高了会计信息的可比性。但自然资源资产负债表的责任主体突破了企业、经济组织等微观主体的限制，更多的属于政府等宏观主体，这从产权方面对以微观主体为基础的会计要素确认和计量产生了冲击，形成了对现有会计基本假设的挑战，需要会计理论的创新和重构。相应地，传统资产负债表完全采用价值计量的方式进行会计核算，但对自然资产负债表而言，考虑到中国自然资源的管理现状（分类管理、多头管理、层级管理）和估价技术，对现有自然资源完全采用价值计量可能并不切实际。因此，自然资源资产负债表应遵循"先分类后综合、先实物后价值、先存量后流量"的编制原则。此外，从中国自然资源资产负债表的编制目的来看，其关于会计核算和信息披露的基本假定与会计分期假设和持续经营假设是吻合的。

在传统资产负债表中，明确的产权归属是会计要素确认和计量的前提。但在中国的产权制度背景下，自然资源为全民所有或者集体所有，各级政府是自然资源的代理管理者和监督者，因此，只有通过各级政府才有可能完成相关数据的整理和汇总。此外，自然资源的种类繁多，不同种类的自然资源由不同主权部门集中管理或共同管理。例如，我国土地资源、水资源、森林资源和海洋资源分别由国土资源部门、水利部门、林业部门和海洋管理部门集中管理；同时，对于水资源这一类资源，也可能出现水利部门、环保部门和农业部门共同参与管理的情形。分散的责任主体固然不利于对自然资源的分类管理，但多头管理同样有可能导致责任的缺失和管理的无效性。因此，报表编制的一个重点和难点是，责任主体的确立和自然资源所有权的归属，只有积极完善现有产权制度，明确责任主体及其权责边界，才能真正推动自然资源资产负债表的开发与应用。

综合以上分析可以发现，自然资源资产负债表的编制需要会计理论和产权理论的创新：从编制目的来看，它显然遵循会计分期和持续经营这两个基本会计假设，这是其作为一张"资产负债表"的会计属性和特征的体现；从制度基础来看，在我国基本经济制度背景下，自然资源的产权归属和实物特性对会计主体和价值计量两个基本会计假设提出了巨大挑战，这不但迫使会计理论和实务研究的主体由微观视角向宏观视角扩展，而且要求会计理论的研究与产权理论的研究相结合，强化经济学、法学和会计学的学科交叉研究，为自然资源资产负债表的责任主体确立和所有权、使用权及收益权的界定提供创造性的解决方案。

2. 编制原则分析

"先分类后综合、先实物后价值、先存量后流量"，是自然资源资产负债表的编制原则，这明显不同于传统资产负债表科目统一、价值计量和存量列报的编制现状。作为一个成熟的财务报表体系，资产负债表、现金流量表和利润表三大基本报表既各司其职，又相辅相成，从存量和流量两个维度对企业财务状况、经营状况和经营成果进行测量，构成了一个多维度会计信息系统。然而，自然资源资产负债表的编制尚处于探索和起步阶段，其科目设置、计量方法和信息列报均存在较大的不确定性和分歧，无法像会计资产负债表那样具有内容和形式的统一性，也难以形成完整的报表体系对自然资源的存量和流量进行统一反映；由于自然资源分布的地域宏观性、种类多样性和管理主体层级性，试图从整体上对自然资源的存量进行统计既不现实，也不具有可操作性。因此，应该坚持"先分类后综合"的原则，如借鉴资产负债表的账户设置体系，按照自然资源的种类形成分类账户（包括总分类账户和明细分类账户），从而对不同种类的自然资源进行会计核算，并最终汇总计量。

需要指出的是，明确划分自然资源种类和子类、明确管理主体是这一原则得以贯彻的基础。以林地资源为例，这一类型的自然资源究竟属于土地资源还是森林资源，仍难以界定，中国林业和草原局在《2017 年中国林业发展报告》中将其视为森林资源，而国土资源部则在《2017 中国土地矿产海洋资源统计公报》中将林地视为土地资源的组成部分。在自然资源种类划分混乱和多头管理的状态下，其统计很容易出现错报、漏报和重复核算的情况，这就要求我国政府形成统一的自然资源划分体系，明确自然资源的种类和每种自然资源涵盖的子类，并明确每一类自然资源的管理主体，做到体系完整、分类清晰和责任主体明确。此外，在中国当前的管理体制下，中国政府的管理具有集权和统一的特征。因此，应由中央政府统一制定并颁布自然资源的种类划分体系和管理体系，这有助于迅速形成相对统一和规范的账户体系、科目设置和报表格式，提高自然资源资产负债表的可读性和信息的可比性。

同样地，自然资源种类的多样性、空间分布的宏观性和环境影响的不确定性导致了其核算的复杂性。在这种情况下，对自然资源的流量核算难度较大；尤其是受自然环境影响较大的水资源、生物资源和受技术水平影响较大的部分矿产资源，对其进行流量核算的成本可能较高，而且容易受自然条件的干扰。事实上，通过对不同时点自然资源存量的对比，可以倒推出其一定时期内的流量。而且，在未能建立起能够综合反映资源经营状况和资源质量报表体系的情况下，采用"先存量后流量"的编制原则更具有可行性和实用性，可以避免好高骛远和完美主义导致的报表华而不实，最大限度地发挥它的信息披露和管理监督功能。此外，自然资源的上述特性，也加大了对其进行价值计量的难度。例如，对某些矿产资源而言，在现有技术水平下勘测出其储存量是可行的，但对其进行价值估值却存在相当大的难度，因为在不对矿产资源进行开采和交易的情况下，即使是以公允价值进行估算也可能失之偏颇。而且，对于某些自然资源而言，在当前经济和技术条件下它可能并没有实际价值（或无法完全实现其价值），但这些资源可能存在期权价值，例如生物多样性、栖息地和风景景观等。因此，在编制自然资源资产负债表时，应遵循"先实物后价值"的原则。

当然，仅坚持"先实物后价值"的原则是不够的。从自然资源资产负债表的编制目的出发，无论是摸清"家底"还是对领导干部进行离任审计，其实都离不开对自然资源利用效率和存量质量的评价。然而，在与"先存量后流量"的编制原则相匹配时，无论实物计量还是价值计量，所反映的都是存量情况，即自然资源的规模，即使考虑了其增加和耗损情况，也无法反映出资源利用效率和质量的变化，这一缺陷可能导致自然资源资产负债表信息披露的失准。可见，由于"先存量后流量"原则的存在，单纯遵循"先实物后价值"原则编制自然资源资产负债表，可能导致其信息披露失真，进而影响其编制目标的实现。因此，应当坚持"实物和价值并重"的计量原则，只有在自然资源资产负债表中，对相关要素的实物和价值同时进行计量，才能通过对两者的比较，较好地判断出资源质量的变化。

3. 计量属性与方法分析

在会计核算过程中，要素确认和计量是一个贯穿始终的基本条件。以资产负债表为例，若无法对报表要素进行确认，则报表的列报对象和内容则无从谈起；相应地，若无法对报表中的要素进行计量，则报表将失去信息披露和管理支持的功能。报表构成要素的选择不仅受制于经济发展、技术进步和社会认知，而且受制于计量方法和估值技术的进步。

根据自然资源资产负债表"实物和价值并重"的计量原则，对其计量方法的研究也应从实物计量和价值计量两个维度展开。由于自然资源具有种类多样性和形态复杂性的特点，对自然资源实物维度的计量一般依赖于其生态空间和物质特性，其核算多依赖于物理单位，如吨、公顷或立方米等重量、面积和体积单位。从自然资源的实物计量特点来看，对其进行实物计量的难点不在于计量属性选择，而在于诸如遥感技术和勘测技术等相关技术的发展程度。与实物计量不同，由于会计计量是以货币单位为基础的价值计量，其计量属性的选择是一个较为复杂的问题。会计计量属性包括历史成本、现行成本、可实现净值、未来现金流量现值和公允价值五种。在会计核算过程中，不同的计量属性选择往往带来不同的核算结果。每一个财务报表要素都可以用多种属性进行计量，所以要在财务报表编制之前确定并说明所使用的计量属性。就自然资源的价值计量维度而言，其种类、形态和功能决定了它拥有不同的使用价值、经济价值、期权价值和遗产价值，这些价值的核算不是任何一种会计计量属性能够完全胜任的。因此，对报表构成要素进行价值核算时，应根据其自身特点选择合适的会计计量属性，并对其进行明确说明。

（三）构成要素分析

从是否具有会计属性出发，现有研究对自然资源资产负债表构成要素的讨论仍存在一些重要分歧。这些分歧主要集中于两个方面：一方面是关于资产确认条件的讨论，主要的争论焦点在于产权归属和收益确认；另一方面是关于负债存在性问题的讨论，主要争论的焦点在于负债是否存在以及其构成内容。事实上，对自然资源资产负债表是否具有会计属性的认知，不仅会影响其核算范围和构成要素的确认，而且影响报表的勾稽关系、编制格式和功能效应。

1. 自然资源资产的定义、确认条件和分类

根据国际会计准则理事会（International Accounting Standards Boards，IASB）对"资产"的定义，一项要素成为资产负债表中的资产，需要具备以下三个特征：由企业过去交易事项形成、具有明确的产权归属和预期有经济利益流入，这三个特征也成为会计核算时对资产要素的确认条件。根据 SEEA2018 的核算理念，自然资源被视为一项资产，但对自然资源而言，这种具有会计属性的资产确认条件可能并不完全适用。作为一个代理者，中国政府管理的自然资源既不是由于过去的交易事项形成的，也不具有明确的产权归属，并不满足会计学的"资产"定义。可见，定义自然资源资产负债表的资产要素时，单纯考虑其会计属性并无可操作性。SNA2008 和 SEEA2012 认为，自然资源资产的确认应遵照"部门所有"和"经济利益流入"两个基础性条件。这两个基础性条件实际上对会计的"资产"定义进行了拓展和创新，"部门所有"突破了所有权或使用权归个体所有的局限，为政府代表整个社会拥有产权提供了可能；"经济利益流入"则要求资源具有稀缺性和价值性，这是从经济属性上对自然资源能否成为资产进行判断。根据这一条件，在不考虑现有技术重大进步的情况下，那些无法带来预期经济利益流入的自然资源并不能纳入核算范围。

综上所述，对自然资源资产的定义应结合 IASB 和 SNA 的定义进行综合考虑：首先，应从自然资源的角度明确其产权归属，即可以明确界定其为"部门所有"且产权边界清晰；其次，应符合资源的经济属性，具有稀缺性并能够创造价值；最后，该资源创造的价值能够为其拥有者或实际控制者带来经济利益流入。综合这一定义条件可以发现，自然资源资产具有自然资源和资产的双重属性，当一项自然资源被确认纳入自然资源资产的核算范围时，应兼具治理属性和会计属性，两者缺一不可。

为使自然资源资产负债表所披露的信息具有可比性和有用性，应该借鉴会计准则中编制资产负债表的方法对自然资源资产进行分类。基于自然资源资产的种类，多数学者在报表编制时借鉴了 SNA 和 SEEA 的设计和分类方法。考虑到自然资源资产负债表"实物和价值并重"的计量原则、与自然资源核算账户的关联性及我国当前对自然资源的价值计量技术，借鉴 SNA2008 和 SEEA2012 的分类体系，把自然资源资产账户划分为土地资源、水资源、森林资源、矿产资源、海洋资源和气候资源等是具有适用性和可行性的。相应地，考虑到自然资源资产的产权、经济和会计属性，将上述自然资源种类的全部子类纳入资产账户的核算范围。

2. 自然资源负债的存在性

在实际研究过程中，自然资源负债的存在性是学者们争论的热点之一。许多学者认为，从会计要素来看，资产负债表中的"资产"和"负债"之间是相互对应的关系，既然自然资源可以作为资产账户进行核算，那么一定存在对应的负债账户；而且，它应满足"资产 ＝ 负债 ＋ 所有者权益"的会计恒等式。有鉴于此，部分学者主张将以往由于自然资源开发利用而造成的损失所需要的价值补偿归入自然资源负债，即在资源取得和消耗过程中应付的环境成本、资源税和补偿费用等。但也有学者指出，根据 SNA2008 和 SEEA2012 的规定，不应对自然资源进行负债确认；SEEA2012 的账户体系满足"资产来源 ＝ 资产占用"的平衡关系，并未单独设立自然资源负债账户，而且从 IASB 对负债的定义来看，自然资源的产权归属未必明确，也不存在会计上的借贷关系，因此，SEEA2012 主张的功能账户设置要比自然资产负债表主张的自然资源负债账户设置更具优势。

不可否认的是，SEEA2012 的功能账户设置思路和原理体现了自然资源资产的使用源于其供给的事实，较好地反映了自然资源的消耗情况，但套用 SEEA 账户和核算体系设置的理念和思路，对自然资源资产负债表的编制思路和构成要素进行解释和界定，可能有违自然资源资产负债表的编制初衷。前已述及，中国政府对自然资源资产负债表的编制目的在于摸清"家底"和对领导干部进行离任审计，这两个目标不是单一地考察自然资源资产的消耗情况能够实现的，因为单纯通过"资源来源 ＝ 资源占用"这一平衡关系，统计和列报的实际是资源供给和消耗的流量，对于摸清"家底"这一目标的解释力度略显不足，而仅对自然资源资产的供给和消耗情况进行列报，也无法对自然资源的开采和消耗是否合理做出说明，同时不利于为离任审计和资源管理等提供有用和可靠的信息。

从自然资源资产负债表产生的背景和目的出发，只有当其构成要素包含自然资源负债时，才能完善其核算体系，其列报的信息才能反映各级政府等责任主体在自然资源资产开采和利用时应承担的义务与应支付的成本，从而为领导干部离任审计和绩效考核提供评价基础，为政府资源管理提供决策支持。对于自然资源负债账户的构成，可以认为它是由自然资源资产权益主体过去的过度开采与消耗等原因造成的、预期会产生自然资源损失以及为弥补这一损失应支付的成本或补偿。根据这一定义，不仅可以从自然资源负债的责任主体，而且可以直接从报表中获取相关成本和代价的真实数据，这属于治理属性和会计属性的结合，该账户的存在也为实现自然资源资产负债表的编制目的提供了直接支持。此外，为准确体现责任主体不当行为的破坏性，为政府治理和生态保护提供信息支持，自然资源负债账户的设计和核算也应遵循"实物和价值并重"的计量原则，以期可以相对可靠地反映负债规模、存量和单位成本。本书认为，自然资源负债账户设立过程中，可对其进行适当的科目细分，分类计量和核算责任主体的绿化费支出、环保设备改造成本等主动补偿类账户的负债总额及资源税、排污费等被动承担类账户的负债总额，通过对两类账户负债总额的比较，为责任主体的经济发展理念和生态保护意识评价提供信息参考。

3. 自然资源资产负债表净资产

资产负债表要满足"资产＝负债＋所有者权益"的会计恒等式。但在自然资源资产负债表中，将自然资源净资产定义为资产与负债的差额更为合适。这是因为权益主体投入了多少资本、留存了多少剩余收益都无法直接算出，净资产只能通过自然资源资产与自然资源负债的差额间接算出。正是由于这个原因，无法直接将其视为所有者权益。需要指出的是，"自然资源净资产＝自然资源资产－自然资源负债"这一间接计算方法，建立在自然资源资产为"部门所有"这一基础产权条件之上，因此，在自然资源资产负债表中，自然资源净资产直接反映了国家及其代理者对自然资源的真正拥有和控制情况。同时，被纳入核算范围的自然资源资产一般处于已经开发和尚未开发两种状态之中。在技术水平和资源价格不发生意外突变的条件下，尚未开发的自然资源资产在期末将自动成为自然资源净资产的组成部分。因此，有必要在"自然资源净资产"科目中设置"已开发"和"未开发"等明细科目，这有助于反映自然资源的真实消耗情况。

二、自然资源资产负债表的开发

基于对自然资源资产负债表编制主体与前提、基本假设与编制原则、计量属性和构成要素的分析，本节将对这一报表进行尝试性开发。考虑到自然资源资产负债表与财务报表中资产负债表编制原理和步骤的相近性，力图从账户设置、数据汇总、勾稽关系和样表列报等角度对汇编制表做出尝试。

（一）制表账户设置

借鉴"会计要素—分类账与总分类账—财务报表"的报表编制思路，首先对账户体系进行设置。借鉴 SEEA2012 对自然资源账户的分类体系，在账户体系设置过程中同样将自然资源的科目进行分类，划分为"森林""土地资源"等。以自然资源资产账户为例，其一级科目应与自然资源分类相对应；相应地，根据不同类型自然资源的子类划分，还应设置对应的二级科目，如土地资产账户中应包含"耕地""林地"等二级科目，以满足分类核算的要求。在科目分类和设置的基础上，可以通过分类账户对不同类型的自然资源资产进行核算，形成明细账，进而通过总分类账户对明细账进行汇总，形成总账。对于负债账户和净资产账户的设置，因其与自然资源资产账户的设置仅存在细节性差异，这里不再赘述。

（二）数据汇总原则与汇总表设计

从"会计要素—分类账与总分类账—财务报表"这一报表编制思路来看，从会计要素确认和计量到财务报表形成是一个分类与汇总的过程。由于自然资源资产负债表的编制在很大程度上借鉴了财务报表的编制思路，因此其数据核算和统计也应当坚持"分类核算、汇总统计"的原则，首先通过分类账户进行核算，然后通过总分类账户进行汇总。但需要强调的是，自然资源资产负债表遵循的是"实物和价值并重"的计量原则，在对自然资源资产、负债和净资产的核算中，不仅应进行价值核算，同时要进行实物核算。根据上述讨论，本书设计了自然资源资产和负债的核算汇总表，具体见表5-1和表5-2。通过对自然资源资产汇总表和自然资源负债汇总表的编制和核算，可以清晰反映一定时点自然资源资产负债的存量和状态，并能够通过两者的差额得到自然资源净资产的存量，有助于政府部门进行自然资源管理。

表5-1　　　　　　　自然资源资产汇总表（样表）

日期：　　　　　　　　　　　　　　　　　　　　单位：实物量/价值量

项目	期初余额		本期增加		本期减少		期末余额	
	实物量	价值量	实物量	价值量	实物量	价值量	实物量	价值量
土地资源资产								
耕地资源								
……								
土地资源资产合计								
森林资源资产								
林木资源								
……								
森林资源资产合计								
矿产资源资产								
石油资源								
……								

续表

项目	期初余额		本期增加		本期减少		期末余额	
	实物量	价值量	实物量	价值量	实物量	价值量	实物量	价值量
矿产资源资产合计								
水资源资产								
工业用水								
……								
水资源资产合计								

表 5-2　　　　　　　**自然资源负债汇总表（样表）**

日期：　　　　　　　　　　　　　　　　　　　　单位：实物量/价值量

项目	期初余额		本期增加		本期减少		期末余额	
	实物量	价值量	实物量	价值量	实物量	价值量	实物量	价值量
应付环境治理成本								
土地资源								
……								
应付治理成本合计								
应付生态恢复成本								
土地资源								
……								
应付治理成本合计								
应付补偿/补贴成本								
土地资源								
……								
应付补偿/补贴成本合计								
环境保护投入								
环保设备								
……								

续表

项目	期初余额		本期增加		本期减少		期末余额	
	实物量	价值量	实物量	价值量	实物量	价值量	实物量	价值量
环境保护投入合计								
环境管理费用								
绿化费								
……								
环境管理费用合计								

（三）勾稽关系与样表列报

单一的汇总表分析并不能全面反映资源的管理质量，也难以为领导干部离任审计提供具有可靠性和可比性的有效信息，容易存在"管中窥豹"甚至"一叶障目"的缺陷。按照"有借必有贷，借贷必平衡"的会计记账原理和"资产 = 负债 + 所有者权益"的会计恒等式，根据各账户固有的勾稽关系，将自然资源资产和负债汇总表转化为自然资源资产负债表，才能避免这一缺陷。从账户结构来看，自然资源资产负债表的账户与各个汇总表的关系如图 5-4 所示。

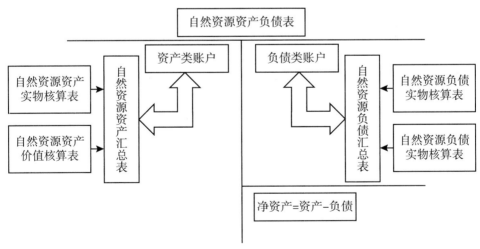

图 5-4 基于账户结构的自然资源资产负债表勾稽关系

　　由图 5 - 4 可知，在自然资源资产负债表的账户式结构中，资产类账户记录和列报的是自然资源资产的汇总数据，这些数据源于对自然资源资产实物和价值的分类核算与汇总；相应地，负债类账户记录和列报的是自然资源负债的汇总数据，这些数据同样来自对自然资源负债实物和价值的分类核算与汇总；最后，净资产账户中的数据源于资产类账户与负债类账户中的数据差额。

　　根据图 5 - 4 的账户关系，图 5 - 5 给出了自然资源资产负债表的编制思路。由图 5 - 5 可知，所需的数据均来自自然资源资产和负债的分类汇总账户。在报表编制过程中，应根据"实物和价值并重"的计量原则，对自然资源资产和负债的期初余额、期末余额与变动额（本期增加额与本期减少额的差值）进行核算，从而对其存量和流量情况进行计量和列报；然后根据"资产 = 负债 + 净资产"的平衡原理，求得自然资源净资产。需要指出的是，根据这一账户结构，报表的左边事实上体现供给情况，而右侧反映剩余和相关负债，符合 SEEA2012 账户体系中"资产来源 = 资产占用"的平衡原理。根据对自然资源资产负债表勾稽关系和编制思路的分析，编制的自然资源资产负债表样表详见表 5 - 3。

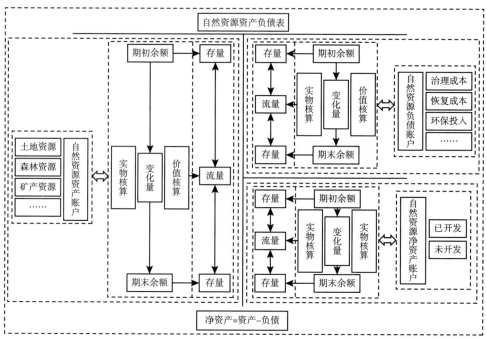

图 5 - 5　基于账户结构的自然资源资产负债表编制思路

表 5 - 3   **自然资源资产负债表（样表）**

日期：   单位：实物量/价值量

项目	期初余额		期末余额		项目	期初余额		期末余额	
	实物量	价值量	实物量	价值量		实物量	价值量	实物量	价值量
自然资源资产					自然资源负债				
土地资源资产					应付环境治理成本				
耕地资源					土地资源				
……					……				
土地资源资产合计					应付生态恢复成本				
森林资源资产					土地资源				
林木资源					……				
……					环境保护投入				
森林资源资产合计					环保设备				
矿产资源资产					……				
石油资源					应付补偿/补贴成本				
……					土地资源				
矿产资源资产合计					……				
水资源资产					环境管理费用				
工业用水					绿化费				
……					……				
水资源资产合计					自然资源负债合计				
其他自然资源资产合计					自然资源净资产				
自然资源资产合计					自然资源负债及净资产合计				

三、自然资源资产负债表的应用

从政府治理的角度探索自然资源资产负债表的内涵与编制问题，其目的不仅是回答"为什么"和"是什么"的问题，而且应讨论"如何编"和"如何用"的问题，结合对自然资源资产负债表编制前提、编制原则、构成要素和编制思路的理论探讨，本书选取了部分实例对其进行尝试性编制和开发。鉴于自然资源种类的多样性，本书首先选取矿产资源进行单一自然资源种类的资产负债表编制，然后选择特定区域进行尝试。考虑到资源禀赋特征、计量复杂性和数据可得性，选取湖北省黄石市和云南省景东县作为数据采集的样本，从单一类型自然资源和多种类自然资源的不同视角，分别编制黄石市金属资源资产负债表和景东县自然资源资产负债表。

（一）黄石市金属资源资产负债表编制

黄石市位于中国湖北省，境内具有丰富的金属矿产资源，多种金属矿藏储量位居湖北省首位。其铁、铜和金等金属资源属于优势矿产，且具有分布集中、品质较好的特点。矿产资源是重要的自然资源之一，也是中国目前消耗量较大的资源。对矿产资源的考察应包括其开采、储量探测、利用效率和环境恢复与治理等方面，加之种类繁多，分布地域广阔，其数据获取、整理和报表编制较为复杂。

1. 数据来源与说明

黄石市矿产资源的统计数据来源较多，主要包括《黄石统计年鉴》（2014 年）、《湖北省矿产资源总体规划》（2008～2015 年）、《湖北省统计年鉴》（2011～2016 年）、2014 年度及 2015 年度《黄石市国土资源公报》和"矿产资源收入支出决算表"（2015 年）等统计资料。根据统计资料，以黄石市已发现并探明储量的主要金属矿产资源（铁矿、铜矿、钨矿和金矿）为例①，编制自然资源资产负债表。借鉴前文所述的编制思路和样表格式，首先根据其主要矿产资源的储量和价值，编制黄石市金属资源资产汇总表；其次根据其统计年鉴和资源公报等披露的政府为治理和恢复生态环境所担负的货币性支出，编制黄石市金属资源负债汇总表；最后将两个汇总表进行整理，形成黄石市金属资源资产负债表。

2. 黄石市金属资源资产负债表列报

本书尝试性编制的黄石市金属资源资产负债表相关表格见表 5 - 4、表 5 - 5 和表 5 - 6。

---

① 之所以未将其他矿产资源包含在内，主要原因是黄石市的这些矿产资源尚未形成成熟的交易市场，其价值量难以相对公允地确认。

综合表 5-4、表 5-5 和表 5-6 可知，2015 年度黄石市主要金属矿产的实物量和价值量均呈现期末余额小于期初余额的状况，说明其资源处于净消耗状态，但除了钨矿资源的价值量与实物量之比的值在期末略有下降外，其他三类金属资源保持稳定；相应地，除应付补偿成本下降了 0.105 亿元外，2015 年度黄石市的应付环境治理成本在期初和期末分别为 3.448 亿元和 3.535 亿元，上升了 0.087 亿元；应付生态恢复成本在期初和期末分别为 3.045 亿元和 3.510 亿元，上升了 0.465 亿元；此外，根据"自然资源净资产＝自然资源资产－自然资源负债"的会计恒等式，2015 年度黄石市的金属资源净资产期末值为 1 442.090 亿元，较期初下降了 140.99 亿元。

表 5-4　　　　　　　2015 年度黄石市金属资源资产汇总表

日期：2015 年 12 月 31 日

项目	期初余额（千吨/亿元）		本期增加（千吨/亿元）		本期减少（千吨/亿元）		期末余额（千吨/亿元）	
	实物量	价值量	实物量	价值量	实物量	价值量	实物量	价值量
矿产资源								
铁矿	146 180.66	850.770	1 331.250	7.740	16 547.930	96.300	130 963.98	762.210
铜矿	1 489.280	500.760	11.050	3.710	111.400	37.450	1 388.930	467.020
钨矿	15.570	11.100	0.000	0.000	0.610	0.430	15.140	10.670
金矿	0.083	220.450	0.002	6.340	0.009	24.600	0.076	202.190
金属矿产合计	—	1 583.080	—	17.790	—	158.780	—	1 442.090

资料来源：根据《黄石统计年鉴》（2014 年）、《湖北省矿产资源总体规划》（2008～2015 年）、《湖北省统计年鉴》（2011～2016 年）、2014 年度及 2015 年度《黄石市国土资源公报》和"矿产资源收入支出决算表"（2015 年）等统计资料整理、汇编得到。

表 5-5　　　　　　　2015 年度黄石市金属资源负债汇总表

日期：2015 年 12 月 31 日

项目	期初余额（-/亿元）		本期增加（-/亿元）		本期减少（-/亿元）		期末余额（-/亿元）	
	实物量	价值量	实物量	价值量	实物量	价值量	实物量	价值量
应付环境治理成本								

续表

项目	期初余额 （—/亿元）		本期增加 （—/亿元）		本期减少 （—/亿元）		期末余额 （—/亿元）	
	实物量	价值量	实物量	价值量	实物量	价值量	实物量	价值量
土地资源	—	—	—	—	—	—	—	—
……	—	—	—	—	—	—	—	—
应付治理成本合计	—	3.448	—	—	—	—	—	3.535
应付生态恢复成本								
土地资源	—	—	—	—	—	—	—	—
……	—	—	—	—	—	—	—	—
应付生态恢复成本合计	—	3.045	—	—	—	—	—	3.510
应付补偿/补贴成本								
土地资源	—	—	—	—	—	—	—	—
……	—	—	—	—	—	—	—	—
应付补偿/补贴成本合计	—	0.358	—	—	—	—	—	0.253

注："—"表示相关数据并未公开发布。

表 5-6　　　　　　　**2015 年度黄石市金属资源资产负债表**

日期：2015 年 12 月 31 日

项目	期初余额 （千吨/亿元）		期末余额 （千吨/亿元）		项目	期初余额 （千吨/亿元）	期末余额 （千吨/亿元）
	实物量	价值量	实物量	价值量		价值量	价值量
自然资源资产					自然资源负债		
矿产资源					应付环境治理成本	3.448	3.535
铁矿	146 180.660	850.770	130 963.980	762.210	应付生态恢复成本	3.045	3.510

续表

项目	期初余额（千吨/亿元）		期末余额（千吨/亿元）		项目	期初余额（千吨/亿元）	期末余额（千吨/亿元）
	实物量	价值量	实物量	价值量		价值量	价值量
铜矿	1 489.280	500.760	1 388.930	467.020	应付补偿/补贴成本	0.358	0.253
钨矿	15.570	11.100	15.140	10.670	自然资源负债合计	6.581	7.298
金矿	0.083	220.450	0.076	202.190	自然资源净资产	1 576.499	1 434.792
自然资源资产合计	—	1 583.080	—	1 442.090	自然资源负债及净资产合计	1 583.080	1 442.090

注：由于未能获得黄石市自然资源负债的相关实物量统计数据，其金属资源资产负债表的负债和净资产栏中未包含这些信息；本书对统计数据进行了末位的四舍五入。

（二）景东县自然资源资产负债表编制

景东县位于中国云南省，境内自然资源种类丰富，分布广泛，主要的优势资源为草地、耕地和水资源，以其为样本进行报表编制，可以包含大多数 SEEA2012 定义的自然资源账户，具有代表性和参考价值。

1. 数据来源与说明

不同于单一资源种类的自然资源资产负债表编制，对一个区域的多种自然资源进行统计和汇总，具有较大难度。由于各类自然资源物理计量单位和管理部门的不同，相关数据的统计口径容易存在差异，而且由于部分自然资源的市场发育程度较低，对其进行价值计量存在相当难度。此外，基于中国不同管理部门的实际需要，其数据统计和公布各有特色，比如一些管理部门主要以流量为基准进行自然资源数据统计，而一些管理部门则以存量为基础；对一些特殊的自然资源来讲，考虑到其核算成本或对国家安全的重要性，则可能出现没有统计数据或数据保密的问题。因此，编制自然资源资产负债表，可能不仅需要对各类统计年鉴的数据进行整理，而且需要大量搜集和借鉴已有资料的相关数据。景东县自然资源资产负债表编制的统计数据主要来自 2011～2015 年度《景东县统计年鉴》《景东县国土资源公报》，并借鉴了已有资料的相关数据。同样地，本书首先编制景东县自然资源资产汇总表，继而编制景东县自然资源负债汇总表，最后将两个汇总表进行整理，编制景东县自然资源资产负债表。

2. 景东县自然资源资产负债表列报

本书尝试性编制的景东县自然资源资产负债表相关表格见表 5 - 7、表 5 - 8 和表 5 - 9。

综合表 5 - 7、表 5 - 8 和表 5 - 9 可知，2011 ~ 2015 年度景东县主要自然资源的实物量和价值量均呈现期末余额大于期初余额的状况，说明其资源处于净增长状态；相应地，2015 年度景东县的应付环境治理成本为 21.91 亿元，应付生态恢复成本为 24.48 亿元；此外，根据"自然资源净资产 = 自然资源资产 - 自然资源负债"的会计恒等式，景东县自然资源净资产值为 33.29 亿元。

表 5 - 7   2011 ~ 2015 年度景东县自然资源资产汇总表

日期：2015 年 12 月 31 日

项目	期初余额 [公顷（万立方米）/万元]		本期增加 [公顷（万立方米）/万元]		期末余额 [公顷（万立方米）/万元]	
	实物量	价值量	实物量	价值量	实物量	价值量
土地资源						
耕地资源						
常用耕地	30 513	1 912 820.64	1 122	465 821.70	31 635	2 378 642.34
临时性耕地	1 884	148 573.15	- 186	9 302.07	1 698	157 875.22
耕地资源合计	32 397	2 061 393.78		475 123.78	33 333	2 536 517.56
草地资源						
温性典型草地	115 500	554 400.00	642.60	306 360.00	116 142.60	860 760.00
可食用牧草	1 386 000	27 720.00	48 600	15 318.00	1 434 600	43 038.00
草地资源合计	1 501 500	582 120.00		321 678.00	1 550 742.60	903 798.00
土地资源合计	1 533 897	2 643 513.78		796 801.78	584 075.60	3 440 315.56
水资源						
澜沧江水系	111 600	385 020.00			111 600	385 020.00
红河水系	203 700	702 765.00			203 700	702 765.00
水资源合计	315 300	1 087 785.00			315 300	1 087 785.00

注：因部分自然资源只公布了本期变化量数据，故在表 5 - 7 和表 5 - 8 中不再单独设置本期增加和本期减少栏，同样适用本期变化量替代；考虑到景东县的第八次森林资源清查截止年度为 2013 年，本书中景东县自然资源资产负债表编制不包括森林资源。

表 5 – 8　　　2011 ～ 2015 年度景东县自然资源负债汇总表

日期：2015 年 12 月 31 日

项目	期初余额（ –/万元 ）		本期增加（ –/万元 ）		期末余额（ –/万元 ）	
	实物量	价值量	实物量	价值量	实物量	价值量
应付环境治理成本						
土地资源						
耕地资源	—		—	107 807. 00	—	
草地资源	—		—	72. 60	—	
水资源	—		—	111 198. 40	—	
应付治理成本合计				219 078. 00		
应付生态恢复成本						
土地资源						
耕地资源	—		—		—	
草地资源	—		—	244 794. 00	—	
水资源	—		—		—	
应付生态恢复成本合计				244 794. 00		
应付补偿/补贴成本						
土地资源						
耕地资源	—		—		—	
草地资源	—		—		—	
水资源	—		—		—	
应付补偿/补贴成本合计						

注："—"表示相关数据并未公开发表。

表5-9　2011~2015年度景东县自然资源资产负债表

日期：2015年12月31日

项目	期初余额 [公顷（万立方米）/万元]		期末余额 [公顷（万立方米）/万元]		本期增加 [公顷（万立方米）/万元]		项目	本期增加 [公顷（万立方米）/万元]
	实物量	价值量	实物量	价值量	实物量	价值量		价值量
自然资源资产							自然资源负债	
土地资源							应付环境治理成本	219 078.00
耕地	32 397	2 061 393.78	33 333	2 536 517.56	936	475 123.78	应付生态恢复成本	244 794.00
草地	1 501 500	582 120.00	1 550 742.60	903 798.00	49 242.60	321 678.00	应付补偿/补贴成本	
土地资源合计	1 533 897	2 643 513.78	1 584 075.60	3 440 315.56	50 178.60	796 801.78	自然资源负债合计	463 872.00
水资源	315 300	1 087 785.00	315 300	1 087 785.00	0	0.00	自然资源净资产	332 929.78
水资源合计	315 300	1 087 785.00	315 300	1 087 785.00	0	0.00	负债及净资产合计	796 801.78
资产合计		3 731 298.78		4 528 100.56	0	796 801.78		

注：考虑到无法获得自然资源负债的期末值，本书尝试性地使用了本期增加量来求取自然资源净资产。

122

（三）森林资源资产负债表的编制

编制森林资源资产负债表，打破了传统森林资源管理体制，为我国实现绿色经济核算体系起到了推动作用。本书从森林资源负债表的概念入手，探析森林资源负债表的框架结构，通过探索国内外森林资源负债表的编制历程，对森林资源的资产、负债及净资产进行核算，并绘制资产负债表框架图，以便说明森林资源资产负债表账户核算方法。

1. 森林资源资产负债表的权益主体

借鉴柏连玉（2016）的研究成果，本书分别从三个方面探析相关的概念界定——森林资源及其权益主体、森林资源资产负债表所处的排列及有关科目的解释。

（1）森林资源的概念。

森林资源主要是指植物资源，当然这里的植物资源并不是我们所了解的广泛植物，因为它需要有三个前提条件，第一强调了范围，即必须是在我国的主权范围内；第二强调了种类及木本类；第三强调了效益，即自身价值，当该植物资源已经没有任何价值或者已经不能为人类创造收益时，它就不满足森林资源的条件。同时，这类资源具有一定的"稀缺性"。此外，这里所说的木本植物资源，并不仅仅是植物资源，也包括以森林资源为依靠的微生物、动物等其他生物资源。

核算森林资源的价值时，并不仅仅只是单纯地基于财务部门提供的数据，因为森林资源并不像会计上的原材料，它除了创造一定的经济价值外，还会调节大气环境为人类创造舒适的生存空间，改变地球上的生态环境，因此在核算相关的森林资源时，一些动态的、无法掌控的情况会影响森林资源的核算，所以只有发展科技，提高我国相关的科技水平，才有利于更加全面地核算森林资源。

（2）森林资源权益主体的概念。

在我国，森林资源的使用者是个人、集体、政府及其他部门，但是国家才是保护、规划森林资源的权益主体。国家通过颁布相应的法律法规，授权某些部门对林业行使管理权，从而有助于编制森林资源的资产负债表。

（3）森林资源资产负债表的含义。

同会计上资产负债表的定义，在这里森林资源资产负债表是指企业在某一特定日期该森林资源的资产、负债及所有者权益情况的报表。资产负债表所强调的是一个静态的状况，在该时点上资产等于负债与所有者权益的和，因此企业可以通过登记相应的数据，进行一定的核算，从而得到森林资源的资产负债表。

在森林资源资产负债表中，一般是以价值指标为主，实物指标只在一些附注中介绍。并且森林资源资产负债表不仅需要财务部门提供的资料和数据，也需要实地调查资料及依靠有关林业部门提供相应的数据。但是由于当前科技发展的局限性，对森林资源价值量的核算还受到一定的限制，因此我国一般是通过对实物量的核算，进而通过一定的转化和估算转变为价值量的核算。最后会计上的资产负债表一般是由财务部门编制，但是由于森林资源自身的特点，在编制相应的资产负债表时，要有相关的自然资源管理部门共同配合才能完成。

（4）森林资源资产负债表所处的排列。

国家资产负债表的核算是以国家为经济主体，基于国家的角度去衡量资产和负债的情况。自然资源资产负债表在微观上通过反映在该时点自然资源的结存情况间接反映出相关责任主体在该时点上对自然资源的利用、保护和开发等情况。根据SNA2008将资产分为金属资产和非金属资产，非金属资产中所占比重较大的就是自然资产，因此可以得出森林资源属于自然资源的一部分，国家资产负债表包括自然资产负债表，自然资产负债表包括森林资源资产负债表。

2. 森林资源资产负债表中有关科目的解释

（1）森林资源资产。

森林资源资产包括很多种类的资产，其中比较典型的就是实物资产。属于实物资产的种类中，不仅有林木资产和林地资产，也包括在森林环境中生存的动物、微生物等群体。

资产类科目中首先要界定的是森林资源资产。基于森林资源自身的特点，并结合会计学上对资产的定义，森林资源资产可以解释为，森林资源的经营主体在现有的经济条件下，基于过去的交易或事项形成的并由该经营主体拥有或控制的森林资源。经营主体可以通过有效的控制森林资源，在目前或者可预见的未来为企业带来效益，此外该森林资源的实物可以通过货币进行核算。虽然森林资源创造的社会效益和生态效益难以估计，但是能够由实物量衡量的也应纳入森林资源的核算中。森林环境资产主要是指不满足森林资产条件的森林资源，不满足经济资产条件的一些林地及该林地上生存的动物、植物、微生物及一些作为旅游景地的森林资源。森林无形资产主要包括的是对森林的砍伐权和经营权等。林地主要是指生长林木或者造林绿化的土地。由于林地的特殊性，所以林地资产除了具有资产的一般特征外，还具有其他的一些特征，比如林地资产价值的衡量，脱离不了该林地上所生长的林木等收益状况的影响。此外，我国法律保障林业经营的永续性，一般不得随便改变林地的用途。由于各个城市方位的环境不同，各地理位置上林地的生产也具有一定的差异性，最后林地资产既可以实物计量也可以货币计量。林木资产是指林业企业可以拥有或者控制的活立木，同时该活立木必须满足资产的确认条件。目前我国关于该方面的研究已经取得了一定的进步，建立了较为成熟的林木资产核算体系。

（2）森林资源负债。

关于森林资源的负债，学者之间还存在着一定的争议，不过绝大多数学者都承认它的存在。因为森林资源的损耗，不仅仅是合理的消耗，也有可能存在人为的破坏，因此该资源的损耗不能全部确认为费用的发生或者资产的减少。此外，可将森林资源负债总结为企业主体在一定时点上应该承担的"现时义务"，其实也就是企业主体或者相关人员在使用森林资源时，所需要承担损耗森林资源的责任，即以资产或者劳务偿还的责任，该责任满足会计上负债确认的基础，即能够以货币计量。森林资源负债的合理确认，不仅有助于完善森林资源核算体系，也有助于监督相关企业主体、政府是否对森林资源承担相应的义务和履行相应的责任。

（3）森林资源净资产。

森林资源净资产的核算则是上述两者之间的差额，它所体现的是权益主体真正控制的资产数量。通过对以上森林资源资产负债表基本概念的探析，有助于更加准确地核算森林资源及完善相关的理论体系。

3. 森林资源资产负债表的框架结构

通过对国内外相关研究成果的梳理可以发现，目前关于该方面的研究不管是国外还是国内都还无法得到全面的结论，因此结合相关学者的研究成果，从以下几个方面尝试探析森林资源资产负债表的框架结构，以期为我国编制该报表提供新的思路。

（1）组织体系。

一般来说，企业的资产负债表是由财务科编制，但是由于森林资源自身的特点及数据获取的困难性，所以森林资源资产负债表的编制需要各部门相互配合。比如林业企业是核算和编制该表的主体，财务科提供部分关于价值量的数据，资源科提供部分实物量的数据及一些必须由国家森林资源生态系统所属部门提供的数据，因为该数据的获取难度较大且周期较长，仅其中某一部门很难完成该数据的搜集等，所以表的编制离不开各单位、各组织体系的相互配合。

（2）编制目标。

企业经营目标大多是以实现利益相关者的目标为前提，并最终实现企业的最大价值，林业企业也不例外。林业企业作为森林资源核算的主体，编制该报表的目的主要是可以反映出自身的管理情况和创造的新收益。此外，国家相关部门可以根据森林资源资产负债表的情况调整相关政策，改进和完善相关措施以保障资源的稳定发展，促进人与自然和谐相处，并在此过程中，使国家、政府、社会及相关利益群体都从中受益。

（3）基本假设。

为了保证森林资源资产负债表的编制具有一定的客观性，因此通过效仿会计有关基本假设的原理，提出关于资源核算的四个基本假设，即权益主体假设、分期核计假设、持续经营假设及多种计量假设。首先，权益主体假设界定了特定对象，通过确定企业计量及报告等活动时的空间范围，进而向财务报告的使用者提供有关经济状况等相关报表数据；核算分期假设是指人为地将企业经营活动分割成一定的期间，以便更好地核算企业的经济效益，由于森林资源自身的特殊性，因此核算时所划分的分期假设应该结合资源自身的特点；持续经营假设是指企业在可预见的未来不会发生停业、破产或者大规模的缩减，只会按照当前的规模持续经营下去，该假设是企业编制报表的前提；多种计量假设是指由于森林资源的复杂性，因此在核算森林资源的相关数据时，要结合多种计量方法，比如生态效益的衡量就要选取适合其核算的方法，以保证最终结果的客观性。

（4）报表要素的确认与计量。

首先是明确产权，确认森林资源要建立在归属明确的基础上，只有归属明确才能更好地节约和使用森林资源。其次是范围确定，为了更好地监督和管理森林资源，要明确森林资源的管理就是资产的管理。再次是可计量，森林资源的复杂性决定了核算的复杂性，因此在核算过程中要多种计量方法相互配合使用。最后是可实现效益，资产必须能够在可预见的未来为企业带来各种效益。目前我国会计准则对森林资源资产的价值计量是以历史成本为基础，但是根据不同的情况也会有所调整。比如天然林由于历史成本获取难度较大，因此结合相应的国际准则，逐渐采用公允价值计量，而人工林一般还是采用历史成本的计量方法。此外，其他微生物等资源则需要按照实际情况选取适合的计量基础。

森林资源负债一般是指当人类经济活动对森林资源产生破坏时，人类为了弥补破坏所产生的后果而承担的能够用货币计量的责任，该责任一般要求资产或者是劳务偿还。首先要明确森林资源负债由谁承担，在这里结合相关学者的研究成果及会计学上关于负债的确认条件，可以认为是由于企业管理不当或者监督不到位等导致森林资源遭受破坏，因此产生森林资源负债，所以第一个确认条件就是责任主体要确定。此外结合会计学上有关负债的确认条件，可以明确现时义务所产生的损失等，只有未来大概率会被弥补时才能确认为森林资源负债，因此第二点就是很可能发生性。森林资源负债的价值计量，一般以现值和公允价值计量为基础，此外在计量时还要考虑修复过度开采和破坏森林资源所产生的成本及治理环境污染等情况的成本。

森林资源净资产相当于国家实际控制和拥有的森林资源，因此确认条件是相关主权明晰并且地域范围应该不存在争议。此外，由于属于国家的净资产，因此应该具有可计量性及权益的权利性。计量属性的核算，则是参考上述两种计量方法的选择，因为森林资源净资产的计量属性受上述两者控制。

（5）森林资源资产负债表的列报与披露。

森林资源资产负债表的列报与披露，不仅有助于反映权益主体的管理效果，也有助于国家及时采取和改善相关的政策，以便国家、权益主体等部门更好地监督、保护和使用森林资源，为社会和人类创造更多的价值。

4. 森林资源资产负债表编制历程

从 20 世纪开始，随着资源的不断消耗，国际社会对绿色发展和可持续发展逐渐重视，如何实现人类的可持续发展成为世界各国急需解决的重要问题。自然资源资产负债表作为绿色国民经济核算的重要部分成为研究的重点之一，通过各国政府和众多非政府组织机构的努力，取得了一系列成果，其中代表性著作为 1993 年联合国统计署及其他组织联合编写的《综合环境经济核算体系》，其通过卫星等现代科技手段对自然资源资产进行了全面的核查统计，构建了以绿色 GDP 为核心的核算体系。

目前国际上对于自然资源资产负债表尚没有明确的概念，但是各国对于森林资源资产的评估核算工作却已经陆续展开，例如北欧的挪威、芬兰等国分别编制了自然资源账户和森林资源核算体系，涵盖了自然资源和森林资源的诸多方面；北美的墨西哥也将森林资源列入了环境经济核算框架内。

不仅国际社会在自然资源资产负债表的编制过程中取得了丰硕成果，我国自然资源资产负债表的编制工作也取得了长足发展。党的十八届三中全会通过的《中共中央关于全面深化改革若干重大问题的决定》，包含了探索编制自然资源资产负债表的内容并将生态文明建设纳入干部离任审计当中，这是我国为建设社会主义生态文明制定的重要政策。

国家统计局于 2002 年正式发布《中国国民经济核算体系》，其中包含了自然资源实物量核算统计表。湖州全市及各县区从 2011 年开始，历时四年初步完成了自然资源资产实物量表，并通过专家验收。2014 年，贵州省统计局与贵州财经大学组成联合课题组，开展贵州省自然资源负债表的编制，课题组由来自多学科的专家、教授和博士组成，并邀请了学界内的知名专家学者作为顾问，最终完成三个研究报告，形成四个方案，为实行贵州省全省自然资源资产负债表的编制积累了经验。2015 年 4 月 26 日，中国社会科学院工业经济研究所公布了《自然资源资产负债表编制与应用》课题项目的初步成果。

在国家统计局的统筹下，我国于 2014 年 4 月正式制定自然资源资产负债表实施计划。《编制自然资源资产负债表试点方案》也于 2015 年 11 月由国务院办公厅正式印发，明确了自然资源资产负债表的编制工作要求，此次试点工作从

2015 年 11 月开始到 2016 年 12 月底结束，推动了我国自然资源资产负债表的编制工作。我国的森林资源资产负债表编制工作虽然起步时间比较晚，但是发展迅速，走在世界前列，随着编制工作的不断完善，必定为我国实现社会主义生态文明添砖加瓦。

5. 森林资源资产负债表账户核算方法

《森林法》中对森林资源给出了定义：森林资源既是森林、林木及林地，还包括上面所生存的微生物及动植物。对森林资源进行核算，目前尚无法做到将其所包含的所有物种都纳入核算范围，实质上目前仅限于对森林所产生的产品及林地、林木的核算，鉴于数据获取的难度，本书仅尝试进行林地、林木的核算。

资产负债表中通常包括资产、负债及净资产三个部分，它们也是森林资源资产负债表中的主要核算要素，而且资产负债表中存在定式"净资产 = 资产 – 负债"，本章节按照该会计核算的核心公式，对森林资源进行核算，以便说明森林资源资产负债表的账户核算方法。

（1）森林资源资产的价值量核算。

森林资源资产的价值量核算主要包括对林地资源及林木资源的核算。对于林地的资产资源核算，主要是选取一个适度的资本化率，将林地每年所获得的净收益按照选取的资本化率进行资本化，从而确定其资产价值。具体为：

$$E = \sum_{i=1}^{n} \frac{A_i}{p} \tag{5.1}$$

其中，E 代表的是林地的资产估计价值，i 代表的是林地的种类，A 代表林地的年平均租金，p 代表投资的资本化率，一般采用 4% ~5% 来衡量。

至于林木资源资产的核算，对于不同的林木采用不同的评估方法，幼龄林按照其特点采用重置成本进行估计，而对于中龄林则运用收益的净现值方法进行估计，除此之外的近熟林、成熟林等一般用市场倒算的方法进行核算。具体核算方法如下：

①重置成本的方法指按照现在所拥有的生产水平创造出与所需要评估的林木资源比较相近的一种资产进行核算，计算出其所需要的成本。计算公式为：

$$E_n = K \times \sum_{i=1}^{n} C_i (1 + p)^{n-i+1} \tag{5.2}$$

其中，E 代表林木资产的估计价值，K 表示一种综合调整的系数值，C 代表重置之后计算出来的成本，n 代表林木的年龄，p 代表投资的收益率。

②收益的净现值法是指将林木资产评估后的价值，按照一定的折现率折现之后的价值。具体计算方法如下：

$$E_n = \sum_{t=n}^{u} \frac{A_t - C_t}{(1 + p)^{t-n+1}} \qquad (5.3)$$

其中,E代表林木资产的估计价值,A代表年收入,C代表支出年成本,u代表经营的期限。

③市场倒算的方法,计算公式如下:

$$E_n = W - C - F \qquad (5.4)$$

其中,E_n代表近熟林及成熟林等林木的资产评估价值,W代表销售木材所获得的收入,C代表生产经营木材时的成本,F代表生产及经营木材时所获得的利润。

(2)森林资源负债的价值量核算。

对于森林资源负债的价值量核算,与资产核算一致的是同样要将林木进行分类核算,以保证其精确性。具体分类如下:第一种是幼龄林,采用重置成本方法,即采用当前林木的价格及技术能力进行估算;第二种是中龄林,采用估计现值的方法;第三种是过熟林,采取市场倒算的方法,林木采伐完毕后,其所获得的销售利润扣除相关费用,余下的则用于价值明确;第四种是竹林林木,通常选取年金的资本化法,但是新种植的尚未成熟的竹林林木,则需要采用重置成本法。

(3)森林资源净资产的价值量核算。

对于森林资源净资产的价值量核算,也需要遵循会计核心恒等式,即"资产－负债＝净资产",进一步计算出森林资源的资产及其负债值,代入恒等式中,即可得出森林资源的净资产值。

6. 森林资源的资产负债表编制

(1)科目的设置。

第一,设置资产账户,可以按照资产的功能差异将其划分为林木资源、生态功能及其他方面三类,林木资源主要包括林木、林地及森林的产品三种,生态功能则包括储存水分、养育土壤、固碳释氧、价值保护、净化空气,其他包含旅游文化收入及科学文化内涵。

第二,设置负债账户部分,主要根据其花费的途径不同分为森林资源的管理费用、建设费用、薪酬费用、税费费用及其他费用。

(2)基础框架。

在资产负债表中一般在左边记录其资产项目,主要包括期初的价值量、本期的变化量及期末的价值量,在右边记录负债项目,同样包括期初的价值量、本期的变化量及期末的价值量。森林资源资产负债表的基础框架具体如表5－10所示。

表 5 – 10　　　　　　　　森林资源资产负债表的基础框架

资产				负债			
项目	期初的价值量	本期的变化量	期末的价值量	项目	期初的价值量	本期的变化量	期末的价值量
（一）林木的资源				管里费用			
1. 林地				建设费用			
2. 林木				薪酬费用			
3. 森林的产品				税费费用			
（二）生态的功能				其他费用			
1. 储存水分							
2. 养育土壤							
3. 固碳释氧							
4. 价值保护							
5. 净化空气							
（三）其他							
旅游文化收入							
科学文化内涵							
合计				合计			

第六章

自然资源保护制度改革

本章将首先说明我国自然资源保护制度的演变和现存的问题，针对当前我国自然资源保护制度的不足之处，阐述自然资源保护制度的详细演变过程和内容；其次针对我国自然资源的节约保护制度和生态补偿机制，阐述自然资源保护和利用过程中资源和地区协调问题的改革措施；再次从自然资源的空间规划体系，设计未来我国自然资源管理的规划制度；最后给出促进我国自然资源保护、补偿和规制制度的具体建议。

第一节　自然资源保护制度

在很长一段时间内，我国国有资源性资产管理主要通过传统的行政管理手段来进行调节，但在实际运行过程中暴露的弊端十分突出：法制不健全、无法可依、缺乏资源的综合管理等。因此，建立良好的自然资源管理体系，是我国全面推进生态文明体制改革的基础；同时，基于我国现阶段的资源国情和经济发展阶段，建立健全自然资源管理体系的首要任务是要加快完善自然资源保护制度。

一、自然资源保护制度的演变

（一）我国自然资源保护制度的发展阶段

自然资源的概念较广，包含的种类繁多，我国自然资源以国家所有为主，因此对于自然资源的保护仍然以国家立法为主要形式。随着我国经济基础和对自然资源认知的不断变化，各项自然资源管理制度也经历了不断完善的演进过程，大致上可以将我国自然资源保护制度的发展划分为四个时期：探索时期、管理规范时期、改革突破时期和深化改革时期。

1. 第一阶段：探索时期

这一时期为新中国成立以后到改革开放之前。由于我国社会主义的性质以及对自然资源实践认知的缺乏，自然资源的科学管理尚未形成理念，此时国家经济百废待兴，基础设施建设和经济社会发展压力较大，自然资源管理自然相对较为薄弱。由于我国当时市场机制未能建立，自然资源的开发利用主要通过国家行政命令进行干涉和调配，计划经济特征十分突出。此时无论是政府还是民众对于自然资源的认知都停留在"靠山吃山、靠水吃水"阶段，导致自然资源的管理难以确定，虽然这一时期中曾一度提出应规范自然资源的开发利用，但是一直没有上升为国家意志。在自然资源计划调配的情形下，自然资源的社会和生态价值未得到充分肯定，对资源进行无节制的开采，不注重自然资源开采过程中的生态环境保护，导致自然资源的无节制浪费，为当前我国自然资源紧缺以及生态环境恶化埋下了祸根。另外由于缺乏国家的统一规范，自然资源的开发利用没有相关部门进行统一的管理和监督，资源使用效率低下，造成部分浪费。

2. 第二阶段：规范时期

这一时期是从改革开放开始一直到 20 世纪末。在这个时期内，我国开始逐步探索建立具有中国特色的社会主义市场经济体制，自然资源的管理也跟进国家战略进行市场化的认知与改革，但是由于缺乏自然资源市场化的基础，且其他领域市场化出现了一系列的问题，自然资源市场化改革进展缓慢，但也取得了一定的成就。这一时期，对自然资源的管理开始正式纳入国家法律法规体系，我国相继颁布了《矿产资源法》《森林法》《海洋环境保护法》《水法》等自然资源管理的法律法规体系，初步构建了自然资源管理的法律框架，使得自然资源的管理有法可依。除了规范自然资源的开发与利用外，对于自然资源的生态环境价值也有了初步的认识。针对新中国成立后自然资源开发利用中存在的过度开采和环境破坏两个主要弊端，通过建立自然资源管理法律体系，初步减少了对自然资源的过度开采和开采中可能产生的生态环境破坏，强调在自然资源的开发利用过程中重视生态环境保护。但是，由于对自然资源的生态环境价值认识依然不足，最终依然没有遏制住自然资源保护继续恶化的趋势。

3. 第三阶段：改革突破时期

这一时期是从 20 世纪初到党的十八大之前。此时自然资源的生态价值、经济价值和环境价值得到了国家和社会的充分肯定，我国面临着自然资源日益枯竭的威胁，生态环境恶化已经严重威胁到经济增长和可持续发展。可持续发展战略提出后，首先在法律体系上建立了包括《森林法》《土地法》《矿产法》以及《资源法》在内的完整的自然资源保护和生态环境维护法律法规制度。与此同时，成立了与法律法规相配套的政府职能部门。国家对于自然资源的管理从过去单纯的开发利用规则，开始向重视自然资源节约和生态环境保护并重的方向发展，对于不合理开采自然资源、资源浪费和环境破坏等建立了较为完整的惩罚和追责机制。

4. 第四阶段：深化改革时期

自党的十八大开始，我国把自然资源保护和生态环境保护提升到了前所未有的高度。党的十八大提出的生态文明建设作为我国国家重要战略之一，从国土资源开发、资源节约、生态环境保护和生态文明制度四个方面进行了全面的深化改革，重点从制度和实践上对我国的自然资源保护进行了深化规范。从制度上，完善自然资源保护相关的法律法规制度，由中央政府牵头进行生态文明的制度建设。具体包括将自然资源的保护与地方政府的政绩考核相关联，制定自然资源和生态环境破坏的问责机制与追责机制，开展自然资源的离任审计制度等一系列的政策措施。对于自然资源的管理，真正落实自然资源保护与生态文明建设相统一的制度体系，从质量和数量上对自然资源进行双重管理与保护。与此同时，我国探索自然资源管理体制的深化改革，在国土资源部的基础上，整合了林业部、农业部、海洋渔业等多部门的自然资源管理权限，成立自然资源部，标志着我国自然资源管理混乱、职能交叉局面的结束，为我国自然资源科学管理提供了保障。

从各类资源的保护制度来看，我国也经历了一个较为长期的制度改革过程，其中最为明显的是自然资源的法律保护制度的演变。

（二）土地资源法律保护制度的演变

土地资源具有面积有限以及位置固定的特点，是一种较为特殊的自然资源，无论是作为生产要素还是自然资源其都具有不可替代性，合理利用土地资源基本不会造成磨损和消耗，但是不合理的土地利用却会导致土地资源的永久消耗。从法律建设来看，1953 年我国颁布的《国家建设征用土地办法》，明确了国家建设等必须征用土地的审批、权限、程序以及责任等；1981年颁布的《关于制止农村建房侵占耕地的紧急通知》，第一次明确了农村耕地的保护制度；1986年我国颁布《土地管理法》，并于1988年和1998年两次修订，最终确定了当前土地资源管理的基本法律框架。从土地管理的基本内容来看，基本上是要运用土地资源的用途管制、规划来进行耕地保护、防止土地退化以及进行土地复垦。国家通过土地利用的总计划，将土地资源划分为农业用地、建设用地和未开发土地三种主要类型，对不同类型的土地进行分类管理，严格限制土地用途的转换，重点保护耕地。各级政府在中央政府的领导下，对土地资源进行规划、治理和监督，防止土地沙化、水土流失和土地污染等。

土地资源的保护重点在于水土保持，这是实现土地资源经济社会价值以及生态价值的重要内容。我国历来重视水土保持工作，1957年颁布的《水土保持暂行纲要》是较为完整的水土保持行政法规条例，标志着我国水土保持工作的开始，但是水土保持真正形成法律框架是1991年颁布的《水土保持法》。该法对水土保持的具体细则和预防水土保持做出专门的规定，从预防性措施、禁止性措施和控制性措施三个方面，规定了水土保持的基本内容，确立了水土保持不同阶段的工作内容。《水土保持法》首次规定了水土流失治理的责任机制，确定了政府进行水土流失治理的责任、企业治理水土流失并交纳治理费用的责任以及个人承包土地具有治理水土流失的责任，同时成立了水土保持管理机构，确定了水土流失的监督监测网络。

（三）水资源法律保护制度的演变

水资源主要指淡水资源，包括江湖水、湖泊水、冰川等地表水以及岩石中的浅层地下水等，按照法律规定的用途可以划分为资源水和商品水两种主要类型。水资源具有有限性、流动性和分布不均衡以及功能多样的特点，全球淡水资源总量有限，且多数在当前技术水平下尚难以直接被利用，水源的全球分布不均衡以及农业、工业、生活用水、环境调节等对水的需求较大，导致水资源问题成为当前生态环境和自然资源保护中最为重要的问题之一。我国水资源保护制度建立较晚，改革开放以后才逐渐开始重视水资源的保护，1984年颁布了首部《水污染防治法》，对水污染问题进行了法律界定和保护；1988年《水法》颁布，并经2002年、2009年、2016年三次修订后，成为当前我国水资源保护和管理的基本法，与随后颁布的《取水许可证制度》《河道管理条例》以及《城市节约用水管理规定》构成了我国水资源管理的基本法律法规框架体系。

我国水资源的保护以《水法》为基本法，在此之前对于水资源的管理存在较多不合理之处。2002年修订以后的新《水法》是当前水资源保护的基本法，规定了水资源的国家所有性质，确定了节约用水的基本方针。对于水资源的治理以全面规划、统筹兼顾、效率优先以及协调水资源用途为标准，将水资源的生态环境价值与生活用水、生产经营用水等水资源的社会价值和经济价值提升到同等高度。在水资源管理方面，推行节水措施，设定了国务院统一领导下的水资源管理和监督体系，对重要河流和湖泊设立专门的管理机构，形成了中央政府、地方政府和流域管理相统一的框架体系。特别是，我国将水资源的环境价值提升到了新的历史高度，《水法》与《水污染防治法》《地表水环境质量标准》一起构成了水资源环境功能的标准体系，从水资源的环境容量、社会发展需求、污染物治理和排放、自然保护区等开展多层面的水环境保护。新《水法》对水资源个人利用也建立了初步的许可制度和有偿使用制度规定。

（四）矿产资源法律保护制度的演变

矿产资源既包括当前开采利用的资源，也包括在未来具有潜在价值尚未开发利用的资源，主要指金属矿产、能源矿产等各种矿物质。矿产资源具有有限性、不可再生性以及分布不均匀等特点。1951 年我国开始对矿产资源的开发进行规范，颁布实施了《矿产业暂行条例》。改革开放以后才开始以立法的形式对矿产资源进行规范，1986 年颁布的《矿产资源法》经 1996 年及 2009 年修正后，成为矿产资源管理的基本法律；1996 年颁布的《煤炭法》，重点对煤炭资源的开发利用和生态环境保护进行进一步法律规范。根据这些法律法规，我国逐渐探索出了对矿产资源管理的基本方针：统一规划、合理布局、综合勘探、合理开采以及综合利用。近年来，对于矿产资源的开发利用有逐渐向市场化发展的趋势，承认了矿产资源的财产属性，对于矿产资源的探勘和开采，试点实行了有偿使用和产权转让制度。在按照国家规定交纳资源税和环境补偿费用以后，地方政府或者其他经济主体可以取得矿产资源转让的权利和获得收益的权利。与此同时，对矿产资源实行登记制度和开采审批制度，按照经纬度分布登记矿产资源，区域内可以申请对某一个区的矿产资源进行勘探申请、获得勘探许可，政府管理部门根据勘探申请，对自然资源的储量、开采流程和规模等进行审批，根据矿产储量大小确定从中央到地方的审批权限。在矿产资源的开发利用过程中，节约用地、保护自然生态环境以及促进矿产资源的节约利用逐渐受到重视，企业在矿产开发过程中破坏环境的，需要进行复垦和环境修复，矿产资源开采以后需要关闭矿山并进行环境保护，贯彻执行"开发者保护，破坏者复垦"的矿产资源生态保护原则。

（五）森林资源和草原法律保护制度的演变

森林资源是一个完整的生态系统，森林资源遭到破坏意味着整个生态环境内的生物都要受到牵连。森林资源具有生产周期长、可持续利用以及多样性功能的特征。我国森林资源覆盖率不足 10%，特别是新中国成立以后到改革开放初期对森林资源的大规模砍伐导致我国森林资源总量急剧降低，如果不采取保护性措施，森林资源将会在几年内消耗殆尽。改革开放以前，我国对森林资源的开发大于保护，保护对象集中在森林火灾和造林育林，完全忽略了森林资源的生态环境价值和可持续发展价值。1979 年我国颁发《森林法（试行）》，开始探索森林资源保护的法律规定。1980 年我国意识到森林资源破坏带来的严重后果，发布《关于坚决抵制乱砍滥伐森林资源的紧急通知》，森林资源破坏的势头有所减弱。但是一直到 1984 年才建立起第一部《森林法》，并于 1998 年和 2009 年重新修订；1986 年颁布实施《森林法实施细则》，开始推广森林法对森林资源的保护；2000 年再次颁布了《森林法实施细则》，形成了我国当前森林资源保护的法律体系。当前森林资源的保护基础被定义为营林护林，基本方针是采育结合以及永续利用，积极开展退耕还林和封山育林的措施，成立森林资源的生态补偿基金以及建立专门的森林资源自然保护区。

草原环境分布与森林资源具有区域分布上的相似性，主要是整体分布和区域分布的特征。但是相对于森林资源，草原对于自然环境的依赖更高，草原分布地区多数属于降雨量较少、森林难以获得成长水分的区域，所以一旦草原遭到破坏会导致严重的水土流失，草原修复的难度比森林资源更大。草原保护所依据的基本法是《草原法》，1985 年颁布并经 2002 年、2009 年、2013 年和 2021 年多次修订后重新实施。草原的所有权归国家所有，县级以上人民政府具有批准草原开发的权利，部分草原承包给集体或者个人生产经营并可以进行有偿转让，其利用和转让方式与土地资源较为类似。草原资源的保护重点集中在牧场、自然保护区等，对生态环境价值的保护大于对经济价值的保护。

二、自然资源保护制度实施中存在的问题

（一）重开发、轻保护问题

现阶段我国的工业化和城镇化进程正处于历史发展的最快时期，在改革开放以后经济高速发展的繁荣背后，隐藏了一系列能源、资源以及环境问题。在能源利用方面，改革开放以来我国能源消费量年均增速高达 6% 以上，其中煤炭消费量占能源消费总量的七成以上。巨大的能源消费和较松的环境管制，使我国已经超越美国，成为能源消费量和二氧化碳排放量最大的国家。

1. 水资源管理的现状与挑战

当前，水资源的短缺问题是全世界各个国家面临的共同威胁，实现水资源的可持续利用是实现社会可持续发展目标的重要内容。中国是世界上的人口大国，尽管水资源总量居世界第六位[①]，但受庞大人口基数影响，人均可利用水资源仍十分有限。随着经济和城市人口的快速增长以及农业的发展，中国对有限水资源的需求日益增大，在北方地区尤为严重。除了农业部门当前面临的灌溉水供应方面的压力外，中国政府已经表示农业用户将不会获得其他来源水上的优先权。与此同时，水资源浪费现象也十分严重，仅城市供水管道漏水就存在高达 50% 的浪费。此外，全国七大水域都出现不同程度的污染[②]，严重破坏了当地的生态环境，危及人民群众的生命和健康安全。

随着经济的发展，中国水资源短缺形势愈发严峻，如何解决由水资源短缺和水污染引发的一系列问题越来越受到政府的重视，社会各界也慢慢开始重视讨论和构建水资源管理及其体系。相关研究表明，为解决高度综合且复杂的水问题，中国水资源管理机构对水资源进行了多维度的综合管理，具体包括：建立流域管理制度及行政区域管理的立法基础，强调环境和生态用水、水需求管理以及节约用水的重要性，初步建立国家或流域综合管理制度等（Jiang et al.，2010）。成金华等（2006）认为，长期以来，中国水资源管理实践一直以传统水资源管理思路为引导，即在工程水利的框架下，自然资源的具体管理方式需要以"供给和分割管理"为主，特别需要强调水资源的使用。

2. 土地资源管理的现状与挑战

当改革开放的浪潮席卷全国时，经济发展对土地需求激增，开始大量占用耕地发展为商业用地和工业用地；与此同时，由于多部门分割分散管理，土地利用与保护缺乏统一性，导致土地资源严重浪费，出现不合理利用现象。在土地资源利用方面，由于全国性城市规模扩张和土地粗放式利用，造成许多地区耕地、林地破坏和土地闲置的问题共同存在，已经对我国粮食安全供给和经济社会可持续发展造成威胁。

城镇化的进程加快，使土地利用发生巨大的变化，房地产行业迅速发展，地价、房价持续攀升。近年来，城镇土地使用的增长率遥遥领先于城市非农业人口增长率，在土地的开发建设中存在许多土地使用的问题，使得大量的土地资源闲置无法利用。同时，土地改革政策也引发了城市土地利用效率低、囤地和耕地面积损失等严重问题，这一系列的土地利用问题亟待解决。

---

① 中华人民共和国水利部编：《2018 年全国水利发展统计公报》，中国水利水电出版社 2019 年版。

② 中华人民共和国水利部，http：//www.mwr.gov.cn。

3. 矿产资源管理的现状与挑战

矿产资源属于储量有限的非可再生资源。目前，矿产资源的开发利用存在以下几个方面的问题：首先，矿产资源的基础比较薄弱，其供求矛盾随着对矿产资源不合理的开发利用而更加突出。虽然我国矿产资源的种类多、总量多，但矿产资源存储量排在世界前列的仅是那些用量比较少的矿物种类，如钨、锡等；而对于那些具有支柱性作用的矿产资源，如石油、铜矿、富铁矿等，在我国则存在严重短缺或是当前已经探明的存储量不足。另外，随着国民经济的快速增长，我国对矿产资源的需求量迅速上升，加之对矿产资源的利用较为粗放，使得矿产资源需求量的增长速度几乎超过国民经济的增长速度。其次，矿业体制不完善导致对矿产资源的不合理开采。长期以来，我国的矿业管理体制存在比较严重的问题，如条块分割、政出多门等，这种矿业体制的不完善，导致部分地方的小矿山被胡乱开采，造成矿产资源的严重浪费。此外，在矿业开发中也存在诸多问题，如浪费资源和严重破坏生态环境、探明矿产资源存储量增长较慢、经济效益不好、缺乏投资等。对于这些问题，国家应该给予高度的重视并采取有效的措施。最后，矿产资源的开发也对周边环境造成了破坏，主要体现在以下几个方面：废水、废气、废石问题严重；严重破坏地下水资源；严重破坏地貌景观，容易引发地质灾害；占用和损毁周边的大量土地。

4. 森林资源管理的现状与挑战

森林资源是自然资源的一个重要组成部分，是进行各项林业生产经营的基本要素，承担着林产品供给与生态建设的重要任务。我国森林资源总量巨大，种类丰富，是我国极其宝贵的自然资源，但是在森林资源的开发利用过程中存在很多问题：一是北方许多地区因为水土流失和土地沙漠化加剧，森林生长环境不优，植被较少，生态环境恶化的趋势没有实现扭转；二是分布不均匀，华北地区、西北地区、中部地区和黄河下游流域，森林覆盖面积和森林蓄积量极少，很多环境干旱的地区森林覆盖率不到1%，远远不能满足世界1/5人口对林业能源方面的需求；三是我国林业体制僵化、考核机制偏重经济指标、改革滞后，导致林业结构化矛盾明显，林业建设的目标和侧重点不够清晰明朗，林业生产力的结构待完善；四是林业建设和保育的资金投入较低，且税费偏高，导致林业建设发展速度缓慢；五是经济的快速发展以及人口总量的快速增长，导致森林资源的大量消耗，给林业发展带来了极大的压力；六是我国前期对森林资源保护意识薄弱，对森林资源的认识不到位，大量的森林资源被当作经济资源无节制地开发，导致林业资源的大量浪费。

中国国有林区资源管理存在以下问题：一是政府所属的森工企业兼具无偿使用和监督管理林区资源的双重身份，形成管理者和经营者身份重叠，最终有效监督的效果也会不尽人意；二是在现行的林业管理体制中，采伐限额政策占据核心地位，但由于其降低了林业生产者获取利润的能力，最终使得政策的执行效果不尽人意。此外，国有林业企业管理者需要向政府上交经济利润，而政府又会通过林木开采的限额以及其他政策法律来管理这些企业，最终使得国有森林资源的经营和保护面临一定的困难。

（二）资源顾此失彼问题

在党的十八届三中全会上，习近平深刻地分析了现有自然资源管理体制的缺陷。习近平指出："用途管制和生态修复必须遵循自然规律，如果种树的只管种树、治水的只管治水、护田的单纯护田，很容易顾此失彼，最终造成生态的系统性破坏。"[1] 这突出了现有自然资源管理体制的弊端是顾此失彼、相互制约、没有形成合力，具体表现为：一是彻底理清自然资源存量非常困难。在部门分管体制下，每个部门都要制定一个全国性的规划，为此每个部门都要进行全国性的资源调查。然而，由于不同部门采用不同的调查技术和不同的技术标准，调查的结果相差甚大。二是容易产生监管盲点。当前，我国的自然资源管理部门包括国土资源部、国家林业局、水利部、农业部等，这些部门在管理职能上还尚未实现统一集中管理，这种监管体系把对各种自然资源的管理分割开来，易导致自然资源之间的紧密联系被分割，从而造成资源的顾此失彼，不利于对自然资源进行科学合理的综合管理；同时，各个部门之间的管理职能相互交叉，这不仅不利于管理成本的降低，也不利于自然资源综合利用效率的提高。

（三）资产市场交易机制不成熟问题

自然资源资产化管理的重要组成部分是产权流转，而实现产权转让的关键是要保证产权交易市场的正常运行。虽然我国自然资源产权交易市场已逐步形成和发展，但是其发展历史并不长。由于我国市场经济体制还处于起步阶段，整个社会的市场化进程尚未完成，因而自然资源产权交易市场的发展程度还不高，自然资源产权交易的统一市场还没有完全建立起来。此外，政府过度介入自然资源的开发，限制了市场在资源配置中的作用，使得其难以适应经济环境的快速变化，导致自然资源利用结构调整缓慢，长期以来自然资源配置一直处于低效状态。产权交易市场中的交易主体不够丰富，其进入、竞争、交易和退出的规则还很不完善，资源管理、资源产权配置、产权保护、产权流转一直处于相当混乱的状态，最终出现资源粗放经营、资源质量下降、资源配置效率低下、资源供需矛盾突出

---

① 《习近平关于社会主义生态文明建设论述摘编》，中央文献出版社 2017 年版。

等一系列问题。同时，行政定价导致的自然资源价格偏低，使得自然资源价格体系存在一定缺陷，不能真正反映自然资源的稀缺性和市场价值，也不能反映出自然资源枯竭后的退出成本和环境污染的治理成本。2014 年 11 月，中共中央办公厅、国务院办公厅印发了《关于引导农村土地经营权有序流转发展农业适度规模经营的意见》，标志着我国正在对资源流转进行有益的探索。但是，我国大多数资源产权交易安排仍不完善，包括交易制度，如市场准入、退出机制、竞争机制、管理机制、交易机制等，这就直接导致了资源价格调节的失灵、资源用途管制的混乱、资源的粗放开发和严重的浪费。

目前，我国自然资源产权交易制度尚不完善，基本处于初级阶段，规定了有条件的交易权的只有土地资源和矿产资源，其他资源的交易制度尚处于"原始阶段"。然而，对于矿产资源交易权的安排存在附加条件，即禁止营利性活动，因此矿产资源交易并不能说是真正意义上的产权交易。自然资源产权市场效率低下的主要制度根源是交易权安排的"短缺"，产权的内在功能不仅在于对个人财产的保护，而且在于交易双方效用互补、合作互补的交易增量功能。产权交易是市场的基础，如果交易的所有权被否定，那么就等同于否认市场机制的作用。事实上，该种交易权制度本身存在缺陷，它赋予企业无偿开发利用自然资源的权利，却又不允许企业进行盈利性交易。从某种意义上而言，这无疑是在鼓励企业浪费资源，而非珍惜自然资源产权，因为当企业不费吹灰之力获得自然资源产权时，却并未得到经济利益方面的激励或约束。

目前我国自然资源产权交易制度安排需求动力不足，只是在树木、城市土地等交易合同中存在着狭小的空间和不太完善的制度，这是我国自然资源产权交易市场缺乏第二层次的交易权制度安排的结果。目前，在我国自然资源产权交易市场上，公权控制私权，并且公权仍处于过渡阶段。所以市场交易依托政府的产权界定，并且富有投机性。然而，政府的公共权力机构并非源于"产权交易"，导致市场寻租和机会主义的存在。交易者为了保护自身固有的财产权利而花费了大量的金钱，由于自然资源产权交易市场交易成本高、不确定性大、制度保障不完善，对于理性的经济人和经营者而言，就失去了进行这类交易的兴趣。自然资源产权具有公共品特征，加之市场由政府操控，缺乏通过实践和完善立法来规范市场交易制度的机会。假如不存在市场交易权的安排和交易制度，那么我国自然资源产权市场运行只能处于传统的计划经济阶段，无疑会造成巨大的效率损失。

三、自然资源保护制度改革的路径设计

（一）树立自然资源源头保护理念

每一种自然资源都具有双重属性，即资源属性和环境属性。它们不仅是促进社会发展的物质基础，而且是生态系统的重要组成部分。因此，保护自然资源就是保护生态环境，就是保护生产力。

1. 土地资源保护理念

土地资源是人类赖以生存和发展的基本生产资料和劳动对象，主要供农、林、牧业以及其他生产活动。土地资源是人类与自然作用的产物，它具有自然和社会双重属性。土地资源作为可更新资源，是指可以对其进行反复利用，如果对土地资源合理开发、适当保护，就可以实现对土地资源的永久利用。值得一提的是，土地的总量是有限的，即使科学技术进步到了一定的程度，可供开发利用的土地面积也不可能大规模增加，因此目前更需要做的是改变土地的类型，改变其用途，使其能带来更多的经济价值。同时，因为土壤的自然形成速度极其缓慢，一旦农田被破坏，将很难恢复，所以必须对农田加以保护。

2. 矿产资源保护理念

在对矿产资源进行开发利用之前，需要系统整体地分析评价各个区域矿产资源的供给水平。影响矿产资源供给水平的因素包括该区域所处的位置、该区域的工业经济发展情况、内部的资源配套、区域的人口规模、交通便利程度、通信以及电力等基础设施情况。除此以外，还必须考虑该区域的外部环境情况，从而进行综合分析评价，只有这样才能得到正确的评价标准，进而再依据该区域的经济发展情况来确定矿产资源的供给水平。此外，还应该改进矿产资源开发利用的技术方法。由于落后的矿产资源开发利用技术，导致资源开发的经济效益较差，因此必须引进先进的技术，使矿业开发由劳动密集型产业向技术密集型产业转变。为此，首先要提高矿业方面的科技研究能力，进一步研究矿产资源勘探方法以及勘查开发的核心技术，争取能够在矿产资源如何实现高效开发利用、如何更好地恢复生态环境、海底矿产资源探测方法以及开发利用核心技术等方面取得突破性的进展；其次要使矿山企业的装备水平得到进一步提高；最后要加强对矿产科技人才的培养，矿业的发展离不开科技领军人才、创新型人才以及复合型人才的加入，为此国家应该大力发展矿业高等教育以及中等职业教育，并将重大勘查开发和科技攻关项目作为重点。

3. 水资源保护理念

在全世界范围内，我国的河川径流量排在第六位。虽然我国的总量比较多，但是人均占有量和单位耕地面积的占有量处于比较低的水平。此外，由于全国范围内各地区的自然条件之间存在着很大的差别，我国水资源的分布非常不平衡。水资源的供求矛盾也越来越突出，水资源短缺一度成为我国经济社会可持续发展的重要制约因素。因此，必须要摒弃水资源"取之不尽，用之不竭"的传统观念，从水资源的源头开始实施保护。由于我国水资源面临着总量多、人均少，地区分布不均，水土资源分布不平衡，水污染问题严重等问题，因此要从源头上对水资源实施更加有效的保护。

4. 森林资源保护理念

森林在陆地生态系统中居于主体地位，是自然界中层次结构最复杂、多样性最丰富、物种最繁多、生产力最宏大的陆地生态系统，也是陆地上面积最大、最重要的生态系统。森林具有涵养水源、保持水土、防风固沙、保护物种、固碳释氧、净化环境等独特功能，是人类生存不可缺少的生态产品。森林资源是林地及其所生长的森林有机体的总称。相比较其他自然资源而言，其具有可再生性和不可替代性，是地球表面生态系统的主体。森林在一定时间内可以实现自我的调节和恢复，森林生态系统具有一定的自我修复能力。但是森林生态系统一旦遭到破坏，就需要长时间地投入大量人力、物力、才能恢复。因此为了保持森林资源的可再生性以及森林系统的稳定，必须遵循森林资源的发展规律，不能乱砍滥伐，破坏森林资源系统的平衡。

（二）健全自然资源源头保护制度

1. 完善自然资源保护节约的制度框架

科学、合理地设计资源保护节约的制度参数，完善资源保护节约的制度框架，使得资源保护节约实现有法可依、有章可依、有据可循。

首先，夯实耕地和水资源保护制度。在经济发展过程中，国家已经意识到保护耕地资源、水资源对经济社会可持续发展的作用，为此制定了一系列的规章制度来规范水资源的利用方式，但是由于管理不完善、法规不健全等一系列问题长期不能得到解决，耕地资源、水资源的保护现状仍不乐观。因此，一是必须严格执行耕地保护制度，用制度保护土地，划定永久性基本农田保护范围，防止耕地资源进一步退化。二是落实实施严格的水资源管理制度，合理划定水资源保护范围，加大保护力度，化解资源保护不到位的问题。三是国家还需要对林地、草地、湿地和沙地建立对应的保护、恢复制度，严防过度开发利用。

其次，落实最严格的节约利用制度。破解资源对经济社会发展约束的关键在于节约资源，杜绝一切浪费资源现象的发生。在资源的开发与利用中，要秉承节约的总原则，把资源节约放在首要位置，以最少的资源消耗有效满足经济社会的发展需要。节约资源的长远策略还在于促进资源供需双向良性循环，以经济转型升级调整促进资源节约利用，同时以资源总量和标准控制促进经济转型升级。

最后，健全完善国土综合整治机制。国土整治涉及资源利用的方方面面，是一项复杂的系统工程，因此，政府需要加快制定国土综合整治规划，整合相关工程项目和资金运用，对国土资源利用实行统筹开发、利用、保护和治理。对于生态环境脆弱或者破坏严重的地区，综合整治机制更为关键和必要。

2. 构建资源保护节约的安全制度

完善的资源保护节约的安全制度，是确保资源合理利用的关键手段，有助于控制资源管理中的长期风险，积极稳妥地划定生态红线。在生态红线划定时，还需要科学、明确、合理地制定划定的内容、标准、范围和责任主体，系统性地保护红线区内的生态安全；关注重点生态功能区、生态敏感区、生态脆弱区等特殊生态区域，如森林、湿地、草原、海洋等，有的放矢地遏制生态退化。

3. 建立国家公园体制

国家公园是自然保护的一种重要形式，起源于美国，后来被世界上许多国家学习借鉴，也促使国家公园在世界范围内不断地发展并逐步走向成熟。在通常意义上，国家公园是指为了保护国家生物地理或生态资源尽可能地不受人类社会影响而能够自然进化的地理区域系统，其功能主要包括以下几个方面：有利于提供保护性环境，有利于保护生物的多样性，有利于促进地方经济的繁荣发展，有利于促进研究和教育等。

国家公园是一种有效保护生态的重要模式，它既满足保护资源和保护生态的要求，还可以促进其所在地区的经济发展。随着国家公园运动在世界各国的不断深入开展，同时工业文明和城市化进程造成环境压力越来越大，我国公民对生态文明建设越来越重视以及对生态产品的需求越来越大，国家公园已经从理论界的争论发展为自上而下的实践推动。不过目前我国现存的国家公园，不论是国家级名胜风景区还是普达措国家公园，它们都不是由具有排他性的机构来进行管理、运营经费主要源自国家财政拨款、经营上实行特许权经营制度、履行公共资源和遗产保护使命并实行低门票制度的国家公园。我国如果要建立国家公园，就必须由高层级的政府来主导建立，通过统筹规划，进行自上而下的设计和推动，同时在国家层面出台具有权威性的法律，并修改完善现有的法规体系。首先要做的是，建立国家公园管理机构和管理机制，明确选为国家公园的标准，再依据该标准，按照先易后难、先试点再推进的原则，在国土空间的禁止开发区域有选择性地建立由具有排他性的机构进行管理的、运行经费主要源自国家财政拨款的、经营上实行特许权经营的、由国家立法保障的、体现公益理念等多种使命的国家公园。

4. 规范国家公园管理体系

首先，资格审查。国家公园是由国家最高权力机构——全国人民代表大会批准建立并由专门的国家公园管理部门直接管理的保护地。由于我国的国家公园准入标准还尚未形成，因此，可以借鉴美国国家公园的准入制度，即由国务院组织专家对全国范围内的禁止开发区域进行资格审查，确定其是否具有准入资格，只有同时满足"全国代表性""可行性"以及"适宜性"这三个基本条件的区域才能选为国家公园。然后再从这些具有入选资格的名单中按照先易后难、先试点再推进的原则，逐步增加国家公园的数量。自然资源作为公共资源具有非排他性的特征，为了对其进行有效的排他性管理，应该由省级管理机构对这些禁止开发区进行监督管理。随着各地不断地完善禁止开发区的合理开发与保护政策，要对国家公园的数量和边界进行更新，并不断完善我国的综合国家公园体系，即不仅仅只包括国家公园，还要包括其他类型的遗产保护地。同时，为了减轻人流太多对国家公园造成的压力，可以在国家公园边界以外的区域建立旅游度假区来满足人们的旅游需求。

其次，命名方式。国家公园的命名可选择以下方式：一是由风景名胜区改建的国家公园不再使用"风景名胜区"字样；二是由国家森林公园、国家地质公园改建的国家公园应省去森林、地质等字样；三是由自然保护区改建的国家公园略去自然保护区的字样。对于重新进行命名而不再沿用原名的国家公园，可按照河流名、山名或者地名等加上国家公园字样的方式命名。

再次，变属地管理为垂直管理。不同于日本和英国，我国禁止开发区内的土地等自然资源绝大多数都归国家所有或者是归集体所有，其公有化的程度很高，而这种所有权制度与美国西部国家公园的情况非常相似。因此，可以借鉴美国在国家公园管理方面的经验，建立国家公园管理局或者类似的在全国范围内统一管理自然资源的国家专门管理机构。纵观世界各国在管理国家公园方面的举措，拥有国家公园的国家，绝大多数都成立了国家公园管理局，并且都通过立法的方式来确立该机构的地位。国家公园管理局在运行过程中，本着管理与经营相分离的原则，实行垂直管理的管理体制。

最后，国家公园的分区管理和生态补偿。为了能同时满足资源环境保护、旅游观光者对国家公园的游憩需求、保持和提高原住民的生活水平以及使国家公园周边地区的公民享受到旅游发展的收益等各方面的需求，按照国际上通常的做法，将国家公园所在地域划分为特别景观区、特别保护区、一般管制区以及户外游憩区这几个区域，实行核心功能、过渡功能以及服务功能的分区控制管理。由于国家公园的公益性属性,其更加强调在保护前提下的"以人为本"的生态保护理念,从而满足人们探索和欣赏自然美景、了解历史文化、体验生态环境等各方面的需求,促进地区经济的可持续发展,并实现旅游资源开发与环境保护的良性互动、协调互补。

国家公园内以及周边的原住民的主要经济来源是"靠山吃山"。在建立国家公园之后,根据相关的法律法规,这些原住民的主要经济来源被割断,逼迫他们不得不改变其原有的生产方式。从国家空间功能分区的角度来看,由于国家公园所在的区域属于禁止开发区,在这里不得进行工业化、城市化开发,其生产出来的产品主要是生态产品。因此,从全国主体功能区发展规划的角度看,必须建立相应的生态保护补偿的配套机制。

5. 强化立法保障

国家公园的管理体制和运行机制不能只是简单地依靠行政命令,必须抛弃人治思维,在全社会范围内树立并且积极推行法制观念;通过全国人民代表大会立法,并依法推行国家公园制度,具体可以借鉴其他国家在国家公园立法方面的经验并结合我国的实际情况。美国国家公园管理体系之所以有效,是因为国家对国家公园体系的保护和利用进行了大量的详细的立法和行政规定。国会不仅对整个国家公园体系进行立法,而且还对各个国家公园进行分别立法,从而在经济开发的浪潮中保护了一大批重要的自然遗产和文化遗产免于被开发破坏,进而推动了自然和文化保护运动的兴起。必须通过立法来规定国家公园的资金来源、确定排他性的管理授权、规定特许权的转让原则、确立管理绩效的评定以及管理信息的公布。

我国实行国家公园制度,需要把各个禁止开发区中分散的部门管制法上升到更高的法律层面,由统一的国家公园法来取代这些部门管制法,并明确国家公园的公益属性和管理机构的非营利性,提高法治管理水平,加大保护遗产保护区的力度。通过立法避免国家公园由各家行政管理部门独自、分散、重复运作的行为。通过建立具有统一标准和统一形象的国家公园体系,实施跨地区、跨部门的纵向垂直管理体制,从根本上破解人为分割、多头管理、合作低效、协调无力的困境。由法律规定的国家公园管理机构的非营运性,可以极大地避免重复建设、过度开发、恶性竞争、急功近利等行为的发生。而由法律规定的国家公园的共有属性,则可以遏制遗产型景区门票的轮番上涨,因此可以促进国家公园景区门票总水平的降低。

上面已经提到国家公园的规划、建设、管理以及运营等经费主要是源于国家财政拨款,由于在以前我国的财政实力还不够强大,并且公共财政政策的重点也在生产建设方面,因而在这种现实背景下国家公园体制没能在我国建立起来。如今，我国的财政收入已经有了大幅的增长，财政实力增强，目前已经发展成为仅次于美国的世界第二大经济体，财政实力能够作为国家公园体制建立的坚强后盾。在全面深化改革和建设生态文明的现实背景下，公共财政政策的重点已经发生了重大变化，从之前的以生产建设为重点向以民生和环保为重点转变，从之前的介入竞争性领域向重点建设基础设施、发展涉及国计民生的产业转变，从之前的以服务国有企业为重点向平等对待国有企业转变。可以看出，公共财政在经济发展中的职责越来越明晰，与大众的生活也越来越紧密。

从全世界范围来看，各个国家在管理和运行国家公园方面都具有自己的特点，但是相同点在于所有国家对国家公园的管理和运行都是基于法律，并且国家财政拨款是对国家公园进行管理和运作的主要资金来源。保护自然资源、历史性资源是国家公园管理机构的使命，要履行这一使命并充分实现国家公园的社会价值，实施以国家财政拨款为主、国家公园的自营性收入为辅的模式十分必要。因为国家公园具有很强的公益性，为了保障国家公园的正常运行，其管理运行所需要的经费应该纳入国家的财政预算中去。除了由国家财政拨款给国家公园以支持其保护和建设之外，国家公园的自营性收入，包括门票收入和特许权收入以及非政府组织（NGO）和个人对国家公园的公益捐赠，均是国家公园管理经费的重要补充。

需要补充说明的是，国家公园接受非政府组织和个人捐赠的这种做法是国际惯例，该指标可以用来反映社会公众对公益事业的关注度以及国家文明进步的程度。针对公益捐赠，还可以借鉴他国经验，利用专业化的基金会来管理由非政府组织和个人对国家公园捐赠的资金。当前，我国国家公园事业尚处于初期发展阶段，在许多方面都还存在问题，需要更多志愿者加入加强普及原住民的生态文明理念、培训原住民的就业技能等活动中去。在借助政府方面的力量之外，充分发动社会公众的参与和支持，对国家公园的长远发展大有裨益。

第二节 自然资源的节约和补偿制度

一、自然资源节约集约利用制度

当前，我国正处于向第二个百年目标进军的发展阶段，对自然资源的需求日益增大，但粗放型的资源利用方式加剧了自然资源供需矛盾的严峻形势。党的十八大报告提出，要"节约集约利用资源""全面促进资源节约""提高利用效率和效益"。① 党的十八届三中全会进一步明确，要"健全能源、水、土地节约集约使用制度"②。因此，要落实中央有关要求，缓解资源"瓶颈"，落实节约优先战略，推进生态文明建设，其重要途径之一就是建立全面完善的自然资源节约集约利用制度，并配套设计严格的实施机制。

（一）自然资源节约集约利用制度的内容

自然资源节约集约利用制度主要包括两方面的内容：节约资源和集约资源。节约资源强调总量控制，集约资源强调利用效率。前者主要依靠把系统的政策法规与综合的技术手段相结合，从而降低经济发展过程中对自然资源的消耗；后者则通过科技创新、改变生产要素投入等方式，关注高效的资源利用方式。资源集约利用意味着高效，资源节约意味着低耗，资源集约是资源节约利用的有效手段。一般而言，资源的节约利用制度、集约利用制度和综合监管制度这几项构成了自然资源节约集约利用制度的主要内容。

1. 节约利用制度

节约利用制度注重从"量"上进行源头严控，其基本制度是规划管理和总量控制。资源规划作为顶层设计，具有鲜明的战略性和长久性，是未来一段时间资源利用规模和方式的总纲，其科学性及落实程度对资源节约利用具有统领作用。目前，我国单门类资源均有本领域资源规划，比如对土地的利用、海域的使用、矿业的开发利用、草原的使用、森林资源的开发、水资源的使用等均制定了综合规划或者区划。此外，多数资源建立了总量控制制度，如建设用地总量控制、森林采伐限额控制、流域和区域取用水总量控制、稀土矿和钨矿开采总量控制等，对全面实施节约优先战略发挥了重要促进作用。

2. 集约利用制度

集约制度在对自然资源实施全过程管控时，强调对自然资源"质"的把控，其基本制度包括准入标准、经济调节等。准入标准是资源审批、供应、利用考核评价和供给后进行监督管理的重要政策依据和制度规范，同样也是促进资源利用方式和经济发展方式转变的有效措施。部分单门类资源已初步建立实施了集约利用标准体系，如土地使用标准、节水标准等。经济调节主要通过运用资源税费金和价格杠杆，促进资源节约集约利用，如土地出让金、矿产资源补偿费、水资源费、阶梯水价、海域使用金等。

3. 综合监管制度

该制度突出对自然资源"质"和"量"两方面实施全过程的监督管理和结

---

① 中共中央文献研究室编：《十八大以来重要文献选编》，中央文献出版社 2014 年版，第 31 页。
② 《中国共产党第十八届中央委员会第三次全体会议文件汇编》，人民出版社 2013 年版，第 73 页。

果的考核评价，是资源高效率利用的核心与利用方式转变的基本手段，其基本制度有激励约束、监测监管、考核评价等。激励约束制度主旨在于运用行政、经济等手段，对资源节约集约利用效果好坏进行奖惩，并实现与考核评价制度相结合，形成正确导向，提高资源节约集约利用意识。监测监管主要是通过调查评价和动态监测方式掌握自然资源状况，从而掌握资源实际利用状况，并加强督促检查工作，如建设用地节约集约利用评价、土地督察、森林资源监督等。考核评价主要指的是运用自然资源节约集约综合评价结果，作为对党政领导干部年度考核的重要依据和内容，并供上级部门通报和审计。

（二）自然资源节约集约利用制度存在的问题

为促进自然资源的节约集约利用，国家有关部门在规划计划、定额标准、评价考核等方面做了大量工作，虽然初步形成了有利于自然资源节约集约利用的制度框架体系，但与党的十八大、十八届三中全会对资源节约集约利用的相关要求相比，仍然存在较大差距。

1. 源头管理在节约保护资源中的作用不足

目前，由于各单门类资源规划之间以及各单门类与相关经济社会发展规划间缺少协调和衔接，造成资源规划不仅没有发挥"源头严管"的作用，而且难以发挥统筹资源利用的经济效益、生态效益和社会效益的作用。

第一，土地资源作为农业生产和社会生产的基本生产资料，是一切生产的源泉。我国大部分地区的农业生产技术仍然比较落后，土地产出效率不高，同时盲目用地方面也存在着比较严重的问题。

第二，现有的水资源保护制度并不能实现有效保护水资源的目的。合理有效的水权交易制度、确保公众能够有效参与水资源保护的制度，在我国尚未完全建立起来。水权交易制度的不完善，导致水资源的资源配置效率处在一个比较低的水平，也不能很好地激励人们节约用水；同时，公众不能有效地参与到水资源保护中去，水资源管理部门做出的水资源保护决策就不能真正有效地落实。

第三，目前我国矿产资源储量基本都在增加，但是用量较大的能源基本依靠进口，矿产资源状况仍面临诸多挑战。许多矿山，尤其是个体矿山企业、乡镇矿山企业，在建设开发之前没有经过认真研究，从而导致地质勘探、设计的管理十分分散，缺乏全国统一的要求、规划以及技术标准。还有不少地方在没有经过申请和批准的情况下，在没有科学指导的条件下，就随意开采矿产资源，从而造成了很多矿产资源的浪费和破坏，严重的甚至会对开采其他大型矿山产生不良影响。造成矿床的综合勘探、开采、利用率很低，同时降低对共生和伴生矿产的利用和回收效率，导致严重的浪费。在开采矿山的时候不重视节约用地，致使地貌景观和植被遭到大面积破坏，对尾矿的处理没有进行合理的规划和科学作业，占用了大量的土地面积，并造成了严重的污染。在采矿结束以后，很少进行回填复垦等作业，使生态遭到严重的破坏。

第四，我国林业管理体制僵化、考核机制偏重经济指标，导致林业结构化矛盾明显。由于森林资源所有制趋同，林业资源的巨大潜力难以发挥，林业的经营管理和运行难以迎合林业建设与生态建设的特点，同时难以适应中国特色社会主义发展和社会主义制度下市场经济体制的要求。我国林业建设的目标和侧重点不够清晰明朗，林业生产力的结构待完善。

2. 市场在资源配置中的调控作用发挥不足

长期以来我国自然资源定价存在不合理性。首先表现在自然资源价格形成机制的不合理。当前，政府仍然对部分自然资源实施定价或者是指导价，由于政府对自然资源价格的干预，导致市场的决定性作用不能有效发挥，从而使得自然资源的定价处于一个较低的水平。

其次表现为不完整的自然资源价格，当前自然资源的价格中没有充分体现出维持环境生态不被损害并且可供后代继续利用的成本。一方面，恢复重建生态系统的成本以及在利用过程中造成的损害的成本均没有体现；另一方面，从人类可持续发展的视角来看，对自然资源的浪费以及对生态环境的破坏存在代际影响，这些行为不仅损害了当代人的利益、影响当代人的发展，而且还会损害未来人的利益、影响未来人的发展。自然资源价格的组成部分中没有包含由于损害了未来人的利益而应该给予的代际补偿成本。此外，自然资源价格的组成部分中同样也没有体现国家作为所有者的收益权。自然资源的价值应该由内部价值和外在成本一起组成，其中自然资源的内在价值又是由天然价值和人工价值构成，自然资源的外部成本由代际补偿成本、环境补偿成本以及生态补偿成本构成。目前，我国采用的自然资源定价方法是成本加成法，即自然资源的价格由其开发利用的成本和利润构成。自然资源的天然价值往往没有被纳入自然资源的价格中，只是以资源税的形式内含在价格中，单一的形式导致了人们可以以较低的价格甚至无偿地使用自然资源，从而国家没能充分行使资源使用的收益权。另一个价格问题是不合理的价格关系，各种自然资源比价还需要调整。

最后表现为不完善的自然资源交易市场，尤其是与自然资源相关的金融市场的发展落后，比如期货市场处于滞后的状态。期货市场是定价体系最重要的部分之一，因为大多数自然资源商品的交易价格是根据期货市场的价格来评估的，但是由于受到各种因素的影响，我国资源期货市场的发展比较滞后，其价格引导作用并没有在国内自然资源商品交易的市场上得到有效发挥，当然与国际也是脱节的，无法主导国际定价市场。

3. 资源节约集约利用考核评价机制不健全

节约集约利用自然资源是实现可持续发展目标的重要一环，但是在现行地方政府官员政绩考核体系中，GDP 仍然是绝大多数地区的核心内容，缺乏有关资源节约集约利用的内容。在这样的考核机制下，地方官员执政方针往往对长远建设、资源可持续利用和生态环境问题考虑较少，而更注重任期内经济发展效率。因此，存在通过出让资源获取收益，或通过行政配置资源方式进行招商引资的做法和现象，一定程度上导致资源节约集约利用制度大打折扣，甚至难以落实。

现行体制中资源开发与生态保护的统筹不够，生态与环境建设被弱化，存在发展绩效评价不全面的问题。一些地方受传统思维和习惯影响，偏重自然资源的经济效益，忽视自然资源的生态效益。在对自然资源进行开发利用的过程中，尽管建立了各种各样对生态环境影响评价的制度，但是事实上也忽视了损害生态环境的成本及恢复生态环境的效益。由于缺少必要的激励和约束机制，加上技术条件的限制，各类市场主体的资源开发行为常会对生态环境造成破坏，这实际是只顾眼前利益的表现。资源管理改革应该努力构建一个能充分反映资源损耗和环境损害情况的自然资源管理绩效评价体系，形成一个有利于生态文明建设的利益引导机制以及对市场主体破坏环境行为的有效约束机制。

4. 资源节约集约利用监管体系不完善

当前，我国的自然资源管理部门包括国土资源部、国家林业局、水利部、农业部等，这些部门在管理职能上还尚未实现统一集中管理。这种监管体系把对各种自然资源的管理分割开来，易导致自然资源之间的紧密联系被分割，从而造成资源的顾此失彼，不利于对自然资源进行科学合理的综合管理；同时，各个部门之间的管理职能相互交叉，这不仅不利于管理成本的降低，也不利于自然资源综合利用效率的提高。

自然资源节约集约利用监管体系的缺失和不完善是当前制约自然资源有效监管的主要因素。一般来说自然资源监管内部的各个要素以及各个要素之间的相互联系，某一个环节监管的缺失都会导致自然资源整体监管体系的不完善。自然资源监管体系的缺失主要体现在法律法规体系的不完善和监管指标体系的不完善。首先，自然资源节约集约利用相关的政策法规不完善。由于缺乏完善的、合理的自然资源节约集约利用政策法规，自然资源的监管缺乏良好的制度环境，自然资源相关管理机构缺乏合理合法监管的法律和政策依据，难以对自然资源的利用进行规范的监管，自然资源监管人员依法行使自然资源监督监管的职能受到限制。其次，缺乏合理的自然资源节约集约利用的监管指标体系。自然资源的监管需要反应在具体的指标体系上，从宏观方面讲，自然资源总体规划利用体系的不完善和自然资源利用现状存在的问题，导致自然资源的低效利用；从微观层面说，自然资源节约集约利用的数据库、统计指标体系等的不完善，导致难以对自然资源利用效果进行科学有效的评价。

（三）自然资源节约集约利用制度进一步完善的建议

建立健全自然资源节约集约利用制度，应本着"规划管控、严格准入、激励约束、考核评价、加强监督、市场导向"的思路。

1. 强化资源规划引导控制作用

（1）关于土地资源的节约集约利用。

实现土地资源的节约集约利用，促进地区经济的可持续发展，必须从整体上做好土地利用的规划，坚持在"保护中开发，在开发中保护"总原则，坚持"资源开发与节约并举，把节约放在首位"总方针。为此，应做到以下几点：

第一，树立土地资源开发与管理的系统整体意识，实行土地总量动态平衡管理机制。实现耕地总量的动态平衡，从而为地区经济的可持续发展有效地提供土地保障，是当前各级政府正面临的一项艰巨而紧迫的任务，这就要求在深化改革的过程中建立行之有效的管理机制和运行机制。根据行政区域的划分来实现土地总量的动态平衡，各级政府根据实际情况采取有效措施，切实管理好、保护好、规划好土地资源。要针对城乡建设用地规模建立起约束机制，从而有效地控制土地供给总量；建立和完善系统的土地利用规划；有计划、有组织地开发后备荒地资源，增加可供利用耕地的总量；有计划、有组织地开发和复垦废弃地。

第二，进一步推进土地用途管理制度，对建设用地实施最严格的控制。要根据土地利用的总体规划，对新增建设用地实行严格的审批和登记，不得对尚未完成规划修编审批的项目批准用地，不得对不符合规划要求的项目批准用地。同时，对新增非农业用地，尤其是对耕地的占用，必须进行严格的管理、审批、控制和监督。

第三，加强对土地的整理与综合治理，合理配置土地资源。进一步推进土地整理，通过改善土地利用生产环境以及建设生态景观来消除在土地利用中阻碍社会经济发展的影响因素，从而促进土地利用的集约化和有序化，进而提高土地的利用效率。针对水土流失、土地沙化等比较严重的问题，要进一步加强对土地的治理，建设良性的生态环境。

（2）关于水资源的集约节约利用。

实现水资源的节约集约利用，强化对水资源的规划，应该做到以下几个方面：

第一，要在全社会范围内营造良好的社会氛围，提高人们保护水资源的意识。要尽最大努力营造一种社会氛围，即整个民族对水资源的危机意识、节约意识、价值意识以及保护意识都处于被唤醒的状态，能够积极主动地以节约的方式、保护的方式以及合理的方式来利用水资源。用水单位要积极转变自己的用水方式，即从被动型节水向主动型节水转变，并将节约、爱惜水资源作为用水单位的利益驱动力和内在要求，从而逐步建立起节水型社会。要进一步确立水利是我国国民经济基础产业的思想，并将其纳入国民经济计划，从而确立水利的重要地位，要转变水多防洪、水少抗旱的这种权宜思想。

第二，对水资源实施系统、整体的管理机制，做到依法管理水资源。为了实现自然资源节约集约利用、社会经济的可持续发展以及人们生活需求的目标，就要对水资源实施系统、整体的管理机制，即把水资源从保护水源、水质以及对水资源的开发利用再到水资源的一系列相关政策与法规综合成为一个系统整体来进行管理。目前，水资源的管理存在着比较分散的问题，即没有理清水资源管理权限在中央政府与地方政府水利行政管理部门以及流域水利管理机构之间的分配问题，水利行业各管理部门之间的管理也存在着比较分散的问题，水资源管理决策权分散的问题在政府领导人、专门的管理人以及水利科技人员之间也同样存在。要改善这种多个行政管理部门管理水资源的分散局面，就要建立起一个具有权威性的水资源管理机构，无论是在宏观层面还是在微观层面上，都要理清中央政府与地方政府各级水资源管理机构之间的关系，对水资源实施统一管理，根据水资源的流域进行统一规划，对水资源的量和质都规定统一标准，对水资源相关的税和费做统一征收，统一水资源许可制度。

第三，保持适度的经济增长，改善水环境质量。我国仍处于工业化和城市化加速阶段，建筑物、铁路、公路、机场等基础设施建设需要消耗大量资源，排放大量废物，对水环境也造成重大污染。快速工业化阶段是资源消耗多、污染物排放量大的阶段，还没有一个国家能在这一阶段避免环境污染。但完善环境经济政策，有助于在发展中解决水污染问题。

（3）关于矿产资源的集约节约利用。

实现矿产资源的节约集约利用，强化对矿产资源的规划引导，需要对矿产资源实施科学整体的管理机制，应做好以下工作：

第一，当前矿产资源的管理也存在着管理权限的分配以及各管理部门的关系尚未理清的问题，从而导致各部门、地区以及行业之间各自为政、相互干扰，对矿产资源的重复投资、破坏以及浪费的现象屡见不鲜。为改善这种局面，应该按照自然界矿产资源的资源禀赋规律，打破部门间、地区间以及行业间的界限，从而建立起一个统一的矿产资源管理机构。

第二，在中国特色社会主义市场经济条件下，逐步建立并完善矿业开发的管理制度以及运行机制。首先，对矿产资源实施分类分级的管理制度。坚持国家作为矿产资源的所有者，并将矿产资源的管理权限在中央政府和地方政府间进行合理的划分。统一管理重要的矿产资源，加强政府监管力度。其次，进一步完善矿产资源的有偿使用制度。要想取得矿业权，必须按照相关规定缴纳使用费和价款；要想对矿产资源进行开发利用活动，也必须缴纳相应的补偿费用以及其他税费，即对矿业权实行有偿取得制度以及对矿产资源实行有偿开发制度。再次，理清矿产资源开发利用的利益分配关系。地方应该获得矿产资源开发利益的一大部分，转变以前传统的利益分配方式，将所得利益投资于矿产资源开发，解决矿山企业历史遗留问题，从而使矿区人民获得利益。最后，健全矿产资源的相关政策和规划体系。在一定程度上提高矿产资源税费的征收标准，进一步完善矿产资源税费的计征方式，强化规划管理，加大实施矿产资源规划的力度。

第三，认真落实《矿产资源保护法》，确保在矿产资源开发利用的各个环节上都能实现对矿产资源的合理利用和保护。对每个矿区都要进行综合的勘探以及技术经济评价，设计部门要转变其设计思想，即从以单一矿种为设计对象的思想转变为以多种矿种为设计对象的思想；在技术、经济合理的情况下，不容许只选择较大的、富饶的、易开采的矿山进行开采活动，而放弃那些较小的、贫瘠的、难开采的矿山；对于那些矿产资源和稀缺矿产尚未弄清其资源的，开采技术尚未达到标准的以及综合利用的困难尚未解决的矿产资源，要暂时停止对它们进行开采活动；开采矿山的采矿贫化率以及损失率必须在设计所规定的范围之内；对于不同等级的矿产资源，要注意对其合理利用，避免出现大材小用、优质劣用等现象；选矿以及冶炼加工的回收率不得低于设计所制定的要求；严格管理民间的小窑小矿，禁止对其进行乱采乱挖。

2. 健全资源节约集约利用准入制度

在健全资源节约集约利用准入制度的过程中，注意结合我国资源节约集约工作的实际现状，在配合各部门资源需求和标准技术流程的基础上，对不符合当下技术需求和政策需求的准入制度及时修订，编制出一套符合时代需求的标准规范，逐步形成完善的资源节约集约利用准入制度，提高资源开发利用准入门槛并将其纳入资源开发许可的考察范围，同时全面实施资源利用的"五量调控"，即总量锁定、增量递减、存量优化、流量增效、质量提高。

3. 建立以市场为主的资源价格形成机制

首先，坚持市场化的改革方向，同时发挥市场和政府的作用，完善自然资源价格形成机制。可以借鉴其他国家在自然资源价格形成方面的经验，诸如美国、加拿大等国家，其绝大多数自然资源的价格都可以通过市场加以初步确定，同时政府在自然资源市场价格的基础上再进行适当调节。美国和加拿大都将纽约证券交易所的西德克萨斯油价作为其国内油价的参考价，而煤炭的价格是在没有政府直接干预的情况下，由供需双方（煤炭公司和消费部门）根据国际市场煤炭价格所形成的合同价格。在整个过程中，政府所起的作用是在一定程度上监管、调节自然资源价格。

我国也可以通过这样的方式来实现改革的目的，先通过逐步减少政府对自然资源价格的干预，促进自然资源市场的竞争，通过市场价格来配置自然资源。坚持市场化改革的方向，促进市场竞争的形成，仅仅依靠政府对自然资源价格的宏观调控还远远不够，要提前采取措施，防止自然资源价格陷入"一改就涨、越改越涨"的恶性循环，以避免给公众利益造成损失；但也要避免过度强调市场化行为，避免单纯地追求经济利益而忽视了公众利益和社会责任。所以，为了实现自然资源公平、效率地开发和利用，必须有效地发挥政府的作用，使自然资源价格不仅包括自然资源的开发利用成本，还应该包括由于对自然资源的开发利用而对生态环境造成污染的治理成本以及自然资源产权实现价格的完全成本。此外，要兼顾国内外发展趋势，循序渐进推进自然资源市场体系建设进程，提升我国自然资源定价能力及国际地位，形成多元化的供给体系，促使我国自然资源价格机制与国际接轨。

其次，重构反映补偿价格的自然资源价格体系。自然资源价格由开发利用成本、利益补偿价格以及产权价格组成。自然资源价格体系是发展循环经济以及建设资源节约型、环境友好型社会的基本保障，因而需要能够很好地反映对生态环境的利益补偿。第一，进一步优化推进改革自然资源定价机制，以自然资源从认识开发到回收利用整个过程的理论价格作为基础，运用价格来调节自然资源开发利用的方式，通过税收来调节自然资源价格，从而对自然资源进行合理的定价，收回成本、实现利润。第二，对自然资源进行开发利用势必会对生态环境造成一定程度的破坏，因而这部分的成本理所当然也应当归入自然资源价格中。地方政府应树立权责统一的理念，在行使好权利的同时，自觉履行好自己相应的义务，严格限制排污现象。第三，完善自然资源税收制度，明确自然资源有偿使用原则，采取以价征税政策，使得征收的税收彻底地在自然资源价格中反映出来。此外，还应该处理好不同自然资源价格之间的关系，例如可再生与不可再生资源、自然资源与资源产品等。关于自然资源价格管理模式，要逐步摒弃传统观念，转变为以市场配置资源为主、政府干预为辅的模式，这样的自然资源价格管理体制才符合可持续发展的原则。

最后，加强社会性管制制度的创新。虽然市场在自然资源配置中起主导作用，但是政府对自然资源配置的作用是对市场经济的补充。政府的主要作用在于提供诸如"稳定物价、维护社会公平、实现国际税收平衡和维持经济秩序等"的物品，而这些是市场或者私人部门无法提供的。第一，在竞争市场引入自然资源，由市场本身决定自然资源价格，使自然资源价格能够充分反映其供求关系、稀缺性等。第二，对于一些重要资源，如关系到国民命脉等战略性资源，则应该由政府进行监管、定价、调节，避免因价格问题而产生滥用资源、损害环境等现象。由此可见，我国自然资源定价改革进程应先易后难、小幅快进，在政府主导下，控制通货膨胀，将社会承受能力纳入考虑范围，通过税收补贴等方式从根本上解决我国粗放式发展的现状，进而转变为集约型、资源友好型的可持续并且高效的发展模式。

4. 完善资源节约集约利用激励约束机制

激励机制就是利用制度的手段来驱使和诱导那些追求个人利益的人，从而实现自然资源节约集约利用的目的。从广义的角度来看，激励机制不仅包括利益激励，还包括伦理上的约束。在履行自然资源节约集约利用的社会契约中，社会中的每一个"当代人"既扮演着委托人的角色，同时还扮演着代理人的角色。站在代理人的角度上看，每一个"当代人"不仅是其他"当代人"权益的代理者，而且还是所有"未来人"权益的代理者。为实现自然资源的节约集约利用，要通过激励制度来诱使"当代人"做出可以实现自然资源代际分配公平的社会目标的决策。整个自然资源节约集约过程由一系列的委托—代理关系组成，同时激励机制也体现在这一系列的委托—代理关系中。有效的激励约束机制是保证资源节约集约利用切实可行的关键。

首先完善混合型生态补偿机制。自然资源生态补偿机制的建立，必须确定补偿对象，根据"谁受益、谁补偿"原则准确地找出补偿对象。确定补偿主体，对有责任主体的，坚持"谁破坏、谁治理"原则；对无法找到责任主体的，由政府主导吸引社会资金，因地制宜开展综合整治。确定补偿标准，使补偿标准有据可依、有理可依，全面建立生态系统恢复治理保证金制度。明确补偿途径，完善转移支付制度，构建生态功能区建设生态补偿机制的相关配套体系。在补偿方式上，要将单一的财政转移型方式，逐步发展到由财政转移和生态产业反哺生态的方式相结合的生态补偿机制，体现出生态产业的价值；在补偿途径方面，认识到以政府作为补偿主体的不足之处，大部分地区还是以纵向转移支付为主，缺乏横向生态补偿机制，造成政府出现财力不足问题，虽然政府牺牲了巨大经济利益创造了生态效益，却未得到相应补偿。因此，许多区域缺乏环境保护的动力，出现生态破坏严重、环境污染难以遏制等现象，所以可以考虑加强建立地区间横向生态补偿制度，同时优化纵向生态补偿机制，构建创新型的纵向补偿与横向补偿相融合的混合型补偿机制。

其次，加快资源税从价计征改革。按从量计征方式征收资源税，会忽略资源的差异性，不论资源质量是好是坏，企业所需缴纳的资源税都是一样的，不能发

155

挥税收的调节和补偿功能，且所产生的原本应该属于国家的超额利润被企业所占有。而采用从价计征方式征收资源税，不仅可以完善税制，发挥税收的调控和补偿功能，还可以在一定程度上促进资源的合理开发利用。此外，采用从价计征方式收取资源税，可以将税收与资源价格联系起来，调节资源产品的供给，实现价格与价值的统一，促进资源产品市场的健康发展。因此，采用从价计征方式征收资源税需在我国逐步扩展到各层次的自然生态空间。

5. 优化资源节约集约利用考核评价机制

自然资源节约集约利用的评价指标体系应以资源节约集约利用的效果为核心，并兼顾评价对象与层面的多元性，强调资源节约集约利用型评价的综合性和系统性，再结合目前中国经济和社会发展模式对自然资源的消耗程度构建自然资源节约集约利用评价指标体系。优化自然资源节约集约利用的考核评价机制，不应该只把地区生产总值的增长作为考核评价的核心内容，还应该注意对各自然资源的使用状况进行考核评价，以确保经济的可持续发展。

6. 加强资源节约集约利用监管制度建设

对自然资源的监督管理是一项复杂的系统工程，所涉及的领域众多。以往的自然资源管理部门对自然资源的管理各司其政，由于管理缺乏综合性和系统性，其可持续发展的思想也难以融入实际的管理工作中去。自然资源管理必须强调可持续发展，因此，为了能够实现以合理的方式对自然资源进行开发利用以及保护好生态环境，自然资源的管理应从传统的管理模式向现代管理模式转变。可以从以下四个方面着手：

第一，促进自然资源管理的产业化、综合化以及生态一体化。将自然资源管理的机构和职能进行一定程度的整合，在行政管理方面，对多种自然资源的综合调查以及规划监督管理还需强化。推进管理职能向产业管理的方向延伸，并对自然资源实行市场化和产业化的管理。

第二，促进自然资源管理手段和方式的创新。强化对自然资源的综合调查与综合评价机制；为实现自然资源综合管理信息化创造条件；优化自然资源的配置，确保自然资源的合理开发利用的有效途径是强化国土资源的综合规划与整治。

第三，促进自然资源经济效益的中性化。在自然资源的开发利用中，不应只考虑开发利用自然资源所带来的地区经济增长，还需要考虑其对地区生态环境产生的影响，同时还应该评估开发利用后对社会经济和环境的影响。

第四，促进管理制度的创新。从国际上看，这些创新主要表现在：建立完善的自然资源法律体系。例如美国就以其水资源和土地资源的开发利用为主要内容，制定了一系列的法律法规。建立完善自然资源有偿使用制度。由于自然资源的稀缺性以及其具有公共物品的属性，在其开发利用过程中"搭便车"和低效率的问题时有存在，因此，大多数国家建立了自然资源的有偿使用制度以及许可证制度。建立完善自然资源管理协调机制以及社会中介组织。为了协调中央与地方、各级政府、各部门以及政府部门与产业部门之间的关系，大多数国家也都建立了协调机制。

二、自然资源有偿使用制度

（一）自然资源资产化与自然资源有偿使用制度

1. 自然资源资产化管理

（1）自然资源资产化管理的内涵。

自然资源资产化管理是指按照自然资源发展的规律，根据自然资源生产的实际状况，从最开始的开发使用阶段到生产和再生产阶段，顺应市场经济的规则，对成本和产出进行管理。通过举办和实施有偿的活动和使用制度，把资源的开发使用权转移给市场，再把获得的收益进行第二次投资使用；有效组建自然资源的核准、补偿和监管，使得自然资源能够循环活动，从而给社会提供更好的经济效益和自然环境。

通过定义可以知道，自然资源资产化管理具有自然资源基于其所拥有的效用价值为基础内涵的经济属性，它是对具有明显差异的自然属性的各种自然资源进行统一集中管理的重要基础。由于自然资源及相关产业在产业结构中具有基础性地位，所以必须改变在资源产权管理中，特别是产权出让环节，过度追求经济收益最大化的思想，相反应该把促进相关产业可持续发展和资源保护作为主要目标。同时还要求在对各种自然资源进行调查之后，在资产权利出让和流转方面，施行有偿使用管理，以信托、担保、股权转让等手段进行融资，促使市场化改革，从而充分发挥市场配置资源的决定性作用。

自然资源本身具有抽象性的特点，国家拥有统一行使自然资源所有权的权利，因此也属于抽象的主体，故决定了自然资源所有权是一种抽象的权利，它不能简单地直接作为物权而适用《中华人民共和国民法典》的规定。所以自然资源必须经过具体精细的量化之后才可以转化成资产性权利，而量化过程即是从国家拥有的公有权利转变成或者分解成各类私有权力的资产化和私有化过程。具体的，就是让政府部门依照法定程序，出让、赋予特定民事主体权利的行为。特定民事主体由此拥有了在特定时效和特定范围内对自然资源的占有权、使用权、收益权和部分的处分权利。同时自然资源所具有的公权性质，决定了对资源产权出让实施行政许可是有效和合法的，这种公权性质使得国家在一定条件下可以依法对这种私权性质的资源产权使用没收、征收、责令停产整顿或者暂扣许可证等方式，从而对自然资源实施剥夺或限制的活动。

（2）自然资源资产化管理的目标和原则。

自然资源资产化管理的目标有：①把自然资源核算加入国民经济核算体系中，让自然资源的价值得到真实的体现；②做到对自然资源的经营权和所有权进行一定程度的分隔，使得国家能够作为自然资源所有者，获得经济权利的结果；③积极促使自然资源的产业化和社会的可持续化发展，实现自然资源和生态保护的良性效果，最终实现生态环保和自然资源的可持续发展目标；④实现自然资源的产权化发展，使资源作为商品，进入到商品交换活动当中，从而实现自然资源流通的市场化运行。

自然资源资产化管理的原则有：①符合我国国情。我国人口规模大，且一直处于增长态势，对自然资源的需求也处于快速增加阶段，只有对自然资源进行有效管理才能满足当今人们对自然资源的需求，一定要做到节约资源和提高自然资源的使用效率。②可持续发展原则。管理自然资源，需要合理、有效地对其进行利用，使自然资源既能够满足当代人发展的需求，又不损害后代人对自然资源需求的能力，实现自然资源的可持续发展。③市场化原则和经济效益原则。实现资源资产化管理，首先要明确地把自然资源的市场化作为先导，把国有自然资源视为具有经济价值的资产，实施集中统一管理，实现所有权管理和技术管理并重，建立和完善产权交易市场，充分实现市场经济的杠杆作用；同时要促使单元资产的使用价值效率最大化，改变最初的无偿使用自然资源的情况。开发使用自然资源时，可以努力实现用最小成本收获最大回报，最终最大化地实现自然资源价值的作用效果。

（3）自然资源资产化管理的相关建议。

首先，对自然资源实物进行产权化登记，以明确自然资源所有权归属，从而有效避免产权管理问题引发自然资源的无效使用和资源的浪费，实现资源所有者的权益。自然资源资产化管理的重点是自然资源产权管理，实现资源产业结构调整和自然资源合理配置的重点是实现产权流转，需要组建拥有话语权和威慑力的管理机构，同时把经营性和非经营性的资产管理机构区分开并分别设立，各司其职，行使相关的主权权利。

其次，建立自然资源核算体系和进行自然资源核算。自然资源核算体系包括两个主要内容：首先是实物账户及对应的实物单位记录的各种自然资源的使用数量和现存数量；其次是价值账户，在对自然资源进行记录和评价之后，可以计算各种自然资源的价值及变动情况，然后计算出自然环境资源财富价值，最后得到准确的国民财富量。

最后，完善资源资产化管理的法律制度。需要遵循党中央深化资源管理制度改革的总体目标和要求，强化完善现有产权保护法律法规制度，制定综合性的法律，明确拥有资源所有权的主体单位，确保各个利益主体能够有效行使资源的各种相关权益。建立健全国有资源资产化管理法制，坚持依法管理、有法可依、有法必依，使自然资源开发选用法制化、规范化。

2. 构建统一的有偿使用制度

自然资源主要包括矿藏、森林、水流、草原、山岭、海域、荒地、建设用地、农用地等类型，但并不是所有的自然资源都能有效地转化成资产，把自然资源向资产转化，首先是自然资源需要具有价值属性，同时还有市场条件和资源所有权归属要求，如果自然资源产权归属的主体不明确，那么自然资源的使用效率就会降低，甚至引起"公地悲剧"。

（1）构建"共同"的资源有偿使用制度体系。

要解决上述问题，就必须建立自然资源资产有偿使用制度，建立"共同"的制度体系，具体包括：

第一，"共同"的整体规划布局。资源的使用和布局要科学合理，顺应国家经济发展需要，坚持对自然资源的使用和保护并举，明确自然资源资产使用范围，包括鼓励开发的开发区、可以适当开发的开发区、不得开发的开发区三个区域的边界范围。

第二，"共同"的资源产权设置要求。在政府规定的可以适当开发的开发区里，建立合理、完善的资产产权单位。依法推进自然资源资产有偿使用，设定各类自然资源的资产和出让时归属到哪一类，建立完善、明确的资源资产产权，精准界定资源的产权范围，理清使用者与政府之间的权利义务关系，最终制定更加合理的自然资源使用规划的目标。

第三，"共同"的有偿使用对象范围划定原则。因为自然资源资产归属于国家，所以只要自然资源能通过市场定价，不论其是即将使用还是已经使用，都应计入有偿使用。对于即将投入市场使用的自然资源资产，首先应该全部有偿使用，或者是在一定时间内不投入市场，而是保护起来。对于已经被使用的自然资源资产，要尽快实现有偿使用。如果有自然资源资产部分或者全部难以实现有偿使用的，要设定明确的暂缓有偿的时间期限，然后在暂缓期限内尽可能实现自然资源资产全面和积极有效的有偿使用。

第四，"共同"的资产有偿使用标准。通过合理设置自然资源资产配置的效率，确定自然资源资产是以市场配置还是政府配置的形式选择使用。市场配置一般通过市场等手段转让和出让自然资源资产，利用市场竞争的方式配置从而充分调动投资主体的积极性，使得投资主体更加积极地投入更多的社会资本，促进自然资源的效率配置。如果政府配置效率更高，则应选择政府配置，对于某些特殊的自然资源种类，政府可以采取行政手段进行政府调控，从而尽可能地满足社会公共利益的需求。

第五，"共同"的有偿使用收益分配的产权基础。自然资源资产有偿使用的产权可以分为国家主导的所有权、投资者主导的使用权、利益相关者所拥有的部分权利三种形式。在自然资源资产的利用和消耗过程，需要分清楚自然资源权利范围，从而能够进一步保证各产权主体的相关权益。所以在自然资源资本化的整个时间范围内，要合理设定各个资源原本的产权主体和变化后增加的产权主体的相关权利义务范围，从而有效保证各个相关的利益主体和投资者的权益不受损害。

第六，"共同"的有偿使用的监管服务原则。为了维护市场配置、资源优化配置和社会福利的效率最大化，应该对自然资源资产有偿使用进行全流程监管。首先，监管过程中要多使用经济手段，适当使用技术手段，少使用行政手段，多使用监管手段，要做到行政、经济和技术等手段的协调使用。其次，要实现管理控制模式与激励模式的有机结合，其中对管理控制模式的监管工作要做到尽量简洁精细，保证监管的执行效果；对激励式监管，要充分发挥经济手段的调节作用，调动社会公众参与的积极性。

（2）健全完善"区别"的资源有偿使用制度体系。

"有区别"是指根据资源的特点和产权特点，对管理工作的各个方面进行差别化管理。

首先，区别化地建立有偿使用机制可以为不同类别的资源进行价值导向。对于可再生自然资源可以实行永续利用，对这一类资源进行可持续管理，合理评估其环境承载力，通过有序化管理实现自然资源的可持续使用。对于不可再生的自然资源，应该坚持合理有序利用，这类资源通常是像矿产这一类的非再生资源，要针对不同阶段设置有针对性的、完善的开发利用规划，实现最优的资源利用的效益与最终价值。

其次，有偿出让的产权范围设置"区别"。根据不同的资产运营要求，如果同一自然资源产生多个资产的产权组合，在资产运营的过程中可以对同一自然资源采用分开出让或者合并同时出让。若存在多个产权的出让，因为产权之间运作的相互影响很小，可以分开出让；若多个产权的运营使用过程必须要在同一个产权主体上，那么则需要把最大收益和价值的资产作为重点资产，而把其他资产作为一般资产，和重点资产搭配一起出让。

最后，自然资源资产国家权益实现方式的"区别"。自然资源资产国家权益最终变为现实的方式和过程有两种：一次性全部实现和多次加总实现。对于一次性出让的自然资源，其全部权益可以在一次转让过程中全部实现，所以在这一次转让过后再次使用资源时，就没有必要特别征收税费来再次实现相关利益主体的权益。对于多次加总转让的自然资源，由于其全部权益不能在一次转让的过程中实现，在自然资源使用的过程中，会不断导致收益增加的结果，所以需要在后期再次使用资源时，通过专门征收适用于本次的税费来实现相关利益主体的相关权益。

（二）自然资源资产有偿使用制度改革的重点

伴随着我国自然资源资产有偿使用制度工作的开展，相关制度一直处于不断完善中，建立了自然资源为全体民众所有的制度，既实现了自然资源保护的目标，也实现了合理利用资源和效率提高的目标，最终有效维护了一部分相关者的权益，但是该制度框架下也存在许多不完善之处，例如监管力度不足等，这一系列问题亟待解决。同时，也还存在市场配置资源的决定性作用并没有完全发挥、所有权人权益没有完全落实等突出问题。因此，为健全全民所有自然资源资产有偿使用制度，提出以下几条建议。

1. 自然资源资产有偿使用制度改革的总体思路与目标

（1）总体要求。

有偿使用的前提是完善的市场配置，因此市场才是实现有效利用配置的前提。在这个过程中，政府要起到有效作用，以依法管理作为前提，坚持市场配置资源，建立健全完善的市场机制和相关的制度规则，坚持资源保护的原则，切实有效地维护相关利益主体的权益，并能采取有效的措施解决生态问题。做到明确资源产权归属和完善资源的权能归属等工作，以健全法制为路径，切实维护国家所有者权益，加快建立健全自然资源资产有偿使用制度。

（2）基本原则。

一是保护优先、合理利用为导向。坚决落实保护资源、节约资源的基本国策，将保护和合理利用自然资源作为有偿使用的核心要求，切实维护所有者和使用者合法权益。明确自然资源节约保护与人类社会开发利用之间的合理关系，对于国家完全只保护不开发的自然资源，应该禁止相关人员进行开发利用。

二是所有权和使用权相互分离。建立健全资源资产所有权实现新形式，使得自然资源所有权和使用权两权分离，完善资源资产使用权体系，推动经济社会发展，不断地建立资源使用权的权力新类型，为资源资产有偿使用建立坚固有力的权利基础。

三是积极实现市场配置资源的决定性作用。提高资源配置效率和公平性，在资源有偿使用的工作过程中，一定要充分发挥市场配置资源的决定性作用。确定资源资产有偿使用准入条件和程序等要求，使得资源有偿使用项目逐步进入体制健全的交易平台，完善相关监督管理体系，建立健全信息透明、服务透明制度，使得利益所得者自身权益能够得到有效保障。

四是以创新方式、强化监督管理为后盾。为了有效实现所有者的各项权益，要建立健全资源资产管理机制和行政监督管理制度，不断创新，探索更多管理方式，加强社会全体对资源有偿使用全程的监管，从而实现资源的最大合理化使用。

五是明确权责、丰富权能、分级行使。产权权责明晰能够更好地节约资源和保护资源，进而可以有效保护所有者的权益，同时还能促进自然资源有偿使用的完善和执行。通过开展试点活动，建立健全相关法制，保证全民所有自然资源资产有偿使用试点有法可依，同时严格区别中央和地方政府对资源资产有偿使用的管理权力边界，实现兼得资源的效率和公平统一。

（3）加大资源统筹规划和协调实施的强度。

一是协调与自然相关的资源资产改革的制度。切实加强与自然资源相关的国土资源改革衔接协调，不断地健全、完善和推进改革试点系统部署，健全国家自然资源资产管理体制试点，各相关部门要强化相应的指导工作，及时做好工作总结评估，发现问题及时纠正，使得自然资源的相关改革实施力度能够最大化。

二是完善资源的法制建设。完善自然资源资产使用权体系和有偿使用制度，相关部门可以采取适当措施有效推进健全自然资源资产有偿使用的法律法规体系，清理排查和及时纠正自然资源资产有偿使用不规范行为和违法行为。对于相关法律存在缺位或不完善的情况，要善于发现问题、总结经验，推动相关立法和政策的建立健全。

三是强化组织实施。各级政府部门要能够采取一定的措施强化有组织的领导和工作的落实，按照生态文明体制改革总体要求，为资源资产有偿使用制度制定具体实施方案。不断地进行开拓和研究，有效推动完善资源资产有偿使用制度改革。各相关部门需要按照各自的职能权属进行有效的分工与合作，相互配合，保证相关工作的顺利实施。中央部门要强化相关改革工作的统一指导和监督管理工作的实践，而在资源制度的改革进程中出现的难点和全新情况，下级部门需要及时向中央部门汇报。

四是开展资产清查核算。建立健全资产清查核算的相关指标体系、标准规范和技术规程，推进全民所有自然资源资产清查核算，了解我国自然资源资产，有效促进和全面推进有偿使用和监管的进程。

2. 自然资源有偿使用制度改革的重点

（1）明确有偿使用的对象和范围，扩大国有土地资源有偿使用范围，积极展开新领域的有偿使用试点。

第一，扩大国有用地有偿使用范围。首先要完善相关的土地使用政策，对于部分可以使用划拨土地的项目，可以采用划拨、出让、租赁并举的措施供应土地。政府部门可以和社会资本一起投资土地项目，例如把国有用地使用权以作价出资或入股的形式参与土地投资和建设。遵循公平合理原则，合理出让、租赁公共服务项目用地，合理设定土地的价格和相关的条件。其次是健全国有企业用地资产处置的相关政策。相关的企业单位应该按照规定，行使土地资产划转权。针对改革后属于法定用地范围的土地，可以采用划拨的方式或有偿使用的方式处置土地资产，而按有偿使用方式对不符合划拨标准的土地进行资产处置。

第二，推进农用地使用制度改革。完善国家所有的农用地使用管理制度建设，依法依规在合理的范围内有偿使用土地。严格设置相关企业在改制中有关的用地，如果这些用地是按照划拨方式处理的，那么可以承包租赁。若政府以租赁方式处置这些土地，那么相关的使用权人可以进行第二次出租获得资金；如果政府使用作价出资或者入股、授权经营方式等方式处理农用地，那么必须合理地设置土地使用年限。在使用期限内，使用权人可以承包租赁、转让、抵押，依照法律规范严格保护和管理国有农用地，加强落实国有农用地确权登记工作。依照相关的法律，对于办理农用地的所有权或使用权变动的、以承包经营以外的合法方式使用国有农用地进行生产的，若要进行土地使用权的登记，可以根据相关的用地文件确定处置方式。完善国有农用地土地等级价格体系，加强农用地价格评估与管理，维护国有农用地资产使用权和使用效益。开展农用地调查评价与监测工作，及时获得农用地土地相关数据资料。完善农用地估价规程，及时有效地了解土地的价格变动，稳步实施农用地价格确定工作。改革国有农牧场用地资产处置政策，对于省级政府以上部门批准实行国有资产授权经营的相关企业等，若以作价或入股的方式处置土地，应该报同级的部门按照相关的文件处理；改制单位若要实行有偿使用或出让使用权，可以直接到相关部门办理有关登记手续。

第三，推进土地开发利用和供应管理。促进土地使用权出资或入股等方式的经营管理更加合理化、规范化。国有用地以出资或入股、授权经营方式处置的，应按相关规定调整补交出让金。规范国有土地使用权抵押管理，应按照相关法律法规的规定执行用地使用权抵押。完善国有用地供应方式，各地地方政府可根据实际情况，支持各地以土地使用权作价出资或者入股的方式供应用地。

（2）完善各种自然资源资产的出让方式。

第一，建立健全国有土地有偿使用制度。在过去的有偿使用制度基础上不断完善制度，区分土地资源的重要程度，以此来设置开发限度，对于有重要生态保护价值的土地要完全禁止开发；对于可以开发的土地资源，要在科学完善的框架下进行利用，有效避免过度使用自然资源，造成自然资源的浪费。建立健全国家建设用地有偿使用制度，如果政府与社会资本合作的项目涉及公共服务领域，相关部门可以制定政策鼓励使用出让、出租或作价出资等方式让其他各部门有偿使用。单独建立用地使用制度，明确国有土地使用权授权经营的范围、期限、条件和方式。可以依照国有企业改制的办法处置国有划拨建设用地，这部分用地涉及国有企业的原划拨建设用地及国有土地改革。

第二，建立健全海域海岛有偿使用制度。各级部门加强合作，加强用海用岛事中事后监管，开展用海用岛事后常态化评估。重点监督考察海域和无居民海岛有偿使用制度的贯彻落实情况，健全完善相关的考核机制和严格的责任机制。有效使用相关的信息共享平台和公示系统，健全完善相关的诚信体系，实施动态监管，确保市场规范运行。坚持生态优先，提高相关的生态门槛，严格落实相关的生态保护红线。严格对生态脆弱海岛执行禁填禁批制度机制。坚持多种有偿出让方式并举，确定市场化出让范围和方式，市场定价方式也需要完善。减少非市场化的出让方式，逐步提高相关土地使用的市场化出让比例。完善海域等级和使用金征收范围和方式，调整使用金征收标准和动态调整机制。全面落实生态保护措施，完善无居民海岛自然岸线开发利用，保护海岛及其周边海域生态系统，国家统一规范无居民海岛级别、类型和使用方式及制定使用金征收的最低标准。

第三，建立健全水资源有偿使用制度。要强化顶层设计，全面实施水资源管理考核制度体系。制定完善的水资源费征收管理机制，实现水资源配置的市场化，严格按照规定征收范围和程序执行征收水资源费政策，任何单位不能擅自变动水资源费的征收标准。要加强持续能力建设，建立健全水资源管理。积极开展水资源监督管理能力建设，提升基层水资源管理能力。积极制定落实水资源领域改革，强化事中、事后监管。积极推进取水许可与水资源论证同时审批制度。健全水资源费征收制度，合理调整费用征收标准，规范监督管理，严格控制用水总量，缺水地区的资源费征收标准应该高于水资源丰沛的地区，地表水的费用征收标准应该低于地下水，对超计划或超定额部分累进收取水资源费，超采地区的费用征收标准应高于非超采地区，严重超采地区的费用征收标准要高于非超采地区，高耗水资源的工业和服务业的费用征收标准要高于一般用水行业。推进水价综合改革，完善用水许可监督、用量管理。对取用污水处理回用水的企业免征水资源费，鼓励水资源回收利用。加强保护水资源宣传教育，相关部门应该积极宣传并严格制定和执行水资源管理制度和生态文明建设。要加强水资源监控计量，严格水资源用途管制。严格制定取水许可和水资源费监管体制，联合财政部印发中央分成水资源费使用管理暂行办法，确保中央分成水资源费使用效益，加强某些重要的行业和使用用户的取水审批和监督管理机制。

第四，建立健全矿产资源有偿使用制度。严格和全面落实政府制定的矿产资源的禁止和限制开采的法律法规，健全矿产行业的市场进入规则和要求，全面实施规划的管理控制，有效监管资源的范围和规模的整体规划进程；制定各种相关的资源利用效率指标，有效考核和提升综合利用效率。不断健全关于资源税费的相关制度，全面推进资源税从价计征，合理制定相关资源的税率及优惠政策，有效提高资源的整体使用效率。建立资源国家权益金制度，把采矿权使用费变换成为矿业权占用费。取消矿业权出让环节的相关价款，征收出让收益。创新矿产资源监管方式，加强信息化监管和信息化服务，提高考核力度，完善和落实资源的审批和公开透明化制度。加强对相关人员的信用监管及动员全社会一起监督管理相关活动，有效实现多个部门之间相互促进和监管的效果。制定矿业权人勘查开采信息公示制度实施办法，促使落实主体责任和实现所有权人能够诚信自律。

第五，健全森林资源有偿使用制度。全面落实森林资源保护政策，确保森林资源在我国生态建设中的重要地位，确定对森林资源的生态保护红线，加强生态保护的制度管理。政府年度目标考核体系中应该包含森林覆盖率、蓄积量、林地保有量等情况，不得出让国家保护区内国有林地使用权和林木所有权。要规范国有森林资源的流转，切实保护国有森林资源的覆盖率，避免国有森林资源被滥用和浪费。同时还需要了解和把握国有森林资源的基本情况，本着尊重历史、照顾现实的原则分类处置国有森林资源。积极完善使用权确权登记程序，大力推进生态保护、生态修复工程建设。完善资源有偿使用。积极进行与森林资源相关的调查工作，实现森林资源的信息化和数字化管理，根据资产评估结果对建立建设工程占用林地规划给予适当的补偿；建立健全国有森林资源评估体系，开展国有森林资源有偿使用专项调研，制定严格的森林资源资产实施细则。

第六，健全草原资源有偿使用制度。健全草原产权制度，完善相关资源的承包经营机制，建立健全相关法律，建设相关资源的分级别使用的所有权制度，对中央和地方政府拥有所有权的资源进行严格的分情况管理。落实监督管理制度，制定和修订相关的法律规定。完善基层监督管理机构和加强自然资源保护队伍的建设，相关执法机构还需要不断强化对违法滥用资源行为的执法监督力度，加大对破坏草原、非法占用草原以及乱开滥垦草原等违法行为的惩治力度。建立草原状况的动态监测预警机制，切实做到对草原的保护，在不破坏、不滥用草原的前提下，高效地利用草原。建立健全对草原的空间规划机制，明确规定草原生态的保护红线，严格执行相关生态资源的保护规定，实现资源的平衡使用，严格监管和控制相关资源的占用和适用范围。推进生态补偿机制实施，出台草原资源的保护和嘉奖补助的相关规定，有效实现资源的循环使用。建立相关资源占用的考核

165

和审查管理机制，严格控制草原用途改变。

（3）加强价格评价评估体系建设，规范自然资源出让的收益管理。

完善自然资源的价值形成机制。自然资源的价值利用应该坚持审慎原则，受人类认知和技术等因素的限制，自然资源的市场化机制仍然不够完善，大部分自然资源的价值仍然无法在市场中得到直观的体现。依据环境和资源与市场的切实密切程度，可以把自然资源的价值分为以下几种：

第一，可直接交易价值的评估。自然资源在市场上交易，通过市场机制会形成相应的价格，据此相关的主体可对资源的价值做出判断。所以当自然资源进入市场并进行了交易，那么市场交易的整个过程就能体现出对自然资源价值评估的所有信息。但由于产权的天然模糊性，资源在市场中一般难以形成产权，所以需要人工的作用形成资源的市场价格机制，进而能有效完善价格机制、推动自然资源合理配置。由此可见，产权的界定在一定程度上能够决定市场价值能否真正反映自然资源的价值，明确的产权界定是完善价格机制的根本途径。

第二，可间接交易价值的评估。很多自然资源的价值无法在市场中直接交易，但这些自然资源的价值及效益通常会包含在与之相关的产品和服务的价格之中。因为资源的支付价格是建立在可观察的市场行为的基础之上，包含的基本假定就是市场中存在资源的替代产品，通过这些替代品的价格可以反映自然资源的一部分价值，但是自然资源的某些价值又是不可替代的，所以市场上反映的自然资源的价格只能反映出其某一部分的价值。

第三，不可直接或间接交易价值的评估。自然资源的价值还有极大一部分无法直接或者间接表示出来，一般也没有真实准确的市场数据，可以通过意愿调查评估法来了解自然资源的价值。

由上可知，各种价值评估方法只能反映自然资源的一部分价值，并不能反映出其完全的价值。应该把各种评价方法所得出的结果进行比较分析，然后据此调整自然资源的价格，若某种方法不能正确解释自然资源的价值内涵，就极有可能不能真实地解释自然资源真正的价值。

3. 建立公共资源的出让收益合理共享机制的措施

（1）健全法制。

建立健全我国与资源相关的一系列的法制体系，需要明确资源由社会共享的这一基本特点，建立资源的监督与问责制度，成立专业的评估机构对公共资源的价值进行评估，要建立健全完善的资源信息反馈机制，使与资源相关的信息能够高效传递，从而更加高效地实现资源的合理性管理。

（2）建立公共资源出让收益全民共享的机制。

建立公共资源出让收益合理共享的机制、明确公共资源是全民共享的理念，需要对公共资源的开发、分配和使用进行强有力的监管；健全完善公共产品供给分配制度，对公共资源管理和转让的收益应该由全体人民共同分享。公共资源收益全民共享机制，不但能够缩小各区域间与城乡间的收入和生活差距，还能给予部分经济落后地区特别的优惠和帮助。同时各级政府可以加强对财政支出的监督与管理，有效减少财政资金浪费的现象。在建立公共资源出让收益全民共享机制过程中，需要把国民的权益放在首位，才能建立起真正惠及国民的公共资源收益全民共享机制。

（3）设定合理的利润指标。

政府从公共资源出让收益中获得的收益有多少用于公共服务，是判断资源出让收益是否由全体人民共享的一个指标。如果政府把出让收益有效投资到关乎国计民生的地方，可以有效填补财政收入短缺；对于企业来说也需要一定的资金用于扩大再生产，所以企业一般不会把经营资源期间所获得的收益全部上缴，但是对于适当保留的部分利润，应该公开透明。政府在设定企业留有自用的收益比例时，应该充分考虑国情和地区以及自身发展等特殊情况。

（4）逐步实现公共资源收益合理共享。

第一，引入竞争机制，逐步实现自然资源资产配置市场化管理。在配置自然资源时，要充分利用竞争机制，逐步形成公共自然资源的市场定价机制，促使自然资源向资产和资本的改变；同时积极发挥政府各个部门的职能作用，对资源配置情况透明化处理，实现公共自然资源配置的公平公正。

第二，加强国有资产管理，合理分享公共资源出让收益。在我国，公共资源中占比最大的是经营性国有资产，经营性国有资产主要由一些关乎民生的国有企业提供。国有企业占有了自然资源之后可以进行生产经营，其获取的自然资源资产收益的一部分构成了税收，进入"再分配"流程，从而使得国有企业的收益能够用于全民共享。

第三，加强对国有企业经营收益的监管。国有企业经营性收益由财税部门征收的税款和利润构成，同时国企经营性收益还包含资产性收益。中央级预算报告基本都会公开国有企业经营性收益的具体信息，但是大多数地方政府财政预算中还没有涉及国有企业经营性收益的具体信息。对此，各级政府应该在预算管理体系中加入国有企业的经营性收益等由国有资本产生的各种收益，进行效益的透明化管理。

第四，强化预算绩效管理行动，合理有效分配财政收入。国有企业的税收是资源收益的重要组成部分，要高度重视国有企业税收的监管。各级财政部门应加快推进财税改革，管理好对公共资源进行再分配的工作，加强对财政支出效率的监管，提高财政支出的使用效率，科学合理地发挥公共自然资源收益的作用，让社会公民从自然资源中享受到公共利益极大化，更好地发挥投向民生领域财政资金的效益。完善财政预算体系，各级财政部门通过财政体制的转移支付，把财政支付及时有效地投入到关乎民生的领域。

第五，建立健全国有资本经营预算。目前，我国国有资本经营预算制度框架已基本建立并得到普遍实施，也取得了一定的成效，但同时也暴露出了许多问题，例如国有资本收益收缴比例有待合理化、标准化等问题，相关部门应该积极制定相应的解决策略，深化国有资本经营预算工作，实现国有资本合理共享。

三、自然资源破坏修复与生态补偿制度

（一）生态补偿概念的提出及补偿措施

生态补偿的内涵即是指运用行政手段、市场自行调节等手段，让在生态保护活动中受益的一方向另一方支付一定的成本，从而弥补生态损害受损者的相关成本支出和损失。"生态保护受益者或生态损害加害者"是指那些从生态保护活动中受益或者加害生态环境的群体和部门，"生态保护者"是指那些为保护生态系统投入资本或因此自身发展机会受限或因为生态损害而经历损失的群体和部门。

生态补偿这一说法首先由中国学者提出，国外相类似的提法是"生态系统服务付费"，现在有些国家和地区已经在生态系统服务付费方面积累了一些经验。目前我国实行的是资源资产产权国家所有制，所以大多数情况下政府既是自然资源要素的所有权主体，也是通过这些活动能获得收益的主体，各级人民政府拥有资源的管理权和收益权，不但是生态补偿付出成本的一方，也是享受利益的主体。

2005年党的十六届五中全会首次提出"按照谁开发谁保护、谁受益谁补偿的原则，加快建立生态补偿机制"的说法，生态补偿的概念第一次在全国范围内广泛使用。2010年制定生态补偿条例并被收入到立法计划当中。2013年，中央政府将生态补偿领域原来所包括的两个领域范围扩大到了十个领域，并再次确认要实施生态补偿制度，建立健全横向生态补偿制度，形成极大可能吸引社会资金更多地加入生态补偿中的市场化制度形式。

我国现阶段生态补偿财税政策由横向财政转移支付、纵向财政转移支付及生态税费三大类组成。具体而言，生态补偿的横向财政转移支付，是指为保护和复原生态环境和功能而支付的成本，对一些受到损害的个体进行经济补偿时，处于同一个阶层的部门相互之间转移财政资金的制度性安排。当前我国政府在这方面已经积累了许多经验。纵向转移支付是中央政府转移给地方政府，或者上级部门

转移给下级部门的，用于生态补偿的财政制度安排，这是我国生态补偿的主要形式。生态税费是为了保护生态环境而征收的税收和设置的收费项目，如资源税。城市建设维护税、排污收费等。

纵向转移支付包含的主要方式之一就是专项转移支付，主要包括三大主要类别：节能环保类、农林水务类、国土资源气象等事务类。节能环保类包括自然生态保护、退耕还林、风沙荒漠治理、退牧还草等重要内容，农林水务类包括农业、林业、水利等内容，国土资源气象等事务类包括国土资源事务、海洋管理事务等。除此之外，还包含育林基金支出、森林植被领域等与生态补偿有关的政府性基金。

除纵向的财政转移支付外，很多地方政府也会自己准备财政转移资金，采用自主安排等方式支付生态补偿资金。但是关于横向财政转移支付的制度，仍存在许多不完善之处。首先，我国还没有建立针对横向转移支付的专门法律条例，这会引起不同地区政府和财政机构的横向转移支付活动无章可循；同时各地生态保护进展、经济发展现状、生态禀赋有很大差别，若缺乏强有力的法律规定，生态环保的目标也就无法实现。所以建立并完善横向转移支付制度，需要中央政府与地方政府之间达成共识并联合行动。其次，制约我国横向财政转移支付制度效率提升的主要因素是相关机构的缺失。生态补偿政策需要多部门和机构的合作才能落实，所以在整个生态补偿过程中，不可避免会产生众多利益冲突，需要进行综合协调，应从中央政府层面成立正式的生态转移支付管理机构，同时赋予这些机构解决转移支付体系问题的权力，这是建立完善的生态转移支付体系和提升生态转移支付效率的关键。

（二）生态补偿实施中存在的不足

伴随着我国政府生态补偿相关工作的运行和深化，资源生态补偿面临的问题也逐渐呈现，主要有：（1）生态补偿的范围面窄，同时相关的主体也比较单一；（2）没有明确的关于生态补偿标准的详细规定；（3）生态补偿管理体制不健全，呈现出"政出多门，多头管理"的局面；（4）生态补偿相关的法律法规不完善，生态恢复保证金制度不完善；（5）自然资源破坏修复与生态补偿制度在补偿标准、补偿范围、补偿方式、管理制度等方面尚不完善。

1. 生态补偿标准与生态补偿方法

确定生态补偿金额，首先应当使资源价格能够反映自然资源的价值，并且制定合理、完善且可实施的资金补偿标准，才会推动建立全面、完整的生态补偿制度。确定生态补偿的标准可考虑以下三个方面：一是生态保护者维护生态时各方面的直接投入，例如保护水资源所投入的人力、物力等；二是保护者进行生态保护所放弃的经济发展的机会成本；三是生态保护者面对的直接损失，如野生动物对农民的田地、牧民的牲畜的直接破坏。在现实生活中，无论是直接经济投入、直接经济损失还是放弃经济发展的机会成本，都是无法准确地评估或只能进行初步的预算，因而一般选择间接预算方法。所以在实际运用过程中，会将多种方式手段结合起来，从而确立有可实施性的生态补偿制度，为生态补偿机制的实施夯实基础。

生态补偿的方法有很多。首先，对于在生态保护中拥有主导地位的政府，资金补偿是运用最多、最常见、最灵活的一种方式。在现实运作进程中，主要采用建立财政转移支付等财政政策方式，政府也可以通过实行税费改革等方式实现生态补偿。其次，对于个体而言，补偿者可以根据自身条件，利用自身拥有的生产要素实现补偿，即实物补偿。在实际操作中，为更好地达到生态补偿的效果，在生态补偿主体区域，一般多种补偿方式配合使用。

2. 当前生态补偿制度的缺陷

经过几十年的建设，我国政府通过建立生态补偿机制，促进社会经济与资源环境的和谐发展，已经取得了一定成效。但实事求是地说，我国的生态补偿制度建设还处于一个比较基础的水平，同时相对应的一些生态补偿实施方案还有待完善。

（1）顶层设计的缺陷。

在理论层面，尚未对生态补偿的责任主体、标准、原则等作出明确、全面的规定，导致在实施过程中，容易造成补偿主体缺失、受偿主体资金落实不了等现象。对于生态补偿的研讨多半还停留在理论层面，并未做到实际情况实际分析。现有的生态补偿相关法律条例大多分散在各个领域的法律规章当中，且多是停留在整体层面，缺乏可实施性。在专项立法还未完善的情况下，不仅生态补偿实践活动的作用不能得到完美发挥，而且补偿主体与受偿主体的权利、义务也不能得到完全保障，最后生态补偿的实践效果也不理想。

（2）投资主体单一，融资渠道单一，补偿资金缺乏。

生态补偿制度的实施，首先需要解决资金问题。当前我国政府实施生态补偿制度的资金来源，主要还是依靠中央财政拨款或者转移支付，地方政府进行配合，其中中央对地方的转移支付占绝对主导地位，横向转移支付占的比例相对较小。而这种依靠中央对地方转移支付的生态补偿融资方式，非常不利于生态补偿工作的持续开展，所以应积极动员和鼓励非政府组织和地方政府参与到生态补偿中来。

随着生态补偿制度在我国越来越大的范围内实施，所需要的资金数额不断增大，仅仅靠政府的转移支付已经不足以支撑，特别是我国的西部地区，其本身所处的环境劣势明显，再加上经济发展的相对落后，所以政府能够提供的财力有限，导致最终生态补偿无法落实。在补偿资金的落实方面，由于相关制度不完善导致受偿主体的利益得不到保障。我国生态补偿主要依赖于中央和地方政府的转移支付，且实行的是间接补偿手段，中央的补偿金首先转入到地方政府，然后才能到达补偿者手中。而补偿金在从中央到达地方，最后到达真正的补偿者手中这一漫长的过程中，就有可能存在人为因素而使得资金减少，由于程序花费的时间较长，使得补偿资金不能及时有效拨付到地方及受偿主体，这就使得一些地方部门或者某些个人会从其中谋取利益，减少补偿资金的下发，使得本身就拮据的资金更加匮乏。

（3）补偿标准模糊，范围局限。

目前，我国生态服务定价机制设置还需要进一步改进，问题主要表现为由政府确定资源价格的局限性，同时对于资源补偿相关标准的设定不够规范和详细。生态补偿制度中应明确规定补偿的标准、范围，合理制定补偿标准是顺利推进生态补偿制度实施的保障，针对不同的地域、资源领域，补偿的标准均应视具体情况而定。在利益驱动下，生态补偿区的居民往往以自身利益最大化而非环境保护作为资源开发的衡量条件，如果国家制定的生态补偿标准过低，就会无法弥补居民不对资源进行开采所能得到的收入或为保护生态资源的直接付出，那么居民很可能不会选择遵守补偿制度规则，使得生态补偿的制定不会获得理想的结果。另外，我国资源的种类繁多，而在补偿制度实际实施时，并不能对所有的部门都考虑周密，其补偿范围具有一定的局限性。

（三）生态补偿改革的方向

1. 建立稳定投入机制，强化政策体系保障，完善政府财政转移与专项支付制度，完善补偿资金分配办法

（1）拓宽生态补偿资金融资渠道，建立资金稳定投入机制。

针对目前投资主体单一、补偿资金缺乏的现状，政府需要积极采取解决措施，增加相对应的资金补偿和补助，促进一些发达地区与欠发达地区之间的相互协调和共同进步；要对资金补偿方向进行一定的改变，不仅要在不同地区之间合理有效地分配政府资金，还要提高政府资金的使用效率。

我国复杂的生态环境造成自然资源的分配在不同地区之间的极度不平衡，政府应根据不同地区生态环境的具体情况，确定对生态补偿资金的拨款或转移支付标准。例如，我国西北地区的生态环境相对恶劣，经济发展相对缓慢，地方政府自身的财政实力有限，可以用于生态补偿的资金很少，针对这种问题，中央政府应该提高投资和财政补贴力度以及补偿资金的比例，加强对生态功能区的修复和生态环境的保护。但是生态补偿的资金不能仅靠中央及地方政府提供补助，还应该积极开拓多种方式和方法去调动资金、增加资金来源。所以既需要发挥政府的主体控制作用，也需要尽可能地提高自然环境中的主体参与生态补偿的积极性和行动力，从而获得更多的资金来源和资金累积，有效增强补偿制度工作的效力并促进其顺利开展。

（2）充分发挥生态补偿资金使用绩效。

生态补偿工作所牵涉的部门繁多，所以需要各个部门之间配合完成生态补偿制度的初步建立。现阶段我国采取的是间接补偿的生态补偿政策，补偿资金从中央政府下发最后给补偿者之前有很多的流程和环节，容易产生资金风险，为此需要我国政府采取更有力的监管措施，确保补偿资金安全顺利、合理有效地运用。需要对补偿资金实行专账管理，加强对资金流转过程的监管，禁止截留、挤占和挪用，坚持做到专款专用；要制定配套的资金管理办法，详细具体地记载补偿资金的数额和具体的使用过程等相关信息；进一步加强监督管理，在生态补偿资金转移的全过程中，建立健全报备制、审计制、财务公示制等相关制度。

（3）加快构建及完善生态监测体系。

目前，我国关于生态补偿的研究还处在起步阶段，在监测体系具体实施的工作过程中尚存在许多有待完善之处。例如，运行过程中所暴露出来的法律法规和补偿机制的不健全等，致使社会群体很少有人愿意参与到这一工作中来。

构建及完善生态监测体系，要把最新的科技应用到生态补偿制度中的监测体系当中，通过学习借鉴国外优秀的成功案例和成熟的技术方法，进一步完善环境监测网络，根据环境风险识别，及时跟踪发现潜在的环境风险隐患，提升日常环境预警分析水平；进一步加强环境监测队伍建设和提高环境监测装备水平，提高先进环境监测设备的投入水平及智能化水平。可以加入第三方生态环境监测和评价体系的内容，整合各部门现有的生态监测网络，充分吸纳高科技成果，将大数据计算分析运用到生态监测评价中，做到整个国家的生态环境都是可查和可量的。

2. 推进横向生态保护补偿，积极引导多元主体参与，进一步完善试点和推广工作

（1）横向生态补偿及其制度。

纵向生态补偿存在于具有行政隶属关系的补偿者与受偿者之间，而横向生态补偿存在于不具有行政隶属关系的补偿者与受偿者之间。横向生态补偿制度是指为了实施横向生态补偿，协调在环境中各相关区域之间的经济利益而建立的法律、经济和行政手段的总和，是针对补偿主体、补偿标准等与横向生态补偿相关联的重要内容而做出的一系列工作。

（2）横向生态补偿的特征。

横向生态补偿具有生态补偿的一般特征：

第一，生态相关性密切，充分体现山、水、林、田、湖生命共同体的特征。横向生态补偿基本上是在生态相关性非常密切的地区间实施，所以补偿方和受偿方之间的生态利益关系非常紧密，属于同一个生态系统，是按照生态环境生命共同体的理念，运用横向生态补偿的模式，协调系统内不同区域之间的关系。

第二，参与主体相互间没有行政权属关系。横向生态补偿的参与主体和对象大多数都是同时涉及几个行政区域，所以参与主体之间一般都没有上下级别的关系，而是相同级别的关系。

第三，补偿方和受偿方双方能够自主协商。建立在补偿方和受偿方自愿协商基础之上的横向生态补偿，具有自主协商的特点，外国生态补偿实践中因为产权关系比较明晰，在补偿区政府与居民之间或是企业与居民之间可以通过自主协商开展横向生态补偿。

第四，补偿责任权利对等。补偿的双方当事人一般会明晰约定应该承担的相对应的责任与义务，补偿方一般会要求受偿方能够提供更优质的生态产品，自己也会分担额外成本，并且有能力在规定时间内充足地缴纳与资源价值等价的资金。若受偿方在自然环境保护与治理方面对补偿方产生严重不利影响而使其受到损失，那么受偿方需给补偿方赔偿相应损失。

第五，横向生态补偿生态损益关系明确。只有那些生态损益关系相对明确的区域才适宜建立横向生态补偿制度，根据生态保护建设的直接成本和放弃发展经济的机会成本，以提供生态产品的数量、质量和受益相关主体的支付意愿程度为基础，利用市场交易，共同制定最终的生态补偿的标准。

第六，将责任、权利对等。对自然资源进行横向生态补偿时，需要接受市场的约定，生态产品受益方和提供方有价值相等的责任和义务。受益方享受一定质量的自然产品的同时，一定要支付相对应的补偿价值，而产品的提供方也应提供符合基本标准的产品资源。最后，生态补偿最终效果也要接受监督和考核以及奖惩。

（3）建立健全横向生态补偿制度的建议。

第一，建立健全相关法律法规和完善配套机制。建立地区间横向生态补偿制度，需要对地区间如何建立和完善相关制度作特别性规定，同时也要规范生态补偿立法，使横向生态补偿能够有法律作保障。建立健全资源资产管理体制，统一行使资源资产所有者的职能义务，可以成立国家资源资产管理委员会，对资源管理的主体和客体进行规范性管理。同时可以制定资源资产产权制度和用途管制制度，建立空间规划体系，划分开发管制界限，落实自然资源用途管制。加强生态环境监督管理，建立健全完善的环境保护执法体系，完善信息公开与公众参与制度，同时政府还可以建立关于生态破坏的惩罚机制和责任终身追究制，从而提高居民破坏环境的一系列成本，最终依靠具有强制性的法律条例去管理和监督居民的环境保护行为。建立健全我国的预算管理制度，在财政预算中建立横向生态补偿机制，在财政预算安排中包含横向生态补偿的资金。

第二，建立健全中央与地方一起参与和共担责任的机制。首先需要建立横向生态补偿制度建设的组织体系，一起推动和组建完善的横向生态补偿制度。对于参与的主体双方来说，必须明确两者之间关于补偿范围、标准等内容的规定和具体规范，要建立使双方能协商一致的相关具体规定。地市间和县之间具体的补偿规定，可以遵循和参照省际的与生态补偿相关的一系列规定和具体措施，形成上下级一起分担生态补偿义务和责任的完善制度。完善由中央各部门之间形成的部际协调机制，进一步妥善地解决省际生态补偿制度建设中的问题，最终提高和完善省际部门工作的协调性和指导力。加大对横向生态补偿的宣传教育力度，提升居民的生态补偿意识。

第三，积极引导多元主体参与，调动补偿方和受偿方的积极性。地区间建立横向生态补偿制度涉及补偿方和受偿方诸多利益相关者，包括政府、企业、居民、非政府组织等，通常会涉及资源的交易双方等利益主体和一些政府部门机构等非利益主体，这些相关主体的加入是生态补偿制度能够建立和完善的重要基础。其中，资源的补偿者需要收集资金并把这些资金交付给受偿方，同时还需要主动加入生态监督管理的工作当中。而受偿方则需要在收到补偿资金后，把这部分资金用于生态环境的建设和完善治理的项目工作中去，同时要尽可能提高资源产品的效率。另外，非利益相关方对生态补偿制度的构建、实施和监管也发挥着重要作用，具体表现为引导资源运转、监督资源项目相关的工作、协调各方利益主体等。

第四，不断完善科技支撑体系。目前生态补偿制度的建设尚缺乏完善的理论基础和实践经验，所以应借助于不断发展的科学技术，设计补偿对象、补偿标准、补偿范围等横向生态补偿制度建设相关体系。应加强生态补偿标准的理论和实践研究，以此作为设定科学合理的补偿标准的强有力基础。加强市场化补偿方式的理论和实践研究，谋求多元化的补偿方式。在横向生态补偿监管的相关工作中，要合理应用先进的科学技术，从而增强生态监督测试中的自动化水平并提高效率。

第五，逐步完善试点和推广，发挥横向生态补偿的积极作用。我国在一些流域省份已经开展了横向生态补偿工作的试点，积累生态补偿工作的相关经验，并取得了一定成效，在此基础上应不断完善和规范试点经验，进而建立正式和标准化的指导意见，逐步扩大试点范围，探索灵活多样的补偿方式，并向其他领域拓展。积极设计因地制宜、务实可行的生态补偿方案，不断推进横向生态补偿的制度化和法制化，出台规范性文件或地方法规。

第六，建立健全绩效考核和监管体制。全面推进绩效考核制度，完成监督管理体制改革，为生态补偿制度顺利进行提供保障，同时也需要把对地方政府部门的工作绩效考核纳入生态补偿制度建设的考核工作中，提高各级政府对横向生态补偿制度建设的重视程度，从而保证横向生态补偿能够顺利实施。制定和完善生态补偿效益评估机制和统计信息发布制度，及时发布相关讯息，使社会各界一起重视和参与横向生态补偿制度的建设和发展。强化对非资金补偿方式的考核，确保能够认真落实相关的补偿方式。根据检测评估结果，政府相关部门需要建立应急预警机制和动态调整机制。生态补偿制度还应该能够反映对资源补偿工作的一个动态调整趋势，保证所设置的补偿指标能够反映生态补偿工作不同阶段的变动趋势，同时也能反映不断变化和增加的生态文明建设的需要。

3. 完善生态区域补偿机制

生态补偿机制兼具保护生态环境和实现自然和谐发展前景的目的，生态补偿机制是调整与生态环境保护和建设相关各方利益关系的行政手段、法律手段、市场手段等一系列手段的总和。建立健全生态补偿机制，将促进环境保护工作从以行政手段为主向以综合手段为主转变，有利于资源节约型、环境友好型社会的建设。

（1）建立生态补偿机制的战略意义。

首先，完善的生态补偿机制能够促进地区间协调和公平发展。生态环境的恶化会严重制约经济的持续发展，如果生态环境保护成果被不合理分享，也会导致城乡之间和地区之间发展的不平衡和不协调，从而影响社会福利的公平分配，甚至会导致社会的不稳定。其次，建立生态补偿机制是国家生态环境保护与建设的关键点。健全的生态补偿机制，能够为生态保护提供有力的政策支持和稳定的资金渠道建设支持。最后，完善的生态补偿机制是生态环境管理规范化、市场化的制度保障。目前我国已经初步建立了一些生态补偿资金渠道，但是因为机制不完善，还不能够完美地依理、依法运作生态补偿，补偿受益者与需要补偿者由于部门利益也会存在利益冲突的现象。建立健全生态补偿机制，能够保证在公平合理的前提下，实现生态环境保护与建设投入的合理规范化。

（2）跨区域生态补偿机制的合作模式。

构建生态补偿机制时，为减少负外部效应和生态矛盾激化情况的发生，需要政府参与进来并发挥主导或引导作用。同时生态保护工程应当采用多种方式鼓励市场主体和社会公众的参与，根据不同生态问题的特点，选择最有利的生态治理模式。

第一，府际合作模式。府际合作模式主要是指由政府主导的生态补偿机制，如果出现了某个地方政府无法独立解决环境污染治理问题，就可以进行府际合作，各个地方政府制定跨区域、跨流域补偿治理模式，积极有效地交流沟通合作，签署环境保护和治理的相关合作协议并共同遵照执行，运用行政手段参与跨区域生态补偿。

第二，市场调节模式。目前我国跨区域生态补偿的模式就是以政府为主导、市场机制为辅的生态补偿机制。市场调节模式是依靠市场机制运行的补偿机制，采用市场化的手段解决生态环境中出现的负外部性问题，具体运用的手段可以是产权市场上分配交易初始额、排污权交易权、生态税费等。

第三，多元化主体参与生态治理模式。该模式是让政府和非政府组织共同参与生态化环境的治理，从而能够共同管理、相互协作治理跨区域生态环境问题。多元化主体参与生态治理的模式，既可以吸收政府主导和市场调节的优势，又可以有效避免单一采用这两种模式的不足。

（3）多元化主体参与合作跨区域补偿机制的建议。

第一，构建跨区域生态补偿的重点是建立统一价值观。各地方政府环境治理目标存在差异，很大程度上是由于各自经济发展目标的不同和经济发展的不均衡，致使各地方政府在生态环保和治理中的管理力度和资本投入存在差异，直接使得跨区域生态环境治理产生差异。构建跨区域生态补偿机制，必须建立统一的价值观和相似的经济发展目标。为此可以以区域合作文化为切入点，通过培育区域合作文化，在一定的范围内加强地方政府、社会组织等各个团体的联系，加强彼此的团结信任，进而形成共同的价值观念和行为规范。地方政府间的信任关系是环境治理运行的基本前提，建立各政府间相互信任的合作关系，能够有效避免各地政府在利益上的分歧，而且相互信任的地方政府参与协作治理的意愿更强，更能有效构建跨区域生态治理模式。

第二，发挥多元主体在合作模式中的效用。作为自然资源所有权的代理人，政府享有本辖区内主要资源的管理权，政府作为众多环境资源利益相关者的整合者，需要运用自身的行政力量和相关政策工具协调其他利益主体的力量，从而形成强有力的生态环境治理力量。首先，政府在跨区域生态补偿机制中既是规制的建立实施者，也是生态环境治理的导航者，要营造良好的生态环境保护和治理制度环境。其次，非政府组织是社会参与治理的实体组织，在生态环境保护治理中发挥的作用也十分重要。再次是作为市场重要主体的企业，企业能够通过政府授权和招标等市场方式获得污染治理工程的建设权，也能通过各种方式参与生态环境保护和治理。最后是社会公众，社会公众能够在政府号召下，积极参与到环境治理活动当中，逐渐加强环境保护意识，也可以提出自己对重大工程项目的建议，使政府建立的生态环保项目能够满足社会公众的需求。

（4）建立生态补偿机制的对策建议。

第一，推进社会和谐建设，增强民众对建立生态补偿机制的认识。首先，要从公民的权利和义务、社会道德、社会公平与社会责任的层次上，加强民众对生态补偿的认识，扎实建设生态补偿长效机制。其次，应认识到生态环境服务功能的价值，即使这些价值在市场上难以兑现，但是生态环境如果受到破坏，损失也将是巨大的。再次，应认识到生态补偿机制是减少环境冲突、体现生态服务功能价值、维护环境公平的手段。最后，建立健全完善的生态补偿机制，是促进区域协调发展、提高生态文明建设水平的重要组成部分。

第二，推进整体筹划，选取优先领域和区域，试点示范，重点突破。根据实际情况，通过整体筹划，选取优先领域和区域，开展研究和示范，不断总结和完善试点经验，重点突破，推动创新。尽快完善重要生态功能区建设和自然保护区的生态补偿制度，提高这些区域居民生态保护的积极性。我国政府十分重视维护国家生态环境安全，这也是国家层面生态补偿内容的重要范围。

第三，国家政府制定规则，地方扮演开展工作角色，共同完善生态补偿机制。首先，由国家中央部门和相关部门共同研究和设计规划，制定相关的补偿政策；其次，地方政府相关部门也应根据本地特点提出建议，制定和完善适合地方特点的补偿制度；再次，地方政府部门需要据实安排和开展生态补偿试点工作，建立科学化的生态补偿机制并提供技术支持。最后，加强国际交流和学习，积极汲取国外成功经验，然后结合我国的具体实际情况，制定适合我国国情的政策，最终提高我国生态补偿机制的治理水平。

第四，把握和处理好几个重要关系。首先是中央与地方政府的关系。中央需要建立相应的政策和法律规范，提供财政资金支持，同时还需要制定适合地方性的补偿制度，而地方政府需要积极响应中央政府的相关政策号召，做好本区域内的资源管理工作。其次是处理好政府部门与市场的关系。现阶段政府部门扮演着十分重要的角色，不单单要制定出关于生态补偿机制的政策和法律法规，还要为此提供一定的资金补助。

4. 建立国土综合整治和生态修复制度

国土综合整治是指在一定的范围内对自然资源进行一系列活动的过程。在这个过程中，一般都会运用到法律、经济等手段对国土资源进行综合性治理，从而有效地促使人与自然的和谐发展，而且治理项目也是国家政府进行宏观调控的重要手段，通过对自然资源进行合理有效的配置，缓解或消除地区间的利益冲突，促进全社会的协调发展。

（1）国土整治过程中存在的问题。

第一，国土整治项目缺乏系统筹划和科学指导。在实践过程中，一些政府部门没有事先做好与国土治理项目相关的准备工作，在具体实施过程中出现不合规现象，并产生不良后果，导致生态治理中的国土治理工作无法达到预期的效果。一般情况下，国土整治项目必然会包括对农村、城镇土地的利用以及基础设施建设的内容，这些都与居民的生活、生产密切相关，也与地方政府的地方建设密切关联。若土地整治过程中缺乏系统筹划，则很容易造成地方产业或者是地方各部门之间的发展冲突，不利于地区发展，也影响地区土地资源的利用效率，所以需要对国土整治项目进行系统筹划和科学指导，以促进土地资源的合理有效利用。

第二，国土整治项目设计不完善。设计和策划国土整治项目，需要具体考虑与地方经济、社会和环境等相适应的特点，以实现国土资源的合理化和科学化使用以及有效配置。但是部分地区可能会出现策划时仅考虑完成国土整治目标任务，而没有进行全局统筹，也缺乏对区域自身内部均衡的考虑，从而出现各种主次不协调的问题，最后可能导致总体项目的整治达不到预期效果。

第三，国土整治无法充分实现对国民的补偿。通常国土整治项目的规模大、整治内容繁杂、实施部门和参与人员众多、资金数额巨大，特别是一些城镇范围内的大规模的国土整治项目，一般都会牵扯到与此有关的城市区域里的所有资源，涉及的资金数额较大，给国土整治项目的顺利开展带来了很大的难度。特别是支付给全国村镇范围内居民的补偿款一般都是由地方政府部门承担，但是因为不同地区和部门的资金储备量存在差异，所以就无法公平权衡各个地区的资金补偿量，甚至部分地区的居民无法得到相应的补偿资金，致使这些地区居民产生消极甚至对抗的情绪。

（2）改进建议。

第一，统筹全局，制定科学的治理策略。国家政府相关部门应及时总结已有国土整治项目的实践经验，针对存在的问题进一步提出改进办法，制定出更加合理的治理策略，从而实现资源的合理分配和有效利用。国土整治必须建立在某一区域生产、生活和生态环境协调统一的基础之上，相关部门需要对该区域的实际具体情况做好调查和统筹，然后规划和设计出完善的、有利于提高国土利用率的国土整治策略，出台考虑到全局化情况的国土整治文件。

第二，要尊重民意、维护法定权益、结合群众利益，建立补偿机制。建立完善的补偿机制，保证国土治理项目所涉及区域中群众的权益，尊重民意，积极调动群众参与环境治理的积极性，接受群众监督，听取群众建议，确保提供的补偿能够被人民群众所接受，保证各方利益最大化。要做到整治前、中、后全过程群众同意、参与和满意。如果需要调整国土土地权属，则应事先制定合理完善的项目方案，并充分听取群众意见，顾及群众感受。

第三，加强领导、落实共同责任。国土整治是系统工程，涉及面广，涵盖面宽，能够产生广泛影响。为构建完善的治理体系，需要建立由中央部门奠定坚实基础、由地方政府组建、由相关各个部门各司其职的一个完善的工作体系。在申报环节和具体的实施等环节，需要确保项目的透明化操作管理，所建立的监督管理模式应该包含职能部门、监理单位以及基层群众，能够实现"封闭运行财政资金，精准技术指导、有效监督管理"的国土整治目的并获得较满意的收益。

第四，多元筹资、整合项目、因地制宜、统筹规划实施。实施国土整治，仅依靠单一财政专项资金多部门、多行业的投资方式，其效果还远远不够，很容易导致某些项目人为压缩成本，造成国土整治的不健全不完善，也会直接拉低惠民工程的效益以及降低居民参与项目的激情和主动性。所以要设置规范的标准，协调好各个相关行业和部门的工作，提高资金的有效利用率。国家还应该出台支持国土整治项目实施的相关政策条例，吸引社会资本进入国土治理工作的整体规划当中，为整个项目的运行提供稳定的资金来源保证，同时也提高居民参与项目的积极性。在开展国土整治工作的过程中，要协调好各个部门的土地治理项目工作，使其有序进行，严格遵循国土资源总体规划，在规定的范围内科学合理地组织专项规划项目，项目设计应因地制宜、规模适度和布局合理。

第五，明确国土治理的关键点，秉持合理的治理观念，做好权属调整和安置。一般而言，我国的国土整治工程都是由上级部门安排，然后将通知下放给下级部门，下级部门再根据实际情况实施具体项目。开展国土整治项目时，负责的相关部门可以按照不同区域进行合理的分配并管理相关工作的进度情况。当有关部门计划对某地区的国土开展治理工作时，要特别关注这些地区特色资源的开发和利用情况，需要考虑地方自身的社会发展情况和经济水平等一系列综合因素，然后在重点区域开展国土整治项目，从而有效促进地方区域各方面的协调发展。同时还应积极开展其他辅助的国土整治项目，促使区域内国土整治工作的顺利进行。按照国土权属的实际情况成立国土权属调整专家小组，实现安置政策的阳光透明，减少项目实施的阻力。

（3）生态修复的概念。

生态修复是指生态系统自然地恢复到被干扰之前的生态结构的过程，以维护生态系统整体平衡为前提，在适应生态文明建设需要的前提下，由国家部门实施维护生态系统平衡的系统工程，同时还能促进当地社会转型，不断缩小不同地区之间发展水平的差距，从而达到国家社会经济均衡发展的共同目标。

生态修复的基本内涵包括自然修复和社会修复。自然修复是从维护自然系统协调的视角出发，尽可能地利用科学技术方式解决生态问题，让自然资源能够得到修复和合理使用，进而复原自然资源的完整性。社会修复是从维护社会生态系统平衡的角度出发，综合考虑各种影响生态系统整体平衡的关键因素，这些因素涉及政治、经济等复杂社会发展问题，如果解决不好，可能会导致生态环境的均衡点遭到破坏，进而影响社会各界环保资金的投入和科学技术的使用，影响各地区生态环境和经济社会的可持续发展，造成经济社会和生态系统的失衡。所以要有效维护生态系统平衡，就必须同时密切关注自然修复和社会修复，以保证在我国当前社会经济发展尚不均衡的情况下，尽可能解决好生态系统中存在的各种不平衡问题。

由此可见，自然修复与社会修复两者相互联系，不可分割，共同组成了生态修复，均具有不可或缺的作用。一方面，自然修复应以社会修复作为主要目的，为了能使社会公众得到真真切切的实惠，进行生态修复工程需要尽可能地解决社会发展中的不平衡等众多社会问题。另一方面，社会修复应以自然修复为基础，自然修复基本是运用技术手段进行环境治理和修复，而这种依托技术的治理手段并不会实现社会效益最大化，所以需要综合考虑社会现实中的一系列发展问题。

（4）完善生态修复制度的相关思考。

目前，虽然我国相关部门已经设定了若干与生态修复制度相关的法律规则，用于规范环境治理问题的具体修复工作，但是这些具体的规范是从环境治理的概念性角度进行设计，而且也只是对自然修复过程中所涉及内容的具体约束，并没有建立起解决社会修复问题的完整制度。构建完善的生态修复制度，需要以自然修复为基础，以社会修复为主要目的。

一是完善自然修复制度。不断完善生态修复工程规划制度，对生态修复地区进行合理规划。整理和规范已经制定的一些自然修复制度规定，建立健全自然修复系统体制，使其更具有可操作性。设定国家生态修复战略层面统一的、科学的修复标准，以及针对受污染环境修复的环境污染综合治理标准。结合生态红线制度建设的要求，建立重大修复工程监管制度，并严格其主体责任，使生态修复有相应的工程监管、责任追究制度；打破行政界线，科学合理地划分生态修复区域，使各级政府能够依据自身社会经济发展的现状启动生态修复工程；建立修复工程企业退出机制和竞争机制、突发应急机制、工程监管制度和安全责任制度等；建立与环境影响评价制度相对应的专门的评估制度体系；建立健全生态修复工程法律制度，从而构建完善的生态修复工程法律制度体系，使现有生态治理制度更具可行性。

二是健全社会修复制度。社会修复补偿的实质是对社会经济发展能力相对落后的地区提供补偿，运用国家政策给予其一定的发展机遇。可以建立资源利用地对资源输出地的补偿制度，通过直接的经济利益补偿和生态修复工程，以资源利用关系为纽带，使全社会共担生态修复费用。中央政府可以建立生态修复财政转移支付制度，拨付资金支持当地生态修复建设工作。建立国家生态修复保险制度和基金制度，为生态修复工程提供广泛的资金投入支持，保障生态修复地区居民的社会福利，减少和弥补一部分经济损失，同时还可以促使地方法规制度的不断健全和完善。通过经济手段，利用生态修复工程，筹集资金投资，促进生态修复项目及新型行业的发展，有效吸引社会上更多的资金直接投入到对欠发达地区生态修复项目的投资建设中去，促进最广泛的资源受益者承担应有的维护生态系统平衡的责任。充分调动社会资本的积极性，既使社会资本获得实际经济收益，又激励创业和培育出潜在的生态修复产业链，为需要进行自然修复地区的修复项目和具体工作提供更多的技术支持，同时促进管理制度创新。

对此可以采取以下措施：建立修复激励机制，政府部门可以制定一些经济转型发展财政优惠政策，如税收优惠、财政补贴、贴息贷款、低息或无息贷款等；采取财政手段，例如税收政策和补贴政策等有效实现收入的二次分配，有效实现经济发达地区对经济落后地区在经济方面的帮助，为经济落后地区吸引人才提供更加公平的教育、医疗、住房等生活保障，落实共同富裕的基本国策；鼓励社会资金直接参与欠发达地区的生态修复投资；建立能够促进城市化发展建设的生态修复工程机制，营造更适应人类生存和发展的生态环境；设定生态修复的责任负担和利益分配规则，使得生态修复项目的实施能够产生可观的经济效益，实现全体人民共同富裕的目标，建立更加公平的社会。

5. 完善生态补偿法律制度

（1）生态补偿法律制度的概念。

完善生态补偿制度应加快生态补偿立法。我国目前建立环境友好型和谐社会法制体系的任务之一就是构建生态补偿法律制度。生态补偿法律制度是通过立法的形式建立的关于生态补偿各方利益主体的一系列行为规范制度的总和，其主要调整对象为与生态补偿有关系的社会各界群体，如生态补偿地区的居民等。

（2）生态补偿法律制度的特征。

一是生态补偿法律制度调整方式多元化，具体包括经济手段、行政手段和社会手段。市场主体自主开展生态补偿交易，属于生态补偿法律制度的经济手段；政府的财政转移支付、各种政策优惠和补贴，属于行政手段；公益组织自行筹集经费、开展生态补偿活动等，则属于社会手段。

二是调整对象的生态性和复杂性。生态补偿政策法律的调整对象是"生态性经济社会关系"，在这种关系中，既要维护良好的社会秩序，又要维持良好的生态环境，这使得生态补偿政策法律制度的调整对象具有复杂性。

三是对技术性水平要求高。补偿法律制度涉及多个学科的专业内容，例如需要环境检测技术对环境污染物进行测定，需要专业的经济学知识对生态资源保护相关的税目、税率和计税主体等进行科学合理的设计，所以制定生态补偿法律制度，需要参与者拥有很高的专业技术水平。

四是调整时空的可持续发展性。生态补偿政策法律制度应以可持续发展为基础，不仅要坚持一般法律的公平、正义、效率等原则，也要具有生态补偿自身的特点，不仅要能够促使全社会共同保护和改善自然环境，还要能够保障经济社会的可持续发展。

五是调整手段形式的综合性和区域性。生态补偿的调整手段主要是法律手段，由于调整对象的复杂性，也就决定了生态补偿法律的综合性和区域性。生态补偿法律制度的综合性，指的是环境与资源保护法律规范既包括行政法律、刑事法律条文，还有民事法律规定，除此之外，还包括与生态补偿活动密切相关的各级政府部门制定的各种部门规章和政策。生态补偿法律制度的区域性表现在两方面：其一是区域特殊性，相关部门在关注区域性生态补偿的同时，也不可忽视区域的特殊性；其二是生态问题的区域性，在不同的区域，生态问题的表现也不尽相同，要解决区域生态问题必须因地制宜地进行区域治理。

（3）生态补偿法律制度的现状和问题。

我国在过去的环境与资源立法实践中，一直遵循的是"摸着石头过河"的基本思路。从20世纪50年代开始，国务院颁布的相关法律政策文件中就有关于建立生态补偿制度的内容。目前我国关于生态补偿相关问题所颁布的法律文件大部分体现在地方政府的规章中，比如部分地区所制定的与生态补偿费用相关的管理条例，一些地方立法中也涉及生态补偿的内容。

我国现行生态补偿法律制度也存在着很多突出问题：①我国对生态补偿的调控主要以政策调控手段为主，政策文件多于法律，在执行的实践过程中政策手段并不能成为法律规范。目前涉及生态补偿的相关政策国务院已经制定了十余项，但其中大多数不是以生态补偿为目的而设计，如退耕还林、退牧还草、矿产资源补偿费等，这一类政策一般都带有部门的自身特点。②我国目前的环境保护基本法中还未有专门针对生态补偿专业规范的法律法规，有关生态补偿的法律法规仅仅是分布在各个相关领域的法律和政策规定中，对于某些自然资源甚至缺乏相关的立法规定，造成了关于各利益相关者权利义务的范围和内容的边界的设定模糊化和缺失化。③我国制定的生态补偿相关的实施细则一般很难马上实施，而且一些实施细则、针对某些地区制定的生态保护法规、规章所涉及的内容也往往存在很多不完善之处。④由于相关的法律制度还不健全、缺乏系统性，没有明确的关于生态补偿的激励奖励政策和惩罚规定，所以尽管目前已经制定了许可证、环境影响评价、征收排污费等相应的法律规定，但这些立法都比较分散，因而可操作性不强，甚至有的法律法规之间还存在互相矛盾的情况。因为立法的滞后性以及无法预料的资源问题的不断涌现，致使不仅现有的法律法规没有办法满足生态环境保护的需要，新的立法也来不及解决生态问题，给建立健全相关法律制度的工作增加了很大难度。⑤财政转移支付也存在需要改进之处，例如转移支付的强度不大，必然直接影响该项政策用于均衡相关利益功能的实现效果，进而影响相关法律制度的建立和完善；我国的财政转移支付还没有形成横向规模化的效果模式，因此在中西部地区和东部地区生态补偿的受益均衡中只能产生有限的影响，对生态建设者和生态资源索取之间的利益平衡作用也有限，无法做到生态补偿利益的公平分配。⑥生态税收制度仍然存在诸多问题，调整生态环境资源的相关税收的种类不足，作用力也相对较弱，因而保护作用十分有限。同时，因为大多数生态资源税由地方政府把控，一些地方政府可能为了增加财政收入而鼓励生态资源的开发甚至过度开发，而导致生态环境的恶化。

综合以上分析可以看出，虽然我国政府已经颁布了多项与资源和环境保护相关的法律法规条例，但是相关的一些具体的文件性资料不多，存在法律保障力不足、监管机制漏洞多、效益评估机制科学性不足等问题，已有的政策文件在执行工作中也遇到一系列的具体困难，因此有必要尽快建立健全生态补偿的基础性支撑制度。

一是实行生态补偿专门立法。由于法律出台的程序性和立法的迫切性，立法可以在条例实施的基础上进一步完善。需要注意的是，立法应反映生态利益平衡理念，能权衡各方参与主体的权利义务和责任，以及规范相关标准的制定方法、法律责任等。把一些生态政策在法律上予以规范化，使其拥有法律地位，从而相关主体可以找到相关法律依据，做到生态补偿有法可依。

二是完善地方生态环境法规。由于不同地区的地理位置和资源禀赋不同，同时地区经济发展水平也不尽相同，各地区的环境问题也各有千秋，中央部门在制定生态补偿相关的法律法规时，不可能完全考虑到地方的特殊情况，因此可以让各地立法部门在遵循国家法律法规的前提下，考虑地方具体环境特殊性，有针对性地解决地方环保问题，建立健全环境资源保护的相关法律法规。

三是需要完善具体制度。要健全生态补偿费制度，不仅要针对生态补偿的相关问题出台明确的法律，也要在环境资源法中建立关于生态补偿费的相关法律条文。要完善生态税制度，生态污染是生态环境治理中必须解决的问题，必然要对环境污染征税。关于改革资源税，要逐步扩大资源税税收的征收范围，把更多的资源纳入资源税征收的对象，改变当前税率偏低和差别较大的问题，进一步完善资源税税率和计税方法。要建立健全完善的财政转移支付制度，改善财政支付方式，加大转移强度，促使生态补偿工作能够顺利地开展。

第三节　自然资源空间规划制度

一、自然资源空间规划体系的发展及现实意义

空间规划体系以空间资源的合理保护和有效利用为核心，从空间资源（土地、海洋、生态等）保护、空间要素统筹、空间结构优化、空间效率提升、空间权利公平等方面为突破，探索"多规融合"模式下的规划编制、实施、管理与监督机制。空间规划体系有助于理顺各层级政府间的管理事权，打破层级及部门的藩篱，协调和明确各部门的权力与责任，从而以部门带动和促进社会经济协调有序发展，以部门牵头进行合理的国土资源开发、生态环境保护和监督，着力建立更为科学合理的空间规划体系。

对于空间规划，各类机构基于不同视角给出了不同定义：欧盟峰会（Council of Europe，COE）认为，"区域空间规划是一种跨领域的综合性方法，是经济、社会、政策等在空间上的体现，主要目的在于合理规划空间安排，实现区域平衡发展"；英国副首相办公室（Office of the Deputy Prime Minister，ODPM）认为，"空间规划区别于传统的用地规划，空间规划致力于通过用地空间来影响空间功能和性质的政策及项目的协调与整合"；欧洲共同体委员会（CEC）等机构也对空间规划进行了各种定义，其共同之处在于将空间规划看成是协调空间发展、整合目标、对空间要素进行综合或专项安排的技术手段和政策方法，空间规划的职能不再局限于用地空间的安排，而被视为整合各类政策的重要空间手段。空间规划在1983年欧洲区域规划部长级会议通过的《欧洲区域/空间规划章程》中首次被使用，文中指出，区域/空间规划是经济、社会、文化和生态政策的地理表达，也是一门跨学科的综合性科学学科、管理技术和政策，旨在依据总体战略形成区域均衡发展和物质组织。《欧盟空间规划制度概要》中指出，空间规划是公共部门为形成合理利用土地的地域组织而制定活动影响空间分布的一种方法，从而达到平衡发展和保护环境的目的，进而实现社会和经济目标。"空间规划"一词目前仍在欧洲规划工作中使用较多。

按照空间尺度，空间规划可分为国际、国家、省（州）和市县等不同空间尺度的规划。按照法定程度和实施力度等，空间规划可分为指引性空间规划和控制

性空间规划，其中指引性空间规划为非规范性的规划，包括战略、愿景、前景和研究报告等，这类规划只是建立共识，约束力弱；控制性空间规划是规范性的、法定的规划，或有其他强制性实施机制，约束力强。此外，空间规划又可分为综合性空间规划和专项性空间规划，除综合性空间规划外，以协调为原则的土地利用、地域经济空间规划也是建立在综合性地域分析基础上的，与综合性空间规划有很大的重叠部分，但落脚点不同。为了避免各国规划体系称谓的不同，欧盟基于具有整合和协调功能的空间规划（spatial planning），逐步将各国对原有不同地域层次的规划体系整合统称为空间规划体系。

新时期、新发展、新时代的背景下，我国社会与经济面临着更多的风险与挑战。党中央提出全面深化改革的总目标是推进我国治理体系和治理能力的现代化，其中强调了生态文明建设的重要性。加强生态文明建设，需要强化生态文明领域的机制和法律规范，以制度约束并引导生态文明建设朝着预想和规划的方向发展与演进。而要落实这一目标，需要继续完善中国特色社会主义制度，将我国的制度优势继续体现在空间规划上；同时按照推进国家治理体系和治理能力现代化的要求，各相关部门要在中央的统一指导下，因地制宜地建立地区更为科学合理的空间规划体系；要不断完善制度建设，以制度推动和保障空间规划体系的建设，并加强法律保障。

二、建立自然资源空间规划体系的现状及问题

（一）我国空间开发的现状

1. 我国空间开发的基本情况

我国拥有 960 万平方千米的陆地面积，1.8 万多千米的海岸线，以及大大小小的岛屿 7 000 多个。[①] 我国的资源及物产丰富，种类较为齐全，但由于人口众多，导致人均拥有量不足；我国虽具有生态多样性，但生态环境在大多数地方都较为脆弱。而随着近年来经济的进一步发展，在不断推进经济建设同时注重各方协调的情况下，我国的国土空间开发又面临着一些新情况。

（1）经济持续较快增长，区域经济差距相对缩小。从改革开放到社会主义市场经济的实行，再到目前的全面建成小康社会，我国国民经济稳步推进、不断发展。在此期间，国家不断通过施行区域经济发展战略，包括东北振兴、中部崛起以及西部大开发战略的实施，我国区域经济得到长足的发展，中西部地区在国家

---

① 中华人民共和国中央人民政府网，http://www.gov.cn/。

战略的支持下发展步伐明显加快，区域间的相对发展差距不断缩小，但绝对差距仍然很大。

（2）城镇化水平不断推进，人口分布向东部聚集。随着经济的不断发展，城市造就了更多的就业及发展机会，人口的流动性不断增强，大量人口由农村涌向城市，由中西部欠发达地区向东部经济发达地区流动，我国的城镇化水平在此期间不断提高，人口的地域分布也更加明显，人口主要聚集在沿海、沿江等地区，而西北内陆地区人口则相对较少。

（3）经济深入发展，地区专业化分工加强，产业集聚效应明显。随着经济的不断发展，我国的产业结构不断调整，第三产业的重要性与日俱增，同时第三产业的比重也在不断增加。而就区位分布来看，第三产业在东部经济发达地区的集聚效应更强，并且其在产业结构中的比重显著高于中西部地区，而中西部地区在不断协调发展三大产业的同时，仍然是我国重要的资源和能源提供区域。

（4）土地利用用途不断变化，建设用地规模不断扩张。随着我国经济社会的不断发展，尤其是工业化和城镇化的发展，建设用地需求不断增加，城镇建设用地规模快速扩张，建设用地的增加和耕地面积的减少，导致我国的生态环境面临前所未有的压力。

2. 建立空间规划体系的必要性

（1）我国的国际竞争力亟待提高。

随着全球化进程的不断加快，我国经济在突飞猛进发展的同时，也面临着更为激烈的国际竞争。加入世界贸易组织的初期，我国利用丰富的资源和廉价的劳动力吸引了众多外商来华投资，而随着经济的深入发展，资源能源的限制以及提升技术水平和产品国际竞争力的要求，使传统粗放型的生产方式已经难以为继，转而追求集约型的生产方式。在此背景下，提高我国的国际竞争力是我国空间开发的关键环节。

（2）经济发展不协调、不可持续、不公平、不平等等问题。

尽管我国经济已经取得长足的发展，人均收入有了大幅度增长，但是却面临着收入分配差距过大等问题。同时从我国的产业结构来看，第三产业占比相对于发达国家仍然较低，同时产业升级缓慢，创新不足，公共物品供给不足，并且存在公共物品分配不均等情况，因此，空间开发必须要解决经济发展中不协调、不可持续、不公平、不平等等问题，从而使得发展惠及更多、更广大的人民群众。

（3）转变经济发展方式，助推工业化发展。

由于我国经济结构有不合理之处，同时区域间结构失衡的问题仍然严重，并且对外贸易依存度大，外需拉动的经济增长方式不可持续，因此政府应因时制宜地转变经济增长及发展方式，不断增加内需，加强建设，形成依靠内需带动的经济发展方式，同时增加公共服务的数量、调整公共服务的结构，提供更为公平、为更多城乡居民享有的基本公共服务，不断提高经济欠发达地区的经济发展能力和竞争力。

（4）深化体制改革是优化国土空间开发格局的重要保障。

我国经济发展面临劳动力供给减少、储蓄率水平不断降低、资源环境约束不断加大、全要素生产力短期内难以大幅度提高等问题，同时还需要面对日益复杂的国际形势、经济全球化的红利日益降低的情形。因此，我国需要进一步深化改革，消除制度壁垒，降低制度对经济发展的不利和限制作用，同时最大限度地发挥制度在推动和引导经济增长及经济发展方面的作用。

（5）落实生态空间用途管制是优化空间开发的重中之重。

提高生态文明建设水平，需要不断提高人们的生态环境保护意识，提高空间开发和资源利用水平，构建更为合理的国土空间规划体系，并且以生态保护和建设作为空间开发的前提条件和落脚点。构建国家空间规划体系，既是我国推进生态文明建设的客观要求，也是实现国家治理体系和治理能力现代化的重要路径，关系到国民经济与社会能否长期、持续和健康发展。

（二）我国空间规划体系的制度安排

我国迄今尚未建立起严格意义上的国家空间规划体系，现有的空间规划体系庞杂且不健全，众多空间性规划自成体系，部门规划之间缺乏衔接与协调。随着经济社会的发展，我国空间规划体系存在的问题越来越显性化，不仅规划自身的科学性、严肃性受到公众质疑，还导致了诸多矛盾与问题的出现，制约了国民经济的健康和可持续发展。

1. 国土空间规划体系不统一

（1）横向：各类规划数量众多、衔接不够。

针对不同的问题和空间领域，各级政府和职能部门分别制定了诸多不同层级、不同内容的规划，从经济、社会和生态等多元角度进行规划表达，进而组成一个复杂的体系，其中主要包括城乡建设规划、环境保护规划、社会经济发展规划等，以及交通、林业和水利等专项规划。从横向上看，由于规划编制权限分属于不同层级和不同部门，各部门、各行业的规划名目繁杂、数量众多。例如，据不完全统计，"十五"期间，国务院有关部门编制审定了156个行业规划，省、地（市）及县级地方政府编制了7 300多个各类地方性规划。同时，各部门、各行业所编制的规划之间普遍缺乏有效的衔接与协调。例如，在国家层面，发展和改革委员会（以下简称"发改委"）牵头编制的主体功能区规划，与住建部牵头编制的城镇规划体系纲要两者之间差异明显；在省级层面，各类规划间往往也缺乏足够的衔接，如《江苏省主体功能区规划（2014 年）》确定了全省"三轴、一群"的城镇化空间格局，而《江苏省城镇体系规划（2012—2030）》确定的是"一带两轴、三圈一极"的城镇空间结构；市县层面的规划内容"打架"问题更是严重。

（2）纵向：部门规划自成体系、不断扩张。

由于我国事权分立，各部门规划分散，规划内容往往存在冲突之处，因此实践中我国对各规划采取超出事权的规划延展方式应对，即规划的编制基于综合性、全局性，而规划的管理（即核心内容）则基于事权来界定。然而经济社会发展的复杂性和不确定性以及分析工具的不同，导致不同规划在同一问题判断上出现差异，这种差异又造成部门间对权力的争夺，如住建部和发改委分别在城市群规划和区域规划方面各自起主导作用，住建部的城乡规划处于一种持续扩张的态势，从传统的偏重城镇规划向全域管控转变，与其他部门事权交叉的现象屡见不鲜，而国土部门主导的土地利用规划对建设用地的管控不断加强，与城乡规划的交叉和矛盾也不断出现。

2. 空间规划缺失全局性

当前我国各类部门规划平行衔接模式的局限性已经越发明显，由于在现行规划体系中缺少法定的龙头规划与综合协调部门，缺乏能全面有效地统筹国土空间全局的顶层设计，规划"打架"现象难以从根本上得到解决，国家、省、市县层面的各类空间性规划处于"群龙无首"的局面。2000 年之后，虽然不同部门相继出台了国家层面的空间性规划，全国主体功能区规划已经逐步体现出其战略性、基础性和约束性作用，但是受到现行规划体系的制约，尚难以称之为严格意义上的国家空间规划。从市县层面看，目前的市县城市总体规划无法真正起到统筹全局的作用。

3. 发展规划与空间规划割裂，部门规划话语体系各异难对接

发展规划与空间规划割裂，造成地方发展在战略层面缺乏明确的定位目标，影响资源的合理配置。由于事权分工定位不明确，不同规划体系出于自身利益对同一空间进行重复规划，造成各种规划资源及行政资源的浪费，不仅难以对城市的发展进行有效的统筹调控，还导致了基层在规划实施上的无所适从。这类规划往往从局部出发，侧重城市物质环境的建设，忽视对城市发展的研究，如缺乏对市场和行政管理、社会资源等方面的研究，导致规划不接地气，在实际操作中易遇到强大阻力。另外，如果发展规划离开空间布局的落实和约束，也会造成一些影响地方经济长远和全局发展的重大项目越来越难以落地。重大项目的落地往往与土地利用总体规划的基本农田保护区、生态环境保护规划的生态红线区有较大冲突，使得城市的发展与布局、开发与保护在实际工作中被割裂，难以进行统筹

协调。此外，部门间规划体系的差异导致多规难以对接，这是造成地方层面开展
"多规合一"和规划统筹等工作难度大的重要原因之一。

三、"多规合一"的规划制度

"多规合一"是国家在现有规划存在部门之间规划内容冲突、规划内容矛盾、
规划缺乏有效衔接的情况下，所提倡的将现有多种规划融合到一个区域、一个平
台，从而解决现有的规划问题。在"多规合一"的规划制度下，相应的政府根据
本级政府级次拥有相应的事权，有利于社会发展规划、城乡建设规划、土地规划
的合理进行以及各部门间规划工作的协调发展。

（一）"多规合一"提出的背景和意义

习近平总书记于 2014 年首次提出"新常态"的观点，在新常态下，我国需
要不断地转变经济发展方式，以创新驱动发展，坚持走集约发展的道路。因此，
这对我国规划制度提出了更高的要求，建立适应新形势、新常态的规划制度，对
我国经济社会的健康、长足发展具有重要的意义。就目前来看，我国的规划编制
工作较为分散，部门之间横向、纵向规划编制众多，部门之间各成体系，而所编
制的规划内容又存在相互冲突的问题，这严重影响了规划的有效性和实施。因
此，建立"多规合一"的规划制度，有助于解决我国目前多头编制、部门之间规
划编制内容冲突的问题。

自然资源是人类社会存在和发展的基础，是进行生产和再生产所需的必须投
入，而自然资源具有稀缺性和不可再生性的特点，国土空间同样具有不可再生
性。无序开发、肆意浪费、国土资源无节制使用、国土空间不合理占用，导致国
土空间布局不合理、国土资源遭到浪费，进而导致环境恶化，生态系统难以合理
运转。因此，"多规合一"的提出将有利于国土资源和国土空间高效和合理的
利用。

我国目前的空间规划显现出诸多问题，空间规划不合理、不集约的问题较为
严重。建成科学合理的空间规划体系、实现良好的公共管理秩序是公共管理部门
的管理要求和职责所在。加强空间管理和空间规划体制的改革，尤其是"多规合
一"的规划体制的改革，是实现深化改革重要要求的体现和必然选择，也是协调
空间规划体系的需要。

另外，目前我国的空间规划还存在规划不足，部门之间存在规划内容冲突和
矛盾的现象，空间规划体系缺乏合理的规划制度，尚未形成有效的制度对空间规
划加以指导和保障。空间规划中规划不合理、规划无依据、无序规划等现象的出

现，折射的是我国法制保障的缺乏，因此加快实行"多规合一"的空间规划制度，是全面落实我国依法治国方略的必然要求。

（二）"多规合一"的内涵和思路

我国对国土空间规划的制度研究和法规管理始于 20 世纪，至今已有几十年的历程。2013 年我国"多规合一"规划制度提出，2014 年发展和改革委员会（以下简称"发改委"）、住建部等四部委提出在全国 28 个市县进行"多规合一"试点。但由于我国一直缺乏统一、完善、科学合理的规划制度，导致"多规合一"制度提出的早期并无可以借鉴的经验，并未在全国范围内类推行，试点工作成效并不明显。但不可否认，"多规合一"作为经济新常态下我国的规划制度，将对我国社会发展规划、城乡建设规划、土地规划的合理进行发挥重要的作用。

首先，由于"多规合一"是将国民经济规划、社会发展规划、城乡建设规划等多个规划融合到一个区域，从而解决各规划自成体系的问题，因此"多规合一"的规划制度，并不会弱化规划的本质属性。"多规合一"规划制度下的规划，是基于现实情况而对未来发展规划的统筹安排与展望，具有科学性、前瞻性和指导性，其对于规划的指导与安排，对国土空间规划、城乡建设规划、国民经济规划具有深远的影响和作用，使得规划更具有约束性和权威性。

其次，我国"多规合一"的根本目标在于改革现有的规划体制，建立更为科学合理的规划体系。我国经济社会的长远发展，要求建立既能有效满足社会的发展需求又不对生态环境造成破坏性影响的规划体系，但目前我国的规划领域存在较多问题，造成了规划建设难以达到预期效果。规划中，职能部门的确定以及各自职责与权力边界的认定，是解决规划矛盾的重要方面。"多规合一"除了将各规划融合到一个区域外，同时也强调规划管理部门之间的有效协调，解决各部门之间规划的矛盾，从而通过规划的合理、高效来促进国土空间的有效利用，实现社会经济的长足发展。

最后，"多规合一"虽是将国民经济规划、社会发展规划以及城乡建设规划等规划融合到一个区域的规划，但是其并不是简单的融合，而是各规划的有机统一和结合，从而解决现行规划自成体系、各自冲突和矛盾的问题。

"多规合一"的总体思路是：以党的十八大、党的十八届三中全会、党的十八届四中全会、党的十八届五中全会精神为引导，按照我国党中央确定的空间开发的基本要求，并且以主体功能区建设为基础，统筹协调国民经济规划、城乡建设规划、国土空间开发规划等各类规划，并且以专项数据库为支撑，以信息化为突破口，不断提高相关规划管理职能部门的规划管理能力，从而推进规划体制的改革。

（三） 我国实施"多规合一"的难点

我国现行的规划体系历经几十年的发展与演变，已经形成了固有的惯例，因此推行"多规合一"的规划制度，需要打破固有的体系与制度，在原有基础上进行突破和创新。具体来说，需要解决好以下问题：

1. 规划期限的确定问题

由于规划包括国民经济规划、社会发展规划、国土空间规划等多个规划体系，而每个规划所针对的具体对象和规划的内容又不尽相同，使得规划编制在规划时间期限上差异较大。就目前来看，国民经济和社会发展规划的期限是5年，而土地利用规划是15年，两者的期限差异很大，再加上其他各种形式的规划，规划之间的期限差异更大。较大规划期限差异，将导致难以有效地实现规划融合，使得规划的现状分析与预测变得更为困难。

2. "多规合一"规划制度下规划体系的问题

目前我国的规划主要有发展规划、城乡建设规划、土地规划等。其中，发展规划主要是进行国民经济和社会发展的规划，目的在于确定未来的发展战略、发展蓝图、发展方向、发展定位；城乡建设规划，主要是进行城市和乡村的总体规划，主要以国家和政府对城市和农村的发展政策为基础，确定城乡建设规划的目标、建设的规模以及土地利用和城乡空间布局结构；土地规划，是以土地的利用规划为主要内容，结合自然环境状况、社会经济发展条件等，对一定范围内的土地进行合理的规划和开发利用。除了上述规划外，还存在交通规划、社会事业规划等专项规划等。各类各项规划满足了我国规划的全面性及有效性，但是由于它们出自不同的部门，有着不同的规划内容，存在不同的规划期限，这使得规划在一定程度上难以有效融合，同时也缺乏统一管理。

3. "多规合一"中基础数据的问题

在规划中，规划数据对于将多个规划融合为一体十分重要。但在实际中，由于规划对象各不相同，内容存在差异，各类各项规划的数据类型以及数据来源也不尽相同，例如国民经济规划利用的是行政区划的相关数据，而土地规划则利用的是空间信息数据。由于基础数据的来源以及类型存在差异，因此难以将各种规划融合在一起进行规划和分析。

4. 不同的规划可能存在技术标准不同的问题

由于规划的内容以及类型较多，且不同的规划由相互独立的部门管理和执行，而各部门由于人员素质、技术水平和专业水平的不同，所采用的规划编制方法也存在较大差异。比如各部门的制图精度不同、比例尺选择不同，从而导致不同规划中规划用地的计算结果存在差异。

5. "多规合一"中规划管理机制的问题

有效监督是促进"多规合一"规划制度有序、高效运行的重要保障。但当前我国针对规划的监督机制并不完善，监督水平及效力参差不齐，有的规划监督具有法律的支持与约束，例如城镇规划有《城乡规划法》的制约与监督，土地规划也具有法律依据；有的具有行政约束，但是有的规划则只能依靠部门自身进行，凭借各部门自身的专业性和敏感度对规划进行监督，这不可避免地影响了规划的实施。

四、"多规合一"的规划制度在典型地区的实践探究

2014年发改委、住建部等四部委提出在全国28个市县进行"多规合一"试点，其目的是通过试点，探索具有参考性、可复制性和可推广性的，能够推广至全国的国土资源规划、社会发展规划、城乡建设规划等"多规合一"规划制度的具体思路和实施路径。

（一）厦门市"多规合一"的实践探索

厦门市被列为全国28个"多规合一"试点城市之一。厦门市委、市政府把"多规合一"作为贯彻落实党的十八大精神和提升治理能力及治理体系现代化的重要工作来抓。通过"多规合一"试点，厦门市将各个规划进行有效融合，建立起了统一的数据共享平台，提高了规划管理工作的效率，促进了规划工作的有效运行。

1. "多规合一"试点改革对于厦门市的重要意义

厦门市开展的"多规合一"试点工作，是实现厦门城市治理的重大实践，也是厦门规划制度上的创新性改革。

"多规合一"规划制度改革，有利于加快推进厦门市转型发展。厦门市作为我国改革开放后建立的首批经济特区之一，其城市经济社会的发展在改革开放四十余年来取得了举世瞩目的成就，但也面临着城市建设用地有限、人口和环境压力加大、资源约束趋紧等发展的"瓶颈"和约束。转变厦门市的经济发展方式，使之向着空间规划布局合理、产业结构合理、资源利用集约高效的方向发展已经迫在眉睫。"多规合一"的规划制度改革，为厦门市的转变提供了方法和契机，厦门市通过信息化手段建立起了统一合理、高效的城市空间规划体系，从而实现厦门市的统筹发展。

2. 厦门市"多规合一"规划制度改革的主要做法

一是制定具有长远性和方向性的城市发展战略。城市发展战略是一个城市发

展的目标和方针，是实施有效城市管理的依据，也是进行各项城市工作的指导和纲领。厦门市根据党中央的部署，并结合厦门市自身的经济和社会发展情况，制定了《美丽厦门战略规划》，该战略规划不仅注重当前的发展，更立足长远，明确提出了厦门市未来两百年的发展愿景。与国家的发展战略时间段同步，厦门市在战略规划中提出，至建党 100 周年时，要将厦门建设成为"美丽中国"典范城市；再到建国 100 周年时，要将厦门建设成为展现我国"中国梦"成果的样板城市。为了实现这一战略规划，厦门市制定了包括成为国际知名花园城市、温馨包容的幸福城市等五大城市发展定位目标，该战略规划由厦门市人大审议通过，由此为厦门市的改革提供了更为有力的保障。

二是通过构建厦门市的空间规划体系，促进厦门市"多规合一"规划制度改革。厦门市进行"多规合一"规划制度改革，首先需要建立统一的空间规划体系，建设协调统筹发展的平台。以《美丽厦门战略规划》为指引，统筹和融合国民经济和社会发展规划、城乡建设规划、国土空间规划等各个规划，形成统筹全市的"一张蓝图"；在此基础上对规划的内容加以严格、合理的确定，各个规划中明确界定城乡建设、国土空间开发的边界，确定适合本市的生态红线以及城市空间的容量。此外，构建全市统一高效的信息系统，使得厦门市能够利用高效的信息系统，并采用高效信息化的手段进行"多规合一"规划制度的改革，从而建立起统一、高效、合理、科学的规划体系，以更好地实现厦门市的持续健康发展。

三是再造审批流程。推进"多规合一"规划制度的改革，需要改革审批制度，确保审批工作的科学合理，保证改革进程中各项目的流程优化以及决策的科学、民主和有效。厦门市的"多规合一"，再造了从用地规划许可到竣工验收的项目审批流程，改变了原来复杂的多程序审批程序，推行简化的审批程序，采用"一表式"审批，即由一个窗口接收受批文件，其他相关部门通过网络平台协同办理。这不仅简化了审批手续，缩短了审批受理时间，也大大提高了审批程序的效率。比如，某个项目从审批流程到许可流程，其所需时间大大缩短，审批时间由原来的 53 个工作日缩短到现在的 10 个工作日，许可证的颁发由原来的 122 个工作日缩短到现在的 49 个工作日，同时也实现了审批信息的共享。

四是坚持党政主抓、上下联动。"多规合一"规划制度的改革涉及国民经济、城乡建设、国土空间规划等多项规划，其中涉及多个主体以及多个主管职能部门，如规划、国土、环保等部门，各部门之间需要协同创新，同时需要党政领导部门在规划改革中起到纽带作用，主抓上下联动，形成上下联动的协同机制。厦门市在规划改革中形成了以市委书记为组长的领导小组，领导小组在规划工作中主要负责定期组织召开会议、讨论工作进展、统筹协调工作中的突出矛盾和问

193

题，就遇到的问题进行专项调查研究，以确定切实可行的解决办法。对于领导小组无法组织协调解决的重大问题，主动向省直有关部门或国务院相关部门汇报，以确定合理、有效的解决办法，这为厦门市规划改革工作的深入推进提供了重要的保障。

3. "多规合一"规划制度改革的成效

厦门市试点"多规合一"规划制度改革，不仅完善了城市治理体系，实现了城市治理能力的现代化，同时也推进了厦门市政府的改革，取得了显著的成效。

首先，厦门市通过"多规合一"规划制度的改革，形成了深化改革的顶层设计。"多规合一"改革基于党的十八大以及党的十八届三中全会的指导思想，通过多领域、多部门、多层次的统筹协调，形成具有全局性和指导性的空间治理体系顶层设计。

其次，厦门市"多规合一"规划制度的改革，奠定了城乡统筹发展的重要基础。厦门市的"多规合一"规划制度改革，在理清了城乡资源环境的条件下，进行了统筹城乡的城乡建设规划，创新性地提出了生态控制线，划定了城市空间开发的边界，明确了本市的生态红线以及城市空间的容量。这使得厦门市在发展中有了明确的发展底线，从而避免了发展过程中不顾生态环境与人类社会统筹协调的肆意发展和无序发展。

再次，厦门市在"多规合一"规划制度改革中，搭建了综合管理的平台。厦门市的"多规合一"规划制度改革，通过构建全市统一高效的信息系统，利用信息系统高效信息化的手段搭建起综合管理平台。同时，通过推进审批制度的改革，促进了审批制度的科学性，使得各建设项目流程优化，决策科学、民主和有效，促使各层级职能部门由过去的被动服务变为主动服务，这将有利于政府职能的转变，由过去的管理型政府变更为服务型政府。

最后，厦门市"多规合一"规划制度改革，是厦门市在坚持依法治国思想的指导下，坚持"依法治市"的体现。厦门市在"多规合一"规划制度改革中，始终坚持依法治国方略，在规划工作和地方立法中纳入生态控制线，制定《厦门市生态控制线管理实施细则》。与此同时，明确了规划中相关职能部门的规划管理边界，明确了生态环境利用的底线以及国土空间开发与城市建设的边界，坚持在规划中遵循底线思维，建立相关部门之间的协调机制，以及有效和有力的监督考核机制，从而使得"多规合一"规划制度改革在有效的环境下运行，并且在有力的监督下运行。

（二）佛山市南海区"多规合一"实践探索

佛山市在 2015 年得到国土资源部的批准成为全国"多规合一"的 28 个试点

之一。佛山市首先明确了自身开展试点的战略目标，提出了"品质南海、精细管理"的目标，并据此编制了空间综合规划，取得了明显的改革成效。

第一，将重心放在创新顶层设计，从顶层总体布局，探索制定合理的空间规划体系。佛山市南海区试点的核心在于国土空间综合规划，用以指导规划的编制和实施。佛山市的国土空间综合规划包含了底线型、发展型和协调型三个层次，其中底线型是从宏观层面进行的规划，发展型是从中观层面进行的规划，协调型则是从微观角度进行的规划。

第二，着重建立有效的规划管控体系。佛山市南海区"多规合一"试点，从空间及用途两方面进行规划的管控，并通过制定明确的规划控制线，确定土地的分类，并对各种类土地进行分类管理。所划定的控制线具体包括基本农田控制线、建设用地开发边界、生态环境保护红线等。

第三，致力于强化路径规划，建立健全有效的制度与政策保障。佛山市南海区"多规合一"试点，形成了分层管理的审批模式，审批管理权限分别给予不同层级的部门进行管理，市政府可以受省政府委托进行审批，也可以委托区政府进行审批，以更好地进行土地用途的调整和审批。

（三）海南省的"多规合一"试点的实践探索

2015 年 6 月 5 日，党中央批准在海南省开展"多规合一"试点工作。海南省探索"多规合一"规划制度，不断提升地区的规划管理水平，大致从以下几个方面进行：

一是采用极简审批的方式。海南省自开展试点工作以来，首先推动进行了澄迈智慧新城项目，该项目也是海南全省第一个改革试点项目。海南省试点"多规合一"改革，从"一张蓝图"的顶层设计做起，全力化解规划矛盾、优化行政审批、严守生态红线，迈出步子、探索经验；将 12 个重点产业，率先在南海生态园等三个园区推行了"极简审批"，使得原来分布在各个体系中的规划清楚地呈现在一张蓝图上，从而解决了海南省规划内容冲突、规划"打架"和相互矛盾的问题。

二是共建高效的信息数字化平台。试点期间，海南省政府与国家测绘地理信息局签署了"多规合一"合作协议，以共建高效的信息数字化平台，一方面有助于规划管理部门进行更为科学、便捷的规划管理；另一方面也有利于部门之间规划信息的交流。该信息数字化管理平台汇集了全省各类规划大数据，根据地理国情普查成果，全面建成并运用"多规合一"信息数字化管理平台，为海南实现"一张蓝图干到底"提供了坚实的测绘地理信息保障。自海南省进行规划改革以来，为解决海南省规划改革中规划自成体系等问题，省测绘地理信息局经过对各类规划数据进行分析对比，发现各类规划重叠、矛盾情况比较突出，重叠、矛盾图斑有上百万块。

三是建立矛盾协调机制。为了解决各类各项规划之间的矛盾，建立有效的协调机制，海南省相关职能管理部门开展了许多有效的工作。比如从保护生态的目的出发，海南省在划定生态红线的基础上，下达了各种规划用地指标，规划用地的指标由省级政府部门下达，市县则在服从指标的前提下，开展确定更准确适用于本地区的指标状况，但省级指标始终是底线。

四是建立公众信息平台。公众信息平台的建立，为公众了解与自己工作、生活密切相关的规划工作提供了便利途径，同时可以使公众对政府的规划管理工作和目前本地区的规划状况进行有效的监督，这也对政府的规划管理工作形成了外在监督，从而迫使地区政府在规划管理工作中更为审慎，也更能从公众的角度出发进行规划管理。

（四）我国"多规合一"试点工作总结

1. "多规合一"试点的不足

随着"多规合一"规划试点工作在更广泛的地区展开，"多规合一"试点在规划编制、规划职能划分、规划期限确定以及完善信息平台等方面进行了有益的探索。但不可否认的是，我国的"多规合一"规划制度仍然存在较多的需要进一步加以完善和改正之处。

（1）部门间横向整合不足。

由于规划体系包括国民经济规划、城乡建设规划、国土空间规划等众多规划，而各规划的管理权限却划分在不同的职能部门，各部门之间往往缺乏有效的沟通与协调，从而导致部门间存在规划冲突及规划矛盾的问题。针对这类问题，各试点地区采用了不同的应对办法。主要有三种形式：①"多规合一"领导小组方式。"多规合一"领导小组，是指由政府主要领导组成的跨部门协调组织，其成立旨在编制"多规合一"的工作计划，通过指导规划工作编制，监督和检查规划的执行。海南、广州等地区即采用的就是"多规合一"领导小组方式，进行部门间的协调与沟通。②部门联席会议方式。部门联席会议是指由相关管理职能部门参与其中，通过分享彼此的相关规划及管理信息，沟通协商确定最合理、高效的规划内容，落实"多规合一"工作。漳州、江西等试点地区采用的即是部门联席会议方式。不同于领导小组的方式，部门联席会议方式中相关部门具有相互平等的地位，各部门之间的协调通过各部门之间的民主、科学讨论，协调的结果在很大程度上依赖于部门之间的相互信任，这在一定程度上会影响协调的结果。③规划委员会方式。规划委员会方式是指通过重构原规划编制部门，形成新的部门，从而实现规划的协调。以云浮为代表的地区即是通过规划委员会的形式进行部门间的协调与沟通。不同于领导小组与部门联席会议，规划委员会是将各规划职能统一整合，相当于在统一的部门内部进行规划的协调，从而解决规划自成体系和规划内容交叉、矛盾、冲突的问题，这在一定程度上能够缓解规划的冲突和矛盾问题，并降低规划协调的成本。

从试点的效果来看，领导小组、部门联席会议、规划委员会这三种形式都在一定程度上起到了规划协调的作用，但这三种形式都是以外在的协调为主，而非主要通过部门的整合，比如，"多规合一"领导小组和部门联席会议仅仅以信息交换和共同决策来约束部门之间的行为，一定程度上限制了部门协调的有效性。

（2）纵向层级间的联动不足。

纵向层级间的联动不足，是我国"多规合一"试点工作存在的另一个问题，该问题主要存在于中央和地方之间以及地方内部各层级之间。主要表现为：地方在实际工作中为了发展本地区经济，利用中央与地方在具体审批权限上的不同，以及中央与地方之间信息不对称，可能违规审批并违背中央的指导性原则；"多规合一"试点多聚集在市县政府，而缺少中央与地方之间的协调整合，中央在许多方面都无法对地方进行有效的控制和监督。比如在"多规合一"的基础规划中，中央提出以主体功能区规划为基础统筹各类空间规划，但在实际工作中各地区的基础规划并没有能够遵循中央的统一指导，厦门市的基础规划是空间战略规划，泉州市的基础规划是城乡一体化规划，而漳州市则是城市总体规划。各地区采用各不相同的基础规划，使得中央对地方规划缺乏总体的指导，带来基础规划的碎片化。

对于地方各层级之间联动不足的问题，试点地区部门之间不同层级的协调机制尚在探索中，其中成果较为显著的是广州市。广州市"多规合一"不同层级部门间的协调模式为"市区联动、三上三下"，由市政府制定总体的"三规合一"标准和规范，区政府进行具体的规划编制工作，经过市级政府和区级政府之间的上下三轮互动，最终形成规划成果。

虽然我国"多规合一"试点地区对于中央与地方之间以及地方政府部门内部上下级之间的协调机制和协调模式进行着不断探索，但是这些"多规合一"的层级协调模式仍然存在以下问题：首先，"多规合一"的协调范围和协调内容仅局限在规划的编制审批方面，而在规划的执行和监督方面协调不足，这使得规划的执行力不足，同时也缺乏监督，可能导致规划成果收效甚微。其次，现有的对"多规合一"各层级的协调模式可能存在迎合上级要求和需要的现象，而忽视公众对于规划的具体需求，可能会使"多规合一"试点工作本末倒置、流于形式，最终违背了规划的初衷。最后，"多规合一"上下级部门之间可能出于共同利益的考虑，上级政府会纵容下级政府的违规违法开发，上下级政府之间可能存在"隐形契约"，从而使得协调关系成为上下级政府之间的合谋关系。

（3）政府与社会互动缺失。

"多规合一"试点中政府和社会互动缺失的问题，在于政府和私人部门之间缺乏合作，政府在倾听公民意愿以及公民诉求方面有所欠缺，同时又由于公民相互之间的需求具有多样性，政府很难在综合所有人的诉求方面做出一个最优化的选择，在此情况下，政府部门很容易忽视大众偏好，而选择成本最低的方式。政府与社会互动缺失的另一个原因，在于政府在公共服务与公共物品供给方面具有垄断地位，公民和政府在这一层面上的地位不对等。但是，公民需要在政府治理过程中拥有更多的话语权，政府在提供公共服务时应该重视公民的主体地位。因此，在"多规合一"中，政府也应该充分考虑公民的整体需求，充分让公民参与其中，与公民进行协作式的政策制定。

目前，我国的"多规合一"试点尚未确立公民在规划中的主体地位，主要有以下几个方面的原因：一是，"多规合一"试点工作由政府主导，规划工作从报批、编制、执行到监督的整个过程，都是在部门内部上下级或是横向部门之间进行，公民并无机会参与其中并表达自身的诉求，"多规合一"仅在政府部门内部以行政权力和程序的方式被通过、执行或是监督，这使得规划的公正性和合理性难以得到保证；二是，由于公众大都作为单一个体存在，没有形成相关的社会组织来代表公众表达诉求，公民个体的分散化使得公众陷入集体行动缺失的困局，因此个体难以在规划过程中表达自身的诉求并对规划结果产生影响。

2. "多规合一"试点的改革思路

"多规合一"试点工作需要在总结现有试点成果的基础上，纠正现有试点工作中的缺陷与不足，待试点取得成果后再进行推广。

（1）规划编制建议。

一是完善规划管理机制。"多规合一"制度需要有效解决现有各类规划自成体系、内容冲突、缺乏衔接等问题。可以通过建立沟通协调与监督机制，设计好协调路径，明确各部门之间的职能划分和权力责任边界，从而有效改善"多规合一"试点工作中的管理机制问题。

二是加强空间规划顶层设计。促进"多规合一"试点工作的有效进行，需要优化空间规划的顶层设计。首先需要坚持党的十八大以及党的十八届三中全会的指导思想，同时需要坚持生态文明理念，坚持保护和节约资源的方针，以统筹资源的开发利用和保护。其次，中央应该在全国范围内制定科学合理的总体规划，比如制定全国的土地利用总体规划，并通过制定相应的法律法规来对规划进行法律保障。最后，"多规合一"规划制度的管控，应形成从中央到地方、地方上级至下级之间"自上而下"严格的管控，而上级部门在进行管控时应始终坚持底线思维，对地方触及底线的违规、违法规划进行严肃处理。

三是统一规划用地分类。"多规合一"试点工作中，应根据控制线的要求，对土地规划用地进行分类分级管理。国土部门以及相关规划部门应该根据土地的分类标准，进行土地分类，在遵循土地高效集约利用原则的基础上，对不同类型的土地进行不同的规划及管理，由不同的部门负责，同时建立指标考核体系，以确保各部门负责的部分规划落到实处。

（2）推动规划审批改革，进行审批流程再造。

完善"多规合一"规划审批，首先需要完善规划审批手续，改变原有的多层级、多部门审批程序，具体可参照厦门市"多规合一"试点中再造审批流程的做法，推进审批制度改革，推行简化式审批程序，采用"一表式"审批，由一个窗口接收受批文件，其他相关部门通过网络平台进行协同办理。其次，根据需要建立监督委员会作为规划监督管理机构，对试点改革中各项规划工作进行有效的监督检查，对符合规定的、有效的规划要予以肯定，而对不符合规定的规划，要提出质疑、责令整改，并提出处理意见，以确保规划的有效进行。

（3）完善规划管理实施制度。

一是构建统一高效的信息系统，利用信息系统高效信息化的手段搭建综合管理平台。在当前的大数据平台下，地理空间信息以及土地、规划等信息颠覆了传统的国土空间和规划管理方式，使得规划管理变得更为灵活高效。虽然目前信息技术的使用还未在我国的规划管理领域普及，"多规合一"的技术标准也尚在讨论之中，但不可否认，我国已经或即将在规划管理领域广泛地采用信息技术，以使规划管理变得更为科学与高效。

二是成立规划委员会。为了解决各部门之间可能存在的规划内容交叉、冲突和矛盾的问题，可以采用建立规划委员会的办法，由人大成立下属的规划委员会，统筹管理空间规划的实施，对重大的空间规划项目进行指导性规划和统筹。

三是建立完善的规划管理机制。规划监督作为一种外在的约束机制，对推动规划有序进行具有重要的保障意义，然而当前的规划监督却存在着监督机制不完善、监督水平及效力参差不齐等问题。因此，建立完善的规划管理机制显得尤为重要。通过制定合理的规划法律法规，促使各规划管理部门在法律法规的限制下行事。建立中央或上级领导的监督委员会，其在规划管理部门规划的事中及事后进行有效的监督，保障规划的有效进行。

3. 完善我国空间规划体系的政策建议

（1）加快空间规划编制改革，形成统一的国土空间规划体系。

空间规划是构建空间规划体系的基础，只有完整的空间规划编制，才能建立完善的国土空间规划体系，形成更为合理的国土空间规划。因此，相关部门需要不断加快空间规划编制的改革，在不断加深对国土资源、国土空间、相关地域信息了解的基础上，综合总结、优化既往的空间规划编制结果，从而形成可操作性强、可利用、可监管、合理的空间规划编制方法。

（2）推进规划体制机制改革。

为改变我国现行空间规划体系中不合理、不适用及不完善的部分，应及时进行规划体制机制的改革。首先需要确定相关的职能部门，明确在我国的空间规划体系中，哪些部门负有责任。其次要明确各职能部门的空间规划职能，确定各部门的权力及责任边界，各职能部门严格按照所确定的权力和职能边界行事，并对其各自在空间规划体系中的行为负责，建立责任追究制度。再次要消除各职能部门间职责的交叉重叠以及职责缺乏相应承担主体的情况，提高各部门运行效率，促进空间规划体系机制的高效运行。最后要在明确横向部门间职能的基础上，建立健全空间规划的管理体制，形成纵向的上级对下级部门承担职责的监督，横向的部门间相互监督的监督机制，形成合理、有效的空间规划管理体制。

（3）加快法制建设，形成空间规划的法律保障。

完善我国的空间规划体系，需要加快法制体系建设，明确各类空间规划体系的法律主体地位。完备的法律是空间规划的重要保障，通过加快推进空间规划的立法工作，给予国土空间规划明确的法律保障。

第四节　自然资源保护制度的实施战略

一、夯实自然资源保护和节约制度

（一）建立自然资源保护制度

在经济发展过程中，全社会已经意识到保护耕地资源、水资源的重要性，"绿水青山就是金山银山"的理念已深入人心，并且各地已经采取了一系列措施保护自然资源，但是由于管理不完善、法规不健全等一系列问题长期不能得到解决，耕地资源、水资源的保护现状仍不乐观。因此，必须严格地执行耕地保护制度，用制度保护土地，划定永久性基本农田保护范围，防止耕地资源进一步退化。同时，落实实施严格的水资源管理制度，合理划定水资源保护范围，加大保护力度，化解资源保护不到位的问题。严格控制围填海总量，不合理的围填海虽然会增加土地资源，但同时也对海洋资源造成难以逆转的破坏，损害脆弱的海洋生态。因此，必须要保证在能够自然恢复的基础上开发利用海洋资源，严防自然岸线消减、破坏海洋生态行为。此外，国家还需要对林地、草地、湿地和沙地建立对应的保护、恢复制度，严防过度开发利用。

（二） 构建自然资源的安全制度

完善资源保护节约的安全制度是确保资源合理利用的关键手段，有助于控制资源管理中的长期风险。

一要积极稳妥地划定生态保护红线。目前，我国划定的生态保护红线有三条，第一条是水源涵养区生态保护红线，我国城乡在开发过程中需要有健康水源的保障，它确保社会及经济良好发展，是国家生态安全的保证；第二条是城市生态保护红线，将城市生态中重要、敏感、脆弱的部分纳入保护红线内，减轻外界对城市生态的影响，为城市的健康发展提供保障；第三条是生物多样性保护红线，保证生物安全生存面积，防止因过度、不合理开垦资源造成物种灭绝现象，做好预防保护工作。在划定生态红线时，需要科学、明确、合理地制定划定的内容、标准、范围和责任主体，系统性地保护红线区内的生态安全。同时，红线的划定还需要关注重点生态功能区、生态敏感区、生态脆弱区等特殊生态区域，如森林、湿地、草原、海洋等，有的放矢地遏制生态退化。

二要监测预警资源环境承载力。资源环境承载力是一个受到人口规模、空间布局等诸多因素共同影响的综合性指标，若建立并实施了监测预警机制，可以有效评估当前的环境承载力，并找出薄弱点，对影响承载力的关键因素进行调整，有针对性地制定符合现状的资源环境相关保护政策，有效地遏制打破承载力底线的现象发生。当前我国的资源环境承载力监测预警制度尚不成熟，需要借鉴国外成功的案例，结合我国具体国情，制定一套具有中国特色的、规范化的资源环境承载力监测评价体系。同时，还要充分考虑到地区差异，分区域、有差别地严格执行监测评价，从而构建科学的资源环境承载力预警机制。

（三） 创新自然资源执法监督手段

充分利用移动互联、大数据、云计算、物联网、智能位置服务等新技术，利用"互联网＋"技术，继续完善已有的监管技术体系，进一步推动数据汇聚与集成，进一步加强以数据开放与信息公开为基础的万众监督、随机抽查、部门协同、信用约束等方面的监管机制和技术体系，进一步加强国土资源开发利用的监管并向生态文明空间的监管扩展，事前监管突出防范、预警、规范，事中监管重在监控、制约，事后监管侧重追惩、反馈，启动以大数据为基础的决策支持体系建设，逐步打造集"全面覆盖、全程监管、科技支撑、上下联动、部门协同、社会监督"于一体的网络化监管技术支撑体系，为提升国土资源治理能力和现代化提供支撑，为建立以不动产登记为基础的统一自然资源管理打下基础，为全面提升国土空间有效保护、合理布局和优化利用提供服务。在土地矿产资源监管方面，依托全天候、全覆盖遥感监测、年度变更调查和国土资源综合监管平台，加强对土地、矿产和地质环境信息化监测体系建设，尤其要进一步强化对耕地、基本农田保护、土地开发利用、矿产资源开发的监测，强化对资源开发利用的综合分析能力，为及时处置国土资源的不合理利用情况和调整管理政策提供参考。加大信息公开公示力度，拓宽公众监督渠道，提高公众监督国土资源开发利用的能力。建立国土资源诚信体系，加强对相关权利人履约的约束能力，提高权利人履约的自觉程度。完善国土资源动态巡查系统，提高资源开发利用精细化管理能力，完善比对核查系统和实地检查信息系统，提升土地督察和执法监察信息化的支撑能力。

二、建立健全资源保护节约的激励机制

有效的激励约束机制是保证资源保护节约制度切实可行的关键。相关部门要加强协调、密切配合、压实责任。

（一）完善混合型生态补偿机制

建立自然资源生态补偿机制，必须确定补偿对象，根据"谁受益、谁补偿"原则，准确地找出补偿对象。确定补偿主体，对有责任主体的，坚持"谁破坏、谁治理"原则；对无法找到责任主体的，由政府主导吸引社会资金，因地制宜开展综合整治。确定补偿标准，使补偿标准有据可依、有理可依，全面建立生态系统恢复治理保证金制度。

明确和构建生态功能区建设生态补偿机制的相关配套体系。在补偿方式上，要将单一的财政转移型方式，逐步发展为由财政转移和生态产业反哺生态方式相结合的生态补偿机制，体现出生态产业的价值。在补偿途径方面，因为以政府作为补偿主体会出现财力不足问题，致使许多区域缺乏环境保护的动力，出现生态破坏严重、环境污染难以遏制等现象，可以考虑加强建立地区间横向生态补偿制度，同时优化纵向生态补偿机制，构建创新型的纵向补偿与横向补偿相融合的混合型补偿机制，完善转移支付制度。

（二）加快资源税从价计征改革

前已述及，按从量计征方式征收资源税，不能发挥税收的调节和补偿功能，

且所产生的原本应该属于国家的超额利润被企业所占有。而采用从价计征方式征收资源税，不仅可以完善税制，发挥税收的调控和补偿功能，还可以在一定程度上促进资源的合理开发利用。此外，采用从价计征方式收取资源税，可以将税收与资源价格联系起来，调节资源产品的供给，实现价格与价值的统一，促进资源产品市场的健康发展。因此，采用从价计征方式收取资源税需在我国逐步扩展到各层次的自然生态空间。

（三）建立有效的国家公园体制

人类社会的发展离不开自然遗产资源与自然环境，但是在社会的发展过程中，却没有处理好自然遗产资源利用与保护的关系。中国虽然建立了遗产地体系，但由于存在管理薄弱、标准不一、经费不足等问题，国家公园体制所取得的成果到目前为止并不显著。我们需要借鉴国外案例的成功经验，并结合我国的具体国情，建立有效的国家公园体制。首先，在建立国家公园体制的过程中，要将资源保护放在首要位置，坚持保护优先原则，保证生态系统的真实性、完整性和可持续性发展。其次，针对管理薄弱、标准不一的问题，坚持统一规范、分级管理、权责一致的原则，推进建立统一管理机构，完善法律体系，公平保证多方参与。最后，在资产权属上，要强调国家公园的公产属性。国家公园的公产属性决定了其并不是少数人的资产，是人类社会的共同财富，要共同管理和使用，充分发挥其价值。

（四）健全完善国土综合整治机制

国土整治涉及资源利用的方方面面，是一项复杂的系统工程。因此，政府需要加快制定国土综合整治规划，整合相关工程项目和资金运用，对国土资源利用实行统筹开发、利用、保护和治理。对于生态环境脆弱或者破坏严重的地区，综合整治机制更为关键和必要。

三、建立覆盖各类全民自然资源资产有偿出让的监管制度

建立健全分工明确、内外结合的监管制度，可以从以下几个方面入手：

（一）建立自然资源资产流失的责任追究制度

建立自然资源资产流失的责任追究制度，具体包括：研究建立责任追究制度，健全重大决策评估、决策事项履职记录、决策过错认定标准等配套制度，探

索建立自然资源资产流失责任终生追究制度，并将结果与考核评价和干部选用挂钩。探索建立相关责任追究制度，完善自然资源资产有偿出让收入追究补缴制度，逐步构建自然资源使用权受让人的诚信体系。研究制定《全民所有自然资源资产权益流失责任追究办法》。

（二）建立完善各项资源出让专项监管制度

首先要完善国有土地资产监管体制。一是强化社会层面的监督，通过提高公众对国有土地资产的认识和关注，提高他们在土地管理过程中的参与积极性和认识程度，使其能够更好地理解土地行政管理，主动监督土地管理过程。同时，社会监督应建立在信息发布平台、信息披露制度和公众公开调查权力的基础上，逐步巩固监督作用。二是建立健全上一级政府对下一级政府出让土地行为的监管制度，逐步建立相配套的监督管理机制，体现制度合力的效果，以防在土地流转中出现违反法律法规的行为。三是健全问责机制，地方经济的稳定发展离不开有序的土地流转行为，对领导层违反土地划拨规定、使用土地流转费用不合规范的行为需要进行严厉惩处。

其次要完善矿业权出让监管制度。进一步强化矿产资源规划对矿业权出让的源头管控作用，推进实现全国统一的矿业权交易平台建设。一是强化事前管控。科学编制第三轮矿产资源规划，对国民经济具有重要价值的矿区、国家规划矿区和战略性矿种等编制实施专项规划，合理设置矿业权，强化规划的空间管控作用。二是完善出让交易监管。将公共资源交易平台纳入矿业权出让竞争性环节，标准化完善矿业权交易平台，建立并开放全国联网的出让信息查询系统，不断改进我国自然资源的矿业权交易规范和准则。三是优化配号监管服务。持续提升矿业权统一配号系统监管功能，建立矿业权出让异常信息捕获和分析监测系统，全面实行痕迹管理，定期通报全国配号情况，及时制止违规行为。四是改革矿业权人监管方式。强化矿业权人勘查开采信息公示，对矿业权人勘查投入、勘查开采进展、履行出让合同情况等进行监管，随机抽查，建立异常名录和严重违法名单，强化信用约束，促进矿业权人的诚信自律。

最后要加强水资源资产出让监督。一是加强对有偿出让行为的监管，确保水资源使用权有偿出让按照市场规则公正有序进行。二是加强对有偿出让后的水资源的监管，确保水资源按照规定的用途使用；加强计划用水管理和水资源统一调度管理，并将计划用水、水量调节与水权挂钩，明确水权优先次序，实行同类型水权"丰增枯减"等政策；加强水市场监管，对有偿出让后水资源使用权的再转让等行为进行监管，维护市场秩序。

（三）建立稳定的投入机制，强化政策体系保障

第一，完善政府财政转移支付与专项支付制度。调整和优化财政支出结构，逐步建立财政一般转移支付和专项转移支付制度，要与主体功能区规划和空间规划相适应。关于财政支出，要加大中央对自然保护区等天然生态地域的支持力度，有效加大对生态补偿的投入。尝试建立各地生态环境补偿专项资金池，鼓励建成对环保和生态的财政资助制度，对环保生态优秀地区予以更多资助。

第二，完善补偿资金分配办法。根据不同的生态功能区和区域社会经济发展的特点，考虑资金补偿的动态性与差异性。精准扶贫和脱贫要求国家将重点生态工程等资助的资金更多地落实到较为贫穷的地区，可以考虑采用资金补偿与生态环境保护和治理相结合的方式，确保生态补偿资金和国家重大生态工程按照有针对性的扶贫要求倾向于贫困地区。在部分贫困地区开展生态综合补偿工作试点，对生态补偿资金使用方式进行改革创新，利用生态保护补偿和生态保护工程资金安排当地有劳动能力的部分贫困人口转为生态保护人员。因建造资源项目、开发水电等需要利用集体土地资源的，对原居民以集体股权的形式进行补助，将补助资金与资源保护、合理利用、生态环境质量相联系。处理好对草原资源、自然和文化遗产资源等的收费问题，有偿使用各种资源的收入，政府应准许相关财政收入用于对各地生态的保护，完善相关征收管理的立法工作，在扩展资源税征收边界的同时，审计和监督生态补偿资金的使用。

第三，建立生态恢复保证金制度。首先，对有责任主体的，坚持"谁破坏、谁付费、谁修复"的原则，在土地复垦费、矿山地质环境恢复治理保证金的基础上，全面建立生态恢复保证金制度，按照"企业所有、专户专存、政府监管"的原则，细化保证金收支管理，确保生态环境破坏后能够得到及时恢复；对无法找到责任主体的，由政府承担整治修复责任。其次，制定《生态环境治理恢复保证金管理办法》与《生态环境恢复治理保证金缴存标准和验收办法》，确认资源经营权人保护和治理生态环境的法律责任。明确保证金管理办法，规范保证金缴纳、返还制度，制定出台科学合理的标准与验收办法。最后，采用灵活的方式确定保证金缴存方式、保证金种类选取方式、保证金的返还方式。这里的"灵活确定"指缴存生态恢复保证金，要同时兼顾将来的实际需要以及缴存主体的承受能力，依据不同类型资源的特点，灵活确定缴存方式；依据不同类型生态环境整治特点和效果，采取灵活的保证金返还方式，可分一次性返还和阶段性返还，要将环境治理验收评价结论认定为环境治理保证金返还的唯一判断标准。

四、落实自然资源资产的离任审计机制

（一）自然资源资产离任审计背景与内涵

我国经济的快速增长是以大量自然资源的耗用和生态破坏为代价的。近年来，国家提出一系列可持续的发展战略和生态文明建设方针政策：党的十六届三中全会提出健全自然资源资产监管制度，党的十七大提出形成节约资源能源与保护生态环境的增长方式、产业结构和消费模式，党的十八届三中全会上继续提出编制自然资源资产负债表、建立离任审计以及环境损害终身追究责任制。这一系列政策的出台，在表明自然资源资产管理体制改革重要性的同时，对自然资源监督与管理提出了新要求，对各级地方党政领导的考评体制做出修改，将改善民生、环境效益等指标作为考核评价的主要内容。

由于自然资源本身具有公共物品属性，容易使人们有"搭便车"行为，加之我国当前以 GDP 为核心的官员晋升考核制度，进一步降低了地方政府保护自然资源的积极性，我国形成了以高资源投入为特征的粗放型的经济增长模式，从而导致了自然资源的过度开采和浪费。为了扭转这种局面，2015 年我国开始推行领导干部自然资源资产离任审计制度，以地方各级党委和政府主要领导干部为审计对象，以自然资源资产管理和生态环境保护责任为审计内容，在被审计人离任时或者离任后进行审计。从整体来看，对领导层经济责任履行情况的评价，需要看其与环境责任等方面能否步调一致，这是对绩效审计的扩展延伸。

（二）自然资源资产离任审计制度存在的问题

1. 范围界定尚不明确，未实现信息共享

在生态环境的变化中，自然资源也不断发生变化且变化历时较长，政府官员在短短几年的任期里难以对自然资源资产的范围做出明确界定。同时，生态环境遭到破坏或者对其进行修复等需要比较长的时间，有可能在官员任期结束后才会显现。自然资源之间还会存在相互影响的情况，或者说同一种资源会存在跨地区的影响，这就会使部分地区领导干部会以自己本地区的自然资源效益最大化作为目标，可能导致其他地区资源结构和质量受到波及。进一步而言，政府官员离任审计所需数据涉及广泛，涵盖自然资源资产数量、质量、分布、产权主体等多方面信息，数据要求准确、有效可用并且时点连续，而我国各地的汇编工作还不成熟，很多工作尚未完成，目前的生态环境统计数据体系存在数据质量低下、覆盖

面小以及周期的不连续、不全面等问题，这对于编制工作具有很大挑战性。

2. 自然资源资产离任审计专业性要求高，自然资源价值量化评估较困难

为了加快建设自然资源的价值量化评估市场，政府可以引入第三方进行评估，更多地放权让市场进行自我调节，此举有利于自然资源价值量化评估行业的良性健康发展，提升自然资源评估质量，另外能够防止政府官员未认真履行职责致使数据失去真实性，有利于提升会计信息质量的真实可靠性。

国内外的自然资源一般分为水资源、湿地资源、森林资源、矿产资源等几种，从审计工作的视角来看，土地资源和林木资源的审计工作相对简单，而水资源、湿地资源等审计工作相对复杂且社会关注度很高。当前由于离任审计制度的不完善，在开展离任审计工作时一般优先将容易量化且市场化程度较高的森林、林木资源作为试点项目，再去评估那些难以量化的自然资源，通过先行试点的方法探寻出相关指标和方法，让社会公众感受到政府对生态环境问题的注重。

3. 审计任务繁重和现有审计力量不足，审计责任追究机制尚未完全建立

在实施领导干部自然资源资产离任审计的过程中，审计人员了解的主要是与财政、审计、经济等相关的专业知识，对气候、森林、矿产等自然资源环保方面的专业业务知识有所欠缺；而自然资源或生态环保等专业从业者虽然对其专业知识较熟悉，但是一般并不了解自然资源价值评估方面的技术和方法。因此，只依靠审计人员本身独立完成离任审计工作是一项较为复杂、困难的工作，这项跨专业、跨职能的工作，要求审计人员对水文监测、土地、森林测绘、矿产资源勘查等方面的专业技术和审计等多方面的知识能够融会贯通。针对这一问题，比较实际的方法是整合各个专业领域的人才，另外需要在审计方式方法上进行创新，尝试弥补审计力量不足和解决人才短缺问题。审计机关可以通过地方党委、政府的帮助和支持，通过公开招考、引进特殊人才以及政府购买社会服务等渠道，突破"瓶颈"问题，为深入开展工作提供保障。

（三）自然资源资产离任审计的目标

首先，通过自然资源资产离任审计，逐步完善国家自然资源资产监管体制，编制自然资源资产负债表，为生态文明建设成效评价体系提供有力依据。汇编制表是基础性工作，执行离任审计工作的第一步就是编制自然资源资产负债表，将不同自然资源进行量化，知晓自然资源的使用情况、是否采取措施对其进行保护或者人为毁减对生态环境产生破坏等，为建立健全生态环境毁损终身追究责任制提供基础和依据。

其次，加大跟进与资源环境资金有关的审计调查力度，使得资金管理制度日趋完善，实现生态效益和经济效益的同时提高。在进行审计工作时，要注意加强管理自然资源资产，有效监督生态环境资金来源的合法真实性、资金的筹划以及投入支出等情况，并揭示存在的问题，明确责任主体需要承担的具体责任，完善自然资源资产的监督与管理，促进环境保护资金支出的合理有效使用。在对具体工程治理项目的督查审计中，从自然资源监督管理以及环保工程的治理、规划、运行等情况着手，在关注重点项目经济效率性的同时，也要看其是否符合可持续发展战略的理念，揭露在项目中浪费自然资源和毁坏生态环境等情形，并给予适当处罚，各类工程项目需要在完成环境影响评价审批程序后才能投产建设，有效履行项目建设环境影响评价机制。

最后，从薄弱环节和权力寻租点入手，如从资源保护、开发和利用方面切入，聚焦资源的资产化管理水平、资源性资产重大流失现象、资源性资产利用和生态保护情况等。不可否认，当前的自然资源资产损耗以及生态环境问题与前期的粗放式经济增长不无关系。通过编制自然资源资产负债表，一方面能够清晰地反映领导干部在任期内其所管理的自然资源资产等在实物量和价值量上的变动情况；另一方面也能够了解自然资源的不当损毁、污染治理等方面的情况，将自然资源资产管理指标纳入官员晋升考核制度，就等同于为地方政府使用自然资源的行为施加了一个限制条件。另外，关注地方党政领导干部对生态环境是否有所作为，将终身追责制落到实处，对约束政府官员行为有积极作用。

（四）完善自然资源资产离任审计制度的建议

第一，完善相关法律，加强理论研究，夯实依法审计基础。自然资源保护和产权制度为自然资源资产离任审计工作奠定基础，我国正在逐步建立健全相关的制度保护。各地应积极组织社会专业组织、院校科研团队等机构，展开自然资源资产离任审计工作的课题调研，对课题的相关理论基础、审计技术方法、指标评价体系等展开详细的调查与研究。同时要全面收集整理生态文明建设方面的法规依据等，完善关于自然资源管理的法律法规与政策，为开展深层次的审计试点提供充分的法律基础。现阶段来看，我国关于这方面的监管督查政策的法律法规还不健全，需要明晰并落实领导干部的责任，适时进行考核测评工作，促进自然资源的可持续利用，推进中国生态文明建设以及社会可持续发展。

第二，从简到难逐步完成汇编与研究。领导层在任期间对自然资源的使用情况、是否采取措施对其进行保护或者人为毁减对环境产生破坏等是离任审计工作的主要内容。执行离任审计工作的第一步是编制自然资源资产负债表，将不同自然资源进行量化，完善计量核算体系和指标评价体系，制定领导干部离任审计的考核评价指标；第二步是开展审计，审计机关在对领导干部进行经济责任审计时应秉持科学发展理念，在执行与经济责任相关的管理决策过程中重点关注经济、社会与环境效益的均衡发展，注重落实科学发展观，遵守相关法规政策，贯彻执行决策部署和经济方针政策；最后一步是追究责任，通过审计工作知晓自然资源的耗减、增加等变动的真实可靠性，以及是否关注了生态环境效益、是否做到了绿色GDP，从自然资源资产角度探寻制定对地方各级党政领导干部任期责任的考核评价指标。

第三，关注自然资源保护情况，关注相关战略与政策的实施与落实情况。各种自然资源是人类生产与生活的重要物质基础。近年来，我国城市化进程不断加快、工业迅速发展、经济发展总量不断扩张，而这些发展与增长很多是以资源大量消耗为代价，可持续利用并保护自然资源的理念受到严峻挑战。因此需要关注国家相关战略，切实履行保护环境、节约优先的基本国策；落实科学发展方针，将环境保护和调整产业结构、优化生产生活方式联系起来；建立涵盖资源环境核算的新型国民经济核算体系。同时，要结合事中审计的及时监督作用和离任审计的威慑作用，让领导干部积极履行职责，不敢跨越资源和环境保护的红线，在科学、有效贯彻自然资源资产保护的基础上，推动自然资源资产离任审计工作的进行。

第四，加强队伍建设。各级审计机关要加强与社会专业组织、院校科研团队等机构的协调与配合，采取有效措施借鉴、学习环境科学与工程等领域的各种专业技术，对自然资源资产离任审计工作人员进行培训教育，形成离任审计与其他专业审计有机结合的整体工作布局。审计人员在自我学习与接受培训的同时，也要与所聘用的专业组织及团队互相交流配合，积极创新审计方法与技术，在绿化造林等方面合理高效运用地理信息技术提高审计质量，促进政府部门高效执政以及离任审计工作的顺利开展。

下　编

自然资源管理
体制实证研究

本编从自然资源管理的实践出发，尝试建立自然资源保护、开发、利用和监督的管理与评价体系。从方法体系的视角来看，本编涉及自然资源管理效率的评价方法、最优经济增长路径、能源环境区域布局以及自然资源管理的政策模拟等内容；从自然资源管理设计内容视角来看，本编包括对森林资源、土地资源、海洋资源、矿产资源等具体资源的评价。

本编共包括四章，具体研究内容如下：第七章主要阐述土地资源管理的内容，研究土地资源开发利用过程中的承载力问题以及城市经济结构对土地利用的影响，分析提升土地利用效率的方法和路径。第八章以矿产资源为例，研究矿产资源开发利用的效率及其对生态环境的影响，重点以能源矿产为例，考察我国能源矿产行业的开发利用情况，分析矿产资源开发与经济环境的关系，探究矿产分布、矿产资源价格等对生态环境保护和地方经济发展的影响。第九章以森林资源管理为例，分析当前我国森林资源生产以及可持续利用状况，提出我国森林资源生态安全水平的评价方法和政策建议。第十章以海洋资源为例，分析海洋资源的生态承载力以及海洋资源综合利用效率的动态变化，提出提升海洋资源管理水平的措施，以促进海洋经济、海洋生态和海洋资源的协调发展。

第七章

土地资源管理

　　本章以我国土地资源管理为研究对象，围绕土地开发管理和土地资源利用效率展开相关的实证研究。第一节运用 TEEE 模型构建我国土地资源承载力评价模型，为地区土地资源开发设定合理的目标；通过对城市土地节约利用状况的研究，分析城市经济结构对土地资源管理的影响，为城镇化发展背景下的土地管理提供理论和实践参考。第二节研究我国土地资源利用的效率，综合评价当前土地资源开发利用效率，并分析在环境偏向技术进步的条件下，各地区如何合理地安排行业用地效率，以促进土地资源管理、生态资源保护和地方经济的协调发展。第三节通过案例分析研究提升土地资源利用效率的有效措施。

第一节　土地资源开发管理

一、土地资源承载力研究

（一）研究背景

近年来，随着中国经济飞速发展，人口与环境之间的冲突越发激烈，耕地被

213

占、林地锐减、水体污染等生态不稳定事件频发。据 2014 年《国民经济和社会发展统计公报》数据显示，为实现经济的进一步发展，中国城镇化脚步随之加快，当年城镇常住人口为 74 916 万人，城镇化率已高达 54.77%。在环境问题日益严峻的背景下，城市人口增多，使得不论是农村还是城市土地资源都出现了资源滥用现象。其中 2000～2005 年，农村土地耕地面积急剧缩小，2005～2008 年农村土地耕地面积缩小趋势有所缓和，2008～2012 年农村土地耕地面积大体保持不变。

基于经济学、管理学、生态学等相关理论，科学规范土地资源的使用和管理过程，对中国可持续发展的稳步推进具有十分重要的作用，同时也是中国保证经济增长实现稳中有进的关键环节。不过，目前社会对合理管理和利用土地资源的重要性还存在认识上的不足，如果一味地放任土地退化而不加管理，将对人口规模和经济社会发展产生不可估量的影响。

中国幅员辽阔，不同区域土地资源的状况存在差异，因此不能一概而论，不能对所有地区实施同样的土地政策。此外，众所周知，农业的发展与土地资源的承载力密切相关，所以着重对农业压力进行评估的重要性逐渐凸显。有学者通过对中国的建设用地进行研究，得出中国土地在供需上存在较为严重的不平衡状态的结论，而这与中国当前提倡的区域协调可持续发展理念相违背（Xu et al.，2011）。部分学者以地中海地区的农业为研究对象，利用动态系统模型进行分析，得出农业灌溉管理是发展的下一步进程的结论（Martínez Fernández et al.，2013）。随着对土地的利用程度逐渐加深，土地有机物含量在不断减少，而这将直接影响作物产量与质量。现有研究表明，中国北部地区农业用地中有机物含量要比灌木用地的有机物含量低 10.8%，比森林用地低 39.8%。综上所述，土地承载力的研究关乎社会众多领域的发展，目前中国人口仍在不断增长，迫使我们需要重新将注意力放在挖掘建设用地的潜力与提高利用率上（Wang et al.，2016）。

为进一步实现对土地资源的有效管理，需要一个能够对各方面情况进行综合评估的合理指标，在此背景下产生了承载力的概念。承载力的基本定义是，以不干扰系统的自我修复为前提，最高效地开发自然资源。最常使用的承载力概念包括环境承载力、资源承载力、土地承载力等。其中，一些学者通过构建一个包含自然资源和环境同化体系，同时纳入生态系统服务能力和社会支持能力的综合系统（文中称为"环境承载力系统"），以宁波市为模型的使用对象，测度了宁波市的环境承载力状况，结果表明宁波市在面临环境状况时的压力指数呈现上升的趋势，并未有缓和的迹象（Liu and Borthwick，2011）；也有学者关注能源指标的评价对象及方法研究，维拉和阿卜杜拉（Vera and Abdalla，2006）以约翰内斯堡为例，构建出合理评价发展中国家能源状况的指标体系；也有一些学者选取长时期且大样本案例，对能源评价指标体系进行深入研究（Meyar - Naimi and Vaez - Zadeh，2012）。GIS 地理信息技术已经被广泛应用到环境科学，例如，很多学者将 GIS 技术运用到对资源承载力的研究上，采用基于 GIS 技术的 Ag - PIE 筛选模型，对欧洲范围内的农业压力对水资源的影响因素进行综合评估（Giupponi and Vladimirova，2006）。李刚等（2015）尝试把地理信息系统的方法与驱动力—压力—状态—影响—反应（Driving - Pressure - State - Influence - Response，DPSIR）模型结合，构建出更为合理的评价指标体系。莱恩（Lane，2010）则主要探寻了能够更好地评估区域可持续土地利用规划的承载力的方法，他通过对一系列的方法进行对比研究，认为虽然很多学者所探寻的研究方法能够解决人口承载能力问题，但目前并没有一套行之有效的方法模型能够解决所有的承载力问题。格雷摩尔等（Graymore et al.，2010）提出一种全新的能够更好地评估区域可持续发展的工具，即维持人类承载力能力（SHCC），并通过实证分析证明，其能长期有效监测某一区域的生态系统压力。

综上所述，关于自然资源承载力的研究目前已有相对较多的方法和成果，但现有研究不具有全面性，且存在研究方法普适性不强的弊端，单纯地依托某一种自然资源管理研究方法往往很难得到令人满意的结果。这些高度专门化的环境绩效评价技术缺少足够的普适性，在实际应用过程中往往很难判断哪一种具体的分析方案更为恰当。即使一些学者提出具有普适性的管理方法，但是由于其研究对象的异质性导致结果存在局限性，所以当前研究的重点应是站在现有研究之外寻找一套新型的、有效的管理方法。本案例通过提出合并经济、能源、科技与环境四大模块作为一个有机整体的理念，并力图在整体中寻找内在工作机理，真正实现土地资源的合理利用。

（二）土地承载力 TEEE 模型的构建

土地承载力属于综合性的概念，需要考虑土地资源的合理配置、土地环境的可持续发展、土地经济结构的优化以及科技与资源、经济和环境的相互协调。基于这个出发点，将土地承载力系统划分为四个子系统，分别是科技（T）、经济（E）、能源（E）和环境（E）子系统，每个子系统中均包括投入、生产与产出部门。能源子系统生产的能源产出将作为其他三个子系统中的能源投入。能源产出结合经济子系统中的劳动力和资本进行生产，期望产出一方面通过消费实现子系统的内部循环；另一方面进入科技子系统作为 R&D 支持科技研发。非期望产出一部分在子系统内部进行循环，另一部分流入环境子系统中。能源产出结合科技子系统中的科学家与 R&D 进行科技创新，产出为四种技术：一是促进能源子系统中促进能源有效开发利用的开采型技术，二是经济子系统中促进生产有效率的生产型技术，三是减少能源消耗的节能型技术，四是降低污染排放的减排型技术。科技子系统中的污染排放则直接进入环境子系统中。环境子系统则依靠自身的修复能力进行相应的"生产"，这种生产的投入为污染物，产出为经过净化以后的"清洁品"。这几个子系统相互关联，相互制约，形成科技—经济—能源—环境大系统，可将其称为 TEEE 系统，如图 7-1 所示。

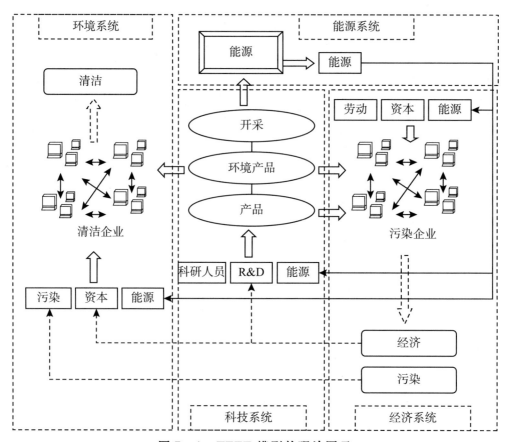

图 7-1 TEEE 模型的理论图示

由于 TEEE 模型所构成的系统涉及众多变量，无法用某个单一方程进行分析，所以尝试采用系统动力学的方法对其进行研究。首先对各个子系统分别拟合因果关系图，并模拟各个子系统的状态，当子系统的模拟值与真实值通过可信度检验时，再将各个子系统联系起来，构建 TEEE 系统动力学流图。

模型的可信度检验是运用实际数据对变量进行合理性检验，以检验所建立模型与实际经验的符合程度。其中较为简单有效的方式是对实际数据和模型运行结

果进行相对误差检验。相对误差的一般表达式为:

$$\varepsilon_{it} = \frac{y_{it}^1 - y_{it}}{y_{it}} \tag{7.1}$$

其中,y_{it}^1 和 y_{it} 分别表示第 i 个变量在第 t 年的实际值和模拟值,ε_{it} 表示第 i 个变量在第 t 年的相对误差。运用此方法判断有效性,一般来说有如下标准:当相对误差 <5% 的变量数目占 70% 以上,并且所有变量相对误差 ≤10% 时,认为模型总体仿真效果较好。

子系统模型构建情况如下:

1. 能源子系统

粮食不仅是能源子系统的重要组成部分,也是人地关系最基本的体现,主要包括产粮和用粮两部分。在能源子系统中,将粮食单产量作为核心变量,粮食单产量和粮食作物播种面积决定了粮食总产量。总人口和人均粮食消费水平决定了粮食总需求,最终粮食的总产量和总需求共同决定粮食的供需比。图 7 - 2 为因果关系图,因果关系图只是定性地表示变量间的关系,能够体现变量之间正反馈与负反馈的影响。建好各个子系统的因果关系图后,才能更有效地定量分析变量之间的数值关系。

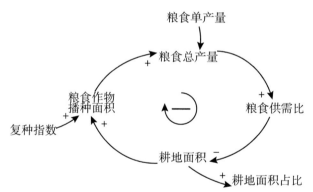

图 7 - 2　能源子系统因果关系图

2. 经济子系统

在经济子系统中,本研究将工业总产值和农田有效灌溉面积作为核心变量。就工业层面来说,工业总产值越高,经济发展越好,工业用水量就越大。同样地,农田有效灌溉面积的数量决定了农业用水量,工业用水量和农业用水量的变化会使总需水量发生变化,并最终影响水资源供需比。因果关系图如图 7 - 3 所示。

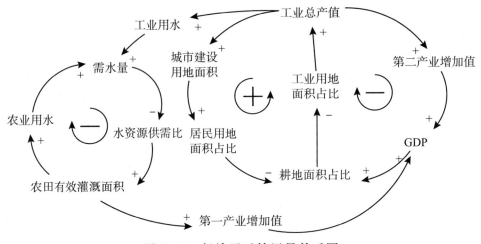

图 7-3　经济子系统因果关系图

3. 科技子系统

在农业生产及利用中，科技进步主要体现在劳动力对土地开发利用的效率提高上。所以对于土地承载力来说，人口的多寡将直接影响土地科技含量的高低，因此可以将人口作为科技因素的替代指标进行分析，并与其他子系统进行结合。这里将总人口作为核心变量，并将其分为城镇人口和农村人口。假定城镇居民、农村居民生活用水量为定值，城镇人口数量和农村人口数量将共同决定总的生活用水量，从而影响整个系统中的需水量和水资源供需比。同时，假定人均粮食消费水平一定，总人口数量的增加会增加粮食需求量，进而影响粮食供需比。人口子系统的因果关系图如图 7-4 所示，同样地，将在 TEEE 系统动力学流图中体现所有的变量指标。

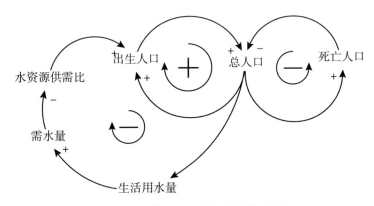

图 7-4　人口子系统因果关系图

4. 环境子系统

在环境子系统中，就环境污染方面，对水污染、大气污染和固体废弃物污染

进行重点分析，选择代表水污染程度的化学需氧量（COD）存量、代表大气污染
程度的二氧化硫存量和代表固体废弃物污染程度的固体废弃物存量作为核心变
量。结合工业总产值对三者排放量的影响，分析整个环境子系统的环境污染度情
况。就生态环境方面，将"建成区绿化覆盖面积"作为核心变量。园林绿化用水
定额随着时间的推移会发生变化，建成区绿化覆盖面积和园林绿化用水定额的改
变，共同改变着生态需水量，改变着需水总量和水资源供需比，如图7-5所示。

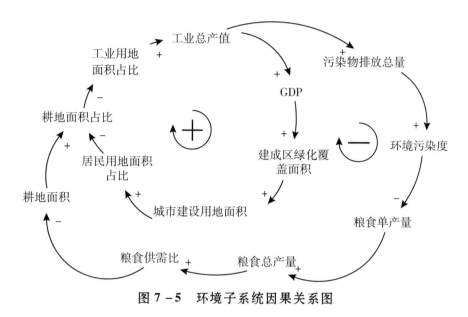

图7-5　环境子系统因果关系图

（三）TEEE 模型的系统动力学实现及优化

因果关系图可以定性描述反馈结构，但并不能定量描述各变量之间的数量关
系和变量随时间变化的规律。在构建模型时，需要在系统内部因果关系分析的基
础上，将各个子系统构成要素按内在的相互关系联系起来。于是引入状态变量、
速率变量和辅助变量等，从而建立起能够描述各变量间函数关系的系统结构图。

本研究以山东省的行政界线为空间研究边界，系统的时间边界为2003～2020
年。其中，历史数据年份为2003～2012年，模型可预测年份为2013～2020年，
时间步长为1年。设置总人口、工业总产值、农田有效灌溉面积、建成区绿化覆
盖面积、粮食单产量、COD存量、二氧化硫存量和固体废弃物存量8个状态变
量，12个速率变量，37个辅助变量和10个常数变量。在各个子系统因果关系图
的基础上，构建出完整的土地承载力系统动力学模型图（见图7-6）。

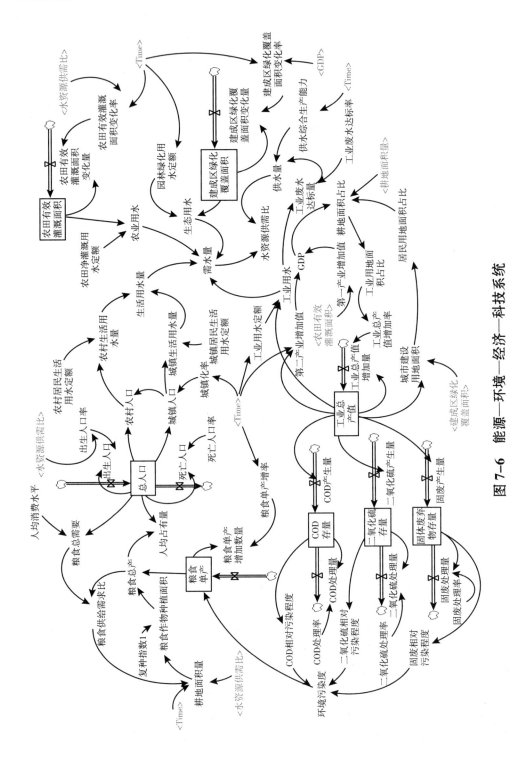

图 7-6 能源-环境-经济-科技系统

状态变量的初始值由历年《山东省统计年鉴》计算得到，数据如表 7 - 1 所示。而常数参数为系统内部变量，对状态变量起到连接的作用。本研究中涉及15 个常数变量，其中，对于在历史数据年份中变化幅度不大的常数变量，例如人口死亡率和复种指数，采用取均值的方法确定常数变量的值；人均粮食消费水平分别采用城镇和农村人口所占比重、城镇与农村人均粮食购买量、在外消费比例三者的乘积计算得到；城镇居民生活用水定额根据《山东省城市生活用水量标准》得到，农村居民生活用水定额根据城市居民生活用水定额按比例计算得到；农田净灌溉用水定额数据源于《山东省主要农作物灌溉定额》；主要常数参数取值见表 7 - 1 和表 7 - 2。

表 7 - 1   **状态变量初始值表**

状态变量	初始值
总人口（万人）	9 125
粮食单产量（千克/公顷）	5 355
工业总产值（亿元）	19 891.54
农田有效灌溉面积（万公顷）	476.079
建成区绿化覆盖面积（公顷）	77 837
COD 存量（万吨）	40.63
二氧化硫存量（万吨）	184
固体废弃物存量（万吨）	6 786

资料来源：山东省统计局、国家统计局山东调查总队编：《山东统计年鉴》，中国统计出版社 2003 ~ 2012 年版。

表 7 - 2   **常数参数表**

常数参数	数值
人口死亡率（‰）	6.34
复种指数（次）	1.5
人均粮食消费水平（千克/人/年）	386.6
农村居民生活用水定额（立方米/人/年）	21.9
城镇居民生活用水定额（立方米/人/年）	36.5

续表

常数参数	数值
农田净灌溉用水定额（立方米/公顷）	3 103.67
工业废水达标率（%）	98

注：通过绘制变量间关系的散点图，根据散点图判断变量间关系是否为线性，对于呈现线性关系的变量，通过线性回归找出变量间的关系方程式；对于非线性关系的变量，对应方程式的确定则是依靠 Vensim 软件自带的表函数。

资料来源：山东省统计局、国家统计局山东调查总队编：《山东统计年鉴》，中国统计出版社 2003～2012 年版。

根据因果关系图，可以列出能源子系统的关系式，并建立能源子系统流图，然后进行相对误差的计算（见表 7 - 3）。为节约空间，在此只列出方程和相对误差表，TEEE 全系统流图将在图 7 - 6 统一表示。能源子系统的关系式为：

$$粮食单产量 = \int 粮食单产增加量 \qquad (7.2)$$

$$粮食总产量 = 粮食单产量 \times 粮食作物播种面积 \qquad (7.3)$$

$$粮食作物播种面积 = 复种指数 \times 耕地面积 \qquad (7.4)$$

$$粮食单产增加量 = 粮食单产量 \times 粮食单产增加率 \qquad (7.5)$$

$$粮食总需求 = 人均粮食消费水平 \times 总人口 \qquad (7.6)$$

$$人均粮食占有量 = 粮食总产量 \div 总人口 \qquad (7.7)$$

$$粮食供需比 = 粮食总产量 \div 粮食总需求 \qquad (7.8)$$

表 7 - 3   能源子系统相对误差

年份	粮食单产量			耕地面积		
	数值（千克/公顷）	模拟值	相对误差	数值（千公顷）	模拟值	相对误差
2003	5 355	5 355	0.0000	7 070	7 070	0.0000
2004	5 570	5 570	0.0000	6 951	6 950	0.0001
2005	5 837	5 837	0.0000	6 908	6 907	0.0001
2006	5 848	5 848	0.0000	6 882	6 881	0.0001
2007	5 981	5 981	0.0000	6 855	6 855	0.0000
2008	6 125	6 124	0.0002	7 511	7 510	0.0001
2009	6 140	6 140	0.0000	7 150	7 149	0.0001

年份	粮食单产量			耕地面积		
	数值 （千克/公顷）	模拟值	相对误差	数值 （千公顷）	模拟值	相对误差
2010	6 120	6 120	0.0000	7 176	7 175	0.0001
2011	6 194	6 193	0.0002	7 207	7 207	0.0000
2012	6 264	6 263	0.0002	7 636	7 635	0.0001

经济子系统的关系式为：

工业总产值与农田有效灌溉面积的相关公式如式（7.9）~式（7.17）所示。同样采用因果关系图来表示经济子系统变量间的关系，如图7-3所示。

$$工业总产值 = \int 工业总产值增加量 \qquad (7.9)$$

$$工业总产值年增长量 = 工业总产值 \times 工业总产值年增长率 \qquad (7.10)$$

$$工业废水达标量 = 工业用水 \times 工业废水达标率 \qquad (7.11)$$

$$工业用水量 = 工业总产值 \times 工业用水定额 \qquad (7.12)$$

$$需水量 = 农业用水 + 工业用水量 + 生态用水 + 生活用水量 \qquad (7.13)$$

$$水资源供需比 = 供水量 \div 需水量 \qquad (7.14)$$

$$农业用水 = 农田有效灌溉面积 \times 农田净灌溉用水定额 \qquad (7.15)$$

$$农田有效灌溉面积 = \int 农田有效灌溉面积变化量 \qquad (7.16)$$

$$农田有效灌溉面积变化量 = 农田有效灌溉面积 \times 有效灌溉面积变化率$$

$$(7.17)$$

经济子系统相对误差如表7-4所示。

表7-4 　　　　　　　　经济子系统相对误差

年份	工业总产值			农田有效灌溉面积		
	数值 （亿元）	模拟值	相对误差	数值 （千公顷）	模拟值	相对误差
2003	19 892	19 891	0.0000	4 761	4 760	0.0002
2004	26 295	26 189	0.0040	4 767	4 766	0.0002
2005	35 387	35 082	0.0086	4 790	4 789	0.0002
2006	43 900	44 898	-0.0227	4 818	4 818	0.0000

续表

年份	工业总产值			农田有效灌溉面积		
	数值 （亿元）	模拟值	相对误差	数值 （千公顷）	模拟值	相对误差
2007	54 428	55 678	−0.0230	4 837	4 836	0.0002
2008	62 959	66 300	−0.0531	4 867	4 866	0.0001
2009	71 209	77 410	−0.0871	4 897	4 896	0.0002
2010	83 851	89 075	−0.0623	4 955	4 955	0.0001
2011	99 505	105 400	−0.0592	4 987	4 986	0.0002
2012	114 707	121 500	−0.0592	5 018	5 018	0.0001

科技子系统的关系式为：

$$出生人口 = 总人口 \times 出生人口率 \tag{7.18}$$

$$死亡人口 = 总人口 \times 死亡人口率 \tag{7.19}$$

$$总人口 = \int (出生人口 - 死亡人口) \tag{7.20}$$

$$城镇人口 = 总人口 \times 城镇化率 \tag{7.21}$$

$$农村人口 = 总人口 - 城镇人口 \tag{7.22}$$

$$农村生活用水量 = 农村人口 \times 农村居民生活用水定额 \tag{7.23}$$

$$城镇生活用水量 = 城镇人口 \times 城镇居民生活用水定额 \tag{7.24}$$

$$生活用水量 = 农村生活用水量 + 城镇生活用水量 \tag{7.25}$$

科技子系统相对误差如表 7 - 5 所示。

表 7 - 5　　　　　　　　人口子系统相对误差

年份	总人口			城镇人口		
	数值 （万人）	模拟值	相对误差	数值 （万人）	模拟值	相对误差
2003	9 125	9 125	0.0000	2 833	2 833	0.0000
2004	9 180	9 172	0.0009	2 951	2 948	0.0010
2005	9 248	9 220	0.0030	3 147	3 137	0.0032
2006	9 309	9 268	0.0044	3 228	3 214	0.0043

年份	总人口			城镇人口		
	数值（万人）	模拟值	相对误差	数值（万人）	模拟值	相对误差
2007	9 367	9 317	0.0053	3 436	3 417	0.0055
2008	9 417	9 366	0.0054	3 532	3 512	0.0057
2009	9 470	9 415	0.0058	3 548	3 527	0.0059
2010	9 579	9 464	0.0120	3 839	3 793	0.0120
2011	9 637	9 513	0.0129	3 945	3 894	0.0129
2012	9 685	9 563	0.0126	4 021	3 970	0.0127

环境子系统的关系式为：

$$COD\ 存量 = \int (COD\ 产生量 - COD\ 处理量) \qquad (7.26)$$

$$二氧化硫存量 = \int (二氧化硫产生量 - 二氧化硫处理量) \qquad (7.27)$$

$$固体废弃物存量 = \int (固体废弃物产生量 - 固体废弃物处理量) \qquad (7.28)$$

$$COD\ 处理量 = COD\ 存量 \times COD\ 处理率 \qquad (7.29)$$

$$二氧化硫处理量 = 二氧化硫存量 \times 二氧化硫处理率 \qquad (7.30)$$

$$固体废弃物处理量 = 固体废弃物存量 \times 固体废弃物处理率 \qquad (7.31)$$

$$环境污染度 = \sum 污染物相对污染度 \times 常数 \qquad (7.32)$$

$$建成区绿化覆盖面积 = \int 建成区绿化覆盖面积变化量 \qquad (7.33)$$

$$建成区绿化覆盖面积变化量 = 建成区绿化面积 \times 建成区绿化覆盖面积$$
$$\qquad (7.34)$$

$$生态用水 = 建成区绿化覆盖面积园林绿化用水定额 \qquad (7.35)$$

环境子系统相对误差如表 7 - 6 所示。

表 7 - 6 　　　　　　　　　　环境子系统相对误差

年份	建成区绿化覆盖面积			二氧化硫存量		
	数值 （公顷）	模拟值	相对误差	数值 （千吨）	模拟值	相对误差
2003	77 837	77 837	0.0000	1 840	1 840	0.0000
2004	87 684	87 684	0.0000	1 820	1 820	0.0000
2005	98 926	98 925	0.0000	2 000	1 993	0.0035
2006	108 411	108 410	0.0000	1 960	1 946	0.0071
2007	118 973	118 972	0.0000	1 822	1 802	0.0110
2008	129 788	129 787	0.0000	1 692	1 650	0.0248
2009	138 923	138 922	0.0000	1 590	1 564	0.0164
2010	147 904	147 903	0.0000	1 538	1 634	- 0.0626
2011	155 699	155 698	0.0000	1 827	1 796	0.0172
2012	165 409	165 408	0.0000	1 749	1 748	0.0005

　　CERI 模型的运用与推广，从最优政策标准进行测度，使用 BCC 模型来测量。保持其中的三个指标不变，改变第四个指标，同时还需要按照构造等差数列的方式改变可能的输入数值。利用 TEEE 系统有效模拟出 2020 年的总人口、工业总产值和环境污染度三项输出指标，再对得到的输入指标和输出指标进行效率评价，即可发现政策方案会产生怎样的效率，如果政府采用最高效率的方案，则能够实现整个系统的最优结果。

　　通过研究可以发现，经济发展水平对土地承载力影响较大。随着土地利用效率的提高，土地承载力也会逐渐增强，将促进和发展土地资源的集约利用。中国自 2012 年经济增速开始放缓，经济增长逐渐步入新常态，这时就更应该加快经济结构的转型和布局调整，建立新的创新模式，保证经济、资源、环境和人口的协调发展。在新常态下，政府提出将人民生活质量与环境可持续发展纳入经济评价体系，改变从前单纯从经济增速的角度评价经济的做法。

　　土地承载力的影响因素并不唯一，若在模型中考虑人口流动、政策差异以及贸易等因素，情况将更加复杂。比如在贸易中，一个国家或地区应更加充分地发挥比较优势，生产本地区优势产品，进口本地区劣势产品，那么就更加应该结合资源或环境进行生产。沿海城市则应该面向海洋开发新的经济模式，同时也要应对海洋压力、防范海洋灾害等。受限于资料和数据，本研究无法充分考虑所有情形，后续研究需要结合各类自然资源，建立完善的资源评价体系。

二、扩展指标及其在耕地利用中的应用

（一）研究背景

伴随人类活动的日益扩张，对自然资源的开发与保护也愈发得到各国政府的广泛关注（Davis and Gartside，2001；Schilling and Chiang，2011；Economou and Mitoula，2013）。为了合理使用自然资源，并评估相关政策的实施效果，一系列量化方法与指标应运而生（Fernandez，2006；Alfsen and Greaker，2007；Zhu et al.，2016）。这些指标的构建大多出于三个目的：提供有关政策标的物的信息，以便于政策制定者评估问题的严重性；识别影响政策目标实现的主要因素，以便于政策制定者出台相关措施；监控政策实施的效果（Bosch et al.，1999）。事实上，相关保护措施能否达到预期效果，很大程度上受制于政策制定者自身（Billgren and Holmen，2008；MacDonald et al.，2013）。倘若来自政策目标的保护压力越大，那么，政策制定者越会重视政策标的物，相关保护措施也越可能事半功倍；反之，即便待保护的自然资源面临严峻的枯竭局面，或者极为不平衡的分布状况，只要这些因素未被考虑进政策制定者自身的压力，那么相关保护措施将很可能事倍功半。遗憾的是，现有文献中的指标几乎都无法直接量化政策制定者自身面临的来自政策标的物的压力。

也有学者开展的一项研究正试图解决这一问题，其为了量化政策制定者的减排压力，构建了二氧化碳减排指数（Carbon emissions reduction index，CERI）（Chen et al.，2016）。在他们看来，政策压力既是一种客观反映，同时也是政策制定者自身的主观约束。不难发现，相比以往的探讨，这些研究的视角确实发生了较大转变，即更倾向于从政策制定者自身的角度来考虑问题。对于任意政策目标，决策者们无非关注两个方面的问题：规模控制与分配优化，所以可将规模控制与分配优化纳入统一分析框架，并通过 CERI 模型体现。值得一提的是，由于 CERI 模型主要以基尼系数来衡量政策目标的分配优化问题，陈等（Chen et al.，2016）还巧妙地采用基尼系数增量分解理论对 CERI 模型进行了分配优化部分的分解，并发现来自人均规模变动、人口份额变动以及地区排序变动的影响。

然而，CERI 模型的运用与推广亟须解决以下两个关键问题：（1）对政策标的物规模控制方面的分解；（2）对不同政策压力群组差异的分解。本节试图解决这两个应用过程中的难题，并为该指标的推广提供建议与指导。在自然资源与能

源经济领域，分解研究十分普遍（Ang and Zhang，2000）。大体来讲，该领域的分解方法可以划分为结构分解与指数分解两大类（Hoekstra and Van der Bergh，2003）。相比前者，后者对数据的限制较少，近些年得到广泛运用。对数平均指数分解（Log Mean Decompostion Index，LMDI）模型逐渐成为最主流的指数分解理论（Xu and Ang，2013；Ang，2015）。昂（Ang，2015）详细阐述了 LMDI 的发展历程，并在此基础上总结了八大类 LMDI 模型，每一类 LMDI 模型形式都对应特定的应用视角与数据。其中，第 2 类 LMDI 模型和第 4 类 LMDI 模型主要用来分解以除法分式形式表现的规模变动，这一形式恰好满足对 CERI 模型规模控制部分的分解要求。因此，可以将第 2 类或第 4 类 LMDI 模型嵌入 CERI 模型中，并以此挖掘影响政策标的物的规模变动，进而分析政策压力指数变动的诸多因素。由于第 4 类 LMDI 模型无法像第 2 类 LMDI 模型那样满足加总一致性（consistency in aggregation）（Ang and Liu，2001），因此更倾向于采用第 2 类 LMDI 分解技术。需要注意的是，LMDI 分解技术并不能直接对 CERI 模型进行群组分解，这是因为 CERI 模型由两部分组成，而只有规模控制部分满足除法分式形式。在指数分解方法的发展历程中，孙（Sun，1996；1998）提出的分解方法可以不局限于特定的乘积形式，也被后续的研究者称作改进的拉氏指数模型（Refined Laspeyres index model）（Zhang and Ang，2001；Diakoulaki and Mandaraka，2007；Zhang et al.，2009）。该种分解思路的核心在于"联合构造并平均分配"（jointly created and equally distributed）原则，每一影响指数变动的因素都应被同等对待，而它们的交互影响也应被平均分配。尽管一些学者曾质疑该种处理残差项的方法，并认为该种假设的合理性无法被证明，可是对于 CERI 模型而言，分布优化部分和规模控制部分被同等对待显然具有实际意义，因为无论是总量还是结构，政策制定者都不会偏废（Albrecht et al.，2002）。所以，完全可以借鉴改进的拉氏指数模型的分解思路对 CERI 模型进行群组分解，并以此寻找影响不同政策压力群组之间差距变动的诸多因素。

耕地资源关乎国计民生。尽管世界上许多国家都出台了相应的保护政策（Jayne et al.，2014；Duangjai et al.，2015；Galinato and Galinato，2016），然而，要想在保持经济稳定增长的同时，真正实现耕地资源的合理开发与保护却绝非易事。正如威兹等（Wise et al.，2009）所言，21 世纪最大的挑战即是合理配置稀缺的土地资源。一方面，工业化和城镇化的加快推进必然要求占据更多的耕地资源（Liu et al.，2010；Deng et al.，2015；Chen et al.，2016），而世界人口规模的逐年扩张也需要更多的耕地资源来维持粮食生产（Timah et al.，2008；United Nations，2014；Zaharia and Zaharia，2015）；另一方面，人类无法一味地开垦新的耕地，因为伴随耕地开垦而来的往往是森林的砍伐与生态系统的破坏（Izquierdo and Grau，2009；Wang et al.，2016；Smart et al.，2016）。这些矛盾在发展中国家尤为突出，特别是中国作为世界上人口最多和国土面积较大的国家，人均耕地资源极度稀缺（Xue et al.，2016）。"谁来供养中国"绝不仅仅是中国政府面临的棘手问题，更是一个世界层面的难题。目前，中国正处于重要的转型时期：经济上由传统计划经济走向市场经济，社会上由封闭的农业社会走向开放现代的工业社会和城市社会（Li et al.，2015）。无论是城镇边界的扩围、农村非农产业的发展，还是大规模的城乡人口流动、迅速转变的就业结构，都直接或间接地侵蚀着耕地资源，并给中国政府的耕地保护带来巨大的压力（Long et al.，2012；Chen et al.，2014；Liu et al.，2014）。以中国东部地区为例，城镇化的推进在 20 世纪末仅会带来 7% 的耕地消失，而到 2008 年前后，这一影响已经超过29.2%（Deng et al.，2015）。诚然，中国政府已采取许多措施来保护耕地资源，但收效甚微（Bullock and King，2011），甚至部分看似保护耕地资源的政策，例如鼓励农民进入小城镇，实则加速了耕地资源的"非农化"进程（Deng et al.，2015）。所以，对于中国政府而言，如何让耕地保护政策压力同时体现耕地资源规模的变化以及在区域间分布的变动尤为重要。这也正是本节基于中国耕地资源数据，通过测算耕地保护政策压力，验证拓展的政策压力指数模型的根本原因。

本节可能存在的主要贡献包括以下三点：第一，首次尝试构建政策压力指数模型的一般化公式，并采用第 2 类 LMDI 分解技术对其进行因素分解；第二，借鉴"联合构造并平均分配"的分解原则，对政策压力指数模型进行群组分解；第三，首次尝试量化中国耕地保护的政策压力，并将其变动归因于耕地利用结构、农业生产效率、产业结构、相对经济发展水平、经济规模以及耕地分布差异。

（二）指标扩展方法及数据

1. 政策压力指数：一个基础模型

虽然陈等（2016）提出 CERI 模型的初衷在于测度政策制定者的减排压力，并为政府自身的减排工作制定一个可供量化的目标，然而，由于任何政策的执行都会涉及规模控制与分布优化的问题，所以，CERI 模型总是可以被一般化地运用到各种政策压力的量化研究中。其一般化公式如下：

$$PPI_y = \frac{X_t}{X_b}\left[1 + \left(\sum_{z=1}^{z}\omega_z \cdot \frac{G_{z,t}}{G_{z,b}+G_{z,t}} - 0.5\right)^{\gamma}\right]，若 \sum_{z=1}^{z}\omega_z \cdot \frac{G_{z,t}}{G_{z,b}+G_{z,t}} > 0.5$$

（7.36）

或者，

$$PPI_y = \frac{X_t}{X_b}\left[1 - \left(0.5 - \sum_{z=1}^{Z}\omega_z \cdot \frac{G_{z,t}}{G_{z,b} + G_{z,t}}\right)^\gamma\right], \text{若} \sum_{z=1}^{Z}\omega_z \cdot \frac{G_{z,t}}{G_{z,b} + G_{z,t}} \leqslant 0.5$$

$$(7.37)$$

其中，PPI 表示政策压力值；X 表示政策目标的规模控制；G 表示政策目标的分布优化，以基尼系数衡量；y 代表所需量化压力的特定政策；z 代表构建基尼系数的标准，如人口；ω 代表第 z 种基尼系数在政策目标分布优化中的重要性，即对分布优化的影响权重；γ 代表政策制定者的政策压力容忍参数；t 和 b 分别代表报告期和基期。

由于报告期和基期之间的政策目标基尼系数之差可正可负，而政策压力的数值必须为非负（负值的压力无实际意义），所以，陈等（2016）在设定这一政策压力指数模型时既列示了报告期政策目标基尼系数大于基期政策目标基尼系数所适用的模型，即式（7.36），也列示了报告期政策目标基尼系数小于基期政策目标基尼系数所适用的模型，即式（7.37）。事实上，为便于该政策压力指数模型的拓展，还可以合并式（7.36）和式（7.37）。如下所示：

$$PPI_y = \frac{X_t}{X_b} \times \left[1 + \left(\sum_{z=1}^{Z}\omega_z \times \frac{G_{z,t}}{G_{z,b} + G_{z,t}} - 0.5\right)^\gamma\right]^{I^*}$$
$$\times \left[1 - \left(0.5 - \sum_{z=1}^{Z}\omega_z \times \frac{G_{z,t}}{G_{z,b} + G_{z,t}}\right)^\gamma\right]^{I^{**}} \quad (7.38)$$

其中，I^* 和 I^{**} 为示性函数，且

$$I^* = I\left(\sum_{z=1}^{Z}\omega_z \times \frac{G_{z,t}}{G_{z,b} + G_{z,t}} > 0.5\right) = \begin{cases} 1, & \sum_{z=1}^{Z}\omega_z \times \frac{G_{z,t}}{G_{z,b} + G_{z,t}} > 0.5 \\ 0, & \sum_{z=1}^{Z}\omega_z \times \frac{G_{z,t}}{G_{z,b} + G_{z,t}} \leqslant 0.5 \end{cases},$$

$$I^{**} = I\left(\sum_{z=1}^{Z}\omega_z \times \frac{G_{z,t}}{G_{z,b} + G_{z,t}} < 0.5\right) = \begin{cases} 1, & \sum_{z=1}^{Z}\omega_z \times \frac{G_{z,t}}{G_{z,b} + G_{z,t}} < 0.5 \\ 0, & \sum_{z=1}^{Z}\omega_z \times \frac{G_{z,t}}{G_{z,b} + G_{z,t}} \geqslant 0.5 \end{cases}$$

值得一提的是，作为政策压力的容忍参数，γ 的取值也必须是非负的。一方面，政策压力的容忍程度为负值无实际意义；另一方面，一旦 γ 取负值，则政策制定者对政策目标分布优化的容忍程度越高，$\left(\sum_{z=1}^{Z}\omega_z \times \frac{G_{z,t}}{G_{z,b} + G_{z,t}} - 0.5\right)^\gamma$ 和 $\left(0.5 - \sum_{z=1}^{Z}\omega_z \times \frac{G_{z,t}}{G_{z,b} + G_{z,t}}\right)^\gamma$ 反而越大，政策压力值也随之越大，这与常识显然恰恰相反。所以，在陈等（2016）研究的基础上，本部分对 γ 的定义域进行了调整。

不仅如此，政策压力指数模型的规模控制方面也应做更一般化的设定。倘若政策压力针对的是那些具有负外部性、对社会经济产生不良影响的目标，如温室气体排放量，则规模控制方面应由 $\dfrac{X_t}{X_b}$ 反映；倘若政策压力针对的是那些具有正外部性、对社会经济发展具有重要价值的目标，如耕地面积，则规模控制方面应由 $\dfrac{X_b}{X_t}$ 反映。

下文以耕地保护政策压力为例进行经验分析，因此，赋予式（7.38）中的变量以特定含义，并做些许简化[①]：

$PPI_y = PPI_{clu}$，耕地保护的政策压力；

$X_t = CLU_t$，报告期的耕地播种规模；

$X_b = CLU_b$，基期的耕地播种规模；

$G_{z,t} = G_{p,t}$，报告期的区域间人均耕地播种规模差异程度；

$G_{z,b} = G_{p,b}$，基期的区域间人均耕地播种规模差异程度；

γ，政策制定者的耕地保护政策压力容忍参数。

那么，耕地保护的政策压力就可表述为如下形式：

$$PPI_{clu} = \frac{CLU_b}{CLU_t} \times \left[1 + \left(\frac{G_{p,t}}{G_{p,b} + G_{p,t}} - 0.5 \right)^{\gamma} \right]^{I^*} \times \left[1 - \left(0.5 - \frac{G_{p,t}}{G_{p,b} + G_{p,t}} \right)^{\gamma} \right]^{I^{**}}$$

$$(7.39)$$

其中，$I^* = I(G_{p,t} > G_{p,b}) = \begin{cases} 1, & G_{p,t} > G_{p,b}, \\ 0, & G_{p,t} \leqslant G_{p,b}, \end{cases}$

$I^{**} = I(G_{p,t} < G_{p,b}) = \begin{cases} 1, & G_{p,t} < G_{p,b} \\ 0, & G_{p,t} \geqslant G_{p,b} \end{cases}$

倘若报告期和基期的区域间人均耕地播种规模差异程度不发生变化，则耕地保护的政策压力取决于耕地播种规模在报告期和基期之间的变动，两者呈负相关关系；倘若报告期和基期的耕地播种规模不发生变化，则耕地保护的政策压力取决于区域间人均耕地播种规模差异程度在报告期和基期之间的变动。报告期相比基期的人均耕地播种规模基尼系数越大，耕地保护的政策压力就会越大。倘若报告期和基期的耕地播种规模不发生变化，并且区域间人均耕地播种规模差异程度也不发生变化，则耕地保护的政策压力取决于政策制定者的政策压力容忍参数。假设政策制定者高度关注人均耕地播种规模的区域差异，则会赋予耕地利用政策目标的分布优化方面以更大的权重，相应的政策压力容忍参数将会变小，耕地保

[①] 一般来讲，政策制定者主要关心的是区域间人均耕地播种规模的差异，因此对政策目标的分布优化进行了简化，仅选取一种标准作为构建政策目标基尼系数的依据。

护的政策压力就会随之变大。倘若耕地播种规模、区域间人均耕地播种规模差异程度以及政策制定者的政策压力容忍程度都发生变化，则耕地保护的政策压力取决于这三方面影响的相对大小。

2. 政策压力指数分解：LMDI 分解模型

对政策压力指数进行分解有助于揭示影响政策压力变化的驱动因素。尽管陈等（2016）尝试利用基尼系数的增量分解理论来探讨人均规模变化、人口份额变化以及地区排序变化对压力指数的影响，可是在政策目标的规模控制方面并未采取任何分解技术来实现规模的因素分解，这也导致规模变动的诱因被封闭于"黑箱"之中。为了打开这个"黑箱"，本部分拟采用 LMDI 分解技术对政策压力指数的规模控制方面进行分解与剖析。

LMDI 分解模型是近年来被广泛运用的指数分解理论之一。相比其他指数分解模型，如拉氏指数（Laspeyres index）和对数平均迪氏指数（Arithmetic Mean Divisia Index，AMDI）等，LMDI 分解模型不仅能够合理解释各种驱动因素的相对大小及作用传导机理，而且还具备完美分解和消除 0 值影响等诸多优势（Ang and Zhang，2000；Ang 2015）。昂（2015）曾对 LMDI 模型进行梳理，并从数量或强度、加法或乘法、一步或两步程序（quantity or intensity、additive or multiplicative、one-step or two-step procedure）三个方面将其划归为八类。由于政策压力指数模型中政策目标的规模控制是以基期与报告期的规模之比衡量，因此，仅第 2 类和第 4 类 LMDI 分解模型适于嵌入政策压力指数模型。为了满足加总一致性，拟选择第 2 类 LMDI 分解模型。

耕地利用类别的变迁与耕地播种面积的增减是耕地保护政策的重要关注点。一方面，伴随社会经济的发展和生活水平的提高，居民对农产品的消费也随之发生改变（Alexander et al.，2015；Bennetzen et al.，2016），农产品需求结构的升级很大程度上引导着耕地利用类别的调整；另一方面，伴随工业化和城镇化进程的加快，越来越多的农业用地被变更为城建用地（Liu et al.，2010；Deng et al.，2015；Chen et al.，2016）。如何在保护耕地与促进经济增长之间找到平衡点至关重要。为了将上述影响纳入一个统一的框架内分析，设定如下公式：

$$CLU = \sum_i \sum_j \frac{CLU_{ij}}{CLU_i} \frac{CLU_i}{GOVA_i} \frac{GOVA_i}{GDP_i} \frac{GDP_i}{GDP} GDP \qquad (7.40)$$

其中，CLU_{ij} 和 CLU_i 分别表示第 i 个省第 j 种类型耕地的播种规模以及第 i 个省耕地的总播种规模，$GOVA_i$ 表示第 i 个省的种植农业总产值，GDP_i 和 GDP 分别代表第 i 个省和全国的生产总值。为简化分析，定义如下：

$$LS_{ij} = \frac{CLU_{ij}}{CLU_i}，\text{第 } i \text{ 个省的耕地利用结构；}$$

$$LE_i = \frac{CLU_i}{GOVA_i}，\text{第} i \text{个省的农业生产效率；}$$

$$IS_i = \frac{GOVA_i}{GDP_i}，\text{第} i \text{个省的产业结构；}$$

$$PD_i = \frac{GDP_i}{GDP}，\text{第} i \text{个省的相对经济发展水平。}$$

式（7.40）可进一步写成：

$$CLU = \sum_i \sum_j LS_{ij} \times LE_i \times IS_i \times PD_i \times GDP \qquad (7.41)$$

假定 D_{scale} 表示报告期和基期之间耕地播种规模的变化，则依据第 2 类 LMDI 分解模型的分解思路，可以得到：

$$D_{scale} = \frac{CLU_b}{CLU_t} = D_{LS} \times D_{LE} \times D_{IS} \times D_{PD} \times D_{GDP} \qquad (7.42)$$

其中，　　$D_{LS} = \exp\left[\sum_i \sum_j \frac{L(CLU_{ij,b}, CLU_{ij,t})}{L(CLU_b, CLU_t)} \ln\left(\frac{LS_{ij,b}}{LS_{ij,t}} \right) \right]$，

$$D_{LE} = \exp\left[\sum_i \sum_j \frac{L(CLU_{ij,b}, CLU_{ij,t})}{L(CLU_b, CLU_t)} \ln\left(\frac{LE_{i,b}}{LE_{i,t}} \right) \right]，$$

$$D_{IS} = \exp\left[\sum_i \sum_j \frac{L(CLU_{ij,b}, CLU_{ij,t})}{L(CLU_b, CLU_t)} \ln\left(\frac{IS_{i,b}}{IS_{i,t}} \right) \right]，$$

$$D_{PD} = \exp\left[\sum_i \sum_j \frac{L(CLU_{ij,b}, CLU_{ij,t})}{L(CLU_b, CLU_t)} \ln\left(\frac{PD_{i,b}}{PD_{i,t}} \right) \right]，$$

$$D_{GDP} = \exp\left[\sum_i \sum_j \frac{L(CLU_{ij,b}, CLU_{ij,t})}{L(CLU_b, CLU_t)} \ln\left(\frac{GDP_b}{GDP_t} \right) \right]。$$

$L(CLU_{ij,b}, CLU_{ij,t}) = \dfrac{CLU_{ij,b} - CLU_{ij,t}}{\ln CLU_{ij,b} - \ln CLU_{ij,t}}$ 和 $L(CLU_b, CLU_t) = \dfrac{CLU_b - CLU_t}{\ln CLU_b - \ln CLU_t}$ 均

为对数平均加权数，且满足 $L\left(\sum_i \sum_j CLU_{ij,b}, \sum_i \sum_j CLU_{ij,t} \right) = L(CLU_b, CLU_t)$。那么，耕地保护政策压力指数就可写成：

$$PPI_{clu} = D_{LS} \times D_{LE} \times D_{IS} \times D_{PD} \times D_{GDP} \times \left[1 + \left(\frac{G_{p,t}}{G_{p,b} + G_{p,t}} - 0.5 \right)^{\gamma} \right]^{I^*}$$

$$\times \left[1 - \left(0.5 - \frac{G_{p,t}}{G_{p,b} + G_{p,t}} \right)^{\gamma} \right]^{I^{**}} \qquad (7.43)$$

诚然，在不同时期，政策制定者对区域间人均耕地播种规模差异的容忍程度存在差别，但为简化分析，并便于政策压力指数在分布优化方面的分解，仍然借鉴陈等（2016）的做法，将容忍参数 γ 取 1。此时，对于政策制定者来讲，来自规模控制部分的压力与来自分布优化部分的压力同等重要。式（7.43）亦可简

化为：

$$PPI_{clu} = D_{LS} \times D_{LE} \times D_{IS} \times D_{PD} \times D_{GDP} \times \left[1 + \left(\frac{G_{p,t}}{G_{p,b} + G_{p,t}} - 0.5 \right)^{\gamma} \right]^{I^*}$$

$$\times \left[1 - \left(0.5 - \frac{G_{p,t}}{G_{p,b} + G_{p,t}} \right)^{\gamma} \right]^{I^{**}}$$

$$= D_{LS} \times D_{LE} \times D_{IS} \times D_{PD} \times D_{GDP} \times \left[1 + \left(\frac{G_{p,t} - G_{p,b}}{2(G_{p,b} + G_{p,t})} \right) \right]^{I^*}$$

$$\times \left[1 - \left(\frac{G_{p,b} - G_{p,t}}{2(G_{p,b} + G_{p,t})} \right) \right]^{I^{**}}$$

$$= D_{LS} \times D_{LE} \times D_{IS} \times D_{PD} \times D_{GDP} \times \left[1 + \left(\frac{G_{p,t} - G_{p,b}}{2(G_{p,b} + G_{p,t})} \right) \right] \tag{7.44}$$

根据乔蒂卡帕尼奇和格里菲斯（Chotikapanich and Griffiths，2001）的研究，基尼系数在报告期和基期之间的增量可分解为人均规模变动、人口份额变动以及区域排序变动三个方面，所以，

$$G_{p,t} - G_{p,b} = M_L + M_P + M_R \tag{7.45}$$

其中，M_L 表示在人口份额和区域排序固定于基期水平的条件下，由耕地播种规模变化引起的区域间人均耕地播种规模基尼系数的变化；M_P 表示在耕地播种规模和区域排序固定于基期水平的条件下，由人口份额变化引起的区域间人均耕地播种规模基尼系数的变化；M_R 表示由耕地播种规模变化导致的区域排序变化，进而引起的区域间人均耕地播种规模基尼系数的变化。

将式（7.45）代入式（7.44）中，可得，

$$PPI_{clu} = D_{LS} \times D_{LE} \times D_{IS} \times D_{PD} \times D_{GDP} \times \left[1 + \frac{M_L + M_P + M_R}{2(G_{p,b} + G_{p,t})} \right] \tag{7.46}$$

此时，可测得耕地利用结构、农业生产效率、产业结构、相对经济发展水平、经济规模以及耕地分布差异对耕地保护政策压力指数的影响，并可近似以 $D_{M_L} = \dfrac{M_L}{2(G_{p,b} + G_{p,t})}$、$D_{M_P} = \dfrac{M_P}{2(G_{p,b} + G_{p,t})}$ 和 $D_{M_R} = \dfrac{M_R}{2(G_{p,b} + G_{p,t})}$ 分别表示规模变动、人口份额变动以及区域排序变动对耕地分布差异的影响。

3. 政策压力指数分组分解

虽然政策压力指数能够较好地反映一国（或地区）政策压力的总体演变趋势，然而每一子区域政策压力的变动可能不尽相同，各类影响因素的相对大小及作用方向也可能存在差别，所以对不同政策压力水平的群组进行比较分析十分重要。

假设有政策压力高的地区 h 与政策压力低的地区 l，那么两类地区的政策压力指数可分别写成：

$$PPI_{clu}^{h} = D_{LS}^{h} \times D_{LE}^{h} \times D_{IS}^{h} \times D_{PD}^{h} \times D_{GDP}^{h} \times \left[1 + \frac{M_L + M_P + M_R}{2(G_{p,b} + G_{p,t})} \right] \quad (7.47)$$

$$PPI_{clu}^{l} = D_{LS}^{l} \times D_{LE}^{l} \times D_{IS}^{l} \times D_{PD}^{l} \times D_{GDP}^{l} \times \left[1 + \frac{M_L + M_P + M_R}{2(G_{p,b} + G_{p,t})} \right] \quad (7.48)$$

由于政策压力的分布优化是针对整体设计的,所以无论是政策压力高的地区 h,还是政策压力低的地区 l,区域间人均耕地播种规模的基尼系数都应取相同值,即 $M_L^h = M_L^l = M_L$,$M_P^h = M_P^l = M_P$,$M_R^h = M_R^l = M_R$,$G_{p,b}^h = G_{p,b}^l = G_{p,b}$,$G_{p,t}^h = G_{p,t}^l = G_{p,t}$。为了消除群组分解过程中产生的残差项,根据相关研究提出的"联合构造并平均分配"原则(Sun,1996;1998),两类地区政策压力的差异可分解为:

$$\Delta PPI_{clu} = PPI_{clu}^{h} - PPI_{clu}^{l} = E_{D_{LS}} + E_{D_{LE}} + E_{D_{IS}} + E_{D_{PD}} + E_{D_{GDP}} + E_{D_M} \quad (7.49)$$

其中,$E_{D_{LS}}$,$E_{D_{LE}}$,$E_{D_{IS}}$,$E_{D_{PD}}$,$E_{D_{GDP}}$ 和 E_{D_M} 分别表示耕地利用结构、农业生产效率、产业结构、相对经济发展水平、经济规模以及耕地分布差异对高、低压力群组之间政策压力差距的影响。这里取 $D_M = 1 + \frac{M_L + M_P + M_R}{2(G_{p,b} + G_{p,t})}$,以便书写。

4. 数据来源

本部分采用 1997 ~ 2014 年中国 31 个省份(港、澳、台除外)的相关数据,对中国耕地保护的政策压力进行量化及分解。主要涉及耕地的播种面积、种植农业总产值、地区生产总值以及人口规模等指标。耕地播种面积数据来自历年《中国农村统计年鉴》(DRSNBSPRC,2015)。根据该项数据源,中国各省的耕地主要从事粮食、棉花、麻类、蔬菜、瓜果、青饲料、糖料、烟叶、药材和油料 10 大类的生产。种植业产值、地区生产总值以及人口规模数据均来自历年《中国统计年鉴》(NBSPRC,2015),其中,人口规模以年末人口数表示,国内生产总值(GDP)以 31 个省份的地区生产总值加总得到。

(三) 中国耕地利用的实证分析

1. 耕地保护政策压力的演变

基于环比法和定基法,图 7-7 和图 7-8 分别报告了 1997 ~ 2014 年中国耕地保护政策压力的演变趋势。

基于环比法分析,中国耕地保护的政策压力呈现小幅波动增长的态势,同时,政策制定者对区域间人均耕地播种规模差异的容忍程度越低,即 γ 越大,中国耕地保护政策压力曲线的波幅也越大。这说明,倘若政策制定者仅仅关注本年相比上一年的耕地保护情况,那么中国耕地保护的政策压力将不会出现较大幅度的变化。图 7-7 数据显示,中国耕地保护的政策压力值大体围绕 1 ~ 1.05 上下波动,且波动幅度仅为 0.01% ~ 0.42%。之所以呈现这种变动特征,是因为任一相邻年份里中国任一省份的耕地播种规模都没有出现大幅度的增加或削减，这可能得益于研究时期内，中国没有出现较大范围的自然灾害或农业丰收。即便如此，相邻年份里中国各省耕地播种规模的小幅变动，也可能对中国耕地保护的政策压力产生较大影响。倘若政策制定者对省际人均耕地播种规模的差异程度较为敏感，则越低的政策容忍度，越可能诱发耕地保护政策压力值的变动（见图7-7）。

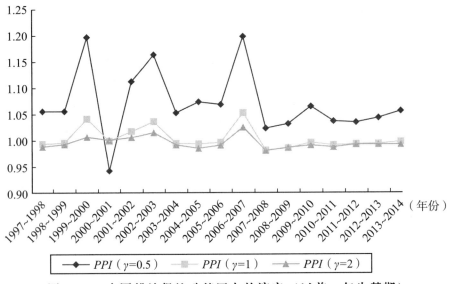

图 7 - 7　中国耕地保护政策压力的演变（以前一年为基期）

　　虽然环比法下中国耕地保护的政策压力没有显著的上升或下降，但是倘若政策制定者关注整个研究时期耕地保护政策压力的演变，那么相应的结果就很可能发生变化。图7-8即是采用定基法得到的验证结果。中国耕地保护的政策压力曲线显然存在两阶段波动特征：政策压力于1997～2007年间波动上升，并于2007～2014年间迅速下降。不仅如此，政策制定者对省际人均耕地播种规模的差异程度越敏感，中国耕地保护政策压力曲线的倒"U"型演变特征就越明显。上述结果主要受到省际相对耕地播种面积变化的影响。1997～2007年，虽然中国总体耕地播种规模维持在1.5亿公顷，但是省际耕地的分布差异却在迅速扩大，所以该时期的中国耕地保护政策压力一直呈现上升趋势；2007～2014年，由于差异化农业发展战略的实施，东部地区围绕城镇需求和国际市场发展效益农业，中部地区定位于粮棉等大宗农产品的生产，西部地区着重发展生态农业和特色农业，不仅中国总体耕地播种规模不断扩大，而且省际耕地的分布差异增速也在放缓，所以该时期的中国耕地保护政策压力转而处于下降趋势。

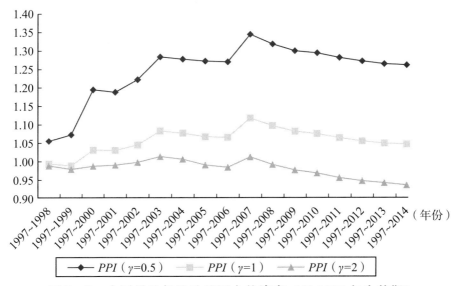

图 7 - 8　中国耕地保护政策压力的演变（以 1997 年为基期）

图 7 - 9、图 7 - 10 和图 7 - 11 分别报告了两个子研究时期（1997～2007 年和 2007～2014 年）以及整个研究时期（1997～2014 年）中国 31 个省份的耕地保护政策压力状态。① 假设存在五种耕地保护政策压力状态：压力很小（PPI_{clu} < 1.0）、压力较小（1.0 ≤ PPI_{clu} < 1.5）、压力一般（1.5 ≤ PPI_{clu} < 2.0）、压力较大（2.0 ≤ PPI_{clu} ≤ 2.5）与压力巨大（PPI_{clu} > 2.5），那么，可将中国各省份耕地保护政策压力的分布特征归纳如下。

1997～2007 年，中国大部分省份的耕地保护政策压力都较小，黑龙江、吉林和河南的政策压力值更是小于 1。相比之下，东南沿海地区的部分省市，如上海、浙江、福建、广东和海南等，它们的耕地保护政策压力则较大；这一时期的最高压力值出现在北京，达到 2.7960，几乎是黑龙江的 3.22 倍。不难发现，耕地保护政策压力相对较小的省份主要位于中国内陆地区，而压力相对较大的省份则位于经济发达的东南沿海地区和京津地区。这说明，该时期中国总体耕地保护政策压力的波动上升主要归因于东部经济发达地区的"农转非"进程。由于东南沿海地区和京津地区的经济发展水平较高，产业结构升级和城镇化进程也相对较快，所以，为了配合和保障这些地区的发展，相关政策制定者往往将大片的耕地资源转变为城镇用地和工业建设用地。

---

① 由于数据缺失，本书暂不考虑香港、澳门和台湾地区。图 7 - 9、图 7 - 10、图 7 - 11 中以空白表示。

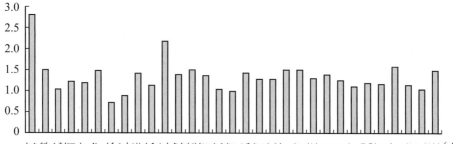

图 7 - 9　中国各省区耕地保护政策压力的分布情况（1997～2007 年均值）

2007～2014 年，中国大部分省份的耕地保护政策压力都比前一时期有所下降（除了河南从前一时期的 0.9916 小幅上升至这一时期的 1.0046 外）。除黑龙江和吉林继续保持很低的耕地保护政策压力外，贵州、云南、新疆、湖南、湖北、广西、辽宁、重庆、甘肃、内蒙古、四川、海南、江西和陕西等 14 个省市的耕地保护政策压力值均下降至低于 1 的水平。不仅如此，东南沿海地区和京津地区的耕地保护政策压力也在这一时期出现了明显下降。同时，北京的耕地保护政策压力依然最高，达到 1.9706。不难发现，耕地保护政策压力状态改观较大的省份主要集中于中国北部地区、中部地区和西南地区，而东南沿海地区和京津地区的压力状态虽也改观不少，但仍处于相对较高的水平上。这说明，该时期中国总体耕地保护政策压力的波动下降主要得益于中西部农业发达地区耕地资源的合理利用与大规模的开垦。不仅如此，这一时期还存在一些耕地保护政策压力状态无较大变化的省份，例如，西藏、青海、宁夏、山西、河北和江苏等。显而易见，这些省份主要包括两类：其一是生态环境相对脆弱的地区，限于恶劣的自然条件，这类地区往往密集地使用现有耕地资源，总体上，短期内这类地区既不会出现大面积的耕地削减，更不可能开垦大面积的新增耕地；其二是矿产资源较为丰富的地区，长期以来，这类地区的发展重心都在于开发矿产资源，如煤炭、石油、铁矿等，专注于重工业的发展模式，促使这类地区的农业耕种用地不仅不会大幅开垦，甚至还将逐步减少。

倘若从整个研究时期（1997～2014 年）来看，中国耕地保护政策压力的状态分布更具地域特征。其中，政策压力较大的省份主要位于东南沿海地区和京津地区，政策压力较小的省份主要位于中西部地区，政策压力很小的省份主要位于北部地区、西南地区以及粮食主产区（如河南）。对比图 7 - 11 的结果，不难发现，耕地保护政策压力与经济发展、产业结构关系密切。经济发达地区的耕地保护政策压力普遍较大，同时，这些地区也是第二、第三产业占据主导地位的区域，

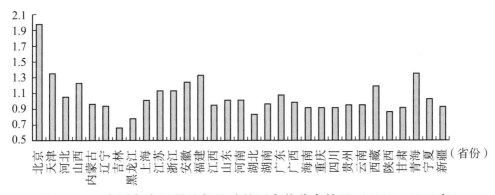

图 7－10　中国各省区耕地保护政策压力的分布情况（2007～2014 年）

而经济相对落后的地区，其耕地保护政策压力普遍较小，当然，这些地区也是农业经济较为发达的区域以及主要的农作物产区。

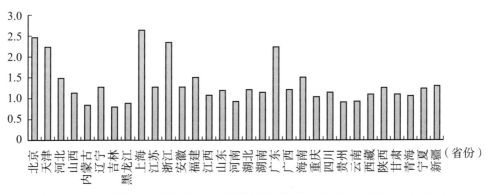

图 7－11　中国各省区耕地保护政策压力的分布情况（1997～2014 年）

2. 耕地保护政策压力的因素分解

图 7－12 报告了中国耕地保护政策压力的因素分解结果。可以看出，农业生产效率（DLE）和产业结构（DIS）始终是诱发耕地保护政策压力增加的最主要因素。1997～2007 年，中国耕地保护的政策压力值上升至 1.1164（假定 1997 年的政策压力值等于 1），其中，由产业结构和农业生产效率带来的增加量分别高达 93.27% 和 76.38%；2007～2014 年，中国耕地保护的政策压力值又下降至 0.9403（假定 2007 年的政策压力值等于 1），此时，由农业生产效率和产业结构带来的增加量依然最大，分别达到 109.64% 和 11.47%。倘若考虑整个研究时期，则中国耕地保护的政策压力值仅上升至 1.0461（假定 1997 年的政策压力值等于 1），与两个子研究时期一致，由农业生产效率和产业结构带来的增加量仍旧保持前列，两者分别引起 264.19% 和 115.42% 的增加量。表明增加单位耕地面积的产值，提高农业生产效率，发展第二、第三产业，促进各地产业结构的优

化，是抑制中国耕地保护政策压力过快上升的重要举措。

经济规模（DPD）是抑制耕地保护政策压力上升的重要因素。1997～2007年、2007～2014年以及1997～2014年，该因素分别带来72.18%、58.96%以及88.4%的减少量。这表明大力发展经济，特别是促进非农产业的发展，有助于缓解中国整体耕地保护政策压力过快增加的局势。相比之下，省际耕地分布差异、相对经济发展水平以及耕地利用结构对耕地保护政策压力波动的影响则较小，仅分别引起15%、5%和1%的变动量。这说明目前省际耕地分布差异（DM）、经济发展差异（DGDP）以及耕地利用结构（DLS）差异并未严重到显著影响中国整体耕地保护政策压力的程度。

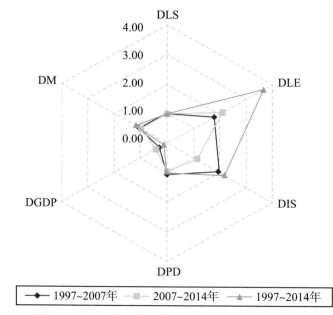

图 7 - 12　中国耕地保护政策压力的因素分解

注：DLS——耕地利用结构；DLE——农业生产效率；DIS——产业结构；DPD——相对经济发展水平；DGDP——经济规模；DM——耕地分布差异。

图 7 - 13 报告了中国耕地分布差异变动的分解结果。可以看出，由耕地播种规模变化（DML）引起的耕地分布差异变动最为显著；其次是由人口份额变化（DMP）带来的影响；由耕地播种规模变化（DMR）导致的区域排序变化，进而引起的区域间人均耕地播种规模基尼系数变化的影响最微弱。平均来讲，这三个因素的影响程度分别达到 58.46%、23.16% 和 18.38%。说明要想优化耕地的分布差异，进而缓解中国耕地保护政策压力过快增加的局面，推动省际新增耕地的平衡配置势在必行。

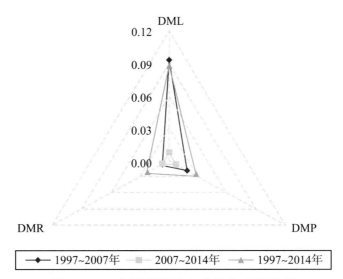

图 7 – 13　中国耕地分布差异变动的分解

3. 耕地保护政策压力的群组分解

对耕地保护政策压力进行群组分解，是剖析高、低政策压力地区之间差异成因的重要手段。为控制群组选择偏误，图 7 – 14 至图 7 – 18 分别报告了最高和最低政策压力在 1%、5%、10%、20% 以及 50% 省份之间差异的分解结果。[1] 尽管不同口径下的高、低压力群组之间耕地保护政策压力差异的测算结果存在数值上

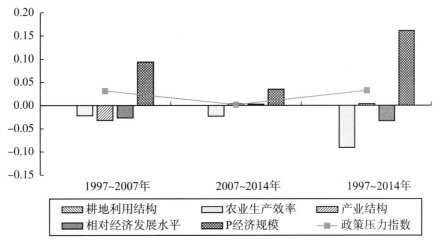

图 7 – 14　中国耕地保护政策压力的群组分解（最高 1% 省份与最低 1% 省份）

---

① 1%、5%、10%、20% 以及 50% 分别对应最高、最低政策压力的 1 个省、2 个省、3 个省、6 个省以及 15 个省的分解口径。

的差别，可是耕地利用结构、农业生产效率、产业结构、相对经济发展水平以及经济规模等影响因素的相对大小及作用方向基本保持一致。

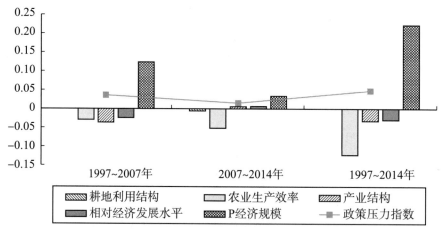

图 7－15　中国耕地保护政策压力的群组分解
（最高 5％省份与最低 5％省份）

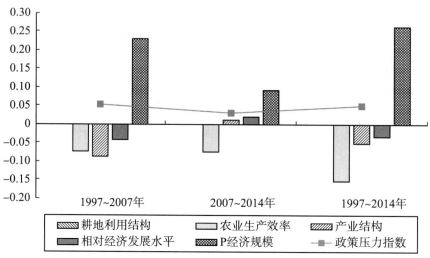

图 7－16　中国耕地保护政策压力的群组分解
（最高 10％省份与最低 10％省份）

自然资源管理体制研究

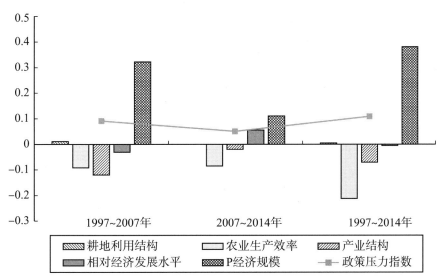

图 7 – 17 中国耕地保护政策压力的群组分解

（最高 20％省份与最低 20％省份）

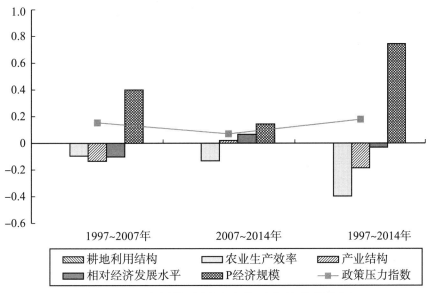

图 7 – 18 中国耕地保护政策压力的群组分解

（最高 50％省份与最低 50％省份）

　　首先，三个时期内，经济规模和耕地利用结构始终是诱发高、低政策压力地区之间耕地保护政策压力差距扩大的因素。经济规模因素不仅是促使政策压力差距扩大的最重要动因，而且该因素的影响程度还远远超过那些抑制政策压力差距扩大的动因。结合前文的结论，经济规模因素是抑制耕地保护政策压力上升的重要因素，并且该因素也是造成高、低政策压力地区之间差距的最大动因，所以，促进地区间经济的协调发展至关重要。即便如此，耕地利用结构因素的正向影响却始终微乎其微，其在五种分解口径下的影响程度基本处于 3.913×10^{-5} ~ 0.0022。

其次，三个时期内，农业生产效率始终是抑制高、低政策压力地区之间耕地保护政策压力差距扩大的重要因素。综合五种分解口径下的作用可以发现，该因素的影响程度基本可以达到 0.0171 ~ 0.3806。结合前文的结论，说明增加单位耕地的农作物产值，提高农业生产效率，不仅能缩小不同政策压力群组之间的差距，而且还能进一步缓解中国整体耕地保护政策压力过快增长的局面。

最后，在耕地保护政策压力上升的时期（1997~2007 年与 1997~2014 年），产业结构和相对经济发展水平会有助于缩小高、低政策压力地区之间耕地保护政策压力的差距，而在耕地保护政策压力下降的时期（2007~2014 年），产业结构和相对经济发展水平又会带来高、低政策压力地区之间耕地保护政策压力差距的扩大。可见，产业结构和相对经济发展水平对政策压力群组之间差距的影响是非线性的。当耕地保护政策压力处于上升通道时，具有不同产业结构和相对经济发展水平的省份，其压力差距随之扩大，为了缩小这一差距，需要优化产业结构，发展第二、第三产业，并协调省际的经济发展；当耕地保护政策压力处于下降通道时，高、低政策压力地区之间耕地保护政策压力差距的扩大速度逐步放缓，此时，调整后的产业结构与协调的经济发展水平，必然促使耕地播种大规模地削减，进而再次引起高、低政策压力地区之间耕地保护政策压力差距的扩大。

（四）主要研究结论

现有研究缺乏对政策压力的定量评估，如何量化政策压力成为明晰政策标的物发展态势以及制定切实可行措施的重要保障。基于陈等（2016）构造的压力指数，首先一般化其形式，并指出该指数的普遍适用性。其次，采用第 2 类 LMDI 分解技术和基尼系数增量分解理论对一般化的政策压力指数进行分解，并将其变动归因于耕地利用结构、农业生产效率、产业结构、相对经济发展水平、经济规模以及耕地分布差异等，其中，耕地分布差异因素又进一步被分解为人均规模变动、人口份额变动以及区域排序变动三个子诱因。再次，为了探究政策压力高与低的根源，借鉴现有研究提出的"联合构建日平均分配"原则（Sun，1996；1998），分解两类政策压力地区的压力差距，并从耕地利用结构、农业生产效率、产业结构、相对经济发展水平、经济规模以及耕地分布差异六个方面进行剖析。在此基础上，基于 1997~2014 年中国 31 个省份的耕地播种面积数据，采用实证分析对上述理论推演结果进行验证。主要发现如下：

首先，测算耕地保护政策压力的前提是明确政策制定者的意图。倘若政策制定者关注相邻年份政策压力的演变，那么1997～2014年，中国耕地保护的政策压力将呈现小幅波动增长的态势，同时，政策制定者对区域间人均耕地播种规模差异的容忍程度越低，中国耕地保护政策压力曲线的波动幅度将会越大。倘若政策制定者关注1997年之后每一年相比1997年的政策压力，那么1997～2014年，中国耕地保护政策压力将呈现倒"U"型变动特征，并以2007年为拐点。

其次，中国耕地保护政策压力状态的省际分布与经济发展、产业结构等密切相关。无论是政策压力处在上升通道的1997～2007年，还是政策压力处在下降通道的2007～2014年，抑或整个研究时期，耕地保护政策压力较大的省份均分布在经济相对发达的区域，如东南沿海地区和京津地区；相反，耕地保护政策压力较小的省份则大多分布在经济相对落后的区域，或者主要的农作物产区，如北部地区和西南地区。

再次，在影响中国耕地保护政策压力变动的因素中，农业生产效率和产业结构始终保持着较大的正向影响，而经济规模则保持着较大的反向影响，同时，省际耕地分布差异、相对经济发展水平以及耕地利用结构的作用相对较小。进一步分解耕地分布差异因素发现，由耕地播种规模变化引起的耕地分布差异变动最显著，其次是人口份额变化带来的影响，而由耕地播种规模变化导致的区域排序变化，进而引起的区域间人均耕地播种规模基尼系数变化的影响最微弱。

最后，在造成中国耕地保护政策压力大、差距小的诸多因素中，经济规模和耕地利用结构始终保持着正向作用，前者的影响程度最大，后者则非常微弱；农业生产效率始终保持着反向作用；产业结构和相对经济发展水平则产生非线性的影响，即在耕地保护政策压力处于上升通道时产生反向作用，处于下降通道时产生正向作用。

尽管本节以耕地保护政策压力为例进行了实证分析，但政策压力指数的运用并不局限于此，同时，政策压力指数及其分解本身也还存在着深化的可能性。例如，对政策压力指数的规模控制部分进行归一化处理，以便于直接测算规模控制和分布优化对政策压力变化的贡献；尝试将分布优化部分的值与每一个省区挂钩，这样在进行政策压力指数的群组分解时，就可以获得来自分布优化因素的影响。

第二节 土地资源利用效率分析

一、土地资源综合利用效率的共同前沿分析

(一) 研究背景

在中国城镇化水平不断提高的背景下，部分省区政府忽视了城市的人口与经济聚集能力，盲目扩大市政面积使得城市边缘出现脱离规划、脱离管理的失控性面积增长，这很大程度上是由现行的土地财政制度导致的。在经济持续增长的情况下，如何降低土地城镇化率、提高城市本身利用率是亟待解决的问题。

效率研究的主流方法是数据包络分析（Data Envelopment Analysis，DEA），其在发展过程中衍生出多种扩展形式。其中，出现较早的投入导向径向模型仍被广泛使用，该模型要求测量实际组合与有效率组合前沿面距离时，必须沿着原点到观测值的距离进行衡量。随着研究的深入，针对土地利用率的研究，已逐渐从单一的投入径向转化为同时考虑投入和产出的方向，这是因为土地效率通常被定义为单位面积的产值，其变化既可能与土地投入变化有关，也可能与土地产出变化有关。产出量研究弥补了投入量研究模型中可能出现的产出"不足量"而非投入"过度量"。因此，考虑投入和产出的非导向 DEA 模型可以同时实现压缩投入与扩大产出的目标，应用较为广泛。

在理论计算中，部分 DEA 模型所计算出的最优值并不是一个等式，而是以不等式方式表达的数值区间，这种情况被称为要素存在松弛量。处在松弛量范围内的数值，没有达到最优效率，但其改进空间易被忽视。例如部分学者直接以决策单元的观察值作为方向，没有考虑松弛量为模型带来的影响，从而高估效率（Chung et al.，1997）。法勒等（Fare et al.，1989）提出一种选择方向向量的方法，将向量的长度约束为 1，根据松弛量解得方向向量，该模型被称为内生方向向量（endogenous directional vectors）模型。本研究主要从穷尽松弛量的角度选择方向，在内生方向距离函数模型基础上，提出新的测度土地使用效率的模型。为解决不同规模城市之间的异质性问题，将共同前沿方法引入内生方向距离函数模型，并基于中国城市数据，采用该模型计算共同前沿土地使用效率和群组前沿土地使用效率，对共同前沿土地使用效率加以分解，探讨不同城市土地使用效率差

异的来源。

（二）研究方法与数据来源

1. 一种新的内生方向距离函数模型

方向选择是构建方向距离函数模型的关键，法勒等（2013）的模型基于松弛值选择方向，具有避免效率高估的优势。基于此，修改外生约束形成新的内生方向距离函数模型，以提升模型的解释力度。模型构建如下：

$$\beta^* = \max\beta$$

$$\text{s. t.} \sum_{n=1}^{N} \lambda_n K_n \leqslant K_0, \quad \sum_{n=1}^{N} \lambda_n L_n \leqslant L_0,$$

$$\sum_{n=1}^{N} \lambda_n B_n \leqslant B_0 - \beta g_B, \quad \sum_{n=1}^{N} \lambda_n Y_n \geqslant Y_0 + \beta g_Y, \tag{7.50}$$

$$\sum_{n=1}^{N} \lambda_n G_n \leqslant G_0, \quad g_B + g_Y = B_0 + Y_0, \quad g_B \geqslant 0, \quad g_Y \geqslant 0$$

其中，N 为城市个数，K 为资本投入，L 为劳动投入，B 为土地投入，Y 为城市 GDP，G 为绿地面积，λ 为权重系数，(g_B, g_Y) 为待解的方向向量。模型的直观解释为，对于观测值 $(K_0 L_0 B_0 Y_0 G_0)$ 而言，将沿着 (g_B, g_Y) 这一方向压缩土地投入和扩张 GDP，从而计算出土地使用效率 β^*。上述模型因其对特定投入和产出的调整形成了特定要素测量模型。模型的改进之处在于，以 $g_B + g_Y = B_0 + Y_0$ 为约束，即以观测值的长度衡量，改变原有方向约束值为 1 的情况，使得模型可以同时考虑方向向量的方向和大小。

式（7.50）为非线性规划，使用法勒和罗格斯科普夫（Fare and Grosskopf, 2004）提出的方法，首先解得如下线性规划：

$$\max(\alpha_B + \alpha_Y)$$

$$\text{s. t.} \sum_{n=1}^{N} \lambda_n K_n \leqslant K_0, \quad \sum_{n=1}^{N} \lambda_n L_n \leqslant L_0,$$

$$\sum_{n=1}^{N} \lambda_n B_n \leqslant B_0 - \alpha_B \cdot 1, \quad \sum_{n=1}^{N} \lambda_n Y_n \leqslant Y_0 + \alpha_Y \cdot 1, \tag{7.51}$$

$$\sum_{n=1}^{N} \lambda_n G_n \leqslant G_0, \quad \lambda_n \geqslant 0, \quad n = 1, \cdots, N$$

由式（7.51）解得土地投入的过度量 α_B^* 和 GDP 产出的不足量 α_Y^*。进而，联立方程组（7.52），可求得最优方向 g_B^*，g_Y^* 和距离 β^*：

$$\beta g_B = \alpha_B^*$$
$$\beta g_Y = \alpha_Y^* \tag{7.52}$$
$$g_B + g_Y = B_0 + Y_0$$

运算中的"匹配"原则表现为：如果某一方向上的过度量或不足量为 0，那么方向向量对应的分量设置为 0。式（7.52）符合充分识别的条件，可解。基于法勒等（1994）的研究，非线性优化问题（7.50）等价于线性优化问题（7.51）和联立方程（7.52）结合。

基于式（7.52），进一步可得：

$$\beta = \frac{(\alpha_B^* + \alpha_Y^*)}{(B_0 + Y_0)} \tag{7.53}$$

其中，分子为"联合"改进量，即土地投入的过度量和 GDP 产出的不足量之和；分母为基础量，即土地投入和 GDP 产出之和。该式在经济学上体现为"联合"改进百分比，不仅体现松弛值，同时具有充分的经济学含义。若不考虑离群值，则有 $0 < \beta^* < 1$。

2. 基于改进内生方向距离函数的共同前沿分析

实际上，不同群组中的决策单元，由于生产机会和环境存在差异，其生产技术集也必然不同。在本书中，不同规模的城市面临的环境差异较大，一方面，城市规模影响基础设施建设水平（市区人口超过 300 万时才可以建地铁[①]）；另一方面，大城市拥有较强的集聚效应，优良的教育、医疗、科技和文化等资源更多地流向大城市，扩大了与小城市之间的生产环境差异，导致大小城市间生产技术集的差异化。

一些研究针对分别估计不同决策单元集合前沿的情况，提出共同前沿分析方法（Hayami et al.，1985）；也有研究进一步将其应用于 DEA 模型（Christopher et al.，2008）。不过，上述研究使用的均是径向产出距离函数，本书则基于内生方向距离函数模型进行共同前沿分析。

在模型中，效率 β^* 是负向指标，假设距离函数的结果为 0.3，则说明"联合"压缩投入—扩大产出的最大比例为 30%，或者说技术潜力为 30%。数值越大说明该决策单元离前沿面越远，效率越低。基于克里斯托弗等（Christopher et al.，2008）提出的方法，共同前沿的技术效率可表示为：

$$MTE = 1 - \beta^* \tag{7.54}$$

组群前沿的技术效率可表示为：

---

① 该项规定来自《国务院办公厅关于加强城市快速轨道交通建设管理的通知》，很多学者认为这种规定依据不足，已经没有存在的必要。

$$GTE^j = 1 - \beta^{j*} \tag{7.55}$$

其中，β^{j*} 为使用第 j 组决策单元样本计算的方向距离函数。

理论上，两者之间的关系为 $GTE^j \geqslant MTE$，当等式成立时，群组前沿与共同前沿重合；当不等式成立时，群组前沿与共同前沿存在差异。基于上述两个效率指标，可以定义第 j 组群的共同技术率（meta-technology ratio）：

$$MTR^j = \frac{MTE}{GTE^j} \tag{7.56}$$

共同技术率是对共同技术前沿和组群技术前沿的接近程度的度量，又可描述不同决策单元的运作环境（operating environment）。政策制定的基础可以是决策单元本身的技术效率（GTE^j），也可以是决策单元的运作环境（即 MTR^j），MTR^j 度量的环境改进潜力是负向指标，其值越趋近于 1，环境改进潜力越小；越趋近于 0，改进潜力越大（Christopher et al.，2008）。对该指标加以调整，可得正向运作环境改进潜力指标：

$$EIP^j = 1 - MTR^j \tag{7.57}$$

实证分析部分以中国地级市及以上级别的 288 个城市（除港澳台地区）为研究主体，基于数据代表性和可得性，不包含县级行政区域的市辖区。投入指标包括：劳动投入，以年末劳动力人数表示（Labor，单位：十万人）；资本投入，以固定资产投入表示（Capital，单位：百亿元）；土地投入，以建成区面积表示（Land，单位：10 平方千米）。产出指标包括地区生产总值（GDP，单位：千亿元）和绿地面积[①]（Green，单位：千公顷）。以上数据主要源于《中国城市统计年鉴 2015》《中国区域经济统计年鉴 2015》和各省市统计年鉴。

基于《关于调整城市规模划分标准的通知》可知，汕头属于特大城市，但它明显区别于这一类城市[②]，将其剔除；此外，由于数据缺失，剔除廊坊、衡水、成都和拉萨，总样本量为 283 个。考虑到计算分组平均效率和组群效率对平均分组容量的要求，按照《关于调整城市规模划分标准的通知》中的分组标准加以合并。基于组内差异最小的原则，归并较少的超大城市和特大城市组到超大特大城市组，归并Ⅰ类小城市和Ⅱ类小城市为小城市组，最终形成新的五大类。为便于计算，上述归并分组在后续研究中有所调整。表 7-7 给出五类城市数据的描述性统计结果，各项指标在各个分组间都有非常大的差异。

---

① 已有文献普遍没有考虑绿地面积，绿地面积有利于提高城市生态多样性和改善城市生态环境，中国的《国家新型城镇化规划（2014-2020 年）》也对城市绿地提出要求，因此有必要将绿地面积作为土地的产出纳入考虑。

② 一方面，汕头人口在大城市和特大城市人口标准之间徘徊；另一方面，汕头人口的增长主要是基于行政区划的调整，因此归于大城市更加符合汕头市人口特征。

表7-7　　　　　　　　5类城市数据的描述性统计

城市分类	变量	样本数	均值	标准差	最小值	最大值
超大特大城市	Labor	11	28.83	20.12	11.71	68.89
	Capital	11	55.19	17.93	30.69	99.2
	Land	11	76.15	33.6	41.3	138.6
	GDP	11	11.42	6.618	3.703	23.29
	Green	11	34.11	19.88	16.59	83.73
I型大城市	Labor	12	13.02	10.53	5.411	44.74
	Capital	12	28.72	6.698	19.32	45.11
	Land	12	39.5	18.6	15.8	89
	GDP	12	5.395	3.689	2.735	16
	Green	12	16.56	8.594	6.285	40.12
II型大城市	Labor	116	3.321	3.024	0.468	23.78
	Capital	116	8.405	6.34	1.766	35.23
	Land	116	14.96	11.28	2.4	92.2
	GDP	116	1.225	1.034	0.159	5.881
	Green	116	6.056	4.938	0.689	41.73
中等城市	Labor	98	1.277	0.624	0.208	3.324
	Capital	98	3.73	3.077	0.518	21.31
	Land	98	6.782	2.696	1.4	17.1
	GDP	98	0.425	0.272	0.0849	2.037
	Green	98	2.631	1.332	0.044	9.566
小城市	Labor	46	0.739	0.368	0.239	1.75
	Capital	46	2.194	1.247	0.439	6.576
	Land	46	4.926	2.471	1.8	11.4
	GDP	46	0.261	0.191	0.029	0.931
	Green	46	1.943	1.167	0.586	5.715

资料来源：《中国城市统计年鉴》《中国区域经济统计年鉴》和各省市统计年鉴。

（三）城市土地利用效率的共同前沿分析

1. 共同前沿面下不同组城市的土地利用效率比较

由表 7-8 所示的共同前沿面下土地利用效率可知，全国城市土地利用效率均值为 0.534，尚有 47% 的提升空间，说明总体土地利用水平较低；变异系数为 0.311，表明全国各城市层面存在较大的土地利用效率差异；283 个城市中仅有较少的 12 个单元处在前沿面上。分组结果显示，规模越大的组，效率越高，同时各组内存在较大差异，前沿面上的城市分布在各组中。超大特大城市组的组内各单元得分均较高，平均水平为 0.722，前沿面城市是天津和上海；Ⅰ 类大城市次之，均值为 0.672，提升空间为 33%，前沿面城市是深圳和佛山；Ⅱ 类大城市组的平均效率为 0.542，略微超过全国平均水平，前沿面城市为包头、大庆和潍坊，需要说明的是本组中清远因较大的城市建成面积导致计算出的效率相对较低，拉低了该组平均水平；中等城市和小城市的土地利用效率均只有 0.5，低于全国平均水平，平均提升空间高达 50%，中等城市组的前沿面城市为秦皇岛、吉林和双鸭山，小城市组前沿面城市为乌兰察布和云浮。值得注意的是，中等城市组中黑龙江伊春市的土地使用效率仅为 0.022，是全国土地利用效率最低的城市。

表 7-8　　　　　　　　　5 类城市划分标准下的共同效率

	样本数	均值	标准差	最小值	最大值	变异系数	前沿数
所有城市	283	0.534	0.166	0.022	1	0.311	12
超大特大城市	11	0.722	0.186	0.509	1	0.258	2
Ⅰ型大城市	12	0.672	0.175	0.456	1	0.26	2
Ⅱ型大城市	116	0.542	0.146	0.088	1	0.269	3
中等城市	98	0.502	0.159	0.022	1	0.317	
小城市	46	0.500	0.178	0.136	1	0.356	2

进一步，采用双样本 Kolmogorov-Smirnov 检验方法检验不同组别城市平均土地使用效率差异的显著性。Kolmogorov-Smirnov 检验的基本原理是：比较两组样本经验分布的最大距离，如果该距离大于临界值，就拒绝来自同一总体的假设。表 7-9 中的检验结果表明，除超大特大城市组和 Ⅰ 类城市组，以及中等城市组和小城市组的差异不显著外，其他分组间的差异均在 0.01 水平下显著。基于上述差异不显著结果，将城市分组调整合并为三类，分别以 A、B、C 类城市表示。具体来说，市区人口在 300 万以上的城市为 A 类城市，市区人口在 100 万~300 万

之间的为 B 类城市，市区人口在 100 万以下的为 C 类城市。表 7-9 下半部分的 Kolmogorov-Smirnov 检验结果表明，调整后的三类城市具有显著的组间差异，大规模城市的土地效率显著高于小规模城市。

表 7-9　　　　　　　　　　**Kolmogorov-Smirnov 检验**

类型	KS 统计量	P 水平	结果
划分为 5 类	—	—	—
超大特大城市与 I 型大城市	0.212	0.929	不能拒绝
超大特大城市与 II 型大城市	0.495	0.009	拒绝
超大特大城市与中等城市	0.622	4.33E-04	拒绝
超大特大城市与小城市	0.652	4.64E-04	拒绝
I 型大城市与 II 型大城市	0.532	0.002	拒绝
I 型大城市与中等城市	0.588	5.98E-04	拒绝
I 型大城市与小城市	0.616	6.92E-04	拒绝
II 型大城市与中等城市	0.228	0.007	拒绝
II 型大城市与小城市	0.341	6.45E-04	拒绝
中等城市与小城市	0.167	0.316	不能拒绝
划分为 3 类	—	—	—
A 类城市与 B 类城市	0.490	1.07E-04	拒绝
A 类城市与 C 类城市	0.590	8.11E-07	拒绝
B 类城市与 C 类城市	0.239	0.001	拒绝

注：原假设为两个样本来自同一分布。

2. 组群前沿面下不同组城市的土地利用效率比较

表 7-10 为分别以组内前沿城市构建共同前沿面计算的效率描述性统计结果，除 C 类城市外，其他类城市均高于全国平均水平，各组的参考标准变化，使得效率平均值提高，变异系数相应变小。

表 7-10　　　　　　　　　**3 类城市划分标准下的共同效率**

类型	样本数	均值	标准差	最小值	最大值	变异系数	前沿数
所有城市	283	0.534	0.166	0.022	1	0.311	12

类型	样本数	均值	标准差	最小值	最大值	变异系数	前沿数
A 类城市	23	0.696	0.178	0.456	1	0.256	4
B 类城市	116	0.542	0.146	0.088	1	0.269	3
C 类城市	144	0.501	0.165	0.022	1	0.329	5

　　如表 7 - 11 所示的组群效率描述性统计结果，A 类城市均值为 0.878，提升空间为 12%，前沿面城市有北京、天津、石家庄、上海、青岛、广州、深圳和佛山，均为所在区域的中心城市；B 类城市均值为 0.741，提升空间为 26%，前沿城市有包头、齐齐哈尔、大庆、常州、宜春、潍坊、德州、滨州、珠海、东莞、中山和潮州，但不包括太原和合肥等省会城市，其变异系数低于全国平均水平，整体上看，B 类城市土地利用效率相对较好；C 类城市均值为 0.548，提升空间高达 45%，前沿面城市有秦皇岛、通辽、盘锦、双鸭山、佳木斯、宣城、九江、新余、东营、汕尾和防城港，同时，较大的变异系数说明组内存在较多土地利用效率低的城市，其中，伊春效率得分最低，仅为 0.04。

表 7 - 11　　　　　　　3 类城市划分标准下的组群效率

类型	样本数	均值	标准差	最小值	最大值	变异系数	前沿数
所有城市	283	0.654	0.197	0.044	1	0.301	29
A 类城市	23	0.878	0.113	0.646	1	0.129	8
B 类城市	116	0.741	0.147	0.121	1	0.198	12
C 类城市	144	0.548	0.178	0.044	1	0.325	9

3. 土地利用技术效率的共同前沿分析

　　技术效率和城市自身运作环境都可能导致城市土地利用效率较低。对土地利用技术效率进行共同前沿分解，如表 7 - 12 所示，共同技术效率均值由高到低依次为 C 类城市 0.913，A 类城市 0.785，B 类城市 0.728，样本总体的平均共同技术效率高于 0.8，组群前沿与共同前沿较为接近。因此，从自身技术效率出发，提升城市自身的技术潜力，才是提高土地利用效率的政策着力点。基于式（7.57）计算各城市运作环境改进潜力，82.3% 的样本城市分布在 0 ~ 0.3 之间，说明对大部分城市来讲，仅依靠改进运作环境来提高效率，最多可以提高 30%。可见，运作环境的潜力相对较小，提高城市自身的土地管理和利用水平才是关键。但仍有部分城市的运作环境潜力高达 0.5 以上，值得进一步关注。

表 7 - 12   3 类城市划分标准下的共同技术效率

类型	样本数	均值	标准差	最小值	最大值	变异系数
所有城市	283	0.826	0.123	0.452	1	0.149
A 类城市	23	0.785	0.126	0.607	1	0.161
B 类城市	116	0.728	0.0863	0.469	1	0.119
C 类城市	144	0.913	0.0758	0.452	1	0.083

图 7 - 19 为运作环境潜力较大城市的散点图，横轴表示共同前沿的技术效率，纵轴表示运作环境潜力，圆圈的大小表示城市规模的大小。A、B、C 三组中均存在运作环境潜力较大的城市，C 类小城市中的伊春和陇南，因地理位置较偏僻，运作环境潜力较大，约为 0.5；A 类大城市中的石家庄、大连、长春、郑州和重庆，多分布于东北或中西部地区，地理位置决定了其较高的技术效率，但运作环境潜力还有待进一步挖掘；B 类中等城市中环境运作潜力较大的城市最多，高达 43 个，可见，B 类中等城市需要重点关注运作环境，其中较为突出的是齐齐哈尔、宜春和德州，特殊的地理位置导致其具有较低的运作环境效率和土地使用效率。

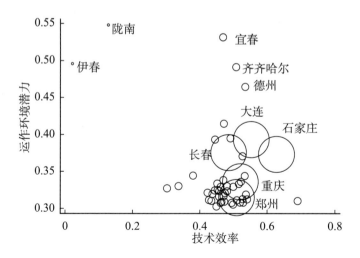

图 7 - 19   运作环境潜力大于 0.3 的城市

4. 中小城市提高土地利用效率的途径

基于上述分析，为提高全国平均水平，应重点关注包含城市数量最多，但平均效率最低的 C 类城市。如表 7 – 13 所示，C 类城市组群前沿面接近于全部样本的共同前沿面，因此只需组内参照，调整投入产出。以 C 类城市作为决策单元，分别计算"组群土地冗余"和"组群产出不足"。结果显示，秦皇岛、通辽等 7 个城市不存在松弛值，同时也是前文研究中的前沿面城市。对于 C 类城市来说，土地冗余是导致无效率的主要原因，少数存在产出不足的情况，特别是伊春、衡阳和呼伦贝尔等城市存在严重的土地过度投入，有必要着手调整土地使用情况。

表 7 – 13　　　　C 类城市（中小城市）的土地冗余与产出不足

城市	土地冗余	产出不足	城市	土地冗余	产出不足	城市	土地冗余	产出不足
秦皇岛	0	0	舟山	1.618	0	阳江	2.426	0
邢台	5.365	0	丽水	1.082	0	云浮	0	0
张家口	4.077	0	马鞍山	2.899	0	桂林	3.121	0
承德	6.310	0.089	铜陵	2.309	0	梧州	1.972	0
沧州	2.706	0	安庆	4.238	0	北海	1.117	0
阳泉	2.504	0	黄山	3.024	0	防城港	0	0
吕梁	1.370	0.003	宁德	1.011	0	眉山	2.024	0
乌海	2.054	0	景德镇	3.300	0	雅安	1.602	0
通辽	0	0	萍乡	1.725	0	六盘水	1.903	0
鄂尔多斯	0	0	九江	2.056	0	遵义	4.696	0
呼伦贝尔	9.460	0	新余	0.612	0	安顺	2.783	0
巴彦淖尔	2.997	0	鹰潭	1.577	0	铜仁	2.834	0
乌兰察布	0	0	吉安	2.658	0	曲靖	3.102	0
本溪	3.731	0	上饶	2.499	0.152	玉溪	0	0
丹东	2.849	0	东营	0	0	保山	1.875	0
盘锦	1.590	0	许昌	5.171	0.011	铜川	1.852	0
铁岭	2.575	0.018	三门峡	1.316	0	咸阳	4.018	0
朝阳	3.728	0	周口	3.487	0.033	渭南	4.869	0
鸡西	4.521	0.032	湘潭	2.184	0	张掖	4.894	0

续表

城市	土地冗余	产出不足	城市	土地冗余	产出不足	城市	土地冗余	产出不足
鹤岗	2.680	0	衡阳	9.462	0	平凉	2.183	0
双鸭山	0	0	邵阳	3.101	0	酒泉	2.770	0
伊春	16.353	0	张家界	1.518	0	庆阳	1.203	0
黑河	1.269	0.016	韶关	4.243	0	石嘴山	4.602	0

注：限于篇幅，本书仅展示部分城市的结果。

（四）主要研究结论

现有研究在分析土地利用效率时，多存在只考虑土地投入过度、忽视产出量不足的情况。本书提出一种新的基于松弛的内生方向距离函数模型，其优点在于可以同时考虑投入量压缩与产出量扩张，并且基于松弛量选择方向向量，以有效避免效率的高估，具有更好的经济学意义。在此基础上，将该方法与共同前沿分析结合，测算中国城市的土地利用效率。结果显示，中国土地利用效率整体较低，不同规模城市之间差异较大，具体表现为城市规模与土地利用效率成正比。共同前沿分解结果显示，不同规模之间的土地利用效率差异主要源于城市自身个体的技术效率差异，并不是城市运作环境的差异；城市向外扩张过程中带来的运作环境改善空间十分有限，其中，受限于地理位置或是交通条件的中小城市有着较大环境运作潜力，位于东北地区和中西部地区的大城市也存在类似情况。虽然小城市的土地使用效率最低，但组群前沿面与共同前沿面非常接近，其土地利用率不佳的主要原因在于投入过度使得个体技术效率较低，但只需要按照组群前沿，调整投入和产出就可以提高土地利用效率。

本节研究未来的改进方向是保证单位不变性。目前构建的模型只能实现方向向量选择之后的单位不变性，而如果在方向向量选择之前变换单位，则会影响效率测度结果，这主要是因为在线性规划中加入了等式约束。如何完善这一约束，使得其既能刻画方向大小，又能实现单位不变性，将是下一步改进的方向。此外，与其他方向距离函数模型类似，可通过修改方向向量，扩展为包含非期望产出的模型，用于环境绩效评价、环境管制评价、污染物排放定额分配等领域。

二、环境偏向型技术进步对行业用地效率的影响

（一）研究背景

作为世界碳排放大国，落在中国身上的减排任务已刻不容缓。虽然中国政府已经加大环境保护政策的实施力度，但环境质量改善仍任重而道远，环境污染和气候变化正在成为全社会面临的重大问题。中国目前处于快速城镇化与工业化的经济发展阶段，能源是重要支撑，尤其是化石能源。因此，化石能源需求较高，这种能源消费结构在短期内难以改变。既要维持经济的快速增长，又要保护环境和维持社会稳定，是中国在转型期面临的主要矛盾。

国家统计局公布的数据显示，从 2012 年起，中国的经济增长速度由平均每年的 10% 逐渐下降至 8% 左右，经济增速的放缓预示着经济转型的开始。2014 年11 月，习近平在亚太经合组织工商领导人峰会上的讲话中指出，中国正逐步进入经济中高速增长的新常态。① 如果将中国最优的发展模式理解成经济与环境协调发展，那么新常态对环境质量的促进作用，将远远大于普通意义上的环境规制政策，而对环境资源的利用效率正在成为重新审视经济是否合理发展的重点。本节将建立两部门模型，在新常态的发展模式下，演绎环境偏向型技术进步与行业用地效率之间的关系，考察要素偏向型技术进步与环境偏向型技术进步作用下是否能够提高行业用地效率，从而改善环境质量，并结合新常态下中国经济发展特征，模拟行业用地效率和中国环境质量的变化趋势，为环境污染治理提供新的思路。

学术界已经存在一系列关于环境规制与技术创新的讨论，如对环境规制与专利授权数之间关系的检验（Cesaroni and Arduini，2001）；对美国、德国、日本及荷兰四国的环境规制与 Malmquist 全要素生产率之间关系的检验（Aiken et al.，2009）；从短期和长期角度研究环境规制对企业创新的影响（Popp et al.，2009）等。但得到的结论并不完全一致，一方面，可能是由于有些国家的环境规制政策实施强度较低、效果较差，导致环境规制与技术进步之间关系不明显或呈负向关系；另一方面，可能是由于以中性技术进步假定为前提进行分析，忽视了技术进步的偏向性。来自能源部门的研究表明，如果忽视偏向型技术进步，环境规制的成本将会被显著高估（Popp，2004）。随着人们对环境问题的日益关注，在近几年的经济理论研究中，作为反映生活质量的环境因素也被纳入生产函数中。然

---

① 习近平：《同舟共济创造美好未来》主旨演讲，中国网，http://www.china.com.cn/。

而，环境要素的偏向型技术进步与生产性要素的偏向型技术进步有所不同，生产性的技术进步要求产出随着技术进步而增加，环境要素的技术进步则要求能源消耗和非期望产出随着技术进步而减少（Wang et al.，2014）。针对这个问题，阿西莫格鲁等（Acemoglu et al.，2012）拓展了波普（Popp，2004）与阿西莫格鲁（2002）的理论模型，将技术进步分为环境偏向型技术与非环境偏向型技术两类，率先从理论上对环境偏向型技术进步进行了定义与论证，并分析了环境政策对偏向型技术进步的影响。他们模拟发现，最佳的环境政策应为税收和补贴的政策组合，政府如果干预得当就可以实现经济与环境协调发展的目标。而乌尔卡德等（Hourcade et al.，2012）则认为，阿西莫格鲁等（2012）的模型过于依赖参数值，如果模型参数更接近真实值，那么政策对技术进步方向的作用效果就无法得到支持。对于中国来说，现有研究表明 1978～2010 年间中国存在资本偏向型技术进步，且越来越向资本方向发展（Dong et al.，2013）。

目前，已有研究开始关注土地利用效率，一些学者表示澳大利亚农业环境政策关注的重点是社区土地保护小组的维系，以及相关制度体系的完善，虽然取得了较为有效的成果，但是由于资金缺乏以及制度结构安排等原因，导致社区土地保护小组甚至是局部土地保护网络的生存受到威胁，土地资源的保护也面临着新的挑战（Tennent and Lockie，2013）。澳大利亚目前的土地资源实行私有制管理，即土地归个人所有，但是土地资源的管理并不是仅仅依靠土地拥有者自身来完成，同样也需要其他组织以及政府的支持。部分学者认为，大量土地拥有者自身难以意识到土地管理的重要性，那么政府完全有必要协助、促进他们来建立科学有效的土地管理体系，加入其他的社会部门、团体，使多方的力量合作起来，将土地管理形成网络系统（Meadows et al.，2014）。此外，房地产经纪商也应尽力向新的业主传播自然资源管理理念。荷兰第五次空间规划提出兼顾经济增长与环境保护平衡发展。大量研究表明，为了保证居民有足够的绿色和蓝色空间，荷兰通过维持红线（城市）、绿线和蓝线（以水为基础）土地利用之间的平衡来达到目的（Lefcoe，1977；Achterman，1979；Muys，1979；Zacharias et al.，2011）。

由于环境污染更多来自城市工业生产，现阶段我国又在全面大力推行城镇化改革，如果能够判断环境偏向型技术进步与行业用地效率之间的关系，就能够有效提高城市环境质量与资源利用效率，对经济改革具有指导作用。因此，研究中重点考虑三个因素：首先，在中国发展的新常态下，经济增速的放缓意味着将以更多的精力关注环境问题，实现经济和环境的协调发展，在此背景下，中国将会推行更为严格有效的环境管制措施，环境规制的作用效果将会得到显著加强；其次，在研究环境规制对技术进步的影响时，将充分考虑新常态是否促进了环境偏向型技术的进步；最后，在要素驱动逐步转向创新驱动的目标下，环境偏向型技术进步能否使城市土地资源的利用效率得到提升。

（二）理论模型

早在 20 世纪末前，就已经有学者对环境与经济的影响问题展开研究。最具开创性的研究是格罗斯曼和克鲁格（Grossman and Krueger, 1995）将经济对环境的影响分为规模效应、结构效应和技术效应。研究框架较完整地解释了经济增长与环境污染之间的替代关系。在经济发展的初期，会出现以破坏环境促发展的现象，当经济发展到一定程度时，又会提高环境规制标准，促进环境优化。企业技术进步的动力来自利润与成本，如果把环境规制这一外生变量作为成本，环境规制也是促使企业环境偏向型技术进步的原因。然而，环境偏向型技术进步必然挤占生产型技术进步，进而又会影响企业的生产利润。从另一个方面讲，环境规制通过提升资源的利用效率，从而节省企业生产成本，达到提高利润的目的。

1. 生产要素假定

假定生产过程需要生产要素 K 与资源要素 E，生产要素为劳动力和资本，资源要素为土地。在两部门模型中，清洁型生产厂商和污染型生产厂商作为两大生产部门，分别利用生产型要素和资源型要素进行生产，分别生产清洁型产品 Y_c 和污染型产品 Y_d。清洁型产品的生产过程对环境没有污染，且对污染型产品造成的污染存在一定的净化作用。总共存在 M 个工业产业，由于规模报酬递增，每个产业只存在一个企业，每个企业仅生产一种差异化产品 i。则工业企业生产函数满足：

$$Y_j = \int_0^M A_{ij}^{1-\beta} K_{ij}^{1-\alpha} E_{ij}^{\alpha} d_i, \ j = cord \tag{7.58}$$

其中，$\alpha \in (0, 1)$，A 为技术进步水平，A_c 和 A_d 分别表示要素偏向型技术进步与环境偏向型技术进步；K 为各个企业所使用的生产要素的数量，总规模为 $\overline{K}$，且 $\sum K_j = \overline{K}$。

2. 资源要素假定

土地除供应清洁型产品和污染型产品的生产活动以外，其余部分作为绿地或自然用地使用，在既定时期内可使用的土地数量存在上限，即 $E_N + E_c + E_d \leqslant \overline{E}$，则绿地面积为 $\overline{E} - (E_N + E_c + E_d)$，同样对环境起到净化作用。假定环境质量为 Q，那么：

$$Q_t = Q_{t-1} - P_t(Y_{dt}, A_{ct}) + u(\overline{T}_t - T_{ct} - T_{dt}) \tag{7.59}$$

其中，P 为当期总污染，受到污染性产品产出与环境偏向型技术影响，与环境偏向型技术与污染产品产出成正比关系；μ 为绿地对环境的净化作用，与绿地面积有关，且其对环境的改善作用较为稳定。可以计算得到环境质量与偏向型技术进步之间的关系为：

$$\frac{\partial Q}{\partial A_c} = -\frac{\partial P}{\partial A_c} > 0 \tag{7.60}$$

$$\frac{\partial Q}{\partial A_d} = -\frac{\partial P}{\partial Y_d}\frac{\partial Y_d}{\partial A_d} < 0 \tag{7.61}$$

由此可以看出，在土地资源一定的情况下，当期污染量完全取决于技术进步的偏向程度，如果技术更偏向于环境，则可以在技术进步的同时保护环境、提高环境质量；如果技术进步更偏向于生产，则会同时增加经济产出并产生污染，对环境质量产生负面影响。

3. 生产者均衡

假定企业按照 CES 生产函数进行生产，则：

$$Y = \left[\gamma Y_c^{\frac{\varepsilon-1}{\varepsilon}} + (1-\gamma) Y_d^{\frac{\varepsilon-1}{\varepsilon}}\right]^{\frac{\varepsilon}{\varepsilon-1}} \tag{7.62}$$

其中，ε 为清洁品与污染品之间的替代弹性，Y_c 为清洁品产出，Y_d 为污染品产出，γ 为清洁品与污染品所占的比重。由以上假定可以得到，均衡时污染品和清洁品之间的价格关系为：

$$P_c = \frac{1-\gamma}{\gamma}\left(\frac{Y_c}{Y_d}\right)^{-\frac{1}{\varepsilon}} p_d \tag{7.63}$$

其中，p_c 表示农产品价格指数，p_d 表示工业品价格指数。对于工业品生产者而言，生产厂商追求利润最大化，将利润函数分别对生产要素 K 和资源要素 E 求偏导，可以得到：

$$p_i = \overline{\alpha PK}^{1-\alpha} A_i^{1-\alpha} E_i^{\alpha-1}, \quad i = cord \tag{7.64}$$

其中，P 表示工业品价格综合指数；$\overline{K}$ 表示生产要素总量。如果清洁部门和污染部门使用土地的边际成本相同，即 $\phi_c = \phi_d$，则有：

$$E_i = \left(\alpha^2 \frac{p_i}{\phi_i}\right)^{\frac{1}{1-\alpha}} K_i A_i E_i = \left(\alpha^2 \frac{p_i}{\phi_i}\right)^{\frac{1}{1-\alpha}} K_i A_i, \quad i = cord \tag{7.65}$$

从式（7.65）可以看出，环境偏向型技术进步水平越高，将直接导致清洁产品生产中的土地数量越多；生产偏向型技术进步水平越高，将导致污染产品生产中的土地数量越多。从而可以得到：

$$Y_i = \overline{K} A_i^{1-\alpha} T_i^{\alpha}, \quad i = cord \tag{7.66}$$

假设在完全竞争环境中各个企业生产要素 K 的边际报酬无差异，则有：

$$\frac{Y_c}{Y_d} = \left(\frac{p_c}{p_d}\right)^{\frac{1-\alpha}{\alpha}}\left(\frac{A_c}{A_d}\right)^{\frac{1-\alpha}{\alpha}}, \quad \frac{E_c}{E_d} = \left(\frac{p_c}{p_d}\right)^{\frac{1-\alpha}{\alpha}}\left(\frac{1-\lambda}{\gamma}\right)^{\varepsilon} \tag{7.67}$$

令：

$$\theta = (1-\alpha)(1-\varepsilon), \quad \kappa = \left(\frac{A_c}{A_d}\right)^{\frac{\alpha-1}{\theta+\varepsilon}}\left(\frac{E_c}{E_d}\right)^{\frac{-\alpha}{\theta+\varepsilon}}, \quad v = \left(\frac{1-\gamma}{\gamma}\right)^{\frac{-\varepsilon}{\theta+\varepsilon}} \quad (7.68)$$

其中，v 为清洁品与污染品比重的函数，如果 v 越大，则污染品比重越低，环境规制强度越高；如果 v 越小，则清洁品比重越低，环境规制强度越低，所以将 v 作为环境规制的替代变量纳入模型中。原方程整理可得工业企业的均衡产出为：

$$Y_i = \left(\frac{v}{v+\kappa^{1-\varepsilon}}\right)A_i^{1-\alpha}E_i^{\alpha}\overline{K}^{1-\alpha}, \quad i = cord \quad (7.69)$$

4. 消费者均衡

在两部门模型中，消费者通过向企业供给生产要素获得收入，而消费者效用的大小不仅取决于收入，还取决于环境质量，所以设定消费者的效用函数为：$\max u(Y, Q)$。其中，u 表示消费者的效用。假定消费者的工资水平随产出的增加而增加，而污染性产出的增加却伴随绿地面积的减少，从而损害环境质量。消费者可以选择适当的生产要素供给量，使自己的效用达到最大。则消费者最优化效用的一阶条件为：

$$\frac{\partial u}{\partial E} = \frac{\partial u}{\partial Y}\frac{\partial Y}{\partial E} + \frac{\partial u}{\partial Q}\frac{\partial Q}{\partial E} = 0 \quad (7.70)$$

5. 综合

假设 $p = \beta A_c^{-tp}Y_d$，β 表示工业品总产出的污染程度，则企业生产用地对环境质量的作用效果可以表示为：

$$\frac{\partial Q}{\partial E_i} = \mu - \beta \frac{\alpha A_i^{1-\alpha}E_i^{\alpha-1}R^{1-\alpha}}{(1+\kappa^{1-\varepsilon}v)^{1-\alpha}}\left(1 - \frac{\theta}{\theta+\varepsilon}\frac{\kappa^{1-\varepsilon}}{v+\kappa^{1-\varepsilon}}\right), \quad i = cord \quad (7.71)$$

由此可知，绿地净化能力、环境偏向型技术水平与环境规制强度的综合，决定了城市用地数量对环境质量的影响。绿地净化能力越强，随着城市用地数量的增加，环境质量也会得到改善。如果 β 较低，则扩大产出对环境的污染程度很小，即净化能力可以改善用地数量对环境产生的破坏。从式（7.71）可以看出，环境偏向型技术与环境规制强度为复杂函数关系，着重关注环境质量与生产偏向型技术之间的关系。如果令 $B = \frac{\theta}{\theta+sv+\kappa^{1-\varepsilon}}\kappa^{1-\varepsilon} < 1$，则将环境质量对生产偏向型技术求偏导，可以得到：

$$\frac{\partial Q}{\partial A_d} = \beta A_c^{-\rho}Y_d\frac{1-\alpha}{A_c+A_d}\left(B - 1 - \frac{A_c}{A_d}\right) - \frac{\partial E}{\partial A_d}\left(\alpha\beta A_c^{-\rho}Y_d\frac{1-B}{E} + u\right) \quad (7.72)$$

式（7.72）中第一项为负，第二项中生产偏向型技术与土地利用数量呈正比，则第二项为正。综合来看，生产偏向型技术不仅对环境质量产生负向作用，也会改变土地利用数量以此影响环境质量。B 与环境规制强度呈反比，如果提高环境规制强度，则 B 的数值会相应减小，此时污染型技术对环境质量的影响程度反而越明显，更加不利于环境质量的提高。进一步，验证环境偏向型技术占比 ρ 对环境质量的影响，如果环境偏向型技术比重较低，此时生产偏向型技术对环境的影响会非常显著，为阻止环境进一步恶化则必须减少企业产品的生产，造成经济与环境不相容发展的情况。如果提高环境偏向型技术的比重 ρ，则会实现经济环境的协调发展。

6. 环境规制与生产决策

从企业层面来说，企业追求收益最大化。在生产之初，企业将会在利润与技术进步之间选择最优化的生产模式，即：

$$\max\pi_j - (1 + \tau_j s_j) g_j \tag{7.73}$$

其中，π 为企业利润；τ 为技术进步率；s 为研发人员的数量；g 为研发成本。前期技术水平、当期所获利润、环境规制程度和研发人员数量决定环境偏向型技术与生产偏向型技术的技术进步率，对比清洁型厂商和污染型厂商的利润，可以得到：

$$f = \frac{\prod c, t}{\prod d, t} = \left(\frac{1}{1-\gamma}\right)^{\sigma} \left(\frac{Y_c}{Y_d}\right)^{\sigma-\varepsilon\alpha} \left(\frac{1 + \tau_c s_c}{1 + \tau_d s_d}\right)^{\varepsilon-1} \left(\frac{A_{c,t-1}}{A_{d,t-1}}\right) \tag{7.74}$$

由式（7.74）可知，当环境偏向型技术利润较高时，研发人员将进行环境偏向型技术的研发；当生产偏向型技术利润较高时，将完全转向生产偏向型技术。同理，当 $(ahm^2)^{-1}$ 时，即无环境规制时，清洁产品部门的利润比污染产品部门的利润低，此时市场上无环境偏向型技术存在。随着环境规制强度逐渐增加，函数 f 的数值逐渐增大，利润向清洁产品部门倾斜，研发人员将逐渐过渡到环境偏向型技术进步的研发中。因此，环境偏向型技术进步的比重提高，土地资源的利用效率提升，从而实现环境与经济的协调发展。

（三）实证检验

由于环境偏向型技术进步一直无法得到有效的度量，因而研究一直停滞在理论层面，无法得到实证结论的支持。尽管有学者尝试进行相应变量的替代，但得到的结果仍然不尽人意，而且由于所选取指标的不同，所得到的结论也不稳定。如钟等（Chung et al.，1997）构建了同时考虑期望产出增加与非期望产出减少的方向性距离函数（Directional Distance Function，DDF）；一些学者提出顺序马尔奎斯特·龙伯格（Sequential Malmquist – Luenberger，SML）指数的概念，并对26 个经济合作与发展组织（OECD）成员国进行环境绩效的测算（Oh，2010）。但这些文献却不能反映技术进步及其偏向性的真正内涵，偏向型技术进步的测度还需要深入挖掘。虽然一些研究构建了组合效率模型对指标选择进行讨论，但仍然没有足够的说服力（Lin and Du, 2015）。因此，他们尝试采用多指标多原因结构方程（MIMIC）估算环境偏向型技术进步，然后建立计量模型分析其对行业用地效率的影响。MIMIC 方法被提出后首先用于估算新西兰 1968～1994 年发展历程中的经济规模（Giles, 1999），此后，很多学者加以加工和完善，逐步形成一套较为成熟的估计方法。设定 MIMIC 模型的形式为：

$$Eth_{Sit} = \beta_1 Env_{it} + \beta_2 FDI_{it} + \beta_3 E_{it}$$

$$Env_{it} = \alpha_1 Pol_{it} + \alpha_2 Pol_{it}^2 + \alpha_3 Eco_{it} + \alpha_4 Stru_{it} \tag{7.75}$$

第一个式子为指标方程，表示各个指标对土地用地效率的影响关系；第二个式子为原因方程，用来衡量各个指标对偏向型技术进步的影响。由于偏向型技术进步无法准确衡量，用原因方程中的指标来替代偏向型技术进步。其中，Eth 表示行业用地效率；中间变量环境偏向型技术进步（Env）、外商直接投资（FDI）、所有制结构（OS）和产业集聚程度（E）为结构方程的指标变量；环境规制程度（Pol）、经济水平指标（Eco）和清洁产业结构（$Stru$）则为环境偏向型技术进步的原因变量，i 与 t 分别表示工业各个行业与年份。通过环境规制、经济水平、产业结构和环境效率来揭示环境偏向型技术进步的原因，然后将环境偏向型技术进步作为影响土地用地效率的指标变量引入方程，即可以分析环境偏向型技术进步对土地用地效率的影响。各指标的解释和计算方法如下。

1. 行业用地效率计算

行业用地效率主要体现在工业产业对土地资源的利用程度上。对某个产业来说，如果采用更少的投入获取更多的产出，同时减少不必要的污染排放，则可以认为这个产业的土地利用效率较高。为避免效率值存在上限为 1 的情况，采用超效率 SBM 模型进行计算。在考虑投入最小、产出最大的情况下，同时考虑污染排放的最小化，通过非径向的规划方法，找到获得最优环境效率的途径。规划的目标函数与规划条件为：

$$\min\rho = \frac{1 - \dfrac{1}{m}\left(\displaystyle\sum_{i=1}^{m} \dfrac{s_i^-}{x_{i0}}\right)}{1 + \dfrac{1}{s+p}\left(\displaystyle\sum_{r=1}^{s} \dfrac{s_r^+}{y_{r0}} + \displaystyle\sum_{r=1}^{p} \dfrac{s_r^+}{b_{r0}}\right)}$$

$$\text{s.t.} \sum_{j=1}^{n} \lambda_j x_{mj} + s_i^- = X_0, \; m = 1, 2, \cdots, m$$

$$\sum_{j=1}^{n} \lambda_j y_{rj} - s_r^+ = Y_0, \; r = 2, \cdots, s$$

$$\sum_{j=1}^{n} \lambda_j b_{rj} - s_r^+ = B_0, \; r = 1, 2, \cdots, p$$

$$\lambda \geq 0, \; s_i^-, \; s_r^+, \; s_t^-, \; s_r^+ \geq 0 \tag{7.76}$$

其中，x 为投入向量，y 为产出向量，b 为非期望产出向量，s_i^-，s_i^+ 为非径向松弛变量。投入指标包括劳动力人数 L、各产业资本密集度 K 和土地利用规模，产出指标为各行业的生产总值，污染排放指标为废水排放量，以此综合衡量产业集聚和资本投入对产业结构优化的促进效果。资本密集度指标参考相关研究，采用人均固定资本存量来表示，即固定资产年平均余额与工业行业从业年平均人数之比（Antweiler and Copeland，2001）；劳动力人数采用各产业年末就业人数来表示；土地利用规模主要体现在工业产业对土地资源的利用程度上。从企业数据库中收集共 16 375 家工业企业，将每家企业的占地面积作为该企业的用地规模。然后按照企业所属类别进行划分，求和计算得到各行业所有企业的用地规模，即为土地用地规模。各产业的工业生产总值 Y 为产出指标，各行业的废水排放量为污染排放指标。考虑到中国在 2001 年加入世界贸易组织，外资对中国经济的影响程度较为显著，将研究期间限定为 2002~2013 年。行业用地效率指标的数据源于 2003~2014 年的企业数据库、《中国工业统计年鉴》和《中国统计年鉴》。

2. 原因变量解释

从本节理论模型中可以看出，只有当环境规制显著时，才会对技术进步方向产生影响，而环境规制不明显时，仍然存在生产偏向型技术进步，两者可能表现为"U"型关系，采用环境规制变量二次项的设定形式。作为一项社会管制，环境规制不仅包括命令型环境规制，如污染费征收，还包括激励型环境规制，如污染项目治理等。因此，重点考察这两项指标对环境改善所产生的影响，采用工业产业污染费收入占该产业 GDP 的比重 Pol_1，以及工业污染项目完成投资额占GDP 的比重 Pol_2 来表示，如果这两项指标越大，则表明对环境的管制力度就越强。而环境规制强度未必会对环境偏向型技术进步产生促进作用，所以环境规制的估计系数还不能确定。

经济水平指标（Eco），采用工业各行业国内生产总值占全行业产值的比重来表示。如果根据格罗斯曼和克鲁格（1991）的理论，随着人均收入的增加，有可能会自动出现碳排放下降的现象，即出现倒"U"型曲线，则经济水平指标的估计系数应该为正值。虽然已有文献验证了中国经济和环境之间的关系，但对于中国是否跨过拐点仍然存在不一致的意见，所以经济水平指标的预判系数尚无法确定。

清洁产业结构指标（$Stru$）。在本节的模型中，将工业各个产业分成清洁型产业与污染型产业，如果清洁型产业所占的比重较大，则会对环境偏向型技术进步产生促进作用；如果污染型产业所占的比重较大，则会对环境偏向型技术进步产生阻碍作用。中国统计数据尚不存在关于清洁产业的定义，需要对清洁产业进行区分。由于每个行业均包含清洁生产环节和污染生产环节，如果进行硬性的划分必然会产生偏差，使分析结果失真。故引入模糊 C 均值聚类的方法进行划分，建立起样本对于类别的不确定性描述，更加客观地反映现实世界。模糊 C 均值聚类的方法如下：

设 $X = \{X_1, X_2, \cdots, X_N\} \subset \mathfrak{R}^p$，$\mathfrak{R}^p$ 表示 P 维实数向量空间。令 u_{ik} 表示第 k 个样本属于第 i 类的隶属度，且满足 $0 \leqslant u_{ik} \leqslant 1$，$\sum_{i=1}^{c} u_{ik} = 1$，$0 < \sum_{k=1}^{N} u_{ik} < N$，$0 < k < N$，$1 < i < c$。记 v_i 为第 i 类的聚类中心，则 X 的一个模糊 C 均值聚类就是求如下目标函数：

$$\min J(U, V) = \sum_{k=1}^{N} \sum_{i=1}^{c} (u_{ik})^m (d_{ik})^2 \qquad (7.77)$$

其中，$d_{ik} = \|x_k - v_i\|$ 为第 k 个序列到第 i 类中心的欧氏距离。选取能够体现清洁产业特征的煤炭、原油、天然气和电力消费量，以及各产业销售产值、工业废气、废水排放量等七个指标。清洁产业比重的提高会促进环境偏向型技术的进步，回归系数初步判断为正。数据来源为历年《中国统计年鉴》《中国工业统计年鉴》和《中国环境统计年鉴》，为简单起见，只列示 2013 年各行业的隶属度，结果如表 7－14 所示。

表 7－14　　　　　　　　清洁生产行业的隶属度

行业名称	隶属度	行业名称	隶属度
水的生产和供应业	0.9142	煤炭开采和洗选业	0.0026
饮料制造业	0.7824	黑色金属冶炼及压延加工业	0.0025
食品制造业	0.7023	纺织服装、鞋、帽制造业	0.0023
木材加工及木、竹、藤、棕、草制品业	0.4096	纺织业	0.0018
农副食品加工业	0.2655	皮革、毛皮、羽毛（绒）及其制品业	0.0015
文教体育用品制造业	0.1566	黑色金属矿采选业	0.0015
金属制品业	0.1123	燃气生产和供应业	0.0008
电气机械及器材制造业	0.0222	橡胶制品业	0.0008

续表

行业名称	隶属度	行业名称	隶属度
通信设备、计算机及其他电子设备制造业	0.0208	塑料制品业	0.0008
交通运输设备制造业	0.0184	非金属矿物制品业	0.0006
仪器仪表及文化、办公用机械制造业	0.0123	石油加工、炼焦及核燃料加工业	0.0005
烟草制品业	0.0123	非金属矿采选业	0.0004
医药制造业	0.0123	石油和天然气开采业	0.0002
电力、热力的生产和供应业	0.0119	造纸及纸制品业	0.0001
工艺品及其他制造业	0.0109	有色金属冶炼及压延加工业	0.0001
专用设备制造业	0.0102	印刷业和记录媒介的复制	0.0001
通用设备制造业	0.0102	化学原料及化学制品制造业	0.0001
家具制造业	0.0096	化学纤维制造业	0.0001
有色金属矿采选业	0.0096		

资料来源：根据 MATLAB7.1 编程得到。

3. 指标变量解释

FDI 表示外商直接投资，采用各个行业中三资企业[①]产值在该行业中总产值的比重来表示。从发达国家严格的环境规制角度来看，外资流入能有效促进行业用地效率的提高，所以估计系数预判为正。所有制结构（*OS*）选择各产业国有工业企业资产占各产业工业资产的比重来表示，如果国有企业越多，则越有可能造成效率低下与技术落后。从这方面来看，该指标越大则行业用地效率会越低，所以预判系数为负。产业集聚程度（*E*）采用区位基尼系数来表示。根据相关文献的定义，区位基尼系数可以表示为某地区某行业占全国工业总产值的份额（Naughton，2003；Young，2000）。在此之前，先要计算区位商，具体公式为：

$$E_i = \frac{s_{ij}}{s_j} \tag{7.78}$$

其中，$s_{ij} = \frac{q_{ij}}{q_i}$，表示 j 地区中第 i 行业的产值占 j 地区工业总产值的比例。将

---

① 三资企业即在中国境内设立的中外合资经营企业、中外合作经营企业、外商融资经营企业三类外商投资企业。

区位商按照从小到大排列，纵坐标取 i 行业的累计百分比（s_{ij}），横坐标取各区域的累计百分比（s_j）。如果 i 行业在各区域均匀分布，则曲线与从原点向 45° 方向发出的射线重合；如果存在产业的集聚，则曲线会向横轴弯曲，集聚程度越严重，弯曲的弧度越大。区位基尼系数则通过计算曲边三角形的面积与均匀分布的面积的比值得到。根据理论模型，产业集聚会促进资源利用与共享，提高环境偏向型技术进步与生产效率，所以初步判断估计系数为正。将 MIMIC 方程中的所有变量进行初步的统计归纳，如表 7-15 所示。

表 7-15　　　　　　　　　MIMIC 模型变量归纳表

指标	观测值	均值	最大值	最小值	方差	模型估计系数
Eth	481	1.5919	4.315	0.355	1.0687	/
FDI	481	0.4215	0.8894	0.0000	0.0324	+
OS	481	0.0284	0.0358	0.0110	0.0481	−
E	481	0.1857	0.3140	0.1111	0.0519	+
Pol_1	481	0.0761	0.1038	0.0249	0.0487	?
Pol_2	481	0.0597	0.0669	0.0421	0.0363	?
Eco	481	0.0270	0.0412	0.0079	0.0391	?
$Stru$	481	0.3926	0.9976	0.0140	0.2870	+

根据本节所建立的方程进行 MIMIC 方程的检验，首先将所选择的变量全部放入模型中进行回归，然后再逐一剔除检验系数不显著的变量，再进行二次估计。最终根据卡方检验（χ^2）、近似误差均方根检验（$RMSEA$）、拟合优度检验（$AGFI$）以及标准化残差均方根检验（$SRMR$）判断模型的拟合优度，从而逐步筛选出最能解释环境偏向型技术进步的指标。根据表 7-6、模型（1）中工业污染项目投资占比及其二次项不显著，所以在模型（2）和模型（3）中分别予以剔除，在模型（4）中剔除相对不显著的清洁产业结构指标。

从表 7-16 可以看出，工业产业污染费占比与环境偏向型技术进步存在"U"型曲线关系，在污染费征收水平较低时，环境规制并不会对清洁技术产生显著的改善作用，但是一旦跨过了环境规制"拐点"，则会显著提高清洁技术的进步水平。与此相反的是，无论是采用一次项估计还是二次项估计，工业污染项目投资占比均没有对环境偏向型技术进步产生显著的影响。这可能是由于工业污染项目投资只是现有技术的重复利用，并没有开发新的技术。也从另一个侧面说明，命令型环境规制对环境偏向型技术的促进作用要比激励型环境规制更为显著。经济水平指标对清洁技术的作用始终为正，说明在相同的环境规制强度下，产业生产总值越高，对环境的重视程度就越明显，就越容易激发环境偏向型技术的进步。清洁产业占比指标的估计系数为正，说明清洁产业的占比越高，确实越有助于清洁技术的进步。

表 7 - 16　　　　　　　　　结构方程模型估计结果

	(1)	(2)	(3)	(4)
原因变量				
Pol_1	- 7. 354***	- 7. 859***	- 5. 361***	- 6. 971***
	(- 3. 58)	(- 3. 57)	(4. 64)	(5. 28)
Pol_1^2	10. 982***	13. 595***	14. 256***	12. 248***
	(3. 63)	(4. 32)	(4. 33)	(3. 38)
Pol_2	- 0. 728	- 1. 009		
	(- 0. 95)	(- 1. 40)		
Pol_2^2	0. 851		0. 104	
	(0. 98)		(1. 27)	
Eco	2. 365***	2. 408***	2. 441***	2. 317***
	(16. 23)	(12. 47)	(14. 26)	(13. 16)
$Stru$	0. 122*	0. 136*	0. 107*	
	(1. 62)	(1. 84)	(1. 70)	
指标变量				
FDI	- 3. 641**	- 4. 236**	- 5. 773***	- 4. 326***
	(- 2. 10)	(- 2. 23)	(- 3. 01)	(2. 99)
OS	1. 774***	2. 216***	2. 094***	2. 104***
	(7. 13)	(4. 25)	(4. 39)	(4. 72)
E	2. 059*	1. 758*	1. 421*	1. 668*
	(1. 88)	(1. 87)	(1. 85)	(1. 67)
模型拟合度指标				
χ^2	12. 144	7. 328	7. 226	4. 108
df（自由度）	5	4	4	3

	（1）	（2）	（3）	（4）
AGFI	0.885	0.819	0.796	0.850
RMSEA	0.120	0.100	0.004	0.085
SRMR	0.025	0.023	0.008	0.018

注：*、**、*** 分别表示在10%、5%和1%的显著性水平下通过检验。方程的检验结果判定规则为：卡方检验取值越小，模型精度越高；*AGFI* 的取值要求为 $AGFI > 0.9$；*RMSEA* 的取值区间为 $[0.05, 0.08]$；*SRMR* 则需要满足 $SRMR < 0.05$。

从指标变量来看，外商直接投资对行业用地效率的估计结果为负，说明外资的流入反而降低了行业用地效率，与之前的判断相反。这可能是由于外商投资更加关注的是中国的劳动密集型产业，采用跨国投资的方式获得中国低廉的劳动力成本。而劳动密集型行业并不像资本密集型行业那样采用机器生产从而节省很多劳动力和占地面积。劳动密集型行业需要更多的土地和劳动力，以弥补机器使用不足的缺陷。所以外资对劳动密集型行业投资越多，则土地的利用效率就越低下。所有制结构指标的估计系数为正，与预期不相符。这可能是由于国有企业具有较强的规模效应，具备强大的资金和人才实力，在大型的科研开发和前沿技术攻关中具有更强的优势。国有企业占比的提高，不仅促进生产型技术的进步，也促进环境偏向型技术水平的提高。而环境偏向型技术对用地效率存在促进作用，所以国有企业对用地效率也会有显著的正向影响。而产业集聚程度的回归系数为正，与预判相吻合。

环境污染问题在初期不易受到人们的关注，而伴随中国经济出现的新常态新问题，却需要极力重视。本节将中国经济发展的新常态作为一种外生的新变量，考虑在经济发展增速明显下降的时期，中国的经济与环境的协调发展问题。理论模型中，将新常态作为强有力的环境规制工具纳入模型，从环境偏向型技术进步的角度，将工业用地效率与新常态下的环境规制相结合，分析技术进步方向、工业用地效率以及环境规制的相互作用。在实证检验中，建立多指标多因素方程，将环境偏向型技术进步与土地利用效率两者有机结合，从而解决现有文献中出现的环境偏向型技术进步度量不准的问题。研究发现：环境质量改善可以通过促进环境偏向型技术进步与提高工业用地效率等方式实现，并且环境污染取决于技术进步的偏向程度。如果更加偏向环境，则环境污染程度将会得到相应的减轻。既存在生产偏向型技术进步，又存在环境偏向型技术进步。企业在生产的过程中需要对两种技术进步方向进行合理的权衡，选择适合自身发展的技术进步组合。命令型的环境规制将有效促进环境偏向型技术进步发展，而激励型的环境规制则有助于改善企业生产过程中的排污总量。

从不同的技术进步方向来看，工业用地效率和经济产出对改善环境的作用方式不同，即环境的改善需要工业用地效率的提升与经济产出的下降。如果保持原有的工业用地效率而不降低经济产出，那么环境质量未必会得到改善。在中国新常态的作用下，经济产出已然有所下降，但仍然没有能够实现环境质量的改善，说明中国还需要努力提升环境偏向型技术进步，通过技术进步与产出下降这两个因素共同作用，才能改善环境质量。

第三节　蚌埠市土地资源利用状况评价

随着经济社会的快速发展、城乡一体化建设和工业化进程的加快，土地资源的合理规划、配置、利用、整理和保护问题已经成为区域经济持续、健康、快速发展的关键。本节以蚌埠市为例，在介绍蚌埠市土地资源利用现状以及历史变迁的基础上，分析蚌埠市土地资源利用的优点和存在的不足，并从蚌埠市面对的巨大经济发展机遇、保障合理利用土地资源和优化土地资源利用结构的不同角度出发，提出相应的对策建议。

一、蚌埠市土地资源利用总体现状

2013 年，蚌埠市土地总面积为 595 072.23 公顷，土地利用率为 91.33%，农业土地利用率为 75.92%。其中，农用地面积 451 766.64 公顷，占土地总面积的 75.92%；建设用地面积 91 727.75 公顷，占土地总面积的 15.41%；未利用地面积 51 577.84 公顷，占土地总面积的 8.67%（见表 7 - 17）。[①]

表 7 - 17　　　　　　　　蚌埠市各类土地使用情况

项目	面积（公顷）	比例（%）
农用地	451 766.64	75.92
建设用地	91 727.75	15.41
未利用地	51 577.84	8.67
总计	595 072.23	100.00

[①]　蚌埠市统计局：《蚌埠统计年鉴》（2013），中国统计出版社 2013 年版。

蚌埠市的农用地面积最多，农业生产依然是蚌埠市发展的重点。农用地主要用于粮食作物种植，包括小麦、稻谷、油料、棉花和蔬菜等。2013 年，全年粮食产量 263.60 万吨，比上年增加 2.38 万吨，增长 0.9%；油料产量 37.91 万吨，增长 3.0%；棉花产量 2.15 万吨，下降 24.2%；蔬菜产量 251.30 万吨，增长 3.9%。[1] 不过，第一产业收入仅占全年生产总值的 17.1%。其次是建设用地，2013 年，蚌埠市新增建设用地 744.55 公顷，其中占用耕地面积 610.22 公顷。按照产业划分来看，蚌埠市的第二产业（工业、建筑业）占全年生产总值的一半以上。近年来，蚌埠为重返全省第一方阵，大力发展工业、建筑业以及新型产业。至于未利用地，2013 年，蚌埠市的未利用地较上一年减少 183.37 公顷，减少的未利用地绝大多数转化为农用地，较少一部分转化为建设用地。[2]

目前，蚌埠市土地利用率为 91.33%，低于全省平均水平（92.72%）。值得注意的是，安徽省是全国人多地少特征明显的城市之一，直接导致安徽省土地利用率明显高于全国平均水平，蚌埠市的土地利用率虽然低于全省平均水平，但依然高于全国平均水平。具体来说，蚌埠市的土地利用水平良好，但集约节约化利用土地趋势并不明显；蚌埠市农业土地利用率为 78.14%，低于全省平均水平（82.10%），农业土地利用水平较低，农业生产水平不高；蚌埠市未利用地资源匮乏，仅占总面积的 8.67%；建设用地规模在城市大建设、大发展的推动下明显增大，占总面积的 15.41%，城市用地增长弹性系数[3]达 1.72，高于城市用地增长合理弹性系数 1.12 的水平。不过，城市扩张占用耕地仍较多，城市未利用地、闲置土地和其他用地效益比较低。

二、蚌埠市土地资源利用的优点

（一）土地资源利用规划具有针对性、战略性

《安徽省蚌埠市土地利用总体规划（2006～2020 年）》以严格保护耕地和基本农田、促进建设用地节约集约利用、加强土地生态环境建设、统筹城乡土地资源利用、突出交通枢纽地位为原则，对蚌埠市布局土地资源利用的空间、土地资源利用的管制、土地资源利用的结构、耕地的保护以及土地的集约节约利用，做出了符合蚌埠市区域特点和经济社会快速发展形势的具体规划，规划具有较强的

---

[1] 根据蚌埠市统计局发布的数据整理计算所得。
[2] 蚌埠市统计局：《蚌埠统计年鉴》（2013），中国统计出版社 2013 年版。
[3] 城市用地增长弹性系数 = 城市用地增长率÷城市人口增长率

实际操作性，并为蚌埠市土地资源的合理开发利用提供法律依据，协调保护耕地、基本农田等农用地与保障城镇工矿用地、交通运输用地等社会经济发展用地的关系，严格保护农用地，特别是基本农田，保障了重点建设项目用地，加大土地资源利用的宏观调控力度，促进土地集约节约利用，在推动蚌埠市经济发展的同时，改善生态环境。

图7-20为基于历年《蚌埠统计年鉴》绘制的土地利用率折线图。可以看出，2009~2013年，蚌埠市土地利用率逐年增加，2013年达到91.33%。一方面，过去粗放型的土地利用方式已经被集约节约用地方式所代替；另一方面，蚌埠市采取以下措施优化了土地资源配置：调整土地利用结构、划分土地利用的功能区域、合理布局土地利用空间以及合理安排各区域和各行业的用地，其中尤其重视建设项目的用地安排。

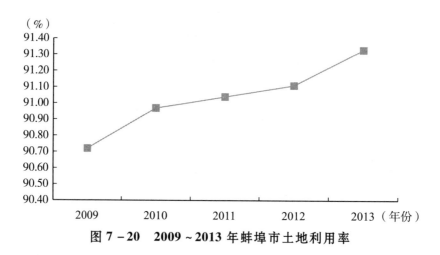

图7-20　2009~2013年蚌埠市土地利用率

（二）土地利用率逐年提高，土地资源得到合理配置

2013年，蚌埠市通过土地整治补充耕地，调整农业结构，增加耕地面积1 070.24公顷，新增建设用地占用耕地面积610.22公顷，设施农用地占用耕地31.17公顷。这一系列的调整促进了农业现代化的快速发展，使得农业生产经营规模不断扩大，农业设施不断增加。2013年，蚌埠市新增建设用地744.55公顷，其中占用耕地面积610.22公顷，建设用地变更为农用地468.26公顷，协调了保护农用地和保障建设用地供给的关系，使得土地资源得到合理利用。①

---

① 蚌埠市统计局：《蚌埠统计年鉴》(2013)，中国统计出版社2013年版。

（三）重点安排交通运输用地，突出蚌埠交通枢纽地位

如图 7-21 所示，2009~2013 年蚌埠市的交通运输用地逐年增加。其中，2011~2012 年增幅最大。2009~2013 年，蚌埠市开展铁路公路等交通运输建设项目，保障这些项目建设用地的需求，旨在突出蚌埠市的交通枢纽地位，以交通运输建设推动经济发展。

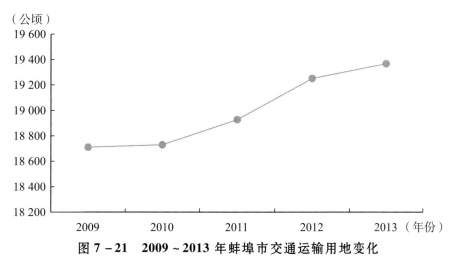

（公顷）

图 7-21　2009~2013 年蚌埠市交通运输用地变化

资料来源：2010~2014 年《安徽省统计年鉴》及蚌埠市自然资源和规划局数据。

如表 7-18 所示，在铁路方面，重点开展涉及固镇县、淮上区和龙子湖区用地规模 180.39 公顷的京沪高速铁路（蚌埠段）新建项目，涉及固镇县、淮上区、蚌山区和龙子湖区用地规模 23.53 公顷的京沪铁路电气化改造（蚌埠段）改建项目，涉及蚌山区和禹会区用地规模 20.00 公顷的水蚌铁路外迁新建项目，涉及蚌山区和禹会区用地规模 26.67 公顷的城市西部铁路专用线新建项目。上述项目共计用地 251.00 公顷。以图 7-22 直观反映蚌埠铁路用地的变化。

表 7-18　　　　　　　　2000~2013 年蚌埠市交通用地情况

年份	交通运输用地（公顷）	铁路用地（公顷）	公路用地（公顷）	铁路与公路用地合计（公顷）	铁路与公路用地合计占比（%）
2000	18 710.07	1 004.54	3 979.01	4 983.55	26.64
2010	18 729.17	1 004.27	4 005.84	5 010.11	26.75
2011	18 928.36	1 036.81	4 226.55	5 263.36	27.81

年份	交通运输用地（公顷）	铁路用地（公顷）	公路用地（公顷）	铁路与公路用地合计（公顷）	铁路与公路用地合计占比（%）
2012	19 251.05	1 038.24	4 544.30	5 582.54	29.00
2013	19 368.22	1 038.24	4 678.62	5 716.86	29.52

资料来源：蚌埠市自然资源和规划局。

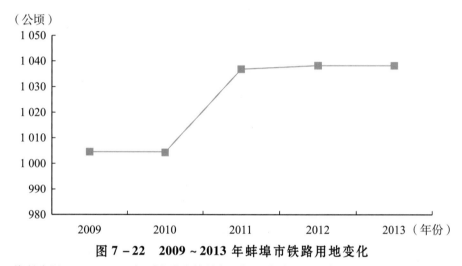

图 7 - 22　2009～2013 年蚌埠市铁路用地变化

资料来源：2010～2014 年《安徽省统计年鉴》及蚌埠市自然资源和规划局数据。

在公路方面，重点开展了涉及蚌山区和禹会区用地规模 356.49 公顷的城市中环线新建、改建工程，涉及龙子湖区和五河县用地规模 56.70 公顷的蚌淮高速公路蚌埠连接线新建工程，龙子湖区用地规模 12.60 公顷的蚌淮高速公路延伸段高铁连接线新建工程，怀远县用地规模 64.40 公顷的国道 206 改造工程，五河县用地规模 23.75 公顷的徐明高速新建工程，涉及淮上区和固镇县用地规模 137.01 公顷的蚌埠至固镇公路改造工程，五河县用地规模 600 公顷的蚌埠—五河—泗洪高速公路新建工程，五河县用地规模 104.00 公顷的国道 104 改造工程等，共计 2 722.00 公顷。以图 7 - 23 直观反映蚌埠公路用地的变化。

自合理布局城镇建设用地的基础上，依托地理位置的传统优势，根据安全、便捷、高效的要求，调整交通运输用地安排，并完善了城市的交通网络系统，搭建以公路和铁路为主、客货畅通为目标的综合化、立体化、全面化、现代化为导向的综合运输网络，强化交通运输基础设施对蚌埠市经济发展的保障能力。

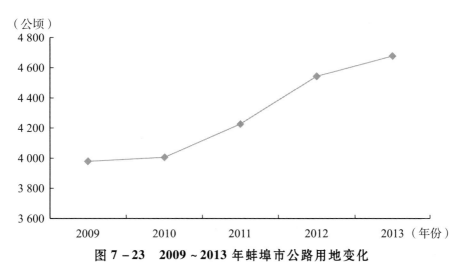

图 7 - 23　2009 ~ 2013 年蚌埠市公路用地变化

资料来源：2010 ~ 2014 年《安徽省统计年鉴》及蚌埠市自然资源和规划局数据。

（四）构建工业化土地利用空间布局

蚌埠市是老工业城市，工业曾经为其带来巨大的辉煌，但现阶段蚌埠市的工业化发展仍然处于初期阶段，整体上处于较低水平，市场主体没有得到充分的发展，目前的产业格局不能适应当前市场的变化，急需调整和升级。围绕这一目标，蚌埠市构建了"5 + 1"的工业总体布局框架，优化土地资源配置，重点建设由市区西部工业经济区域、市区东部工业经济区域、蚌埠工业园区、怀远县工业经济区域、固镇县工业经济区域、五河县工业经济区域和孝仪能源化工产业园、五河经济开发区、沫河口工业园、怀远经济开发区、长淮工业园组成的"沿淮工业带"，形成工业化土地利用的空间布局。[①]

（五）优化城市建设用地结构，村镇建设规划合理

如图 7 - 24 所示，2009 ~ 2013 年蚌埠市城市用地始终呈现上升趋势，其中，2010 ~ 2012 年增长最为迅速，2012 ~ 2013 年增长有所放缓。

---

① 《安徽省蚌埠市土地利用总体规划（2006 ~ 2020）》，蚌埠市人民政府，http://www.bengbu.gov.cn/public/29611/45879771.html。

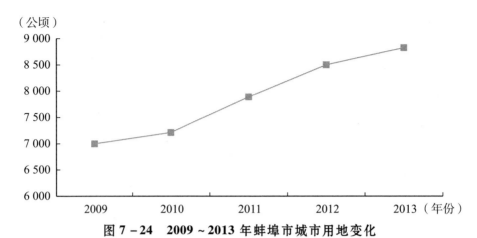

图 7 - 24　2009～2013 年蚌埠市城市用地变化

资料来源：2010～2014 年《安徽省统计年鉴》及蚌埠市自然资源和规划局数据。

如表 7 - 19 所示，蚌埠市城市用地增长弹性系数始终高于城市用地增长合理弹性系数（1.12），并在 2011 年和 2012 年达到峰值，2013 年明显下降，说明蚌埠市城市用地粗放利用、浪费、效益低等问题逐渐得到改善。

表 7 - 19　　　　　2009～2013 年蚌埠市城市用地增长弹性系数

指标	2009 年	2010 年	2011 年	2012 年	2013 年
城市用地增长弹性系数	1.52	1.45	3.54	3.12	1.72

目前，蚌埠市结合城市用地的实际需求和拓展方向，严格划分城市建设用地，有效避免城市用地规模的不断攀升，通过合理规划城市用地及优化城市建设用地结构等方式提高城市用地的利用效率，推进和加快旧城改造，形成中心城区用地空间布局。

如图 7 - 25 所示，2009～2013 年蚌埠市建制镇的土地资源利用数量一直处于上升态势。曾经建制镇的土地资源缺乏管理，用地相对散乱，土地利用率较低。近年来，随着蚌埠市土地资源规划的完善和管理力度的加大，建制镇的土地资源利用逐渐合理，旧村镇实现新的改造，建制镇规模也得到进一步控制，正在逐步实现集约节约利用。

如图 7 - 26 所示，2009～2010 年蚌埠市的村庄用地少量增加，2010 年开始，逐年大幅下降。近年来，蚌埠市对农村村庄用地集约节约利用，加大治理空心村、空心庄力度，整治许多农户宅基地面积严重超标的问题，大力宣传农村居民

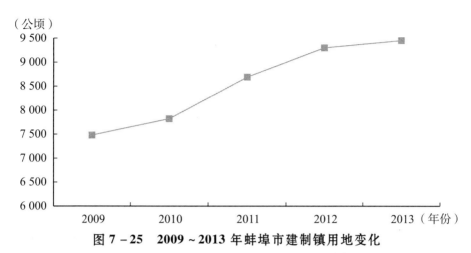

图 7 – 25　2009～2013 年蚌埠市建制镇用地变化

资料来源：2010～2014 年《安徽省统计年鉴》及蚌埠市自然资源和规划局数据。

宅基地用地规范，劝诫并引导农村居民调整宅基地面积，严格实施农村居民宅基地用地制度，对空心村、空心庄进行整体搬迁，开发复垦、退宅还田，形成了用地节约集约、布局合理的城乡居民点体系，促使农村城镇化、耕地保护以及生态环境建设沿着三位一体的方向发展。①

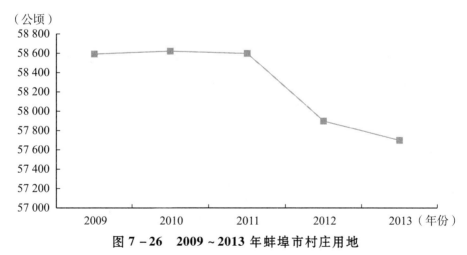

图 7 – 26　2009～2013 年蚌埠市村庄用地

资料来源：2010～2014 年《安徽省统计年鉴》及蚌埠市自然资源和规划局数据。

---

①　《安徽省蚌埠市土地利用总体规划（2006～2020）》，蚌埠市人民政府，http：//www.bengbu.gov.cn/public/29611/45879771.html。

三、蚌埠市土地资源利用存在的不足

（一）人口密度大，土地资源相对匮乏

蚌埠市土地资源相对比较匮乏，人口密度大，人均土地面积小，尽管其地处淮河中游，地势相对平坦，多为平原，耕地面积较多，但随着社会经济发展以及政策等的变化，蚌埠市发展规划受到土地资源匮乏的制约，给工农业发展带来一定的局限性。

蚌埠市土地总面积占全省的 4.2%，在安徽省 17 个地市中位列第 12 位，人口总数却是全省总人口的 5.29%。安徽省人口多、人口密度大，是我国典型的人多地少省份之一，蚌埠市是安徽省内人多地少的主要城市。人口密度反映了人类生活条件、资源利用和环境压力状况，从人口密度的角度来看，2013 年，蚌埠的人口密度为 532 人/平方千米，远高于全省和全国的平均水平，人口密度大，对土地资源消耗作用、环境破坏作用都比较明显。从人均占有土地面积来看，2013 年，蚌埠市人均占有土地面积 2.43 亩，低于全省人均占有土地面积（3.04亩）。[①]

（二）土地利用率较高，可利用地少，土地利用面积增长潜力有限

蚌埠市的土地资源开发利用程度较高，2013 年蚌埠市土地利用率高达91.33%，未利用地面积仅占总面积 8.67%，耕地后备资源缺乏。相比于 2012年，蚌埠市未利用地开发为：农用地减少 176.09 公顷，建设地占有面积减少7.28 公顷。[②] 从蚌埠市的耕地开发前景来看，平原区基本已经达到开垦极限，南部存在的少量丘陵地带因资源条件等各方面因素的限制，不宜进行农耕。由于蚌埠市经济社会发展的阶段性特征，城镇化以及工业化的发展将占有部分耕地，加之生态环境受到人们生产生活活动的影响，蚌埠市可开发利用地和未利用地面积较少，后备资源匮乏，对耕地和其他用地补充能力较弱，土地利用面积增长潜力有限，土地供应压力较大。总体来说，蚌埠市的耕地资源状况形势比较严峻，不容乐观。

---

① 数据来源：地理国情监测云平台，http://www.dsac.cn/DataProduct/Detail/301302。
② 蚌埠市统计局：《蚌埠统计年鉴》（2014），中国统计出版社 2014 年版。

（三）土地资源供需不平衡日益紧张

在中央实施"中部崛起"战略和东部发达地区产业梯度专一的背景下，蚌埠市面临难得的发展机遇。但由于土地资源供需不平衡日益紧张，建设用地的需求日渐增长，耕地资源状况不容乐观，如何进行统筹规划保证各方面对土地资源的需求，在耕地保护和粮食生产保护预期水平下，挖掘安排城市建设用地的潜力，对土地资源本就匮乏的蚌埠市来说是一个巨大的挑战。

（四）城乡建设用地急剧扩张，补充耕地难度较大

随着城乡一体化和城市大建设的推进，城乡建设用地的需求量急剧扩张，原有的土地利用规划、与之相配套的基本农田保护区规划和土地开发整理规划都制约了城乡一体化和城市大建设的推进。因此，实现耕地资源的占补平衡，必须加大土地开发治理力度，但由于可供开发的土地资源（未利用地）匮乏，补充耕地、实现占补平衡难度仍然较大。

（五）节约集约用地难度较大

土地集约化是指通过利用先进的技术手段和管理方法，使投入的生产要素和劳动要素尽可能在单位土地面积内获得较高收入的一种经营方式。按照国家统计局进行住宅销售价格调查的城市划分标准，蚌埠市属于三线城市，土地集约化可以分为城市土地集约化和农村土地集约化。城市土地集约化可表示为：$I_c = $

$\dfrac{S + C + I_1 \times \dfrac{I_1}{I_1 + I_2} \times \dfrac{I_2}{I_1 + I_2}}{L}$，其中，$I_c$ 表示城市土地集约化利用程度，S 表示工资，C 表示投入的资本，I_1 表示投入的民间资本按民间利率计算所支付的利息，I_2 表示投入的集体资本按银行利率计算所支付的利息，$\dfrac{I_1}{I_1 + I_2}$ 和 $\dfrac{I_2}{I_1 + I_2}$ 分别表示投入的民间资本和集体资本所占比例，L 表示土地利用面积。农村土地集约化可表示为：$I_v = \dfrac{E + C + I}{L}$，其中，$I_v$ 表示农村土地集约化利用程度，E 表示农民进行农业生产所取得的收入，C 表示农民进行农业生产的成本，I 表示农民进行农业生产的成本存在银行所支付的利息，L 表示土地利用面积。为简化计算，将城市、农

村土地集约化利用程度以土地产出率基准产出①替代。城市、农村土地集约化利用程度的评价标准可设置为：土地集约化利用程度 < 50，为粗放利用；50 ≤ 土地集约化利用程度 < 75，为比较集约利用；75 ≤ 土地集约化利用程度 < 100，为接近集约利用；100 ≤ 土地集约化利用程度，为集约利用。

从表 7 - 20 可以看出，近年来，蚌埠市城市土地集约化利用程度一直处于比较集约利用水平，城市土地集约化利用程度逐渐增加，但增加速度放缓，说明伴随着城市大建设，城市建设用地不断增加，城市已经审批下来但未开工建设的土地越来越多，闲置土地不断增多，使土地集约利用难度加大。农村土地集约化利用程度一直处在粗放利用水平，但农村土地集约化利用程度逐渐增加，随着新农村建设、城镇化建设的推进，农村耕地的占补平衡问题面临挑战，农村土地集约化利用也越来越难。

表 7 - 20　　　　　2009 ~ 2013 年蚌埠市城市土地集约化利用程度

年份	城市土地集约化利用程度	城市土地利用评价	农村土地集约化利用程度	农村土地利用评价
2009	47.28	粗放利用	18.42	粗放利用
2010	50.53	比较集约利用	20.19	粗放利用
2011	65.18	比较集约利用	24.6	粗放利用
2012	70.32	比较集约利用	23.97	粗放利用
2013	71.06	比较集约利用	31.72	粗放利用

注：计算所用数据均来自蚌埠市统计局。

另外，蚌埠市虽为老工业城市，但 20 世纪 90 年代末 21 世纪初，在政策以及其他各方面因素影响下，蚌埠市工业发展趋势放缓。目前，蚌埠市需要承担推进区域产业结构调整优化升级、提升区域创新能力、促进区域经济发展的压力，在以发展工业为主，农业、服务业发展为辅的产业格局下，实现对土地资源的节约集约利用以及对土地资源利用方式转变的难度非常大。同时，如何在抓住发展机遇的基础上，建立有效的未利用地储备机制和土地节约集约利用调控机制来优化配置土地资源，使土地资源有效支撑全市的经济社会发展也是一个亟待解决的重要问题。

---

① 土地产出率基准产出 $= \dfrac{\text{GDP}}{\text{土地面积}}$

（六）土地利用结构不适应社会经济持续发展的需要

目前，蚌埠市土地利用结构还不能满足社会经济的可持续发展需要，需要进行适当的调整。一方面，近年受国家政策等方面的影响，蚌埠市的土地农业利用率达到 75.92%，但仍低于全国平均水平，应提高农业综合生产能力，积极推进农村土地综合整治，提升农业生产总体水平，大力推进农业现代化的建设。另一方面，就农业而言，其内部产业结构也不尽合理，蚌埠市的农用地中耕地面积占85%，林地面积占 3.83%，园地面积仅占 0.28%，草地面积低至 0.04%。[①] 园地、林地、草地的面积远低于全省平均水平和全国平均水平，园地、草地的面积几乎可以忽略不计，草地中几乎没有天然牧草地和人工牧草地，林地中几乎全部是有林地。园艺、林业和畜牧业蕴含巨大发展潜力。因此，在保证耕地面积稳定以及粮食安全的情况下，充分合理利用和扩大园地、林地和草地资源，改善生态环境，大力开展植树造林活动以增加林地面积、提高森林覆盖率、保证空气质量，积极发展园艺建设，美化城区环境，并且加大对畜牧业的扶持力度，构建多元化的农业发展结构，增加除种植业以外的农业收入，降低粮食收入在农业收入中所占比例，改善生态环境质量，提高人民生活质量。

四、对蚌埠市土地资源利用的意见

（一）严格控制建设用地供应总量

如图 7-27 所示，近年来，蚌埠市处于经济大发展时期，对建设用地的需求也在逐步增大，2009～2013 年，建设用地不断增加。目前，蚌埠市接近处于城市化加速阶段（城市化水平持续到 70% 时趋于平缓），以农用地为主的郊区正在逐步转变为以非农用地为主的城市，城市建设用地成为土地经营的重点。这一阶段，应该严格控制建设用地的面积，根据建设用地的适宜性对城镇、工矿用地进行空间组织，使建设用地扩张带来最大化的经济增长效用。

蚌埠市正面临城乡一体化建设、区域发展战略实施、合芜蚌自主创新综合试验区以及国家促进中部崛起的机遇，同时也需要面对土地后备资源贫乏、生态承载力较低、耕地保护压力较大的挑战。蚌埠市应打破政府高度垄断土地一级市场的局面，充分发挥市场配置资源的决定性作用，严格控制建设用地土地供应总量。

---

① 数据来源：笔者根据蚌埠市统计局公布的数据整理所得。

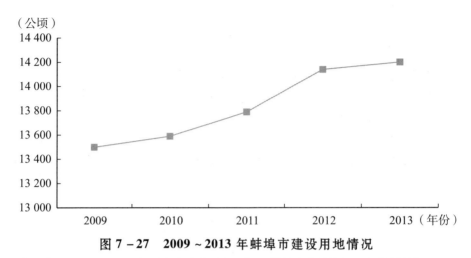

图 7 - 27　2009 ~ 2013 年蚌埠市建设用地情况

资料来源：2010 ~ 2014 年《安徽省统计年鉴》及蚌埠市自然资源和规划局数据。

加大对城镇闲置土地的整治处理力度，对长期未利用的土地和荒废的土地予以回收，建立和完善土地后备资源的储备制度，统筹管理、规划和利用土地资源。针对市区的建设需求，优化城市建设用地结构，合理利用城市中心城区用地，提高利用率，但不能盲目扩张。在处理新增建设用地占用农用地和耕地的问题上，应严格控制建设用地在农用地和耕地中占用比重；对长期闲置的建设用地应加大处理力度，适当地将闲置、荒废的闲置用地收回，并进行整理复垦开发，以补充农用地和耕地。

另外，在推进城乡一体化建设和新农村建设过程中，应加大力度改变建制镇和村庄粗放的用地方式，促进土地节约集约利用，调整城镇工矿用地和建制镇用地结构，严格控制城乡建设用地总体规模。对基础设施、交通运输以及民生工程这些重点项目的建设用地需求，应重点规划安排，以更好地促进国民经济又好又快发展。

（二）加大土地资源整治力度

蚌埠市的土地利用率较高，相对的后备土地资源较少，虽然蚌埠市通过一系列措施实现连续 12 年（2002 ~ 2013 年）土地占补平衡，但依然无法改变后备土地资源贫乏的现状，因此应加大对土地资源整治的力度，特别是对违法用地的土地整治。

近年来，蚌埠市通过推进土地执法监察机构和队伍建设，与国土部门共同构建预防和查处违法用地行为的机制，将违法用地的比例从 34.3% 降到了 5.25%。现阶段，仍要加大对土地资源的整治力度，合理合法地利用土地资源。截至目前，蚌埠市已经出台《蚌埠市土地利用总体规划（1997－2010）》《蚌埠市土地利用总体规划（2006－2020）》《蚌埠市城市总体规划（2008－2020）》以及市辖各区、三县的土地利用总体规划。在土地利用过程中，土地规划是对各类用地的结构和布局进行安排或配置的长期计划，是对一定地区范围内的土地资源进行合理的组织利用和经营管理的一项综合性的技术经济措施，为蚌埠市优化配置、合理利用土地资源提供基础和依据，为蚌埠市土地利用指明方向，指导各个局部的土地开发、利用、管理、整理、改造和保护，改善土地利用环境，提高土地利用的综合效益和土地利用率，能够实现保障国民经济发展等目标。土地利用规划实施以来，强化了对耕地特别是基本农田的保护，提高了土地节约集约利用水平，促进生态环境得到改善，保障了经济社会发展对建设用地的合理需求，提高了按规划管理和使用土地的意识。

（三）切实推进节约集约利用土地

从表7－21可以看出，近年来蚌埠市的村庄用地面积明显下降，这主要源于蚌埠市对村庄用地的节约集约利用。未来土地资源的利用过程应重点关注以下几点：第一，将过去零星居住的宅基地规划搬迁到一个聚集区域，集中建设，由过去的院落式、别墅式的宅基地利用方式逐步变为楼房和向空中发展的方式；第二，盘活建制镇和村庄建设用地存量，加大对建制镇和村庄指导力度，将盘活的建制镇和村庄建设用地存量，集中用来招商引资，发展乡镇的轻工业和第二、第三产业，提高城乡竞争力，提高这些存量建设用地的集中利用效率和产出效率；第三，将过去的集体建设存量用地，如村委会、闲置的学校、幼儿园，结合村庄搬迁、退宅还田的工作契机进行复垦整理，增加有效的耕地面积，减少闲置的存量建设用地。

表 7－21　　　　　2009～2013 年蚌埠市建制镇和村庄用地面积

年份	建制镇（公顷）	村庄（公顷）
2009	7 454.63	58 581.08
2010	7 781.73	58 646.72
2011	8 663.33	58 612.29
2012	9 241.70	57 971.79
2013	9 432.03	57 646.72

资料来源：2010～2014 年《安徽省统计年鉴》及蚌埠市自然资源和规划局数据。

第八章

矿产资源管理

本章主要针对我国矿产资源管理展开实证研究。首先，分析我国矿产资源开发的整体效率，评估矿产资源开发的生态环境影响，重点以能源矿产为例分析我国能源矿产行业的开发利用情况；其次，重点论述矿产资源开发与经济环境的关系，研究矿产分布、矿产资源价格等对生态环境保护和地方经济发展的影响，主要围绕与国民经济部门密切相关的电力、煤炭等矿产资源相关部门展开讨论。

第一节 矿产资源效率分析

一、矿产资源开发效率

（一）矿产资源开采的有效性管理

随着我国工业化的不断发展，资源的短缺逐渐成为制约经济发展的"瓶颈"。在资源的开发利用中，需要考虑资源的最大化利用问题，避免资源浪费。以矿产资源为例，分析矿产资源的最优开采问题，对资源开采的有效性管理进行量化分析。矿产资源开采的流程，应由企业上报探明储量，政府根据企业提供的探明储量制订开采计划，企业再根据政府制订的计划进行资源开采、配额生产，从而实现企业利润最大化的目标，而政府的目标则是实现社会福利的最大化。所以，本节主要是构建一个简单的矿产资源两期开采模型，考虑政府和企业两大经济主体在矿产资源开采过程中的关系，分析在资源短缺的条件下，企业过度开采带来的后果。其中，企业利润的最大化及政府考虑的社会福利最大化均以福利的最大化来衡量。

为了便于分析企业和政府对矿产资源开采管理的有效性，设两个时期的资源开采过程中涉及的经济主体为政府、企业 1（企业在第 1 个时期开采资源）、企业 2（企业在第 2 个时期开采资源）、消费者 1（消费者在第 1 个时期消费）、消费者 2（消费者在第 2 个时期消费），资源开采过程中企业的边际开采成本为 C（C 为常数），上报的矿产资源探明储量为 Q，贴现率为 r。在建立模型前，作出如下假设：（1）假设矿产资源是非常短缺的；（2）假设矿产资源的需求为 $q_t = \dfrac{a}{b} - \dfrac{1}{b} p_t$，$t = 1，2$，其中 p_t、q_t 分别为 t 期矿产资源的价格和需求量；（3）假设企业的目标为各个时期利润最大化，政府目标为两期的社会福利最大化；（4）假设市场是完全垄断的，不存在其他矿产资源生产者；（5）政府只能通过企业上报的矿产资源探明储量，了解探明储量的准确数字。

首先，不考虑政府管制，根据假设条件可知矿产资源的需求为 $q_t = \dfrac{a}{b} - \dfrac{1}{b} p_t$，$t = 1，2$，企业的边际成本为 C，则企业在第 1 个时期开采资源的利润为：

$$\pi_1 = (a - b q_1 - c) q_1 \tag{8.1}$$

则利润最大化的条件为一阶导数为零，即：

$$a - 2 b q_1 - c = 0 \Rightarrow q_1^* = \frac{a - c}{2b} \tag{8.2}$$

当垄断企业的利润达到最大时，其边际成本与边际收益相等，所以，生产者剩余为 $\pi_1^* = \dfrac{(a - c)^2}{4b}$，消费者剩余为 $CS_1 = \dfrac{(a - c)^2}{8b}$，则第 1 个时期的社会福利为 $WF_1 = \dfrac{3 (a - c)^2}{8b}$。

其次，在矿产资源短缺的条件下，考虑政府管制，避免企业在第 1 个时期过度开采，假设企业上报的探明储量是真实的，在第 1 个、第 2 个时期开采的矿产资源的最优量分别为 q_1，q_2，则第 1 个时期的福利为 $F_1 = \displaystyle\int_0^{q_1} (a - bq - c) \mathrm{d}q$，第 2 个时期的福利为 $F_2 = \displaystyle\int_0^{q_2} (a - bq - c) \mathrm{d}q$，所以两个时期的福利总和（折现到第 1 个时期）为：

$$F = \int_0^{q_1} (a - bq - c) \, dp + \frac{1}{1 + r} \int_0^{q_2} (a - bq - c) \, dq \tag{8.3}$$

综上所述，建立矿产资源开采的福利最大化模型：

$$\max_{q_1, q_2} \int_0^{q_1} (a - bq - c) \, dp + \frac{1}{1 + r} \int_0^{q_2} (a - bq - c) \, dp$$

$$\text{s. t.} \quad q_1 + q_2 = Q \tag{8.4}$$

构建拉格朗日函数求解模型：

$$L(q_1, q_2) = \int_0^{q_1} (a - bq - c) \, dp + \frac{1}{1 + r} \int_0^{q_2} (a - bq - c) \, dp + \lambda (Q - q_1 - q_2)$$

$$\frac{\partial L(q_1, q_2)}{\partial q_1} = a - bq_1 - c - \lambda = 0$$

$$\frac{\partial L(q_1, q_2)}{\partial q_2} = a - bq_2 - c - \lambda = 0$$

$$\frac{\partial L(q_1, q_2)}{\partial \lambda} = Q - q_1 - q_2 = 0$$

得到 $q_1 = \dfrac{(a - c) r + b q_2}{(1 + r) b}$，代入模型求解得到企业在第 1 个、第 2 个时期的最优矿产资源开采量分别为：

$$q_1 = \frac{bQ + (a - c) r}{(2 + r) b}, \quad q_2 = \frac{b(1 + r) Q - (a - c) r}{(2 + r) b} \tag{8.5}$$

当矿产资源的探明储量 $Q \to 0$ 时，$q_1 = \dfrac{bQ + (a - c) r}{(2 + r) b} \to \dfrac{(a - c) r}{(2 + r) b}$，而 $q_1^* = \dfrac{a - c}{2b}$，所以 $q_1 < q_1^*$，即 $\dfrac{bQ + (a - c) r}{(2 + r) b} < \dfrac{a - c}{2b} \Rightarrow Q < \dfrac{(2 - r)(a - c)}{2b} = (2 - r) q_1^*$。因此，如果矿产资源的总探明储量小于企业在第 1 个时期利润最大化时开采量的 $(2 - r)$ 倍，在政府管制的前提下，企业在第 1 个时期的最优矿产资源开采量小于利润最大化时的开采量，但是对企业来说，追求的是最大化的利润，因此企业会虚报矿产资源的探明储量，从而使得矿产资源开采量增加来获得更高的利润，因为如果 $q_1 < q_1^*$，$\dfrac{d\pi_1}{dq_1} > 0$，若开采量上升，则利润上升，所以企业会选择虚报探明储量增加利润。

如果企业上报的探明储量是不真实的，以夸大矿产资源探明储量为例，设企业向政府上报的探明储量为 Q'，$Q' > Q$。由前述可知，当企业向政府上报的探明储量为 Q 时，社会的矿产资源极度短缺，$Q < (2 - r) q_1'$，企业在第 1 个、第 2 个时期的最优矿产资源开采量分别为 q_1、q_2。所以，当企业向政府上报的探明储量为 Q' 时，实际矿产资源探明储量为 Q，则企业在第 1 个、第 2 个时期的最优矿产

资源开采量分别为：

$$q_1' = \frac{bQ' + (a - c)r}{(2 + r)b} > q_1, \quad q_2' = Q - q_1' < q_2 \tag{8.6}$$

由上可知，企业在第 1 个时期夸大矿产资源的探明储量，使得企业的最优资源开采量扩大，从而获得更多的利润，而对于消费者来说，由于探明储量的夸大，使得消费者剩余增加，所以社会总福利在第 1 个时期会增加。但是由于矿产资源总的探明储量是不变的，而企业在第 1 个时期虚报探明储量来增加开采量，使得第 2 个时期的矿产资源开采量低于最优开采量，从而企业在第 2 个时期的利润减少，消费者剩余相比于最优开采时也有所降低，所以，第 2 个时期的社会福利下降。与矿产资源最优开采量相比，虽然企业在第 1 个时期过度开采增加了第 1 个时期的社会福利，第 2 个时期的矿产资源由于被企业提前开采使得社会福利减少，但是第 1 个时期增加的福利与第 2 个时期减少的福利是不相等的，第 1 个时期福利增加的绝对值小于第 2 个时期福利减少的绝对值，所以两期的福利总和降低。因此，不合理的开采计划会导致资源的浪费，尤其是不可再生资源的开采更加应该实现利润的最大化，不合理的开采不仅仅是对环境的一种破坏，对于社会的总福利同样是不利的。政府在矿产资源的开采过程中，要充分发挥自身的"分配"职能，加大矿产资源的管理力度，保障矿产资源的合理开发。

（二）矿产资源开发效率的综合评价

矿产资源作为不可再生资源，在当前全球经济快速发展的进程中具有不可替代的作用。现阶段，中国正处于工业化快速发展时期，粗放型的资源能源消费模式依然没有改变，快速消费的化石能源导致能源资源的加速耗竭，给我国资源环境的可持续发展带来巨大压力，同时也使得我国对矿产资源的使用和开发效率愈加重视。

对于矿产资源开发利用效率的研究主要从不同的分析方法和不同的研究视角进行探讨。在评价方法上，主要采用层次分析法（AHP）、模糊综合评价、灰色关联度分析等综合评价方法进行定量评价研究。王志宏（2002）通过深入分析矿产资源竞争力的概念并对评价指标体系充分挖掘，提出用于定量分析的模糊综合评价模型；郑云虹和李凯（2007）从可持续发展的思路出发，以区域生态安全综合评价理论为研究基础，构建出一套包含生态环境压力、环境质量以及资源环境保护能力三方面的综合评价指标体系，进而利用 AHP 的方法对矿业资源型企业生态安全状况进行系统评价；罗德江等（2015）从矿产资源开发利用水平、矿山地质环境恢复与治理、人员效率与开发利用效益的角度构建矿产资源开发效率综合评价指标体系，利用灰色关联度分析法对攀西钒钛磁铁矿开发利用水平进行综合评价。上述综合评价方法需要对各个指标赋予一定的权重，而权重大小的确定具有较强的主观性。同时，矿产资源的开发利用涉及大量的异质指标，指标的量纲并不一致。数据包络分析能够有效解决赋权难和量纲不一致导致评价结果偏差较大的问题，通过构建的指标体系测度决策单元的相对效率，能够对多投入多产出指标体系进行评价。

超效率模型（Super Efficiency Model，SEM）是由安徒生（Andersen P.）等人于 1993 年提出的能够对决策单元（Decision Making Unit，DMU）有效程度进行进一步区分的方法，其核心是将被评价 DMU 从参考集中剔除，即被评价 DMU 的效率是参考其他 DMU 构成的前沿得出的，有效 DMU 的超效率值一般会大于 1。

超效率模型数学表达式如下：

$$\min\left[\theta - \varepsilon\left(\sum_{i=1}^{m} s_i^- + \sum_{i=1}^{i} s_i^+\right)\right] \tag{8.7}$$

$$\text{s. t.}\begin{cases} \sum_{j=1,j\neq k}^{n} x_{ij}\lambda_j + s_i^- \leqslant \theta X_0 \\ \sum_{j=1,j\neq k}^{n} Y_j\lambda_j - s_r^+ = Y_0 \\ \lambda_j \geqslant 0, j = 1, 2, \cdots, n; s_r^+ \geqslant 0, s_r^- \geqslant 0 \end{cases}$$

如图 8-1 所示，A、B、C、D 四个有效 DMU 构成效率前沿，分析 C 的超效率参考由除 C 以外的其他 DMU 构成的前沿，即新前沿 ABD，C 在该前沿上的投影点为 C'。显然 C 的效率优于 C'，其效率超出的部分反映为 CC'，C 点超效率值 $\theta = \dfrac{OC'}{OC} \geqslant 1$。

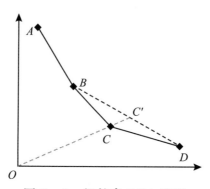

图 8-1　超效率 DEA 模型

生产过程的模型化需要引入方向性距离函数（Directional Distance Functions，DDF），与谢泼德（Shephard）距离函数定义的方向向量 $g = (g_y, g_u)$ 存在明显差异的是，DDF 定义的方向向量为 $g = g_{y'} - g_u$，以便可以从期望产出和非期望产出两个方向同时进行优化改进，即在增加期望产出的同时，也能相应地减少非期望产出。本研究将方向性距离函数定义为：

$$\vec{D}_0(x, y, u; g_{y'} - g_u) = \sup\{\beta: (y + \beta g_y, u - \beta g_u) \in P(x)\} \tag{8.8}$$

其中，$\beta \geqslant 0$，该变量表示产出组合 (y, u) 按照向量 g 能够同时增加和减小的最大比例。

马尔奎斯特（Malmquist）生产率指数的概念最早源于马尔奎斯特（1953），最初用于测度不同时期的消费变化。法勒（1992）运用 Malmquist 指数分析全要素生产率（Total Factor Productivity，TFP）变化。经过发展，钟等（1997）在对瑞典纸浆厂的 TFP 进行计算时，将非期望产出方向距离函数应用于马尔奎斯特模型，得到马尔奎斯特·龙伯格（Malmquist-Luenberger，ML）生产率指数，该指数以环境技术可行性集合和方向性距离函数理论为基础。

假设在各地市投入 N 种要素 $x = (x_1, x_2, \cdots, x_N) \in R_N^+$，有 M 种期望产出 $y = (y_1, y_2, \cdots, y_M) \in R_M^+$，同时有 I 种非期望产出 $u = (u_1, u_2, \cdots, u_I) \in R_I^+$。用 $P(x)$ 表示生产可能性集合：

$$P(x) = [(x, y, u): x \text{ 能生产}(y, u), x \in R_N^+] \tag{8.9}$$

在每个时期 $t = 1, 2, \cdots, T$，第 K 个省市的投入和产出值为 $(x^{k,t}, y^{k,t}, u^{k,t})$，构造环境技术集合如下：

$$p^t(x^t) = \begin{cases} (y^t, u^t): \sum_{k=1}^{K} z_k^t y_{km}^t \geqslant y_m^t, m = 1, 2, \cdots, M; \\ \sum_{k=1}^{K} z_k^t x_{km}^t \leqslant x_n^t, n = 1, 2, \cdots, N; \\ \sum_{k=1}^{K} z_k^t u_{ki}^t = u_i^t, i = 1, 2, \cdots, I; \\ z_k^t \geqslant 0, k = 1, 2, \cdots, K \end{cases} \tag{8.10}$$

其中，$y^{k,t}$ 表示期望产出、$u^{k,t}$ 表示非期望产出、z_k^t 表示密度变量，即每个横截面观测值的权重，其反映生产技术的规模报酬情况。

为了使用 DEA 求解在时期 t 的决策单元 $k'(x_{k'}^t, y_{k'}^t, u_{k'}^t)$ 的方向距离函数，构造 ML 指数求解线性规划方程组：

$$\vec{D}_0^t(x_k^t, y_k^t, u_k^t, y_k^t, -u_k^t) = \max\beta$$

$$\text{s. t.} \begin{cases} \sum_{k=1}^{K} z_k^t y_{km}^t \geqslant (1 + \beta) y_{km}^t, m = 1, 2, \cdots, M \\ \sum_{k=1}^{K} z_k^t u_{ki}^t = (1 - \beta) u_{ki}^t, i = 1, 2, \cdots, I \\ \sum_{k=1}^{K} z_k^t x_{kn}^t \leqslant x_{kn}^t, n = 1, 2, \cdots, N; \\ z_k^t \geqslant 0, k = 1, 2, \cdots, K \end{cases} \tag{8.11}$$

在上述方向性距离函数的基础上，定义环境约束下从 t 期到 $t+1$ 期的全矿产资源开发效率指数为：

$$ML_0^{t,t+1} = \sqrt{\frac{1+\overrightarrow{D_0^t}(x^t,\ y^t,\ u^t;\ y^t,\ -u^t)}{1+\overrightarrow{D_0^t}(x^{t+1},\ y^{t+1},\ u^{t+1};\ y^{t+1},\ -u^{t+1})} \times \frac{1+\overrightarrow{D_0^{t+1}}(x^t,\ y^t,\ u^t;\ y^t,\ -u^t)}{1+\overrightarrow{D_0^{t+1}}(x^{t+1},\ y^{t+1},\ u^{t+1};\ y^{t+1},\ -u^{t+1})}} \tag{8.12}$$

在表达式（8.12）中，可以将 ML 指数进一步分解为两部分，即技术进步指数（TC）和效率变动指数（EC），其表达式如下：

$$EC_0^{t,t+1} \frac{1+\overrightarrow{D_0^t}(x^t,\ y^t,\ u^t;\ y^t,\ -u^t)}{1+\overrightarrow{D_0^{t+1}}(x^{t+1},\ y^{t+1},\ u^{t+1};\ y^{t+1},\ -u^{t+1})} \tag{8.13}$$

其中，$TC_0^{t,t+1}$ 指数衡量的是环境生产前沿面在 t 时期到 $t+1$ 时期的位移，$EC_0^{t,t+1}$ 指数衡量的是相邻两时期内技术落后区域追赶技术先进区域的生产可能性前沿的水平。如果 $ML_0^{t,t+1}$，$TC_0^{t,t+1}$，$EC_0^{t,t+1}$ 三者数值大于1，则分别表示矿产资源开发效率的提高、技术进步和技术效率改善；反之，如果三个指标数值小于1，则说明矿产资源开发效率降低、技术退步和效率恶化。

鄱阳湖生态经济区位于华南矿区的中心地带，具有非常丰富的矿产资源。早在2009年，鄱阳湖生态经济区已经作为国家层面的发展战略施行，该经济区以保护生态环境和发展经济为主要发展目标，在我国面临资源衰竭、化石能源短缺的危机下具有重要意义。因此，本节以鄱阳湖生态经济区为研究对象，首先构建一套较为合理的评价指标体系，进而依据此投入产出指标体系评价鄱阳湖生态经济区的矿产资源开发效率。

关于评价指标的选取，投入指标从鄱阳湖生态经济区矿产行业资本、劳动力以及能源消耗三个角度出发，选取矿业固定资产投入、矿业从业人数和矿业能源消费总量三个指标；产出指标分为期望产出和非期望产出两项，其中，期望产出用矿业总产值来衡量，非期望产出用矿业"三废"排放量来衡量，具体包括矿业废水排放量、矿业废气排放量和矿业废渣排放量。研究对象为鄱阳湖生态经济区涉及的县（市、区），分别为南昌市、景德镇市、九江市、鹰潭市、渝水区、新干县、丰城市、樟树市、高安市、临川区、东乡县、余干县、鄱阳县、万年县，其中，余干县数据缺失，予以剔除。研究时期限定为 2010～2014 年。所用数据均源于各地县市环保局或统计局网站。

从表 8-1 可以看出，从综合技术效率值来看，鄱阳县的综合技术效率在 13

个地区中最低，仅为 0.0676；万年县在鄱阳湖生态经济区中综合技术效率值最高，处于有效前沿面上，表明该地区的矿产资源开发效率较高；丰城市和东乡县的综合技术效率紧随其后，且均在 0.8 以上；而其余各地区的综合技术效率均表现出低效率的状态，均值都在 0.5 以下；从鄱阳湖生态经济区总体综合技术效率的均值来看，呈现较低的效率状态。纯技术效率未包含规模效率，即在不考虑企业规模大小情况下的矿产资源开发效率，该指数受到矿业企业的管理水平和经验技术等方面的影响。从鄱阳湖生态经济区各地区纯技术效率值来看，万年县依然具有最高的年均纯技术效率增长率，高达 30.23%，剔除矿业企业规模大小后，临川县、东乡县、新干县和鄱阳县均具有有效的纯技术效率，整个生态经济区的纯技术效率未达到有效状态。从鄱阳湖生态经济区的规模效率值来看，各个地区均未达到规模有效的状态，其中规模效率最高的为丰城市，有近一半的地区规模效率超过 0.6，整体规模效率值仅为 0.5814。

表 8 - 1   2010 ~ 2014 年鄱阳湖生态经济区矿产资源开发效率评价

地区	综合技术效率	纯技术效率	规模效率
东乡县	0.8766	1.0811	0.8085
丰城市	0.9285	0.9651	0.9636
高安市	0.1165	0.1374	0.8541
景德镇市	0.2698	0.7452	0.3723
九江市	0.3857	0.8804	0.4534
临川区	0.4243	1.1330	0.3646
南昌市	0.0974	0.1420	0.6876
鄱阳县	0.0676	1.0163	0.0736
万年县	1.0550	1.3023	0.8583
新干县	0.3201	1.0492	0.3154
鹰潭市	0.1241	0.1551	0.8118
渝水区	0.1779	0.6063	0.3136
樟树市	0.0701	0.3199	0.6813
均值	0.3780	0.7333	0.5814

资料来源：笔者根据各地县市环保局或统计局网站数据整理。

表 8 - 2 反映了 2010 ~ 2014 年鄱阳湖生态经济区矿产资源开发效率及其分解结果，从 MI 指数及其分解项 EC 指数和 TC 指数看，樟树市在 2010 ~ 2011 年具有最高的资源开发效率，随后几年则表现为较为平稳的下降趋势，且其具有最高

的技术效率（EC）；东乡县的 MI 和 TC 指数均表现出"下降—上升—下降"的波动状态，而 EC 表现为持续下降的趋势；丰城市的各个指数均表现出较为平稳的状态，技术效率和技术进步均对矿产资源开发效率有影响。

表 8 - 2 　　　　2010～2014 年鄱阳湖生态经济区矿产资源开发效率及其分解结果

地区	年份	MI	EC	TC	地区	年份	MI	EC	TC
东乡县	2010～2011	1.55	1.26	1.23	鄱阳县	2010～2011	1.74	2.64	0.66
东乡县	2011～2012	0.93	0.97	0.96	鄱阳县	2011～2012	0.26	0.22	1.17
东乡县	2012～2013	1.08	0.96	1.13	鄱阳县	2012～2013	0.54	0.26	2.03
东乡县	2013～2014	0.74	0.68	1.09	鄱阳县	2013～2014	1.70	2.42	0.70
丰城市	2010～2011	1.00	0.99	1.01	万年县	2010～2011	0.63	0.26	2.41
丰城市	2011～2012	1.00	1.01	0.99	万年县	2011～2012	1.69	0.93	1.82
丰城市	2012～2013	0.87	1.02	0.85	万年县	2012～2013	1.03	2.90	0.36
丰城市	2013～2014	1.15	1.00	1.15	万年县	2013～2014	0.31	2.62	0.12
高安市	2010～2011	1.28	1.12	1.15	新干县	2010～2011	0.64	0.65	0.98
高安市	2011～2012	0.73	0.72	1.01	新干县	2011～2012	2.61	5.17	0.51
高安市	2012～2013	1.34	1.45	0.93	新干县	2012～2013	2.76	1.24	2.23
高安市	2013～2014	0.43	0.95	0.46	新干县	2013～2014	1.36	1.01	1.35
景德镇市	2010～2011	1.13	1.01	1.12	鹰潭市	2010～2011	0.86	1.27	0.68
景德镇市	2011～2012	0.76	4.33	0.17	鹰潭市	2011～2012	1.25	0.87	1.44
景德镇市	2012～2013	1.56	0.42	3.72	鹰潭市	2012～2013	0.80	0.82	0.98
景德镇市	2013～2014	0.77	1.26	0.61	鹰潭市	2013～2014	1.09	1.33	0.82
九江市	2010～2011	0.79	0.45	1.75	渝水区	2010～2011	0.66	1.28	0.51
九江市	2011～2012	1.77	1.32	1.35	渝水区	2011～2012	1.28	0.87	1.47
九江市	2012～2013	1.01	1.29	0.78	渝水区	2012～2013	0.99	1.00	0.98
九江市	2013～2014	0.97	1.86	0.52	渝水区	2013～2014	0.58	1.26	0.46
临川区	2010～2011	1.03	1.13	0.91	樟树市	2010～2011	19.78	20.70	0.96
临川区	2011～2012	1.01	0.50	2.02	樟树市	2011～2012	1.26	1.04	1.22
临川区	2012～2013	5.77	2.19	2.64	樟树市	2012～2013	0.90	0.75	1.21
临川区	2013～2014	0.40	0.67	0.59	樟树市	2013～2014	0.92	1.29	0.72
南昌市	2010～2011	1.48	0.94	1.57	—	—	—	—	—
南昌市	2011～2012	0.70	1.09	0.65	—	—	—	—	—
南昌市	2012～2013	0.86	0.51	1.70	—	—	—	—	—
南昌市	2013～2014	0.93	1.89	0.49	—	—	—	—	—

资料来源：由 MAXDEA 计算整理得到。

基于上述分析，可以从以下几个方面提升矿产资源开发效率：发展绿色矿业经济；合理布局矿业生产结构和产业链，提高资源利用效率和水平；加强对"三废"排放的惩罚力度；进一步健全采矿业环境法律法规，明确监督管理部门的职责；提高矿产、地质勘查以及矿业领域的对外开放水平；强化环保宣传意识，加大社会宣传力度。

二、矿产行业环境效率分析

（一）研究背景

能源工业是安徽省经济的重要组成部分，其中热电企业发展备受关注，其已成为全省经济发展的重要支撑。然而，热电企业在驱动安徽省经济增长的同时，往往带来环境污染问题，如何实现经济和环境的协调发展日益受到关注。虽然目前安徽省已针对热电企业制定了众多的环境法规和政策，但是尚未对这些企业的实际表现作出恰当的定量评价。

目前，针对经济发展与环境保护的研究成果较多，但专门针对特定热电企业的定量分析较少。环境效率强调单位环境负荷带来的经济效益，通常借助商品或服务价值与环境负荷之比反映。可见，在恒定或减轻环境负荷的情形下增加经济效益，将有助于环境效率提升。因此，测算环境效率有助于了解热电企业的经济效益现状及环保潜力，有助于热电企业把握创新方向，力求在社会责任、环境保护和企业发展之间找寻平衡点，从而实现区域经济与环境可持续发展。

本书将运用非参数基于松弛变量（Slack - Based Measure，SBM）模型测算安徽省主要热电企业的环境效率，并用马尔奎斯特指数方法测算各企业全要素生产率（TFP）值及其分解结果；特别地，采用贝叶斯估计分析热电企业环境效率的影响因素，然后对安徽省热电企业的协调发展提出建议。

近年来，众多学者基于 DEA 方法开展环境效率评价理论、方法与应用研究。法勒等（1989）最先以投入产出弱可处置性（weak disposability）来处理污染变量，随后，此方法在环境效率研究领域逐步得以广泛应用。部分研究在测算美国燃煤发电厂环境效率的同时，对比径向与非径向 DEA 评价的优缺点（Sueyoshi and Goto，2012）。也有一些研究基于 2000~2009 年数据，运用 DEA - SBM 模型测算能源效率，发现我国能源效率东高西低，西部地区能源效率提升空间巨大。在衡量 DMUs 的动态变化方面，马尔奎斯特指数依据距离函数的比率来计算投入产出效率，是一种使用较为普遍的工具（Rao et al.，2012）。该指数最初由马尔奎斯特（1953）提出，之后被卡夫等（Caves et al.，1982）用于测算生产效率变动。

在系统可靠性评估方面，贝叶斯统计推断由于考虑了先验信息条件，比经典统计方法更科学，被广泛应用。部分学者探讨了综合工程经验的贝叶斯统计推断问题（Guida and Pulcini，2002）。也有学者（Yang et al.，2013）采用分层贝叶斯估计方法，研究概率风险评价领域罕见事件发生频率的估计问题，并以英国石油公司在墨西哥湾发生漏油事故为案例加以分析。不过，将贝叶斯统计推断方法应用到环境效率评价中的研究较少。

（二）基于 SBM—DEA 模型的效率测算与分析

以少投入获取高期望产出，并同时实现非期望产出递减，是提升环境效率的根本。基于此思路，一些学者构建了引入非期望产出的非角度和非径向的 SBM 模型，即基于松弛变量的 DEA 效率分析方法，可有效解决效率的测度问题，被广泛应用于生态效率评价（Tone，2004）。

假设生产系统中决策单元为 n 个，每个单元包含 3 个投入产出向量：投入、期望产出和非期望产出（如污染物排放等），对应向量依次为 $X_j = (x_{1j}, x_{2j}, \cdots, x_{mj})^T$, $Y_j = (y_{1j}, y_{2j}, \cdots, y_{qj})^T$, $U_j = (u_{1j}, u_{2j}, \cdots, u_{Rj})^T$，托纳（Tone，2004）构建的 SBM 模型规划形式表述如下：

$$\min \rho^* = k - \frac{1}{m} \sum_{i=1}^{m} \frac{s_i^-}{x_{i0}}$$

$$\text{s. t. } 1 = k + \frac{1}{s+q} \left(\sum_{r=1}^{s} \frac{s_r^+}{y_{r0}} + \sum_{p=1}^{q} \frac{s_p^-}{u_{p0}} \right)$$

$$kx_{i0} = \sum_{j=1, j \neq 0}^{n} A_j x_{ij} + s_i^-$$

$$ky_{r0} = \sum_{j=1, j \neq 0}^{n} A_j y_{rj} - s_r^+$$

$$ku_{p0} = \sum_{j=1, j \neq 0}^{n} A_j u_{pj} + s_p^-$$

$$A_j \geq 0, s_i^- \geq 0, s_r^+ \geq 0, s_p^- \geq 0, k \geq 0 \qquad (8.14)$$

其中，目标函数 ρ^* 表示待测环境效率值，s_i^-，s_r^+，s_p^- 对应投入、期望产出和非期望产出的松弛变量，m，s，q 表示投入、期望产出和非期望产出的要素种类；k 是变量；x_{ij}，y_{rj}，u_{pj} 为决策单元 j 的第 i 项投入、第 r 项期望产出和第 p 项非期望产出；A_j 代表评价 j_0 时 j 的规划系数值。该模型的目标是在既定的投入约束下，力争期望产出最大化及非期望产出最小化。

在指标选取方面，考虑数据的一致性和可得性，并借鉴已有文献，将年生产时间、煤炭消费量、用水量和用电量视为投入，将工业总产值、蒸汽产量和发电量视为期望产出，将废水中化学需氧量（COD 含量）、固体废物产生量和废水产生量视为非期望产出。笔者通过实地调研，收集整理了安徽省 42 家热电企业 2009 年和 2010 年的相应数据。具体变量的描述性统计如表 8 - 3 所示。

表 8 - 3 　　　　　　　2009 ~ 2010 年变量的描述性统计

指标	变量	单位	年份	平均值	最小值	最大值	标准差
产出	工业总产值	万元	2009	88 231.63	1 219.00	1 219.00	81 100.35
			2010	94 346.10	2 995.00	276 299.40	88 851.00
	发电量	万千瓦时	2009	588 490.18	2 560.80	2 560.80	1 943 521.89
			2010	298 792.06	3 210.00	1 342 764.00	320 723.86
	蒸汽产量	吉焦	2009	1 080 078.36	50.94	5 931 150.36	1 896 532.31
			2010	1 480 575.14	550.20	12 687 008.00	3 232 424.08
投入	年生产时间	小时	2009	7 151.02	3 700.00	8 760.00	1 662.33
			2010	7 529.24	4 094.00	8 760.00	1 580.74
	煤炭消费总量	万吨	2009	132.73	0.15	606.81	133.27
			2010	141.33	0.26	652.78	144.58
	用水总量	万吨	2009	6 186.11	11.34	20 137.75	5 110.54
			2010	12 720.35	27.20	78 295.61	21 456.22
	电力消费总量	万千瓦时	2009	13 207.50	0.10	65 588.60	15 420.73
			2010	8 886.38	0.10	35 874.56	11 430.42
非期望产出	固体废物产生量	万吨	2009	82.65	0.34	1 566.23	239.02
			2010	90.97	0.09	1 566.23	239.94
	COD产生量	吨	2009	54.57	0.02	654.40	106.90
			2010	161.41	0.54	5 136.00	787.52
	废水产生量	万吨	2009	38.73	1.20	171.21	31.32
			2010	1 226.91	1.20	47 383.83	7 297.57

资料来源：笔者通过调研取得数据并进行了整理和计算。

从表 8 - 3 可以看出，相比于 2009 年，2010 年的绝大部分指标数据均有所上升，其中，工业总产值、蒸汽产量的标准差增长率分别为 9.56%、70.44%，说明各企业在这两个产出指标上的差异变大；用水总量、COD 产生量和废水产生量各指标数据均迅速增长，尤其标准差增长幅度极大，说明全省热电企业用水量大幅增加，废水产生量和废水中的 COD 含量也急剧增加，且各企业之间差距拉大；煤炭消费总量和固体废物产生量处于稳定状态，变化不大；而发电量及电力消费总量均大幅下降；年生产时间标准差也有所下降，说明各企业年生产时间差距缩小。

由 SBM 模型计算出的结果如表 8 - 4 所示，环境效率值为 1 的决策单元为 DEA 有效单元，即这些热电企业处于生产前沿面。

表 8 - 4　　　　　　　　2009 ~ 2010 年各热电企业环境效率值

企业代码	2009 年	2010 年	企业代码	2009 年	2010 年
1	0.865	0.917	22	0.927	1.000
2	1.000	0.944	23	0.968	1.000
3	0.713	0.714	24	1.000	0.899
4	1.000	1.000	25	0.445	0.416
5	0.862	1.000	26	0.824	1.000
6	1.000	0.997	27	1.000	1.000
7	0.891	0.874	28	1.000	1.000
8	0.989	1.000	29	1.000	0.556
9	1.000	0.936	30	1.000	1.000
10	0.932	1.000	31	1.000	1.000
11	1.000	1.000	32	0.494	0.314
12	1.000	1.000	33	1.000	1.000
13	0.970	1.000	34	1.000	1.000
14	0.919	1.000	35	1.000	1.000
15	1.000	1.000	36	1.000	0.711
16	1.000	0.982	37	0.926	1.000
17	1.000	1.000	38	1.000	1.000
18	0.821	1.000	39	1.000	1.000
19	1.000	0.771	40	0.675	0.770
20	0.706	0.765	41	1.000	0.653
21	0.998	1.000	42	1.000	0.615

资料来源：笔者根据调研数据使用 SMB 模型计算得出。

图 8 – 2 绘制了热电企业环境效率值的变化趋势，其中，横轴表示各个企业的代码，纵轴表示环境效率值。

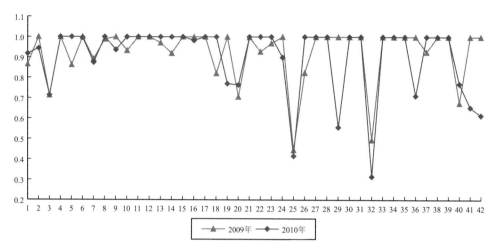

图 8 – 2　热电企业的环境效率变化趋势

从表 8 – 4 和图 8 – 2 可知，有 14 家企业两年都保持在生产前沿面，占总数的 1/3，说明这些企业在发展与环境保护方面效率较高；11 家企业由 2009 年的非生产前沿面进步到 2010 年的生产前沿面，企业经营与环境保护的协调度有所提高；10 家企业由生产前沿面退步到非生产前沿面，企业经营与环境保护效果有所降低。

此外，为直观反映安徽省热电企业 2009 年和 2010 年的环境效率情况，表 8 – 5 计算出各企业环境效率的 8 个统计量。其中，有效比例是有效企业（即效率值为 1）个数占总数的比例；良好比例是效率值介于 0.9 ~ 1 的企业个数占总数的比例；中等比例和差等比例划分标准分别为效率值介于 0.6 ~ 0.9 和效率值低于 0.6；落后比例为低于当年全省平均水平的企业个数占总数的比例，这些企业拉低了全省平均效率值，处于落后状态。

表 8 – 5　　　　　　　　　各企业环境效率总体情况比较

指标	2009 年	2010 年
平均值	0.927	0.901
最小值	0.445	0.314
标准差	0.135	0.173
有效比例	0.571	0.595

续表

指标	2009 年	2010 年
良好比例	0.190	0.119
中等比例	0.190	0.167
差等比例	0.048	0.071
落后比例	0.286	0.286

资料来源：笔者根据表 8 - 4 整理计算得出。

从表 8 - 4 和表 8 - 5 可看出，2009 年和 2010 年分别有 24 家和 25 家企业处于生产前沿面，有效比例上升 2.4%；但 2010 年，全省热电企业环境效率均值下降了 0.026；良好比例和中等比例也分别下降 7.1% 和 2.3%，差等比例却上升 2.3%；从标准差来看，2010 年比 2009 年增大了 0.038。另外，2009 年和 2010 年损失平均值的企业个数均为 12 家，落后比例均为 28.6%。企业 3、7、20、25、32、40 在这两年内均处于全省落后状态，其中，企业 25 和企业 32 两年的效率值均低至 0.5 以下，企业 25 的效率值 0.445，为 2009 年全省最低水平；企业 32 的效率值 0.314，为 2010 年全省最低水平。可见，安徽省许多热电企业环境效率还有很大的改进空间。

（三） 环境效率的动态分解

通过马尔奎斯特指数方法计算全要素生产率变化指数及其分解的各指数。2009 ~ 2010 年安徽省热电企业 TFP 值及其结构如表 8 - 6 所示。热电企业 TFP 值及分解总体分析如图 8 - 3 和表 8 - 7 所示，其中，全要素生产率变化指数 TFP 值表示环境效率的变化。具体来看：

（1）TFP 负增长企业分析。从表 8 - 6 结果可以看出，2009 ~ 2010 年，有 18 家企业的环境全要素生产率变化指数 TFP 值均小于 1，即全要素生产率增长率（TFP 值减 1）为负，其中，企业 6、12、27、29、36、41 的负增长率甚至分别高达 -47.9%、-92.9%、-76.7%、-68.6%、-44.3%、-47.6%。

表 8 - 6　　　热电企业 TFP 值及其分解（2009 ~ 2010 年）

企业代码	技术效率变化指数	技术进步变化指数	纯技术效率变化指数	规模效率变化指数	环境全要素生产率变化指数
1	1.061	2.426	1.150	0.923	2.574

企业代码	技术效率变化指数	技术进步变化指数	纯技术效率变化指数	规模效率变化指数	环境全要素生产率变化指数
2	1.000	1.040	1.000	1.000	1.040
3	1.178	0.879	1.342	0.878	1.035
4	1.000	1.868	1.000	1.000	1.868
5	1.159	2.080	1.000	1.159	2.411
6	1.000	0.521	1.000	1.000	0.521
7	0.994	1.063	0.988	1.006	1.056
8	1.000	2.232	1.000	1.000	2.232
9	0.961	0.919	0.962	1.000	0.884
10	1.018	1.587	1.018	1.000	1.615
11	1.000	0.737	1.000	1.000	0.737
12	1.000	0.071	1.000	1.000	0.071
13	1.003	1.998	1.002	1.000	2.003
14	1.014	1.804	1.013	1.001	1.829
15	1.000	1.474	1.000	1.000	1.474
16	0.993	0.916	0.995	0.999	0.910
17	1.000	0.927	1.000	1.000	0.927
18	1.190	1.081	1.000	1.190	1.286
19	0.774	0.934	0.819	0.945	0.723
20	1.092	0.988	1.070	1.021	1.079
21	1.002	1.507	1.000	1.002	1.509
22	1.070	0.970	1.067	1.003	1.039
23	1.015	2.929	1.011	1.004	2.973
24	0.911	0.982	0.924	0.986	0.895
25	0.829	1.422	1.000	0.829	1.179
26	1.214	0.960	1.000	1.214	1.166

续表

企业代码	技术效率变化指数	技术进步变化指数	纯技术效率变化指数	规模效率变化指数	环境全要素生产率变化指数
27	1.000	0.233	1.000	1.000	0.233
28	1.000	1.067	1.000	1.000	1.067
29	0.600	0.524	1.000	0.600	0.314
30	1.000	0.766	1.000	1.000	0.766
31	1.000	1.079	1.000	1.000	1.079
32	1.293	0.611	1.169	1.106	0.790
33	1.000	0.712	1.000	1.000	0.712
34	1.000	4.604	1.000	1.000	4.604
35	1.000	1.055	1.000	1.000	1.055
36	0.805	0.692	0.890	0.904	0.557
37	1.000	1.163	1.000	1.000	1.163
38	1.000	0.848	1.000	1.000	0.848
39	1.000	2.948	1.000	1.000	2.948
40	1.482	0.557	1.000	1.482	0.825
41	1.000	0.524	1.000	1.000	0.524
42	0.688	0.940	1.000	0.688	0.646

资料来源：笔者根据调研数据使用 Malmquist 指数计算得出。

　　企业 6、11、12、17、27、30、33、38、41 的技术效率变化指数为 1 且环境全要素生产率小于 1，即全要素生产率负增长全部来自技术进步的负增长，这些企业生产要素的集约利用效率保持不变，有待提高，而相对技术水平均呈下降趋势，尤其企业 6、12、27、41 相对技术水平下滑严重，生产技术方面急需改进；企业 9、16、29、36 的技术进步变化指数小于技术效率变化指数，且两指数均小于 1，即全要素生产率负增长分别来自技术效率和技术进步的负增长，而技术进步负增长损失的 TFP 值占较大比例，这些企业技术效率和技术进步都需要提高，也尤其需重视技术改进；企业 32 和 40 的技术效率增长率分别为 29.3% 和 48.2%，但是技术进步下降的速度快于技术效率提高的速度，使得技术效率对环境全要素生产率提升的作用被技术进步下降所抵消，技术需改进的空间较大；企业 19、24 和 42 的全要素生产率负增长则主要来自技术效率负增长，这些企业需着重提高生产要素的集约利用效率。

进一步分析可以发现，企业 32 的技术效率增长分别来自纯技术效率和规模效率的增长，企业 40 的技术效率增长则全部来自规模效率的增长；企业 16、19、24 和 36 的技术效率负增长分别来自纯技术效率和规模效率的负增长，企业 29 和 42 的技术效率严重负增长则全部来自规模效率的严重负增长，特别是企业 29 和 42 需要适当调整企业的规模。

（2）TFP 正增长企业分析。其余 24 家企业的 TFP 值均大于 1，即这些企业的 TFP 是进步的，其中，企业 1、5、8、13、23、34 和 39 的增长率甚至分别高达 157.4%、141.1%、123.2%、100.3%、197.3%、360.4% 和 194.8%。

比较所有 TFP 值大于 1 的企业可以发现，除了企业 3、20、22 和 26 外，其余企业的 TFP 增长主要或者全部来自技术进步的增长，可见这些企业在生产技术改进方面取得了良好的效果；而企业 3、20、22 和 26 技术效率提高的速度快于技术进步下降的速度，使得环境全要素生产率得以增长，这些企业生产要素的集约利用效率较高，但在生产方面还需引进先进技术以提高效率。更进一步分析，企业 20 和 22 技术效率增长分别来自纯技术效率和规模效率的增长；企业 3 的技术效率增长全部来自纯技术效率增长，且规模效率指数小于 1，需要调整企业规模；企业 26 技术效率增长全部来自规模效率的增长，纯技术效率指数为 1，有待提高。

（3）总体 TFP 值及分解情况。从 TFP 增长的结构来看，无论 TFP 值呈负增长还是正增长，全省热电企业技术进步变化趋势都与全要素生产率的变动具有非常高的一致性（见图 8 - 3）。

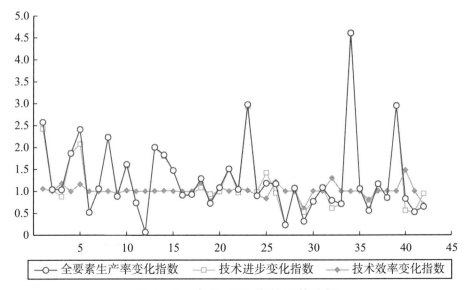

图 8 - 3 企业 TFP 指数及其分解

此外，从表 8 - 7 中可直观看出 2009 ~ 2010 年全省热电企业 TFP 值及其分解的总体情况。从平均值来看，除了规模效率变化指数为 1 外，其他四个指数均大于 1，且环境全要素生产率 27% 的增长率主要来自技术进步 25% 的增长率的贡献；从标准差来看，只有技术进步变化指数和全要素生产率变化指数的标准差较大，分别为 0.84 和 0.86，说明全省各热电企业间的技术进步变化和环境全要素生产率变化存在较大的差异；从全省企业各指数的正增长率、负增长率及不变率角度来看，全省技术进步正增长率为 48%，负增长率为 52%，不变率为 0，TFP 正增长率为 57%，负增长率为 43%，不变率为 0。可见，技术进步与 TFP 值增长具有高度一致性。

表 8 - 7   2009 ~ 2010 年全省热电企业 TFP 值及分解总体情况

统计量	技术效率 变化指数	技术进步 变化指数	纯技术效率 变化指数	规模效率 变化指数	全要素生产率 变化指数
平均值	1.01	1.25	1.01	1.00	1.27
标准差	0.14	0.84	0.07	0.13	0.86
正增长率	0.33	0.48	0.21	0.26	0.57
负增长率	0.21	0.52	0.14	0.21	0.43
不变率	0.45	0.00	0.64	0.52	0.00

注：正增长率为正增长的企业个数占总数比例，负增长率和不变率同正增长率。

（四）环境效率影响因素的贝叶斯统计推断

1. 模型构建

使用贝叶斯方法，可以充分利用先验信息和样本信息，通过样本信息对先验信息进行修正以得到更为准确的后验信息（Mao，1999）。由于编号为 13、17 和 24 的三家热电企业的企业规模、单位时间工业总产值、硫分和灰分、单位工业总产值的能耗、废气处理设备投资、废气处理费用、设备处理能力的数据不完整，遂在样本中予以剔除。解释变量主要包括企业规模、经济规模、煤炭质量、能源消费及环保投入五个方面。其中，企业规模分为大中小型企业；经济规模因素选取单位生产时间工业总产值为指标，单位为万元；煤炭质量因素选取硫分和灰分总和为指标；能源消耗因素选取单位工业总产值的能耗为指标，包括煤和电（电量已化为标准煤单位，1 万千瓦时 = 1.229 吨标准煤）；环保投入因素选取设备投资额、废气处理费用及设备处理能力三个指标（这三个指标都是针对废气处理），考虑到指标数量级问题，设备投资额和废气处理费用的单位为百万元，设备处理能力的单位为千万立方米/时。数据源于调研及统计整理。模型的具体形式如下：

$$EE = \alpha + \beta_1 ENS + \beta_2 ECS + \beta_3 CQ + \beta_4 EC + \beta_5 EI + \beta_6 PC + \beta_7 EHC \quad (8.15)$$

其中，EE 表示环境效率，ENS 表示企业规模，ECS 表示经济规模，CQ 表示煤炭质量，EC 表示能源消耗，EI 表示设备投资额，PC 表示废气处理费用，EHC 表示设备处理能力。由于样本数量较多，认为各待估参数均服从正态分布。

2. 参数估计

贝叶斯计算主要集中在后验期望的计算上，目前较为流行的方法为 MCMC 方法。该方法基于贝叶斯理论框架，借助蒙特卡洛模拟与分布取样，形成近似期望的样本均值，满足收敛性是进行 MCMC 推断的前提。模拟 10 000 次后的诊断结果如图 8 - 4 和图 8 - 5 所示。

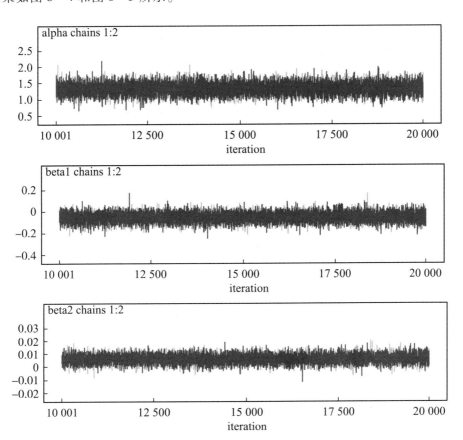

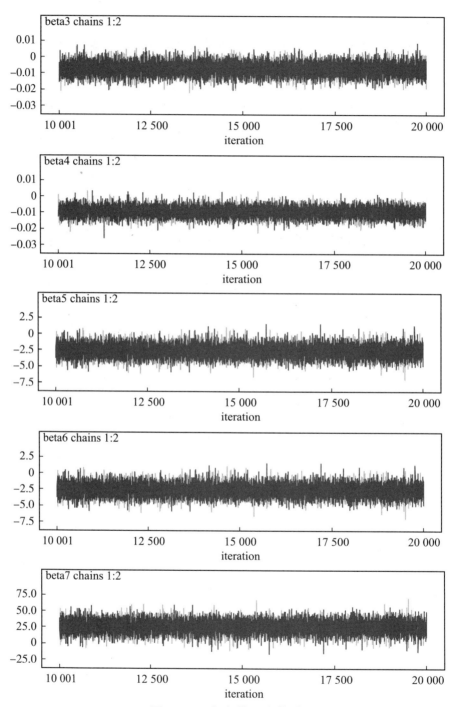

图 8 - 4　各参数动态轨迹

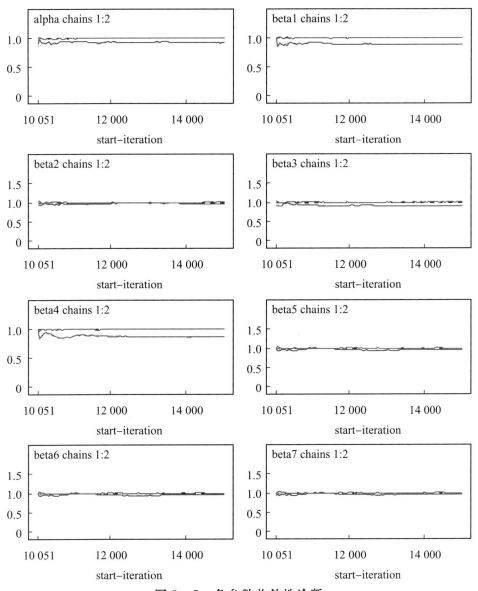

图 8 - 5　各参数收敛性诊断

图 8 - 4 为参数 α、β_1、β_2、β_3、β_4、β_5、β_6、β_7 的演进轨迹，由此得出所有参数均满足收敛特征，MCMC 仿真过程严格平稳。图 8 - 5 为不同参数的格尔曼—鲁宾收敛性诊断，迭代持续进行，GR 统计值近乎为 1，模型各参数估计结果如表 8 - 8 所示。初始值源于前 10 000 次迭代结果，此后再进行 10 000 次迭代以消除不稳定性结果的负面效应。

表 8 - 8　　　　　　　　　　　各参数贝叶斯估计结果

参数	均值	标准差	MC 误差	2.5% 分位数	中位数	97.5% 分位数	起始点	样本
α	1.328	0.163	0.001	1.007	1.329	1.652	10001	20 000
β_1	- 0.057	0.041	0.000	- 0.139	- 0.057	0.024	10001	20 000
β_2	0.006	0.003	0.000	0.000	0.006	0.012	10001	20 000
β_3	- 0.007	0.004	0.000	- 0.014	- 0.007	0.000	10001	20 000
β_4	- 0.009	0.003	0.000	- 0.015	- 0.010	- 0.004	10001	20 000
β_5	- 2.611	0.924	0.006	- 4.404	- 2.619	- 0.763	10001	20 000
β_6	- 2.612	0.924	0.006	- 4.406	- 2.620	- 0.763	10001	20 000
β_7	26.105	9.237	0.062	7.626	26.190	44.045	10001	20 000

资料来源：笔者根据贝叶斯估计推断得出。

从估计结果来看，β_7 的 MC 误差在 10% 以内，其余参数的 MC 误差均在 5% 以内，即各自变量的选择是合理的。7 个影响因素中只有经济规模和设备处理能力系数符号为正，即经济规模和设备处理能力对热电企业的环境效率起到了促进作用；且设备处理能力系数高达 26.105，即设备处理能力上升 1 个百分点，环境效率值上升 26.105 个百分点，说明环保投入因素中设备处理能力促进幅度较大。

煤的硫分和灰分、能源消耗均对环境效率起到负面影响作用，硫分和灰分越大以及单位工业总产值的能耗越多，均导致产生的污染物越多；企业规模中 1、2、3 分别表示大中小型企业，而参数估计系数为负，即扩大企业规模可促进环境效率提高。从研究结果来看，设备投资额及处理费用对环境效率起到了阻碍影响，这与传统意义上的观点并不一致，可能原因是对污染物处理投入越高也意味着污染物产生量越大。表 8 - 8 中还给出了 2.5% ~ 97.5% 分位数区间的上、下界值。鉴于上文分析，热电企业若要提升环境效率，势必要针对本企业自身特征，逐步消除制约因素，实现环境保护与经济发展相得益彰。

（五）主要结论与政策建议

关于热电企业的环境效率，总体上看，2010 年安徽省热电企业的整体环境效率水平较 2009 年有所下降，且各企业之间差异变大，说明全省热电企业经济发展与环境的协调度有待提高，各企业之间应当相互借鉴学习有效措施及方法以达到共同进步。

自然资源管理体制研究

从 TFP 值及分解结果来看，全省热电企业全要素生产率的变化趋势与技术进步变动具有高度一致性，环境全要素生产率增长主要来自技术进步的贡献。可见，技术水平对全省热电企业经济发展与环境的协调度起重要作用，各企业应当积极引进先进的生产技术以促进经济与环境的可持续发展。

从贝叶斯估计结果来看，企业规模、经济规模和设备处理能力对热电企业的环境效率起到了促进影响，煤的硫分和灰分、能源消耗则对环境效率起到阻碍影响，这与传统观点是一致的。各热电企业追求经济效益、扩大企业规模和经济规模有利于为改善环境效率提供良好的经济基础；引进先进生产设备及提高设备处理污染物的能力是各企业应当着重采取的措施；同时，购买低硫分、灰分的煤，提高煤的质量，以及提高能源利用率都是改善环境效率的关键措施。而废气处理设备投资额及废气处理费用这两个环保投入指标制约环境效率的提升，这似乎有悖于传统思维，预示着"先污染，后治理"并非可取之举。污染易，治理难，所付代价沉重，因此，热电企业应牢固树立"保护为主，治理为辅"的发展理念。立足自身特点，发挥自身优势，并且相互学习借鉴有效的方法措施和引进先进技术，积极贯彻"多保护、少污染"政策，实现热电企业经济可持续发展。

第二节　矿产资源经济效益分析

一、能源丰裕度、行业布局与资源诅咒

（一）研究背景

高能耗产业是否会选择在能源禀赋丰富的地区布局始终是能源研究的热点话题之一。一般而言，能源产地会吸引大量消耗能源的产业，在工业化早期，金属工业会选择接近矿山或者燃料便宜的地方，英格兰的钢铁工业首先选择了木炭丰富的区域。现代社会，能源成为易运输和可贸易的商品，靠近能源产地不再是高能耗工业企业选址的必要因素。基于《中国能源统计年鉴》发布的中国能源产量布局和能源消耗布局数据，加总 2011 年中国东、中、西部地区的煤炭产量和煤炭消耗量（见图 8-6），可以发现中国的煤炭产地主要在西部地区，能源消耗地主要在东部地区，因此能源消耗的主要部门——高能耗产业也可能主要分布在东部地区。

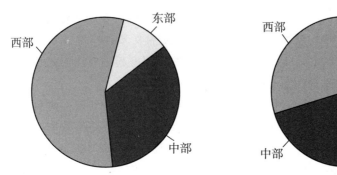

图 8 - 6　中国东、中、西部地区的煤炭产量和消耗量（2011 年）

本节的核心问题是中国高能耗行业在选址时是否会考虑区域能源禀赋。中国的能源运输通道较为完善，如修建了很多专门运输煤炭的铁路专线，其中煤炭运输占中国铁路货物运输量的 50% 以上，此外还建有庞大的管道工程将西部地区的天然气输送到了东部地区，因此能源的可运输性降低了高能耗企业在能源产地选址的动力。但中国能源运输并不顺畅，运输环节的高成本推高了能源价格，2010 年煤炭从哈密运到郑州的运输成本为 570 元/吨，而在哈密，标准煤价仅 200 多元，靠近能源产地的企业仍有成本优势。当然，高能耗企业选址时除了考虑能源因素外，还需要考虑其他因素，比如接近人力资源丰富地区能够降低人力成本，接近销售市场能够降低销售成本等。

2012 年，中国工业和信息化部发布了《产业转移指导目录（2012 年本）》，提出"支持依托国内能源和矿产资源的重大项目向中西部地区转移"；2013 年，发布了《"产业转移指导目录"系列解读》，又提出"（西部）抓住承接产业转移的历史机遇，积极发展具有优势特色的能源矿产开发及加工业"。可见，相关部委倾向于将高能耗产业转移到能源丰富的西部地区，但推进高能耗产业向中西部地区转移主要反映的是政府意志，高能耗产业本身是否有向能源丰富地区转移的动力仍需讨论。

除了考察能源丰富是否会吸引高能耗产业外，还需关注能源丰富是否会挤出低能耗产业，即资源诅咒的经济学命题。资源诅咒是一个经验现象，指的是资源丰裕程度和经济增长速度存在负相关性（Pegg，2010）。已有经验研究主要从总量上关注资源开发与经济增长的关系，从结构的角度，资源丰裕并非对所有的产业都是"诅咒"，围绕能源的采掘和加工产业，需要大量资源作为投入的高能耗部门会受益，而受到"诅咒"的只可能是低能耗的产业。本研究将从结构而非总量角度重新检验中国的"资源诅咒"，实证检验中国能源禀赋与产业布局的关系。

要素供应和市场进入带来的规模经济对产业布局有何影响，是研究者普遍关注的问题。一方面，一种观点认为要素供应对于产业布局更重要，一些学者研究

1880～1987 年美国制造业布局发现，递增规模回报的影响较小，要素禀赋是决定制造业活动的地理分布最重要的因素（Kim，1999）。也有部分学者研究了 19 世纪后半叶西班牙的产业分布趋势，发现产业主要聚集在人力资源丰富、地理位置适当和专业化基础好的少数区域，强调了要素供应的重要性（Tirado et al.，2002）。相关研究检验了 OECD 国家制造业部门情况，发现新经济地理理论比要素优势理论更符合经验观察（Davis and Weinstein，2003）。一些学者调查了美国工业行业 1880～1920 的产业布局情况，发现市场潜力（market potential）对制造业聚集区具有重要作用，而自然资源等要素禀赋的作用较小。此外，还有一种观点认为要素供应和市场进入具有同等重要的作用（Klein and Crafts，2012）。金（Kim，1995）实证研究了美国 1860～1987 年的产业布局特点，发现资源等要素禀赋和规模经济都能解释产业专业化与布局。米德尔法特·纳尔维克等（Midel-fart - Knarvik et al.，2002）在回归方程中首次使用了区域要素特征和产业要素特征的交互项，并纳入新经济地理学中的变量，研究了欧盟制造业 1970～1990 年的布局，结果显示在吸引产业进入方面，技术劳动力和研究人员的供给方面非常重要，同时新经济学中的变量也显著，规模报酬递增行业倾向布局在局域市场潜力中心区域，中心区域也更吸引具有较强引力的前向关联和后向关联产业。还有一部分学者研究了 1998～2009 年中国制造业布局变化情况，发现要素禀赋变量和新经济地理变量均显著，加入世界贸易组织后，新经济地理变量的影响更大（Bao et al.，2013）。

关于高能耗产业布局的影响，已有的经验研究都支持高能耗的产业会集中在具有能源禀赋的地区。现有研究分析了英国的历史截面数据，发现在 1881 年、1891 年、1901 年和 1911 年，大量消耗煤炭的产业会选择在煤炭资源丰富地区布局（Crafts and Mulatu，2006）。杰拉格和马蒂斯（Gerlagh and Mathys，2011）分析了 10 个来自欧洲、美洲和亚洲的高收入国家 1970～1997 年的面板数据，发现能源丰富的国家其高能耗产业更活跃，也更倾向于出口高能耗产品，认为能源是专业化活动的重要驱动力。米歇尔森（Michielsen，2013）研究了 2001～2009 年美国 50 个州的行业分布，发现能源禀赋显著地影响行业的布局，能源禀赋每增加 1 个标准差，将使本区域的高能耗产业增加值比其他产业额外增加 20%，但是新经济地理变量均不显著。目前尚没有针对中国高能耗产业布局的研究，关注中国产业布局的文献主要集中在制造业。

关于"资源诅咒"的研究，存在多种理论解释，很多学者认为资源本身阻碍了经济增长，因为资源部门的关联效应较弱，非资源部门才是技术创新和经济增长的主要驱动力量（Hirschman，1958；Prebisch，1962；Neary and Van Wijnbergen，1986）。也有一些学者突破资源的范畴，认为与资源相关的寻租活动导致了资源诅咒，而较好的制度可以阻止这种"诅咒"。目前，越来越多的研究者开始关注中国是否存在资源诅咒，现有研究结果显示，在中国资源越丰富的地区，其经济增长绩效越差，即支持中国存在资源诅咒的观点（Ji et al.，2014；Shao and Qi，2009）。相反的观点则认为，中国不存在资源诅咒现象，如部分研究显示，资源丰裕度与区域经济增长正相关（Fan et al.，2012）。

（二）变量选取与模型设定

1. 变量选取和数据来源

为了既反映区域要素特征，也反映行业要素特征，遂使用三维面板数据集。本节研究时间维度为 2000～2011 年，行业维度为 25 个两位数工业行业，地区维度为 30 个省级行政单位（不含西藏），其中工业增加值数据跨时间、空间和行业三个维度，观察值达到 9 000 个。

（1）被解释变量。

反映工业行业活动的变量为人均工业增加值（Y），包含两种：一种是分行业工业增加值，源于各年《中国统计年鉴》，共包括全部 37 个工业大类行业。由于统计年鉴未公开发布 2004 年以及 2008 年以后的工业增加值数据，只公布工业行业总产值，采用相应的方法进行补充。对于 2004 年的数据，使用"比例法"进行补充，先根据各工业行业总产值数据计算出各工业行业经济总量的比例，再将全国工业增加值按比例分配到各个行业。对于 2008 年之后年份的行业工业增加值，利用国家统计局网站公布的"工业分大类行业增加值增长速度"进行递推计算，增长速度是不变价格的增长速度，而公布的工业增加值都是名义增加值，为了两者匹配，使用工业品出厂价格指数将 2000～2007 年的名义工业增加值调整为以 2000 年不变价格计算的工业增加值，最终在此基础上计算出工业增加值。

另一种是同时分地区和分行业的工业增加值，数据来自历年《中国工业经济统计年鉴》和《中国经济普查年鉴》，同样 2004 年和 2008 年之后的数据仅有工业总产值，也使用"比例法"补充这些数据：首先，根据工业总产值数据计算出各行业在地区间的经济总量比例，再将全国层面的行业工业增加值按照比例分配到各个地区。在观察期内既分行业又分地区的数据只涵盖 25 个大类工业行业：有色金属矿采选业、有色金属冶炼及压延加工业、煤炭开采和洗选业、石油加工炼焦及核燃料加工业、石油和天然气开采业、黑色金属矿采选业、黑色金属冶炼及压延加工业、仪器仪表及文化、办公用机械制造业、电气机械及器材制造业、专用设备制造业工业、交通运输设备制造业、通用设备制造业、饮料制造业、食品制造业、农副食品加工业、医药制造业、造纸及纸制品业、化学原料及化学制品制造业、非金属矿物制品业、化学纤维制造业、通信设备计算机及其他电子设备制造业、金属制品业、纺织业、烟草制品业。为了剔除通货膨胀因素的影响，使用工业品出厂价格指数进行平减，将数据调整为 2000 年不变价格。2012 年之后《中国工业经济统计年鉴》不再更新，工业经济的数据改由《中国工业统计年鉴》发布，由于无法确定统计口径是否一致，因此研究时期截止到 2011 年。

（2）区域特征解释变量。

区域特征解释变量主要包括反映区域资源禀赋的要素充裕度变量和新经济地理变量，其中能源充裕度是重点关注的核心变量，考虑到中国三种主要的能源为煤炭、石油和天然气，选择煤炭充裕度、石油充裕度和天然气充裕度，各种能源充裕度的变量为各种能源的人均产量，《中经网统计数据库》提供原煤产量，国家统计局网站提供原油产量和天然气产量。企业选址除了考虑能源充裕度之外，还会考虑其他因素的影响，如布局在东部地区尽管需支出较多的能源成本，但省去了产成品的运输和销售成本，中国电力产业的发展采取接近市场的原则就是例子。此外，纳入其他更多的要素充裕度变量和新经济地理变量，包括资本充裕度、技术充裕度和市场潜力。以人均资本存量测度资本充裕度，基于相关研究的方法计算各地的资本存量，将折旧系数设定为 0.05（Chou，1995）。各地区的固定资产投资额和固定资产投资额价格指数源于《中经网统计数据库》；以各地六岁以上人口平均受教育年限衡量技术充裕度，将小学、初中、高中及大专以上受教育年限依次赋值为 6、9、12 和 16，借助分段函数，将受教育年限乘以人口数得到平均受教育年限；市场潜力源于新经济地理理论，其基本原理为借助周边地区的购买力，对所需测度的这一地区的市场潜力进行加权平均，并将市场潜力细分为内部潜力和外部潜力，内部潜力为区域自身购买力，外部潜力是邻近省份购买力（Harris，1954）。针对外部潜力，以运输成本为权重进行加权平均，省份 i 的市场潜力为：

$$MP_i = M_i + \sum_{j=1}^{n} \frac{M_j}{d_{ij}} \tag{8.16}$$

其中，M_i 为本省人均 GDP，M_j 为邻近省份的人均 GDP，d_{ij} 为省级行政区 i 和 j 的行政中心间直线距离。

（3）行业特征解释变量。

行业特征解释变量主要包括一些要素集约度变量和新经济地理变量，核心行业特征变量是行业能耗密度，以工业行业单位增加值的能源消耗量测度，为剔除通货膨胀因素的影响，用工业品出厂价格指数调整为 2000 年不变价格，工业行业增加值的数据来自《中经网统计数据库》，分行业能源消费的数据来自《中国能源统计年鉴2012》。此外，考虑行业资本密集度、技术密集度、前向关联和后

311

向关联。资本密集度使用单位从业人员的资产量表示，计算公式为：资本密度 =（流动资产 + 固定资产）÷ 从业人员数，流动资产使用工业品出厂价格指数进行平减，固定资产使用固定资产投资价格指数平减为 2000 年的不变价格，流动资产、固定资产和从业人员数来自《中经网统计数据库》。技术密度使用新产品销售收入占产品销售收入比重表示，数据来自《中国科技统计年鉴 2011》。前向关联使用中间投入品占总投入的份额，后向关联使用最终产品中被其他产业作为投入品使用的比重，数据来自"中国投入产出表 2007"。变量的描述性统计结果如表 8 - 9 所示。

表 8 - 9 **变量的描述性统计**

变量	单位	观察值	均值	标准差	最小值	最大值
Y	万元/人	9 000	2.119	4.929	0	102.100
煤炭充裕度	万吨/人	360	0.205	0.396	0	3.170
石油充裕度	吨/人	360	0.205	0.412	0	2.565
天然气充裕度	万立方米/人	360	0.0686	0.186	0	1.144
资本充裕度	万元/人	360	0.447	0.392	0.0457	1.826
技术充裕度	年	360	0.820	0.0962	0.597	1.156
市场潜力	万元/人	360	0.694	0.434	0.0879	2.453
能源密集度	吨标准煤/万元	300	2.783	2.907	0.0596	14.590
行业资本密集度	万元/人	300	57.22	51.37	9.689	331.800
技术密集度	比重	300	0.133	0.109	3.65e - 05	0.458
前向关联	比重	25	0.728	0.123	0.376	0.833
后向关联	比重	25	0.00820	0.00774	0.000588	0.0370

2. 模型设定

关于行业布局的研究，米德尔法特·克纳维克等（Midelfart - Knarvik et al.，2002）的模型较为流行。该模型同时纳入了区域要素特征和产业要素特征的交互项，其具体形式为：

$$\ln(s_i^k) = \alpha\ln(pop_i) + \beta\ln(man_i) + \sum \beta[j](y[j]_i - \gamma[j])(z[j]^k - k[j])$$

(8.17)

其中，s_i^k 为区域 i 的产业 k 占所有地区产业 k 之和的比重；pop_i 为居住在区域 i 的居民比重；man_i 为分布在区域 i 的制造业比重；pop_i 和 man_i 主要用来控制区域的经济规模；$y[j]_i$ 为国家 i 在要素 j 上的特征，如自然资源丰富、资本资源丰富或人力资源丰富；$z[j]^k$ 为行业 k 在要素 j 上的特征，如资源密集型产业、资本密集型产业或技术密集型产业。此外，该模型也兼容经济地理模型。

实证研究中多采用面板数据模型，尤其是在跨国、跨省、跨行业的面板数据容易获取的情况下。不过，现有研究多采用截面回归，原因是这些模型中都使用区域产业份额作为被解释变量，而这一指标跨年度是不可比的（Midelfart‐Knar-vik，Overman et al.，2002）。参考现有研究的做法，以产业增加值为变量的做法，以人均工业增加值替换总量增加值构建面板模型，更具经济学含义（Michielsen，2013）。此外，现有研究的模型主要用来检验高能耗产业是否倾向于在能源丰富的地区布局，在此基础上，本节还将检验低能耗产业是否倾向于不在能源丰富的地区布局，即是否存在"资源诅咒"现象（Michielsen，2013）。因此，设定三维面板数据模型如下：

$$\ln Y_{i,s,t} = \alpha_s + \sum_j \gamma_j (1 + \delta_j \pi_{j,s,t}) \theta_{j,i,t} + \varepsilon_{i,s,t} \qquad (8.18)$$

其中，Y 为工业产出变量；α 为行业哑变量，捕捉行业自身的特征；θ 为区域特征变量；π 为行业特征变量；t 为时间下标；i 为区域下标；s 为行业下标；j 为生产要素指标；γ 和 δ 为待估计的系数。最终估计的方程为：

$$\ln Y_{i,s,t} = \alpha_{i,t} + \sum_j \gamma_j \theta_{j,i,t} + \sum_j \varphi_j \pi_{j,s,t} \theta_{j,i,t} + \varepsilon_{i,s,t} \qquad (8.19)$$

为了便于解释，如果产业能耗密度 π 大于平均水平，那么将其设为 1，否则设为 0。此外，为了考虑其他生产要素的影响，纳入三组区域特征变量和两组经济地理变量。模型（8.19）能够检验能源充裕度对低能耗行业的影响。对于第 j 种能源而言，θ_j 表示为 j 种能源充裕度，γ_j 如果显著为负，说明第 j 种能源存在"资源诅咒"现象。φ_j 检验高能耗产业和低能耗产业对能源禀赋的敏感程度，如果 φ_j 显著为正，表明高能耗产业比低能耗产业更倾向于在能源丰富的省份布局。区域能源充裕度对高能耗产业的影响为系数 $\gamma_j + \varphi_j$，如果该和为正，那么说明高能耗产业倾向于在能源丰富的地区布局。

（三）高能耗产业布局的影响因素

1. 对特征性事实的观察

图 8-7、图 8-8 和图 8-9 展示了中国能源丰裕度和高能耗产业的空间布局特征。图 8-7 为中国各地区的人均煤炭产量，与总量数据相比，人均量数据可以更准确地反映地区资源禀赋情况。以人均量衡量，中国煤炭资源丰富的地区主

要分布在东北的黑龙江，西北的内蒙古、宁夏、陕西、新疆、青海，华北的山西，西南的贵州和云南，这些地区的人均煤炭产量均超过 0.2 万吨，其中煤炭资源最丰富的地区是内蒙古，人均煤炭产量达到 3.17 万吨。煤炭资源贫乏地区主要分布在东南沿海地区，特别是长三角和珠三角地区，广西、浙江、天津等省份人均煤炭产量均少于 0.02 万吨，甚至为 0。从图 8-8 和图 8-9 可以看出，石油资源和天然气资源的分布有高度的一致性，油气资源丰富的省份主要分布在东北的黑龙江、吉林和辽宁，华北的山东、天津，西北的陕西、青海、新疆等；11个省份不生产石油和天然气，主要分布在西北、华东和华中地区，不生产油气的省份数量多于不生产煤炭的省份。

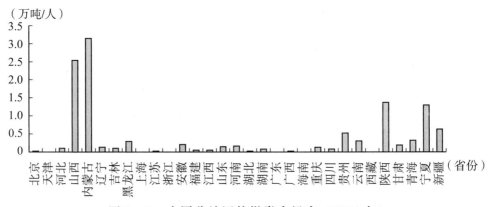

图 8-7 中国分地区的煤炭丰裕度（2011 年）

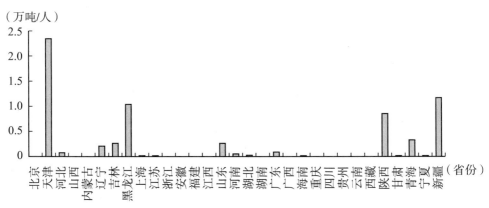

图 8-8 中国分地区的石油丰裕度（2011 年）

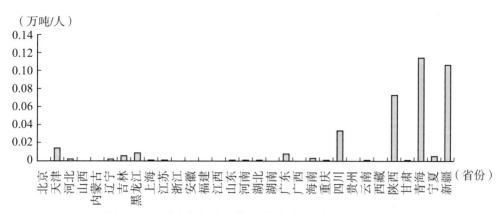

（万吨/人）

图 8 - 9　中国分地区的天然气丰裕度（2011 年）

　　人均高能耗产业增加值分布如图 8 - 10 所示，由于数据经过价格调整，涉及价值量的指标均以 2000 年不变价格计算。将 2000～2011 年行业能耗密度的平均水平（2.783 吨标准煤/万元）取为临界值，能耗密度高于这一水平的行业定义为高能耗产业，低于这一水平的行业定义为低能耗产业。加总各个高能耗行业的增加值可以得到各地区的高能耗行业增加值。从图 8 - 10 中可以发现，高能耗产业主要分布在东部沿海和内蒙古，尽管中国的能源布局和高能耗产业的布局不完全一致，但在局部地区两种布局仍存在一致性，如内蒙古、天津、辽宁和山东的高能耗产业增加值较高，内蒙古的煤炭资源丰富，后三个省市的石油丰裕度较高。不过河北、江苏、浙江和上海仍以不十分突出的能源充裕度，吸引了较高的高能耗产业，特别是江苏、浙江和上海都属于能源贫乏地区，这些地区能源布局与产业布局存在一定背离，原因可能是这些地区或者靠近京津，或者靠近长三角，本身市场潜力较大。

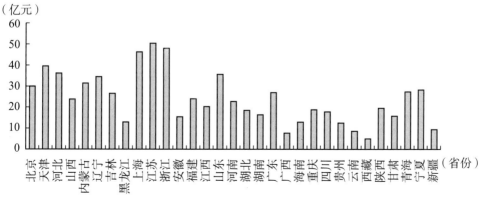

（亿元）

图 8 - 10　中国分地区高能耗产业布局（2011 年）

接下来考察 2000 年和 2005 年的分布情况，以临界值 2.783 吨标准煤/万元区分高能耗产业和低能耗产业，加总各高能耗产业增加值得到总高能耗产业增加值。图 8-11 为 2000 年中国高能耗产业的空间分布情况，与 2011 年相同，辽宁、山东和江苏都是高能耗产值较高的地区，不同的是山西和广东的高能耗产业产值较高，而内蒙古和河北则是高能耗产业产值相对较低。

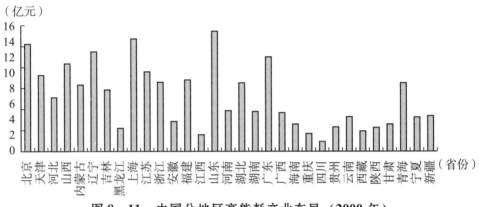

图 8-11 中国分地区高能耗产业布局（2000 年）

图 8-12 为 2005 年高能耗产业的空间分布情况，与 2000 年相比，广东的高能耗产业优势被内蒙古所取代，因为广东的能源禀赋劣势明显，这可能说明能源禀赋地区对高能耗产业有一定吸引力。2011 年，山西高能耗产业优势被河北和浙江取代，河北和浙江的能源禀赋劣于山西，但河北更靠近市场潜力较大的京津地区，浙江更靠近市场潜力较大的长三角地区。

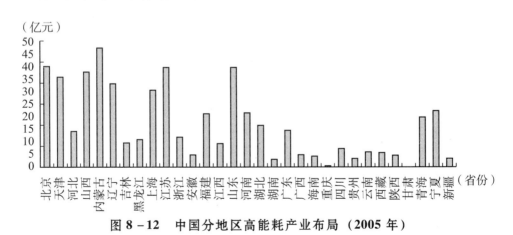

图 8-12 中国分地区高能耗产业布局（2005 年）

2. 经验分析的结果

鉴于样本数据既跨行业也跨地区，扰动项可能存在异方差性，使用怀特异方差一致标准误，面板固定效应估计结果见表8－10，其中栏（1）、栏（2）和栏（3）分别对应着煤炭、石油和天然气等核心变量的估计结果，从中可以看出能源丰裕度变量与交叉项都通过了显著性检验。栏（1）中区域煤炭资源丰裕度对低能耗行业的影响显著为负，说明煤炭产地存在"资源诅咒"，交叉项煤炭丰裕度×能源密集度显著为正，其绝对值大于煤炭资源丰裕度的系数，说明煤炭丰富的地区对高能耗行业有吸引力。栏（2）中石油资源的丰裕度系数显著为正，交叉项石油密集度×能源密集度符号为正但不显著，两者之和为正，说明高能耗产业和低能耗产业都偏爱石油产区，石油产地不存在"资源诅咒"，与高能耗产业相比，低能耗产业更偏爱在石油丰富地区布局。栏（3）中天然气丰裕度的系数显著为负，说明天然气资源丰富的地区会挤出低能耗产业，因此天然气资源丰富将会带来"资源诅咒"，交叉项天然气丰裕度×能源密集度的系数显著为正，但绝对值小于天然气丰裕度的系数，说明高能耗产业也不偏爱在天然气丰富地区布局。但相对低能耗产业，高能耗产业受到挤出的程度要低一些，天然气的人均产量每增加1万立方米，低能耗部门的人均增加值将被挤出1.3亿元，高能耗部门的人均增加值将被挤出0.5亿元。

表8－10 　　　　　　　　　　　行业布局的固定效应估计

变量	（1）	（2）	（3）
资源丰裕度	－ 1. 587 *** （ － 14. 08）	—	—
煤炭丰裕度 × 能源密度	2. 297 *** （12. 70）	—	—
石油丰裕度	—	0. 739 *** （2. 67）	—
石油丰裕度 × 能源密集度	—	－ 0. 479 （ － 1. 53）	—
天然气丰裕度	—	—	－ 1. 298 *** （ － 5. 46）
天然气丰裕度 × 能源密集度	—	—	0. 824 *** （3. 15）
资本充裕度	1. 524 *** （4. 42）	1. 678 *** （4. 93）	1. 681 *** （4. 68）
资本丰裕度 × 资本密集度	2. 173 *** （3. 99）	2. 150 *** （3. 90）	2. 151 *** （3. 90）

续表

变量	(1)	(2)	(3)
知识充裕度	0.178 (0.27)	-1.019 (-1.51)	-0.106 (-0.16)
知识丰裕度×知识密集度	0.732*** (3.56)	0.669*** (3.26)	0.699*** (3.43)
市场潜力	0.507*** (3.83)	0.493*** (3.75)	0.450*** (3.32)
市场潜力×前向关联系数	1.923*** (12.07)	1.904*** (11.93)	1.911*** (11.97)
市场潜力×反向关联系数	-1.580*** (-9.75)	-1.554*** (-9.59)	-1.565*** (-9.60)
Constant	-0.722 (-1.33)	-0.238 (-0.43)	-0.684 (-1.24)
N	9000	9000	9000
R^2	0.336	0.327	0.326

注：***、**、*分别代表在1%、5%、10%水平上显著。

关于控制变量，资本丰裕度的系数显著为正，交叉项资本丰裕度×资本密集度的系数显著为正，两者之和为正，因此资本丰裕度高的地区对所有产业都具有吸引力，但对资本密集型产业的吸引力更大。知识充裕度的系数在所有模型中均不显著，因此，知识禀赋高的地区难以吸引知识不密集产业，交叉项知识丰裕度×知识密集度的系数在所有的模型中都显著为正，说明知识禀赋高的地区更能吸引知识密集型产业。市场潜力在所有模型中显著为正，与这一变量相关的两个交叉项均通过了显著性检验，市场潜力与前向关联系数的交叉项之和显著为正，说明使用中间投入品较多的产业倾向于在市场潜力较高的地区布局，该结果与新经济地理学的假说一致；市场潜力与后向关联系数的交叉项为负，且绝对值大于市场潜力的绝对值，说明需要向下游产业销售产品的产业倾向于在市场潜力较低的地区布局，这与新经济地理学的假说不一致。一个可能的解释是，由于市场中心的消费者收入较高，从而对最终产品的需求较高，因此市场中心更多的是最终产品的市场中心。尽管市场中心对中间产品的需求也往往较高，但是由于中间产品的需求者主要是生产者，因此中间产品的交易市场不一定布局在市场中心，而是更多地考虑地理位置、运输成本、商业成本等，如煤炭的主要交易市场在秦皇岛，而粮食的主要交易市场在郑州。近年来，中国房地产市场持续繁荣，市场中心的房租、用地等商业成本上升较快，靠近市场中心可能对于生产最终产品的产业有比较优势，而对于生产中间产品的产业可能有比较劣势，这造成了前向关联强的产业倾向于布局在市场中心，而后向关联强的产业则远离市场中心。

表 8-10 中的回归结果可能存在内生性问题，一方面，能源产量高的地区可能会吸引工业企业进入；另一方面，在工业企业集聚的地方，能源可能会被优先勘探和开发。内生性会使回归结果是有偏的，从而导致一些估计结果难以解释，估计系数也不能解释为因果关系，克服这一问题的方法是使用工具变量法。选择石油、天然气、煤炭基础储量分别作为石油、天然气、煤炭产量的工具变量，恰当的工具变量应满足两个标准：首先与存在内生性的变量高度相关，其次与扰动项不相关。显然，能源储量变量与能源产量具有较高的相关性，同时储量作为外生的自然环境变量，与扰动变量也不相关。考虑到数据的跨区域和跨行业特性可能会带来异方差，使用怀特异方差一致协方差标准误。

2SLS 工具变量估计结果见表 8-11。栏（1）为煤炭资源的模型，与上述普通面板估计相比变化不大，煤炭丰裕度的系数符号依然为负，统计上高度显著，这一结果支持中国的煤炭资源产区存在"资源诅咒"，人均煤炭产量增加 1 万吨，当地低能耗产业的人均增加值将被挤出约 1.4 亿元。交互项煤炭丰裕度×能源密度系数符号为正，同时高度显著，其绝对值大于煤炭丰裕度系数绝对值，说明高能耗产业倾向于在煤炭资源丰富地区布局，煤炭的人均产量增加 1 万吨，高能耗行业的人均增加值将提高约 1 亿元。栏（2）为石油资源模型，石油丰裕度的系数由正变为负，且高度显著，说明中国石油产区存在"资源诅咒"，石油的人均产量每增加 1 吨，低能耗产业的人均增加值将被挤出约 0.9 亿元。交互项石油丰裕度×能源密集度的系数符号显著为正，但其绝对值小于石油丰裕度系数绝对值，说明石油资源丰富地区对高能耗产业仍然有挤出效应，尽管这种挤出效应小于低能耗产业。对此的解释是石油一般不直接作为燃料，需要石油化工部门的加工才能把石油转化为燃料，而中国的石油化工行业并不总是在能源产地布局。目前，中国的石化产业基地布局的趋势是倾向沿海区，较大的石化基地如上海、南京、大连等都不靠近油田。栏（3）为天然气资源模型，天然气充裕度的系数为负，在统计上高度显著，说明天然气产地存在对低能耗产业的"资源诅咒"，天然气的人均产量每增加 1 万立方米，低能耗部门的人均增加值将被挤出 2.4 亿元。交互项天然气丰裕度×能源密集度的系数为正，在统计上高度显著，其绝对值比天然气充裕度系数绝对值稍大，说明天然气资源丰富的地区对高能耗产业也没有吸引力。

表 8 - 11　　　　　行业布局的 2SLS 工具变量估计

变量	（1）	（2）	（3）
资源丰裕度	- 1.432*** （- 13.90）	—	—
煤炭丰裕度 × 能源密度	2.375*** （13.13）	—	—
石油丰裕度	—	- 0.920*** （- 4.79）	—
石油丰裕度 × 能源密集度	—	0.815*** （3.73）	—
天然气丰裕度	—	—	- 2.390*** （- 6.73）
天然气丰裕度 × 能源密集度	—	—	2.593*** （5.82）
资本充裕度	1.527*** （4.43）	1.306*** （3.77）	1.764*** （4.89）
资本丰裕度 × 资本密集度	2.175*** （4.00）	2.167*** （3.93）	2.144*** （3.90）
知识充裕度	0.104 （0.16）	1.043 （1.47）	- 0.148 （- 0.23）
知识丰裕度 × 知识密集度	0.723*** （3.53）	0.670*** （3.31）	0.721*** （3.54）
市场潜力	0.510*** （3.86）	0.554*** （4.16）	0.419*** （3.06）
市场潜力 × 前向关联系数	1.923*** （12.10）	1.921*** （11.94）	1.911*** （12.00）
市场潜力 × 反向关联系数	- 1.582*** （- 9.78）	- 1.594*** （- 9.64）	- 1.559*** （- 9.59）
Constant	- 0.698 （- 1.29）	- 1.532*** （- 2.66）	- 0.561 （- 1.03）

变量	（1）	（2）	（3）
N	9000	9000	9000
R^2	0.336	0.315	0.325

注：*** 、** 、* 分别代表在1%、5%、10%水平上显著。

表8-11的回归结果表明，在三种传统能源中，石油、天然气难以吸引高能耗产业，煤炭丰富的地区依然会吸引高能耗产业，即使煤炭属于易于运输和贸易的商品。因此，天津、辽宁和山东具有较高的高能耗产业增加值，可能与它们的石油资源丰富没有关系。由于天津、辽宁和山东等地区的煤炭资源并不十分丰富，总体来看，除了内蒙古外，高能耗产业大部分没有布局在煤炭丰富的地区。可见，除能源禀赋之外，物质资本、人力资本和市场潜力的影响可能更大。

为了比较各个变量的影响程度，首先将变量进行标准化，再进行回归。估计方法仍然是工具变量法，其中栏（1）、栏（2）和栏（3）为分别对应着不同核心变量的标准化数据回归，作为稳健性检验，栏（4）为同时包含三个核心变量的标准化数据回归。数据标准化前后，大部分变量的回归结果在系数符号、显著性水平上一致。较为明显的变化是，天然气的"资源诅咒"效应在栏（4）中没有通过显著性检验，可以看出，天然气丰裕度和石油丰裕度存在较高的相关性，同时纳入同一模型后，这种相关性导致天然气的"资源诅咒"效应被石油的"资源诅咒"效应所分担（见表8-12）。

表8-12　　　　　标准化后数据的2SLS工具变量估计

变量	（1）	（2）	（3）	（4）
资源丰裕度	-0.113 *** （-13.16）	—	—	-0.116 *** （-12.08）
煤炭丰裕度×能源密度	0.183 *** （12.36）	—	—	0.192 *** （12.25）
石油丰裕度	—	-0.070 *** （-4.21）	—	-0.079 ** （-2.48）
石油丰裕度×能源密集度	—	0.050 *** （2.62）	—	0.102 *** （3.11）

续表

变量	(1)	(2)	(3)	(4)
天然气丰裕度	—	—	-0.082*** (-6.03)	0.020 (0.81)
天然气丰裕度×能源密集度	—	—	0.075*** (4.47)	-0.070** (-2.58)
资本充裕度	0.116*** (4.50)	0.098*** (3.78)	0.134*** (4.99)	0.107*** (3.26)
资本丰裕度×资本密集度	0.184*** (4.93)	0.184*** (4.88)	0.183*** (4.87)	0.185*** (4.93)
知识充裕度	-0.100*** (-6.77)	-0.082*** (-5.45)	-0.104*** (-6.99)	-0.087*** (-4.62)
知识丰裕度×知识密集度	0.284*** (9.64)	0.284*** (9.45)	0.280*** (9.51)	0.292*** (9.60)
市场潜力	0.113*** (4.94)	0.122*** (5.25)	0.098*** (4.14)	0.116*** (4.37)
市场潜力×前向关联系数	0.271*** (11.12)	0.271*** (11.06)	0.271*** (11.12)	0.271*** (11.05)
市场潜力×反向关联系数	-0.205*** (-7.94)	-0.205*** (-7.83)	-0.202*** (-7.82)	-0.210*** (-7.98)
Constant	-0.110*** (-3.90)	-0.110*** (-3.93)	-0.110*** (-3.91)	-0.111*** (-4.00)
N	9 000	9 000	9 000	9 000
R^2	0.352	0.333	0.342	0.344

注：***、**、*分别代表在1%、5%、10%水平上显著。

煤炭资源带来的"资源诅咒"程度高于石油资源和天然气资源，煤炭资源丰富地区对于高能源产业的吸引力也高于石油资源和天然气资源。尽管煤炭丰裕度对产业布局的影响超过了其他两种资源，但是其他变量中资本丰裕度、知识丰裕度和市场潜力对产业布局的影响都超过了煤炭丰裕度。从回归结果的系数看，资本丰裕度增加1个标准差，导致资本密集产业增加值增加0.3个标准差，如果是资本相对不密集的产业，其增加值将增加 0.1 个标准差；知识丰裕度增加 1 个标准差，将导致知识密集产业增加值增加 0.2 个标准差，如果是知识相对不密集产业，其增加值将减少 1 个标准差；市场潜力增加 1 个标准差，将导致前向关联强的产业增加值增加大约 0.37 ~ 0.4 个标准差，将导致后向关联强的产业增加值减少 0.08 ~ 0.1 个标准差；相比之下，煤炭丰裕度增加 1 个标准差，高能耗产业增加值将仅增加约 0.07 个标准差。

目前，中国积极推进依托能源的重大项目向能源丰富的西部地区转移，本节基于 2000 ~ 2011 年的 30 个省份、25 个行业的数据，分析了中国能源布局与高能耗产业布局的关系。研究发现，中国高能耗产业主要分布在环渤海经济区、长三角经济区和内蒙古自治区，这些地区中有的属于能源丰富地区，更多的则是能源禀赋相对没有优势的地区。通过设定三维面板数据模型，估计影响产业布局的因素，发现中国的行业布局会受到能源丰裕度的影响，高能耗产业倾向于在煤炭资源丰富地区布局，而对其他两种能源如石油和天然气并不青睐。但是影响产业布局的因素是多维的，资本存量、人力资本和市场潜力对产业布局也有显著影响，且其影响力超过能源禀赋。工业企业选址是综合多种要素进行权衡的结果，这造成高能耗产业并不必然布局在能源丰富地区。基于良好的非能源要素禀赋优势和市场潜力优势，东部省份特别是环渤海经济区和长三角经济区成为高能耗产业布局的首选，而能源丰富的西部地区则不具备综合竞争优势，仅有较少的高能耗产业选择了这些地区。同时，煤炭、石油等资源产区存在较强的"能源诅咒"现象，导致即使能源产地能够提供同等的非能源要素禀赋条件（资本存量、人力资本和市场潜力），低能耗产业一般也不会选择在这些地区布局。几乎所有工业行业都选址在东部地区，形成中国能源消耗地与能源供应地错位的格局。

基于上述实证结果，本书认为西部地区丰富的能源仍是吸引产业转移的优势要素，"支持依托国内能源和矿产资源的重大项目向中西部地区转移"政策具有一定的可行性，只要辅以合适的政策，这种产业转移政策是可以实现的。资本、技术、市场优势会吸引工业企业布局，而工业企业在这些区域布局会进一步强化这些区域的优势，从而形成产业布局中的"马太效应"。中国西部地区的技术、资本和市场潜力初始就处于劣势，在以后产业分工中始终处于不利地位，因此实现产业转移的关键是要打破这种"马太效应"。对于中央政府而言，应真正从战略的层面重视西部地区的基础设施和教育水平，使得各种资源向西部地区倾向，这比单纯地重视产业转移本身更重要。对于地方政府而言，要以积极行动去承接产业转移，西部地区环境和生态问题非常脆弱，因此个别省份的发展规划中会提到禁止"高能耗、高污染"产业进入。其实，在推进产业转移时，应注意分开处理高能耗和高污染产业，高能耗产业不一定是高污染的，例如最近兴起的云计算是一个典型的高能耗产业，其每年的电费投入大于设备的投入，但是云计算服务器除了散热之外，并无污染物排放。西部能源富集区域在引进项目时应重点关注其环保标准，不应刻意要求其能耗标准。

二、煤炭价格上涨对通货膨胀的影响

（一）研究背景

在国际上，煤炭价格波动会引起有关国家政策层面的注意，学术界却很少有关于煤炭价格与通货膨胀关系的实证性研究。学者们将大量精力集中在另一种重要能源——石油价格上。不过，中国与世界上许多国家的能源消费结构差异较大，中国的能源以煤炭为主，对中国而言，煤炭价格波动对通货膨胀的影响更应值得关注。

关于中国是否存在成本推动型通货膨胀的研究中，有学者使用向量自回归模型发现中国的工资成本显著影响了通货膨胀，而导致工资上涨的原因是工资政策的调整。但也有学者对此提出质疑，其基于 2000 年之后超额工资增长与通货膨胀（CPI）的关系进行了检验，结果表明货币供给而非超额工资是通货膨胀的主要因素（Fan，2008）。也有学者认为影响中国通货膨胀的因素中需求因素相对于供给因素更为突出，但是成本推动因素将在不久的将来成为影响中国通货膨胀的重要因素（Zhang，2012）。总而言之，中国是否存在成本推动型通货膨胀存在较大争议，而煤炭作为社会生产的根基性能源，其价格波动对通货膨胀的影响尚未引起学术界重视。

（二）模型设定和数据来源

考虑到煤炭价格波动的实际情况和数据的可得性，本部分研究选择的样本区间为 2003 年 3 月 ~ 2012 年 4 月，共计 110 个月度样本观察值。使用秦皇岛港大同优混煤炭价格作为煤炭价格（记为 C）的衡量指标，数据来自中国煤炭信息网；使用 CPI 作为通货膨胀（记为 P）的衡量指标，并将同比的 CPI 数据换算为定基比数据，数据来自中经网统计数据库；使用工业总产值作为总产出（记为 Y）的衡量指标，由于无法得到中国的月度 GDP 数据，最终选择工业总产值替代，数据来自中经网统计数据库，对该指标进行季节调整和价格平减（以 2003 年不变价格计价）；使用 M1 即现金加活期存款表示货币供应，数据来自中经网统计数据库；使用布伦特（Brent）原油价格表示国际油价（记为 O），全球一半左右的原油贸易定价都与布伦特原油价格直接挂钩，其价格是全球原油价格的重要风向标，数据来自美国能源信息署（EIA）的官方网站，使用月度平均汇率将布伦特原油价格换算为人民币计价以剔除汇率变化影响。为了稳定方差，对上述所有数据进行对数化处理。

首先，从相关系数的角度考察分析 CPI 与 PPI 引导关系时的做法，回归以下方程：

$$P_t = a + b_i \times C_{t-i}, \ i = 0, \ 1, \ 2, \ \cdots, \ n \qquad (8.20)$$

$$P_t = a + \sum_{i=0}^{n} b_i \times C_{t-i} \qquad (8.21)$$

回归方程（8.21）反映的是简单的相关关系，回归方程（8.22）反映的是偏相关关系，如果煤炭价格会推动通货膨胀，那么各滞后期的相关系数 b_i 都应为正。国际油价会推高中国的煤炭价格，进一步检验煤炭价格与国际油价的相关关系。

其次，采用格兰杰因果检验考察煤炭价格和 CPI 的格兰杰因果关系。格兰杰因果检验的基本原理是：如果变量 x 有助于增进对变量 y 的预测，那么 x 就是 y 的格兰杰原因。可在方程（8.22）中检验原假设：x 滞后项的系数联合为 0。除了使用该方法检验煤炭价格与 CPI 的格兰杰因果关系外，进一步检验煤炭价格与国际油价的格兰杰因果关系。

$$y_t = a_0 + \sum_{i=1}^{n} a_i x_{t-i} + \sum_{i=1}^{n} \beta_i y_{t-i} + \varepsilon_t \qquad (8.22)$$

最后，采用脉冲响应分析考察产出扩张和货币供应与通货膨胀之间的相互反馈关系。首先，本研究建立如下 VAR 模型：

$$x_t = A_0 + A_1 x_{t-1} + A_2 x_{t-2} + \cdots + A_p x_{t-p} + \mu_t \qquad (8.23)$$

x_t 为包含煤炭价格、CPI、货币供应、产出等变量的向量，A_0 为截距向量，A_i 为系数矩阵，p 为滞后阶数，u_t 为对应各个变量的新息向量。转换为新息向量的移动平均形式：

$$x_t = \phi_0 \mu_t + \phi_1 \mu_{t-1} + \phi_2 \mu_{t-2} + \cdots \qquad (8.24)$$

ϕ_s 中的第（i，j）个元素可视为 s 的方程，假设 x_t 的过去值不变，这个元素就反映了 $x_{i,t+s}$ 对 x_{jt} 一个单位变化的反应，即脉冲响应分析。u_t 的组成部分一般是同期相关的，各部分的冲击不会独立发生。下面施加三角形递归形式的约束，即 $u_t = B\varepsilon_t$，其中，B 为下三角矩阵，在这一约束下，模型中的冲击被依次引入方程，ε_t 可通过 u_t 的估计值和方差上协方差矩阵进行识别，该方法又称 Cholesky 分解。

对于基于渐进理论提出的检验方法而言，本部分研究的样本容量无疑偏小，难以保证检验的可靠性。为了克服这一问题，引入自助方法。自助方法（bootstrap method）是一种基于计算机模拟的推断方法，主要思想是对已有样本进行随机再抽样生成新的样本，将小样本问题转换为大样本问题。主要采用该方法计算各统计量的自助标准误、自助 P 值或自助置信区间等。相关性检验不涉及被解释变量的递归计算，采用的自助方法为配对自助（paired bootstrap）；格兰杰因果检验和脉冲响应分析中，由于解释变量中包含被解释变量的滞后项，涉及递归计算，因而不能直接使用配对自助，而采用残差自助（residual bootstrap）。

（三）实证检验与结果分析

1. 平稳性检验

采用 ADF 检验来检查变量的平稳性，通过 Ljung – Box 的 Q 序列相关统计量来确定检验的滞后阶数，确保其残差是白噪声，结果如表 8 – 13 所示。在 5% 的显著性水平下，不能拒绝这些变量存在单位根的原假设，但可以拒绝一阶差分后变量存在单位根的原假设，因此差分后的数据是平稳的。使用差分后的数据进行实证分析，由于数据为对数形式，差分后数据可解释为增长率。

表 8 – 13　　　　　　　　　　单位根检验结果

变量	ADF 统计量	滞后阶数	Q（3）
C	− 1.539	2	0.12281
P	− 0.252	2	0.94270
Y	− 1.566	1	1.93450
M	− 0.713	0	4.12160
O	− 2.600*	2	0.45984
ΔC	− 7.019***	1	0.09832
ΔP	− 7.706***	0	0.53322
ΔY	− 16.773***	0	1.65990
ΔM	− 11.615***	0	1.76600
ΔO	− 5.938***	1	0.29839

注：ADF 检验原假设为变量含有单位根，Ljung – Box 检验的原假设是不存在序列相关，***、**、* 分别代表在 1%、5%、10% 水平上显著。

2. 自助相关性检验

CPI 和煤炭价格的相关性检验结果如表 8 – 14 所示，括号内为重复 1 000 次的自助标准误。可以看出，先行 0 ~ 3 个月煤炭价格与 CPI 正相关，先行 4 ~ 6 个月煤炭价格与 CPI 负相关，其中先行 3 个月煤炭价格与 CPI 在 10% 水平上显著正相关，先行 5 个月煤炭价格与 CPI 在 10% 水平上显著负相关。偏相关分析中，先行 1 个月、2 个月煤炭价格与 CPI 的偏相关系数为负，其余与简单相关系数符号相同，显著性水平上仅滞后 3 期的偏相关显著。这些结果与通货膨胀中的"成本推动"逻辑并不一致，如果煤炭价格上涨能推高 CPI，那么考虑到价格传递存在时滞，所有滞后变量的相关系数都应表现为正。大量负的相关系数表明，在一定时期内煤炭价格存在负向影响 CPI 的力量，并且这种负向力量的影响可能会超过正向影响。

表 8 - 14　基于 1 000 次重复的自助相关性检验：CPI 与煤炭价格

P_t	C_t	C_{t-1}	C_{t-2}	C_{t-3}	C_{t-4}	C_{t-5}	C_{t-6}
相关系数	0.019 (0.014)	0.003 (0.013)	0.006 (0.009)	0.022* (0.013)	-0.013 (0.013)	-0.026* (0.013)	-0.011 (0.013)
偏相关系数	0.018 (0.015)	-0.002 (0.014)	-0.007 (0.014)	0.033** (0.017)	-0.021 (0.022)	-0.0132 (0.017)	-0.004 (0.015)

注：***、**、* 分别代表在 1%、5%、10% 水平上显著，括号内为自助标准误。t 表示第 0 月系数（也即是基期），C_1 ~ C_6 表示 1 ~ 6 各月份相关系数。

石油价格和煤炭价格的相关性检验结果如表 8 - 15 所示，各期石油价格都与煤炭价格呈正相关，其中先行 1 个月石油价格与煤炭价格的相关性在 10% 水平上显著。将所有先行石油价格都纳入方程，偏相关系数仍为正，显著性水平上升至5%。此外，无论是相关系数还是偏相关系数，先行 1 个月石油价格与煤炭价格的相关系数数值都较大，说明中国煤炭价格受国际油价影响较为显著，两者间存在明显的"比价效应"。

表 8 - 15　基于 1 000 次重复的自助相关性检验：石油价格与煤炭价格

C_t	O_t	O_{t-1}	O_{t-2}	O_{t-3}	O_{t-4}	O_{t-5}	O_{t-6}
相关系数	0.090 (0.083)	0.171* (0.088)	0.097 (0.067)	0.116 (0.079)	0.094 (0.061)	0.021 (0.039)	0.054 (0.059)
偏相关系数	0.094 (0.065)	0.161** (0.078)	0.056 (0.060)	0.071 (0.070)	0.060 (0.068)	0.007 (0.072)	0.076 (0.063)

注：***、**、* 分别代表在 1%、5%、10% 水平上显著，括号内为自助标准误。t 表示第 0 月系数（也即是基期），O_1 ~ O_6 表示 1 ~ 6 各月份相关系数。

3. 自助格兰杰因果检验

格兰杰因果检验对于滞后阶数的选择较为敏感，一般基于各种信息准则选择尽量简洁的滞后阶数。但是为了稳健和探测影响的具体滞后结构，通常尝试不同的滞后阶数，表 8 - 16 报告了各种滞后结构下的 Wald 统计量，括号内为重复 1 000 次的自助 P 值。栏（1）和栏（2）为煤炭价格与 CPI 之间的格兰杰因果检验结果，可以发现滞后 1 ~ 3 期时不能拒绝煤炭价格不是 CPI 格兰杰原因的原假设，滞后 4 ~ 5 期时可以在 5% 水平下拒绝这一原假设，滞后 6 期时可以在 10% 水平下拒绝这一原假设，而在所有滞后期上都不能拒绝 CPI 不是煤炭价格格兰杰原因的原假设。格兰杰因果检验似乎支持滞后 4 ~ 6 期的煤炭价格会推高通货膨胀，但这样的结论具有误导性，因为该检验仅能表明煤炭价格对 CPI 存在影响关系，无法反映这种影响的方向（正向影响还是负向影响）。进一步关注检验中的回归系数，发现很多回归系数显著为负，这与"成本推动"的逻辑不符，煤炭价格与 CPI 间存在格兰杰因果关系不等于煤炭价格会推高通货膨胀。栏（3）和栏（4）为石油价格与煤炭价格之间的格兰杰因果检验结果，在所有滞后期国际石油价格与中国煤炭价格都存在显著的格兰杰因果关系，滞后 1 期时显著性水平为 1%，滞后 2 ~ 6 期时显著性水平为 5%，所有的回归系数都为正，这些结果再次支持了煤炭和石油之间存在较强的"比价效应"，煤炭价格在所有滞后期上都不是石油价格的格兰杰原因，说明中国的煤炭价格无法左右国际油价。

表 8 - 16　　　　　基于 1 000 次重复的自助格兰杰因果检验结果

滞后	原假设			
	（1）	（2）	（3）	（4）
	$C \nRightarrow P$	$P \nRightarrow C$	$O \nRightarrow C$	$C \nRightarrow O$
1	0.055 (0.818)	0.0138 (0.891)	9.559 *** (0.007)	0.008 (0.934)
2	0.535 (0.769)	0.715 (0.682)	9.825 ** (0.023)	0.6368 (0.709)
3	4.465 (0.235)	1.027 (0.783)	13.713 ** (0.012)	0.866 (0.783)
4	13.003 ** (0.021)	3.245 (0.507)	15.142 ** (0.016)	2.631 (0.601)

续表

滞后	原假设			
	（1）	（2）	（3）	（4）
	$C \nRightarrow P$	$P \nRightarrow C$	$O \nRightarrow C$	$C \nRightarrow O$
5	13.637** (0.03)	5.270 (0.38)	13.876** (0.035)	8.772 (0.157)
6	13.756* (0.053)	5.4308954 (0.502)	19.351** (0.016)	11.247 (0.131)

注：*** 表示在 1% 的显著水平下拒绝原假设，** 表示在 5% 的显著水平下拒绝原假设，* 表示在 10% 的显著水平下拒绝原假设。括号内为 Wald 统计量的自助 P 值。

4. 自助脉冲响应分析

通过滞后期选择准则确定 VAR 滞后结构时，FPE、AIC、HQIC 和 SBC 等准则支持选择滞后 1 阶，LR 准则支持选择滞后 3 阶，但滞后 1 阶不足以消除残差的序列相关性，滞后 3 阶则不存在序列相关。此外，VAR（3）模型相伴矩阵特征根均落在单位圆内，满足稳定性条件，最终选择滞后 3 阶的 VAR 模型。

首先将冲击的引入次序设置为：$M \rightarrow Y \rightarrow C \rightarrow P$，暗示了货币供应的冲击会当期影响产出、煤炭价格和 CPI，产出的冲击会当期影响煤炭价格和 CPI，煤炭价格的冲击会当期影响 CPI。对其的解释是，宏观经济变量会较快地受到货币供应影响，而货币供应主要是受中国人民银行调控，中国人民银行会参考产出状况、通货膨胀等宏观经济指标来调控货币供应，这样从宏观经济变量到货币供应量应不存在当期影响。在这种排序中，主要考虑产出增长会当期拉动煤炭价格上涨，忽视了煤炭价格的上涨也可能当期给产出带来紧缩效应，在稳健性分析中将尝试不同的次序以兼容这些考虑。

图 8-13 为各种冲击对 CPI 的脉冲响应函数图，虚线之间为基于 1 000 次重复的 90% 自助置信区间。可以看出，一个正的煤炭价格冲击会在当期以及 1 个月后使得 CPI 上涨，2 个月后煤炭价格冲击的影响为负，但这些正向和负向的影响都不显著。第 3 个月后煤炭价格冲击对 CPI 影响显著为正，第 4 个月后的影响接近于 0，第 5、6、7 个月后煤炭价格冲击又开始显著为负，8 个月之后冲击对 CPI 的影响不再显著。这一结果与相关性分析类似，煤炭价格冲击对 CPI 的影响方向存在反复，在煤炭价格上涨早期会正向影响 CPI，随着时间的推移这种影响会转为负向。关于其他因素，货币供应冲击对 CPI 的影响随时间推移上升很快，1~4 个月后的影响均显著为正，第 6 个月后冲击不再显著；产出冲击在第 1 和第 2 个

月后的影响均显著为正，第 3 个月后影响不再显著。从显著的正向冲击的绝对值来看，货币供应冲击的绝对值最大，从显著的正向冲击的持续时期看，货币冲击的持续时期最长，连续 4 个月显著为正。

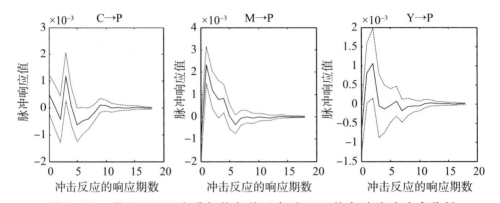

图 8-13　基于 1 000 次重复的各种因素对 CPI 的自助脉冲响应分析

注：虚线为 95% 置信区间。

图 8-14 为各种冲击对 CPI 的累积脉冲响应函数图，虚线之间为基于 1 000 次重复的 90% 自助置信区间。0～6 个月的煤炭价格累积冲击影响为正，7 个月之后的累积冲击影响为负，但是绝对值都较小，影响也都不显著，这是由于各期影响方向存在反复，最终煤炭价格冲击对 CPI 的累积影响相互抵消。货币供应冲击对 CPI 的累积影响随时间推移迅速上升，5 个月后达到最大值，此后一直维持这一水平，影响十分显著。产出冲击对 CPI 的累积影响尽管随时间推移而上升，但都不显著。因此，煤炭价格的上升并没有显著推高通货膨胀，货币供应增长是通货膨胀的主要影响因素，货币数量论的观点在中国这一轮通货膨胀中是成立的。

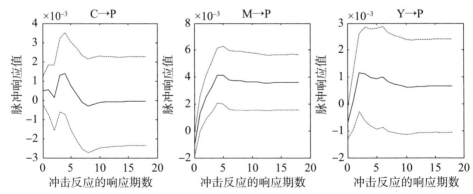

图 8-14　基于 1 000 次重复的各种因素对 CPI 的自助累计脉冲响应分析

注：虚线为 95% 置信区间。

既然货币数量论成立，有理由认为煤炭价格也受到了货币供应量的影响，图8-15显示了各种冲击对煤炭价格的影响，虚线之间为基于1 000次重复的90%自助置信区间。CPI冲击对煤炭价格的各期影响在方向上为正，但在数值上都较小，统计上也都不显著，这一点与格兰杰因果检验的结论一致，说明煤炭价格基本不受下游消费品价格波动的影响。货币供应冲击对煤炭价格的影响方向基本都为正，1个月后冲击的影响达到最大值，在统计上也显著，此后的影响逐渐减弱，证实了货币因素也是煤炭价格上涨的原因，说明煤炭价格上涨实际上是通货膨胀的结果而非原因。产出冲击对煤炭价格的影响方向也基本为正，3个月后影响达到最大值，在统计上也显著，说明产出扩张因素也在一定程度上拉动了煤炭价格上涨。

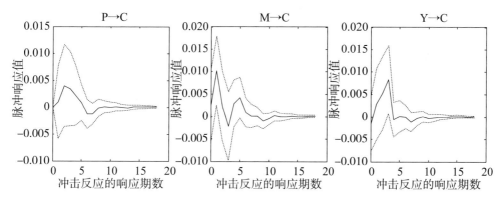

图8-15　基于1 000次重复的各种因素对煤炭价格的自助脉冲响应分析

注：虚线为95%置信区间。

不同的三角形递归形式约束会引入不同的冲击顺序，作为稳健性检验，尝试了其他顺序下的分析。将冲击引入的次序假设为：$M \rightarrow C \rightarrow Y \rightarrow P$，即货币供应的冲击会当期影响产出、煤炭价格和CPI，煤炭价格的冲击会当期影响产出和CPI，产出冲击会当期影响CPI，排序的变化更强调了煤炭价格冲击会对产出有紧缩作用。图8-16为新排序下各种冲击对CPI的脉冲响应函数图，虚线之间为基于1 000次重复的90%自助置信区间，可以发现脉冲响应函数与图8-16相比并没有发生太多变化，因此结果具有较高的稳健性。

5. 结果解读

本部分研究基于中国2003年3月~2012年4月的月度数据，采用Boostrap相关检验、Boostrap格兰杰因果检验和Boostrap脉冲响应函数等时间序列分析方法，探究中国煤炭价格与通货膨胀的关系，最终没有发现煤炭价格上涨会带来成本推动型通货膨胀的明显证据。自助相关检验显示，煤炭价格在上涨早期与CPI呈正相关，但随时间推移两者又呈负相关；自助格兰杰检验显示，滞后4~5期

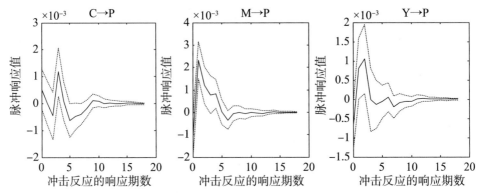

图 8-16　基于 1 000 次重复的各种因素对 CPI 的自助脉冲响应分析

注：虚线为 95% 置信区间。

时煤炭价格能够在格兰杰意义上引起通货膨胀，不过该结果具有一定误导性；自助脉冲响应与自助相关检验结果类似，煤炭价格对 CPI 的影响随时间变化存在反复。煤炭价格除了通过成本传递效应影响 CPI 外，还会通过货币"吸收"效应反向影响 CPI，在不同时期这两种影响的力量对比可能不同，最终两者抵消导致了煤炭价格推高 CPI 不明显。纳入更多因素的自助脉冲响应分析表明，中国的通货膨胀主要是受市场流动性的影响，煤炭价格也受到市场流动性的影响，因此，煤炭价格上涨与 CPI 上涨一样，它们都是通货膨胀的结果。

第九章

森林资源管理

本章主要关注森林资源可持续利用。首先对森林资源可持续利用的现状进行分析，分别从可持续利用概况和森林资源的人口承载力两方面展开，简要介绍我国目前的森林资源状况和在可持续利用情况下未来可供消费的人口数量；其次，利用数据和模型分别从可持续利用经济效益和生态效益两方面对森林资源的可持续价值量进行计算和评估，并提出相应的改善措施；再次，通过系统动力学模型及综合模型的构建对可持续利用影响因素进行分析，并结合可持续发展系统模型的构建对可持续发展进行定量研究；最后，基于之前的数据结果和目前森林资源的现状提出相应的结论和政策性建议。此外，选取吉林省森林资源作为案例研究，探讨吉林省森林资源的现状，评估全省森林资源可持续利用的现状。

第一节　森林资源可持续利用

一、森林资源可持续利用经济效益分析

（一）经济效率

法雷尔（Farrell）在 1957 年提出全要素生产率的概念，主要通过技术进步、

组织创新以及专业化等来源衡量生产效率的高低，分别是技术进步、组织创新以及专业化等，为后来更加精确地衡量生产效率提供基础，也被应用于森林资源可持续利用经济效率的研究中。臧良震等（2014）运用 DEA 模型探究中国西部地区 11 个省区的林业生产技术效率，结果发现西部地区林业生产技术效率平均为 0.664，普遍较低。魏言妮（2016）通过研究 2013 年中国 31 个省份的林业产业发现，北京、天津等 11 个省份的林业综合效率都相对较高，其余 20 个省份的林业综合效率均相对有所损失。因此，本节通过借鉴刘铁铎（2015）的相关研究成果，选取非参数效率测算方法分析森林资源可持续利用的经济效益。该方法无须事先设定函数形式，避免由于设定函数的误差导致结论的偏离；由于没有假设条件作为前提，所得出的结论更具有普适性；该方法适用于多投入多产出方面的探讨，更加贴合林业生产效率计算的要求。

借鉴刘先（2014）和刘铁铎（2015）等的研究，构建指标体系测算经济效益，一般选取林地资源投入、林业系统年末从业人员人数作为投入的经济指标，使用营林固定资产投资表示资本投入，林业生产总值表示产出数据。根据计算的经济效率可评估当地的林业发展状况。全要素生产率受技术进步、纯技术效率以及规模效率的综合影响，当地政府根据这三者所求出的数值高低便可制定和实施下一步有关林业可持续发展的相关政策。

（二）经济发展效应

我国森林资源可持续利用具有较高的经济效应。本节主要从森林资源可持续利用对我国经济发展的影响的角度，分析我国森林资源可持续利用的经济发展效应。选取国内生产总值（GDP）来衡量我的经济发展情况，林业总产值（GFO）来衡量林业产业发展状况，样本数据期间为 2005～2015 年（见表 9-1）。

表 9-1　　　　　　　　　数据的平稳性检验

变量	ADF 统计量	5% 临界值
GDP	0.5706	-1.9882
GFO	7.2095	-1.9823
GDP（-1）	-0.3617	-1.9882
GFO（-1）	-0.6308	-1.9882
GDP（-2）	-3.7329	-2.0063
GFO（-2）	-3.8194	-1.9959

从表 9-1 可以看出，在 5% 的显著性水平下，GDP 和 GFO 都是不平稳的，存在单位根；一阶差分后，两者仍然是非平稳的，需要继续对其进行二阶差分。

二阶差分后发现 GDP（－2）和 GFO（－2）是平稳的，为二阶单整序列，需要进一步检验两者之间是否存在格兰杰因果关系。

当选择滞后期 P ＝ 2 时，根据表 9 － 2 可知，GFO 不是 GDP 的格兰杰原因，说明林业产业对 GDP 的促进作用不明显，而 GDP 则是 GFO 的格兰杰原因，说明 GDP 的增长对林业产业有着较强的带动作用。

表 9 － 2　　　　　　　GFO 和 GDP 的格兰杰因果检验

原假设	Obs	F 统计量	相伴概率	结论
GFO 不是 GDP 的格兰杰原因	9	1.8912	0.2642	不能拒绝原假设
GDP 不是 GFO 的格兰杰原因	9	8.0387	0.0397	拒绝原假设

通过平稳性检验可知，序列 GDP 和序列 GFO 之间皆为 I（2）过程序列，可以采用 EG 两步法继续检验两者之间是否存在长期均衡关系。应用 OLS 回归得到方程：

$$GDP = -33361.36 + 163.3079 GFO$$

$$R^2 = 0.9954 \quad F = 1943.42 \quad D.W = 1.0234 \tag{9.1}$$

由上述的估计方程可以得出，F 统计量和 t 统计量均通过了 5% 显著性水平下的统计检验。进一步检验该方程的残差序列，由表 9 － 3 可知，根据 AIC 准则，当选择滞后期 P ＝ 2 时，在 5% 的显著性水平下残差序列不存在伪回归问题，说明 GFO 与 GDP 之间存在长期均衡关系。

表 9 － 3　　　　　　　残差的平稳性检验

变量	ADF 统计量	5% 临界值
resid	－5.0526	－1.9959

通过使用 EViews 软件可以得到 GDP 受 GFO 影响的误差修正模型如下：

$$GDP(-2) = -31434.28 + 165.8003 \times GFO(-2) + 0.393676 \times ECM(-2)$$

$$\tag{9.2}$$

从误差修正模型反映的调整系数来看，林业总产值变动对国内生产总值的变动有正向的促进作用，其短期调整系数为 165.8003，误差修正项系数为 0.393676。根据以上结果可知，林业产业的发展与我国经济发展呈正相关，而且其发展对国民经济的贡献度逐渐增大，成为我国第一产业的重要组成部分，在国民经济良好健康发展中发挥着不可替代的作用。

（三）产业结构效应

近年来，随着作为新增长点的林业产业快速发展，其对国民经济的贡献度也逐步加大，在国民经济中具有重要地位。由于林业各个产业之间关联性较强，建立合理的林业产业结构，不仅有利于林业产业的快速发展，而且对本地区的经济发展也具有重要作用。本节主要通过以下几种方法分析林业产业结构效应。

1. 林业产业依存度分析

依存度分析主要是运用直接消耗矩阵和完全消耗系数矩阵，分析各个部门之间的依存关系。通过计算可知，林业对除了本部门外的其他部门，依赖度最高的是造纸印刷及文教用品制造业，处在第二位的是旅游业，处在第三位的是农业，说明大力发展林业对以上三个产业有着较大的促进作用；林业对其他门部门依赖度最高的是农业，处在第二位的是运输和贸易业，处在第三位的是化学加工业，说明这几个部门的发展对林业部门有着较强的带动作用。

2. 林业产业感应力系数和影响力系数

林业产业感应力系数反映的是第 j 个林业产业部门增加一个单位最终使用时，对其他产业的需求程度，计算公式如下：

$$\sigma_j = \frac{\sum_{i=1}^{n} b_{ij}}{\frac{1}{n} \sum_{i=1}^{n} \sum_{j=1}^{n} b_{ij}}, \quad i, j = 1, 2, \cdots, n \tag{9.3}$$

其中，b_{ij} 为完全消耗系数矩阵 B 中第 i 行第 j 列的元素。

林业影响力系数反映的是如果国民经济中的各个生产部门都增加一个单位最终使用时，对第 i 个林业生产部门的需求程度，计算公式如下：

$$\sigma_j = \frac{\sum_{j=1}^{n} b_{ij}}{\frac{1}{n} \sum_{i=1}^{n} \sum_{j=1}^{n} b_{ij}}, \quad i, j = 1, 2, \cdots, n \tag{9.4}$$

其中，b_{ij} 为完全消耗系数矩阵 B 中第 i 行第 j 列的元素。

通过结合我国投入产出表计算，可得林业产业的影响力系数和感应力系数，如表 9-4 所示。首先，从影响力的角度来看，林业第二产业的影响力系数较大，说明诸如木竹家具制造业、木竹浆造纸及纸制品业等林业第二产业，较之其他林业产业对国民经济的拉动作用较大，由于林业产业的感应力系数远小于1，说明其对国民经济发展的促进作用较小。其次，从感应力的角度来看，林业第二产业的感应力系数相较于其他林业产业要大，说明其更易感受到其产品的需求变化情况，因此对国民经济中其他部门有较强的推动作用。而从整个林业行业来看，整个林业行业的影响力系数和感应力系数分别为 0.70 和 0.69，均小于1，说明整个林业行业对经济的拉动还相对较小。

表 9 - 4　　　　　　　我国林业产业的影响力系数和感应力系数

产业部门	影响力系数	感应力系数
林业第一产业	0.65	0.66
林业第二产业	1.03	1.08
林业第三产业	0.71	0.73
林业产业	0.70	0.69

3. 林业产业变动对我国产业结构变动的影响分析

随着经济的快速发展，我国的林业产业规模不断扩大。2005～2015 年，我国林业占第一产业的比重呈现出稳定的上升趋势，林业对第一产业的贡献率也在逐年稳步增长，并且以森林旅游业为主的林业第三产业也取得了较大的发展，说明以林业为主的第一产业和以森林旅游业为主的第三产业对第一产业和第三产业产值的增长起到较大的促进作用。林业产业的发展不仅是发展第二产业，而是使三个产业协同发展，这无疑对优化我国产业结构具有重要意义。

（四）林业产业结构与林业经济协同发展分析

在分析了林业产业结构与林业经济效应在可持续利用中所起到的作用后，进一步，借鉴连素兰（2016）的相关研究，探讨和分析林业产业结构与经济协同发展效应。

协同是两者之间相互依存、相互帮助，而协同发展则是指两者通过协同达到共同进步，进而达到共赢的目的。目前学术界有关协同发展的研究已经取得了一定的成果，常用的研究方法包括相关分析、回归分析、数据包络分析、协调度分析等。由于本部分探讨的是林业产业结构和林业经济的协同发展，基于两者之间相互影响、相互作用的关系，选取耦合协调度模型。首先，协调度是指从协同的角度出发，衡量两者之间在发展过程中的相互配合、相互协调的程度。在此基础上，将耦合的概念和协调度相结合，可以构建目前被广泛使用的耦合协调发展模型，该模型不仅可以应用于不同系统、不同区域之间的研究，也可以应用于环境—经济系统之间的研究中。因此，本部分将这种方法作为衡量和分析林业产业结构与林业经济协同发展的首选。

首先，假设某地区的林业产业结构有 u 个指标，林业经济有 v 个指标。此外，变量 X_i 是该地区林业产业结构系统的序参量，变量 Y_i 是该地区林业经济系统的序参量。第一，由于序参量在系统中的协调度将会影响系统的有序性，并且正负项指标提供的功效方向不仅不同，功效的大小也有所不同，因此，在估算协调度之前，首先要计算序参量对系统的功效，即有序度的大小，有序度越大表明该序参量对系统的有序程度贡献越多、影响也越大，有关有序度的计算公式如下：

$$X_i = \frac{x_i - \min(x_i)}{\max(x_i) - \min(x_i)} \tag{9.5}$$

$$X_i = \frac{\max(x_i) - x_i}{\max(x_i) - \min(x_i)} \tag{9.6}$$

$$Y_j = \frac{y_j - \min(y_j)}{\max(y_j) - \min(y_j)} \tag{9.7}$$

$$Y_j = \frac{\max(y_j) - y_j}{\max(y_j) - \min(y_j)} \tag{9.8}$$

其中，式（9.5）和式（9.7）中的 x_i 和 y_j 为正向指标，式（9.6）和式（9.8）中的 x_i 和 y_i 为负向指标，i 取 $1, \cdots, u$，j 取 $1, \cdots, v$。

第二，分别计算林业产业结构与林业经济的综合发展指数，基于熵值法计算权重，其中，林业产业结构与林业经济的综合发展指数分别用 $f(X)$ 和 $g(Y)$ 表示，两者各指标的权重分别用 a_i 和 b_i 表示，涉及的相关公式如下：

$$f(X) = \sum_{i=1}^{u} a_i X_i \tag{9.9}$$

$$\sum_{i=1}^{u} a_i = 1 \tag{9.10}$$

$$g(Y) = \sum_{j=1}^{v} b_j Y_j \tag{9.11}$$

$$\sum_{j=1}^{v} b_j = 1 \tag{9.12}$$

第三，计算耦合度，具体公式如下：

$$C = \left\{ f(X)g(Y) \Big/ \left[\frac{f(x) + g(Y)}{2} \right]^2 \right\}^K \tag{9.13}$$

其中，K 表示调节系数且 $K \geqslant 2$，由于本部分讨论的是两者之间的耦合度，因此 $K = 2$。此外，C 表示耦合度，范围在 $0 \sim 1$ 之间，C 越大并接近 1 时，说明林业产业结构与林业经济之间相互影响的程度越大；C 越小并趋于 0 时，说明两者之间相互的影响程度很小。为评估森林资源的可持续利用经济效益，还需通过计算两者综合发展的协调度，反映林业产业结构与林业经济协同发展的综合收益，协调度计算公式如下：

$$L = \gamma f(X) + \delta g(Y)$$

$$B = \sqrt{C \times L} \tag{9.14}$$

其中，γ 和 δ 分别表示林业产业结构与林业经济综合发展指数的权重；L 表示林业产业结构与林业经济的协同发展效应；B 表示两者综合发展的协调度且 $0 \leqslant B \leqslant 1$，$B$ 值越大，反映出两者之间的协调度越高，越有助于系统由无序走向有序；B 值越小，反映出两者之间的协同程度越低。

此外，为了更加清晰地探讨林业产业结构与林业经济发展在不同阶段所呈现的不同程度的协调关系，借鉴连素兰（2017）相关的研究成果，以图 9−1 反映评判标准与协调类型之间的关系。

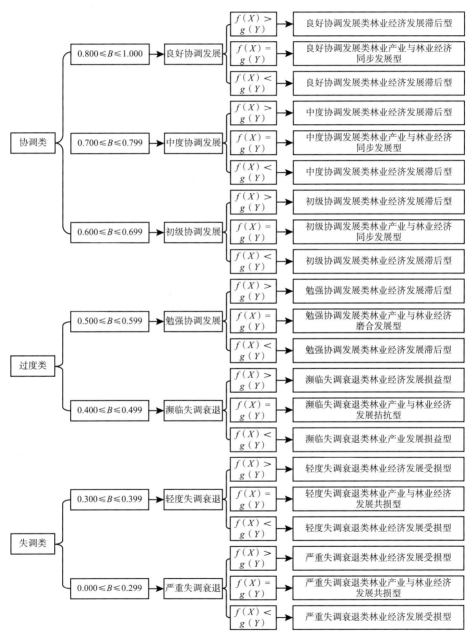

图 9−1　耦合协调发展类型和评判标准

在此基础上，以林业产业结构、林业经济的综合发展指数、林业产业结构与林业经济协同发展的耦合度以及它们之间综合发展的协调度即耦合协调度四个指标，分析林业产业结构与林业经济协同发展程度。若在一定时期内林业经济的综合发展指数大于林业产业结构的发展指数，说明林业产业结构的发展相对滞后；反之则说明在这一期间内，林业经济发展相对缓慢。林业产业结构和林业经济之间的耦合度可以衡量两者相互影响的程度，而两者的耦合协调度则能够判别耦合协调发展的类型。结合相关数据，对照图 9 - 1 所列的相关标准，可清晰地判别出林业经济与林业产业结构协同发展所处的类型及状况。

二、森林资源可持续利用生态效益分析

（一）评价方法与指标体系

森林资源可持续利用的生态效益一直是国际研究的热门话题。本部分通过对文献的阅读和整理，借鉴相关学者的研究成果，设计了生态效益评价方法和评价指标体系，用于评价我国森林资源利用的生态效益状况。

生态效益主要是指生态系统所能给人类带来的服务和效用的总和。20 世纪 50 年代由于全球环境污染严重，掀起了国外研究者对森林资源生态系统价值评估的热潮。而我国针对森林生态效益的研究起步较晚，最初是引用国外的理论和方法，直至 1988 年，国务院才设立相关部门评估我国森林资源的生态效益。目前，森林资源的重要性得到广泛认可，研究力度逐渐增大。

关于森林资源生态效益的评价方法有很多，包括市场价值法、机会成本法、恢复和防护费用法、人力资本法、费用支出法、享乐价格法、替代工程法、条件价值法以及影子价格法等。其中，市场价值法一般适用于评估的资源在市场中具有一定的价值，且可以用确定的市场价格去衡量，其不足之处是无法衡量所有资源的生态效益，而且容易受到相关政策和制度变动的影响。机会成本法一般适用于稀缺的资源，特别是当这种资源的社会效益不能得到很好的评估时，由于其本身具有一定的客观性和全面性，因此决策者在评估效益时一般会首选这种方法。恢复和防护费用法一般是以将破坏的森林资源生态系统恢复原貌或者维持现状所需花费的费用作为对森林生态效益的评估价值，该方法无须详细的信息和资料，并且能够弥补市场价值法的不足，对不具有市场性的资源也能够进行合理的评估，其不足之处在于对价值产生影响的不只是成本，还有其他方面的原因，因此这种方法也具有一定局限性。人力资本法一般是指用自然人通过自己的有益活动为这个社会创造价值，从而获得的劳动价值来衡量资源生态效益的方法，一般被

破坏的资源会对自然人造成一定的伤害使之不能为社会创造价值，所以这种方法在使用前要明确自然人的身体健康与不良的生态环境所带来的负面作用之间的关系，虽然有一定的针对性，但也存在一定的局限性。费用支出法是基于市场提出的方法，一般是指将消费者群体愿意为旅游景区或者供消费者游玩和休息的其他景观场所支付的费用作为衡量资源生态效益的方法，在这里愿意支付的费用并不是单纯的门票、吃、住以及交通工具等费用，还包括最重要的一部分即消费者剩余，消费者剩余通过抽样调查数据进一步估算得出，因此所得出的结果也具有一定的误差。此外，由于这种方法市场化程度较低，而且不能核算一些非使用价值，相对于市场价值法，其说服力相对较弱。享乐价格法基于人是理性的角度。消费者在购买商品时会将享乐因素作为一个关键点，因此这些因素也会间接地导致商品的价格有所变化，所以这种方法是将因周围环境等外在因素变化所导致的商品价格作为衡量资源生态效益价值的手段，由于该种方法是建立在市场的基础上，因此可以更好地反映市场变化所带来的消费者偏好的波动，但由于其主观性较强，而且模型复杂且受到外在多种因素的干扰，具有一定的局限性，在某些情况下对资源生态效益进行评价是无法使用该种方法的。替代工程法是指通过后天构建相应的工程来代替受到破坏之前的自然资源从而给人带来服务的过程，在此过程中，所建的工程的成本就是用来衡量所替代自然资源生态效益的价值，因此该方法在计算时必须要明确后天构建的工程所需要的材料、物资、人工以及其他产品的市场价格，只有这样才能更加贴切的估算出替代工程所需的成本即资源的生态效益的价值，该方法被广泛用于测度一些不能被直接评估的资源生态效益的价值，但由于市场环境以及时间上的一些变化，导致同一资源的替代工程的成本不同。条件价值法又称为问卷调查法，基于一种假想的角度，如生态效益是可以进行交易的，通过发放问卷或者实际调查等方法，汇总生态效益使用者愿意为生态效益支付的价格以及心理上能够承受的价格，得出资源生态效益的价值。该方法具有一定的灵活性，且适用于一些较大但是没有实用价值的评估，但由于这种方法建立在研究者问卷调查的设计和发放以及被调查人员的想法和认知的基础上，所产生的结果具有一定的偏差，且说服力较弱。影子价格法的特点在于其采用的是一种能够反映森林生态效益真正实际价值的价格，而不是笼统的市场价格，因此这种方法在定量评价生态系统方面得到广泛运用。

1. 涵养水源效益

在森林资源的保护中，水源是非常重要的因素，因为森林资源可以通过树叶的蒸散以及降低地表径流量等方式减弱洪水的吞噬，此外由于森林资源所占的土地对水源的渗透率不同，也会导致森林资源的生态效益不同。所以，水土的流失对森林资源生态效益的影响很大，关于涵养水源效益的方法一般有降水贮存法、水量平衡等。本书选择运用水量平衡原理的方法来估算森林资源涵养水分量。其中，U 表示森林资源年平均涵养水源的效益（元），W 表示森林资源的涵养水源量（立方米），R 表示年平均降雨量（毫米），E 表示年平均蒸散量（毫米），A 表示森林面积（公顷），P 表示单位的蓄水费用。涵养水源效益的相关计算公式为：

$$U = W \times P = (R - E) \times A \times P \tag{9.15}$$

2. 保育土壤效益

森林资源的一个重要作用就是保育土壤，一般体现在当外来物侵蚀土壤的时候，可以降低侵蚀的程度。估计森林资源在减少侵蚀土壤中所起的作用，需要分为有林地和无林地两种情况，即在没有林木覆盖的情况下土壤被侵蚀的数量和在有林木覆盖的情况下土壤被侵蚀的数量之间进行对比，两者之间的差额即为所求的结果。由于森林资源的存在减少了土壤被侵蚀的数量，进而也就减少了土壤中有利的营养物质（比如氮、磷、钾等元素）被损害的数量，增加了土壤的活力与肥力。因此，关于土壤中流失的有利的营养物质的计算，一般使用各种营养物质在土壤中所占的比例与被侵蚀的土壤总量相乘来表示。

森林保育土壤的价值一般采用替代工程法估算，如强固土壤这一部分的价值，首先将森林资源强固土壤的数量转化为面积，然后与相关的土地造价成本相乘即可求得这部分的固土价值。而保持土壤肥力方面的价值则通过计算损失的土壤的数量中具有肥力的营养物质的含量，按照一定的方法将其折算成市场中流通的化肥的量，然后结合市场中化肥的价格即可折算出来。

其中，有关森林资源强固土壤以及保持土壤中营养物质的实物量和价值量的计算，可以大致总结为以下几个步骤：首先，需要计算出有林地与无林地之间强固土壤数量上的差额，折算成面积，然后按照相关土壤建设工程成本估算出这部分土壤的价值；其次，土壤中有利的营养物质，如氮、磷、钾等元素，都属于保持土壤活力和肥力的重要因素，在计算森林资源保护土壤的肥力时，需要区分有林地和无林地，通过衡量有林地与无林地之间固土的差额，计算差额中所含的氮、磷、钾等元素的含量，并折算成市场中化肥的数量，进而计算出化肥的价格作为估算森林资源保护土壤肥力的价值。当土壤中的营养物质无法转化为化肥量的有机质时，可以折算成市场上相应的有机质的数量，然后计算出有机质的价格，作为衡量森林资源保护土壤肥力价值的一部分。通常情况下，G 表示强固土壤的实物量（吨），B_1 表示有林地覆盖情况下，土壤被侵蚀的模数（吨/公顷）；B_2 表示无林地覆盖情况下，土壤被侵蚀的模数（吨/公顷）；$U_{固土}$ 表示强固土壤的价值量（元）；C 表示建造挖运土方的费用（元/立方米）；ρ 表示林地土壤的容量（吨/立方米），G_i 表示相关土壤营养物质的流失量（吨）；其中，i 表示氮、磷、钾等元素；I 表示土壤中相关营养物质所占的比例（％）；U_i 表示森林资源中保护相关营养物质的价值量（元）；M_i 表示化肥中所含相关营养物质的价格，也表示相关有机质的市场价格（元）。

保育土壤效益的相关公式如下：

$$G = A \times (B_2 - B_1) \tag{9.16}$$

$$U_{\text{固土}} = G \times C / \rho \tag{9.17}$$

$$G_i = G \times I \tag{9.18}$$

$$U_i = G_i \times M_i \tag{9.19}$$

3. 固碳释氧效益

森林资源的固碳释氧作用主要是从森林吸收二氧化碳、释放氧气的作用出发的，一般情况下，森林资源在进行光合作用时，每释放 1 吨的干物质时，便会吸收 1.63 吨的二氧化碳，释放 1.19 吨的氧气，从而起到森林生态平衡进而降低温室效应、创造一个低碳生物圈的作用。基于现有理论，从植物和土壤两方面讨论森林资源固碳的效果，以便提高估算的准确性，使分析结果更具说服力。

（1）森林资源中植物的固碳。

由于树木落叶的腐烂过程所消耗的氧气与新树叶等新生过程所产生的氧气数量大致相等，因此根据林业的不同种类以及它们的第一级生产力，结合森林资源每制造 1 吨的干物质所需要吸收的二氧化碳的数量，进而得出总的植物吸收二氧化碳的数量，即森林资源中植物的固碳数量。关于价值量的计算，较为成熟和得到广泛运用的方法是温室效应损失法、造林成本法以及碳税法等。本部分借鉴碳税法衡量价值量，碳税率则以瑞典为标准（150 美元/吨），以便更直观、更具有说服力地计算出森林资源中植物固碳效益的价值量。

（2）森林资源中土壤的固碳。

由于土壤中含有大量的微生物以及营养物质，森林资源中的土壤在固碳方面具有重要作用。在衡量森林资源中土壤固碳效益的实物量和价值量时，可以土壤中每年增加的碳的程度作为其固碳的实物量，而价值量则同样借鉴碳税法进行衡量。

（3）森林资源中森林释放氧气。

基于光合作用的原理，可以基于上述固碳的实物量求出释放氧气的实物量，再根据市场上氧气的价格，得出森林资源中森林释放氧气的价值量。其中，$G_{\text{植物固碳}}$、$G_{\text{土壤固碳}}$ 分别表示两种情况下的固碳量（吨），D 表示林分的净生产力（吨/公顷），$J_{\text{碳}}$ 表示碳在二氧化碳中所占的分量（27.27％），$K_{\text{土壤}}$ 表示单位面积林业土壤的年固碳量（吨/公顷），$U_{\text{植物固碳}}$、$U_{\text{土壤固碳}}$ 分别表示两种情况下固碳的价值量（元），$C_{\text{碳}}$ 表示固碳的价格（元/吨），$G_{\text{氧}}$ 表示森林的氧气产生量（吨），

$U_\text{氧}$ 表示森林释放氧气的价值量（元），$C_\text{氧}$ 表示市场中氧气的价格（元/吨）。

固碳释氧效益的相关公式如下：

$$G_\text{植物固碳} = 1.63 J_\text{碳} \times A \times D \tag{9.20}$$

$$G_\text{土壤固碳} = A \times K_\text{土壤} \tag{9.21}$$

$$U_\text{植物固碳} = C_\text{碳} \times G_\text{植物固碳} \tag{9.22}$$

$$U_\text{土壤固碳} = C_\text{碳} \times G_\text{土壤固碳} \tag{9.23}$$

$$G_\text{氧} = 1.19 \times A \times D \tag{9.24}$$

$$U_\text{氧} = G_\text{氧} \times C_\text{氧} \tag{9.25}$$

4. 积累营养物质效益

森林中的植物在生长的过程中并不是单一的成长，而是会从周围的环境中吸收有利于其自身发展的有利物质，如氮、磷、钾等，这些元素通过各种各样的方式被植物吸收消化进而转化到自身的体内，可以理解为这些营养物质转存到植物的体内。而森林资源是汇集大量多样性植物的集合体，更是一个包含了丰富的营养物质的"金矿"。衡量森林资源营养物质效益，可以用森林的面积乘以每单位面积每年新长出植物的重量，进而得出森林每年增加的植物的重量，然后根据植物中营养物质所占的比例，求出每年森林资源新增的营养物质的含量。关于价值量的计算，可以将每年森林资源新增的营养物质转化为相关的化肥，比如氯化钾等常用的实物，然后结合市场中相关化肥的价格进而求出森林积累相关营养物质的价值量。用 G_i 表示不同营养物质的含量，i 代表氮、磷、钾等元素，N_i 代表各种营养物质在林木中所占的比例，$U_\text{营养}$ 表示森林资源中积累的各种营养物质的价值量。

积累营养物质效益所涉及的公式如下：

$$G_i = A \times N_i \times D \tag{9.26}$$

$$U_\text{营养} = A \times D \times \sum N_i M_i \tag{9.27}$$

5. 净化大气环境效益

目前，随着我国进入后工业化时代，国家和城市的经济得到大幅度的发展，对环境以及资源的损害是不可估量的。雾霾现象正是人类不计后果随意排放有害气体造成的，其中，最典型的气体就是二氧化硫以及一些氮氧化合物等，而森林资源利用自身的优势可以削弱大气中有害气体的含量，并且能够吸收大气中的粉尘，保障空气质量以营造适合人类生存的环境。此外，森林资源还能够提供负离子，为人类贡献更好的空气质量。因此，结合负离子、降低粉尘、吸收有害气体等污染物三方面测算森林资源净化大气环境的效益。

在估算的过程中，可以以森林林分的负离子浓度、降低粉尘的数量以及吸收污染物的数量为基础，分别与森林面积求积进而得出每项的实物量，然后根据每项的费用求出最后总和的价值量，这个价值量即表示相应的森林资源净化大气环境的效益。其中，$G_{负离子}$、$G_{尘}$、$G_{吸收污染}$分别表示林分每年提供负离子的数量（个）、降低粉尘的实物量（吨）以及吸收有害气体等污染物的实物量（吨），$E_{负离子}$表示林分负离子的浓度（个/立方厘米），H表示林分的高度（米），L表示负离子存活的寿命（分钟），$U_{负离子}$、$U_{尘}$、$U_{吸收污染}$分别表示林分每年提供负离子、降低粉尘以及吸收有害气体等污染物的价值量（元），$O_{负离子}$表示生产负离子所消耗的成本（元/个），$E_{尘}$表示单位面积下林分降低粉尘的量（千克/公顷），$O_{尘}$表示降低粉尘所花费的成本（元/千克），$E_{吸收污染}$表示单位面积下林分吸收有害气体等污染物的量（千克/公顷），$O_{吸收污染}$表示治理有害气体等污染物花费的成本（元/千克）。

净化大气环境效益有关的公式如下：

$$G_{负离子} = 5.256 \times 10^{15} \times E_{负离子} \times \frac{AH}{L} \tag{9.28}$$

$$U_{负离子} = 5.256 \times 10^{15} \times O_{负离子} \times (E_{负离子} - 600) \times \frac{AH}{L} \tag{9.29}$$

$$G_{尘} = E_{尘} \times A \tag{9.30}$$

$$U_{尘} = O_{尘} \times E_{尘} \times A \tag{9.31}$$

$$G_{吸收污染} = E_{吸收污染} \times A \tag{9.32}$$

$$U_{吸收污染} = O_{吸收污染} \times E_{吸收污染} \times A \tag{9.33}$$

6. 净化水质效益

森林常被称为"大地之肺"，不仅体现在森林具有净化水源的作用，也表明森林的蓄水功能，可以通过估算净化水质的价值量评估森林资源的生态效益。其中，$U_{净化}$表示净化水质效益的价值量（元），$V_{涵}$表示森林资源中水源的涵养量（立方米），W表示年均降雨量（立方米），T表示年平均蒸散量（立方米），$O_{净化}$表示净化单位体积水所花费的成本（元/立方米）。

净化水质效益的公式如下：

$$U_{净化} = V_{涵} \times O_{净化} = (W - T) \times A \times O_{净化} \tag{9.34}$$

7. 生物多样性保护效益

森林作为一个集动物、植物、微生物于一体的系统，不仅为物种提供食物和栖息场所，也为它们繁衍后代提供稳定的环境。在生态环境中，干扰性的降低是人与动植物能够和谐相处的前提，森林为动植物提供了不受外界打扰的生态圈，同时也为人们创造了一个适宜的生活环境。因此，森林资源对人类的发展进步、生物的进化起到不可忽视的作用。结合有关学者的研究，本节根据 Shannon - Wiener 计量方法估算生物多样性保护的实物量。首先，根据估算出的实物量，通过一定的方程处理得到相应的机会成本。机会成本是指单位面积上由于物种死亡或者其他等情况造成的损失，最后基于总体的林业面积计算出相应效益价值量。假设 $Z_{平均}$ 表示该地区平均多样性的指数，A_i 表示不同类型的林业面积（ hm^2 ），S_i 表示不同种林业的生物多样性指数（其中 i 表示林业的种类），F 表示森林的种类数量，$U_{生物}$ 表示生物多样性保护效益的价值量（元），$M_{生物}$ 表示每单位面积上物种损失所产生的机会成本（元/公顷）。

生物多样性保护效益的相关公式如下：

$$Z_{平均} = \frac{1}{A} \sum_{i=1}^{n} A_i S_i \qquad (9.35)$$

$$U_{生物} = M_{生物} \times A \qquad (9.36)$$

基于上述分析，总结森林资源可持续利用生态效益的评价方法如表 9 – 5 所示。

表 9 – 5　　　　森林资源可持续利用生态效益的评价方法

效益类型	具体效益	评价方法
涵养水源效益	涵养水源、净化水质、调节水量	替代工程法、影子工程法
保育土壤效益	强化土地，保持肥力	替代工程法、机会成本法、影子工程法
固碳释氧效益	固碳释氧	碳税法、造林成本法
积累营养物质效益	积累林木的营养	替代工程法
净化大气环境效益	提供负离子、吸收和阻止粉尘	治理费用法
净化水质效益	减少河流污染物，净化水质	替代工程法
生物多样性保护效益	保育物种，丰富生态系统	Shannon – Weiner 指数法

资料来源：中国林业网，http://www.forestry.gov.cn/main/index.html。

此外，为了更加清晰地衡量森林资源可持续利用的生态效益，参考刘子玉（2010）和刘铁铎（2015）的思想和理论，构建相应的指标体系，如图 9 – 2 所示。

（二）生态效应实证分析

关于森林资源可持续利用生态效益评价的研究数据主要源于相关文献资料的阅读和考察、林业系统调查数据以及问卷调查。

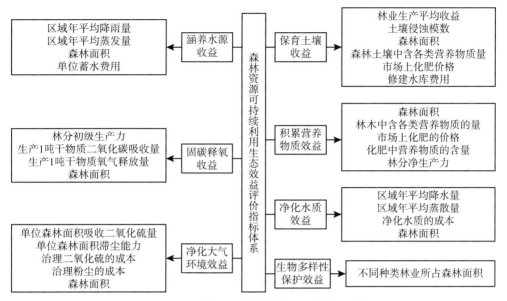

图 9-2　森林资源生态效益评估指标体系

　　由于有关国家森林资源方面的数据及资料相对难以收集，因此本书选取三篇关于森林资源生态效益价值的文献进行描述和分析，结合前面提到的方法进行数据上的整合。首先是柴济坤（2016）对南木林区森林资源生态效益价值的有关研究。作者选取了林区中的九个具有优势的树种，然后分别通过不同的龄级进行划分，进而详细探讨不同龄级下不同树种会带来的生态效益上的差异。在数据上作者通过当地森林资源的二类清查数据，经当地市级的水务局、林业局以及农牧业局收集整理，利用替代工程法、碳税法等相关方法，最后得出南木林地区森林资源的生态效益的价值量为 593 亿元左右这一结论。其次是朱丽华等（2012）对吉林省临江林业局森林资源生态效益价值的相关研究。以生态公益林为基础推算相关结论，比如在数据的计算中作者用建造拦截 1 立方米体积的洪水所需的水库和堤坝的成本进而推算生态公益林的防洪价值。此外，由于生态价值并不是静态的，而是一个与社会经济紧密相连的发展过程，为使数据具有一定的客观性和说服力，结合当地的社会经济发展水平，运用恩格尔系数以及人口比例权重对所得到的森林资源生态价值进行修正，最后得到的临江林业局森林生态效益的价值量为 8.44 亿元左右。此外，邹涛和田森（2013）对义乌市森林资源的生态效益价值进行了相关研究，具体计算固土保肥、水源涵养等七个指标，最后加总得出 2012 年义乌市的森林资源生态效益价值量在 8.8 亿元左右。

三、森林资源可持续利用影响因素分析

森林资源作为一种可再生资源，与人类的生活密切相关，是人类生存和发展不可缺少的自然资源之一。但由于人类的过度砍伐，以及由此带来的温室效应和大气污染对森林资源造成了严重破坏。森林资源的破坏所带来的沙尘暴、山体滑坡等自然灾害又对我们赖以生存的生态环境造成威胁。由此，森林资源的可持续利用问题也得到广泛关注。本节主要通过构建森林资源可持续利用的系统动力学模型，对模型中主要的反馈回路进行分析，并针对影响森林资源可持续利用的因素提出合理建议。

（一）可持续利用交互系统分析

森林资源的可持续利用以环境承载力不断提高为前提，让森林资源既能满足当代人的需求，又可以满足后代人的需求，并在其中找到一个平衡点，使得森林资源、社会经济与生态环境之间耦合共生发展。但如何可持续地利用森林资源，生态环境保护以及经济持续发展之间一直存在着诸多矛盾，如森林资源与生态环境保护以及人口的快速增长之间的矛盾、森林资源的消耗与生态平衡之间的矛盾、森林资源周期生长与社会发展对木材需求之间的矛盾等。因此，森林资源的可持续利用不仅与森林资源自身密切相关，还与生态环境、人口总量等诸多因素紧密相连，要解决这个问题就必须将森林资源与各个影响因素综合起来研究。由于森林资源系统的复杂性和影响因素多等特点，传统的数学模型不能反映森林资源系统的特性，可通过构造系统动力学模型对森林资源可持续利用系统进行定性和定量分析。

（二）基于系统动力学的森林资源可持续利用模型构建

1. 系统动力学模型概述

系统动力学是由麻省理工学院的弗雷斯特（Forrester）教授创立的，用来解决较为复杂的结构问题，以反馈控制理论为基础，以计算机仿真技术为手段来研究复杂系统内部结构的一门科学。由于它具有可以用于处理高阶层、非线性等系统问题的特点，近年来被广泛应用于解决传统数学模型无法解决的问题。

2. 建模目的

本节主要通过运用系统动力学的方法将经济、社会、生态等与森林资源可持续利用系统有关的因素综合起来进行分析，并通过分析我国森林资源可持续利用系统的内部运行机制和外部影响因素，构建森林资源可持续利用的系统动力学模

型。建立该模型的目的是找出影响森林资源可持续利用的内部和外部要素，并通过预测经营者不同的森林资源发展战略对经济、社会和生态的影响，帮助决策者做出最佳经营战略。

3. 系统边界

系统边界也就是系统包含的功能与系统不包含的功能之间的界限，只有明确了系统边界才能对系统内部的结构有更深刻的认识。本节把森林资源可持续利用系统分为森林资源子系统、生态环境子系统、社会经济子系统，而其他诸如人口、林业科学技术等影响森林资源可持续利用的因素则作为"辅助系统"。

4. 指标体系构建

在构建前述中的三个子系统和综合模型之前，首先需要针对子系统构建指标体系，森林系统综合模型中的主要指标如表9-6所示。

表9-6　　　　　森林资源可持续利用系统综合模型主要指标

指标代码	指标名称	指标代码	指标名称
hlmxjl	活立木蓄积量	zlmj	造林面积
mccl	木材产量	gdp	GDP
yylmszl	原有林木生长量	rjgdp	人均 GDP
zszl	总生长量	jmxfsp	居民消费水平
slfgl	森林覆盖率	nlcpxq	农林产品需求
sthjzk	生态环境状况	zlgxmj	造林、更新面积
shgzd	社会关注度	lyscnl	林业生产能力
fnlcpxq	非农林产品需求	slzyzxq	森林资源总需求
lyzcz	林业总产值	lycytz	林业产业投资
jjjgctz	基建及工程投资	rjhlmxjl	人均活立木蓄积量
lykxjs	林业科学技术		

5. 森林资源子系统的构建

由于森林资源的增减变化对整个综合系统会产生重要影响，影响整个系统的运行与发展，所以构建该子系统的目的是模拟森林资源自身的变化过程，找出各个变量之间的关系。主要基于以下两点来构建森林资源子系统的因果反馈关系：（1）随着活立木蓄积量的增加，可供使用的木材量也因此增加，但由于受到国家采伐的限额控制，木材产量也因此受到控制。（2）活立木蓄积量不仅受到原有林木生长量的影响，而且还受到新造林生长量的影响，新造林数量越多，活立木蓄积量越大。

森林资源子系统因果反馈关系如图 9 - 3 所示。主要因果反馈回路有两条，一条是 hlmxjl→mccl→hlmxll（负反馈），另一条是 lmxjl→yylmszl→zszl→hlmxjl（正反馈）。

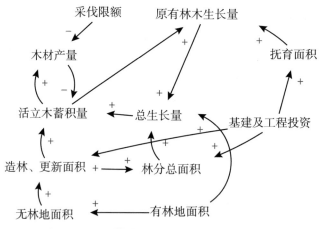

图 9 - 3　森林资源子系统因果反馈关系

从图 9 - 3 可以看出，森林资源蓄积量与社会经济发展之间是同一性和斗争性的关系。一方面，基建、工程的投资和科学技术的进步可以提高森林资源的使用效益，缓解人们对森林资源的过度使用；另一方面，随着社会经济的发展，人们对森林资源的需求量也在逐渐加大，使活立木蓄积量逐渐减少。在森林资源可承载的水平下，森林资源可以满足社会经济发展的需要；但如果人们对森林资源过度使用以致超过了森林资源的承受范围，必然会对森林资源系统造成破坏，影响森林生态系统的平衡。

6. 生态环境子系统的构建

生态环境子系统在整个综合系统中扮演着重要的角色。当生态环境发生变化时，必然会对森林资源的蓄积量产生影响，而生态环境自身的净化能力也必然会影响社会经济系统的发展。而在社会经济的发展过程中，"三废"排放也是不可避免的，当"三废"的排放量在社会生态环境的承载力范围内时，生态环境与社会发展之间是协调可持续的。而当"三废"的排放量超过了社会生态环境允许的范围，社会经济发展与生态环境之间的平衡便会遭到破坏。该子系统的因果反馈关系如图 9 - 4 所示，主要因果反馈回路为：slfgl→sthjzk→shgzd→zlmj→slfgl（负反馈）。

从图 9 - 4 可以看出，随着人口总量的增长和森林资源存量的减少，生态环境不断恶化，主要表现在土地荒漠化严重、物种灭绝速度加快和生物多样性减少等方面。应通过植树造林等方式使造林、更新面积增大，进而提升森林覆盖率，使整个生态系统趋于稳定。

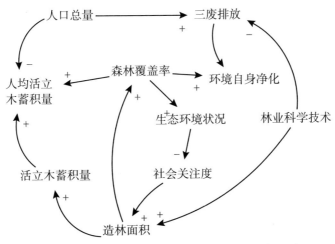

图 9 - 4　生态环境子系统主要因果反馈回路

7. 社会经济子系统的构建

社会经济子系统与生态环境子系统和森林资源总系统之间存在着辩证统一的关系。同一性表现在增加生态子系统和森林资源总系统的投入有利于优化经济发展要素，提高人民生活质量，进而促进经济的发展；斗争性表现在对这种非生产性的投资过大，必然会减少政府对生产性的投资，进而对经济的发展产生影响。该子系统的因果反馈关系如图 9 - 5 所示。主要因果反馈回路为：gdp→rjgdp→jmxfsp→nlcpxq→slzyzxq→zlgxmj→hlmxjl→lyscnl→lyzcz→gdp（正反馈）；gdp→rjgdp→jmxfsp→fnlcpxq→zhly→lyscnl→lyzcz→gdp（正反馈）；gdp→lycytz→lyscnl→lyzcz→gdp（正反馈）。

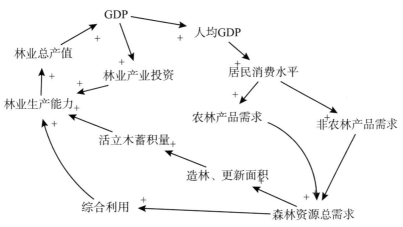

图 9 - 5　社会经济子系统因果关系

从图9-5可以看出：一方面，随着 GDP 的增加，对林业产业的投资增大，林业生产能力也随之增加，进而林业总产值也得到提高；另一方面，随着人们收入水平的提高，居民消费水平也随之提高，单一的农林产品已逐渐不能满足社会发展的需要，人们对诸如森林旅游等非农林产品需求逐渐增加。

8. 森林资源可持续利用系统综合模型的构建

本节将构成森林资源可持续利用系统的三个子系统结合成一个综合模型体系，并对其进行分析。主要因果反馈如图9-6所示，主要因果反馈回路为：

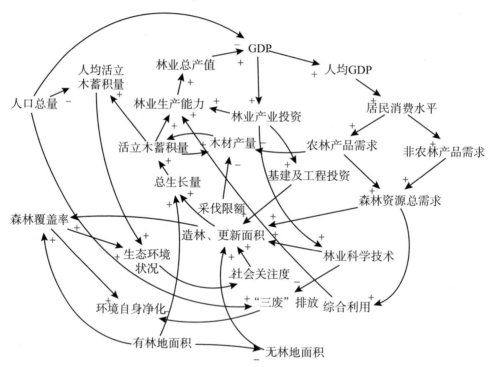

图 9-6   森林资源可持续利用综合系统因果关系

（1）hlmxjl→lyscnl→lyzcz→gdp→rjgdp→jmxfsp→nlcpxq→mccl→hlmxjl（负反馈），该回路反映了社会对森林资源的消耗。当活立木蓄积量增加而导致人均 GDP 增加时，人们的消费水平也会因此随之增加，进而导致人们对森林资源的需求量加大，最终造成森林资源蓄积量减少。

（2）hlmxjl→lyscnl→lyzcz→gdp→lycytz→jjjgctz→zlgxmj→zszl→hlmxjl（正反馈），该回路反映的是森林资源的再生产过程。当活立木蓄积量增加进而导致 GDP 增加后，人们将资金用于林业产业的投资，使新造林面积增加，进而导致森林蓄积量增加。

（3）hlmxjl→rjhlmxjl→sthjzk→shgzd→zlgxmj→zszl→hlmxjl（负反馈），该回

路反映的是生态环境状况对该综合系统的影响程度。当生态环境状况稳定时，生态环境与社会发展是协调可持续的；当生态环境遭到破坏时，会导致活立木蓄积量下降，影响社会的发展。

（4）gdp→lycytz→lykxjs→zlgxmj→zszl→hlmxjl→lyscnl→lyzcz→gdp（正反馈），该回路反映的是经济的发展拉动了林业产业投资，进而带动了林业科学技术的提高，林业生产能力也因此得到加强，进而促进 GDP 进一步增长。

从图 9-6 可以看出，随着社会经济的发展，农林和非农林产品的需求逐渐增加，林业投资也随之增加，并拉动林业总产值的增长；与此同时，森林资源又通过生产的过程使森林蓄积量增加，并为全社会提供充足的木材产量，而森林资源的增减变化，会对生态环境产生影响。生态环境的稳定是森林资源可持续利用的前提，对人类使用森林资源的程度形成约束，有助于提高森林资源利用效率，促进社会经济平稳健康发展。

四、森林资源可持续利用定量研究

（一）我国森林资源可持续利用多目标优化模型设计

鉴于复杂系统的整体性问题，本节建立三层次模型体系，分为目标规划层、子系统间关系层和子系统内部层。内部层主要由预测模型和优化模型构成，其中预测模型主要包括森林资源预测模型、经济发展预测模型、生态环境预测模型，优化模型则主要包括劳动力分配、森林资源结构、林业产业结构等模型。内部层主要是用数学语言描述系统内部的要素，并为关系层和大系统集成层提供外部参数。关系层主要包括子系统承载力模型和系统间关联模型，子系统承载力模型的作用主要是在森林环境资源约束条件下设定优化目标，关联模型则主要用来反映子系统之间的关联关系。目标规划层主要是用大系统模型构造系统的综合集成模型。

（二）我国森林资源可持续利用多目标优化模型构建

我国森林资源可持续利用多目标问题可以用下式表达：

$$\max\{f^1(x),f^2(x),f^3(x)\}$$
$$\text{s. t. } g^j(x)\leqslant(\geqslant,\ =)b^j$$
$$x\geqslant 0 \tag{9.37}$$

其中，$f^1(x)$ 为森林资源子系统的目标函数，$f^2(x)$ 为生态环境子系统的目标函数，$f^3(x)$ 为社会经济子系统的目标函数；$g_j(x)$ 和 $b^j(x)(j=1, 2, 3)$ 分别为第 j 个子系统的约束函数向量。而就我国国情来讲，社会经济发展摆在首要位置，所以在对我国森林资源可持续发展进行定量研究时，应将社会经济发展作为研究的首要目标，而将森林资源蓄积量和生态环境效益作为"硬目标"，式 (9.37) 可以转化为：

$$\max f^1(x)$$
$$\text{s. t. } g^j(x) \leqslant (\geqslant, =) b^j, j=1, 2, 3$$
$$f^2(x) \geqslant c^2; f^3(x) \geqslant c^3$$
$$x \geqslant 0 \tag{9.38}$$

其中，c^2 和 c^3 分别为 f^2 和 f^3 的 ε – 约束界限向量。

（三）我国森林资源可持续利用分解—协调模型的构建

对于一个复杂系统的多目标问题，模型求解时易存在诸多问题，本节主要通过建立分解—协调模型来解决。根据我国的实际情况，将森林资源子系统划分为森林营造子系统、林木种苗子系统，经济子系统主要是林产工业子系统，而环境子系统则是通过其他两个系统对其的影响来表现。因此，根据森林资源可持续利用系统的整体结构，可分为林木种苗子系统 S_1、森林营造子系统 S_2 和林产工业子系统 S_3，其中，S_2 又可以根据我国的地理情况划分为 m 个子系统，这样整个复合系统一共可分为 $N = m + 2$ 个子系统，编号分别为：$j = 1, \cdots, m, m + 1, m + 2 = N$，其中，$j = 1$ 属于子系统 S_1；$j = 2, \cdots, m + 1$ 属于子系统 S_2；$j = m + 2 = N$ 属于子系统 S_3。由此可以将该系统模型的决策变量设定为 $x = [x^{S_1 T}, x^{S_2 T}, x^{S_3 T}]$。其中，$x^{S_1} = x^1 = [x_1^1, x_2^1, \cdots x_\alpha^1]^T$ 为子系统 S_1 的结构向量。x_i^1 表示第 i 个树种 $(i = 1, 2, \cdots \alpha)$ 的苗木年产量。$x^{S_2} = [x^{2T}, x^{3T}, \cdots, x^{(m+1)T}]^T$，$x^j = [x_{1k}^j, x_{2k}^j, \cdots, x_{\beta k}^j]^T (j = 2, \cdots, m + 1; k = 1, \cdots, \alpha)$ 为子系统 S_2 的结构向量，x_{ik}^j 表示第 $j - 1$ 个地区 $(j = 2, \cdots, m + 1)$ 的第 i 个林种的第 k 个树种的林地面积。$x^{S_1} = x^{m+2} = x^N = [x_1^N, x_2^N, x_\gamma^N]^T$ 为子系统 S_3 的结构变量。x_i^N 为第 i 种林产品的年产量。

1. 目标函数模型

我国森林资源可持续系统优化模型的目标函数为：

$$f(x) = [J^1(x), J^j(x), \cdots, J^N(x)] \tag{9.39}$$

其中，$J^1(x)$，$J^j(x)(j = 2, \cdots, m + 1)$ 和 $J^N(x)$ 分别为子系统 S_1，S_2，S_3 的目标函数，反映各个子系统的年利润额，因此我国森林资源可持续系统多目标优化模型可以转化为如下单目标形式：

$$\max J(x) = \sum_{j=1}^N J^j(x^j) = \sum_{i=1}^\alpha C_i^{1T} x_i^1 + \sum_{j=2}^{m+1} \sum_{i=1}^\beta \sum_{k=1}^\alpha C_{ik}^{jT} x_{ik}^j + \sum_{k=1}^\gamma C_i^{NT} x_k^N \tag{9.40}$$

其中，C_i^1、C_{ik}^j 和 C_i^N 分别为子系统 S_1，S_2，S_3 的利润率向量。

2. 约束条件模型

（1）子系统 S_1 的约束模型如下：

$$\begin{cases} \sum_{i=1}^{\alpha} a_i^1 x_i^1 \leqslant b_a^1 = z_i^1 \\ \sum_{i=1}^{\alpha} f_i^1 x_i^1 \leqslant b_f^1 \\ x_i^1 = 0（表示无第 i 个树种的苗木产品） \end{cases} \tag{9.41}$$

其中，$a_i^1(i = 1，\cdots，\alpha)$ 和 $f_i^1(1，\cdots，\alpha)$ 分别为面积系数和资金投入系数；b_a^1 和 b_f^1 表示林木种苗面积和年资金投入的约束临界值；z_i^1 代表子系统间的关联变量。

（2）子系统 S_2 的约束模型如下：

$$b_{ikL} \leqslant x_{ik}^j \leqslant b_{ikH}^j，i = 1，\cdots，\beta；k = 1，\cdots，\alpha；j = 2，\cdots，m+1$$

$$x_{ik}^j = 0（表示第 j-1 个地区没有第 i 个林种的第 k 个树种）$$

$$\sum_{i=1}^{\beta} \sum_{k=1}^{\alpha} x_{ik}^j \leqslant b_a^j，k = 1，\cdots，\alpha；j = 2，\cdots，m+1$$

$$\sum_{i=1}^{\beta} \sum_{k=1}^{\alpha} f_{ik}^j x_{ik}^j \leqslant b_f^j，k = 1，\cdots，\alpha；j = 2，\cdots，m+1$$

$$\sum_{i=1}^{\beta} \sum_{k=1}^{\alpha} w_{ik}^j x_{ik}^j \leqslant b_f^j，k = 1，\cdots，\alpha；j = 2，\cdots，m+1$$

$$s_{ik}^j x_{ik}^j \leqslant b_{sik}^j = z_{ik}^j + e_{ik}^j，i = 1，\cdots，\beta；k = 1，\cdots，\alpha；j = 2，\cdots，m+1$$

$$\tag{9.42}$$

其中，b_{ik}^j 和 b_{ikH}^j 分别为林地面积的下限和上限的约束值；b_a^j 为第 $j-1$ 个地区林地总面积的约束临界值；f_{ik}^j，w_{ik}^j 和 s_{ik}^j 分别代表资金投入系数、劳动力系数和苗木需要量系数；b_f^j，b_w^j 和 b_{sik}^j 分别为每年营林投入、林业劳动力和苗木供应量的约束界限值；z_{ik}^j 为本区域内苗木供应关联变量；e_{ik}^j 为苗木的净外购量的估计值。

（3）子系统 S_3 的约束模型如下：

$$b_{kL}^N \leqslant x \leqslant b_{kN}^N，k = 1，\cdots，\gamma$$

$$\sum_{k=1}^{\gamma} f_k^N x_k^N \leqslant b_{kH}^N$$

$$\sum_{k=1}^{\gamma} w_k^N x_k^N \leqslant b_w^N$$

$$\sum_{k=1}^{\gamma} s_{ik}^N x_k^N \leqslant b_{si}^N = z_i^N + e_i^N，i = 1，\cdots，\beta \tag{9.43}$$

其中，b_{kL}^N 和 b_{kH}^N 分别代表林产品产量的上下限约束临界值，f_k^N 和 b_f^N 分别代表资金投入系数和年收入约束临界值；w_k^N和b_w^N分别代表劳动力系数和劳动力约束临界值；s_{ik}^N和b_{si}^N分别代表木材的消耗量系数和木材供应量约束临界值；z_i^N为木材供应的关联变量；e_i^N为木材原料的净外购量的估计值。

3. 关联模型

子系统S_1与S_2的关联模型，子系统S_2和S_3的关联模型如下所示：

$$z_1^1 = S - \sum_{j=1}^{m+1} \sum_{i=1}^{\beta} \sum_{k=1}^{\alpha} x_{ik}^j$$

$$z_i^j = \sum_{k=1}^{\alpha} x_{ik}^1 - \sum_{\substack{i=2 \\ i \neq j}}^{m+1} \sum_{k=1}^{\alpha} s_{ik}^i x_{ik}^i = \sum_{\substack{i=2 \\ i \neq j}}^{m+1} \sum_{k=1}^{\alpha} h_{ik}^{ji} x_{ik}^i, \ i = 1, \cdots, \alpha, \ j = 2, \cdots, m+1$$

$$z_i^N = \sum_{j=2}^{m+1} \sum_{k=1}^{\alpha} g_{ik}^j x_{ik}^i, \ i = 1, \cdots, \alpha \qquad (9.44)$$

其中，S为林业用地面积，h_{ik}^{ji}为关联系数，g_{ik}^j为采伐量系数。

4. 模型的矩阵表示形式

将我国森林资源可持续利用多目标优化问题整合成如下矩阵形式：

$$\max J(x) = \sum_{j=1}^{N} J^j(x^j) = \sum_{j=1}^{N} C^{jT} x^j, \ j = 1, \cdots, N$$

$$\text{s.t.} \ A^j x^j \leqslant B^j, \ j = 1, \cdots, N$$

$$B^j = D^j z^j + E^j, \ j = 1, \cdots, N$$

$$z^j = \sum_{i=1}^{N} H^{ji} x^i + S^j, \ j = 1, \cdots, N$$

$$x \geqslant 0 \qquad (9.45)$$

其中，c^j代表利润率向量，A^j表示子系统j的约束矩阵，B_j代表约束界限向量，z^j代表关联向量，D_j代表资源供应约束矩阵，H_{ji}为关联矩阵，E^j、S^j为常数向量。

（四）我国森林资源可持续利用多目标优化模型求解

为求解我国森林资源可持续利用多目标优化模型，在此需要使用分解—协调算法，而仅仅考虑关联模型的 lagrange 泛函为：

$$L(x, z, \lambda) = \sum_{j=1}^{N} \left[C^{jT} x^j + \lambda^{jT} \left(z^j - \sum_{i=1}^{N} H^{ji} x^i - S^j \right) \right] \qquad (9.46)$$

其中，$\lambda = [\lambda^{1T}, \cdots, \lambda^{NT}]^T$为 lagrange 乘子向量；$z = [z^{1T}, \cdots, z^{NT}]^T$，$z^{1T} = z_1^1 z^{jT} = [z_1^j, \cdots, z_\beta^j] (j = 1, \cdots, N)$ 利用和号变换，可得下式：

$$L(x, z, \lambda) = \sum_{j=1}^{N} \left[C^{jT} x^j + \lambda^{jT} (z^j - S^j) \right] - \sum_{i=1}^{N} \sum_{i=1}^{N} \lambda^{jT} H^{ji} x^i \qquad (9.47)$$

由此可将模型分解为 N 个子问题 $(j = 1, 2, \cdots N)$：

$$
\begin{cases}
\sum_{j=1}^{N} \left[C^{jT} x^j + \lambda^{jT} (z^j - S^j) \right] - \sum_{i=1}^{N} \sum_{i=1}^{N} \lambda^{jT} H^{ji} x^i = \sum_{j=1}^{N} L^j (x^j, z^j, \lambda) \\
\max L^j (x^j, z^j, \lambda) = \left(C^{jT} - \sum_{i=1}^{N} \lambda^{jT} H^{ji} \right) x^i + \lambda^{jT} (z^{jT} - S^j) \\
s.t.\ A^j x^j \leqslant B^j = D^j z^j + E^j ;\ \lambda\ 由协调级决定
\end{cases}
\tag{9.48}
$$

根据 Lagrage 对偶原则，协调级为：

$$
\min_{\lambda} \varphi(\lambda) = \min_{\lambda} \left[\max_{x, z} L(x, z, \lambda);\ s.t.\ A^j x^j \leqslant B^j,\ B^j = D^j z^j + E^j (j = 1, 2, \cdots, N) \right]
$$
$$
= \min_{\lambda} L^* (\lambda)
\tag{9.49}
$$

按照上式便可求解出模型的最优解。本节主要运用以下几种方法对未知参数进行估计：（1）根据历史数据对模型中的各个参数进行估计；（2）通过模型中各个变量之间的关联对模型中的参数进行估计；（3）通过相关的专业性知识确定模型的参数。

基于上述公式求解优化结果，如表 9 - 7 所示。

表 9 - 7　　　　我国森林资源可持续利用多目标优化结果

决策变量	初值	优化值	比较
苗木（亿株）	542.2	1 008	1.85
用材林（万公顷）	1 503.3	2 265	1.50
经济林（万公顷）	1 610.2	2 730	1.70
竹林（万公顷）	210.3	334	1.59
公益林（万公顷）	1 980.4	2 687	1.36
人造板（万立方米）	28 680	37 880	1.32
纸浆（万吨）	7 925	9 916	1.25
目标值（亿元）	6 525.4		

根据表 9 - 7 中的优化结果可以得到，我国在不超过森林资源承载力和环境承载力的情况下，能实现 6 525.4 亿元的利润额，其中苗木数量平均增长了 1.85 倍，用材林增长了 1.50 倍，经济林增长了 1.70 倍。用材林中增长最快的是杨树，说明以杨树为核心的树种对我国经济发展具有重要作用，且有些树种的面积变化较小，说明森林资源出现了过度使用的现象。另外，竹林、公益林的增长速度也相当可观，分别增长了 1.59 倍和 1.36 倍，为我国经济的发展注入了新的力量。

（五）案例：吉林省森林资源可持续利用方案研究

本节以吉林省为研究对象，从经济效益和生态效益的可持续利用角度出发，探讨森林资源可持续利用的方案设计。

由表 9-8 可知，2007~2015 年，林业用地以及森林面积均增长了 40 万公顷以上。同时，森林的蓄积量和活立木的总蓄积也增加了 1 亿立方米左右，森林的重要性越来越受到大家的关注，人工林面积也得到了小幅增长。虽然全省的森林覆盖率不大，但总体呈上涨趋势，可见吉林省森林资源的发展取得了一定的进步。

表 9-8　　　　　　　　　吉林省各年森林资源情况

年份	林业用地面积（万公顷）	森林面积（万公顷）	活立木总蓄积（亿立方米）	人工林面积（万公顷）	森林蓄积量（亿立方米）	森林覆盖率（%）
2007	805.57	720.12	8.54	148.22	8.16	38.1
2011	856.19	763.87	9.65	160.56	9.23	40.4
2015	856.19	763.87	9.65	160.56	9.23	40.4

资料来源：《中国林业和草原统计年鉴》（原《中国林业年鉴》，自 2019 年起更名）。

从经济效益方面来看，经济效益的提高并不只是森林单方面的提高，更多的是森林资源促使周边产业经济的提高。基于种植业、养殖业、林业、野生动物保护以及森林旅游业等研究林业产业，并以林业产业的增加值代表林业产业发展的快慢，结合刘铁铎（2015）的实证研究可以得出以下结论：第一，吉林省林业产业的快速发展不仅对全省 GDP 产生影响，也对整个国家的经济发展及国民经济产生重大的影响。林业属于第一产业，森林旅游业属于第三产业，林业产业的发展不仅可以带动养殖业、畜牧业、种植业等发展，也可以通过影响第一产业和第三产业的比重，间接影响产业结构的比重，从而发挥完善内部结构比例，促进经济发展的作用。此外，林业产业并不是单一的个体，它与其他产业相互依存，相互发展，比较典型的是林业和森林旅游业。第二，根据吉林省相关数据的研究，可以发现吉林省的林业和森林旅游业发展并不成熟，两者与全省国民经济发展之间的相互影响和相互拉动也都没有达到平均水平，说明吉林的森林资源发展还有待进一步加强。

本节以吉林省为例，探讨森林资源可持续利用问题。除了上面提到的生态效益和经济效益之外，吉林省森林资源的可持续利用存在一定的不足，现结合相关经验及有关学者的研究提出以下几个方面的建议：第一，森林资源的保护与发展并不单单是政府和国家的责任，更是每一位居民的责任，森林资源所带来的效益也将直接影响每一位居民的利益，但是目前广大人民普遍缺乏对森林的保护意识，吉林省应该加大对森林重要性的宣传力度，加强关于保护森林的教育模式，力争做到人人爱森林，人人护森林。第二，优化产业结构，着重培养林业和森林旅游业。吉林省作为拥有丰富森林资源和众多旅游景点的城市，应该发挥自身优势促进经济发展，并带动旅游景区周边的群众富裕起来，激发人们对森林保护的意识，使人们认识到森林不仅能够改变生存环境，更能带动经济发展。第三，由于前期为了发展经济而以伤害森林资源为代价的副作用还远远未消除，吉林省在进行绿色发展的同时，可以选择适合的地点进行植树造林，弥补前期对大自然和生态系统造成的损害。此外随着高科技的发展，吉林省在进行森林资源可持续利用的同时，也可以结合相关高新技术或者发明成果，对森林资源进行更好的保护和维持，以期实现人与自然和谐共处，促使全省的森林资源达到稳定的水平，为吉林省创造更多的经济财富和生态财富，为东北乃至东北亚地区稳定的生态环境贡献力量。

第二节 森林生产情况分析

本节主要关注森林资源的生产情况。首先在梳理森林生产力内涵的基础上，分析林业经济投入产出情况及林业经济发展影响因素；其次，分析林业生产要素配置情况及林业生产动态变化，测算林业生产要素配置效率；再次，利用 Tobit 模型分析林业投入产出效率，并测算生产技术效率；最后提出相应的政策建议。

一、森林生产力分析

（一）森林生产力内涵

森林生产力有广义和狭义两种定义：广义定义为森林提供物质产品和经济效益的能力，如物质产品（木材、食品）、生态产品（微生物、空气净化作用）和文化产品等；狭义则只定义为森林提供木材的能力（周洁敏等，2011）。

森林资源具有经营周期长、可培育性强的特点，会在人为和自然的双重干扰下呈现动态变化，人类可以在森林自然生长的基础上对森林进行改造，提高森林生产力，强化其提供产品的能力。森林生产力可以区分为现实森林生产力和期望森林生产力。现实森林生产力是通过森林资源的真实现状，对其做出包括资源总量、生产条件以及经营强度等方面的生产力评价；期望森林生产力是理论上的、人类可以通过科学技术改造手段、植树造林手段以及集约经营强度提高来达到的未来森林生产力。

在现实测量和评估中，由于测量必备的立地指数表和森林收获量的制表工程复杂、测量工作量大，而以林作为单位评估森林生产力经常因为面积较大，动态变化大难以开展，因此一般森林生产力的测量都是根据不同的指标和方法划分为面积不同的区域进行测量和评估的，这种方法得出的森林生产力被称为区域森林生产力。

（二）林业生产要素时空分布特征

分析林业生产要素的时空分布特征，首先要确定林业产出的生产要素指标。本节确定国内林业经济投入要素主要有劳动力、资本以及土地要素，其中劳动力要素投入用各省林业系统年末人数（人）来衡量，资本要素投入用各省林业投资完成情况来表示，土地要素投入用各省的林业面积（万平方公里）来衡量。为分析林业生产要素的时空分布特征，需要对每个生产要素进行空间相关性检验。

1. 劳动力要素投入的时空分布特征

首先对劳动力要素的全局空间相关性进行检验，采用相邻矩阵及距离矩阵进行分析，具体分析结果如表 9－9 所示。

表 9－9　　　　　　劳动力要素投入的全局空间相关性检验

年份	相邻矩阵		地理距离矩阵	
	莫兰指数（I）	吉尔里指数（C）	莫兰指数（I）	吉尔里指数（C）
2006	0.199 ** (1.974)	0.657 *** (−2.438)	−0.166 *** (−2.468)	1.131 *** (2.468)
2007	0.192 ** (1.914)	0.673 *** (−2.339)	−0.162 *** (−2.380)	1.126 *** (2.375)
2008	0.181 ** (1.830)	0.675 ** (−2.298)	−0.165 *** (−2.448)	1.129 *** (2.439)
2009	0.221 ** (2.157)	0.650 *** (−2.503)	−0.164 *** (−2.427)	1.128 *** (2.403)

续表

年份	相邻矩阵		地理距离矩阵	
	莫兰指数（I）	吉尔里指数（C）	莫兰指数（I）	吉尔里指数（C）
2010	0.227 ** (2.229)	0.631 *** (−2.590)	−0.170 *** (−2.557)	1.133 *** (2.518)
2011	0.251 *** (2.429)	0.613 *** (−2.722)	−0.155 ** (−2.265)	1.118 ** (2.237)
2012	0.245 *** (2.412)	0.613 *** (−2.649)	−0.173 *** (−2.641)	1.136 *** (2.601)
2013	0.301 *** (2.860)	0.586 *** (−2.903)	−0.164 *** (−2.452)	1.128 *** (2.426)
2014	0.258 *** (2.477)	0.610 *** (−2.770)	−0.151 ** (−2.183)	1.116 ** (2.185)
2015	0.298 *** (2.815)	0.596 *** (−2.883)	−0.156 ** (−2.281)	1.121 ** (2.276)

注：*** 、** 、* 分别代表在1%、5%、10%水平上显著；括号内的值为 t 统计量。

2006～2015 年，基于相邻矩阵计算的我国劳动力要素的莫兰指数值均大于0，吉尔里指数值都小于1，且通过了显著性检验；基于地理距离矩阵计算的我国劳动力要素的莫兰指数值大于 −1 小于0，吉尔里指数值大于1，且通过了显著性检验，表明我国劳动力要素呈现出显著的集聚现象，劳动力要素存在明显的空间自相关。

在全局的空间相关性的基础上对劳动力要素运用莫兰散点图检验劳动力要素的空间差异性，由于篇幅限制，仅给出 2006 年及 2015 年的莫兰散点图（见图 9－7）。

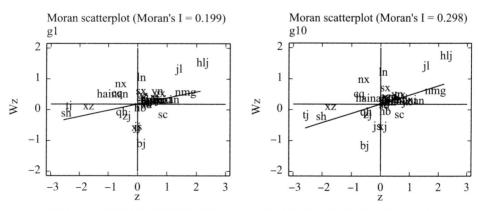

图 9－7 2006 年莫兰散点图（左）与 2015 年莫兰散点图（右）

由图 9 - 7 可知，劳动力要素投入的空间分布很不平衡，在整体上呈现集聚态势。从 2006 年和 2015 年劳动力要素投入的莫兰散点图中可以看出，我国大部分省份主要呈现出高高集聚态势。

2. 资本要素投入的时空分布特征

采用相邻矩阵和经济距离矩阵对资本要素的全局空间相关性进行检验及分析，结果如表 9 - 10 所示。

表 9 - 10 资本要素的全局空间相关性检验

年份	相邻矩阵		经济距离矩阵	
	莫兰指数（I）	吉尔里指数（C）	莫兰指数（I）	吉尔里指数（C）
2006	0.058 （0.770）	0.891 （- 0.791）	0.087 * （1.316）	0.900 （- 1.065）
2007	0.202 ** （1.949）	0.804 * （- 1.499）	0.063 （1.026）	0.945 （- 0.582）
2008	0.187 ** （1.812）	0.773 ** （- 1.758）	0.018 （0.545）	0.954 （- 0.486）
2009	0.168 ** （1.660）	0.750 ** （- 1.907）	0.047 （0.859）	0.909 （- 0.967）
2010	0.192 ** （1.870）	0.739 ** （- 1.972）	0.031 （0.690）	0.907 （- 0.992）
2011	- 0.018 （0.129）	0.830 （- 1.256）	0.142 ** （1.891）	0.801 ** （- 2.121）
2012	- 0.063 （- 0.250）	0.878 （- 0.898）	0.131 ** （1.786）	0.797 ** （- 2.152）
2013	- 0.095 （- 0.513）	0.916 （- 0.624）	0.161 ** （2.103）	0.773 *** （- 2.411）
2014	- 0.075 （- 0.350）	0.899 （- 0.747）	0.217 *** （2.712）	0.719 *** （- 2.984）
2015	- 0.065 （- 0.265）	0.882 （- 0.853）	0.171 ** （2.227）	0.756 *** （- 2.586）

注：***、**、* 分别代表在 1%、5%、10% 水平上显著；括号内的值为 t 统计量。

2006～2015 年，相邻矩阵上的结果显示，我国资本要素的莫兰指数值在2010 年之前大于 0，在 2010 年之后小于 0，而吉尔里指数值均小于 1，但资本要素的指数部分通过了 10% 的显著性检验；基于经济距离矩阵计算的资本生产要素的莫兰指数值大于 0，吉尔里指数值大于 1，且部分通过了显著性检验，表明我国资本要素呈现出集聚现象，资本要素存在显著的空间自相关性。

进一步检验资本要素的局部空间相关性，对资本要素运用莫兰散点图检验其空间差异性，鉴于篇幅的限制，仅给出 2006 年和 2015 年的莫兰散点图（见图 9 - 8）。

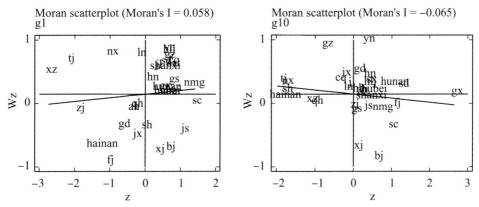

图 9 - 8　2006 年莫兰散点图（左）与 2015 年莫兰散点图（右）

由图 9 - 8 可知，资本投入要素的空间分布很不平衡，在整体上呈现集聚态势，从 2006 年和 2015 年资本投入要素的莫兰散点图中可以看出，我国大部分省份呈现出高高集聚的态势。

3. 土地要素投入的时空分布特征

采用相邻矩阵及距离矩阵分别检验土地要素的全局空间相关性，具体分析结果如表 9 - 11 所示。

表 9 - 11　　　　　　　　土地要素的全局空间相关性检验

年份	相邻矩阵		地理距离矩阵	
	莫兰指数（I）	吉尔里指数（C）	莫兰指数（I）	吉尔里指数（C）
2006	0.276 *** (2.801)	0.577 *** （ - 2.676）	- 0.121 ** （ - 1.728）	1.083 * (1.631)
2007	0.276 *** (2.801)	0.577 *** （ - 2.676）	- 0.121 ** （ - 1.728）	1.083 * (1.631)

续表

年份	相邻矩阵		地理距离矩阵	
	莫兰指数（I）	吉尔里指数（C）	莫兰指数（I）	吉尔里指数（C）
2008	0.276*** (2.801)	0.577*** (−2.676)	−0.121** (−1.728)	1.083* (1.631)
2009	0.307*** (3.007)	0.554*** (−2.940)	−0.120** (−1.674)	1.084* (1.631)
2010	0.307*** (3.007)	0.554*** (−2.940)	−0.120** (−1.674)	1.084* (1.631)
2011	0.307*** (3.007)	0.554*** (−2.940)	−0.120** (−1.674)	1.084* (1.631)
2012	0.307*** (3.007)	0.554*** (−2.940)	−0.120** (−1.674)	1.084* (1.631)
2013	0.307*** (3.007)	0.554*** (−2.940)	−0.120** (−1.674)	1.084* (1.631)
2014	0.307*** (3.007)	0.554*** (−2.940)	−0.120** (−1.674)	1.084* (1.631)
2015	0.307*** (3.007)	0.554*** (−2.940)	−0.120** (−1.674)	1.084* (1.631)

注：***、**、*分别代表在1%、5%、10%水平上显著；括号内的值为t统计量。

从表9-11可以看出，基于相邻矩阵计算的空间相关性结果表明，我国土地要素的莫兰指数值大于0，吉尔里指数值都小于1，且对土地要素值的检验均呈现显著性；基于地理距离矩阵计算的我国土地要素的莫兰指数值小于0，吉尔里指数值大于1，通过显著性检验，表明我国土地要素存在空间相关性。

进一步检验土地要素的局部空间相关性。运用土地要素的莫兰散点图检验资本要素的空间差异性，鉴于篇幅的限制，仅给出2006年及2015年的莫兰散点图（见图9-9）。

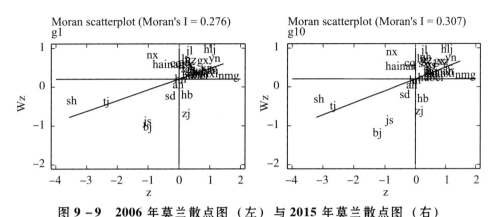

图 9 - 9　2006 年莫兰散点图（左）与 2015 年莫兰散点图（右）

由图 9 - 9 可知，土地要素投入的空间分布很不平衡，整体上呈现集聚态势，从 2006 年和 2015 年土地要素投入的莫兰散点图可以看出，我国大部分省份呈现出高高集聚态势。全国这种集聚态势再次说明林业产出及其投入要素存在一定的空间效应，因此研究林业产出与投入关系时，不能忽视其空间相关性，说明建立空间计量模型是十分必要的。

被解释变量是林业产出，用林业总产值（$\ln out$）来衡量；解释变量选取劳动力要素（$\ln L$）、资本要素（$\ln K$）、土地要素（$\ln T$）以及技术进步（$\ln A$），分别用各省林业系统年末人数（人）、各省林业投资完成情况、各省的林业面积（万平方公里）以及林业系统第一产业中的林业（仅指营林）产值来衡量。[①]

空间计量模型经过长时间的发展，已经形成了多种拓展和改进模型。目前，文献中较为常用的有空间滞后模型、空间误差模型和空间杜宾模型。其中，空间滞后模型考虑了因变量的空间相关性，空间误差模型考虑自变量的空间相关性，空间杜宾模型则同时考虑了自变量和因变量的空间相关性。空间杜宾模型是空间滞后模型、空间误差模型的一般形式，因此选择运用空间杜宾模型来实证分析，其模型一般形式为：

$$Y = \rho WY + X\beta + \theta WX + \alpha l_n + \varepsilon \qquad (9.50)$$

其中，ρ 代表空间滞后系数，W 代表空间权重矩阵，WX、WY 代表空间滞后项，从表达形式可以看出它们是与空间权重矩阵的交乘项，β 和 θ 表示回归系数，α 代表截距项，l_n 是一个 $n \times 1$ 阶单位矩阵，ε 表示误差项。

空间杜宾模型可以同时考虑解释变量和被解释变量的空间滞后性。解释变量的变化不仅影响本地区因变量，也会间接影响其他地区的因变量，虽然滞后项系数估计的显著程度显著有效，但其数值大小不能完美表示自变量对因变量的影

---

① 　数据主要源于 2007 ~ 2016 年的《中国统计年鉴》和《中国林业统计年鉴》。

响，因此需将其检验值分为直接效应、间接效应以及总效应。本节参考萨热
（Lesage，2008）对于空间滞后模型的分解方法，将空间杜宾模型的总效应分解
为直接效应和间接效应[①]，具体分解过程为：

$$Y = (1 - \rho W)^{-1} \alpha l_n + (1 - \rho W)^{-1}(X_t \beta + W X_t \theta) + (1 - \rho W)^{-1} \varepsilon \quad (9.51)$$

进一步转换可以得到：

$$Y = \sum_{r=1}^{k} S_r(W) x_r + V(W) l_n \alpha + V(W) \varepsilon \quad (9.52)$$

其中，$S_r(W) = V(W)(I_n \beta + W \theta_r)$，$V(W) = (I_n - \rho W)^{-1}$，$I_n$ 是 n 阶单位矩阵。将上式转换成矩阵形式，得到：

$$\begin{bmatrix} y_1 \\ y_2 \\ \vdots \\ y_n \end{bmatrix} = \sum_{r=1}^{k} \begin{bmatrix} S_r(W)_{11} & S_r(W)_{12} & \cdots & S_r(W)_{1n} \\ S_r(W)_{21} & S_r(W)_{22} & \cdots & S_r(W)_{2n} \\ \cdots & \cdots & \ddots & \cdots \\ S_r(W)_{n1} & \cdots & \vdots & S_r(W)_{nn} \end{bmatrix} \begin{bmatrix} x_{1r} \\ x_{2r} \\ \vdots \\ x_{nr} \end{bmatrix} + V(W)\varepsilon \quad (9.53)$$

总效应（ATI）、直接效应（ADI）和间接效应（AII）分别等于：

$$ATI = n^{-1} I_n S_r(W)_{I_n} \quad (9.54)$$

$$ADI = n^{-1} tr(S_r(W)) \quad (9.55)$$

$$AII = ATI - ADI \quad (9.56)$$

本节主要考察投入要素对林业产出的影响，地区间的溢出效应是主要研究的
对象，其相互作用不可忽视，因此构建空间面板杜宾模型，为消除量纲的影响，
对数据进行对数处理，具体模型如下：

$$\ln out = \lambda_0 + \lambda_1 \ln K_{it} + \lambda_2 \ln L_{it} + \lambda_3 \ln T_{it} + \lambda_4 \ln A_{it} + \lambda_5 W \ln K_{it}$$
$$+ \lambda_6 W \ln L_{it} + \lambda_7 W \ln T_{it} + \lambda_8 W \ln A_{it} + \varepsilon_{it} \quad (9.57)$$

其中，变量前面加上 W 表示某个变量的空间滞后项，ε 表示随机扰动项。

投入要素贡献率的测算可以采用柯布—道格拉斯生产函数进行推导。柯布—
道格拉斯生产函数最初的基本形式为：

$$Y_{it} = A_{it} K_{it}^{\alpha} L_{it}^{\beta} T_{it}^{\theta} \quad (9.58)$$

其中 Y 表示产出，A 表示技术进步，K 表示资本要素投入，L 表示劳动要素
投入，T 表示土地要素投入，且生产函数的规模收益不变，即 $\alpha + \beta + \theta = 1$。

对柯布—道格拉斯生产函数进行对数处理，可得：

$$\ln Y_{it} = \ln A_{it} + \alpha \ln K_{it} + \beta \ln L_{it} + \theta \ln T_{it} \quad (9.59)$$

其中，α 表示资本产出的弹性系数，β 表示劳动产出的弹性系数，θ 表示土

---

① 直接效应是指自变量对本地区因变量的影响，加上自变量通过空间滞后项对其他地区因变量的影响，再作用于本地区因变量的作用力。间接效应是指其他地区自变量对本地区因变量的总影响。总效应是指综合考虑空间因素后，自变量对因变量的总影响。

自然资源管理体制研究

地产出的弹性系数。生产函数的规模收益不变性质表明，$\beta = 1 - \alpha - \theta$，代入式（9.59）中可得：

$$\ln Y_{it} = \ln A_{it} + \alpha\ln K_{it} + (1 - \alpha - \theta)\ln L_{it} + \theta\ln T_{it} \tag{9.60}$$

移项可得：$\ln Y_{it} - \ln L_{it} = \ln A_{it} + \alpha(\ln K_{it} - \ln L_{it}) + \theta(\ln T_{it} - \ln L_{it})$

整理得：$\ln Y_{it}/L_{it} = \ln A_{it} + \alpha\ln K_{it}/L_{it} + \theta\ln T_{it}/L_{it}$

求导可得：

$$\frac{\Delta A_{it}}{A_{it}} = \frac{\Delta Y_{it}}{Y_{it}} - \alpha\frac{\Delta K_{it}}{K_{it}} - \beta\frac{\Delta L_{it}}{L_{it}} - \theta\frac{\Delta T_{it}}{T_{it}} \tag{9.61}$$

令 $a = \dfrac{\Delta A_{it}}{A_{it}}$，$k = \dfrac{\Delta K_{it}}{K_{it}}$，$l = \dfrac{\Delta L_{it}}{L_{it}}$，$y = \dfrac{\Delta Y_{it}}{Y_{it}}$，$t = \dfrac{\Delta T_{it}}{T_{it}}$

可得：

$$a = y - \alpha k - \beta l - \theta t \tag{9.62}$$

式（9.62）移项并两边同时除以 y，可得：

$$\frac{a}{y} + \alpha\frac{k}{y} + \beta\frac{l}{y} + \theta\frac{t}{y} = 1 \tag{9.63}$$

其中，$\rho_a = \dfrac{a}{y}$，$\rho_k = \dfrac{\alpha k}{y}$，$\rho_l = \dfrac{\beta l}{y}$，$\rho_t = \dfrac{\theta t}{y}$ 分别表示技术进步、资本要素、劳动要素以及土地要素对产出的贡献率。

表 9-12 表示林业投入要素对林业产出的影响。由空间自相关系数（*rho*）可以看出，值均大于 0 且通过了相关性检验，说明我国投入要素与林业产出存在显著的空间相关性。由 *hausman* 值可以看出，模型接受随机效应的原假设，采用随机效应进行分析，除了资本要素之外，劳动力要素、土地要素及技术进步对我国林业产出起到了显著作用。鉴于空间杜宾模型分解效应的存在性，采用总效应系数值对产出贡献率进行衡量，弹性系数可以从相对量的角度反映投入要素对于林业产出的重要程度。在影响林业产出的四大要素中，土地要素的产出弹性最大，但是却为负值，说明劳动力投入每增加 1%，林业产出反而下降了 0.399%，表明林业产出处于劳动边际报酬递减阶段。技术进步及资本要素对于林业产出的影响分别处于第二位及第三位，说明技术进步及资本要素对于林业产出的影响也不可忽视，劳动力要素的影响不够显著，且影响程度较小。

表 9-12   **空间杜宾模型的实证结果分析**

变量	SDM 模型		SDM 模型分解		
	固定效应	随机效应	直接效应	间接效应	总效应
$\ln k$	-0.017 (-0.6)	0.008 (0.25)	0.021 (0.75)	0.21*** (4.07)	0.231*** (4.70)

367

变量	SDM 模型		SDM 模型分解		
	固定效应	随机效应	直接效应	间接效应	总效应
$\ln L$	− 0.35 *** (− 4.47)	− 0.225 *** (− 2.66)	− 0.213 *** (− 2.61)	0.335 ** (2.11)	0.122 (0.71)
$\ln T$	− 0.011 (− 0.08)	0.274 ** (2.25)	0.248 ** (2.09)	− 0.647 ** (− 2.51)	− 0.399 * (− 1.70)
$\ln A$	0.139 *** (4.71)	0.164 *** (− 5.23)	0.167 *** (5.70)	0.081 (1.26)	0.248 *** (3.58)
C		− 0.415 (− 0.29)			
$W\ln K$	0.214 *** (5.01)	0.17 *** (3.74)			
$W\ln L$	0.321 ** (2.41)	0.322 ** (2.38)			
$W\ln T$	− 0.323 (− 1.27)	− 0.585 *** (− 2.69)			
$W\ln A$	0.053 (0.97)	0.024 (0.41)			
rho	0.179 ** (2.45)	0.236 *** (3.23)			
$hausman$	6.23				

注：***、**、* 分别代表在 1%、5%、10% 水平上显著；括号内的值为 t 统计量。

  某个因素对于林业产出的贡献不仅仅取决于该因素的产出弹性，还取决于其在一定时期的变化幅度大小，因此研究各个因素对林业产出的贡献率有利于了解各个时期的因素对林业产出的影响程度。从表 9 – 13 可以看出，资本投入对林业产出的贡献最大，高达 53.48%，说明我国林业产出的大小主要依赖于资本投入，呈现出资本密集型特征。技术进步的贡献率处于第二大地位，达到 45.23%。而劳动力投入的贡献率仅为 0.95%，占比很小，说明劳动力投入对我国林业产出的影响较小。由于技术创新的运用，机械化的发展使得技术逐步替代了劳动力，导致劳动力投入要素的影响程度较小。最后，土地投入对林业产出的影响为

－0.34%，说明土地投入的增加会导致我国林业产出逐步减少，而由原始数据可以看出，我国的土地投入近年来并没有发生太大变动，土地要素投入多，对林业保护不到位，可能并不会产生预期的效果。

表 9 − 13　　　　　各生产要素对于我国林业产出的贡献率

生产要素	因素增长幅度（%）	单位指标对产出的贡献量	对产出的贡献率（%）
土地投入	0.09	− 0.036	− 0.34
劳动力投入	0.82	0.10	0.95
资本投入	24.68	5.70	53.48
技术进步	19.44	4.82	45.23

注：粮食增幅为 10.66%。

（三）林业经济发展影响因素的空间计量分析

影响林业经济发展的因素错综复杂，本节参考高兵（2007）的做法，将影响林业经济发展的因素划分为内部因素和外部因素。内部因素可以从供给、需求及结构角度进行分析，其中，供给因素包括森林资源要素、资本要素、劳动力要素及技术进步，需求要素包括人力资本投入，结构要素包括林业产业结构调整；外部因素则主要指国家政策扶持。具体的衡量指标可以设定如下：（1）被解释变量为林业经济发展水平（lnpout），采用人均林业总产值来衡量。（2）解释变量包括：资本要素投入（lncap），采用林业固定资产投资完成额来表示；劳动力要素投入（lnlab），采用林业系统从业人员年末人数来衡量；森林资源（lnres），采用林业系统各省份当年造林面积来表示；技术进步（lntec），采用林业系统第一产业中的林业（仅指营林）产值表示；人力资本（lnhuma），采用林业系统从业人员中专业人员人数来表示；林业产业结构调整（lnind），用林业系统营林产值占林业系统总产值的比例来表示；国家扶持（lnreve），用各省份林业投资中的国家投资值来衡量。[①]

鉴于我国林业经济发展水平存在显著的空间相关关系，需要建立空间计量模型进行建模分析。根据前文可知，空间滞后模型、空间误差模型和空间杜宾模型是目前最为常用的三种空间计量模型，其中，空间杜宾模型可以同时考虑被解释变量及解释变量的空间相关性，因此本节选择空间杜宾模型进行分析，并用直接

---

① 变量数据主要源于 2007 ~ 2016 年的《中国统计年鉴》及《中国林业统计年鉴》，为消除变量之间的异方差性，本书对变量进行对数化处理。

效应、间接效应和总效应来反映空间效应，具体模型构建如下：

$$\ln pout_{it} = \alpha_0 + \alpha_1 \ln cap_{it} + \alpha_2 \ln lab_{it} + \alpha_3 \ln res_{it} + \alpha_4 \ln huma_{it} + \alpha_5 \ln tec_{it}$$
$$+ \alpha_6 \ln ind_{it} + \alpha_7 \ln reve_{it} + \beta_1 W \ln cap_{it} + \beta_2 W \ln lab_{it} + \beta_3 W \ln res_{it}$$
$$+ \beta_4 W \ln humq_{it} + \beta_5 W \ln tec_{it} + \beta_6 W \ln ind_{it} + \beta_7 W \ln reve_{it} + \varepsilon_{it} \quad (9.64)$$

其中，变量前的 W 表示某个变量的空间滞后项，ε 表示随机扰动项。

首先建立空间相邻权重矩阵，计算 2006 ~ 2015 年全国省域人均林业总产值的空间相关的莫兰指数和吉尔里指数（见表 9 - 14），从而定量检验我国各省域林业经济发展水平的全局空间相关性。

表 9 - 14　　　　我国林业经济发展的全局空间相关性检验

年份	莫兰指数（I）	吉尔里指数（C）
2006	0. 201 ** (2. 233)	0. 532 *** (-2. 759)
2007	0. 241 *** (2. 591)	0. 53 *** (-2. 806)
2008	0. 257 *** (2. 625)	0. 539 *** (-2. 93)
2009	0. 26 *** (2. 593)	0. 608 *** (-2. 585)
2010	0. 383 *** (3. 967)	0. 424 *** (-3. 397)
2011	0. 335 *** (3. 71)	0. 429 *** (-3. 174)
2012	0. 436 *** (4. 121)	0. 431 *** (-3. 805)
2013	0. 46 *** (4. 164)	0. 440 *** (-4. 061)
2014	0. 549 *** (4. 829)	0. 378 *** (-4. 699)
2015	0. 571 *** (4. 97)	0. 411 *** (-4. 575)

注：***、**、* 分别代表在 1%、5%、10% 水平上显著；括号内的值为 t 统计量。

从全局相关性检验可以看出，我国 2006～2015 年的林业经济发展水平的莫兰指数值大于 0，吉尔里指数值小于 1，说明我国人均林业总产值存在显著的正空间自相关，且均通过了 5% 的显著性检验，表明我国各个省份之间的林业经济发展存在一定的空间依赖性和地理集聚特征，且这种依赖性呈现出逐渐增强的态势，因此研究林业经济发展影响因素时必须考虑变量之间的空间相关性。

在进行林业经济发展全局空间相关性研究的基础上进行局部空间相关性研究，以进一步探讨各个省份之间的空间集聚现象，主要方法是莫兰散点图（见图 9 - 10）。鉴于篇幅限制，本书仅给出 2006 年及 2015 年的莫兰散点图。由莫兰散点图可以看出，2006 年，我国林业经济发展主要集中在第三象限，呈现出低低集聚态势；2015 年，主要集中在第一和第三象限，呈现出高高集聚及低低集聚态势，说明我国林业经济发展水平较高的地区倾向于与经济发展水平较高的地区进行连接，林业经济发展水平较低的地区趋于与林业经济发展水平较低的地区为邻，再次证明相邻地区之间存在正的空间相关性。

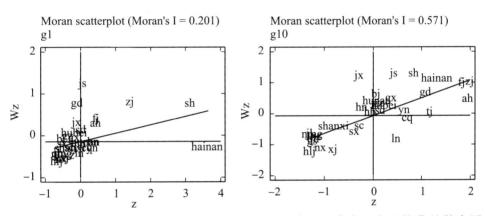

图 9 - 10　2006 年（左）和 2015 年（右）我国林业经济发展水平的莫兰散点图

空间杜宾模型的实证分析结果如表 9 - 15 所示。可以看出，无论是采用固定效应模型还是随机效应模型，空间自相关系数（*rho*）都在 1% 水平上显著大于 0，说明我国林业经济发展水平在空间维度上存在着明显的个体相关性。进一步结合 *hausman* 检验结果来看，固定效应模型相比于随机效应模型更为可靠，因此本书选择空间杜宾模型的固定效应进行分析，但是由于空间杜宾模型将解释变量的滞后项纳入模型中，因此其估计系数并不能直接体现相关因素对林业经济发展水平的影响大小，因此本书对变量的空间总效应进行分解，从而准确测度我国林业经济发展水平影响因素的直接效应、间接效应以及总效应。

表 9 – 15　　　　　　空间杜宾模型的回归分析结果及模型分解

变量	SDM 模型		SDM 模型分解		
	固定效应	随机效应	直接效应	间接效应	总效应
ln*cap*	0.008 (0.74)	0.002 (0.18)	0.008 (0.7)	-0.003 (-0.07)	0.005 (0.12)
ln*lab*	-0.924*** (-26.79)	-0.986*** (-49.34)	-0.92*** (-25.45)	0.073 (0.51)	-0.847*** (-5.29)
ln*res*	-0.001 (-0.05)	0.008 (1.02)	-0.003 (-0.3)	-0.039 (-1.31)	-0.042 (-1.18)
ln*huma*	-0.044** (-2.32)	-0.031* (-1.79)	-0.045** (-2.34)	-0.011 (-0.18)	-0.056** (-2.81)
ln*tec*	1.018*** (46.60)	0.994*** (73.91)	1.015*** (45.71)	-0.03 (-0.46)	0.984*** (13.11)
ln*ind*	-1.03*** (-49.50)	-1.002*** (-79.86)	-1.033*** (-46.10)	-0.048 (-0.68)	-1.08*** (-13.24)
ln*reve*	0.007 (0.69)	0.001 (0.11)	0.007 (0.69)	0.015 (0.43)	0.023 (0.55)
C		4.692*** (9.1)			
*W*ln*cap*	-0.005 (-0.22)	0.005 (0.28)			
*W*ln*lab*	0.513*** (6.03)	0.513*** (8.21)			
*W*ln*res*	-0.021 (-1.41)	-0.008 (-0.62)			
*W*ln*huma*	0.019 (0.57)	0.011 (0.33)			
*W*ln*tec*	-0.547*** (-9.84)	-0.529*** (-10.61)			

变量	SDM 模型		SDM 模型分解		
	固定效应	随机效应	直接效应	间接效应	总效应
$Wlnind$	0.513 *** (8.42)	0.5 *** (9.47)			
$Wlnreve$	0.004 (0.21)	−0.003 (−0.19)			
rho	0.521 *** (10.89)	0.514 *** (10.65)			
$hausman$	116.96				

注：***、**、* 分别代表在1%、5%、10%水平上显著；括号内的值为 t 统计量。

从直接效应来看，资本投入、森林资源以及国家扶持对我国林业经济发展的影响不显著，这可能是由于我国目前对于林业经济的发展投资力度不够大，国家投资以及林业固定资产投资不足，相对于其他因素而言，其对林业经济发展的影响不够明显；森林资源用各省份的造林面积来衡量，说明我国目前的造林面积匮乏，对林业经济发展的影响不显著；劳动力投入、人力资本以及林业产业结构调整，与我国林业经济发展呈现显著的负相关，说明目前我国林业经济发展中劳动力投入、人力资本投入较少，营造林面积较少；而技术进步显著促进我国林业经济发展，技术创新能够使用新技术发展林业，促进其产值的提升。从间接效应来看，每个要素投入均不能显著影响相邻省份的林业经济发展，说明各个省份的要素投入不存在空间溢出效应。

二、林业生产要素配置效率分析

林业生产要素配置效率可用来描述对林业投入要素的利用效率，从而用最少的投入获得最大的收益。本节主要通过对林业生产要素集约度的比较来进行林业生产要素配置效率的一般性描述，再运用 Frontier4.1 软件进行林业生产要素配置效率的测度分析。

（一）林业生产要素集约度分析

林业作为资源性产业，受自然因素的影响很大，中国 31 个省份的林业发展

373

在时间和空间上都存在显著的差异。为了进行对比分析，将最北部的内蒙古、辽宁、吉林和黑龙江归为东北林区，该区域冬季较长且气候寒冷，但自然资源丰富，耕地面积广，以针叶林和阔叶林为主，是我国第一大木材工业区；将重庆、四川、云南和西藏归为西南林区，该区域海拔较高、昼夜温差大、雨水充沛，主要种植高山针叶林和针阔叶林混交林，是我国第二大木材供应区；将东南部的江苏、浙江、上海、安徽、福建、江西、湖北、湖南、广东、广西、海南和贵州归为东南林区，该区域气候温暖、水资源丰富、气候条件好，主要种植杉木和马尾松，是我国三大林区之一；其余的省份大多数属于"三北防护林范围"，包括北京、天津、河北、山西、山东、河南、陕西、甘肃、青海、宁夏和新疆，将其设为北方林区。

生产要素集约度可以用要素经济密度计算公式来表示，即劳动要素集约度为林业生产总值与林业年末从业人数之比，资本要素集约度为林业生产总值与林业投资完成额之比，林地要素集约度为林业生产总值与林地面积之比。要素集约度可以近似表示林业各要素投入的效率大小，通过对林业劳动要素集约度、资本要素集约度和林地要素集约度的计算分析，可以得到林业生产过程中劳动力投入、资本投入和土地投入对林业生产的相对作用大小。

图 9-11 为东北林区、西南林区、东南林区和北方林区的劳动力要素集约度的时间变化折线图。可以看出，四大林区劳动力要素集约度的水平差异较大，东北林区的劳动力要素集约度最低，东南林区的劳动力要素集约度最高，西南林区次之。四大林区劳动力要素集约度年均增长率排序为，东南林区（15.59%）＞西南林区（14.84%）＞东北林区（14.74%）＞北方林区（12.22%）。由此可见，东南地区的劳动力要素集约度在水平值和增量上均最高，其劳动力对产出的贡献率较高；而东北林区虽在劳动力要素集约度的水平数值上与西南林区有一定差异，但在增速上差异不大，而北方林区的劳动力要素集约度还有待提高。

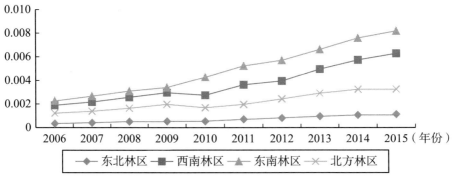

图 9-11　四大林区劳动力要素集约度变化折线图

进一步从省级层面探究劳动力要素集约度。图 9 - 12 与图 9 - 13 分别展示了 2015 年 31 个省（区、市）林业劳动力要素集约度的水平值和各省区劳动力要素集约度的年均增长率。

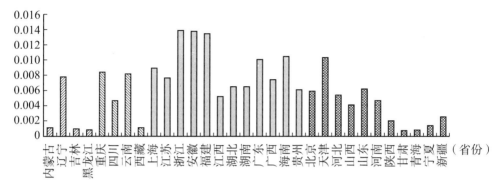

图 9 - 12　各省（区、市）2015 年劳动力要素集约度水平值柱状图

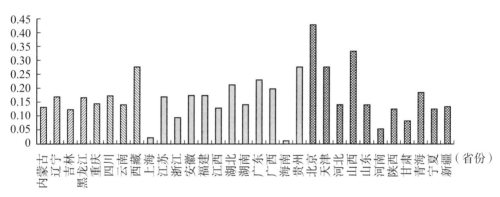

图 9 - 13　各省劳动力要素集约度年均增长率柱状图

由图 9 - 12 和图 9 - 13 可以看出，劳动力要素集约度在水平与增量间存在明显的差异。在劳动力要素集约度的水平值方面，东南林区各省份的数值最高，东北林区除辽宁接近 0.008 外，其余三个省份均未达到 0.002 的水平；而西南林区除西藏数值较低外，其余三个省份均超过 0.004 的水平；北方林区存在明显的界限，在北方林区范围内，东部的北京、天津、河北、山西、山东、河南均拥有 0.004 以上的劳动力要素集约度，而位于西部的陕西、甘肃、青海、宁夏和新疆均只达到 0.002 左右。

从各省劳动力要素集约度的年均增长率来看，东北林区的四个省份和西南林区的四个省份差异不大，基本都在 15% 左右；东南林区内除了上海和海南，基本都在 15% 左右，但上海和海南 2015 年的劳动力要素集约度水平值仍较高，均超过了 0.008。北方林区内各省份劳动力要素集约度差异较大，北京、天津和山西的劳动力要素集约度年均增长率均超过 25%，其中北京达到 42.85%，而其余省份均不超过 20%。从整体上看，除个别省份劳动力要素集约度年均增长率过高或过低外，其余省份均在 15% 左右，增长较为稳定。

由图 9 - 14 可以看出，我国林业资本要素集约度呈逐年下降趋势。其中，劳动力要素集约度最高的东南林区，其初始资本要素集约度最高，但下降幅度也最大；其余三个林区的资本要素集约度非常相近，下降幅度不明显，最终四大林区的资本要素集约度逐渐趋同。四大林区资本要素集约度年均减少率的排序如下：东南林区（15.21%）＞北方林区（11.05%）＞西南林区（5.64%）＞东北林区（5.03%），由此可见，东南林区的资本要素集约度下降最快，但近三年来各林区资本要素集约度下降速度明显放缓，2015 年除了西南林区有 5% 的微小降幅外，其余三个林区均实现一定的增长。

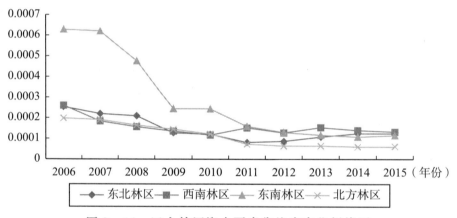

图 9 - 14　四大林区资本要素集约度变化折线图

为进一步分析各省份林业资本要素集约度情况，通过汇总计算得到图 9 - 15 与图 9 - 16，分别表示各省林业资本要素集约度水平均值和年均减少率。

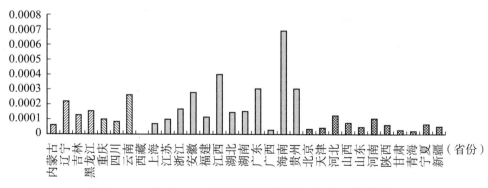

图 9 - 15　各省 2015 年资本要素集约度水平值柱状图

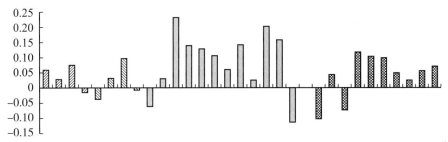

图 9 - 16   各省资本要素集约度年均减少率柱状图

可以看出，2015 年，林业资本要素集约度位居前五的省份均属于东南林区。其中，江西、安徽和海南的资本要素年均减少率均超过 10%，主要是由于其以往资本要素集约度较高，若不采取相应措施，很可能会被其他省份超越；而贵州的资本要素集约度情况较为乐观，其年均增长率位居第一，相比于其他四个省份被超越的可能性较小；广东主要得益于其较高的资本要素集约度基数和较低的年均减少率。东北林区的四个省份在资本要素集约度上基本都在 0.0001 左右。西南林区中，云南的资本要素集约度超过 0.0002，而西藏低于 0.00001，重庆和四川低于 0.0001；北方林区的省份中，除了河北与河南略高于 0.0001 外，其余的 8 个省份均没达到 0.0001，资本要素集约度较低。

在整体资本要素集约度下降的趋势下，也有少数省份呈上升趋势，包括黑龙江、重庆、西藏、上海、贵州、天津和山西，除了黑龙江和贵州外，其余 6 个省份的资本要素集约度虽有所增长，但至 2015 年仍未达到 0.0001，未来还有很大的提升空间。以 10% 为界限，东北林区和西南林区均未超过这个界限，相对而言，这两个林区的资本要素集约度年均减少率较小；而东南林区 12 个省份中，去除两个正增长的省份，只有江苏、湖北和广东 3 个省份在 10% 以下，其余 7 个省份均有较高的年均减少率，其中浙江和广西已超过 20%；北方林区存在资本要素集约度负增长的 9 个省份中，只有 3 个省份的资本要素集约度年均减少率略超过 10%，大多数均在 5% 左右，北京的年均减少率接近于零。与上文四个林区总体的资本要素集约度年均减少率相呼应，东北林区和西南林区的资本要素集约度年均减少率相近，均比较小；东南林区的减少率最高；北方林区的减少率较高。

林地面积作为较固定的生产投入要素，对林业生产具有一定的影响，四大林区的土地要素集约度变化如图 9 - 17 所示。

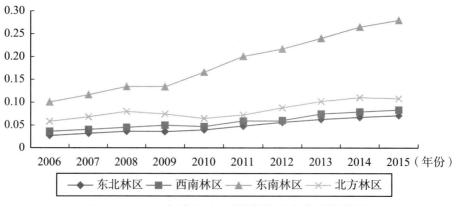

图 9 - 17　四大林区土地要素集约度变化折线图

由图 9 - 17 可以看出，我国林地土地要素集约度总体上呈上升趋势，四大林区土地要素集约度的年均增长率依次为：东南林区（12.29%）> 东北林区（11.48%）> 西南林区（10.05%）> 北方林区（7.76%）。东南林区的土地要素集约度一直大于其他三个林区，且增长幅度也高于其他三个林区，至 2015 年已增长到近 30%；而西南林区、东北林区和北方林区增长则较为平缓，至 2015 年仍只在 10% 左右。由此可见，在较高的土地要素集约度水平值和增长值下，东南林区的土地要素集约度与其余三个林区的差距逐渐拉大，其土地要素相对于其他三个林区的投入效用更大；北方林区林业土地要素集约度年均增长率较低，但水平值一直在东南林区和西南林区之上；虽然西南林区土地要素集约度年均增长率小于东北林区，但其水平值也一直高于东北林区。

进一步，图 9 - 18 与图 9 - 19 分别展示了 2015 年所有省份土地要素集约度水平值和各省土地要素集约度年均增长率。

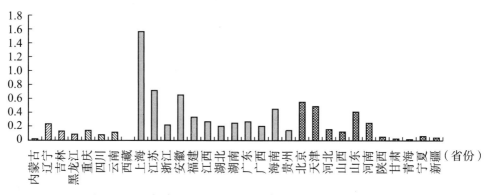

图 9 - 18　各省 2015 年土地要素集约度水平值柱状图

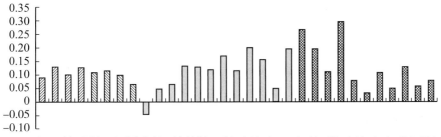

图 9 - 19　各省土地要素集约度年均增长率柱状图

可以看出，在总体增长趋势下，2015 年属于东南林区的上海土地要素集约度最高，而其年均增长率却是唯一为负的省区。东南林区各省份以及北方林区偏东部的北京、天津、河北、山西、山东、河南的土地要素集约度较高，这些地区经济都较发达，也是劳动力要素集约度较高的地区；而经济较落后的东北林区、西南林区和北方林区的西部林区土地要素集约度较小，尤其是内蒙古、西藏、甘肃和青海，这四个省份的土地要素集约度接近于零。但从土地要素集约度年均增长率可以看出，东北林区和西南林区的增长率并不落后，均在 10% 左右；东南林区只有江苏、浙江、上海和海南增长率较低，其余 8 个省份均超过 10%；北方林区的省份中，北京和山西的土地要素集约度年均增长较高，均超过 25%，而同属北方林区的河南不到 5%，差距较大，且山东、河南、甘肃、宁夏、新疆的土地要素集约度年均增长率均未超过 10%，拉低了整个北方林区的土地要素集约度增长值。

（二）林业要素配置效率实证分析

要素配置效率是一个无量纲指标，可用来表示各种要素投入是否达到最优的投入配比，即现有要素投入配置与最优要素投入配置之间的差距指标。要素配置效率可以从两个方面进行计算：一是投入主导型，即在保证产出不变的情况下尽可能使投入减少的幅度；二是产出导向型，即在保证投入一定的情况下尽可能使产出增加的幅度。为更好地分析林业投入要素的优化方向，本节选用投入导向型的研究方向。在估计前沿效率的各种方法中，最具代表性的方法是随机前沿法和数据包络分析。数据包络分析方法在计算时生产函数是未知的，只需拥有投入和产出的数据，属于非参数估计，假设约束较少，容易进行扩展，且可以计算多种产出的效率模型；而随机前沿法在计算时需要先假设生产函数和技术无效率项的分布形式，若假设与实际情况不符就会无法估计要素配置效率，很难进行扩展，若要进行多产出的效率计算非常困难。但因随机前沿的计算方法将随机扰动项分成了随机因素和技术无效，而数据包络分析将实际投入高于最优投入的原因全部归于技术无效率，这显然没有随机前沿法精确。在研究林业要素配置效率问题时，不需要考虑多产出问题，加上随机前沿法的测算结果较为稳定，因此本节利用随机前沿法进行要素配置效率的估计。

随机前沿法的模型构建如下：

假设生产函数为应用较广泛的C—D生产函数，投入要素包括劳动力、资本和土地，产出为林业总产值，则各省的林业要素配置效率测度模型可表示为：

$$\ln Y_{it} = \beta_0 + \beta_1 \ln I_{it} + \beta_2 \ln K_{it} + \beta_3 \ln A_{it} + v_{it} - u_{it} \tag{9.65}$$

Y_{it}表示省份i在第t年所获得的林业总产值；L_{it}表示i省份第t年所投入的劳动力总量；K_{it}表示i省份在第t年所投入的资本总量；A_{it}表示i省份在第t年的林地资源总量；v_{it}表示生产过程中不可控的随机因素，服从正态分布；u_{it}表示生产的技术无效率部分，也服从正态分布，但与v_{it}相互独立；β_0表示截距项；β_1，β_2，β_3分别表示林业劳动力投入、资本投入和土地投入对林业产出的作用弹性。

为研究各投入指标在时间上的配置效率变化，加入时间变量T，模型变为：

$$\ln Y_{it} = \beta_0 + \beta_1 \ln L_{it} + \beta_2 \ln K_{it} + \beta_3 \ln A_{it} + \beta_4 T + v_{it} - u_{it} \tag{9.66}$$

根据所得到的回归结果，可利用最大似然估计得到生产要素的配置效率：

$$TE_{it} = \frac{Y_{it}}{f(L_{it}, \ K_{it}, \ A_{it}) Exp(v_{it})} = Exp(-u_{it}) \tag{9.67}$$

TE_{it}表示i省份在第t年的林业要素配置效率；$f(L_{it}, \ K_{it}, \ A_{it})$表示根据计量回归结果，仅由劳动要素、资本要素和土地要素决定的林业产出。

构建模型需要包含一个产出指标和劳动力、资本、土地三个投入指标。在产出指标的选取上，以林业总产值来表示，一是基于数据的可获得性，相比于产量指标，产值指标较容易获得；二是林业总产值包含了林业生产的全部产品和全部服务性活动，更为全面地反映出林业的生产成果。投入指标以林业系统年末在职人数、投资完成额和林地面积作为劳动力、资本和土地的三个投入指标：在劳动力投入方面，林业系统年末在职人数指标将与林业相关的各类从业人员均包含在内，更为全面；在资本投入方面，林业生产投资期较长，有些资本的投入在当年对林业产出的作用可能并不明显，因此使用固定资本投资完成额更能反映历年在林业产出方面的资本投入，更具有针对性；将土地要素加入投入指标，主要原因是林业属于资源性产业，对自然环境的依赖性较大，土地投入不容忽视，以林地面积代表土地投入更恰当。

利用Frontier4.1软件，基于2006～2015年31个省份的数据，对表9-16模型（1）与模型（2）进行回归，得到随机前沿估计结果如表9-16所示。

表 9 – 16　　　　　　　　　　　随机前沿生产函数估计结果

解释变量	参数	（1）		（2）	
		系数	t 统计量值	系数	t 统计量值
常数	β_0	3.6350 ***	1.0700	7.0290 ***	8.9278
lnL	β_1	– 0.3371 ***	0.1051	– 0.2643 ***	– 4.2749
lnK	β_2	0.2222 ***	0.0184	0.0104	0.4719
lnA	β_3	0.3613 **	0.1166	0.0592	0.7673
lnT	β_4			0.1176 ***	13.1601
sigma-squared		9.5735	0.5826	18.5769 **	1.8447
gamma		0.9928 ***	80.0088	0.9976 ***	752.7792
Log Likelihood Function		– 98.6352 ***		– 43.7083 ***	

注：*** 、** 、* 分别代表在 1%、5% 和 10% 水平上显著。

　　上述两个模型的似然检验值均在 5% 的显著性水平上显著，验证了模型的有效性。根据两个模型的参数对比，各投入要素对产出的作用弹性方向一致。劳动力投入对产出的弹性均为负，且在两个模型中均较为显著，说明劳动力的投入对产出有负向效应，即越少的人员投入对林业产出的效用越高。对于劳动力投入的负向作用有两种可能性解释，一是劳动力投入在量上减少了，但质上增加了，随着科技的进步和教育水平的提高，单位劳动力的生产力在提高，于是一定产量下劳动力投入应相应减少；二是林业生产具有规模效应，由较少的人统一管理更为有效，比如我国现行的"土地流转"正是利用了这一特点。资本投入和林地面积在模型（1）中较为显著，且弹性系数较模型（2）更大，说明引入时间因素导致资本和土地对林业产出的影响作用变小，我国的林业要素配置效率随时间的推移有一定的提高。而资本投入在两个模型中弹性系数均小于林地面积，说明林业产出主要依赖于自然因素，土地的增加对林业产出有较大影响。两个模型的 gamma 值均超过 99%，说明林业实际产出的低效应主要归因于生产技术无效率，实际产出与最优产出之间的差距有 99% 以上的原因是生产技术无效率。通过对要素的重新配置，可以进一步提升林业产出，即应当相应地减少劳动力，增加资本投入和土地投入。

　　通过极大似然估得到各省历年的生产要素配置效率，如表 9 – 17 所示。可以看出，目前我国没有一个省份的要素配置效率为"1"，即我国各省份均需要通过调整林业要素配置来提高林业产出。根据纵轴方向各数据的比较，表9-17进一步验证了随时间的推移，要素配置效率会有所上升。根据横轴方向各数据的比较，我国要素配置效率在地域上存在明显的差异，其大小排序并不会因为时间的推移而改变，按从大到小依次排序为：江西、安徽、福建、湖南、海南、广东、云南、黑龙江、河南、浙江、山东、江苏、吉林、广西、辽宁、四川、湖北、河北、内蒙古、贵州、北京、陕西、山西、上海、重庆、新疆、甘肃、宁夏、天津、青海、西藏。其中，效率水平最高的6个省份均属于东南林区，至2015年均已超过0.7，而效率最低的6个省份中除了西藏外，其余5个均属于北方林区，而这5个省份均处在西北部地区，至2015年要素配置效率仍不到0.15。因此，我国林业要素配置效率在东南部较高，而在西北部较低，差距较大，需要有针对性地进行调整。

表9-17   **各省历年的生产要素配置效率**

省份	2006年	2007年	2008年	2009年	2010年	2011年	2012年	2013年	2014年	2015年
北京	0.1941	0.1977	0.2014	0.2051	0.2088	0.2125	0.2163	0.2201	0.2239	0.2277
天津	0.0209	0.0219	0.0229	0.0239	0.0249	0.0260	0.0271	0.0282	0.0293	0.0305
河北	0.2851	0.2892	0.2933	0.2974	0.3015	0.3056	0.3097	0.3138	0.3180	0.3221
山西	0.1705	0.1740	0.1774	0.1810	0.1845	0.1881	0.1917	0.1953	0.1989	0.2026
内蒙古	0.2323	0.2362	0.2401	0.2440	0.2479	0.2519	0.2558	0.2598	0.2638	0.2678
辽宁	0.3808	0.3850	0.3892	0.3933	0.3975	0.4017	0.4058	0.4100	0.4142	0.4183
吉林	0.4677	0.4718	0.4758	0.4798	0.4838	0.4878	0.4917	0.4957	0.4996	0.5036
黑龙江	0.6388	0.6420	0.6452	0.6484	0.6516	0.6547	0.6579	0.6610	0.6641	0.6671
上海	0.1215	0.1245	0.1274	0.1304	0.1335	0.1366	0.1397	0.1428	0.1460	0.1492
江苏	0.4833	0.4873	0.4913	0.4952	0.4992	0.5031	0.5070	0.5109	0.5148	0.5187
浙江	0.5202	0.5241	0.5279	0.5317	0.5355	0.5393	0.5431	0.5469	0.5506	0.5543
安徽	0.8735	0.8748	0.8761	0.8774	0.8787	0.8800	0.8812	0.8825	0.8837	0.8849
福建	0.8508	0.8523	0.8538	0.8553	0.8568	0.8583	0.8598	0.8612	0.8627	0.8641
江西	0.9262	0.9270	0.9278	0.9286	0.9293	0.9301	0.9308	0.9316	0.9323	0.9330
山东	0.5083	0.5122	0.5161	0.5200	0.5238	0.5276	0.5315	0.5353	0.5391	0.5428
河南	0.6301	0.6333	0.6366	0.6399	0.6431	0.6463	0.6495	0.6526	0.6558	0.6589
湖北	0.3238	0.3279	0.3321	0.3363	0.3404	0.3446	0.3488	0.3530	0.3572	0.3614
湖南	0.8434	0.8450	0.8466	0.8482	0.8497	0.8513	0.8528	0.8543	0.8558	0.8573

续表

省份	2006 年	2007 年	2008 年	2009 年	2010 年	2011 年	2012 年	2013 年	2014 年	2015 年
广东	0.6957	0.6985	0.7014	0.7042	0.7069	0.7097	0.7124	0.7152	0.7179	0.7205
广西	0.4619	0.4659	0.4699	0.4740	0.4780	0.4820	0.4860	0.4900	0.4939	0.4979
海南	0.6983	0.7012	0.7040	0.7067	0.7095	0.7122	0.7150	0.7177	0.7203	0.7230
重庆	0.1186	0.1215	0.1244	0.1274	0.1304	0.1334	0.1365	0.1396	0.1428	0.1460
四川	0.3240	0.3281	0.3323	0.3365	0.3406	0.3448	0.3490	0.3532	0.3573	0.3615
贵州	0.2052	0.2089	0.2126	0.2164	0.2202	0.2240	0.2278	0.2317	0.2355	0.2394
云南	0.6683	0.6714	0.6744	0.6774	0.6804	0.6833	0.6862	0.6892	0.6921	0.6949
西藏	0.0053	0.0057	0.0060	0.0064	0.0067	0.0071	0.0075	0.0080	0.0084	0.0089
陕西	0.1718	0.1752	0.1787	0.1823	0.1858	0.1894	0.1930	0.1966	0.2003	0.2039
甘肃	0.0785	0.0808	0.0832	0.0856	0.0880	0.0904	0.0929	0.0955	0.0980	0.1007
青海	0.0110	0.0116	0.0122	0.0129	0.0135	0.0142	0.0149	0.0156	0.0164	0.0171
宁夏	0.0517	0.0534	0.0552	0.0571	0.0590	0.0609	0.0628	0.0649	0.0669	0.0690
新疆	0.1138	0.1166	0.1195	0.1224	0.1254	0.1284	0.1314	0.1344	0.1375	0.1407

三、林业投入产出效率分析

与要素配置效率测算相类似，投入产出效率的测算也需要确定产出指标和投入指标，不同的是投入产出效率可以研究在多种投入下获得多种产出的生产效率。上文将林业产出归总为林业总产值，但产出不仅包括林业总产值，还包括林业投入直接产生的木材产量、造林面积以及间接产生的林业副产品和森林娱乐。本节将对我国林业投入产出效率进行测算，并分析其影响因素。

（一）模型设定及指标选取

本部分采用 DEA 数据包络分析探究中国林业的投入产出效率。为更好地研究林业投入要素对产出的影响，采取投入主导的 DEA 模型。由于 CRS 模型假设所有决策单元都为最优规模，在现实中往往较难满足，因此本部分采取 VRS 模型（规模报酬可变），该方法的模型构建如下：

假设有 n 个决策单元，m 种投入要素和 s 种产出，则判断第 j 个决策单元是否有效的 DEA 模型为：

$$VRS = \begin{cases} \min\theta = V_D \\ X_j = (x_{1j}, x_{2j}, \cdots, x_{mj})^T \\ Y_j = (y_{1j}, y_{2j}, \cdots, y_{sj})^T \\ \sum_{j=1}^{n} \lambda_j X_j + s^- = \theta X_0 \\ \sum_{j=1}^{n} \lambda_j Y_j + s^+ = Y_0 \\ \sum_{j=1}^{n} \lambda_j = 1 \\ s^- \geqslant 0, s^+ \geqslant 0, \lambda_j \geqslant 0, j = 1, 2, \cdots, n \end{cases} \tag{9.68}$$

其中，V_D、X_0、Y_0 均为常数；θ 即为投入产出效率的判断指标，$\theta < 1$ 则该决策单元无效，$\theta = 1$ 则该决策单元弱有效；X_j 代表 m 种投入要素向量构成的矩阵，X_{ij} 为第 j 个决策单元第 i 种要素的投入量；Y_j 代表 s 中产出向量构成的矩阵，y_{rj} 表示第 j 个决策单元第 r 种产出的量；λ_j 表示组合系数；s^- 和 s^+ 表示松弛变量，若 $\theta = 1$ 且 $s^- = 0$，$s^+ = 0$，则决策单元有效。

林业投入包括人员投入和资本投入。在投入产出效率分析中，土地要素可作为产出要素，即由人工形成的造林面积来代表林业在人力物力投入之后所产生的生态贡献值（田淑英和许文立，2012）；同时林业产出还包括经济上的贡献，即林业总产值。因此，选取林业系统年末从业人员数和林业投资完成额作为投入指标，选取造林面积和林业总产值作为产出指标。[①]

（二）效率测算及结果分析

利用 DEAP 2.1 软件，输入我国 2006～2015 年的林业产出和投入指标加以运算，所得结果如表 9 - 18 所示。

表 9 - 18　　　　2006～2015 年中国林业投入产出效率值

年份	综合效率（TE）	纯技术效率（PTE）	规模效率（SE）	规模收益
2006	1	1	1	—
2007	1	1	1	—

---

① 本部分所用的各指标数据均来自 2006～2015 年《中国林业统计年鉴》。

年份	综合效率 （TE）	纯技术效率 （PTE）	规模效率 （SE）	规模收益
2008	1	1	1	—
2009	1	1	1	—
2010	0.996	1	0.996	drs
2011	0.968	0.969	0.999	irs
2012	0.929	0.956	0.972	irs
2013	1	1	1	—
2014	1	1	1	—
2015	1	1	1	—
平均值	0.989	0.993	0.997	—

注：—表示规模报酬不变，irs 表示规模报酬递增，drs 表示规模报酬递减。综合效率 = 纯技术效率 × 规模效率。

从表 9 – 18 可以看出，我国林业在 2006～2015 年总体情况较好，大多数时期投入产出均是有效的，只有在 2010～2012 年存在无效生产。而在无效率的三个年份中，2010 年的纯技术效率是有效的，只有规模效率无效，说明该时期技术是有效的，只是没有达到最优的规模，在规模收益递减的情况下，适当缩小规模可以实现投入产出效率的增加。2011 年和 2012 年林业依旧没有达到最优产出规模，且技术也变得无效，而规模收益变为递增，说明可以适当扩大投入产出规模并改善投入产出结构来达到最优的投入产出状态。在 2006～2009 年和 2013～2015 年的投入产出效率为 1，说明这 7 个年份均达到了投入产出的最优组合。

（三）效率影响因素分析

1. 从投入产出效率计算原理分析其影响因素

由于我国林业的投入产出效率是由林业年末在职人员、林业投资完成额、林业生产总值和林地面积共同作用得到，反映了林业投入产出的配置情况。因此，可以基于这四个指标进一步分析该效率的影响因素。而这四个指标对投入产出效率的影响情况，可通过分别剔除某一个指标重新求得 DEA 模型来判断。分别剔除林业年末在职人员、林业投资完成额、林业生产总值和林地面积后的四个 DEA 计算结果，如表 9 – 19 所示。

表 9 – 19　　　　不同投入产出下中国 2006 ~ 2015 年 DEA 效率均值

模型编号	剔除的指标	总和效率均值	纯技术效率均值	规模效率均值
1	林业年末在职人员	0.591	0.982	0.597
2	林业投资完成额	0.839	0.929	0.893
3	林业总产值	0.934	0.989	0.944
4	造林面积	0.962	0.983	0.978

可以看出，在剔除投入指标后的两个模型中，剔除林业年末在职人员后模型的效率值下降较多，表明林业生产系统中劳动力投入的影响较大；从林业产出方面来看，剔除林业总产值后的效率均值下降较小，表明林业投入主要是对林业总产值的贡献，总产值指标对林业的投入产出效率影响比造林面积更大。

这四个指标对投入产出效率的具体影响力，可用如下公式计算得到：

$$S_i = \frac{V(D) - V(D^i)}{V(D)}, \quad i = 1, 2, \cdots, m \qquad (9.69)$$

S_i 代表第 i 种指标对投入产出效率的影响度。其中，S_1 表示劳动力对林业投入产出效率的影响度，S_2 表示资本对林业投入产出效率的影响度，S_3 表示林业总产值对林业投入产出效率的影响度，S_4 表示造林面积对林业投入产出效率的影响度。$V(D)$ 表示总体模型中投入产出效率均值，$V(D^i)$ 表示剔除 i 指标后的投入产出效率均值。

计算可得 $S_1 = 0.4024$，$S_2 = 0.1517$，$S_3 = 0.0556$，$S_4 = 0.0273$。在投入方面，林业劳动力投入对效率的影响较大，一方面可能是我国林业劳动力人才短缺使对劳动力的利用率较高，另一方面可能是资本投入过多或资本的不合理利用导致的资本利用率低下。在产出方面，林业总产值对效率的影响较大，说明提高林业产值比扩大林业面积更能提高投入产出效率，即林业综合效率主要体现在经济效益方面。该结果与田淑英等（2009）以及米锋等（2013）的研究结论相一致。

2. 从林业投入产出效率外在影响因素分析

除了以上四个指标影响投入产出效率外，还可以从经济资源、社会资源、自然资源三方面探究投入产出效率的影响因素（谢宝，2017）。经济资源方面，选取代表经济发展水平的实际地区生产总值，以 2000 年为基期进行平减得到；社会资源方面，需要考虑社会的人力资本和资金，选取各地历年林业从业人员中专业技术人员的数量和林业从业人员平均受教育年限来表示人力资本，选取林业投入中的国家投入金额表示社会资金；自然资源方面，主要是森林面积和环境状况，环境状况并没有相关统计指标来加以描述，很难量化，以森林面积大小来表示自然资源。

为避免伪回归，采用面板数据进行回归。鉴于数据的可获得性，选取 2006 ~ 2015 年中国除西藏外的其余 30 个省区市的林业相关数据作为研究样本。首先，计算各省区市历年的投入产出效率，以林业年末从业人数、固定资本投入完成额作为投入要素，林地面积和林业总产出作为产出要素，再利用 DEAP 2.1 软件运算得到。

综上，被解释变量以数据包络分析计算得到的林业投入产出效率来表示，记为 T；解释变量包括地区生产总值（GDP）、林业专业技术人员（H）、林业从业人员平均受教育年限（ED）、国家林业投资总额（GOV）和森林面积（RES）。根据上述分析，建立如下模型：

$$T_{it} = \beta_1 + \beta_2 GDP_{it} + \beta_3 ED_{it} + \beta_4 H_{it} + \beta_5 GOV_{it} + \beta_6 RES_{it} + \varepsilon_{it} \qquad (9.70)$$

根据投入产出效率的定义可以看出，被解释变量的取值存在一定的约束，取值范围为 [0，1]，其中投入产出有效率时即为 1，这种情况并不是个例，在存在大量为 1 的被解释变量时会出现截断分布，这在一定程度上会掩盖解释变量的作用效果。在这种情况下，为弥补普通 OLS 回归的不足，可以使用 Tobit 模型。模型可改写为：

$$T_{it} = \begin{cases} \beta_1 + \beta_2 GDP_{it} + \beta_3 ED_{it} + \beta_4 H_{it} + \beta_5 GOV_{it} + \beta_6 RES_{it} + \varepsilon_{it} & \ln T_{it} \neq 1 \\ 1 & \ln T_{it} = 1 \end{cases} \qquad (9.71)$$

首先，将被解释变量分类，区分出值为 0 的被解释变量，以更好地研究各指标对投入产出效率的影响情况。其次，Tobit 模型采用极大似然估计法估计参数，可利用软件 Stata 13 回归得到。回归结果如表 9 - 20 所示。

表 9 - 20　　　　　　　　　　　　Tobit 模型回归结果

变量	参数	标准差	Z 统计量	P 值	置信区间
GDP	0.00000843	0.00000153	5.5	0	[0.0000054，0.0000114]
ED	0.0631639	0.0136242	4.64	0	[0.0364609，0.0898669]
H	- 0.0000022	0.000000552	- 3.99	0	[- 0.000003，- 0.000001]
GOV	7.19E - 08	3.13E - 08	2.3	0.022	[1.05E - 08，0.00000013]
RES	0.000000674	6.86E - 08	9.82	0	[0.000005，0.0000008]
常数	- 0.6831102	0.1851461	- 3.69	0	[- 1.04599，- 0.3202305]

根据上述回归结果可以看出，各影响因素的系数估计均通过显著性检验，且均小于 0.05，标准差也较小，说明回归结果中各影响因素对投入产出效率有一定的解释力度。其中，只有专业技术人员数对投入产出效率存在显著的负向影响，

似乎不太符合常理，这可能是由于关于专业技术人员的界定较为宽松，有些专业技术人员可能并不能熟练掌握林业生产的专业知识，这些人员的增加反而会导致林业生产的无效；另外可能也说明，专业技术人员在数量上已经达到足够的规模，再继续增加专业技术人员数量只是在分担原有技术人员的工作量，导致无效率生产，使投入产出效率下降。GDP、ED、GOV、RES 对投入产出效率的影响均为正，但这 4 个指标均存在不同的量纲，比较起来较为困难，只能逐一分析。实际 GDP 代表着各地区的经济发展水平，经济发展水平高的地区，资金和人才资源充足，能够较好地推动林业的技术发展，从而加快投入产出效率的提高。各地林业从业人员平均受教育年限，在一定程度上代表着林业从业人员的质量，对投入产出效率的正向促进作用更直接有力地说明了受高等教育的林业从业人员更能提高林业的产出效率。正向的政府投入也在一定程度上说明政府在林业发展方面的重要作用，林业作为极大受自然条件约束的产业，政府较好的基础设施建设在提高林业产出效率的同时，还可以提高林业生产者的积极性。森林面积的多少一定程度上反映了该地区自然环境和气候条件的好坏，森林面积多的地区更适合林业发展，较少的人员和资金投入也能利用自然条件获得较高的林业产值；同时森林面积增加带来的外部效应和规模效应，可以进一步带动林业发展。

为检验上述回归结果是否稳健，将线性模型更改为指数模型后，利用 Stata 13 进行 Tobit 回归，结果如表 9 - 21 所示。

表 9 - 21 稳健性回归结果

变量	参数	标准差	Z 统计量	P 值	置信区间
$\ln GDP$	0.3859569	0.083849	4.6	0	[0.221616, 0.5502979]
$\ln ED$	0.0714637	0.5976437	0.12	0.905	[-1.099896, 1.242824]
$\ln H$	-0.203451	0.1031342	-1.97	0.049	[-0.40559, -0.001312]
$\ln GOV$	0.0765824	0.0234021	3.27	0.001	[0.0307152, 0.1224496]
$\ln RES$	0.4502224	0.0259196	17.37	0	[0.399421, 0.5010238]
常数	-8.870821	1.90833	-4.65	0	[-12.61108, -5.130563]

从回归结果可以看出，各影响因素的弹性系数方向和上文一致，仍是林业专业技术人员数量对林业投入产出效率的影响为负，其余均为正向影响。不过林业就业人员平均受教育年限的弹性系数在指数模型中并不显著，这可能是由于模型设定导致的偏差。总体来看，关于林业投入产出效率影响因素的回归模型具有稳健性，不存在明显的符号变化，表明地区实际 GDP、林业从业人员平均受教育年

限、国家林业投资、森林面积对林业投入产出效率均具有较明显的推动作用，而林业从业人员中专业技术人员对林业投入产出效率有明显的抑制作用。

四、林业生产技术效率测算

对于任何生产来说，技术的提升不仅可以减少成本还能增加产出，是经济实现长期增长的必要条件。研究林业生产技术效率一般也是采用随机前沿分析法和数据包络分析。近年来使用随机前沿法的相对较多，如常洪玮（2017）以土地、劳动力和资本作为投入变量，林业总产值作为产出变量分析林业生产效率，且测出的生产效率并不是纯技术效率，还包含规模效率。林业作为高度依赖自然资源的产业，与其他产业相比所受到的约束性更强，不仅受到人员和资金的约束，还受到各种气候和环境的约束，技术水平的提升能在一定程度上降低该产业对人力、物力和自然的依赖，从而得到更好的发展。

（一）变量说明和模型构建

采用投入导向型规模报酬可变的数据包络分析，以林业总产值和造林面积为产出指标、林业年末在职人数和林业投资完成额为投入指标，分解纯技术效率，并分析其收敛性。

计算区域的收敛性主要分析该区域是否存在 σ 收敛、β 收敛和"俱乐部收敛"。若存在 σ 收敛，则 $\sigma_t > \sigma_{t+1}$，其中，σ_t 是指第 t 年 31 个省份生产技术效率的标准差，表示第 t 年的收敛指数。若存在 β 收敛，则需要回归如下模型：

$$\frac{1}{T} \cdot \log \frac{PTE_{i,t}}{PTE_{i,t-1}} = \alpha - \frac{(1 - e^{-\beta T})}{T} \times \log PTE_{i,t-T} + u_{i,t} \tag{9.72}$$

T 表示样本之间的时间跨度，样本数据期间为 2006～2015 年，依据不同观察期和基期，T 可取 1～9；PTE 表示纯技术效率，u 表示残差项。回归该方程可以得到常数项 α 和系数 $\dfrac{-(1 - e^{-\beta T})}{T}$，最终得到 β 值，即为收敛指数，若系数为负且回归模型显著，则说明从基期 $t-T$ 时期至观察期 t 时期的林业产出效率年均增长率与初始时期的林业产出效率负相关，即同一时间段内林业产出效率较小省区市的产出效率增长更快，存在 β 收敛。

（二）技术效率测算

首先测算 2006～2015 年中国 31 个省份林业生产系统的综合效率，然后利用公式综合效率＝技术效率×规模效率对综合效率进行分解，进而得到纯技术效率值，如表 9 - 22 所示。

表 9 - 22　　　　中国 31 个省份 2006~2015 年的技术效率值

省份	2006 年	2007 年	2008 年	2009 年	2010 年	2011 年	2012 年	2013 年	2014 年	2015 年	平均值
北京	0.05	0.05	0.06	0.06	0.05	0.11	0.27	0.40	0.42	0.30	0.18
天津	0.62	0.63	0.69	0.77	0.69	0.90	1.00	0.90	0.99	1.00	0.82
河北	0.32	0.42	0.57	0.50	0.37	0.44	0.53	0.67	0.82	0.74	0.54
山西	0.48	0.37	0.45	0.63	0.51	0.58	0.59	0.62	0.68	0.48	0.54
内蒙古	0.07	0.27	0.42	1.00	0.39	0.53	0.74	0.86	0.34	0.20	0.48
辽宁	0.16	0.19	0.20	0.23	0.33	0.52	0.64	0.64	0.71	0.52	0.41
吉林	0.02	0.02	0.03	0.03	0.04	0.04	0.05	0.07	0.07	0.06	0.04
黑龙江	0.01	0.02	0.02	0.03	0.04	0.03	0.03	0.05	0.04	0.04	0.03
上海	0.90	0.55	0.66	0.39	0.38	0.37	0.41	0.40	0.58	0.69	0.53
江苏	0.17	0.24	0.19	0.22	0.35	0.35	0.29	0.35	0.40	0.41	0.30
浙江	0.31	0.36	0.40	0.48	0.45	0.56	0.63	0.65	0.69	0.68	0.52
安徽	0.16	0.21	0.24	0.30	0.31	0.41	0.52	0.81	0.99	1.00	0.49
福建	0.17	0.21	0.26	0.30	0.37	0.75	0.67	0.86	1.00	0.98	0.56
江西	0.11	0.16	0.29	0.26	0.28	0.24	0.25	0.31	0.34	0.38	0.26
山东	0.20	0.24	0.36	0.37	0.36	0.42	0.41	0.54	0.60	0.60	0.41
河南	0.30	0.20	0.66	0.87	0.43	0.48	0.49	0.56	0.58	0.38	0.49
湖北	0.11	0.16	0.19	0.20	0.25	0.32	0.35	0.50	0.60	0.55	0.32
湖南	0.16	0.18	0.20	0.27	0.37	0.61	0.63	0.65	0.77	0.65	0.45
广东	0.09	0.10	0.11	0.13	0.32	0.46	0.48	0.58	0.69	0.73	0.37
广西	0.13	0.16	0.20	0.21	0.28	0.34	0.40	0.48	0.57	0.58	0.34
海南	0.67	0.59	0.59	0.53	0.74	1.00	0.78	0.70	0.59	0.51	0.67
重庆	0.20	0.46	0.48	0.46	1.00	0.99	0.91	1.00	0.99	0.92	0.74
四川	0.09	0.27	0.63	0.51	0.40	0.27	0.22	0.27	0.28	0.48	0.34
贵州	0.09	0.16	0.18	0.24	0.22	0.26	0.24	0.64	0.67	0.90	0.36
云南	0.22	0.41	0.79	1.00	0.91	1.00	0.92	1.00	0.94	1.00	0.82
西藏	0.42	0.50	0.51	0.57	0.26	0.46	0.27	0.27	1.00	0.58	0.48
陕西	0.18	0.23	0.31	0.74	0.52	0.38	0.38	0.44	0.45	0.26	0.39
甘肃	0.12	0.13	0.14	0.18	0.20	0.16	0.15	0.15	0.18	0.22	0.16

省份	2006 年	2007 年	2008 年	2009 年	2010 年	2011 年	2012 年	2013 年	2014 年	2015 年	平均值
青海	0.07	0.15	0.19	0.46	0.37	0.47	0.42	0.51	0.42	0.19	0.32
宁夏	0.17	0.22	0.32	0.29	0.29	0.30	0.31	0.33	0.29	0.19	0.27
新疆	0.16	0.22	0.34	0.52	0.22	0.27	0.29	0.26	0.28	0.29	0.29
平均值	0.22	0.26	0.34	0.41	0.38	0.45	0.46	0.53	0.58	0.53	

注：利用 DEAP 2.1 软件计算得到。

根据表 9-22 纵向数据来看，各省份间的纯技术效率相差较大，从各省的年纯技术效率均值来看，最低的吉林和黑龙江均没有超过 0.05，而最高的天津和云南均达到 0.8 以上，是吉林和黑龙江的 16 倍之多。而黑龙江和吉林均属于我国东北林区范畴，东北林区其他两个省份辽宁和内蒙古的纯技术效率均值均在 0.4 以上，差距较大。西南林区四个省份的纯技术效率值均在 4% 以上，技术水平较高。包含省份较多的东南林区和北方林区内部省份的差距更大，东南林区中均值最高的海南与均值最低的江西之间相差近 0.5。而北方林区存在明显的东西部差异，陕西以西包括陕西的 5 个省份均值均不到 0.4，东部的省份除了北京外均超过 0.4，因此还需进一步平衡技术方面的投入。

从历年全国各省份均值来看，我国林业纯技术效率基本呈现上升趋势，但效率值偏小，至 2015 年也只有 0.53，因此需要加大省份技术效率的提升力度。

(三) 生产技术效率收敛性分析

进一步分析纯技术效率的收敛性，首先通过计算每年各省份纯技术效率对数值的标准差来判断是否存在 σ 收敛，如表 9-23 所示。

表 9-23　　　　　　　　　技术效率 σ 收敛指数

指标	2006 年	2007 年	2008 年	2009 年	2010 年	2011 年	2012 年	2013 年	2014 年	2015 年
收敛指数	0.9030	0.8136	0.8508	0.8516	0.7455	0.8032	0.7449	0.7124	0.7144	0.7486

中国 31 个省份技术效率 σ 收敛指数在 2006~2015 年间并不存在绝对的递减趋势，说明在此时期，中国各省份并不存在绝对的 σ 收敛，只有在 2006~2007 年、2009~2010 年和 2011~2012 年这三个时间段存在收敛。

判断是否存在 β 收敛需要使用公式 (9.72)，利用 Stata 13 进行回归可以得到模型一的结果情况。俱乐部收敛是 β 收敛的衍生，因此用同样的方法分林区进行回归，得到模型二、模型三、模型四和模型五，分别代表东北林区、西南林区、东南林区和北方林区的俱乐部收敛回归结果。具体结果如表9－24所示。

表9－24 技术效率 β 收敛回归结果

变量	模型一	模型二	模型三	模型四	模型五
$PTE_{i,t-T}$	-0.3327^{***}	-0.4628^{***}	-0.6555^{***}	-0.1470^{***}	-0.3751^{***}
常数	-0.2807^{***}	-0.8900^{***}	-0.3257^{***}	-0.0192	-0.3449^{***}
β	0.4045	0.6214	1.0657	0.1590	0.4702
R^2	0.2572	0.3927	0.5248	0.1263	0.2502
F	85.51^{***}	20.5^{***}	34.24^{***}	13.74^{***}	29.03^{***}

注：$***$ 表示在1%的水平上显著。

由表9－24可知，五个模型的 F 统计量均在1%的显著性水平下显著，说明这五个模型成立。对于模型一，系数项和常数项均显著，说明我国各省份在总体上存在 β 收敛，且 β 值为0.4045，即收敛速度为0.4045，收敛速度中等。模型二、三、四、五体现的是"俱乐部收敛"，即东北林区、西南林区、东南林区和其他林区的 β 收敛情况。其中，东南林区、西南林区和北方林区的系数项和常数项均在1%的显著性水平下显著，因此这三个林区存在较明显的 β 收敛，其收敛速度排序如下：西南林区（1.0657）＞东北林区（0.6214）＞其他林区（0.4702）。由此可见，西南林区和东北林区的俱乐部收敛明显且收敛速度较快，其他林区适中，东南林区俱乐部收敛不明显，且收敛速度也较慢。

五、森林资源产业结构协调与优化分析

开发利用森林资源，需要根据森林资源所处的地域来确定经营目标。林业产业结构主要包括三大产业，由林业的培育和种植为代表的林业第一产业，以木材加工及木竹藤等制品制造为代表的林业第二产业，以林业旅游和休闲服务为代表的林业第三产业。

我国的林业产业初期以林业采运业为主，而目前则转变为以发展经济林、森林旅游业等新兴产业为主，但我国的林业产业结构还不尽合理，低级化的现象仍然存在。表9－25为我国近年来林业三大产值及其占比情况，并据此绘制我国林业三大产业产值（见图9－20）及林业三大产业产值占比（见图9－21）的趋

势图。

表 9 - 25　　　　　　　　我国林业三大产业产值及占比

年份	林业三大产业产值（万元）			林业三大产业产值占比		
	第一产业产值	第二产业产值	第三产业产值	第一产业产值占比	第二产业产值占比	第三产业产值占比
2006	47 088 160	51 983 970	7 450 032	0.4421	0.4880	0.0699
2007	55 462 139	60 339 163	9 532 909	0.4425	0.4814	0.0761
2008	63 588 230	68 382 467	12 093 432	0.4414	0.4747	0.0839
2009	72 252 565	87 179 183	15 505 588	0.4131	0.4983	0.0886
2010	88 952 112	118 769 494	20 068 626	0.3905	0.5214	0.0881
2011	110 561 944	166 883 963	28 521 401	0.3614	0.5454	0.0932
2012	137 485 185	208 983 022	48 040 868	0.3485	0.5297	0.1218
2013	163 737 921	249 761 641	59 654 834	0.3461	0.5279	0.1260
2014	185 594 583	280 880 407	73 854 433	0.3435	0.5198	0.1367
2015	202 073 172	298 933 386	92 620 577	0.3404	0.5036	0.1560

资料来源：国家林业局编：《中国林业统计年鉴》，中国林业出版社 2007～2016 年版。

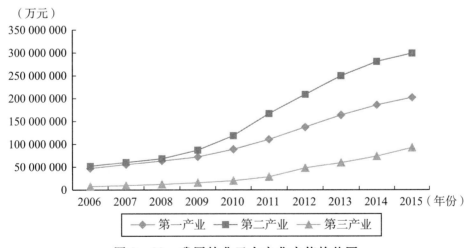

图 9 - 20　我国林业三大产业产值趋势图

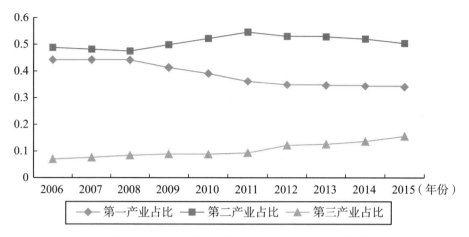

图 9 – 21　我国林业三大产业产值占比趋势图

由图 9 – 20 可以看出，我国林业三大产业的产值均呈现逐年上升趋势，且第二产业产值的增速最大。由图 9 – 21 可以看出，我国林业中，第二产业占比最大，且随着时间推移，占比变动不大；第一产业占比次之，且其趋势呈现下降状态；第三产业产值占比最小，不过呈逐年上升趋势，我国应当重视发展森林旅游业，推动相关森林旅游产业的发展。

随着我国经济的快速发展，林业产业结构也随之发生变化，由过去单一产业向涉及国民经济体系中的三个产业的复合产业转移。从结构特征来看，我国林业产业结构是一个灰色系统，因此，可以运用灰色关联度模型对我国林业三次产业之间及各产业内部进行灰色关联分析，为调整和优化我国林业产业结构提供科学的决策依据。

（一）数据处理及模型构建

根据 2007 ～ 2016 年《中国林业统计年鉴》得到我国 2006 ～ 2015 年间林业三次产业产值和各个产业内部的各亚产业产值，并且运用灰色关联度模型对其进行分析，通过计算不同时段各个因素之间的灰色关联度，可以分析出我国林业产业内部结构的动态发展趋势。为保证数据计算口径纵向可比，对数据进行如下处理：剔除林业第二产业组成部分中含义不明确的其他产业项目，剔除 2013 年新增的林业第一产业中"造林和更新""森林经营和管护"以及 2014 年新增的林业第三产业中的"林业生产服务"；在 2008 年之前，林业第三产业中将自然保护管理服务、森林公园管理服务、林业公共管理服务分开进行统计，而在 2008 年后则将其合并为林业公共管理及其他组织服务，进行灰色关联分析时则将林业公共管理及其他组织服务作为分析对象。

灰色关联度模型构建步骤如下：

（1）设定参考序列和比较序列：

设 $X_0 = \{X_0(k) \mid k = 1, 2, \cdots, n\}$ 为参考序列，$X_i = \{X_i(k) \mid k = 1, 2, \cdots, n\}$（$i = 1, 2, \cdots, m$）为比较数列；

（2）进行去量纲化处理；

（3）求 $X_i(k)$ 与 $X_0(k)$ 的关联系数 $L_i(k)$；

（4）计算关联度：$r_i = \dfrac{1}{n} \displaystyle\sum_{i=1}^{n} L_i(k)$。

（二）我国林业产业总产出与三次产业之间动态关联分析

首先，以 2006～2015 年我国林业总产值为参考数列 $X_0(k)$，以林业三个产业的产值为比较数列 $X_i(k)$，并对其进行初始化处理，得到表 9-26 所示数据。

表 9-26　　　　　　　　关联分析初始化数列

项目	2006 年	2007 年	2008 年	2009 年	2010 年	2011 年	2012 年	2013 年	2014 年	2015 年
X_0	1.000	1.175	1.347	1.633	2.113	2.834	3.639	4.238	4.826	5.344
X_1	1.000	1.178	1.350	1.534	1.889	2.348	2.920	3.097	3.605	3.959
X_2	1.000	1.157	1.302	1.657	2.233	3.135	3.890	4.737	5.251	5.648
X_3	1.000	1.280	1.623	2.081	2.694	3.828	6.448	8.007	9.579	11.945

计算参考序列同比较序列之间的绝对差，如表 9-27 所示。

表 9-27　　　　　参考序列与比较序列之间的绝对差表

项目	2006 年	2007 年	2008 年	2009 年	2010 年	2011 年	2012 年	2013 年	2014 年	2015 年
ρ_{01}	0.000	0.003	0.003	0.099	0.224	0.486	0.719	1.141	1.221	1.385
ρ_{02}	0.000	0.018	0.045	0.024	0.12	0.301	0.251	0.499	0.425	0.304
ρ_{03}	0.000	0.105	0.276	0.448	0.581	0.994	2.809	3.769	4.753	6.601

在表 9-27 中，ρ_{0i} 表示第 i 行比较序列与参考数列之差，由此，基于关联系数的公式：$\xi_i(k) = \dfrac{\min\limits_{i} \left| \min\limits_{k} \left| X_0(k) - X_i(k) \right| \right| + \sigma \max\limits_{k} \left| X_0(k) - X_i(k) \right|}{\left| X_0(k) - X_i(k) \right| + \sigma \max\limits_{k} \left| X_0(k) - X_i(k) \right|}$，计算出关联度，其中，取 $\sigma = 0.5$，可得 $\Delta\min = 0.000$，$\Delta\max = 6.601$，经过计算可得：

$\xi_1(k) = (1.000, 0.999, 0.999, 0.971, 0.936, 0.872, 0.821, 0.743,$
$\qquad 0.730, 0.704)$

$\xi_2(k) = (1.000, 0.995, 0.987, 0.993, 0.965, 0.916, 0.929, 0.869,$
$\qquad 0.886, 0.916)$

$\xi_3(k) = (1.000, 0.969, 0.923, 0.880, 0.850, 0.769, 0.540, 0.467,$
$\qquad 0.410, 0.333)$

由此便可计算出：

$r_1 = (1.000 + 0.999 + 0.999 + 0.971 + 0.936 + 0.872 + 0.821 + 0.743$
$\qquad + 0.730 + 0.704) \div 10 = 0.878$

$r_2 = (1.000 + 0.995 + 0.987 + 0.993 + 0.965 + 0.916 + 0.929 + 0.869$
$\qquad + 0.886 + 0.916) \div 10 = 0.946$

$r_3 = (1.000 + 0.969 + 0.923 + 0.880 + 0.850 + 0.769 + 0.540 + 0.467$
$\qquad + 0.410 + 0.333) \div 10 = 0.714$

由此可得，我国林业三个产业总产值与三个产业之间的灰色关联度结果如表 9 – 28 所示。

表 9 – 28　　　　　　　　2006 ~ 2015 年我国林业产业灰色关联矩阵

产业	2006 ~ 2015 年	2007 ~ 2015 年	2008 ~ 2015 年	2009 ~ 2015 年	2010 ~ 2015 年	2011 ~ 2015 年	2012 ~ 2015 年	2013 ~ 2015 年	2014 ~ 2015 年	均值
第一产业	0.878	0.846	0.798	0.799	0.813	0.852	0.740	0.895	0.942	0.840
第二产业	0.946	0.917	0.871	0.904	0.956	0.950	0.900	0.808	0.845	0.900
第三产业	0.714	0.703	0.700	0.681	0.628	0.577	0.648	0.667	0.667	0.665

从表 9 – 28 可以看出，林业第二产业与总产出的平均关联度最大，其次是林业第一产业，第三产业最小，说明林业第二产业对我国林业的影响最大。2006 ~ 2015 年，林业第二产业呈现出先下降后上升、再下降后又上升的趋势，但其对总产出的关联度较原来有所下降。一方面，木材加工及家具制造仍然在我国林业产业中占有重要地位，所以由其带动的林业第二产业对我国林业的影响程度较大；另一方面，由于近年来随着林业第一、第三产业的不断发展，特别是第一产业中经济林产品增长速度较快，相对而言，林业第二产业对总产出的关联度有所下降。

林业第一产业与总产出的平均关联度居中，第一产业与总产出的关联度与第二产业与总产出的关联度较为接近，甚至在 2013 ~ 2015 年间超过了林业第二产业的关联度。一方面，近年来我国开始将林业建设的重点转到改善生态环境上，造林、更新面积逐渐加大；另一方面，我国也开始对林业产业结构进行调整和优化，大力发展经济林产业、花卉产业，使得林业第一产业逐渐成为我国林业产业的重要组成部分。

林业第三产业对我国林业的影响最小，虽然森林旅游业逐渐兴起，冬季以滑雪和滑冰为主，夏季以观光和林间漂流为主，但林业第三产业尚未形成强势产业。因此，林业第三产业发展潜力很大，而如何加速发展第三产业成为目前急需解决的问题。

根据我国林业产业结构灰色关联分析的结果，可以发现我国林业产业结构存在以下主要问题：一是林业产业结构单一化，我国林业的总产出主要集中在经济林产品的种植、采集和木材加工及家具制造行业，而像诸如林业旅游与陆生野生动物的繁殖和利用等行业与总产出之间关联较小。二是三次产业间结构不合理。我国林业第二产业在林业总产值中所占比重较大，而林业第一产业和林业第三产业所占比重则相对较小。而从目前来看，林业第一产业的基础并不牢固，林业第二产业的效率相对偏低，林业第三产业的基础比较薄弱，没有发挥出其所具有的巨大潜力。

（三）我国林业产业第一产业内部关联分析

将林业第一产业的总产值作为参考序列，而将林业的培育和种植、木材采运、林产品和花卉的种植与采集、陆生野生动物的繁殖和利用、林业服务业和非林产业作为比较序列，分别计算不同时间段的灰色关联度，得到我国林业产业灰色关联矩阵，如表 9-29 所示。

表 9-29　　　　2006~2015 年我国林业第一产业灰色关联矩阵

产业	2006~2015 年	2007~2015 年	2008~2015 年	2009~2015 年	2010~2015 年	2011~2015 年	2012~2015 年	2013~2015 年	2014~2015 年	均值
林业的培育和种植	0.792	0.743	0.733	0.683	0.636	0.579	0.517	0.802	0.975	0.718
木材采运	0.716	0.694	0.597	0.614	0.602	0.627	0.811	0.650	0.667	0.664
经济林产品的种植与采集	0.893	0.897	0.835	0.781	0.856	0.813	0.766	0.962	0.925	0.858
花卉业	0.864	0.854	0.760	0.744	0.627	0.635	0.681	0.919	0.852	0.771

续表

产业	2006~2015年	2007~2015年	2008~2015年	2009~2015年	2010~2015年	2011~2015年	2012~2015年	2013~2015年	2014~2015年	均值
陆生野生动物的繁殖和利用	0.626	0.588	0.605	0.687	0.724	0.658	0.799	0.666	0.782	0.682
林业服务业	0.878	0.860	0.735	0.839	0.702	0.796	0.837	0.613	0.722	0.776
非林产业	0.881	0.867	0.811	0.772	0.602	0.657	0.705	0.676	0.858	0.759

从表9-29可以看出，我国林业第一产业与经济林产品的种植与采集关联度最大，其次是林业服务业、花卉业、非林产业、林业的培育和种植，而林业第一产业与木材采运及陆生野生动物的繁殖和利用的关联度则最小。

经济林产品的种植与采集与林业第一产业之间的关联度在2006~2015年间呈现出波动状态，但始终对第一产业的影响较大；林业的培育和种植虽然在2006~2015年间对林业第一产业的平均贡献度相对较小，但在2013~2015年间与林业第一产业的关联度增长较快，在2014~2015年间达到0.975，成为该时间段内与林业产业关联度最高的时间段，这是国家加大森林资源的保护力度、大力开展营造林建设、改善森林经营方式和方法、推广速生丰产高质造林树种的结果。花卉业在2006~2007年间曾一度对国林业产业贡献较大，但之后由于世界花卉消费市场转型升级，由传统花卉转向新优花卉，而我国花卉行业起步较晚，存在新优品种匮乏、花卉质量普遍偏低、技术水平有限等劣势，导致我国花卉未能占领国外高端花卉产品市场，因此在2008~2012年间我国花卉行业发展缓慢，对林业产业的贡献度相对较小。国家及时发现花卉行业存在的问题，不断采取措施使花卉的产品结构不断向多样化、国际化发展，花卉生产也逐渐向专业化和规模化迈进，使得在2013~2015年间花卉业对我国林业产业的贡献度逐渐加大。而木材采运业作为一个传统行业，近年来发展较为缓慢，对林业产业的贡献度较小，这是由于近年来，国家加大对森林资源的保护力度，使得传统的木材采运业不得不进行转型升级，学习西方先进的木材采运技术和引进低干扰的木材采运设备，以减少对林地生态环境的破坏。

（四）我国林业第二产业内部关联分析

将林业第二产业的总产值作为参考序列，列出的行业作为参考序列，并计算不同时间段的灰色关联度，得出我国林业产业的灰色关联矩阵，如表9-30所示。

表 9 - 30   2006 ~ 2015 年我国林业第二产业灰色关联矩阵

产业	2006 ~ 2015 年	2007 ~ 2015 年	2008 ~ 2015 年	2009 ~ 2015 年	2010 ~ 2015 年	2011 ~ 2015 年	2012 ~ 2015 年	2013 ~ 2015 年	2014 ~ 2015 年	均值
木材加工及木、竹、藤、棕、苇制品制造	0.861	0.876	0.854	0.889	0.929	0.937	0.951	0.896	0.814	0.890
木、竹、藤家具制造	0.929	0.920	0.912	0.898	0.891	0.837	0.698	0.641	0.767	0.833
木、竹、苇浆造纸	0.678	0.859	0.799	0.881	0.847	0.798	0.711	0.658	0.751	0.776
林产化学产品制造	0.884	0.851	0.828	0.843	0.815	0.680	0.603	0.632	0.694	0.759
木质工艺品和木质文教体育用品制造	0.798	0.825	0.749	0.896	0.924	0.904	0.746	0.764	0.858	0.829
非木质林产品加工制造业	0.750	0.718	0.707	0.666	0.611	0.591	0.573	0.642	0.671	0.659
林业系统非林产业	0.858	0.934	0.894	0.907	0.936	0.882	0.685	0.788	0.667	0.839

从表 9 - 30 可以看出，2006 ~ 2015 年，木材加工及木、竹、藤、棕、苇制品制造与我国林业第二产业关联最大，关联度为 0.861，其次是林业系统非林产业，然后是木、竹、藤家具制造，接下来依次是木质工艺品和木质文教体育用品制造，木、竹、苇浆造纸，林产化学产品制造，而非木质林产品加工制造业与国林业产业的关联度最小，为 0.750。

我国木材加工及木、竹、藤、棕、苇制品制造与林业第二产业的关联度在 2006 ~ 2015 年间保持稳定，表明这两个行业一直是我国林业第二产业的支柱性产业。目前，我国已经成为世界上最大的林业加工、木制品生产基地和木制品加工出口大国，但在 2013 ~ 2015 年间由于原材料及人工成本上涨、企业利润缩水、资源供应紧张，使得我国木材加工业在发展过程中受到较大阻碍，导致其与林业第二产业的关联度有所下降。木、竹、藤家具制造业在 2006 ~ 2015 年间与我国林业第二产业的关联度呈现出先下降后上升的趋势，这是由于在 2008 年金融危机过后我国开始全面的经济转型升级，但由于家具制造业是规模型企业且与文化产业之间存在千丝万缕的联系，导致金融危机过后的四五年间，家具业转型升级步履蹒跚，落后于诸如服装、制鞋等劳动密集型产业。木、竹、苇浆造纸业在2006～2015年与我国林业第二产业的关联度呈现出先上升后下降的趋势，这是由于受消费拉动，我国造纸产量增长迅速，使得其与第二产业的关联度上升，后来由于国家加大了生态环境保护力度，造纸业由于其不合理的规模结构和原料结构，对水和能源消耗量较大，成为我国主要废水排放产业，使得近些年间木、竹、苇浆造纸业的发展面临巨大挑战，导致其对第二产业的关联度下降。而非木质林产品加工制造业2006～2015年间在第二产业中所占的比重相对偏低，与第二产业的关联度也相对较小，这是因为通常把非木质林产品看成林副产品，而且其经营分散且规模小，缺乏有效的流通渠道和资金，导致非木质林产品发展较为缓慢，不过我国多种食用菌产量和出口量都位居世界第一位，说明非木质林产品资源的开发和利用具有巨大的潜力。

（五）我国第三产业内部关联分析

将林业第三产业的总产值作为参考序列，将林业旅游与休闲服务、林业专业技术服务等行业作为参考序列，并通过计算不同时间段的灰色关联度，得出我国林业产业灰色关联矩阵，如表9－31所示。

表9－31　　　2006～2015年我国林业第二产业灰色关联矩阵

产业	2006～2015年	2007～2015年	2008～2015年	2009～2015年	2010～2015年	2011～2015年	2012～2015年	2013～2015年	2014～2015年	平均值
林业旅游与休闲服务	0.956	0.960	0.757	0.768	0.761	0.720	0.913	0.816	0.899	0.839
林业专业技术服务	0.974	0.976	0.792	0.730	0.847	0.686	0.783	0.753	0.786	0.814
林业系统非林产业	0.912	0.905	0.623	0.635	0.618	0.582	0.794	0.671	0.968	0.745
林业生态服务	0.611	0.568	0.873	0.791	0.651	0.599	0.849	0.760	0.849	0.728
林业公共管理及其他组织服务	0.934	0.939	0.811	0.655	0.687	0.620	0.761	0.625	0.667	0.744

从表9－31可以看出，林业旅游休闲服务与我国林业第三产业关联度最大，

其次是林业专业技术服务和林业系统非林产业、林业公共管理及其他组织服务，而林业生态服务与我国林业第三产业关联度最小。

林业旅游与休闲服务业虽然在 2008～2011 年间与第三产业关联度偏小，但从 2006～2015 年整个时间段来看，一直是林业第三产业中的支柱产业。随着近年来我国居民收入的不断增加，人们在满足了物质生活需求后开始追求休闲娱乐，森林旅游业得以发展，森林公园数量急剧增加，旅游投资不断增加，旅游人数持续增长，产业规模不断扩大。但是森林旅游业还存在不少制约因素：一是许多森林旅游景区基础设施相对落后，部分景区路程远、路况差，严重限制了我国森林旅游产业的发展；二是森林旅游景区的运营管理仍然较为粗放，旅游项目缺乏特色，旅游产品单一，不能满足游客的需求；三是一些地区在对森林旅游资源进行开发时并未进行森林旅游规划，重开发、轻保护。

第三节　中国森林生态安全评价与林业发展对策

森林生态安全不仅包含森林生态系统的健康，而且包含森林承受生态破坏和环境污染的能力。森林生态安全的衡量标准是能否满足人类生存与发展的需要，森林生态安全指数高，说明森林生态系统完整程度高，人类可持续发展能力强，反之人类发展则不具有可持续性。森林生态安全具有动态性和区域性的特点。森林作为陆地生态系统中的一个重要主体，遭受破坏与不合理利用会直接影响生态系统的良性循环，森林的可持续发展与人们面临的一系列生态难题息息相关。在此大背景下，建立有效的评估指标体系监测森林生态系统的安全程度具有重大意义。

一、森林生态安全评价体系

（一）森林生态安全及森林生态安全评价

1. 森林生态安全

目前，关于森林生态安全尚没有明确定义，但其本质是指森林生态系统的安全。广义的森林生态安全，表示在某个特定的时空范围内，在现有的自然环境状态以及受到人类社会经济活动等外界干扰的情况下，森林生态系统内部结构和功能的完整性、稳定性以及通过自身调节满足人类生存和社会可持续发展的一种状态，强调了对人类社会经济活动干扰的调节能力。狭义的森林生态安全，仅仅包含森林生态系统自身结构和功能的完整性、健康性。

2. 森林生态安全评价

森林生态安全的研究是在生态学、林学、经济学等多个自然学科发展的基础上发展起来的综合性应用研究。目前，国内外学者对森林生态安全的关注明显不足，现有研究多侧重于森林生态安全评价、森林生态安全预警及与林业市场可持续发展间的关系等。关于森林生态安全领域的研究，重点是建立有效的评价指标体系，普遍采用传统的压力—状态—响应模型，或者由此衍生出来的框架体系，如运用多学科知识引入干扰因素等（刘心竹等，2014）。各指标的权重值是指标之间的相对重要程度，常用的计算方法主要有熵权法、层次分析法、最大离差法等。

本节立足于我国森林生态环境自身的发展特点，同时引入人类活动对森林生态环境影响的指标，用森林生态环境承载力指标反映状态层，用人类活动影响指标反映压力层和响应层，构建我国森林系统安全评价指标体系，实证评价中国森林生态安全。

本节所构建的森林生态安全评价指标体系如表 9 – 32 所示。

表 9 – 32　　　　　　　　　　森林生态安全评价体系

目标层	准则层	指标层	计算方法
森林生态安全评价	状态层	森林覆盖率 C1	森林面积÷土地总面积×100%
		活木蓄积量 C2	研究区域内所有树木的蓄积总量
		林业产值 C3	区域内当年林业产业的经济总值
		造林面积 C4	成活率达到85%及以上的造林面积
	压力层	病害发生率 C5	森林病害面积÷森林面积×100%
		虫害发生率 C6	森林虫害面积÷森林面积×100%
		森林火灾面积 C7	森林火灾受害面积÷森林面积×100%
	响应层	林业投资 C8	地区各级政府对林业产业投入的资金总量
		人工林面积 C9	研究地区当年人工措施形成的森林总面积

资料来源：中国林业网，http：//www.forestry.gov.cn/main/index.html。

指标赋权是综合评价的基础性环节。指标权重即所构建体系中的各层次指标对评价对象的重要程度，重要程度大，权重就高；相反，权重就低。指标权重确定的准确与否，直接关系到森林生态安全评价是否科学。

确定指标权重的方法有两大类：一类被称作主观赋权方法，包括专家意见法、经验评估法及层次分析法等。这类主观赋权方法计算简单、便于理解，但由于在赋权时涉及诸多主观因素，要求既要有扎实的理论基础，又要能与客观事实相联系、多角度全面考虑问题，一旦遗漏了对某个方面的考量，就会使所确定的权重不具备科学性与有效性。另一类则被称作客观赋权法，例如最大离差法、熵权法及主成分分析法等。客观赋权法相对于主观赋权法而言，计算权重的过程较为复杂，但是能够规避主观因素存在的弊端，使得权重的计算结果更为科学合理。

现有关于森林生态安全评价的研究，大多采用层次分析方法、模糊综合评价方法及主成分分析方法等，这三种评价方法各有优缺点和适用条件。由于本节旨在评价我国森林生态安全，是一种相对的安全，其中模糊综合评价法可以较好地给予评价指标体系合理的区间，在森林生态安全评价研究中被广泛应用。因此，本节采用模糊综合评价法来构建森林生态安全的综合评价体系。

模糊综合评价法的基础是模糊数学，它将模糊的、难以定量化的指标因子定量化，结果清晰而且能够处理复杂问题。其基本原理是依次对单个因素作出评价，然后根据各个指标因子的权重构建模糊综合评判矩阵，以达到对原始数据的模糊性评价。该方法可以解决在森林生态安全评价中指标确定标准的模糊性难题。

模糊综合评价法步骤如下：

（1）确定评价对象，构建评估对象因素集：$A = (W_1, W_2, \cdots, W_n)$，其中 n 表示评价指标的个数。

（2）建立评价集合：$A = (W_1, W_2, \cdots, W_n)$，不同等级对应不同模糊子集，逐个对每个等级中每个因素 $X_i (i = 1, 2, \cdots, n)$ 赋值以便作出定量的评价。根据隶属函数 $(R|X_i)$ 获得模糊判断矩阵：

$$R = \begin{bmatrix} (R|X_1) \\ (R|X_2) \\ (R|X_3) \\ (R|X_4) \end{bmatrix} = \begin{bmatrix} r_{11} & r_{12} & \cdots & r_{1m} \\ r_{21} & r_{22} & \cdots & r_{2m} \\ \vdots & \vdots & \ddots & \vdots \\ r_{n1} & r_{n2} & \cdots & r_{nm} \end{bmatrix}$$

矩阵中第 i 行第 j 列元素表示评价指标 X_i 对于评价等级 W_j 的隶属程度。

（3）建立权重集，在模糊综合评价中，不同评级因子对评价目标的影响有所不同，需要对每个指标赋予对应权重，权向量 $U = (u_1, u_2, \cdots, u_n)$，通常借助层次分析法确定每个指标的重要程度大小，其中 $u_1 + u_2 + \cdots + u_n = 1$。

（4）计算模糊综合评价值：

$$UR = (u_1, u_2, \cdots, u_n) \begin{bmatrix} r_{11} & r_{12} & \cdots & r_{1m} \\ r_{21} & r_{22} & \cdots & r_{2m} \\ \vdots & \vdots & \ddots & \vdots \\ r_{n1} & r_{n2} & \cdots & r_{nm} \end{bmatrix}_{nm} = (b_1, b_2, \cdots, b_m) = B$$

矩阵中 b_i 代表评价对象相对于评价等级 W_j 的整体隶属程度。

基于以上森林生态安全各层次指标体系的构建及对其评价方法的相关论述，对中国森林生态安全评价加以实证分析，选取 2015 年我国 31 个省区数据[①]（不包含港澳台地区），描述性统计结果如表 9-33 所示。

表 9-33 评价体系中各指标原始数据描述性统计

准则层	指标层	均值	标准差
状态层	森林覆盖率（%）	32.38	18.15
	活木蓄积量（亿立方米）	5.19	6.34
	林业产值（亿元）	143.11	105.75
	造林面积（千公顷）	247.23	177.8
压力层	病害发生率（%）	0.72	0.67
	虫害发生率（%）	4.54	3.55
	森林火灾面积（千公顷）	0.42	0.7
响应层	林业投资（亿元）	136.97	180.66
	人工林面积（千公顷）	2 236.57	1 661.65

由于各评价指标的计量单位不同，需要对原始数据进行去量纲化处理，选用的无量纲化公式如下：

$$y_{ij} = \frac{x_i - x_{\min}}{x_{\max} - x_{\min}} \tag{9.73}$$

式中，y_{ij} 是第 i 个指标值第 j 个地区的指标转换值；x_i 是第 i 个指标的该地区数值；$x_{\min}$ 是第 i 个指标各地区的最小值；$x_{\max}$ 是第 i 个指标各地区的最大值。

利用主成分分析法，最终得出各个指标的权重并对其进行三个层面的总体排序，并得到状态、压力及响应三个层次的主要影响因子，如表 9-34 所示。

表 9-34 评价体系中各指标对应权重及总体排序

准则层	权重	指标层	单位	权重	权重总排序	指标类型
状态（S）	0.217	C1 森林覆盖率	%	0.028	9	正向
		C2 活木蓄积量	亿立方米	0.033	7	正向
		C3 林业产值	亿元	0.074	5	正向
		C4 造林面积	千公顷	0.082	4	正向

① 各指标数据源于 2015 年《中国林业统计年鉴》。

准则层	权重	指标层	单位	权重	权重总排序	指标类型
压力（P）	0.224	C5 病害发生率	％	0.031	8	负向
		C6 虫害发生率	％	0.034	6	负向
		C7 森林火灾面积	千公顷	0.159	3	负向
响应（R）	0.559	C8 林业投资	亿元	0.179	2	正向
		C9 人工林面积	千公顷	0.380	1	正向

由表 9 – 34 可以看出，状态层中，造林面积是我国森林生态安全的主要影响因子；压力层中，森林火灾面积是我国森林生态安全的主要影响因子；响应层中，人工林面积则是我国森林生态安全的主要影响因子，同时也是对我国森林生态安全影响最大的因素。响应层中的各指标所占权重最大，超过了 0.5；压力层指标权重位居其次，状态层指标权重最低，但与压力层差距并不明显。说明社会对森林生态安全的积极响应，可以极大地提升我国森林生态安全等级，而森林火灾与有害生物对森林生态安全的威胁也相对严重，虽然状态层指标的权重相对较小，但与压力层差别不大，可见保护已有森林资源的重要性。

基于计算的各指标权重与标准化的无量纲化数据，采用模糊综合评价法计算森林生态安全综合评价指数，具体公式如下：

$$U_j = \sum_{i=1}^{9} w_i y_{ij} \tag{9.74}$$

式中，U_j 为第 j 地区森林生态安全综合评价指数；y_{ij} 表示无量纲化的指标值；w_i 表示对应指标的权重。

进一步计算该评价体系的总体矩阵与各个单项矩阵，如表 9 – 35 所示。

表 9 – 35 各准则层下综合评价结果

省份	综合评价指数	状态层评价指数	压力层评价指数	响应层评价指数
北京	− 0.654	− 0.185	− 0.064	− 0.404
天津	− 0.756	− 0.266	0.116	− 0.607
河北	− 0.088	0.006	− 0.045	− 0.049
山西	0.068	− 0.058	− 0.090	0.216
内蒙古	1.103	0.213	0.620	0.270

省份	综合评价指数	状态层评价指数	压力层评价指数	响应层评价指数
辽宁	0.314	− 0.003	0.187	0.130
吉林	− 0.297	− 0.010	− 0.091	− 1.196
黑龙江	0.003	0.073	− 0.113	0.043
上海	− 0.991	− 0.264	− 0.113	− 0.614
江苏	− 0.418	− 0.151	− 0.103	− 0.154
浙江	− 0.094	− 0.048	− 0.078	0.032
安徽	0.004	0.075	− 0.041	− 0.030
福建	0.833	0.182	0.181	0.469
江西	0.286	0.139	− 0.053	0.199
山东	0.153	− 0.059	0.014	0.198
河南	− 0.035	− 0.052	0.022	− 0.005
湖北	− 0.146	0.044	− 0.111	− 0.079
湖南	0.869	0.282	− 0.054	0.641
广东	1.090	0.200	0.165	0.724
广西	2.242	0.136	0.273	1.832
海南	− 0.476	− 0.120	− 0.034	− 0.321
重庆	− 0.491	− 0.067	− 0.050	− 0.374
四川	0.741	0.188	− 0.052	0.604
贵州	0.042	0.103	− 0.001	− 0.060
云南	0.840	0.374	0.046	0.420
西藏	− 0.851	− 0.114	− 0.132	− 0.605
陕西	− 0.081	0.023	− 0.112	0.008
甘肃	− 0.514	− 0.094	− 0.099	− 0.321
青海	− 0.890	− 0.223	− 0.081	− 0.596
宁夏	− 0.905	− 0.227	− 0.082	− 0.597
新疆	− 0.458	− 0.098	− 0.024	− 0.336

针对表 9 - 35 中各准则层下综合评价结果，具体分析如下。

从综合评价指数来看，正值表示高于全国平均水平，负值则代表低于全国平均水平。其中，北京、天津、吉林、上海、江苏、浙江、河南、湖北、重庆、西藏、陕西、甘肃、青海、宁夏、新疆的森林生态安全水平低于全国平均水平，而且天津、西藏、青海、宁夏等地区的森林生态安全综合评价指数的绝对值接近于 - 1，说明这些地区的森林生态系统所受威胁较为严重；内蒙古、广东、广西地区的森林生态安全综合评价指数值远大于 1，福建、湖南、四川、云南地区的森林生态安全综合评价指数接近于 1，说明这些地区的森林生态体系呈现良性发展。

状态层是指保有的森林资源量与生态环境的客观状态，可以折射出一国森林生态系统是否具备稳定长远发展的能力，是否能顺应人类社会经济发展趋势，以及是否存有自我调节的能力。从状态层评价指数来看，各地区的森林生态系统环境和森林各项资源情况的分布是不均衡的，其中，内蒙古、江西、湖南、广东、广西、四川、云南、安徽、湖北等地区拥有较为充裕的森林生态资源，而北京、天津、山西、上海、山东、西藏、甘肃、青海、宁夏、新疆等地区的则较为匮乏。

压力层是指森林生态系统遭受自然灾害及人为的破坏时，所承受的压力。从压力层评价指数来看，内蒙古森林生态安全系统受有害干扰的程度最为严重，其次为广西、辽宁等地区，这些地区多为资源较为丰富的地区；相反地，森林资源较为匮乏的北京、山西、上海、江苏、西藏等地区所受到的自然灾害与人为破坏程度相对较小，从侧面映射出这些地区已经采取了有力的保护森林生态环境的措施，并取得了一定成效。

响应层是指人们为森林生态环境的健康发展所做的事前、事中与事后的应对措施。从响应层评价指数来看，山西、内蒙古、辽宁、黑龙江、浙江、福建、江西、山东、湖南、广东、广西等地区所积极采取的各项措施力度较大，其中不乏森林资源相对匮乏的山西、山东等地区；而在森林资源较为丰富的地区中，湖北、安徽等地区为维护森林生态安全采取的积极措施的力度却较小。

（二）林业产业结构与森林生态安全的关系

林业的发展以森林资源为重要载体，森林资源的配置形成林业产业时必然会对我国经济、生态、社会等各个方面产生巨大影响，森林资源结构的调整也会直接导致林业产业结构变化。合理的林业产业结构，意味着森林资源结构的合理性，有利于自然资源和经济资源的协调发展。在林业供给侧改革的大背景下，我国应科学合理地调整和优化林业产业结构，延伸林业价值链，发展多元产业，促进林业产业取得更大的经济效益。

本节利用向量自回归模型（VAR 模型）实证分析安徽省林业第一、第二、第三产业与安徽省森林生态安全的关系，基于脉冲响应函数分析安徽省林业产业结构与其森林生态安全的响应关系，最后通过方差分解得出安徽省林业各产业对其森林生态安全的贡献率。

1. 指标选取与研究方法

关于林业产业结构，选取安徽省林业第一产业、林业第二产业与林业第三产业分别占林业总产值的比重（I_1、I_2、I_3）加以衡量；从状态层、压力层、响应层三个准则层，选取安徽省 9 项指标构成森林生态安全指标体系，即森林覆盖率（%）、活木蓄积量（亿立方米）、林业产值（亿元）、造林面积（千公顷）、病害发生率（%）、虫害发生率（%）、森林火灾面积（千公顷）、林业投资（亿元）、人工林面积（千公顷），数据源于《中国林业统计年鉴》。利用主成分分析法确定各指标权重，再用模糊综合评价法得出 2000 ~ 2015 年安徽省森林生态安全综合评价指数（ES）。最后各变量取对数得到 L_{ni1}、L_{ni2}、L_{ni3}、L_{nes}，以消除异方差。

2. 模型构建与结果分析

（1）ADF 平稳性检验。

借助 EViews 8.0 对各变量进行 ADF 平稳性检验，检验结果如表 9 - 36 所示。从中可以看出，取对数后的各变量序列均不平稳，但其一阶差分后的序列均平稳，即各变量一阶单整，表明存在长期稳定的关系。

表 9 - 36　　　　　　　　各变量平稳性检验结果

变量	ADF 统计量	临界值（显著性水平为 5%）	P 值	结果
L_{ni1}	- 1.703244	- 3.081002	0.4098	非平稳
$D(L_{ni1})$	- 5.981917	- 3.791172	0.0016	平稳
L_{ni2}	- 2.468833	- 3.081002	0.1416	非平稳
$D(L_{ni2})$	- 4.269508	- 3.098896	0.0062	平稳
L_{ni3}	- 1.492341	- 3.081002	0.5098	非平稳
$D(L_{ni3})$	- 3.166908	- 3.098896	0.0444	平稳
L_{nes}	- 2.677566	- 3.081002	0.1006	非平稳
$D(L_{nes})$	- 7.765756	- 3.791172	0.0001	平稳

（2）VAR 模型构建。

接下来判断 VAR 模型的滞后阶数，根据 AIC、SC、HQ 及其他准则，经多次试验后确定模型的最佳滞后阶数为二阶。再对二阶 VAR 模型进行平稳性检验，检验结果如图 9 - 22 所示，表明所有的点均落于单位圆内，建立的二阶 VAR 模型稳定。

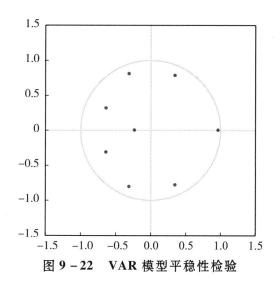

图 9 - 22　VAR 模型平稳性检验

（3）脉冲响应分析。

从图 9 - 23 所示的脉冲响应函数结果可以看出：在安徽省林业第一产业 1 个单位正向冲击下，安徽省森林生态安全除第 6 期表现为负向波动以外，其余各期均表现为正向影响。在第 1 期至第 2 期，正向影响程度不断加深，第 2 期至第 4 期经小幅正向波动后，在第 5 期达到最大值 0.0592，在第 6 期降为负值后，又呈现正向波动，且波动幅度减小。从 10 期的累计效应来看，安徽省林业第一产业对安徽省森林生态安全的影响为正，即安徽省林业第一产业的提升会使其森林生态安全程度上升。

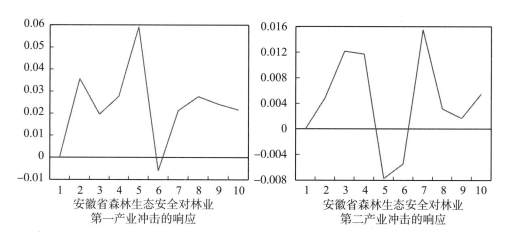

安徽省森林生态安全对林业
第一产业冲击的响应

安徽省森林生态安全对林业
第二产业冲击的响应

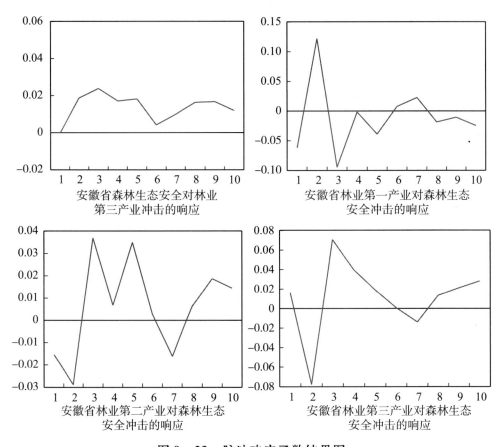

图 9 - 23　脉冲响应函数结果图

在安徽省林业第二产业 1 个单位正向冲击下，安徽省森林生态安全除第 5 期与第 6 期呈现负向波动以外，其余各期均呈现正向波动，第 1 ~ 2 期呈现快速的上升阶段，并在第 3 期与第 4 期趋于稳定，在第 5 期与第 6 期短暂的负向波动之后，迅速上升并在第 7 期达到最大值 0.0155，而后开始下降，但仍呈现正向的波动。从累计效应来看，安徽省林业第二产业对安徽省森林生态安全的影响为正，即安徽省林业第二产业提升，其森林生态安全程度上升。但就安徽省林业第一产业而言，安徽省林业第二产业对其森林生态安全的冲击力度相对较弱。

在安徽省林业第三产业 1 个单位正向冲击下，安徽省森林生态安全在各期均表现为正向波动，在第 1 ~ 3 期呈现上升趋势，并在第 3 期达到最大值 0.0237，而后开始呈现下降趋势，并在第 6 期降至最小值 0.0041，接着又呈现上升趋势。由此可以看出，安徽省林业第三产业对安徽省森林生态安全的影响为正，即安徽省林业第三产业提升，其森林生态安全程度随之上升。安徽省林业第三产业对其森林生态安全的冲击力度要高于安徽省林业第二产业，但低于安徽省林业第一产业。

在安徽省森林生态安全1个单位正向冲击下，安徽省林业第一产业呈现正负波动，并在第2期达到最大值0.1221，即安徽省森林生态安全程度的提高，在短期会促使安徽省林业第一产业的快速提升。而后开始下降并呈现负向影响，直到第6期上升为正值，并在第6期以后下降为负值，但负向波动幅度较小，说明长期来看，安徽省森林生态安全程度的提高对其林业第一产业的作用程度明显减弱，甚至会带来负向影响。

在安徽省森林生态安全1个单位正向冲击下，安徽省林业第二产业在第1期呈现负向波动，且在第2期降至最小值，而后才开始呈现上升态势，在第3~6期呈现正向波动，这说明安徽省森林生态安全程度的提高，对其林业第二产业的影响存在滞后效应，且波动幅度较大，安徽省森林生态安全每一单位的波动都会带来安徽省林业第二产业的高强度响应。但从累计效应来看，安徽省森林生态安全对安徽省林业第二产业的影响是正向的，即安徽省森林生态安全程度的提升会使林业第二产业比重上升。

在安徽省森林生态安全1个单位正向冲击下，安徽省林业第三产业呈现正负波动。安徽省林业第三产业在第1期呈现正向响应，但在第2期快速下降为负值，而后才开始上升，并基本保持在正值上波动，直到第8期才开始趋于小幅度的正向波动，说明在短期安徽省森林生态安全的冲击对安徽省林业第三产业的影响程度很大，但方向不明确。只有在长期这一冲击才表现出明显的正向响应，即安徽省森林生态安全程度的提升会使林业第三产业比重上升。

（4）方差分解分析。

最后利用方差分析表，得出安徽省林业第一、第二、第三产业分别对安徽省森林生态安全的贡献率。

由表9-37可以清晰地看出，安徽省林业第一产业对安徽省森林生态安全的贡献程度最大。除了第1期安徽省森林生态安全完全由当期的自身因素决定以外，从第2期开始，安徽省林业第一产业对安徽省森林生态安全的贡献率即达到39.260%，除了第2期略有下调以外，而后逐期开始增加，直到第5期增加至61.455%，而后各期基本稳定在60%左右，说明从短期至长期，安徽省林业第一产业对安徽省森林生态安全的贡献率不断提升，并稳定于60%左右。

表9-37 　　　　　　　　　　　方差分解表

变量期数	$D(L_{nes})$	$D(L_{ni1})$	$D(L_{ni2})$	$D(L_{ni3})$
1	100.000	0.000	0.000	0.000

续表

变量期数	$D(L_{nes})$	$D(L_{ni1})$	$D(L_{ni2})$	$D(L_{ni3})$
2	49.262	39.260	0.728	10.748
3	36.952	38.080	3.943	21.024
4	29.378	43.508	5.528	21.586
5	18.833	61.455	3.817	15.896
6	20.437	59.972	4.004	15.586
7	17.829	60.552	5.479	16.139
8	17.829	60.551	5.479	16.140
9	16.693	60.971	5.124	17.212
10	16.223	61.303	5.085	17.389

安徽省林业第一产业贡献率的提升主要源于安徽省森林生态安全自身分流。在第2期，安徽省森林生态安全自身因素的贡献率骤减至49.262%，其中大部分分流至林业第一产业中，还有10.748%分流至林业第三产业中，并且在第2期与第3期，林业第三产业的贡献率上升至21%左右。说明短期来看，安徽省林业第三产业的提升可以在一定程度上促进安徽省森林生态安全程度的提高，虽然在中长期这一贡献率略有下降，但下降幅度很小，贡献率仍保持在16%左右，因此安徽省林业第三产业对安徽省森林生态安全的影响不容忽视。

尽管安徽省森林生态安全对其自身的贡献率随着期数的增加下降趋势明显，但也仍存在20%左右的贡献率，因此前一期的森林生态安全能够对后一期森林生态安全产生影响，而安徽省林业第二产业对其森林生态安全的作用相对较弱，长期来看也只存在5%左右的贡献率，说明安徽省林业第二产业的提升，对森林生态安全的作用很小。结合脉冲响应函数来看，林业第二产业的贡献率小，并不意味着森林生态安全不需要依靠林业第二产业的改善，而是应促进林业第二产业换代升级，减少木质林产品加工业，推动林业科技发展，从而降低对森林资源的砍伐。由ADF平稳性检验看出，安徽省林业产业与森林生态之间具有长期稳定的关系，而非短期均衡，且森林生态安全受到林业产业结构变化的影响。

根据本部分对安徽省森林生态安全与林业产业关系的研究，为了提升森林生态安全，在调整林业产业结构过程中，应进一步巩固林业第一产业的基础性作用，推进林业第二产业转变为次级产业，扶持林业第三产业中的生态旅游建设，大力推动安徽省旅游业的发展。

（三）中国森林生态安全对策

基于以上分析，为了促进各地区森林生态体系的可持续发展，根据各地区在各准则层面的差异，本书从我国总体情况与各地区结构化状况出发，提出差异化的对策建议。

1. 法制建设与时俱进，生态补偿落到实处

道德层面的约束往往体现在公众的自觉履行，为保障我国森林生态系统的健康可持续发展，还需要发挥具有强制性的法律约束的作用。森林法制建设需要与时俱进，具体来说表现在：一是对保护森林生态的一系列活动应给予大力支持，鼓励积极参与其中的企业单位，以各项优惠政策减少其生产与营业成本；二是对破坏森林生态环境的企业单位给予严惩，可以通过增收环境税的方式，提高这些企业单位的运营成本，并以公示的方式给予通报批评；三是定岗定责，政府各部门应严格履行保护森林生态可持续发展的职责，不断提升执法队伍的规范化、专业化，对破坏森林生态环境的个人与企业严惩不贷；四是利用高科技手段，实现对森林资源现实状态、受到的冲击及突出事件的实时监控，尽可能做到及时有效的处理与损失最小化。

建立生态补偿机制，要将其落到实处，不应简单参照 GDP 增长率作为经济发展指标，而是注重经济的高质量发展。由于林区中的植物进行光合作用，释放氧气并且吸收现实生活中排放的碳，因此可以设置一个碳排放量上限，超过这一上限的企业即需要向林区支付费用，作为向林区排放超出部分的补偿。这种做法的难点是市场定价，需要有完善的市场与体制加以配合。

2. 增强科研教育投入，提升专业人员素质

运用高新技术手段可以及时发现森林生态环境的异常变动，实施多角度、全方位的监测。比如，可以通过高科技卫星遥感技术监测森林火灾及病虫害等情况，及时发现警情，对火灾及病虫害做到及时的预防，防止自然灾害与人为的破坏给森林环境带来的广泛影响。保护和利用森林资源，需要遵循森林的生长规律，做到科学合理地循环和动态开发利用森林资源，可以通过先进的技术手段监测林木的生长变化，在森林生态相关的专业人员指导下，对于达到采伐期的树木，结合森林总体情况，对其进行合理采伐。因此需要加强科研和教育投入，提升专业人员素质，提高森林管护的科技水平，最大限度减少病虫害、火灾等干扰因素对森林生态环境的不利影响。

3. 推进森林保护区建设，防止旅游资源过度开发

积极推进森林保护区建设，在全国范围内总体规划布局，根据不同地区森林生态情况，建立有地区生态特色的森林保护区。具体地，对于森林覆盖面积广阔的地区，保护区的重点应是对自然灾害与人为破坏的防御，因为这些灾害一旦发生，将会引起森林存量的大幅缩减；对于退耕还林地区，应重点考虑民众的经济补偿，可以结合实际情况，在一定范围内允许民众种植经济林。积极开发建设城市森林生态公园，不仅可以提升城市森林生态环境、减少城市噪声、净化城市空气、美化人们的栖息地，还可以吸引更多的人愿意来此居住、旅游；不过在开发城市生态旅游市场进程中，政府应提升规范化指引，切实做到保护森林生态资源，防止出现过度开发导致的唯利是图和生态破坏。

4. 转变经济增长方式，推进森林资源合理利用

在推进经济发展的过程中应优先考虑到对生态环境的作用。具体地，对于到了采伐期的树木，需结合森林总体情况对其进行合理和科学的采伐。科学合理的采伐不仅不会破坏森林生态资源，还会促进森林生态资源的健康成长。对于森林资源的合理利用所取得的经济效益，又可以加大对森林资源的保护投入。

二、我国未来森林资源需求特点与林业发展对策分析

我国未来森林资源的需求主要表现为对生态系统服务的需求、对多样化资源的需求以及经济发展的内在需求三个方面。

（一）我国未来森林资源需求的特点

1. 森林生态系统服务的需求日益高升

"绿水青山就是金山银山"是习近平总书记在2005年正式提出的科学论断[①]，伴随着资源环境问题的日益严峻趋势，该论断一直以来都是我国在保护生态环境方面所遵从的准则，先发展后治理的老路模式已逐渐被摒弃。党的十九大上，习近平总书记在总结我国五年来生态文明建设时指出，"生态环境保护任重道远"。

当下中国工业化、城市化迅速发展，空气污染问题也越来越严重，解决空气污染问题刻不容缓。森林被称为"天然的空气过滤器"，对解决空气污染具有不可估量的巨大作用。研究表明，大气降水能够冲刷大气中的污染物（孙涛等，2016），经过森林生态系统的过滤，氮氧化物和硫化物会大大减少（周光益等，

---

① 2005年8月，时任浙江省委书记习近平同志在湖州安吉首次提出"绿水青山就是金山银山"的发展理念。2017年10月，"必须树立和践行绿水青山就是金山银山的理念"被写进党的十九大报告；"增强绿水青山就是金山银山的意识"被写进新修订的《中国共产党章程》之中。

2000）。

目前，全球多地受到极端天气气候的影响，极端高温、极端低温、极端干旱与极端降雨等现象不仅严重威胁人类的生存发展，也直接造成了一些物种的灭绝。因而，改善气候将成为人类可持续发展追求的目标之一，旨在减少气候带来的威胁。在气候的形成过程中，森林所起的作用至关重要。根据国家林业和草原局公布的数据，到目前为止，全球森林覆盖率平均水平为31.7%，在吸收二氧化碳（CO_2）、减缓全球变暖、调节局地气温等方面具有巨大贡献。森林能够调节气候主要体现在降温增湿，缓解城市的"热岛效应"。

2. 由单一需求转变为多样化资源需求

随着经济发展水平不断提高，人们的需求也相应地发生变化，进而导致对森林资源的需求也发生变化。前工业时期，为增加耕地面积，对森林资源的需求主要是对林地的需求（韩茂莉，2012）；至工业化初期，为落实"优先发展工业、以农补工"的发展战略，对森林资源的需求转变为林木资源需求，以促进经济发展（王立磊，2011）；再至工业化中期，工业发展取得巨大进步，人们的生活水平不断提高，对森林资源的需求开始由单一的需求转变为多样化的需求。多样化的资源需求具有如下特点：一是森林资源需要更好地发挥生态功能的作用。过去通过大量砍伐森林资源发展经济，对森林生态系统造成了严重破坏，人们应着手恢复保护生态系统，综合利用木材与森林资源，节约剩余不多的自然森林资源。二是保证森林资源和林业发展的多样性。森林资源的多样性是指在森林植物多样性的前提下，使生物种类多样化；林业发展的多样性需要林业能够创造更多的价值，经济上与生态上都需要多样化发展。

3. 森林资源所产生经济效益的需求

由于我国生产技术有限，在工业化进程中仍然需要大量的木材，且随着工业化的发展，对木材的需求量也越来越大，而目前木材的替代品较少且成本较高。因此，需要进一步提高我国对森林资源的综合利用技术水平，减少在木材使用过程中的未充分利用与浪费现象。

长期以来，国家以控制林木的价格和征收高额税费的方式来支持工业的发展，使林业经济收入甚微。随着工业化进程的加快，工业自身的发展壮大减少了对林业提供的资金依赖，为林业提供了经济发展的空间。国家开始逐步放开对价格的管制，减少各种税费，还取消了林业保护建设费、公安装备管理费等收费，使得林业经营者的收入得以提高，促进了收入的分配公平。因此，经济效益也是未来森林资源发展应该重视的方面。

（二）未来森林需求背景下林业发展的方向和对策

1. 以保护森林生态系统为前提

保护天然林与人工林的生态系统，应差别化对待，并采取不同的措施。

对于天然林生态系统的保护，应主要采取如下措施：

（1）加强封山育林。天然林存在的老龄林斑块是重要的种质资源基因库，是恢复重建天然林物种多样性的自然参照体系，对保护森林资源具有重要意义（缪宁等，2013）。应对天然林采取封山育林措施，保护好森林现有物种，恢复已经消失或正在消失的物种，维持森林完好的群落结构及功能。

（2）加大生态效益方面的宣传。保护生态环境需要首先提高全社会的环保意识，承担林业保护的责任。可以采取多种宣传方式，通过电视、报纸、期刊等新闻媒体及印发宣传手册等途径，广泛宣传保护天然林的重要性与具体的保护措施。加大宣传力度，使人们意识到保护森林资源的重要性，动员全社会成员共同参与。

对于人工林生态系统的保护，应采取如下措施：

（1）加强技术上的扶持。对现有的人工林进行改造，逐步恢复人工林生态系统的稳定发展。采用人工抚育的同时要合理砍伐，降低森林密度，使林下元素能够有充足的阳光，促进营养元素的吸收与利用，进而使林下植物能够拥有良好的生存环境，保护林下植物更好地生存。要培育混交林，增加土壤中微生物的种类与数量，确保土壤中有充足的养分以促进人工林的发展。同时，应该积极寻找或研发木材的替代品，以缓解我国目前对林木资源的巨大需求，也需不断提高对木材资源的综合利用技术，提高木材的使用效率，减少对木材资源的浪费。

（2）多态化培育。由于长周期的林木要比短周期速生林的质量更好、更加贴近天然林的生态系统，所以应增加长周期林木的种植，形成短周期速生林、长周期林木和长短周期杂交林木并存的模式。将木材生产作为主导目标，兼顾木材资源与林下资源的共同发展，进而实现生态系统服务供给的多目标发展（刘世荣等，2015）。对人工林的多态化培育，不能只注重面积的增加，也应关注质量的提高。同时还需要重视人工林的生物多样性和自我修复功能。

2. 以科学化、合理化、规范化的工作原则为基础

在森林资源发展的过程中，应以科学化、合理化、规范化的管理方法为基本原则。现阶段，我国已大力构建林业综合发展模式，逐步完善森林资源管理的方法政策，为林业发展提供制度依据，提高人们积极参与森林资源管理的积极性并规范保护森林资源的途径与行为。所以，对森林资源的管理应从以下两方面入手：一是把森林资源当作资源来管理；二是把森林资源当作资产来管理。

把森林当作资源来管理，是对林木资源与林下资源进行开发、利用与保护的过程。主要包括资源的所有权、数量变化、保护措施及利用方式等。对资源进行适当的保护与利用，是森林资源重要性与不可替代性的重要体现。森林资源是具有"外部性"的资源，这种特征使森林资源很容易对资源平衡及社会环境产生不利影响，进而对公共资源造成危害。所以，森林资源的资源型管理应该包括经济、社会与环境保护三个方面的综合管理（薛斌瑞等，2015）。为实现经济目标的管理，应优化资源配置方式，提高资源的利用效率，充分保障经济发展短期需求与长期需求；为实现社会目标的管理，应保证资源开发的合理性，避免过度开发与浪费，使人们对森林资源物质上的需求保持在一个合理的范围内，满足基本的物质需求，但也要注重未来资源利用的合理规划，实现社会效益的提升；为实现环境保护目标的管理，应采用科学的手段对森林资源进行保护，保护森林资源的生态系统，促进森林资源的可持续发展。

把森林资源当作资产来管理，就是把森林资源当作一种可支配的资产，通过投资以实现资产的最大化效益（吴沂隆，2007）。资产化管理是针对产权、经营与收益等方面的管理。所有权的确认，能够改变传统的森林管理模式，从而保障个人或国家利益不受损害；同时，能够优化资源配置，调动森林资源所有者的积极性，实现森林资源以最合理的方式发展并取得最大效益。对收益方面的管理，需要合理地估算成本与收益，在规模一定的情况下，保证成本最低，收益最大。

3. 以发展经济为核心

随着我国经济的发展，经济因素对森林资源的影响也愈加突出。森林生态系统的发展核心必须以经济发展、市场竞争为导向，运用科学技术手段促进林业经济的发展。同时，也应当贯彻落实好生态林业的发展工作，坚持循环经济，以提高森林资源的循环利用。此举既有利于经济发展、节约能源，在一定程度上保护环境，也能够为我国广大人民创造一个良好的生存与发展空间。

通过不断优化产业结构，提高森林资源利用的经济效益。要充分挖掘森林资源的利用潜力，立足于不同地区的实际情况，因地制宜，探索出适合每个地区发展的林业产业。对林下资源进行深加工，对林内资源进行废物利用，保证资源的最大化利用。充分发挥省级和国家级自然保护区、特色森林公园等优势资源，发展生态旅游产业。

第十章

海洋资源管理

本章主要研究我国海洋资源的生态承载力、利用效率和影响因素以及综合效益评价。

第一节　中国海洋生态承载力评价

海洋生态承载力是指在不破坏海洋生态系统稳定性的前提下，海洋生态系统所能提供的最大限度的生态服务功能，其不仅包含海洋的自我维持、自我调节以及供给能力，还包含相应范围内的人类生产、生活等活动（Fu，2009）。中国是陆地大国，根据自然资源部公布的数据，陆地面积有 960 万平方千米，海洋面积仅有 300 万平方千米左右，中国的海洋资源十分珍贵。近年来，由于工农业活动产生的污染物无序排放，海洋矿产资源被肆意开采，捕捞强度增加，大规模人类活动所带来的压力远远超出了海洋生态系统自身的修复能力，海洋生物资源和水环境受到严重破坏（Su，2013）。海洋生态平衡的破坏影响海洋系统的健康和海洋资源的可持续利用，是中国可持续发展的一大挑战。在此背景下，建立科学有效的评估指标体系，监测海洋生态系统的承载能力，具有重要的现实意义。

随着社会对海洋资源开发利用的重视，沿海经济得到快速发展，海洋产业日渐壮大。根据《中国海洋经济统计公报 2015》的统计，在 2015 年，中国海洋总产值达到 26 839.2 亿元，海洋经济在整个国民经济体系中变得更加重要。而现阶段，随着海洋经济驱动因素的多样化以及陆海经济关系的加强，结构因素在中国海洋经济增长中的作用愈发凸显，实现海洋经济可持续发展的关键是形成高效均衡的海洋产业结构，而海洋产业结构是否合理取决于是否按照海域承载力确立海洋功能（Wang，2013）。海洋承载力与海洋产业结构之间的相互作用关系如图 10 - 1 所示。

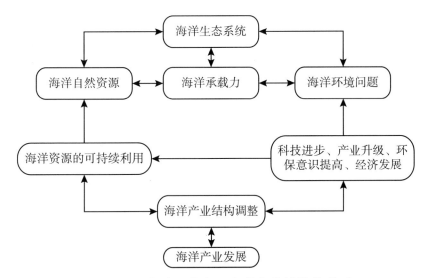

图 10 - 1　海洋承载力与海洋产业结构的关系

海洋生态承载力的概念是在传统承载力理论中不断发展分离出来的。有关承载力的最早记录出现于 18 世纪末的人类统计学。随着承载力理论的不断发展和完善，帕克（Park，1920）第一次将生态承载力应用于人类生态学领域。此后，土地资源承载力、水资源承载力、环境承载力等概念相继被提出。直到 20 世纪 70 年代，霍林（Holling，1973）提出生态承载力的概念，并初步建立生态承载力的概念理论模型。80 年代以后，生态承载力的相关研究得到进一步发展。斯莱瑟（Sleeser，1990）提出一种计算资源和环境承载能力的新方法，即提高承载能力的战略模型，该模型考虑到了人口与资源之间的关系，并建立长期发展目标的系统动力学模型，通过对不同发展战略关系的模拟来确定区域发展的最佳方案。21 世纪初，布朗和乌尔贾蒂（Brown and Ulgiati，2001）基于能值分析的方法，计算出一个区域的适当的经济规模在美国的资源和环境承载力约束下的适宜经济规模。瓦克纳格尔（Wackernagel，1995）提出并改进了生态足迹方法，计算和分析了 50 多个国家和全世界的生态足迹与生态承载力。在此基础上，学者们开始对海洋生态承载力的测度方法进行一系列的探索。在宏观上，一些学者创新性地运用系统模拟、空间状态以及相关计量模型评价海洋生态承载力，或者在承载力评价指标构建过程中，应用反映可持续发展思想的 PSR 方法；而在微观上，学者们多在指标数量的扩充、指标权重的客观性以及承载力的区域差异比较等方面加以改进（Ren et al.，2012；Miao et al.，2006）。

随着生态承载力研究的不断深入，学者们开始将生态承载力与产业布局结构联系起来，从生态承载力的角度对区域的产业布局优化方法进行探讨（Wang et al.，1992；Henry et al.，2012）。有学者基于生态足迹的理论和方法，结合江苏省海洋环境的特殊性，构建海洋生态足迹子模型，分析江苏省海洋生态足迹和生态承载力（Yang，2011）。谢等（Hsieh et al.，2009）探讨了美国、日本和中国台湾深海水产业集群发展的实践经验，并从产化集群角度分析经济、社会和技术之间的相互作用关系。也有学者在分析影响海洋产业结构升级的因素的基础上，检验中国 11 个沿海省市 2001～2013 年的空间相关性，并进一步运用空间计量经济模型研究产业结构水平不同的两个样本中各因素对产业结构的影响（Hong et al.，2017）。

综上，目前有关海洋生态承载力评价的指标体系设置仍存在以下几方面的不足：（1）现有指标体系没有将海洋生态承载力系统中作为载体的承压方和作为承载物的施压方区分开来。如海洋资源储蓄量，一方面反映了海洋的承载能力，另一方面又可以反映人类对海洋资源的需求强度。（2）在确定海洋生态承载力高低的等级划分时，大多数学者都是将海洋生态承载力指数值等距划分，具有一定的主观性；而且大多数文献对海洋生态承载力指数的评价不能准确判断海洋生态承载力是盈余、均衡还是超载等现状。因此，本节将在区分承压方和施压方的基础上，探讨海洋生态承载力评价指标体系的构建和评价方法的选择问题，并进一步将其应用于中国大陆 11 个沿海地区海洋生态承载力的实证研究，以期寻求海洋生态系统与人类活动的平衡点，为中国海洋生态系统的可持续发展提供参考。

一、海洋生态承载力评价体系及方法

（一）海洋生态承载力评价体系

近年来，系统动力学方法被广泛应用于海洋生态承载力评价领域，海洋生态系统可以看作人口、经济、空间资源、环境等子系统的组合（Hong，2017）。整体而言，可将海洋生态承载力分为海洋资源和人类活动两部分。其中，海洋资源系统包括海洋产品、海岸线、海洋利用面积等各种海洋资源，是海洋生态承载力的承压方；人类活动系统是指人们通过利用海洋资源而带来的经济增长、社会发展等，还包括人们针对海洋生态环境所进行的一系列活动，即施压方。

人地关系理论是研究海洋生态承载力的理论基础之一。人地关系理论是地理研究的主体和核心，人类生产活动对环境有正面或负面的影响。同时地理环境也会限制人类的生存和生产，然后对人类做出反应，甚至在推迟或促进社会发展方面发挥作用。目前，世界面临着人口膨胀、资源枯竭和环境退化等问题，资源供需在时间和地区均不平衡，森林急剧减少，土地荒漠化加剧和资源消耗量增多，导致从海洋中获取资源和生存空间已成为各国追求的新目标。海洋资源利用系统与人类活动系统之间的联动耦合关系可以用图 10 - 2 来表示。

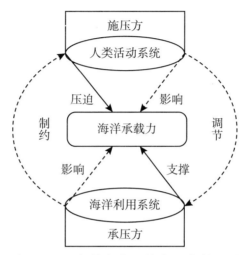

图 10 - 2　海洋生态承载力耦合关系图

因此，本节以人地关系理论为出发点，以承压方（海洋资源系统）能够支撑施压方（人类活动系统）的限度代表海洋生态承载力的大小。具体而言，在对海洋资源进行分类的前提下，将承压类指标细分为总量类、结构类、强度类指标等。借鉴部分学者有关海域生态承载力评价指标体系的构建，承压类指标具体可以包括海水养殖产量、沿海地区湿地面积、海盐产量、人均水资源量、人均近岸及海岸、单位面积海洋产业产值、单位海岸线经济产出等（Zhang et al.，2017；Di et al.，2015）。施压方是指人类活动子系统，由于人类活动一般可分为经济、社会、生态三个方面，施压类指标可划分为经济、社会和生态三类。借鉴现有研究中有关海洋生态承载力压力类指标的选取以及部分学者在中国海洋生态综合承载力评估中有关总需求类指标的选取，施压类指标具体可包括主要海洋产业总产值、固定资产投资额、沿海污染治理项目数、涉海就业人员数量、工业废水直接排入海总量等（Jin et al.，2017；Han et al.，2015）。

（二）海洋生态承载力指数

在海洋生态承载力指标构建的基础上，运用灰关联熵等方法求出承压、施压指数，利用两者比值求出海洋承载力指数，并借助承压施压耦合曲线进行海洋生态承载力分区。

1. 指标标准化

在多指标体系中，由于单位、维度和数量级存在差异，需要对评估指标进行标准化，以消除维度并将其转换为无量纲、无数量级的标准组件，然后对其进行分析和评估。采用极差变换法标准化原始数据：

$$y_{ij} = \frac{(1 - \Delta) + \Delta \times [x_{ij} - \min(x_j)]}{\max(x_j) - \min(x_j)} \tag{10.1}$$

$$y_{ij} = \frac{(1 - \Delta) + \Delta \times [\max(x_j) - x_{ij}]}{\max(x_{ij}) - \min(x_j)} \tag{10.2}$$

其中，设 $i \in [1, m]$，$j \in [1, n]$，$\Delta = 0.9$；y_{ij} 代表第 i 个地区第 j 个指标的标准值，x_{ij} 代表第 i 个地区第 j 个指标的原始值；$\min(x_j)$ 和 $\max(x_j)$ 代表第 j 个指标的最小值和最大值；此外，如果对应指标对海洋生态承载力存在正向影响，则使用公式（10.1），反之，则使用公式（10.2）。

2. 确定权重

由于目前尚没有一套公认的用于海洋生态承载力评价的指标体系，在指标选取方面，不可避免地存在一定的不确定性，为保证结果的相对客观性，采用客观确权方法计算各指标权重。其中，灰关联熵方法是一种客观加权方法，是对传统灰色关联分析的优化。可以对影响海洋生态承载力的因素进行更加合理的加权，即利用评价指标的固有信息来判断指标的效用值，以避免主观因素对某一因素造成的偏差。具体步骤如下：

（1）计算关联系数。该系数反映了指标经标准化以后的数值与标准化后的基准值的接近程度，且该系数越大越好。具体公式如下：

$$\varsigma_{ij} = \frac{\min\limits_{i}\min\limits_{j} |y'_{0j} - y'_{ij}| + \rho \max\limits_{i}\max\limits_{j} |y'_{0j} - y'_{ij}|}{|y'_{0j} - y'_{ij}| + \rho \max\limits_{i}\max\limits_{j} |y'_{0j} - y'_{ij}|} \tag{10.3}$$

其中，y'_{0j} 为参考列，参考数列由每项经标准化后指标的最优值组成，设基准数列为 $y'_{0j} = [y_{01}, y_{02}, \cdots, y_{0n}]$，其中，当指标为正向指标时，其基准值取该指标在所有地区中的最大值，负向指标则取最小值；ρ 为分辨系数，一般取 0.5；由式（10.1）和式（10.2）可知，标准化后的值域为 $[0.1, 1]$，因此两级最小差 $\min\limits_{i}\min\limits_{j} |y'_{0j} - y'_{ij}| = 0$，两级最大差 $\max\limits_{i}\max\limits_{j} |y'_{0j} - y'_{ij}| = 0.9$，则式（10.3）可以简化为 $\varsigma_{ij} = \frac{0.45}{1.45 - y'_{ij}}$。

（2）求取灰熵。一般来说，信息可以用来衡量系统的有序程度，而熵可以用来衡量系统的无序程度。所以指标的熵与所反映的指标信息是负相关的，指标的熵越小，不确定性越小，可以反映的信息越多，综合评价的作用越大，相应的权重值也越大。灰熵与香侬熵的区别在于香侬熵是一种具有确定性的概率熵，而灰色关联熵具有灰色不确定性，是一种非概率熵。第 j 项指标的灰关联熵可以表示为：

$$H_j = -\frac{1}{\ln m} \sum_{i=1}^{m} h_{ij} \ln h_{ij} \tag{10.4}$$

其中，$h_{ij} = \dfrac{\varsigma_{ij}}{\sum\limits_{i=1}^{m} \varsigma_{ij}}$ ；$i \in [1, m]$，$j \in [1, n]$；$h_{ij} \geqslant 0$，$\sum\limits_{i=1}^{m} h_{ij} = 1$。

（3）确定权重。第 j 项指标的偏差度 $\varepsilon_j = 1 - H_j$，则权重系数为：

$$W_j^L = \frac{\varepsilon_j}{\sum\limits_{j=1}^{n} \varepsilon_j} \tag{10.5}$$

3. 海洋生态承载力指数计算公式

采用线性加权方法，计算承压、施压指数，具体公式如下：

$$S_i = \sum_{j=1}^{n} S'_{ij} W_j^s \tag{10.6}$$

$$P_i = \sum_{j=1}^{n} P'_{ij} W_j^p \tag{10.7}$$

最后，海洋生态承载力指数可表示为：$C_i = \dfrac{S_i}{P_i}$。

（三）海洋产业结构测度方法

在计算系统产业结构时，可以将该系统划分为 n 个产业类别，h_i 代表第 i 个产业的产业水平，k_i 代表第 i 个产业产出占总产出的比重，则该系统的产业结构水平 H 的计算公式为：

$$H = \sum_{i=1}^{n} k_i h_i \tag{10.8}$$

将海洋产业分为第一、第二、第三产业，n 的取值为 3。由于一个产业的发展水平可以用该产业对应的劳动生产率集中表示，采用劳动生产率来衡量系统中某一产业的产业水平，而劳动生产率则用某一产业产值（p_i）与该产业从业人数（l_i）的比值来表示。因此，某一系统的产业结构水平 H 可以表示为：

$$H = \sum_{i=1}^{n} k_i \cdot \frac{p_i}{l_i} \tag{10.9}$$

此外，由于不同产业的劳动生产率存在较大差别，不利于观察具有较低劳动生产率企业的变化。为提高产业结构水平变化的敏感性，在对各产业结构变化趋势及相对大小不产生本质影响的情况下，对式（10.9）做如下处理：

$$H = \sum_{i=1}^{n} k_i \times \sqrt{\frac{p_i}{l_i}} \tag{10.10}$$

其中，$\frac{p_i}{l_i}$ 代表第 i 产业的产业水平，该值越大，相对应产业的产业水平越高；$k_i \times \sqrt{\frac{p_i}{l_i}}$ 代表第 i 产业在优化产业结构水平过程中所做的贡献，该值同样为正向指标，数值越大，贡献度越高。

（四）承压施压耦合曲线分区

目前，测量两个或多个系统之间耦合的方法可分为两种类型：一是利用耦合度公式直接计算系统耦合度，另一种则是利用耦合曲线图来反映系统的不同耦合度。耦合度模型仅能用来反映待研究子系统之间的耦合程度，并不能直接将耦合度进行分类。而耦合曲线图则可以根据耦合曲线将耦合度数值进行分类，不仅考虑临界值的影响，还可以根据研究对象、研究内容的不同，灵活地构建适合的数学表达式，使用较为方便。因此，利用耦合曲线图对海洋生态承载力的耦合状态进行划分，并通过数学变换得到其临界值。

如图 10－3 所示，其中，横轴 P 代表施压指数，纵轴 S 代表承压指数，两者所反映的海洋生态承载力的临界值分别为：$S = P$、$S = P^2$、$S = P^{1/2}$。其中，根据临界曲线 $S = P$ 可以将海洋生态承载力指数划分为 $C = 1$、$C > 1$ 和 $C < 1$ 三种状态。当 $C = 1$ 时，说明海洋生态系统承载力既不盈余也不超载，海洋生态系统处于均衡状态；当 $C > 1$ 时，说明此时人类活动带来的压力并未超过海洋生态系统的承受能力，仍存在一定的可开发利用空间，此时属于盈余状态；而当 $C < 1$ 时，承压能力不及施压能力，出现海洋生态超载情况，划入超载区。在此基础上，利用 $S = P^2$、$S = P^{1/2}$ 两条临界曲线，将海洋生态承载力的盈余区和超载区做进一步细分。对于超载区而言（$C < 1$），当 $S < P^2$ 时，说明人类针对海洋资源所进行的一系列活动已经严重超过了海洋生态系统自身的承载能力，两者关系极度紧张，此时属于"超载高值区"；当 $S > P^2$ 时，说明此时人类活动所造成的压力虽然超出海洋生态承载力的极限，但并没有十分糟糕，此时海洋生态承载力则处于"超载低值区"。对于盈余区而言（$C > 1$），当 $S > P^{1/2}$ 时，说明此时海洋生态系统还具有较强承压能力和开发利用的潜力，具有较大的可开发空间，即"盈余高值区"；当 $S < P^{1/2}$ 时，说明此时海洋生态系统虽然没有达到极限，但是可利用空间较少，海洋利用系统和人类活动系统关系较为缓和，称为"盈余低值区"。

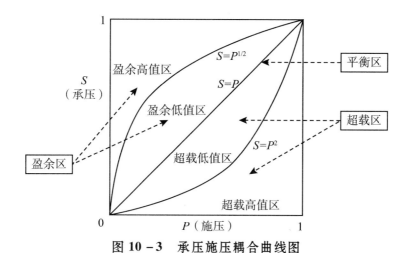

图 10 – 3　承压施压耦合曲线图

（五）象限图分类识别方法

象限图分类识别方法可以作为事物关系判断的客观标准，是一种关系识别方法（Chen et al.，2009）。利用包含偏离程度的修正象限图识别方法，分析研究期内海洋产业结构水平与海洋生态承载力之间的关系。具体步骤如下：

首先，对计算出的海洋产业结构水平（T）和海洋生态承载力指数（B）做标准化处理：

$$Z_T = \frac{T_{ij} - \overline{T}}{S_T} \tag{10.11}$$

$$Z_B = \frac{B_{ij} - \overline{B}}{S_B} \tag{10.12}$$

其中，Z_T、Z_B 分别代表标准化后的海洋产业结构水平和海洋生态承载力，$\overline{T}$、$\overline{B}$ 分别代表第 i 年两个指标的平均值，S_T、S_B 则分别代表两个指标对应年份的标准差。

其次，构造海洋产业结构水平与生态承载力关系的象限图，如图 10 – 4 所示，Z_B 为横坐标，Z_T 为纵坐标。象限中每一个点代表不同年份不同地区的海洋产业结构与生态承载力水平。

最后，判断海洋产业结构水平与生态承载力的关系类型。借鉴有关协调程度的分析方法，规定以（$Z_T + Z_B$）表示海洋产业结构与生态承载力协调性程度 C，以 $|Z_T - Z_B|$ 表示海洋产业结构与生态承载力的偏离程度 D。在参考相关学者研究的基础上，制定有关产业结构、协调度以及偏离度的类型及分类标准（Zhang et al.，2013），结果如表 10 – 1 所示，进一步划分海洋产业结构与生态承载力关系类型。

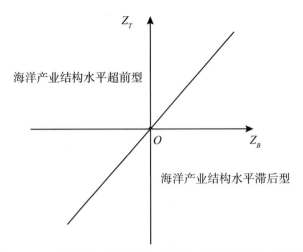

图 10 - 4　海洋产业结构水平与生态承载力关系划分

表 10 - 1　海洋产业结构水平与生态承载力评价参数类型及标准

评价参数	类型及分类标准		
海洋产业结构水平	低级水平（Ⅲ） $0.5C \leqslant 0$	中级水平（Ⅱ） $0 < 0.5C \leqslant 0.5$	高级水平（Ⅰ） $0.5C > 0.5$
协调类型	产业结构滞后型 $Z_T < Z_B$		产业结构超前型 $Z_T > Z_B$
偏离度	轻度偏离（c） $0.1 < D \leqslant 1$	中度偏离（b） $1 < D \leqslant 2$	重度偏离（a） $D > 2$

注：当 $0 < D \leqslant 0.1$ 时，海洋产业结构与生态承载力基本达到协调状态。

二、海洋生态承载力实证分析

（一）海洋生态承载力省际比较

本节以中国 11 个沿海省份及直辖市（辽宁、河北、山东、江苏、浙江、福建、广东、海南、天津、上海以及广西）为研究对象，在上文有关指标体系构建思路的基础上，确定了 10 个承压指标和 10 个施压指标，如表 10 - 2 所示。各指标数据源于各年《中国海洋统计年鉴》。

表 10 - 2　　　　　　　　　**海洋生态承载力评价指标**

系统	维度	指标（单位）	系统	维度	指标（单位）
承压方	总量	海水养殖产量（吨）	施压方	经济	工业废水污染治理投资总额（万元）
		海盐产量（万吨）			工业固体废弃物污染治理投资总额（万元）
		沿海地区湿地面积（千公顷）			主要海洋产业总产值（亿元）
		海水养殖面积（公顷）			固定资产投资额（亿元）
		海水捕捞产量（吨）		社会	沿海污染治理项目数（个）
	结构	人均水资源量（立方米/人）			海洋科研机构课题数（项）
		人均近岸及海岸（公顷/万人）			涉海就业人员数量（万人）
		人均用海面积（公顷/万人）			科研机构人员数（人）
	强度	单位面积海洋产业产值（万元/公顷）		生态	工业废水直接排入海总量（万吨）
		单位海岸线经济产出（万元/千米）			工业固体废物综合利用量（万吨）

　　基于中国 2006～2015 年 11 个沿海地区的相关数据，计算各地区承压指数、施压指数及海洋生态承载力指数，如表 10 - 3 所示。

表 10 - 3　　　**2006～2015 年 11 个沿海省份海洋生态承载力状况**

地区	2006 年	2007 年	2008 年	2009 年	2010 年	2011 年	2012 年	2013 年	2014 年	2015 年
天津	0.2484	0.2757	0.2807	0.2942	0.3150	0.2894	0.3493	0.4068	0.4037	0.3806
河北	0.6932	0.6110	0.5308	0.5322	0.4953	0.4525	0.4666	0.4198	0.4487	0.4469
辽宁	1.7868	1.4635	1.5663	1.5027	1.2882	1.1965	1.4204	1.4183	1.3196	1.2155
上海	0.4801	0.4677	0.7897	0.4626	0.4859	0.4886	0.5710	0.5312	0.4292	0.4467
江苏	0.8429	0.8027	0.6068	0.6663	0.5663	0.5195	0.5641	0.5049	0.5147	0.4692
浙江	1.0500	0.7423	0.9050	0.8653	0.9638	0.7820	0.9165	0.7569	0.7329	0.7593
福建	1.2821	1.0703	1.2504	0.9863	0.8997	1.1208	0.9675	0.8561	0.9069	0.8566

地区	2006 年	2007 年	2008 年	2009 年	2010 年	2011 年	2012 年	2013 年	2014 年	2015 年
山东	0.9791	0.9645	0.8483	0.8915	0.9104	0.7240	0.7882	0.9314	0.9333	0.8148
广东	0.6410	0.5941	0.6158	0.5597	0.5565	0.5311	0.5622	0.5957	0.5190	0.4508
广西	1.4330	1.1412	1.3172	1.0598	0.9360	0.9588	1.0174	1.0284	0.8679	0.8908
海南	2.0801	2.0466	2.4324	2.5318	2.4319	2.2407	2.0370	2.4136	2.1714	1.8547

由表 10-3 可知，只有少数样本承压能力强于施压能力（31 个），海洋生态承载力状况整体有待改善。11 个沿海省份中，天津、河北、上海、江苏、浙江、山东和广东的施压指数基本上大于该地区对应的承压指数，说明这些地区各项社会经济活动对海洋生态环境施加的压力较大，导致海洋生态承载力相对值在全部样本数据中较低。其中，位于中国东部沿海、黄河下游的山东，海洋生态承压指数和施压指数始终位居前列，这与其海洋资源总量及开发强度、人口总量、经济产出等密不可分。与广东相比，山东的承压指数远高于广东，但相对于承压指数的差距，广东的施压指数与山东差距不大，这与广东更为发达的社会经济活动等实际情况相吻合，说明相对于山东，广东的海洋生态压力更大，海洋生态状况有待改善。此外，天津虽然在研究期间一直处于超载状态，但是承压指数与施压指数的差距在逐渐缩小，说明天津的海洋生态承载力正在逐渐改善。而河北的承压指数以及施压指数都相对较小，原因可能在于该地区海洋产业发展规模较小、开发强度偏小、海洋经济不发达。

辽宁、广西、海南等地区的承压指数基本上略大于该地区对应的施压指数。其中，海南的承压指数在 2006～2015 年均远超过施压指数，即海南的海洋生态承受的压力相对较少，海洋生态承载状况整体较好，存在较大的可开发利用的空间和潜力，这可能是因为海南省拥有全国最大的海域，而且海南省位于热带地区，拥有大量的海洋资源、渔业资源、油气资源和旅游资源，为海洋产业的发展提供了独特的自然资源。但相比于其他沿海省份，海南海洋经济发展较慢，如根据历年《中国海洋经济统计公报》公布的数据，2011 年海洋总产值仅为 612 亿元，与广东（9 807 亿元）、山东（8 300 亿元）、浙江（4 500 亿元）、福建（4 420 亿元）等沿海城市相比差距很大。虽然辽宁以及广西的承压指数略大于施压指数，但整体来看，两者的比值在 2006～2015 年均呈下降趋势，尤其是广西，2006 年该地区的承压指数是施压指数的 1.43 倍，截至 2009 年承压指数仅为施压指数的 1.06 倍，随后出现承压指数竟略小于施压指数的现象，说明广西近年来不断增加对海洋资源的开发，对海洋的生态条件造成了破坏，使得海洋生态承载力不断下降。

以 2006 年和 2015 年为例，研究沿海省份海洋生态承载力变动状况。由图 10-5 可以看出，2006 年，在 11 个沿海地区中，5 个区域的海洋生态承载力指数大于 1，属于盈余区域，分别为辽宁、浙江、福建、广西、海南；6 个区域的海洋生态承载力指数小于 1，属于超载区域。2015 年，海洋生态承载力指数大于 1 的盈余区域仅有辽宁和海南，且均属于盈余低值区；其他地区则均属于超载区域。

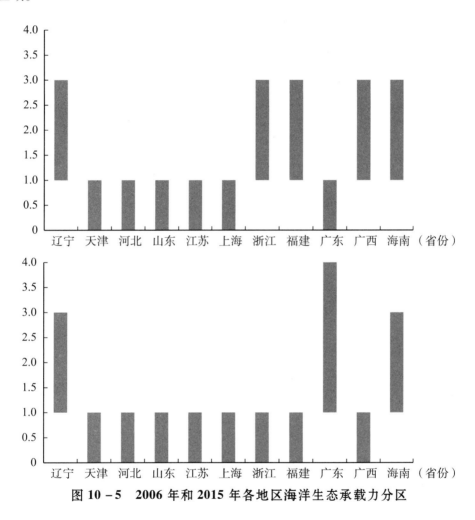

图 10-5　2006 年和 2015 年各地区海洋生态承载力分区

通过对比这两个年份发现，海洋生态承载力分区发生变化的省份，主要有浙江、福建、广东和广西。其中，浙江、福建和广西由盈余低值区转变为超载低值区。具体来说，浙江的承压施压比由 2006 年的 1.0500 下降为 2015 年的 0.7593，虽然与 2006 年相比，2015 年浙江省的承压指数和施压指数均有所上升，但承压指数的增幅仅为 5.53%，而施压指数的增幅却接近 35%，说明该地区在对海洋资源进行开发利用的同时，对其保护的力度不够大，使得海洋生态承载力指数下降，海洋生态承载能力较以往有所减弱。广西的发展变动状况与浙江类似，都是由于承压指数和施压指数增幅不同，导致海洋生态承载力下降。而福建在施压指数上升的同时，承压指数却相对于 2006 年有所下降，导致承压施压比由 1.2821 下降为 0.8566，因此，福建在开发利用海洋资源的同时，更要注重海洋生态环境的保护，提高海洋生态承载力。广东的海洋承载能力在 2006～2015 年不断恶化，由超载低值区转变为超载高值区，在发展海洋经济时，广东应格外注意海洋生态承载力的恢复，放缓海洋经济发展速度，对海洋生态环境应采取用养结合的策略。

（二）海洋生态承载力与产业结构关系研究

将海洋产业按照第一、第二、第三产业进行分类，并根据前文所述方法，计算海洋产业结构水平，得到 2006～2015 年海洋产业结构水平变动趋势，如图 10-6 所示。

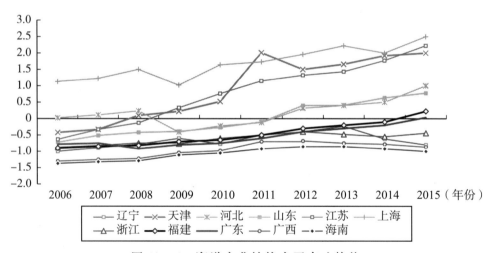

图 10-6　海洋产业结构水平变动趋势

2006～2015 年，中国沿海省份海洋产业结构虽然具有一定的波动性，但基本呈现出增长趋势。其中，上海的海洋产业结构水平在研究期内基本处于首位；江苏的产业结构水平由 2006 年的第 6 位上升至 2015 年的第 2 位，说明随着管理体制不断完善、科技创新不断发展，江苏的海洋产业结构得到优化；而河北由 2006 年的第 2 位下降为 2015 年的第 5 位。福建、广东、山东的海洋产业结构水平则处于平稳上升状态，其中，山东上升幅度最大，广东次之，福建上升幅度最小。

海南和广西海洋产业结构水平虽有小幅度上升趋势，但产业结构水平仍然较低。截止到 2015 年，天津、江苏、河北以及浙江的海洋产业结构发展水平逐渐超过沿海省份平均水平，而海南、广西和辽宁的海洋产业结构水平相对于其他沿海省份平均水平仍然较低，海洋产业结构有待进一步优化。

1. 海洋生态承载力现状

根据前文利用灰色关联熵法计算出的海洋生态承载力，绘制 2006～2015 年海洋生态承载力变动趋势图，如图 10-7 所示。除辽宁、海南、广西等个别省份外，中国沿海地区海洋生态承载力大部分波动较小，而且总的来说变动趋势并不明显。其中，上海、广东、天津等地区虽然海洋经济区位优势明显，但过度追求经济的快速发展，对海洋资源开发利用强度较大，使海洋生态承载力一直处于较低水平；山东和浙江的海洋生态承载力水平相当；海南省 2006～2009 年间呈现出上升趋势，2009 年以后随着海洋资源开发强度的加大，同质产业竞争加剧，海洋生态承载力下降，但一直都处在生态环境较好的状态下；河北、广东、天津、江苏、上海的海洋生态承载力一直处于沿海省份的末端，河北甚至在研究期间海洋生态承载力一直处于小幅度下降态势。

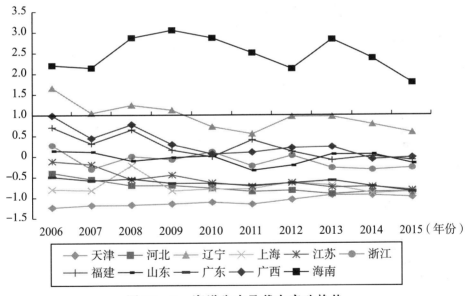

图 10-7 海洋生态承载力变动趋势

此外，2006 年，河北、广东、上海、天津以及江苏的海洋生态承载力标准化值小于 0，说明这些地区的海洋生态承载力水平低于研究期内的平均水平。2015 年，仅有辽宁和海南的海洋生态承载力大于 0，其他地区均小于 0，也就是说，与 2006 年相比，浙江、福建、山东以及广西的海洋生态承载力在研究期内由平均水平以上下降到平均水平以下，说明这些地区海洋开发强度相对较大，海洋生态压力较大，应着重注意这些地区的海洋生态保护。

根据海洋产业结构水平和海洋生态承载力指数，运用象限图分类识别方法，分别计算 2006～2015 年中国 11 个沿海省份的海洋产业结构水平与海洋生态承载力关系类型的变动情况，如表 10 - 4 所示。

表 10 - 4   中国沿海省份海洋产业结构与海洋生态承载力的关系

省份	2006 年	2007 年	2008 年	2009 年	2010 年	2011 年	2012 年	2013 年	2014 年	2015 年
天津	ⅢAa	ⅢAa	ⅢAb	ⅢAb	ⅢAb	ⅡAc	ⅡAc	ⅡAc	ⅠAc	ⅡAc
河北	ⅢAa	ⅢAa	ⅢAb	ⅢAa	ⅢAa	ⅢAb	ⅢAb	ⅢAb	ⅡAb	ⅡAb
辽宁	ⅡCc	ⅡCb	ⅡCc	ⅡCb	ⅡCb	ⅡCa	ⅡCb	ⅡCb	ⅡCb	ⅡCa
上海	ⅡCc	ⅡCc	ⅠAb	ⅡAb	ⅡAb	ⅡAc	ⅡAc	ⅠAc	ⅠAc	ⅡAc
江苏	ⅢCa	ⅢCa	ⅢCa	ⅢAa	ⅢAb	ⅢAa	ⅢAa	ⅢAa	ⅢAa	ⅢAa
浙江	ⅢCb	ⅢCb	ⅢCa	ⅢCa	ⅢCa	ⅢCa	ⅢCa	ⅢCa	ⅢCa	ⅢAa
福建	ⅢCb	ⅢCb	ⅢCb	ⅢCb	ⅢCb	ⅢCb	ⅢCa	ⅢB	ⅢB	ⅡAa
山东	ⅢCa	ⅢCa	ⅢCa	ⅢCa	ⅡB	ⅢAa	ⅢAa	ⅡAa	ⅡAa	ⅡAa
广东	ⅢCa	ⅢCa	ⅢCa	ⅢB	ⅢAa	ⅢAa	ⅢAa	ⅢAb	ⅢAb	ⅢAb
广西	ⅢCc	ⅢCb	ⅢCb	ⅢCb	ⅢCb	ⅢCb	ⅢCb	ⅢCa	ⅢCa	ⅢCa
海南	ⅡCc	ⅡCc	ⅠCc	ⅠCc	ⅠCc	ⅠCc	ⅠCc	ⅠCc	ⅠCc	ⅠCc

注：Ⅰ，Ⅱ，Ⅲ 分别代表海洋产业发展水平处于高、中、低级状态；A，B，C 分别表示海洋产业规模与承载力关系处于超前、协调、滞后状态；a，b，c 则表示两者的偏离程度，分别代表重度偏离、中度偏离、轻度偏离。

中国沿海省份海洋产业结构水平与海洋生态承载力协调发展的年份较少，大多数处于失调状态。整体来看，2006～2009 年，以低水平海洋产业结构滞后型为主，2009 年以后，部分省份的海洋产业结构由滞后型转变为超前型。

具体来看，天津和河北一直处于低水平海洋产业结构超前型，但海洋产业结构水平与海洋生态承载力的偏离度不断增大。天津由 2006 年的轻度偏离发展为 2015 年的重度偏离，而河北也由 2006 年的轻度偏离发展为 2015 年的中度偏离，说明这两个省份海洋产业结构现状与海洋生态承载力不完全匹配，应在优化海洋产业结构的同时，加强对海洋生态的保护，提高海洋生态承载力。辽宁的海洋产业结构一直处于中度发展水平，且产业结构相对滞后，说明在保持现有海洋承载力水平的状态下，应注重对辽宁海洋产业结构的优化调整，减少第一产业占比，提高第二、第三产业所占比重。上海和江苏的产业结构水平不断提高，且 2008 年以后两个省份均处于海洋产业结构超前型，因此两个省份应更加注重保护海洋环境，使产业结构与生态承载力达到高水平条件下的协调状态。浙江、福建、山东和广东则逐渐由产业结构滞后型发展为超前型。而广西和海南则一直处于产业结构滞后状态，尤其是海南，其产业结构水平严重滞后于其海洋生态承载力，可能存在两方面的原因：一是海洋生态承载力过高，海洋资源没有得到充分有效的利用；二是海南海洋产业结构不合理，第一产业比重过高，在所有的沿海省份中，海南的海洋第一产业比重最高，平均值高于 20%。由中国沿海省份海洋产业结构水平演变趋势可见，中国沿海省份海洋产业结构水平与海洋生态承载力间的协调关系，随着时间变化分别由低水平向高水平、由海洋产业结构水平滞后型向海洋产业结构水平超前型转变，说明在发展海洋产业的同时，社会对海洋生态承载力的关注力度不够，为实现海洋产业的快速发展，存在过度开发和利用海洋资源的现象。

2. 海洋产业结构与海洋生态承载力协调发展空间分异格局

主要以 2006 年、2009 年、2012 年和 2015 年为时间节点，分析中国沿海省份海洋产业结构与生态承载力空间分布的变动状况，如图 10-8 所示。

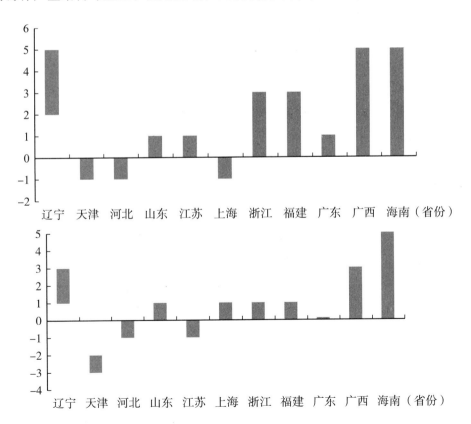

第十章 海洋资源管理

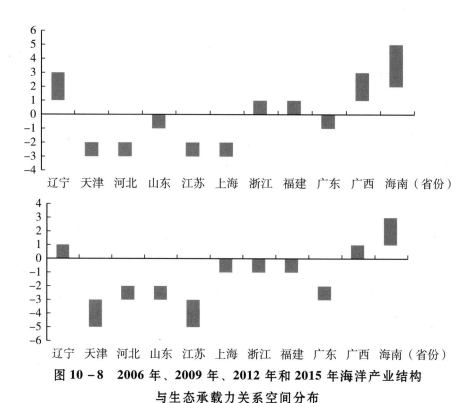

图 10 - 8　2006 年、2009 年、2012 年和 2015 年海洋产业结构
与生态承载力关系空间分布

2006 年，11 个沿海省份中，只有天津、河北和上海处于产业结构超前状态，河北和天津处于产业结构轻度超前状态，而上海处于产业结构重度超前状态；辽宁、江苏、浙江、福建、山东、广东、广西以及海南均处于产业结构滞后状态，其中，江苏、山东和广东属于轻度滞后，浙江和福建属于中度滞后，辽宁、广西以及海南则属于重度滞后。总体来看，海洋产业结构滞后型的地区数量高于海洋产业结构超前型的地区。

2009 年，除河北、山东和海南以外，天津、辽宁、上海、江苏、浙江、福建、广东以及广西的海洋产业结构均发生变化。其中，天津产业结构由轻度超前转变为中度超前，在天津海洋生态承载力呈略微上升趋势的状况下，产业结构与承载力两者的偏离度仍然增大，说明天津的海洋产业结构水平也在不断改进；辽宁和广西则由产业结构重度滞后转变为中度滞后，说明海洋产业结构与海洋生态承载力的差距缩小，其原因主要在于产业结构的优化；江苏和广东则由产业结构轻度滞后分别转变为产业结构轻度超前和协调发展状态；浙江和福建也由产业结构中度滞后发展为轻度滞后，说明各省份海洋产业结构和生态承载力的偏离度在不断缩小，有利于两者的协调发展。

随着国家对海洋经济重视程度的提高，为实现海洋经济的可持续发展，优化海洋产业结构，各沿海地区的海洋产业结构发展水平逐渐呈现出超前的态势。2012 年，已有 6 个地区的海洋产业结构发展达到超前水平，海洋产业结构超前型地区数量略超过滞后型地区数量。其中，山东和广东的海洋产业结构由滞后型逐渐转变为协调发展状态，最后形成产业结构轻度超前状态。天津、河北、上海和江苏的产业结构与海洋生态承载力的偏离度都是增大的，而辽宁、浙江、广西、海南以及福建的状态没有发生改变。

2015 年，除上海、广西和海南外，其他 8 个地区的海洋产业结构均处于超前状态。整体来看，中国海洋产业结构的空间分布特征如下：天津、上海、江苏、河北、山东和广东处于海洋产业结构中度超前状态，浙江和福建处于海洋产业结构轻度超前状态，而辽宁和广西则处于海洋产业结构轻度滞后状态，海南仍处于海洋产业结构重度滞后状态。

纵观中国沿海各省份海洋产业结构与生态承载力协调发展状况，发生变化的原因主要包含以下几个方面：天津、河北、上海一直处于产业结构超前型，除海洋产业结构相对合理外，海洋生态承载力过低也是其原因之一，在所有沿海地区中，这三个地区的海洋生态承载力最低，且河北产业结构一直处于低水平状态；辽宁生态承载力水平略高于海洋产业结构发展水平，使其海洋产业结构轻度滞后，原因在于辽宁科研创新能力不断增强，管理体制逐步完善，海洋资源得到了越来越充分合理的利用，海洋经济快速发展；广西和海南等地区的海洋资源禀赋虽然较高，但经济发展水平相对较低、人口较少、科技力量较弱及海洋管理体制机制缺失，其海洋产业发展水平相对于其他沿海省份一直徘徊在低等水平，表现为海洋产业结构滞后型；而江苏、浙江、福建、山东以及广东的海洋产业结构均由滞后型逐渐转变为超前型，随着对海洋资源的不断开发利用，海洋生态承载力出现一定程度的下降，但海洋产业结构得到优化调整。

（三）结论与建议

1. 主要研究结论

通过分析 2006～2015 年 11 个沿海省份海洋生态承载力的空间分布及其与产业结构的关系，得到如下结论：

第一，整体来看，沿海省份的海洋生态承载力状况有待改善，仅有少数省份承压能力强于施压能力。其中，天津、河北和广东等地区的各项社会经济活动对海洋生态环境施加的压力较大，海洋生态承载力状况较差；而辽宁、广西和海南等地区的海洋生态承载力状况相对较好。

第二，从分区结果来看，11 个沿海省份中包括 3 个盈余低值区和 8 个超载低值区，暂时不存在盈余高值区和超载高值区。其中，天津和上海虽然属于超载低值区，但相对于其他省份，这两个地区的海洋生态承压指数最低；海南海洋生态承载力指数最高，说明尚有大量可开发利用空间；河北、福建、江苏、浙江和山东等地区也在超载之列，应加强对海洋资源的节约保护力度；辽宁和广西以及海南等地区均属盈余低值区，应结合实际情况适当控制开发力度。

第三，各沿海省份的海洋产业结构水平基本呈增长趋势，逐渐由产业结构滞后状态向产业结构超前型转变。海洋生态承载力整体处于低水平状态，变化较小，海洋产业结构水平的提升幅度高于海洋生态承载力的增强幅度。然而部分地区的海洋产业结构在2006~2015年一直处于低水平状态，如河北、浙江、福建、广东和广西，这些地区产业结构即使达到低水平下的超前状态，其产业结构仍然存在一些问题，产业结构和生态承载力均需进一步调整和提升。

第四，各地区海洋产业结构水平和海洋生态承载力协调关系空间差异显著，且研究期内不断变化。截止到2015年，大多数地区的海洋产业结构处于超前状态，且偏离度较大，说明海洋产业结构优化和海洋生态承载力十分不协调，在促进海洋产业结构优化的同时，需进一步增强海洋生态承载力，进一步调整和优化中国沿海地区海洋产业结构和海洋生态承载力及其协调水平。

2. 政策建议

对于海洋生态承载力的调控，可以重点从减压、生态修复和完善法律法规三个方面开展工作，具体可采取如下措施。

第一，严格控制海洋污染，鼓励企业节能减排。在政府的宣传与指引下，促使民众自觉投身于海洋生态环境保护的队伍中，推进政府及社会各界在原有基础上增加改善海洋生态环境的投入。特别是处于超载状态的地区，海洋生态环境承受外界的巨大压力，今后应严格控制排入海中的污染物数量。

第二，加大对海洋生态环境的保护力度，加强沿海地区相关基础设施的建设。中国沿海省份的海洋生态保护工作目前还存在一些不足之处。比如根据《2010年浙江省国民经济和社会发展统计公报》的统计数据，浙江的沿海地区工业固体废弃物污染治理投资总额由2009年的16 756.2万元减少到2010年的2 746万元。随着近几年中国海洋生态环境压力的增加，有必要重视海洋经济的可持续发展，加大海洋环保投资力度，为相关海洋产业建设提供大力支持。

第三，优化产业结构，提升海洋产业的科技水平。总的来说，中国海洋产业科技水平较低，产业集中度较低，自主创新能力较弱，新兴产业较少。因此，政府应积极推进海洋渔业的转型升级，扩大和加强造船和海洋工程装备制造业，大力发展沿海旅游、海洋运输等海洋第三产业以及海水资源综合利用、海洋环境保护和社会服务等海洋新兴产业。此外，沿海各省应积极建立科技信息交流平台，加强产学研合作，促进科技成果转化。

第四，提高海洋产业经济综合效益，缩小海洋产业结构水平与海洋生态承载力的差异。根据海洋经济发展水平与各省市海域承载力的关系，因地制宜，结合各地区自身特点，制定具有区域特色的发展战略，提升海洋系统整体效率。

第二节　中国海洋资源利用效率及影响因素分析

21 世纪是海洋经济发展的新时代，然而，陆域资源的逐渐匮乏和人口增加的同时，环境恶化的问题也日渐凸显。于是具有"陆海双向发展的综合性经济性质"的海洋经济，不可避免地成为推动各个国家经济持续增长的动力来源之一。自 2003 年中国颁布实施《全国海洋经济发展规划纲要》后，各沿海地区纷纷掀起建设"海洋强省"狂潮，可见海洋经济亦是中国经济增长的新方向。

在发展海洋经济的同时，应重视海洋生态环境保护与治理和经济社会发展之间的协调平衡。现今海洋经济的发展过程，过度强调"量"的增加，忽略"质"的重要性，造成海洋资源的极大浪费，显然违背中国"又好又快"的经济发展思想，同时也不利于中国海洋经济的持续性发展。随着"十三五"规划的推进，中国海洋经济虽迈上新的台阶，但其仍处于初级发展阶段。这就要求在"十三五"及以后时期，要把握中国海洋经济的发展特点，坚持实现海陆共同协调发展、科学规划发展以及可持续发展。

在陆域经济中，对资源利用效率的研究已经成为经济可持续发展研究的重点，然而海洋统计数据和研究方法的局限性，使得海洋资源利用效率相关研究较少。因此，本节基于中国海洋经济发展的现实环境和面临的问题，利用数据包络分析模型科学测算海洋资源的利用效率，并展开系统、科学地分析。

一、海洋资源利用效率评价方法

（一）SBM – Undesirable 模型

数据包络分析是处理多投入多产出，并对要素投入与产出之间的效率进行相对评价的系统分析方法（Charnes et al.，1978）。

假定海洋资源利用效率研究中有 n 个决策单元（DUM），且每个决策单元包含一个投入向量和两个产出向量，两个产出向量分别为期望产出和非期望产出。$x \in R^m$，$y^e \in R^a$，$y^n \in R^b$，m、a、b 分别代表每个 DUM 所拥有的 m 类投入要素、a 类期望产出和 b 类非期望产出。

矩阵 X 表示 $X = [x_1, x_2, \cdots, x_n] \in R^{m \times n}$，$Y^e$ 表示 $Y^n = [y_1^n, y_2^n, \cdots, y_n^n] \in R^{b \times n}$，$Y^n$ 表示 $Y^n = [y_1^n, y_2^n, \cdots, y_n^n] \in R^{b \times n}$，且假设 X、Y^e、Y^n 大于 0。

在规模报酬不变（CRS）的情况下，生产可能性集定义为：

$$P = \{(x, y^e, y^n) \mid x \geq X\lambda, y^e \leq Y^e\lambda, y^n \leq Y^n\lambda, \lambda \geq 0\} \mid \} \qquad (10.13)$$

其中，$\lambda \in R^n$，$\lambda \geq 0$ 表示 CRS。

则根据托恩·库珀（Tone Cooper，2001）提出的 SBM 研究方法，SBM – Undesirable 模型可表示为：

$$\rho^* = \min \frac{1 - \frac{1}{m}\sum_{i=1}^{m}\frac{D_i^-}{x_{ik}}}{1 + \frac{1}{a+b}\left(\sum_{r=1}^{a}\frac{D_r^e}{y_{rk}^e} + \sum_{h=1}^{b}\frac{D_h^n}{y_{hk}^n}\right)}$$

$$\text{s. t.} \quad x_k = X\lambda + D^-$$

$$y_k^e = Y^e\lambda - D^e$$

$$y_k^n = Y^n\lambda + D^n$$

$$\lambda \geq 0, D^- \geq 0, D^e \geq 0, D^n \geq 0 \qquad (10.14)$$

其中，D^-，D^e，D^n 代表松弛变量，分别代表投入过多、期望产出不足以及非期望产出过多；$\rho^* \in [0, 1]$ 代表 DUM 的效率，当 $\rho^* = 1$，$D^- = 0$，$D^e = 0$ 时，DUM 完全有效率，反之则存在效率损失，可进行调整，从而达到最优效率。

含有非期望产出的超效率 SBM 模型表示如下：

$$\varphi = \min \frac{\frac{1}{m}\sum_{i=1}^{m}\frac{\bar{x}}{x_{ik}}}{1 + \frac{1}{a+b}\left(\sum_{r=1}^{a}\frac{\overline{y^e}}{y_{rk}^e} + \sum_{h=1}^{b}\frac{\overline{y^n}}{y_{hk}^n}\right)}$$

$$\text{s. t.} \quad \bar{x} \geq \sum_{j=1, j \neq k}^{n} x_{ij}\lambda_j, i = 1, 2, \cdots, m$$

$$\overline{y^e} \leq \sum_{j=1, j \neq k}^{n} y_{rk}^e \lambda_j, r = 1, 2, \cdots, a$$

$$\overline{y^n} \leq \sum_{j=1, j \neq k}^{n} y_{hk}^n \lambda_j, h = 1, 2, \cdots, b$$

$$\lambda_j \geq 0, j = 1, 2, \cdots, n, j \neq 0$$

$$\bar{x} \geq x_k, \overline{y^e} \geq y_k^e, \overline{y^n} \geq y_k^n \qquad (10.15)$$

（二）Meta‑frontier 生产函数

由于中国沿海地区的各因素与环境之间存在一定的差异性，所以沿海各地区相对的生产前沿面也各不相同，如果仍沿用共同的生产前沿进行效率分析，那么分析结果将会存在一定的偏差，从而无法真实地反映各地区的海洋资源利用效率。为解决这个问题，巴蒂斯等（Battese et al., 2004）提出了 Meta‑frontier 生产函数的分析方法。该方法首先将 DUM 依据一定的标准划分为不同的群组，然后依据 DEA 方法以及线性规划法构建 DUM 的共同前沿以及群组前沿，并分别计算出每个 DUM 在共同前沿技术水平以及在群组前沿技术水平下的效率值，同时对两者所对应的共同技术比率进行测算和比较。

定义包含非期望产出的共同前沿技术集合为 T^m：

$$T^m = \left\{ (x, y^e, y^n): x \geqslant 0, y^e \geqslant 0, y^n \geqslant 0; x \text{ 能生产出 } y^e, y^n \right\} \quad (10.16)$$

定义对应的生产性可能性集为 P^m：

$$P^m = \left\{ (y^e, y^n): (x, y^e, y^n) \in T^m \right\} \quad (10.17)$$

共同距离函数为：

$$0 \leqslant D^m(x, y^e, y^n) = \sup_\lambda \left\{ \lambda > 0: \left(\frac{x}{\lambda} \right) \in P^m(y^e, y^n) \right\} \leqslant 1 \quad (10.18)$$

本节将中国沿海地区划分为北部沿海地区、东部沿海地区以及南部沿海地区三个群组（$i = 1, 2, 3$），则群组的技术集合 T 如下：

$$T = \left\{ (x_i, y_i^e, y_i^n): x_i \geqslant 0, y_i^e \geqslant 0, y_i^n \geqslant 0; x \text{ 能生产出 } y_i^e, y_i^n \right\} \quad (10.19)$$

相应的群组技术效率（GTE）为：

$$0 \leqslant D^i(x_i, y_i^e, y_i^n) = \sup_\lambda \left\{ \lambda \geqslant 0: \left(\frac{x_i}{\lambda} \right) \in P^i(y_i^e, y_i^n) \right\} \leqslant 1 \quad (10.20)$$

且共同前沿技术是群组前沿技术的包络前沿面，即 $T^m = \{ T^1, T^2, T^3 \}$，如图 10 - 9 所示，共同前沿包络曲线高于群组前沿包络曲线。

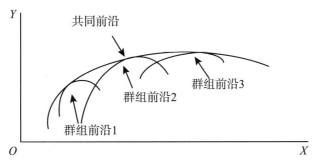

图 10 - 9 Meta‑frontier 与 Group‑frontier 的包络曲线

共同前沿下的共同技术比率，反映的是群组前沿技术水平与共同前沿技术水平之间的差距。MTR 越大，表明群组前沿技术水平与共同前沿技术水平差距越小；MTR 越小，则说明群组前沿技术水平与共同前沿技术水平差距越大，实际技术效率越低。其表达式如下：

$$TE^i(x_i,\ y_i^e,\ y_i^n) = \frac{1}{D^i(x_i,\ y_i^e,\ y_i^n)},\ i=1,\ 2 \tag{10.21}$$

$$0 \leqslant MTR = \frac{D^m(x,\ y^e,\ y^n)}{D^i(x,\ y_i^e,\ y_i^n)} = \frac{MTE}{GTE} \leqslant 1 \tag{10.22}$$

$$MTE = MTR \times GTE \tag{10.23}$$

根据相关文献的研究方法，将各地区的 Metafrontier 无效率（IE）分解为技术差距无效率（TIE）以及管理无效率（MIE）（Chiu et al.，2012）：

$$IE = 1 - MTE = TIE + MIE \tag{10.24}$$

$$TIE = GTE - MTE \tag{10.25}$$

$$MIE = 1 - GTE \tag{10.26}$$

其中，TIE 是生产技术水平的差异所导致的效率损失，而 MIE 则是在具有相同的技术水平的前提下内部管理能力的差异所造成的效率损失。

（三）泰尔指数及其分解

在测算中国海洋资源利用效率的基础上，为了进一步分析地区效率差距的来源，采用泰尔（Theil）指数进行分解。泰尔指数可以将地区效率总体差距分解为两个部分，即地区内部差距以及地区之间差距，同时还可分析两者对总体差距的贡献率。泰尔指数取值位于区间 [0，1] 之间，当泰尔指数越小，地区间差距越小；泰尔指数越大，则地区间差距越大。借鉴夏洛克斯（Shorrocks，1980）的方法得到泰尔指数及其分解公式，如式（10.27）~式（10.30）所示。

$$Theil = Theil_w + Theil_b = \frac{1}{11} \sum_{i=1}^{11} \frac{y_i}{\bar{y}} \ln \frac{y_i}{\bar{y}} \tag{10.27}$$

$$Theil_p = \frac{1}{n_p} \sum_{i=1}^{n_p} \frac{\sum \frac{y_{pi}}{\bar{y}_p}}{\bar{y}_p} \tag{10.28}$$

$$Theil_w = \sum_{p=1}^{\varepsilon} \left(\frac{n_p}{11} \frac{\bar{y}_p}{\bar{y}} \right) Theil_p \tag{10.29}$$

$$Theil_b = \sum_{p=1}^{\varepsilon} \frac{n_p}{11} \left(\frac{\bar{y}_p}{\bar{y}} \right) \ln \left(\frac{\bar{y}_p}{\bar{y}} \right) \tag{10.30}$$

其中，$n_p(p=1,\ 2,\ 3)$ 表示东部沿海地区、南部沿海地区、北部沿海地区省市数量；$\frac{\bar{y}_p}{\bar{y}}$ 表示三个地区海洋资源利用效率均值与总体海洋资源利用效率均值之比；$Theil$ 表示海洋资源利用效率总体差距；$Theil_p$ 表示某个地区（东部沿海地区、南部沿海地区、北部沿海地区）内部各省市间海洋资源利用效率差距；$Theil_w$ 和 $Theil_b$ 分别表示海洋沿海地区内部差距与地区间差距。

二、海洋资源利用效率测算

（一）指标选取和数据处理

为更加全面地测算中国海洋资源利用效率，选取中国沿海 11 个地区 2006 ~ 2015 年的海洋数据展开实证研究，包括投入指标、期望产出指标、非期望产出指标三种变量类型（见表 10 – 5）。数据主要源于《中国统计年鉴》和《中国海洋年鉴》。

表 10 – 5　　　　　　　　海洋资源利用效率评价指标体系

指标类别	一级指标	二级指标
投入指标	资本	海洋资源利用资本存量（亿元）
	劳动力	涉海就业人员（万人）
期望产出指标	经济效益	海洋生产总值（GOP，亿元）
非期望产出指标	环境污染	工业废水直排入海总量（万吨）

参考相关研究，投入指标包括资本投入与劳动力投入，分别以海洋资源利用资本存量与涉海就业人员测度（Ding et al.，2014；Zhao et al.，2016）。其中，海洋资源利用资本存量 =（沿海地区 GOP ÷ 沿海地区 GDP）× 沿海地区资本存量（He et al.，2014）。

沿海地区资本存量的估算参考现有研究的估算方法（Shan，2008），计算公式为 $K_t = K_{t-1}(1-\delta) + I_t$。各参数的设置方法如下：

（1）当年投资数据 I_t 的确定：以固定资本形成额的时间序列代表。

（2）投资价格指数的构造：利用官方数据中的全国和分省的固定资本形成总额及指数计算出投资隐含平减指数替代固定资产投资价格指数。

（3）折旧率 δ 的确定：公式 $S = (1-D)^T$，用法定残值率代替资本效率 S，得 $\delta = 10.96\%$。

（4）基期资本存量 K 的确定：依据 $\dfrac{\Delta K}{K} = \dfrac{\Delta I}{I}$ 的原理，以 2000 年沿海地区投资

价格指数进行折算，计算出以 2000 年为基期的沿海地区资本存量。同时，采用以 2000 年为基期的沿海地区海洋生产总值（GOP）和沿海地区 GDP 计算海洋资源利用资本存量。

期望产出表示某一地区在一定时期内通过海洋资源利用为当地带来收益的产出，由于沿海地区的海洋生产总值能够很好地反映海洋期望产出，故将其纳入分析。为与资本存量保持一致，以 2000 年为基期进行折算。

由于沿海地区工业废水在环境污染中占有较大比重，以沿海地区工业废水直排入海总量为非期望产出的指标。

表 10－6 展示了沿海地区海洋资源利用的投入产出平均水平。首先，从期望产出—非期望产出的角度来看，期望产出排名前五的地区依次是河北、浙江、辽宁、江苏和山东，而非期望产出排名前五的依次为福建、辽宁、浙江、上海和山东。可见，期望产出排名前五的地区里有三个地区处于非期望产出前五之内，次序的变化说明各地区的环境治理能力存在差异，海洋产业规模扩大在一定程度上伴随着环境治理压力的上升。从投入—GOP 的角度来看，各地区的投入排名与GOP 排名之间存在较大的不同，可见各地区的海洋经济技术水平存在一定的差距，所处技术环境存在差异。

表 10－6　　　　　　　　　沿海地区投入产出平均水平

地区	Y	WD	K	L
天津	2 301.4	289.6	6 284.7	146.5
河北	1 051.7	1 157.0	2 586.2	82.3
辽宁	2 049.1	27 357.7	5 302.1	278.2
上海	4 267.7	9 183.4	8 794.3	180.9
江苏	2 484.4	1 018.9	5 510.0	165.9
浙江	2 608.4	9 914.0	5 708.9	363.9
福建	3 309.9	59 011.1	7 382.7	368.6
山东	5 476.2	8 591.2	13 085.1	454.0
广东	6 693.4	6 742.1	11 575.0	717.1
广西	501.5	4 157.3	1 396.6	97.8
海南	466.7	3 148.6	1 366.8	114.4

注：Y 代表海洋 GOP，单位为亿元；WD 代表工业废水直排入海量，单位为万吨；K 代表海洋经济资本存量，单位为亿元；L 代表涉海就业人员数量，单位为万人。

资料来源：国家统计局编：《中国统计年鉴》，中国统计出版社 2006～2015 年版；《中国海洋统计年鉴》，海洋出版社 2006～2015 年版。

表 10 - 7 是各区域年均投入产出占所有地区年均总量比例的情况。按照区域内部具有相似性，区域之间具有差异性的原则，将沿海 11 个地区划分为北部沿海地区（天津、山东、河北、辽宁）、东部沿海地区（上海、江苏、浙江）以及南部沿海地区（福建、广东、广西、海南）。北部沿海地区与南部沿海地区投入与期望产出占比相对最高，其次是东部沿海地区。然而，非期望产出占比最高的是南部沿海地区，占比高达 55.95%，最低是东部沿海地区，为 15.41%，表明南部沿海地区的环境治理能力相对较差，而北部沿海地区与东部沿海地区环境治理能力则较强。

表 10 - 7　　　各区域年均投入产出占所有地区年均总量比例　　　单位：%

地区	K	L	Y	WD
天津	9.11	4.93	7.37	0.22
辽宁	7.69	9.37	6.57	20.95
河北	3.75	2.77	3.37	0.89
山东	18.97	15.29	17.55	6.58
江苏	7.99	5.59	7.96	0.78
浙江	8.27	12.25	8.36	7.59
上海	12.75	6.09	13.67	7.03
广东	16.78	24.15	21.45	5.16
福建	10.70	12.41	10.61	45.19
海南	1.98	3.85	1.50	2.41
广西	2.02	3.29	1.61	3.18
北部沿海地区	39.51	32.36	34.85	28.64
东部沿海地区	29.01	23.93	29.99	15.41
南部沿海地区	31.48	43.71	35.15	55.95

注：Y 表示海洋 GOP，WD 代表工业废水直排入海量，K 代表海洋经济资本存量，L 代表涉海就业人员数量。

资料来源：国家统计局编：《中国统计年鉴》，中国统计出版社 2006 ~ 2015 年版；《中国海洋统计年鉴》，海洋出版社 2006 ~ 2015 年版。

（二）海洋资源利用效率的测算与分析

采用 S - SBM 模型和 Meta - frontier 函数，基于不变规模报酬（CRS）[1]，在"期望产出：非期望产出 = 1∶1"的前提下，计算元边界和群边界下各省的海洋资源利用效率。2006～2015 年海洋资源利用投入产出指标的统计描述如表 10 - 8 所示。

表 10 - 8 　　　　2006～2015 年海洋投入产出指标的统计描述

变量	单位	观察数	平均值	标准差	最大值	最小值
海洋经济资本存量	亿元	110	6 272.0	4 699.9	23 497.6	476.6
涉海就业人员	万人	110	270.0	207.3	860.3	81.5
海洋生产总值	亿元	110	2 837.3	2 174.5	10 486.5	268.8
沿海地区工业废水排放总量	万吨	110	11 870.1	17 973.6	107 994.4	0.5

资料来源：2006～2015 年《中国统计年鉴》；2006～2015 年《中国海洋统计年鉴》。

表 10 - 9 显示，2006～2015 年，北部沿海地区、东部沿海地区以及南部沿海地区的组群效率（GTE）平均值分别为 1.029、1.118 以及 0.762，说明在各自的技术水平下，北部沿海地区与东部沿海地区的效率差距较小，且都处于完全有效状态，同时东部沿海地区效率值排名高于北部沿海地区，而南部沿海地区与两者间的效率差距较大。除此之外，三者的共同前沿技术效率（MTE）也呈现类似的情况，即北部沿海地区与东部沿海地区的共同效率平均值差距较小，分别为 0.811 和 0.895，而南部沿海地区与两者间的效率差距较大，为 0.582。可见，无论在共同边界技术下还是在群组边界技术效率下，南部沿海地区的资源利用都远远低于北部沿海地区和东部沿海地区的资源利用，且东部沿海地区高于北部沿海地区，说明东部地区资源利用以及环境保护相较于北部地区与南部地区更为有效。

---

① 在估计过程中，SBM 可分为不变规模报酬（Constant Returns to Scale，CRS）、可变规模报酬（Variable Returns Scale，VRS）和一般规模报酬（General Returns Scale，GRS）三种基本类型，由于估计过程中出现 CRS、GRS 条件下 DUM 使用线性规划（Linear Programming，LP）方法不可求解问题的情况，为了避免这种情况，选取 CRS 进行效率测算。

表 10－9　2006～2015 年平均效率值、共同技术比率及变动率、无效率的分解

北部沿海地区	MTE		GTE		MTR		MTR－R	IE	TIE 及占比		MIE 及占比	
	AVE	SD	AVE	SD	AVE	SD	AVE	AVE	AVE	AVE	AVE	AVE
天津	1.516	0.431	1.709	0.314	0.877	0.127	-0.042	0	0.193	100.00%	0	0
河北	0.73	0.244	0.969	0.163	0.741	0.14	-0.016	0.293	0.239	74.43%	0.082	25.57%
辽宁	0.4	0.022	0.492	0.024	0.814	0.062	-0.022	0.6	0.093	15.42%	0.508	84.58%
山东	0.6	0.054	0.946	0.17	0.663	0.184	-0.047	0.4	0.346	82.26%	0.075	17.74%
AVE	0.811		1.029		0.774		-0.032	0.323	0.218	56.72%	0.166	43.28%
SD	0.489		0.504		0.092		0.015	0.25	0.105	0.367	0.231	0.367

东部沿海地区	MTE		GTE		MTR		MTR－R	IE	TIE 及占比		MIE 及占比	
	AVE	SD	AVE	SD	AVE	SD	AVE	AVE	AVE	AVE	AVE	AVE
上海	1.19	0.089	1.275	0.165	0.94	0.059	0.02	0	0.085	100.00%	0	0
江苏	1.01	0.15	1.583	0.384	0.667	0.138	0.031	0.04	0.573	93.45%	0.04	6.55%
浙江	0.486	0.037	0.495	0.042	0.983	0.023	0.008	0.514	0.009	1.71%	0.505	98.29%
AVE	0.895		1.118		0.863		0.02	0.185	0.222	65.05%	0.182	34.95%
SD	0.366		0.561		0.171		0.012	0.286	0.306	0.55	0.281	0.55

续表

南部沿海地区	MTE		GTE		MTR		MTR-R	IE	TIE及占比		MIE及占比	
	AVE	SD	AVE	SD	AVE	SD	AVE	AVE	AVE	AVE	AVE	AVE
福建	0.477	0.017	0.668	0.186	0.749	0.143	-0.022	0.523	0.191	36.26%	0.336	63.74%
广东	1.123	0.035	1.574	0.202	0.726	0.108	-0.029	0	0.451	100.00%	0	0
广西	0.403	0.055	0.449	0.062	0.899	0.049	-0.006	0.597	0.046	7.70%	0.551	92.30%
海南	0.326	0.023	0.359	0.02	0.91	0.054	0.009	0.674	0.032	4.81%	0.641	95.19%
AVE	0.582		0.762		0.821		-0.012	0.449	0.18	37.19%	0.382	62.81%
SD	0.366		0.556		0.097		0.017	0.305	0.194	0.442	0.285	0.442

注: MTE——共同前沿技术效率; GTE——群组前沿技术效率; MTR——共同技术比率; MTR-R——共同技术比率变动率; IE——无效率; TIE——技术差距无效率; MIE——管理无效率; AVE——平均值; SD——标准差。
资料来源: 2006~2015年《中国统计年鉴》; 2006~2015年《中国海洋统计年鉴》。

由式（10.27）~式（10.30）可计算海洋资源利用效率地区差异的分解结果，如表10-10所示。

表10-10 海洋资源利用效率（MTE）地区差距及其分解

| 年度 | 总体差距 | 地区之间差距 | | 地区内部差距 | | | | |
		数值	贡献率（%）	数值	贡献率（%）	东部地区贡献率（%）	南部地区贡献率（%）	北部地区贡献率（%）
2006	0.1058	0.0141	13.31	0.0917	86.69	24.15	39.58	22.96
2007	0.0998	0.0141	14.15	0.0857	85.85	23.30	38.74	23.80
2008	0.1106	0.0186	16.82	0.0920	83.18	23.61	42.28	17.28
2009	0.1188	0.0065	5.51	0.1122	94.49	28.55	41.09	24.85
2010	0.1181	0.0170	14.38	0.1011	85.62	21.13	40.34	24.15
2011	0.1583	0.0182	11.48	0.1401	88.52	9.84	29.86	48.82
2012	0.1541	0.0199	12.89	0.1342	87.11	11.44	29.38	46.28
2013	0.1527	0.0212	13.89	0.1315	86.11	10.87	28.57	46.66
2014	0.1559	0.0198	12.69	0.1361	87.31	11.58	28.95	46.78
2015	0.1635	0.0210	12.87	0.1424	87.13	11.41	27.53	48.19
平均	0.1338	0.0170	12.80	0.1167	87.20	17.59	34.63	34.98

从表10-10可以看出，中国海洋资源利用效率从2006年的0.1058上升到2015年的0.1635，年均上升4.45%，总体来看，地区内以及地区间差距均呈上升趋势，这说明各地区及省市间差距整体上是扩大的。可以看出，地区内海洋资源利用效率差距不断扩大，与中国区域协调发展的目标相背离。在地区差距的来源上，海洋资源利用效率的总体地区差距主要源于地区内部差距，其贡献率保持在83.00%~94.50%，地区间差距的占比在短期内将一直处于地区内部差距之下。从地区内部差距来看，南部地区与北部地区内部省市之间差距相对较大，分别为34.63%、34.98%，其次是东部地区的17.59%。从分解结果来看，中国海洋资源利用效率提升应以缩小东部沿海地区、南部沿海地区以及北部沿海地区内部省市之间的差距为主。值得注意的是，东部地区的内部省市之间的差距在样本期间逐渐减小，说明东部地区更加注重协调发展。此外，北部地区的内部省市差距自2008年开始逐渐上升，且在2011年大幅上升，主要是由2008~2011年山

东和河北海洋资源利用效率下降较为明显所致，需引起重视并及时采取措施。

进一步，将 2006~2015 年 11 个沿海地区 MTE、GTE 均值进行排序，如图 10 – 10 所示。

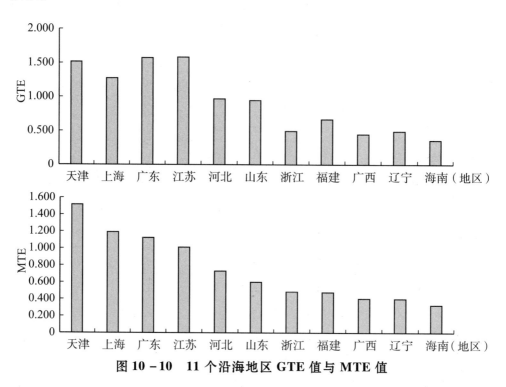

图 10 – 10   11 个沿海地区 GTE 值与 MTE 值

从图 10 – 10 可以看出，共同前沿技术水平下，天津、上海、广东和江苏的海洋资源利用效率大于 1，与其他地区相比较，这 4 个地区的海洋资源利用已经达到较优水平，即在发展海洋经济的同时有效地兼顾了资源浪费和环境保护问题。其余 7 个地区的海洋资源利用效率都小于 1，海洋资源利用水平较低，需要通过改变投入和产出来促使效率达到有效。群组前沿下结果与共同前沿下相同，仅有天津、江苏、广东和上海的海洋资源利用效率值大于 1。可以看出，相对于其他沿海地区来说，目前中国东部沿海地区在海洋经济发展过程中更加注重资源的充分利用和环境的保护，海洋经济发展方式较为持续，北部沿海地区以及南部沿海地区的海洋经济发展方式较为粗放，两地区应该全面协调，统筹发展，兼顾经济效益和资源环境效益。

图 10 – 11 和图 10 – 12 展示了海洋资源利用效率的时序变化结果。具体来看：

（1）2006~2015 年，无论是共同前沿技术下还是群组前沿技术下，东部沿海地区的海洋资源利用效率总体高于北部沿海地区和南部沿海地区。

（2）在共同前沿技术水平下，东部沿海地区海洋资源利用效率总体呈现小幅下降趋势，并且在 2008～2010 年波动较大，原因可能是金融危机对海洋资源利用效率产生影响。北部沿海地区的海洋资源利用效率在 2011 年达到最高值 0.899，总体呈现出上升趋势；2009 年存在明显的下降趋势，其原因可能是"十一五"规划的实施已接近尾声，政府对海洋资源利用管理出现松懈，导致生产率损失的上升。南部沿海地区总体变化不大，总体趋势几乎呈现水平状态，2007 年达到最高值 0.616。整体来看，三个地区效率值均小于 1，意味着中国海洋资源利用具有较大的提升空间，尤其对于北部沿海地区和南部沿海地区，仍存在着较大的资源节约和效率改进空间。

（3）在群组前沿技术水平下，三个群组的效率变化趋势接近于共同前沿下变化趋势。除此之外，以效率值等于 1 为分界线，东部沿海地区除 2009 年、2010 年、2011 年之外皆处于分界线之上，说明在样本期间东部沿海地区的海洋资源利用投入产出，除在 2008 年后受经济环境影响下降并在 2009 年后逐步恢复外，其余年份达到完全有效。同时，北部沿海地区效率值在样本期间后期基本处于分界线之上。南部沿海地区效率值在样本期间一直处于分界线之下，可见该地区的海洋资源利用整体效率低下，有很大的改进空间。

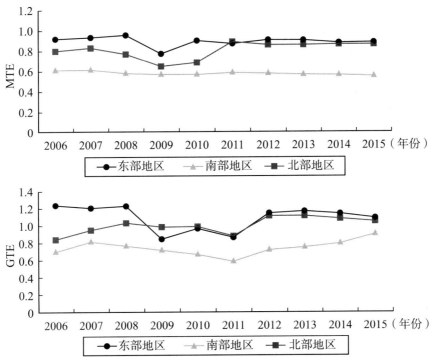

图 10 - 11　2006～2015 年中国各区域海洋经济 MTE、GTE 平均值变动趋势　　*449*

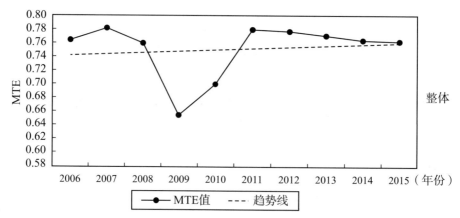

图 10 – 12　2006～2015 年中国海洋经济 MTE 平均值变动趋势

（4）整体来看，2006～2015 年，中国海洋资源利用效率整体还是呈现小幅上升的状态，但在 2009 年之前呈下降趋势，在 2009～2011 年呈上升趋势，波动较大。

从共同技术比率（MTR）来看，2006～2015 年，北部沿海地区、东部沿海地区以及南部沿海地区的 MTR 平均值分别为 0.774、0.863 以及 0.821，说明东部沿海地区和南部沿海地区的技术水平达到共同边界水平的 86.3% 和 82.1%，而北部沿海地区只达到共同边界水平的 77.4%。运用群组边界技术分析，北部沿海地区与东部沿海地区处于完全有效状态，南部沿海地区的效率改进空间为 23.8%。事实上，在共同边界技术下，三者的效率改进空间分别为东部沿海地区＞北部沿海地区＞南部沿海地区（10.5%＞18.9%＞41.8%），可见南部沿海地区技术水平明显落后于东部沿海地区以及北部沿海地区。

从北部沿海地区、东部沿海地区以及南部沿海地区组群效率和共同效率构成的二维矩阵图（见图 10 – 13）可以看出，在效率值低于 1 的范围内，东部沿海地区位于对角线之上，而北部沿海地区与南部沿海地区多数位于对角线之下，这表明东部沿海地区技术水平基本与共同边界技术水平持平，而北部沿海地区与南部沿海地区技术水平落后于东部沿海地区技术水平。若以共同效率的平均值为分界线，位于分界线之右的北部沿海地区，其效率提升的关键是提高该地区的技术水平；位于分界线之左的东部沿海地区，其效率提升的关键是提高地区的管理水平；而南部沿海地区，则既要提升技术水准，又要提升管理水平。

此外，通过计算共同技术比率的变动率（MTR – R）分析地区与最佳生产技术水平之间差距的变化情况。从表 10 – 9 可以看出，东部沿海地区 MTR – R 的平均值为正，并且标准差较低，表明东部沿海地区与共同边界的技术差距在逐渐缩小，并且在此过程中，其内部差异不大。而北部沿海地区与南部沿海地区 MTR – R

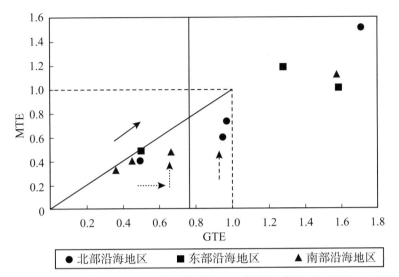

图 10 - 13　北部沿海地区、东部沿海地区和南部沿海地区 GTE—MTE 矩阵

注：——▶表示东部沿海地区效率改进方向；……▶表示分界线左边北部沿海地区与南部沿海地区效率改进方向；---▶表示分界线右边北部沿海地区效率改进方向。

的平均值为负，说明北部沿海地区与南部沿海地区与共同边界的距离有所扩大，这主要源于个别地区的技术衰退。从各地区来看，2006～2015 年，东部沿海地区的上海、江苏和浙江的 MTR - R 年均上升了 2%、3%、0.8%。在北部沿海地区组群中，天津和山东衰退相对其他地区较为严重。在南部沿海地区组群中，福建、广东和广西呈现技术衰退现象，而海南为技术进步。

随着海洋经济的逐步发展，海洋资本投入量得到调整的同时使得各地区海洋投入产出减少，在 DUM 已形成最佳实践面而无法进一步扩散的情况下，造成前沿技术水平的日渐降低。为了进一步探索海洋资源利用效率低下的内部原因，并分析不同地区实际技术水平与潜在最佳技术水平之间的差距来源，将三个区域的效率损失分为 TIE 和 MIE 两个维度。如表 10 - 9 所示，东部沿海地区的效率总损失为 0.185，其中，TIE 值在三个群组中达到最大，为 0.222，贡献率达到65.05%，MIE 值为 0.182，贡献率为 34.95%，因此，东部沿海地区未来发展应以提升技术水平为主，提升管理水平为辅。南部沿海地区与东部沿海地区情况相反，效率损失总值在三个群组中最大，为 0.449，MIE 值在三个群组中也达到最大，为 0.382，贡献率为 62.81%，但 TIE 值却是三个群组中最小，仅为 0.18，贡献率为 37.19%，南部沿海地区的效率低下主要源于管理低下，在未来发展中应主要考虑提升管理能力，同时技术水平的提升不可忽视。北部沿海地区的效率损失为 0.323，其中，TIE 为 0.218，贡献率为 56.72%，MIE 值为 0.166，贡献率为 43.28%，可见对于北部沿海地区，技术差距和管理水平低下皆对效率产生了较大的影响，因此未来要同时考虑改善技术和提高管理效率。

（三）海洋资源利用效率动态演变

1. 非参数核密度估计方法

核密度估计方法是一种可用来估计随机变量密度函数的非参数估计方法。假设随机变量 X_1，X_2，$\cdots$，X_N 服从统一概率分布，概率密度函数为 $f(x)$，那么其累积分布函数可以表示为：

$$F_N(y) = \frac{1}{N} \sum_1^N I(X_i \leqslant y) \tag{10.31}$$

其中，N 表示观测样本数，$I(z)$ 表示示性函数，z 表示满足一定条件的判断关系式。当 z 满足条件时，$I(z) = 1$，反之，$I(z) = 0$。

设核函数为均匀核：

$$\eta_o(x) = \begin{cases} \dfrac{1}{2} & -1 < x < 1 \\ 0 & \text{其他} \end{cases} \tag{10.32}$$

则对应的核密度估计如下：

$$f(x) = \frac{1}{hN} \sum_{i=1}^N \eta\left(\frac{x - X_i}{h}\right) \tag{10.33}$$

其中，h 表示核函数的带宽，η 表示核函数。核函数选择 Epanechnikov 核函数：

$$\eta(u) = \frac{p(p+2)}{2S_p}(1 - u_1^2 - u_2^2 - \cdots - u_p^2) \tag{10.34}$$

其中，$S_p = \dfrac{2\pi^{\frac{r}{2}}}{\Gamma\left(\dfrac{p}{2}\right)}$，当 $p = 1$ 时，$\Gamma(u) = 0.75(1 - u^2)I(|u| \leqslant 1)$。

通过计算研究期间沿海地区海洋资源利用效率的核密度，可以判断其分布状态，若核密度分布图呈现"单峰"状态，那么就代表沿海地区的海洋资源利用效率向某一点收敛；若核密度分布图呈现"多峰"状态，那么就代表沿海地区的海洋资源利用效率处于多重收敛的状态，即沿海地区海洋资源利用效率存在多极分化现象。除此之外，峰值的高低也体现了海洋资源利用效率的分布情况，若峰值随着时间变化降低，则表明各地区海洋资源利用效率之间差距随时间变化而加大，相对集中度也降低；反之，若峰值随着时间变化升高，则表明各地区海洋资源利用效率之间差距随时间变化而减小，相对集中度升高。具体密度函数分布变化形式及其对应含义如表 10 - 11 所示。

表 10 – 11 密度函数分布变化形式及其对应含义

类型	差距变大	差距变小
波峰高度	变矮	变高
波峰宽度	变宽	变窄
波峰偏度	左偏	右偏
波峰数量	变多	变少

　　将各地区海洋资源利用效率计算结果输入 EViews 7.2 软件，选取常用的 Epanechnikov 核函数计算各年度海洋资源利用效率核密度分布。为了更清晰地观察资源利用效率的密度分布变化趋势，分别绘制 2006 年、2009 年、2010 年、2013 年及 2015 年的资源利用效率核密度分布图，可以体现海洋资源利用效率年际变化情况，如图 10 – 14 所示。

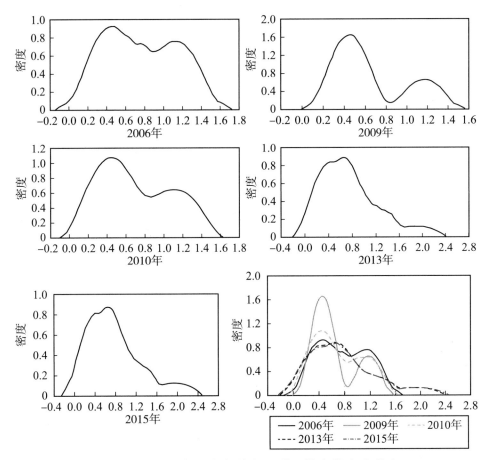

图 10 – 14　五个年度海洋资源利用效率核密度分布

　　首先，从位置上看，5 个年度的核密度分布曲线整体呈现出向右移动的趋势，表明中国海洋资源利用效率呈增长趋势；其次，从峰值上看，峰值有向右移的趋势，并随着时间变化右端拖尾部分越来越大，表明海洋资源利用效率在不断增加，但高度逐渐降低，说明各沿海地区海洋资源利用效率的集中度呈逐渐降低的趋势，分散度呈逐渐上升的趋势；最后，从形状上看，2006～2015 年，中国海洋资源利用效率总体上呈现出"双驼峰"状的分布特征，说明考察期内海洋资源利用效率存在两极分化现象。2011～2015 年，"双峰"态势逐步向"单峰"态势转化，这说明近几年海洋资源利用效率的两极分化态势有所减弱。随着时间推移，从右峰尾部向右移动幅度变化的情况来看，在 2006～2009 年间，右尾有左移的趋势，说明整体效率呈现下降的趋势，而在 2009～2011 年间，右尾有右移的趋势，说明整体利用效率呈现上升趋势，其余年份变化较小；低效率水平地区的海洋资源利用效率的增长速度则变化较为稳定（见图 10 – 15）。

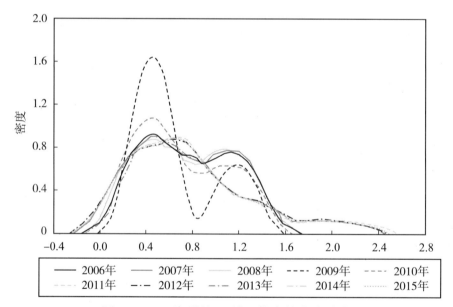

图 10 – 15　海洋资源利用效率核密度分布

2. 马尔科夫链估计

　　马尔科夫链估计法是基于海洋资源利用效率在各地区省市内部分布的流动性来评估其动态演化过程。马尔科夫链估计法假设变量序列具有"无后效性"的特点，即如果知道变量的"现在状态"时，其"未来状态"的分布情况和"过去状态"的分布情况是没有关系的（Dong et al.，2009）。考虑随机过程 $x(t)$，假设从 t 时刻状态 i 转到 $t+1$ 时刻状态 j 的转移概率是 p_{ij}，在 t 时刻，处于 S_i 状态的伴随概率是 $a_i(t)$，那么有：

$$a_i(t+1) = \sum_{i=1}^{n} a_i(t)p_{ij}(i = 1, 2, \cdots, n) \tag{10.35}$$

马尔科夫链估计方法假定下一时刻个体的状态分布只与前一时刻的状态概率及其转移概率有关，但与再之前的状态分布无关。本节将 t 年份沿海地区各省份海洋资源利用效率的概率分布表示为 $1 \times K$ 的状态概率向量 P_t，记为 $P_t = (P_1(t), P_2(t), P_3(t), \cdots, P_n(t))$，表 10-12 为各省市海洋资源利用效率的转移概率矩阵（$K \times K$ 阶）。

表 10-12　　　　　　　　马尔科夫转移概率矩阵

类型	低水平	中低水平	中等水平	中高水平	高水平
低水平	P_{11}	P_{12}	P_{13}	P_{14}	P_{15}
中低水平	P_{21}	P_{22}	P_{23}	P_{24}	P_{25}
中等水平	P_{31}	P_{32}	P_{33}	P_{34}	P_{35}
中高水平	P_{41}	P_{42}	P_{43}	P_{44}	P_{45}
高水平	P_{51}	P_{52}	P_{53}	P_{54}	P_{55}

表 10-12 中，P_{ij} 代表整个研究时段内，属于 i 类型的沿海地区在 $t+1$ 年转化为 j 类型的概率，以 $P_{ij} = \dfrac{n_{ij}}{n_i}$ 表示。其中，n_{ij} 代表在整个样本考察期内，属于 i 类型的沿海地区在 $t+1$ 年转换为 j 类型的所有地区加总得到；n_i 表示在整个样本考察期内，属于 i 类型的地区数量加总。若某沿海地区属于 i 类型，在下一年后仍为 i 类型，那么该地区的转移是平稳的；若沿海地区转移到比上一年份更高的类型，那么就表示该地区向上转移，否则就表示该地区海洋资源利用效率表现为向下转移（Pu et al.，2005）。

在状态转移概率矩阵 P 随着时间变化具有一定稳定性的前提下，经 n 期后的海洋资源利用效率分布 $a(t+n)$ 可表示为 $a(t+n) = p^n a(t)$。当 $n \to \infty$ 时，若 $a(t+n)$ 表现为收敛，便可得到沿海各省市海洋资源利用效率的平稳分布 $\pi = (\pi_1, \pi_2, \cdots, \pi_n)$。如果 π 呈现集中分布状态，则认为沿海各省市海洋资源利用效率之间的差距可以慢慢消除；如果 π 的概率分布状态是分散的或者根本无法求解，则认为沿海各省市海洋资源利用效率之间的差距将无法消除，甚至呈现"极化"状态。可见，通过分析其平稳分布状态，可以预测沿海各省市海洋资源利用效率的发展趋势（Zhang，2011）。

采用四分位数的方法，将位于区间 $[0, 1]$ 的沿海地区海洋资源利用效率分成四种状态类型（Wang, 2014），并将海洋资源利用效率大于 1 的地区划入第五种类型，具体如表 10 – 13 所示。

表 10 – 13　　　　　　　　　　类型及范围值

时期	低水平	中低水平	中等水平	中高水平	高水平
2006～2009 年	<0.43	0.43～0.48	0.48～0.68	0.68～1.00	>1.00
2009～2011 年	<0.40	0.40～0.47	0.47～0.55	0.55～1.00	>1.00
2011～2015 年	<0.38	0.38～0.48	0.48～0.55	0.55～1.00	>1.00
2006～2015 年	<0.40	0.40～0.48	0.48～0.54	0.54～1.00	>1.00

根据上文研究结果，本节将整个研究时段划分为 2006～2009 年、2009～2011 年以及 2011～2015 年，然后分别计算三个时期沿海地区海洋资源利用效率的马尔科夫转移矩阵，如表 10 – 14 所示。

表 10 – 14　　　　　海洋资源利用效率的马尔科夫转移矩阵

时期	类型	低水平	中低水平	中等水平	中高水平	高水平
2006～2009 年	低水平	1.000	0.000	0.000	0.000	0.000
	中低水平	0.000	1.000	0.000	0.000	0.000
	中等水平	0.167	0.167	0.500	0.167	0.000
	中高水平	0.000	0.000	1.000	0.000	0.000
	高水平	0.000	0.000	0.000	0.133	0.867
	稳态分布	0.212	0.121	0.182	0.030	0.455
2009～2011 年	低水平	0.833	0.167	0.000	0.000	0.000
	中低水平	0.000	0.667	0.333	0.000	0.000
	中等水平	0.000	0.250	0.250	0.500	0.000
	中高水平	0.000	0.000	0.000	0.500	0.500
	高水平	0.000	0.000	0.000	0.000	1.000
	稳态分布	0.273	0.136	0.182	0.091	0.318

时 期	类型	低水平	中低水平	中等水平	中高水平	高水平
2011 ~ 2015 年	低水平	1.000	0.000	0.000	0.000	0.000
	中低水平	0.250	0.625	0.125	0.000	0.000
	中等水平	0.000	0.000	1.000	0.000	0.000
	中高水平	0.000	0.000	0.000	1.000	0.000
	高水平	0.000	0.000	0.000	0.000	1.000
	稳态分布	0.159	0.182	0.114	0.182	0.364
2006 ~ 2015 年	低水平	0.947	0.053	0.000	0.000	0.000
	中低水平	0.176	0.706	0.118	0.000	0.000
	中等水平	0.000	0.182	0.636	0.182	0.000
	中高水平	0.000	0.000	0.071	0.857	0.071
	高水平	0.000	0.000	0.026	0.026	0.947
	稳态分布	0.192	0.172	0.111	0.141	0.384

从表 10 - 14 可以看出，第一，从流动性来看。首先，海洋资源利用效率向其他类型转移的概率较低，且其流动性较低，倾向于维持现状。其次，2009 年沿海地区海洋资源利用效率水平状态不变的可能性最高为 100%，最低为 0；2011 年沿海地区海洋资源利用效率水平状态不变的可能性最高为 100%，最低为 25%；2015 年沿海地区海洋资源利用效率水平状态不变的可能性最高为 100%，最低为 62.5%；而从整个研究期间来看，马尔科夫链转移矩阵对角线上的数值最小为 0.636，最大为 0.947，表明 2015 年沿海地区海洋资源利用效率水平状态不变的可能性最高为 94.7%，最低为 63.6%。说明分时期与整体情况下状态的稳定性都较高，尤其是 2011 ~ 2015 年，状态的维持概率最高。

第二，从变动跨度来看。海洋资源利用效率的变动跨度较小，分时期来看，从高水平仅可以跨越到中高水平；从整个研究区间来看，从中等水平类型转变为高水平类型的概率为 0，从高水平类型转变为中等水平类型的概率为 2.6%，没有出现低水平与高水平之间的转移。

第三，从分布情况来看。在整个研究期间以及三个子时期内，海洋资源利用效率表现出较为明显的聚集现象。2006 ~ 2015 年，低水平地区保持不变的概率为 94.7%，仅有 5.3% 的地区向上转移，中国沿海地区海洋资源利用效率水平在整个研究期间呈现小幅上升的态势，2006 年属于低水平、中低水平的地区，随时间推移发生向上转移的概率依次为 5.3% 和 11.8%，而高水平地区没有发生转移，维持原状的概率为 94.7%。2006～2009 年，海洋资源利用效率呈现下降的趋势，在马尔科夫转移矩阵中也可得到证实，高水平地区向下转移的概率为 13.3%，而中高水平地区向下转移的概率达到 100%；此外，2009～2011 年中，2009 年属于低水平、中低水平、中等水平的地区，随时间推移向上转移的概率依次为 16.7%、33.3% 和 50%，而高水平地区保持不变的概率为 100%，可见，在此期间，海洋资源利用效率高幅呈现上升趋势。

第四，从稳态分布来看。无论是整个研究期间还是三个子时期，各地区的海洋资源利用效率在长期均衡状态下仍分散在 5 种状态中。2006～2015 年，海洋资源利用效率低和高的地区在长期均衡状态中稳态分布的比重占 57.6%，其中，海洋资源利用效率水平高的地区所占比重最大，达到 38.4%。因此，中国海洋资源利用效率若仍以不变的趋势发展，那么各沿海地区的海洋资源利用效率将持续保持较大的差异，并且在短时间内难以改善。

（四）海洋资源利用效率影响因素分析

为进一步探索中国海洋资源利用效率的动因，采用符号回归模型分析共同前沿（Meta - frontier）下海洋资源利用效率的影响因素。

符号回归方法是一种建立在数据驱动基础之上的数据分析方法，与传统回归方法相比较，符号回归方法依托达尔文的物种选择理论，进化迭代更新模型的结构及参数，进而逐步趋近最优化模型。符号回归方法是一种自选择结构及参数模型，它在一定程度上可以规避模型设定错误而导致的估计结果偏差。

依据前文分析，中国沿海地区海洋资源利用效率具有差异性。本节综合已有研究的分析框架以及中国沿海地区海洋资源利用的现实环境，同时考虑数据的可得性以及是否可量化，主要探究如下因素对海洋资源利用效率的影响情况。（1）海洋环境治理（x1）。参考现有研究，以地区治理废水和固体废物的项目数量（当年竣工项目）表示（Gai et al.，2016）。（2）海洋技术进步（x2）。选取科研从业人员、科研机构数量以及科技机构课题数量作为衡量海洋技术进步的相关指标，考虑到指标对海洋技术进步的影响较为均衡，采用平均赋权法进行处理。（3）海洋从业人员科技素养（x3）。选用海洋专业技术人才占涉海就业人员比重表示海洋从业人员科技素养。（4）海洋资源禀赋（x4）。由于数据的可得性及可量化性的限制，最终选取人均海水养殖面积（单位：公顷/人）作为衡量海洋资源禀赋的指标。

为了结果的准确性及科学性，采取阈值法对数据进行归一化处理，数据源于

《中国海洋统计年鉴》《中国统计年鉴》以及相关沿海省市海洋统计年鉴。

　　选择以下最常出现在回归模型中的符号：常量（constant）、输入变量（input variable）、加法（addition）、减法（subtraction）和乘法（multiplication）。然后，使用 Eureqa 软件对模型进行符号回归（见表 10 - 15）。使用符号回归的优势在于，不需要对模型的形式进行假设，而且可以自动产生一组合适的模型，利用这些模型可以构建帕累托边界。帕累托前沿展示的模型数量有限，对这些帕累托最优解决方案进行更深入的研究，以找出最佳模型中经常出现的因素。

表 10 - 15　　　　　　　　　　　符号回归结果

ID	C	MAE	Models
1	1	0.1591	$y = x3$
2	3	0.1181	$y = 0.648x3$
3	5	0.1165	$y = 0.0277 + 0.606x3$
4	7	0.1129	$y = 0.613x3 + 0.107x1$
5	9	0.1089	$y = 0.0552 + 0.639x3 - 0.186x4$
6	11	0.1050	$y = 0.617x3 + 0.17x1 - 0.117x4$
7	13	0.1012	$y = 0.658x3 + 0.14x1 - x2x3x4$
8	15	0.0999	$y = x3 + 0.168x2 - x3x4 - x2x3^2$
9	17	0.0989	$y = x3 + 0.111x2 - x2x3^2 - 0.628x2x4$
10	19	0.0907	$y = x3 + 1.85x3^2 + 1.61x2^2 - 4.89x2x3$
11	21	0.0891	$y = x3 + x3^2 + 1.2x2^2 - 0.136x4 - 3.25x2x3$
12	23	0.0868	$y = x3 + 1.36x3^2 + 1.36x2^2 - 0.115x4 - 3.9x2x3$
13	25	0.0853	$y = x3 + 1.4x3^2 + 1.33x2^2 - 0.348x3x4 - 3.87x2x3$
14	35	0.0809	$y = 3.41x1x3 + 2.43x3^2 + 2.97x1x2^2 - 1.78x3^3 - 11.5x1x2x3$
15	37	0.0770	$y = 1.81x1x3 + 1.7x3^2 + 5.31x1x2^3 - x3^3 - 14.5x1x3x2^2$
16	39	0.0721	$y = 1.63x1x3 + 1.63x3^2 + 5.4x1x2^3 - x3^4 - 14.5x1x3x2^2$
17	41	0.0710	$y = 0.0201 + 1.57x1x3 + 1.6x3^2 + 5.09x1x2^3 - x3^4 - 14x1x3x2^2$

续表

ID	C	MAE	Models
18	43	0.0698	$y = 0.0152 + 1.58x1x3 + 1.58x3^2 + 5.39x1x2^3 - x3^5 - 14.6x1x3x2^2$

注：C 表示复杂度；MAE：绝对误差（Mean Absolute Error）；x1 表示海洋环境治理；x2 表示海洋技术进步；x3 表示海洋从业人员科技素养；x4 表示海洋资源禀赋。

图 10－16 中帕累托前沿的不同帕累托点（18 个方块代表 18 个模型）直观展现了表 10－15 中所列示的符号回归模型，位于线下方的代表不可行区域，线上方的为可行区域，而线上的为帕累托前沿以及帕累托点。对于符号回归问题，复杂性越高，则模型的误差越小，模型也越优秀。

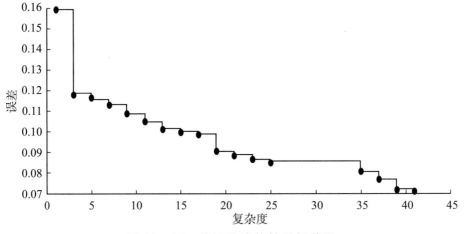

图 10－16　模型描述的帕累托前沿

根据帕累托最优模型中的因子统计，每个因子的出现情况如图 10－17 所示。图 10－17 显示了有多少模型包含每个因子以及每个因子在模型中出现的次数，因为一个因素可能在模型中出现不止一次。可以看出，各因素对海洋资源利用效率的影响顺序为：海洋从业人员科技素养 > 海洋技术进步 > 海洋环境治理 > 海洋资源禀赋。海洋从业人员科技素养是帕累托最优模型中最常出现的因素，而海洋资源禀赋是最不频繁的因素，即海洋产业从业人员科技素养水平对海洋资源利用效率影响最大，而海洋资源禀赋影响最小。

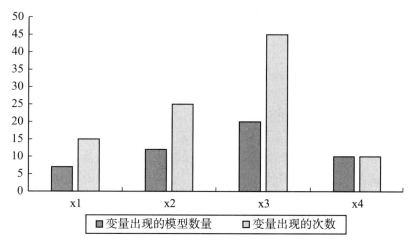

图 10 - 17　帕累托最优模型中每个因子的出现频率

海洋从业人员科技素养在一定程度上体现了一个行业的技术活跃水平，对海洋资源利用效率的提高具有较大的推动作用。说明海洋资源利用效率的提高不仅源于研究机构的研究成果，更源于海洋科技活动水平的提升。因此，应该根据各个地区对海洋资源利用的实际情况，致力于提升海洋从业人员的科技素养，从而使各地区保持较高的科技活动水平，以提高海洋资源利用效率。

海洋技术进步对海洋资源利用的发展及改善有较大的推动作用，海洋技术进步体现了一个地区的科技水平以及其对科研成果的转化应用的能力。海洋资源利用效率的提高离不开科技进步。

作为间接因素，海洋环境治理对海洋资源利用效率的影响相对不大，与部分学者（Gai et al., 2016）的研究结论一致。究其原因，一是中国海洋资源利用过程中过度重视经济效益，忽视环境治理的重要性，导致现有的治理力度很难化解已经存在的环境污染问题，同时海洋环境问题的预防工作也较难开展；二是中国在研究期间的环境治理力度时大时小，并且各种环境治理项目的开展往往是"亡羊补牢"的做法，对海洋资源利用效率的作用较小。

海洋资源禀赋也会对海洋资源利用效率造成影响，但这一因素的影响要弱于其他因素。而且一个地区的海洋资源利用效率会随着地区海洋资源禀赋的变化而变化，即该地区因其丰富的资源而享有"资源的祝福"。但是，根据"资源诅咒"，自然资源越丰富，资源和劳动力在自然资源部门的使用能力就越低，这将导致技术进步的缺失和资源利用的减少。此外，各部门在获取自然资源方面获得的经济租金也导致了"贪婪效应"，在一定程度上抵消了能源储备的积极影响。

（五）结论与建议

1. 主要结论

本部分通过超效率 SBM – Undesirable 模型与 Meta – frontier 函数相结合测算中国沿海 11 个地区的海洋资源利用效率，并运用分布动态法以及符号回归方法分析海洋资源利用效率的动态演变和影响因素。研究结果表明：

（1）总体上看，中国三大群组共同前沿海洋资源利用效率（MTE）和群组前沿海洋资源利用效率（GTE）区域差异都较为明显，且都呈现出"东—北—南"依次递减的格局。可见，无论在共同边界技术下还是在群组边界技术下，南部沿海地区的效率都远低于北部沿海地区和东部沿海地区，且东部沿海地区效率高于北部沿海地区。目前，中国东部沿海地区在海洋经济发展过程中更加注重资源充分利用和环境保护，海洋经济发展方式较为持续，北部沿海地区以及南部沿海地区的海洋经济发展方式较为粗放，两地区应该全面协调、统筹发展，兼顾经济效益和资源环境效益。

（2）从区域角度看，海洋资源利用效率的地区差距整体呈扩大趋势，且主要源于地区内部差距，并且地区间差距在短期内很难超越地区内部差距成为海洋资源利用效率地区差距的决定力量，表明缩小东部、南部以及北部地区内部省市之间的差距应成为中国海洋资源利用效率提升的关键。从时序变化角度看，东部地区总体呈现小幅下降趋势，北部地区总体呈现上升趋势，南部地区总体呈现水平发展趋势。在群组前沿技术水平下，三个群组的效率变化趋势接近于共同前沿下的变化趋势。整体上看，2006~2009 年海洋资源利用效率呈下降趋势，2009~2011 年呈上升趋势，且在研究期间整体呈现小幅上升的状态。

（3）中国海洋资源利用效率呈增长趋势，但峰值高度日渐下降，表明各地区海洋资源利用效率呈现出集中度日渐降低、分散度日渐上升的态势，形状呈现出"双峰"分布的态势，并有向"单峰"转化的趋势，说明海洋资源利用效率的两极分化在研究时段内一直存在，但随着时间推移，海洋资源利用效率两极分化的态势有所减弱。同时，在整个研究区间以及分时期的时段，海洋资源利用效率的变动跨越较小、流动性差，表现出较为明显的聚集现象。

（4）各因素对海洋资源利用效率的影响顺序由大到小依次为：海洋从业人员科技素养、海洋技术进步、海洋环境治理以及海洋资源禀赋。海洋从业人员科技素养对海洋资源利用效率有很大的影响，在考虑各地区当前海洋资源利用现实环境的前提下，致力于提升海洋从业人员的科技素养，从而使各地区保持较高的科技活动水平，是提高海洋资源利用效率的关键。同时，海洋资源利用效率的提高也离不开科技进步，海洋技术进步体现了一个地区的科研水平以及其对科研成果的转化应用能力。

2. 政策建议

（1）中国海洋经济仍具有较大的提升空间，尤其对于北部沿海地区和南部沿海地区，仍存在着较大的资源节约和效率改进空间。为此，沿海各省市应该加强合作交流，打破各地区间的保护主义限制和行政壁垒，同时加强海洋科技要素交流以及重视新技术的引进，完善海洋资源利用管理体系，实现海洋经济、生态环境以及社会发展三者的协调发展，此外，还应提高各地区的科技活动水平并促进其对海洋资源利用效率的推动。

（2）从海洋资源利用效率以及构成的影响因素的实证检验中可以看出，海洋从业人员科技素养（海洋专业技术人才与涉海就业人数的比例）对海洋资源利用效率的改善有显著的促进作用。提高海洋专业技术人才的比例，能够提升海洋资源利用效率，对海洋资源的充分利用具有重要意义。对于海洋专业技术人才来说，其培养离不开相关教育业的建设与发展，可通过在各高校加快涉海类专业的建设和发展，同时完善专业分层次培养，扩大涉海类专业招生规模，对现有涉海就业人员进行再培养等方式提高海洋专业技术人才比例。

第三节　中国海洋资源利用综合效益评价

本节拟构建沿海省市海洋资源开发利用综合效益评价模型，定量探讨不同沿海地区的海洋资源开发利用综合效益的大小，有针对性地提升资源利用综合效益。

一、海洋资源利用综合效益评价指标体系与方法

（一）指标体系构建

基于海洋资源开发利用的内涵和相关研究理论，结合客观、全面、可操作性以及动态性原则，本节选择对城市海洋资源开发综合效益影响较大的指标，建立包含目标层、类别层和指标层的多层次递阶结构。目标层即海洋资源开发利用综合效益，类别层包括海洋经济效益、海洋社会效益与海洋环境效益。不同指标采用加权法得到相应效益值，通过加总经济效益、社会效益和环境效益三方面效益值，得到海洋资源利用的综合效益值。具体的指标体系构建如表10-16所示。

463

表 10－16　　　　　海洋资源利用综合效益评价指标及其权重

目标层	类别层	指标层
海洋资源利用综合效益	海洋经济效益	环保投资比例
		海洋产业总产值
		城镇化率
		人均 GDP
		GDP
		三产比重
	海洋社会效益	海洋产业从业人员数量
		海洋科研人员数量
		人口数量
		人口增长率
		游客数量
		人均海域面积
		人均滩涂面积
	海洋环境效益	废水量
		COD 排放量
		游客容量
		盐田面积
		滩涂面积
		氨氮排放量
		海水养殖面积
		海岸线长度
		废水处理率

（二）评价方法归纳

1. 指标标准化处理

鉴于不同指标的量纲不同，为了消除量纲不一致带来的影响，应将指标先进行标准化处理，即通过适当变换，化为无量纲的标准化指标。常用的指标标准化处理方法有归一化、线性比例变化和极差变换法。本节采用极差变换法对指标进行标准化处理。经过极差变换后，指标无论正负取值范围都是 [0，1]。

效益类指标标准化处理公式为：

$$z_{ij} = \frac{Y_{ij} - y_j^{min}}{Y_j^{max} - y_j^{min}} \quad (i = 1，2，\cdots，n；m = 1，2，\cdots，m) \tag{10.36}$$

$$z_{ij} = \frac{Y_j^{max} - Y_{ij}}{Y_j^{max} - y_j^{min}} \quad (i = 1，2，\cdots，n；m = 1，2，\cdots，m) \tag{10.37}$$

z_{ij} 为第 i 个区域第 j 个指标的标准化值；Y_{ij} 为第 i 个区域第 j 个指标的原始值；Y_j^{max} 和 y_j^{min} 为第 j 个指标在各区域原始值中的最大值和最小值。

2. 指标权重

指标权重赋值是影响一个指标体系的合理性和科学性的重要步骤。考虑到渤海海洋经济系统的多目标性和复杂性等特点，以及海洋资源利用综合效益评价指标体系应具有的通用性和稳定性，本节选取均方差权重方法来确定指标权重，可以有效避免德尔菲法和层次分析（AHP）等方法固有的主观性较强问题。均方差的权重可以反映随机变量的离散程度，具体确定方法是，首先需要确定随机变量，通过计算随机变量的均方差求解权重系数，最后采用多指标决策法得出排序值。具体计算公式如下：

随机变量的均值为：

$$\overline{X_j} = n^{-1} \sum_{i=1}^{n} X_{ij} \tag{10.38}$$

随机变量的均方差为：

$$\sigma(X_j) = \sqrt{\sum_{i=1}^{n} (X_{ij} - \overline{X_j})^2} \quad (i = 1，2，\cdots，n；j = 1，2，\cdots，m) \tag{10.39}$$

随机变量的权重为：

$$w_j = \frac{\sigma(X_j)}{\sum_{j=1}^{m} \sigma(X_j)} \tag{10.40}$$

多指标决策和排序如下：

$$Y_i(W) = \sum_{j=1}^{m} X_{ij} W_j \tag{10.41}$$

根据沿海各区域不同时间截面的指标数据，可分别计算其各自的海洋资源开发资源效益、经济效益、社会效益、环境效益评价值，并将其加总得到海洋资源开发综合效益的评价值。

（三）指标变量说明

系统动力学（System Dynamics，SD）是一门综合系统论与控制论，借助计算机仿真技术对复杂系统进行仿真模拟的定量分析的交叉学科。系统动力学模型本质上是一组带有时滞的微分方程组，对于处理非线性、高阶次、多重反馈等复杂问题具有一定的优势。系统动力学建模的步骤主要包括明确建模目的、划分模型边界、构建因果循环关系图、区分变量性质、构建流图、确定参数关系以及模型检验。模型检验一般来说包括两种检验，即结构有效性检验和行为有效性检验，通过模型有效性检验的系统动力学模型才能用以模拟真实系统的行为。系统动力学模型主要用于仿真预测和情景分析。

海洋生态系统是一个复杂动态系统，影响因素众多且不同因素之间存在着非线性与时滞作用，应当系统考虑人口、经济、社会与资源环境之间的关系。基于反馈控制理论，应用系统动力学语言区分变量性质，划分主导反馈回路和非主导反馈回路，借助 Vensim 平台和计量方法确定系统状态方程、辅助方程和常量方程的相关参数，构建沿海城市海洋利用综合效益评价系统模型。

分析系统整体与局部之间的关系是深入研究系统内部反馈结构的第一步。系统结构框图用于代表系统的主要子系统，并对它们之间所存在的物质与信息的交链关系进行描述。在综合考虑不同影响因素之间的相互促进和相互制约关系的基础上，本节将海洋资源开发利用综合效益系统划分为社会经济、资源和生态三个子系统。如图 10-18 所示，三个子系统之间相互影响形成因果反馈关系。社会经济子系统由地区国内生产总值（GDP）、相关海洋产值以及海洋产业投资等变量来描述，资源子系统由海域面积、海水养殖面积和滩涂面积等变量描述，环境子系统由 COD 排放量、氨氮排放量等变量描述。

模型界限是区分内生变量与外生变量的一种假想轮廓，划入模型边界内部的变量是内生变量，划入边界外部的是外生变量。从边界内部的角度考虑，如果涉及的概念和变量与所研究的问题之间有着重要关系，那么模型中就应该考虑这些概念或者变量；但是相反，从边界外部的角度考虑，模型中不应该考虑这些概念或者变量，应该在模型中排除。内生变量往往由变量间的相互作用决定，外生变量通常由外部环境决定。本节将系统模型的物理边界确定为 11 个沿海省市的行政区域范围内的陆域和近岸海域，具体包括辽宁、天津、上海、河北、浙江、福建、山东、广州、广东、广西和海南，影响这些沿海省市海洋生态综合效益的主要因素包括经济、社会、资源与环境等多种影响因子。海洋资源利用综合效益系统动力学模型模拟时段为 2006~2015 年，时间步长为 1 年。

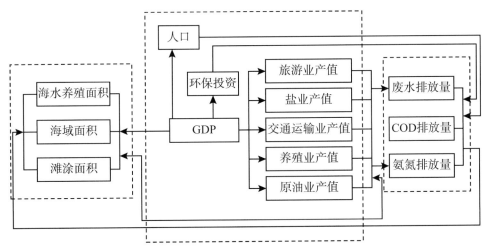

图 10 - 18　海洋生态系统子系统间的结构关系

系统动力学模型包含的变量种类比较多，主要有状态变量（积累变量）、速率变量、辅助变量和常量。其中，状态变量是描述随时间变化而变化的系统行为的变量，状态变量的个数直接决定了系统的复杂程度。速率变量是辅助变量的一种，用以描述状态变量随时间变化快慢的程度。速率变量通常与状态变量个数相等。辅助变量通常由系统中的其他变量决定，不同时间点上的值互不影响。常量是在一定时间范围内不随时间变化或者变化量极小的变量。在前期研究的基础上，考虑数据的可得性，本节所构建的系统动力学模型包含状态变量 5 个、速率变量 5 个、辅助变量 28 个以及表函数 11 个。具体为：

状态变量：人口数量、GDP、海洋面积、海水养殖面积、海岸线长度；

速率变量：人口数量变化量、GDP 变化量、海水养殖面积变化量、海洋面积变化量、海岸线长度变化量；

辅助变量：氨氮排放量、人均滩涂面积、人均海域面积、盐田面积、海洋盐业投资、海洋盐业产值、第三产业产值、旅游业投资、工业废水用量、生活污染用水、人均 GDP、COD 排放量、海洋产值比重、海洋交通运输产值、海油产值、海洋其他产业产值、海洋生产总值、海水养殖业产值、海洋游客容量、游客数量、海洋旅游业产值、环保投资、滩涂面积、城镇人口、海洋渔业投资、科研人员数量；

表函数：人口变化率、GDP 增长率、三产比重、环保投资比例、原油价格、城镇化率、废水处理率、河岸建设、河流自然冲刷、海洋交通运输产值、海洋其他产业产值。

二、基于系统动力学模型的海洋资源利用综合效益评价

（一）基本模型构建

建模过程中所需的统计数据主要源于《中国城市统计年鉴》《中国海洋统计年鉴》、各地方海洋质量公报、各省份环境质量公报、《中国环境状况公报》《天津统计年鉴》《大连统计年鉴》等。构建综合效益系统动力学模型，首先需要建立因果回路图，以直观描述模型结构。根据回路的极性，可以将因果回路划分为正反两个部分。正反馈的作用是使回路中变量的偏离加强，在此过程中运动或者动作引起的后果使原来的趋势得以加强，由正反馈主导的系统称为正反馈系统。而负反馈则力图控制回路的变量趋于稳定，未达到寻求目标时将不断产生响应，由负反馈主导的系统称为负反馈系统。通常因果相互关系之间带有表示正负号的箭头，正号代表正反馈回路，负号代表负反馈回路。

由于因果回路图不能很好地区分变量的性质，只能对系统内部的反馈结构进行简单的描述，因此在因果关系的基础上，通过建立流位流率得到系统流程图，从而清晰地描述影响反馈系统动态性能的积累效应。系统流程图中，云状符号代表源，代表输入与输出状态或称为"位"的一切物质；物质流和信息流用实线和虚线箭头表示。流程图既保留了因果关系图的简洁性，又能清晰识别速率和状态变量。本节借助 Vensim PLE 软件，构建海洋生态承载力系统动力学模型流程图，如图 10-19 所示。图中包含的主要反馈回路如下：

（1）GDP→海洋渔业投资→海水养殖面积→海水养殖业产值→海洋生产总值→GDP

（2）GDP→第三产业产值→旅游业投资→游客数量→海洋旅游业产值→海洋生产总值→GDP

（3）人口增长率→人口数量→人均 GDP→人口增长率

（4）GDP→人均 GDP→游客数量→海洋旅游业产值→海洋生产总值→GDP

（5）人口数量→人均滩涂面积→海洋旅游容量游客数量→海洋旅游业产值→海洋生产总值→GDP→人均 GDP→人口增长率→人口数量

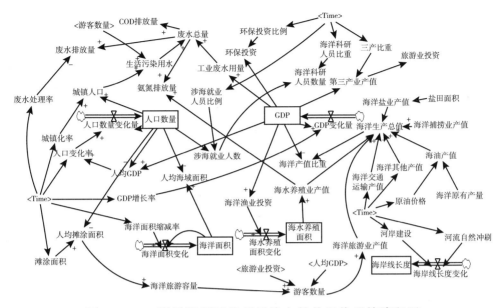

图 10 – 19　海洋资源开发利用综合效益评价系统流程图

系统动力学模型方程组包含的方程类型有状态变量方程、速率方程、辅助方程、常量方程和表函数。对于常量来说，只需要对其进行赋值，这个值往往是固定的；对于外生变量来说，一般是关于时间 t 的函数，因为它不受内生变量的影响，但是会影响其他内生变量。不同变量的模型方程主要依据以下几种方法确定：①经验公式，通过变量间的逻辑关系或者利用经验公式来确定变量方程；②回归分析，针对相关性较大的变量之间的函数关系，借助 EViews 软件进行拟合，其拟合优度的平均值在 0.9 以上，并且在 1% 的水平上显著；③表函数，通常情况下，将变量进行简单的线性组合无法完整地表达出变量之间的非线性关系，此时，比较方便的是以图表方式给出这种非线性关系。Vensim 建模过程中可以通过表函数来实现这个功能。流图中涉及的模型方程主要列示如下（以天津市为例）：

（1）INITIAL TIME = 2006，表示模型的仿真基年是 2006 年。

（2）FINAL TIME = 2015，表示模型的仿真末年是 2015 年。

（3）城镇化率 = WITH LOOKUP（Time，（[（2006，0）–（2015，1）]，（2006，0.757），（2007，0.763），（2008，0.772），（2009，0.78），（2010，0.796），（2011，0.805），（2012，0.816），（2013，0.82），（2014，0.823），（2015，0.826），（2016，0）））

（4）海水养殖面积 = INTEG（海水养殖面积变化，5 551）

（5）人口数量 = INTEG（人口数量变化量，1 075）

（6）人均滩涂面积＝滩涂面积÷人口数量

（7）废水总量＝工业废水用量＋生活污染用水

（8）海洋生产总值＝海水养殖业产值＋海油产值＋海洋交通运输产值＋海洋其他产值＋海洋捕捞业产值＋海洋旅游业产值＋海洋盐业产值

（9）第三产业产值＝GDP×三产比重

（10）环保投资＝GDP×环保投资比例

（11）废水排放量＝废水总量×废水处理率

（12）三产比重＝WITH LOOKUP（Time，（［（2006，0）－（2015，1）］，（2006，0.402），（2007，0.405），（2008，0.379），（2009，0.453），（2010，0.46），（2011，0.462），（2012，0.47），（2013，0.481），（2014，0.496），（2015，0.522）））

（13）GDP＝INTEG（GDP变化量，4 462.74）

（14）城镇人口＝人口数量×城镇化率

（15）海油产值＝原油价格×海洋原油产量

（16）海洋面积＝INTEG（海洋面积变化，171 800）

（17）涉海就业人数＝涉海就业人员比例×人口数量

（18）海洋科研人员数量＝海洋科研人员比重×涉海就业人数

（19）废水处理率＝WITH LOOKUP（Time，（［（2000，0）－（2015，1）］，（2006，0.97），（2007，0.971），（2008，0.975），（2009，0.99），（2010，0.974），（2011，0.982），（2012，0.992），（2013，0.982），（2014，0.987），（2015，0.989）））

（二）模型拟合检验

1. 有效性检验

模型的有效性检验包括结构有效性检验和行为有效性检验。结构有效性检验主要针对量纲、变量性质以及方程的设定是否合理进行检验；行为有效性检验是通过判定模型能否复制系统既定的行为模式来验证。本节所构建的模型通过了量纲一致性检验和方程结构检验，说明模型在结构上具备一定的有效性。选取2006～2015年处于三个不同子系统的主要变量（以天津市为例），即人均GDP、捕捞产量和盐田面积，检验历史数据和仿真数据的参数有效性。从表10－17可以看出，三个重要指标的历史值与仿真值相对误差控制在5%以内，说明数据的吻合程度达到了参数有效性的要求，模型具有较高的复制能力，可以用来模拟真实系统的行为模式。

表 10 - 17　　　　　　　　　　　**参数有效性检验**

年份	人均 GDP（元）			捕捞产量（吨）			盐田面积（公顷）		
	历史值	仿真值	相对误差（%）	历史值	仿真值	相对误差（%）	历史值	仿真值	相对误差（%）
2006	41 163	42 293	2.745	32 827	33 892	3.244	33 649	32 503	- 3.406
2007	46 122	46 122	0.000	30 185	31 178	3.290	33 397	31 960	- 4.303
2008	55 473	55 929	0.822	24 494	23 877	- 2.519	30 788	31 771	3.193
2009	62 574	60 189	- 3.811	16 459	16 362	- 0.589	30 866	31 223	1.157
2010	72 994	73 611	0.845	15 754	15 098	- 4.164	29 050	30 126	3.704
2011	85 213	86 245	1.211	13 305	13 808	3.781	27 461	27 901	1.602
2012	93 173	94 376	1.291	14 285	14 901	4.312	26 470	27 564	4.133
2013	100 105	100 449	0.344	53 437	53 774	0.631	26 499	26 844	1.302
2014	105 231	107 110	1.786	45 548	46 932	3.039	26 242	24 980	- 4.809
2015	107 960	108 256	0.274	47 094	46 968	- 0.268	26 221	27 141	3.509

2. 稳定性检验

根据"结构决定功能"的行为准则，系统的行为模型由内部主导反馈回路确定，非主导回路上的参数变化通常不会引起系统行为模式的显著变化，即有效的系统模型应该对大多数参数变化不敏感。以 GDP 作为检验变量，将时间步长分别设定为 12 个月、6 个月和 3 个月，观察在不同时间步长下检验变量的变化趋势。如图 10 - 20 所示，在不同的时间步长下，测试变量的趋势几乎一致，表明模型对时间步长的变化不敏感，模型的结构和功能是稳定的，可以用来模拟真实系统的行为。

（三）仿真结果分析

海洋资源的开发利用受到经济、社会、资源、生态和环境等多方面因素的影响，不同区域不同时间段海洋资源利用的综合效益有所差异。图 10 - 21 展现了中国沿海 11 个省市地区海洋资源利用综合效益的时空演化特征。

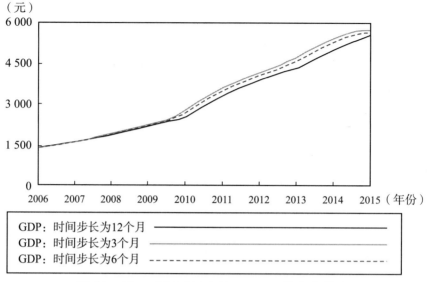

图 10-20 不同时间步长下 GDP 的变化趋势

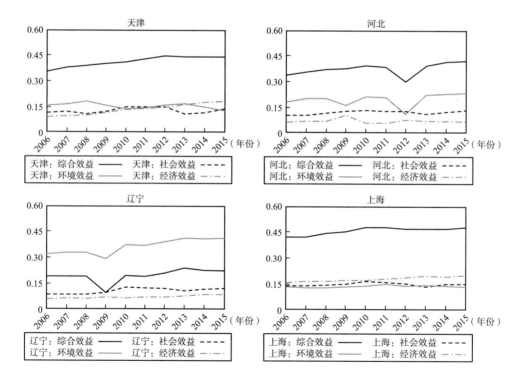

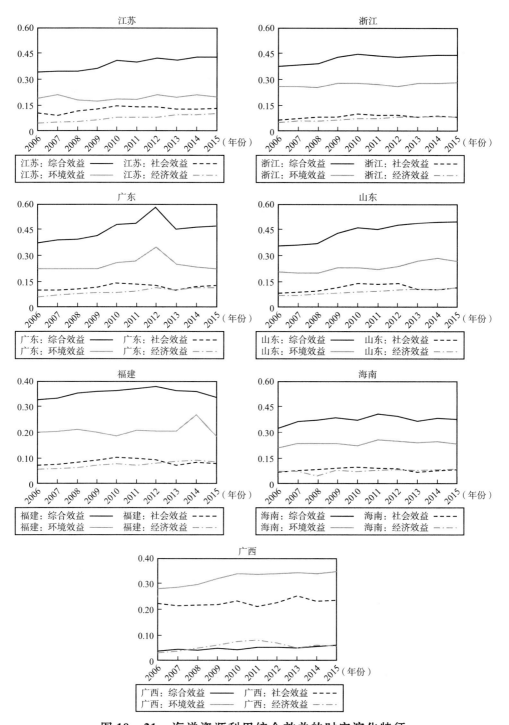

图 10－21 海洋资源利用综合效益的时空演化特征

从图 10 - 21 中可以看出，中国沿海省市海洋资源开发利用的综合效益水平总体上保持上升趋势，但是不同区域的增长速度和增长态势有所不同。从增长幅度上来看，天津、山东、上海、江苏、辽宁和广西六个省市的综合效益指数在10年间的增长速度较快，年均增长速度高达2%以上。从海洋资源开发利用的综合效益值来看，2006 年，综合效益数值由大到小依次是上海、广东、浙江、山东、天津、江苏、辽宁、河北、福建、海南和广西；2015 年，综合效益数值由大到小依次是上海、山东、广东、江苏、天津、河北、辽宁、浙江、福建、海南和广西。从两个时间段的排名次序变化可以看出，上海、广东、江苏、天津和山东的海洋资源利用综合效益水平一直处于沿海地区的平均水平之上，整体排名基本持稳；而浙江排名大幅下降，河北、福建、海南和广西四省的排名未发生变化。

海洋资源利用综合效益水平的高低取决于经济效益、社会效益和环境效益水平的高低。从海洋资源利用的经济效益来看，不同区域的海洋资源经济效益均处于提升态势。2006 年各地区海洋资源利用的经济效益取值区间为 [0.042，0.079]，2015 年经济效益的取值区间为 [0.06，0.22]。增长速度最快的省份为天津，年均增长率为 10.03%。增长速度高于平均年增长率的省份分别是上海、天津、江苏、山东和广东，说明这些省市海洋产业结构较为合理，充分发挥了海洋优势产业，产业经济效益大幅提升。

从海洋资源利用的社会效益角度来看，增长速度最快的省份为山东，年均增长率为 2.68%。2006 年各地区海洋资源利用的社会效益取值区间为 [0.04，0.121]，2015 年社会效益的取值区间为 [0.052，0.151]。社会效益值越高，说明海洋经济产业的发展对区域就业水平、教育水平和科研水平的带动作用越强。

从海洋资源利用的环境效益角度，增长速度最快的省份为山东，年均增长率为 2.92%。排名靠前的省份在加大海洋资源开发力度的同时，比较注重海洋生态环境的保护。2006 年各地区海洋资源利用的环境效益取值区间为 [0.144，0.248]，2015 年环境效益的取值区间为 [0.143，0.388]。

（四）　主要结论与政策建议

综合考虑人口、社会经济、资源、产业结构以及生态服务等因素的影响，构建涵盖经济效益、社会效益、环境效益的综合效益指标评价体系，定量评价 2006 ~ 2015 年中国 11 个沿海城市的海洋资源利用综合效益。得出以下结论：

（1）2006 ~ 2015 年，中国沿海省市的海洋资源利用综合效益水平呈现波动性增长趋势，不同区域的综合效益水平随时间变化的趋势存在差异，各区域的经济效益、社会效益和环境效益水平也呈现出随时间不断发展变化的趋势。2005年 11 个沿海省市的综合效益值的范围是 0.29 ~ 0.42，2015 年取值范围为 0.36 ~ 0.49。

（2）海洋资源利用的综合效益水平取决于经济效益、社会效益和环境效益三个方面。综合效益值较高的省份可能存在三方面效益不均衡发展的现象，如何协调经济、社会和环境三者之间的矛盾以取得综合效益值的最大化，是各级政府部门需要重点关注的问题，同时也是维持海洋事业可持续发展亟待解决的难题之一。

（3）中国沿海 11 个省市地区海洋资源利用的综合效益水平存在显著差异，2015 年，综合效益水平由高到低排序依次为山东、上海、广东、天津、浙江、江苏、河北、辽宁、海南、广西、福建，综合效益水平较高的省市并没有形成空间集聚特征，海洋的综合效益值略高于周边区域，对于相邻区域来说，空间上呈现出离散型的发展模式，表现为较高的负相关性。应发挥地区的资源优势，依托优良经济基础条件和较强科技实力，加快海洋综合开发试验区的建设工作，着重于培育新兴产业，促进海洋产业的发展，从而带动周边区域的发展。

针对以上结论，提出如下政策建议：

（1）加强海洋自然保护区建设。海洋灾害造成的社会经济损失成为制约中国沿海省市（特别是具有漫长海岸线与密集人口的地区）提升海洋资源利用效率的重要因素之一。为了保护海洋生物多样性，可以采取建立海洋自然保护区的方法，控制外界干扰和人为破坏活动，维持海洋生态系统的生产力，这不仅可以防止海洋生态环境恶化，同时也是重要的生态过程。保护生态过程和遗传资源是维持海洋生态系统可持续发展的两个重要方面。海洋保护区的主要作用是保护遗传资源，通过加强海洋生物资源的养护、繁殖，提高生物数量，对濒临灭绝的保护动物建立自然栖息地。同时，完善相关自然保护区立法，严格打击各种破坏海洋自然保护建设的违法行为。

（2）适度开发与环境保护并举。社会经济的高速发展与海洋资源的开发利用之间相互促进，相互制约。协调海洋经济、社会和环境之间的关系，以保证海洋经济的长远可持续健康发展。避免片面追求高经济增长，忽视海洋生态环境建设，与此同时，防范谨小慎微，过于追求海洋生态环境质量，从而抑制了海洋产业经济的发展。海洋资源的开发利用与生态环境的保护需要综合考虑，共同兼顾，方能实现海洋经济发展与生态环境保护的耦合共生。

（3）打造低碳海洋产业经济示范区。随着低碳经济的快速发展，海洋低碳产业结构的升级调整势在必行。一方面，应当加快海洋新能源产业的开发与投入，转变经济增长方式；另一方面，加快滨海旅游业、现代海洋物流业、海洋金融业等现代海洋服务业的兴起与发展，占据海洋低碳产业的制高点。通过低碳海洋产业经济示范区的示范效应，引导海洋低碳产业对节能环保项目的开发投资，集成低碳技术在海洋产业中的应用，形成海洋资源、生态与环境的良性互动。

（4）加强海洋科技投入，实现产业结构优化升级。加强海洋科技投入，提高海洋资源开发的技术水平，不仅可以升级海洋产业结构，还可以转变海洋经济增长方式。一方面，加强海洋领域产学研的沟通合作，建设一流的海洋科技研发机构和海洋大学，创新海洋科技人才的培养；另一方面，加强国内与国际海洋科技合作交流，引进新技术、新成果、新工艺，提升海洋开发的科技能力。根据不同海洋区域的地理经济特点，结合当地社会经济发展的需求，因地制宜，调整海洋产业布局，促进海洋结构优化升级。

（5）控制污染源排放，恢复海洋生态服务功能。控制污染源排放是提升海洋生态服务功能的重要环节。随着城镇化进程的加快，部分生活和工业污染用水未经处理直接排放到海洋，直接破坏了海洋生态的循环发展。有效控制污染源排放，一是加快建设城镇生活用水和工业用水处理厂，提升污水排放的达标率；二是配备相应的防污设备器材，防范港口、船舶、海上石油平台等带来的海洋污染。

（6）因时制宜，因地制宜。对于中国的沿海省区来说，由于其地理位置的不同，拥有的海洋资源也有所不同，城市发展存在差异，也使得沿海省区的经济条件以及政策、制度等各不相同。在海洋资源的开发保护中，要因地制宜，针对区域特点，实施不同海洋资源发展战略，提升中国海洋资源的综合竞争力。综合效益水平较高的省区，应发挥资源优势、经济基础条件和科技实力，发挥海洋综合开发试验区的示范效应，重点培育海洋新兴产业，增强示范区对周边区域的带动效应。

三、中国海洋资源管理水平评价

改革开放以来，海洋资源对中国经济的影响愈发明显，海洋经济在国民经济中所占的比重越来越大，海洋资源的开发与利用活动日益密集。与其他国家相比，中国海洋资源管理起步较晚，但发展迅速。为了实现海洋的可持续发展，国家通过政策、规划、分区、立法、执法和行政监督等方式协调沿海地区的海洋资源管理和发展活动。面对日益扩大的海洋资源利用需求，政府提出在开发海洋资源的同时，提高其资源利用效率，保护生态环境。但在海洋产业发展的过程中，仍存在诸多的问题和矛盾，部分问题是由海洋资源管理不当引起的。为了清楚评价中国沿海地区海洋资源管理水平，构建中国沿海地区海洋资源管理水平评价体系，结合熵权法与专家评价法计算指标权重，最终得出各省市海洋资源管理水平综合得分，为进一步推进海洋资源管理建设，提升落后地区海洋资源管理质量提供参考标准。

（一）指标体系和方法

海洋资源管理是将发生在海上的各种活动（资源获取和平台建立等）及环境质量看成一个整体，在可持续发展的前提下，优化使用这一整体，使一个国家获得最大利益。海洋资源管理涵盖广泛，涉及科技、环境、行政等多个方面。因此，在现有研究的基础上，将海洋资源管理水平评价指标体系分为海洋科技管理能力、海洋环境管理能力和海洋行政管理能力三个一级指标，具体的评价指标体系如表 10 - 18 所示。

表 10 - 18　　　　　　　　海洋资源管理评价指标

	一级指标	二级指标
海洋资源管理水平评价指标	科技管理	X1 海洋科研机构科技课题数（项）
		X2 海洋科研机构 R&D 经费内部支出（千元）
		X3 海洋科研机构 R&D 课题数（项）
		X4 海洋科研机构数（个）
		X5 海洋科研从业人员（人）
	环境管理	X6 污染治理项目数（个）
		X7 一般工业固体废物处置量（万吨）
		X8 一般工业固体废物综合利用量（万吨）
	行政管理	X9 海滨观测台站数（个）
		X10 颁发海域使用权证书（本）
		X11 确权海域面积占比（%）

海洋资源管理水平综合评价指标体系由多个不同的指标构成，各个指标在评价系统中的重要性不同。目前，普遍使用的评价方法主要是客观赋权法和主观赋权法，这两种方法的源信息来源不同，前者来自统计数据本身，后者来自专家咨询。客观赋权法是建立在数据相关性及指标差异性基础之上的一种权重设定方法，主观赋权法是根据综合资讯评分来确定评价的权重向量的方法。扰动属性模型是通过利用一个长度变化较小的区间来衡量某元素的属性隶属程度，相对于单个数值衡量更加精确，该模型能够有效度量评价客体的属性分期问题。然而该模

型在指标权重的确定上具有主观性，为避免研究结果的偏差，本节提出利用熵权法与专家打分法相结合的方式确定权重，以避免权重结果过于受专家主观影响或者忽略人的主观性等缺陷。

1. 熵权法

德国物理学家克劳修斯于 1850 年提出熵（entropy）的概念，用来体现能量在空间中的分布均匀程度，熵值的大小与能量分布匀称程度成正比。熵值法的优势是计算相对简单，而且不需要对数据的分布形态进行任何假定。通过计算发现，前文构建的指标体系中各指标之间的相关程度不高，不适合做主成分分析或因子分析。因此，采用熵值法进行赋权。

在信息论中，信息熵被定义为：

$$\sum_i p(x_i) = 1 \tag{10.42}$$

其中，$p(x_i) \in [0, 1]$，信息熵一般用来做综合评价，反映指标的变异程度。假定有 m 个待评价对象，n 项评价指标，构成原始指标矩阵 $X = (x_{ij})_{m \times n}$，对于第 j 项指标 x_j，指标值 x_{ij} 的变异程度越大，可以提供的信息也就越丰富，在综合评价中起到的作用也就越大，所对应的信息熵也就越小，最后计算出的权重也就越大；反之，如果某项指标的信息熵越大，则提供的信息越少，那么综合评价时该项指标的权重也就越小；如果某项指标对于所有评价对象都是一个恒定值及全部相等，那么该指标在综合评价中的权重为零。

设 p_{ij} 为 X_{ij}，即第 i 个指标第 j 个地区规范化处理后的值；n 为评价年数。则 p_{ij} 表示如下：

正指标：

$$p_{ij} = \frac{X_{ij} - \min\limits_{1 \leq j \leq n} X_{ij}}{\max\limits_{1 \leq j \leq n} X_{ij} - \min\limits_{1 \leq j \leq n} X_{ij}} \tag{10.43}$$

负指标：

$$p_{ij} = \frac{\max\limits_{1 \leq j \leq n} X_{ij} - X_{ij}}{\max\limits_{1 \leq j \leq n} X_{ij} - \min\limits_{1 \leq j \leq n} X_{ij}} \tag{10.44}$$

式（10.43）表示某指标值与最小指标值之差相对于最大指标值与最小指标值之差的相对距离，差值越大，规范处理后的值就越大。式（10.44）与式（10.43）经济含义相同。

各指标熵值的计算公式为：

$$f_{ij} = \frac{p_{ij}}{\sum\limits_{j=1}^{n} p_{ij}} (i = 1, 2, \cdots, m; j = 1, 2, \cdots, n) \tag{10.45}$$

其中，$\sum_{j=1}^{n} p_{ij}$ 表示第 i 个指标的所有评价城市数据之和；f_{ij} 表示第 i 个指标下第 j 个城市的特征比重，如果 $f_{ij} = 0$，则定义 $\lim_{f_{ij} = 0} \ln f_{ij} = 0$；$E_i$ 为第 i 个指标的熵值。

设 e_i 为第 i 个评价指标的熵权，则

$$e_i = \frac{1 - E_i}{m - \sum_{i}^{m} E_i}, i = 1, 2, \cdots, m \qquad (10.46)$$

并且，$\sum_{i=1}^{m} e_i = 1$。

2. 专家打分法

根据评价指标的实际意义，向专家提供合适的评价指标，以及评价指标的权值范围，并用评分法表示。每个专家成员对每一列评价指标权值进行标记打分并得到每个指标最终权值分数。所有专家相互讨论所评分数是否合理，若有异议应重新打分直至满意为止。集中所有打分表格求得各指标的平均权重。所得平均权值记为最终权值 w_i，其中 $\sum_{i=1}^{m} w_i = 1$。

根据熵权法和专家打分法得到权重 e_i 和 w_i，假设第 i 个指标 X_i 对应的综合权重为 h_i，可记为：

$$h_i = \frac{w_i \times e_i}{\sum_{i=1}^{m} w_i \times e_i} \qquad (10.47)$$

并且，$\sum_{i=1}^{m} h_i = 1$。

3. 属性测度

定义 U 为某评价对象的空间集，其包含的各元素定义为 u，元素 u 对应的具体指标定义为 m，指标属性值定义为 $X_i(i = 1, 2, \cdots, m)$，元素 u 对应的评价集定义为 $V_z(z = 1, 2, \cdots, k)$，表示指标的质量等级或评价类别。一般情况下，测度值通常为数字形式，表 10 - 19 为单个指标测量值的等级划分表，其中设定元素 u 的第 i 个指标 X_i 的测量值为 t_i。

表 10 - 19　　　　　　　　　单指标等级划分

等级 $(z = 1, 2, \cdots, k)$	指标 $(i = 1, 2, \cdots, m)$			
	X_1	X_2	$\cdots$	X_m
V_1	$a_{10} - a_{11}$	$a_{20} - a_{21}$	$\cdots$	$a_{m0} - a_{m1}$

479

等级 $(z=1, 2, \cdots, k)$	指标 $(i=1, 2, \cdots, m)$			
	X_1	X_2	$\cdots$	X_m
V_2	$a_{11} - a_{12}$	$a_{21} - a_{22}$	$\cdots$	$a_{m1} - a_{m2}$
$\cdots$	$\cdots$	$\cdots$	$\cdots$	$\cdots$
V_k	$a_{1k-1} - a_{1k}$	$a_{2k-1} - a_{2k}$	$\cdots$	$a_{mk-1} - a_{mk}$

注：单项指标等级划分可由专家意见得出，将指标划分为数个等级并以实际数据为基础确定该指标等级。

依据表 10 - 19 可知，对于元素的第 i 个指标 X_i 来说，其测量值 t_i 的属性测度函数记为 $\mu_{uiz}(t)$，z 代表第 z 等级。其中，a 值可能存在两种情况：a_{iz} 为正指标，则 $a_{i0} < a_{i1} < \cdots < a_{ik}$；$a_{iz}$ 为负指标，则 $a_{i0} > a_{i1} > \cdots > a_{ik}$。分别对应单指标属性测度函数如下：

（1）$a_{i1} < a_{i1} < \cdots < a_{ik}(i=1, 2, \cdots, m; z=1, 2, \cdots, k-1)$

$$\mu_{ui1}(t) = \begin{cases} 1 & t < a_{i1} - d_{i1} \\ \dfrac{|t - a_{i1} - d_{i1}|}{2d_{i1}} & a_{i1} - d_{i1} \leq t \leq a_{i1} + d_{i1} \\ 0 & a_{i1} + d_{i1} < t \end{cases} \tag{10.48}$$

$$\mu_{uiz}(t) = \begin{cases} 0 & t < a_{iz-1} - d_{iz-1} \\ \dfrac{|t - a_{iz-1} + d_{iz-1}|}{2d_{iz-1}} & a_{iz-1} - d_{iz-1} \leq t \leq a_{iz-1} + d_{iz-1} \\ 1 & a_{iz-1} + d_{iz-1} < t < a_{iz} + d_{iz1} \\ \dfrac{|t - a_{iz} - d_{ik-1}|}{2d_{ik-1}} & a_{ik-1} - d_{ik-1} \leq t \leq a_{iz-1} + d_{iz-1} \\ 0 & t < a_{iz-1} + d_{iz-1} \end{cases} \tag{10.49}$$

$$\mu_{ui1}(t) = \begin{cases} 1 & a_{ik-1} + d_{ik-1} < t \\ \dfrac{|t - a_{i1} - d_{i1}|}{2d_{i1}} & a_{ik-1} + d_{ik-1} \leq t \leq a_{ik-1} + d_{ik-1} \\ 0 & t < a_{ik-1} - d_{ik-1} \end{cases} \tag{10.50}$$

其中，$d_{iz} = \min(|b_{iz} - a_{iz}|, |b_{iz+1} - a_{iz}|, z=1, 2, \cdots, k-1)$；$b_{iz} = \dfrac{a_{iz-1} + a_{iz}}{2}, z=1, 2, \cdots, k_{\circ}$

（2）当 $a_{i0} > a_{i1} > \cdots > a_{ik}(i=1, 2, \cdots, m; z=1, 2, \cdots, k-1)$

$$\mu_{ui1}(t) = \begin{cases} 1 & a_{i1} + d_{i1} < t \\ \dfrac{\left| t - a_{i1} + d_{i1} \right|}{d_{i1}} & a_{i1} - d_{i1} \leqslant t \leqslant a_{i1} + d_{i1} \\ 0 & t < a_{i1} - d_{i1} \end{cases} \tag{10.51}$$

$$\mu_{uiz}(t) = \begin{cases} 0 & t < a_{iz} - d_{iz} \\ \dfrac{\left| t - a_{iz} + d_{iz} \right|}{2d_{iz}} & a_{iz} - d_{iz} \leqslant t \leqslant a_{iz} + d_{iz} \\ 1 & a_{iz} - d_{iz} < t < a_{iz-1} + d_{iz+1} \\ \dfrac{\left| t - a_{iz-1} - d_{iz-1} \right|}{2d_{iz-1}} & a_{iz-1} - d_{iz-1} \leqslant t \leqslant a_{iz-1} + d_{iz-1} \\ 0 & a_{iz-1} + d_{iz-1} < t \end{cases} \tag{10.52}$$

$$\mu_{ui1}(t) = \begin{cases} 1 & a_{i1} + d_{i1} < t \\ \dfrac{\left| t - a_{ik-1} + d_{ik-1} \right|}{2d_{ik-1}} & a_{ik-11} - d_{ik-1i1} \leqslant t \leqslant a_{ik-1} + d_{ik-1} \\ 0 & a_{ik-1} + d_{ik-1} < t \end{cases} \tag{10.53}$$

其中，$d_{iz} = \min \left(\left| b_{iz} - a_{iz} \right|, \ \left| b_{iz+1} - a_{iz} \right|, \ z = 1, \ 2, \ \cdots, \ k - 1 \right)$，$b_{iz} = \dfrac{a_{iz-1} + a_{iz}}{2}$，$z = 1, \ 2, \ \cdots, \ k$。

将原始数据及分级数据代入上述属性测度函数中，可得到各二级指标的属性测度 μ_{uiz}。将各指标权重 h_i 与属性测度 μ_{uiz} 代入式（10.54）可得各指标综合属性测度 μ_{ui}，运用综合属性测度对海洋资源管理水平做出最终评价。

$$\mu_{ui} = \sum_{i=1}^{m} h_i \mu_{uiz} \tag{10.54}$$

（二）数据来源和处理

《中国海洋统计年鉴》指出，沿海地区指的是有海岸线（大陆岸线和岛屿岸线）的地区，按行政区划分为沿海省、自治区、直辖市。目前，中国有 9 个沿海省（河北、辽宁、山东、江苏、浙江、福建、广东、海南、台湾）、1 个自治区（广西）、2 个直辖市（天津、上海）。基于上文构建的海洋资源管理水平评价指标体系，综合评价 2015 年沿海 11 个省份的海洋资源管理水平，相关数据源于《中国海洋统计年鉴》以及政府公报。

（三）权重计算和结果分析

首先，根据相关专家的意见，将各个指标数据分为较差（V_1）、中等（V_2）、

481

优秀（V_3）三个层级，行政管理、环境管理和资源管理水平的等级划分结果分别如表 10 - 20 至表 10 - 22 所示。

表 10 - 20　　　　2015 年中国沿海地区海洋资源管理水平评价
行政管理等级划分

等级	海洋科研机构科技课题数	海洋科研机构 R&D 经费内部支出	海洋科研机构 R&D 课题数	海洋科研机构数	海洋科研从业人员
V_1	0 ~ 0.05	0 ~ 0.03	0 ~ 0.02	0 ~ 0.06	0 ~ 0.04
V_2	0.05 ~ 0.15	0.03 ~ 0.12	0.02 ~ 0.10	0.065 ~ 0.13	0.04 ~ 0.12
V_3	0.15 ~ 0.25	0.12 ~ 0.24	0.10 ~ 0.30	0.13 ~ 0.25	0.12 ~ 0.20

表 10 - 21　　　　2015 年中国沿海地区海洋管理水平评价
环境管理等级划分

等级	污染治理项目数	一般工业固体废物处置量	一般工业固体废物综合利用量
V_1	0 ~ 0.02	0 ~ 0.005	0 ~ 0.02
V_2	0.02 ~ 0.15	0.005 ~ 0.07	0.02 ~ 0.15
V_3	0.15 ~ 0.30	0.07 ~ 0.5	0.15 ~ 0.25

表 10 - 22　　　　2015 年中国沿海地区海洋资源管理水平评价
行政管理等级划分

等级	海滨观测台站数	颁发海域使用权证书	确权海域面积
V_1	0 ~ 0.05	0 ~ 0.04	0 ~ 0.001
V_2	0.05 ~ 0.12	0.04 ~ 0.15	0.001 ~ 0.02
V_3	0.12 ~ 0.25	0.15 ~ 0.30	0.02 ~ 0.03

进一步，可得到 2015 年中国沿海地区海洋资源管理水平属性测度函数，结果如表 10 - 23 所示（限于篇幅，仅以海洋科研机构课题数为例）。

表 10-23　2015 年中国沿海地区海洋资源管理水平属性测度函数

指标	较差测度函数	中等测度函数	优秀测度函数
海洋科研机构科技课题数	$u_{x11}=\begin{cases}1 & t<0.025\\ \dfrac{\lvert t-0.075\rvert}{0.05} & 0.025\leqslant t\leqslant 0.075\\ 0 & 0.075<t\end{cases}$	$u_{x12}=\begin{cases}0 & t<0.025\\ \dfrac{\lvert t-0.025\rvert}{0.05} & 0.025\leqslant t\leqslant 0.075\\ 1 & 0.075<t<0.1\\ \dfrac{\lvert t-0.2\rvert}{0.1} & 0.1\leqslant t\leqslant 0.2\\ 0 & 0.2<t\end{cases}$	$u_{x13}=\begin{cases}1 & 0.2<t\\ \dfrac{\lvert t-0.1\rvert}{0.1} & 0.1\leqslant t\leqslant 0.2\\ 0 & t<0.1\end{cases}$
海洋科研机构R&D经费内部支出	$u_{x21}=\begin{cases}1 & t<0.015\\ \dfrac{\lvert t-0.075\rvert}{0.05} & 0.015\leqslant t\leqslant 0.045\\ 0 & 0.045<t\end{cases}$	$u_{x22}=\begin{cases}0 & t<0.015\\ \dfrac{\lvert t-0.015\rvert}{0.03} & 0.015\leqslant t\leqslant 0.045\\ 1 & 0.045<t<0.075\\ \dfrac{\lvert t-0.165\rvert}{0.1} & 0.075\leqslant t\leqslant 0.165\\ 0 & 0.165<t\end{cases}$	$u_{x23}=\begin{cases}1 & 0.165<t\\ \dfrac{\lvert t-0.045\rvert}{0.09} & 0.075\leqslant t\leqslant 0.165\\ 0 & t<0.075\end{cases}$
海洋科研机构R&D课题数	$u_{x31}=\begin{cases}1 & t<0.01\\ \dfrac{\lvert t-0.03\rvert}{0.05} & 0.01\leqslant t\leqslant 0.03\\ 0 & 0.03<t\end{cases}$	$u_{x32}=\begin{cases}0 & t<0.01\\ \dfrac{\lvert t-0.01\rvert}{0.02} & 0.01\leqslant t\leqslant 0.03\\ 1 & 0.03<t<0.06\\ \dfrac{\lvert t-0.14\rvert}{0.08} & 0.06\leqslant t\leqslant 0.14\\ 0 & 0.14<t\end{cases}$	$u_{x33}=\begin{cases}1 & 0.14<t\\ \dfrac{\lvert t-0.06\rvert}{0.08} & 0.06\leqslant t\leqslant 0.14\\ 0 & t<0.06\end{cases}$

续表

指标	较差测度函数	中等测度函数	优秀测度函数
海洋科研机构数	$u_{x41} = \begin{cases} 1 & t < 0.03 \\ \dfrac{|t-0.09|}{0.06} & 0.03 \leqslant t \leqslant 0.09 \\ 0 & 0.09 < t \end{cases}$	$u_{x42} = \begin{cases} 0 & t < 0.03 \\ \dfrac{|t-0.03|}{0.05} & 0.03 \leqslant t \leqslant 0.09 \\ 1 & 0.09 < t < 0.0975 \\ \dfrac{|t-0.2|}{0.1} & 0.0975 \leqslant t \leqslant 0.1625 \\ 0 & 0.1625 < t \end{cases}$	$u_{x43} = \begin{cases} 1 & 0.1625 < t \\ \dfrac{|t-0.0975|}{0.065} & 0.0975 \leqslant t \leqslant 0.1625 \\ 0 & t < 0.0975 \end{cases}$
海洋科研从业人员	$u_{x51} = \begin{cases} 1 & t < 0.02 \\ \dfrac{|t-0.06|}{0.04} & 0.02 \leqslant t \leqslant 0.06 \\ 0 & 0.06 < t \end{cases}$	$u_{x52} = \begin{cases} 0 & t < 0.02 \\ \dfrac{|t-0.02|}{0.04} & 0.02 \leqslant t \leqslant 0.06 \\ 1 & 0.06 < t < 0.08 \\ \dfrac{|t-0.16|}{0.08} & 0.08 \leqslant t \leqslant 0.16 \\ 0 & 0.16 < t \end{cases}$	$u_{x53} = \begin{cases} 1 & 0.16 < t \\ \dfrac{|t-0.08|}{0.08} & 0.08 \leqslant t \leqslant 0.16 \\ 0 & t < 0.08 \end{cases}$
污染治理项目数	$u_{x61} = \begin{cases} 1 & t < 0.01 \\ \dfrac{|t-0.03|}{0.04} & 0.01 \leqslant t \leqslant 0.03 \\ 0 & 0.03 < t \end{cases}$	$u_{x62} = \begin{cases} 0 & t < 0.01 \\ \dfrac{|t-0.01|}{0.02} & 0.01 \leqslant t \leqslant 0.03 \\ 1 & 0.03 < t < 0.095 \\ \dfrac{|t-0.215|}{0.13} & 0.095 \leqslant t \leqslant 0.215 \\ 0 & 0.215 < t \end{cases}$	$u_{x63} = \begin{cases} 1 & 0.215 < t \\ \dfrac{|t-0.095|}{0.13} & 0.095 \leqslant t \leqslant 0.215 \\ 0 & t < 0.095 \end{cases}$

续表

指标	较差测度函数	中等测度函数	优秀测度函数
一般工业固体废物处置量	$$u_{x71}=\begin{cases}1 & t<0.0025 \\ \left|\dfrac{t-0.0075}{0.005}\right| & 0.0025\leqslant t\leqslant 0.0075 \\ 0 & 0.0075<t\end{cases}$$	$$u_{x72}=\begin{cases}0 & t<0.0025 \\ \left|\dfrac{t-0.0025}{0.005}\right| & 0.0025\leqslant t\leqslant 0.0075 \\ 1 & 0.0075<t<0.0375 \\ \left|\dfrac{t-0.1025}{0.065}\right| & 0.0375\leqslant t\leqslant 0.1025 \\ 0 & 0.1025<t\end{cases}$$	$$u_{x73}=\begin{cases}1 & 0.1025<t \\ \left|\dfrac{t-0.0375}{0.065}\right| & 0.0375\leqslant t\leqslant 0.1025 \\ 0 & t<0.0375\end{cases}$$
一般工业固体废物综合利用量	$$u_{x81}=\begin{cases}1 & t<0.01 \\ \left|\dfrac{t-0.03}{0.02}\right| & 0.01\leqslant t\leqslant 0.03 \\ 0 & 0.03<t\end{cases}$$	$$u_{x82}=\begin{cases}0 & t<0.01 \\ \left|\dfrac{t-0.01}{0.02}\right| & 0.01\leqslant t\leqslant 0.03 \\ 1 & 0.03<t<0.1 \\ \left|\dfrac{t-0.2}{0.1}\right| & 0.1\leqslant t\leqslant 0.2 \\ 0 & 0.2<t\end{cases}$$	$$u_{x83}=\begin{cases}1 & 0.2<t \\ \left|\dfrac{t-0.1}{0.1}\right| & 0.1\leqslant t\leqslant 0.2 \\ 0 & t<0.2\end{cases}$$
海滨观测台站数	$$u_{x91}=\begin{cases}1 & t<0.025 \\ \left|\dfrac{t-0.075}{0.05}\right| & 0.025\leqslant t\leqslant 0.075 \\ 0 & 0.075<t\end{cases}$$	$$u_{x92}=\begin{cases}0 & t<0.025 \\ \left|\dfrac{t-0.025}{0.05}\right| & 0.025\leqslant t\leqslant 0.075 \\ 1 & 0.075<t<0.085 \\ \left|\dfrac{t-0.155}{0.07}\right| & 0.085\leqslant t\leqslant 0.155 \\ 0 & 0.155<t\end{cases}$$	$$u_{x93}=\begin{cases}1 & 0.155<t \\ \left|\dfrac{t-0.085}{0.07}\right| & 0.085\leqslant t\leqslant 0.155 \\ 0 & t<0.085\end{cases}$$

485

续表

指标	较差测度函数	中等测度函数	优秀测度函数
颁发海域使用权证书	$u_{x101} = \begin{cases} 1 & t < 0.02 \\ \dfrac{\lvert t-0.06 \rvert}{0.04} & 0.02 \leqslant t \leqslant 0.06 \\ 0 & 0.06 < t \end{cases}$	$u_{x102} = \begin{cases} 0 & t < 0.02 \\ \dfrac{\lvert t-0.02 \rvert}{0.04} & 0.02 \leqslant t \leqslant 0.06 \\ 1 & 0.06 < t < 0.095 \\ \dfrac{\lvert t-0.205 \rvert}{0.11} & 0.095 \leqslant t \leqslant 0.205 \\ 0 & 0.205 < t \end{cases}$	$u_{x103} = \begin{cases} 1 & 0.205 < t \\ \dfrac{\lvert t-0.095 \rvert}{0.11} & 0.095 \leqslant t \leqslant 0.205 \\ 0 & t < 0.095 \end{cases}$
确权海域面积占比	$u_{x111} = \begin{cases} 1 & t < 0.0005 \\ \dfrac{\lvert t-0.06 \rvert}{0.04} & 0.0005 \leqslant t \leqslant 0.0015 \\ 0 & 0.0015 < t \end{cases}$	$u_{x112} = \begin{cases} 0 & t < 0.0005 \\ \dfrac{\lvert t-0.0005 \rvert}{0.001} & 0.0005 \leqslant t \leqslant 0.0015 \\ 1 & 0.0015 < t < 0.015 \\ \dfrac{\lvert t-0.025 \rvert}{0.01} & 0.015 \leqslant t \leqslant 0.025 \\ 0 & 0.025 < t \end{cases}$	$u_{x113} = \begin{cases} 1 & 0.025 < t \\ \dfrac{\lvert t-0.015 \rvert}{0.01} & 0.015 \leqslant t \leqslant 0.025 \\ 0 & t < 0.015 \end{cases}$

自然资源管理体制研究

再次，对照表 10 - 20 至表 10 - 22，结合 2015 年中国沿海地区海洋资源管理水平原始数据，可得中国沿海地区海洋资源管理水平的各指标属性测度值，如表 10 - 24 所示。

表 10 - 24　　2015 年中国沿海地区海洋资源管理水平属性测度值

省份	科技管理指标	环境管理指标	行政管理指标
海南	(1, 0, 0)(1, 0, 0) (1, 0, 0)(1, 0, 0) (1, 0, 0)	(1, 0, 0) (0, 0.579, 0.421) (0, 0, 1)	(0.184, 0.816, 0) (1, 0, 0)(1, 0, 0)
河北	(1, 0, 0)(1, 0, 0) (1, 0, 0) (0.995, 0.005, 0) (1, 0, 0)	(0.79, 0.21, 0) (1, 0, 0) (1, 0, 0)	(0.953, 0.047, 0) (0, 0.455, 0.545) (0, 0.161, 0.839)
广西	(1, 0, 0)(1, 0, 0) (0.815, 0.185, 0) (0.389, 0.611, 0) (0.41, 0.59, 0)	(0, 1, 0) (0.518, 0.482, 0) (0.807, 0.193, 0)	(0.894, 0.106, 0) (0, 1, 0)(0, 1, 0)
福建	(0.334, 0.666, 0) (0.246, 0.754, 0) (0, 0.902, 0.098) (0.086, 0.914, 0) (0.442, 0.558, 0)	(0, 0.684, 0.316) (0, 1, 0)(0, 1, 0)	(0, 0, 1)(0, 1, 0) (0.281, 0.719, 0)
浙江	(0.284, 0.716, 0) (0, 1, 0)(0, 1, 0) (0, 0.542, 0.458) (0, 1, 0)	(0, 0, 1) (0, 0.521, 0.479) (0, 1, 0)	(0, 0.546, 0.454) (0, 1, 0) (0.536, 0.464, 0)
辽宁	(0.209, 0.791, 0) (0, 0.666, 0.334) (0, 0.985, 0.015) (0, 0.449, 0.551) (0, 0.599, 0.401)	(0.248, 0.752, 0) (1, 0, 0) (0.536, 0.464, 0)	(0, 0.419, 0.581) (0, 0, 1)(0, 0, 1)

续表

省份	科技管理指标	环境管理指标	行政管理指标
天津	(0, 1, 0) (0, 0.812, 0.188) (0, 1, 0)(0, 1, 0) (0, 0.751, 0.249)	(0.457, 0.543, 0) (0, 0, 1) (0, 0.446, 0.554)	(1, 0, 0)(1, 0, 0) (0, 1, 0)
上海	(0, 0.9, 0.1)(0, 0, 1) (0, 0.515, 0.485) (0, 1, 0) (0, 0.226, 0.774)	(0, 1, 0)(0, 0, 1) (0, 0.057, 0.943)	(0, 0.652, 0.348) (1, 0, 0)(0, 1, 0)
山东	(0, 0.457, 0.543) (0, 0, 1)(0, 0, 1) (0, 0.449, 0.551) (0, 0.173, 0.827)	(0, 1, 0) (0, 0.984, 0.016) (0, 1, 0)	(0, 0.62, 0.38) (0, 0.147, 0.853) (0, 0.133, 0.867)
江苏	(0, 0, 1) (0, 0.886, 0.114) (0, 1, 0) (0.49, 0.51, 0) (0, 0.507, 0.493)	(0, 0.209, 0.791) (0, 1, 0) (0, 0.057, 0.943)	(0.11, 0.89, 0) (0, 1, 0)(0, 1, 0)
广东	(0, 0, 1)(0, 0, 1) (0, 1, 0) (0, 0.076, 0.924) (0, 0, 1)	(0, 0.408, 0.592) (0, 0.374, 0.626) (0, 0.475, 0.525)	(0, 0, 1) (0.382, 0.618, 0) (0, 1, 0)

注: 每一项指标的属性测度值表示为 (x, y, z), 其中 x 代表在较差等级中占比, y 代表在中等等级中占比, z 代表在优秀等级中占比。

最后, 根据熵值法计算客观权重系数, 再由专家打分得到各指标的主观权重系数, 通过加权形式得到最终综合权重系数, 如表 10-25 所示。

表 10-25   2015 年中国沿海地区海洋资源管理水平指标权重

指标名称	主观	客观	最终权重
海洋科研机构科技课题数	0.0541	0.0863	0.0443

指标名称	主观	客观	最终权重
海洋科研机构 R&D 经费内部支出	0.0946	0.0825	0.0741
海洋科研机构 R&D 课题数	0.0676	0.0967	0.0620
海洋科研机构数	0.1081	0.0459	0.0471
海洋科研从业人员	0.1081	0.0588	0.0603
污染治理项目数	0.1216	0.0927	0.1070
一般工业固体废物处置量	0.1081	0.1734	0.1780
一般工业固体废物综合利用量	0.0946	0.0892	0.0801
海滨观测台站数	0.0946	0.0615	0.0553
颁发海域使用权证书	0.0676	0.0956	0.0613
确权海域面积	0.0811	0.1175	0.0904

　　基于中国沿海地区海洋资源管理水平的指标属性测度值及其对应权重,可计算 2015 年中国 11 个沿海省份海洋资源管理水平的综合得分。

　　从科技管理水平来看(见图 10 - 22),海南、河北、广西处于较差等级,福建、浙江、辽宁、天津为中等等级,上海、山东、江苏和广东位于优秀等级,与各个省份的发达程度基本一致。地区科研机构、高等院校的科技支持是科技管理的重要保障。上海、山东、江苏和广东作为全国经济发达省市,各方面均处于领先水平,具有多所科研院校,政府也为相应的科技实施提供了极大的政策支持,有力地推动了地区科技管理发展。

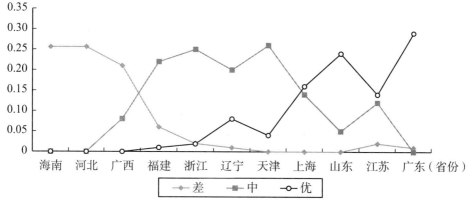

图 10 - 22　中国沿海地区海洋科技管理水平属性测度

从环境管理水平来看（见图 10 - 23），河北和辽宁的海洋环境管理较差，环渤海地区海洋开发迅速，但环境管理滞后于开发利用，各项制度有待完善，环境整治方法与力度亟须改善和加强。海南、浙江、天津、上海和广东的环境管理水平位于优秀等级。天津、上海和广东高度重视环境管理，环境管理方面的执法手段较为强硬。海南和浙江海洋资源开发较少，使其海洋环境管理难度降低。广西、福建和山东位于中等层级，海洋开发程度较低，比较容易进行管理。

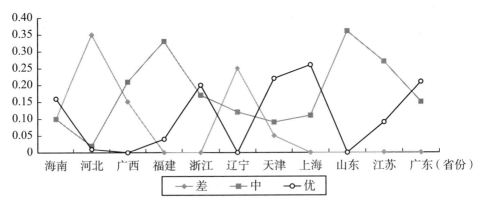

图 10 - 23　中国沿海地区海洋环境管理水平属性测度

从行政管理水平来看（见图 10 - 24），河北、辽宁和山东位于优秀等级，尽管这三个省份在环境管理评级不高，但从执法程度、海域观测控制等角度来看，仍然处于优势地位。天津和海南的行政管理程度有待加强。

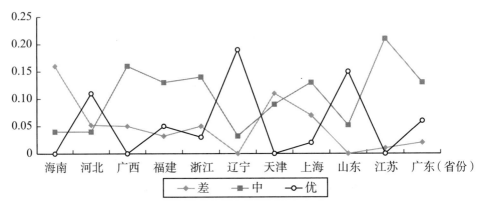

图 10 - 24　中国沿海地区海洋行政管理水平属性测度

将三者结合得到海洋资源管理综合属性评级（见图 10 - 25），位于第一层级的上海和广东，是珠三角、长三角地区的增长极，均有着较为完善的行政管理模式。同时，这两地科研院所较多，如上海海洋大学、广东海洋大学等，有良好的科技管理保障，同时其地处发达地区，政府对于环境治理问题十分重视，因而环境管理能力较强。地理位置处于中部沿海的七个省份，制定的海洋资源规章制度等比较完善，但大部分省市可利用的海洋面积较少。可以注意到，山东在较差层级并无占比，说明山东的海洋资源管理能力十分突出，其拥有 3 000 多千米的海岸线以及多个港口，是传统的沿海大省，但行政管理方面存在一些劣势，因而未能进入第一层级。天津是渤海经济圈的中心，也是核心港口城市，天津滨海新区自 2005 年纳入国家发展战略以来，已成为国家大力扶持的全国性新区。新区的经济发展极大地推动了天津海洋资源各方面管理水平的提升，促进了新区的快速发展。广西海域开发面积较小，其海域主要用于开放式水产养殖，科技管理水平与环境管理水平不高，海洋执法监督具有一定的执行力。同样，江苏沿海地带也主要发展养殖业和农业，但与广西不同，江苏有良好的科研储备。作为全国教育领先省份，江苏省具备优良的科研实力，能够为海洋资源管理提供技术保障。从属性测度表不难看出，福建拥有良好的行政管理水平，渔业总队等部门管理制度完善，执法严格，但对于环境管理和科技管理能力不足，这也是南方部分沿海地区存在的普遍问题。浙江海洋资源开发强度较低，但海域经济发达，其管理模式值得借鉴与参考。海南和湖北得分靠后，大部分指标数据都位于较差层级，这与其可利用海洋面积少以及经济实力弱有关，海洋资源开发利用和海洋科研方面发展不足，缺乏足够的科研院所作为技术支持。从政府公报可以发现，海南和湖北在制度制定、制度执行、执法检查等方面仍有欠缺，这些因素均对其海洋资源管理水平产生影响。

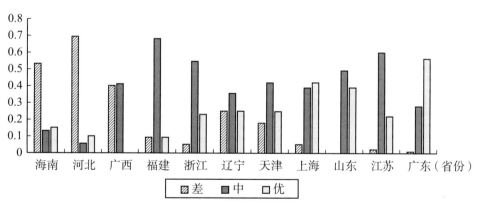

图 10 – 25　中国沿海地区海洋资源管理水平综合属性评级

注：图中每个指标有优、中、差三个柱状数据，柱状图最高等级为该省份所处评定等级。

（四）主要结论与政策建议

本部分构建了中国沿海地区海洋资源管理水平评价指标体系，结合熵权法与专家评价法计算权重，综合测度中国沿海地区海洋资源管理水平。实证结果显示，沿海地区11个省份可分为差、中、优三个等级。其中，广东和上海位于全国前列，属于优秀水平；广西、福建、浙江、江苏、天津和山东位于第二层级，属于中等水平；海南、河北和辽宁居于第三层级，属于较差水平。对比三个等级可以发现，经济发达省份对于海洋资源管理的重视程度远高于经济落后地区，11个省份的海洋资源管理水平与其发展水平存在着紧密联系。基于上述研究结果，提出如下建议：

1. 加强以保护海洋生态为基础的海洋资源管理理念

伴随着中国经济的快速发展，海洋资源不断得到开发利用，其发展的规模不断扩大。研究结果显示，大部分省份环境管理水平均处于中下水平。对于环境管理的重视本不应该仅存在于发达省份，要在全体沿海地区倡导海洋生态理念，建议对开发强度过大的海湾、河口实施一定限制，以实现调整开发强度、改善海洋环境的目标。海洋资源管理部门要进一步规范开发秩序，促进海洋资源有效利用，以保护为先，充分利用区域优势，优化调整海洋产业结构，促进海洋经济持续发展。

2. 加大科研投入力度，提升管理能力

改革开放以来，经济发展推动科技不断进步，如何运用科技带动海洋产业发展，是不可忽视的海洋发展问题。沿海省份要加强海洋相关科研投入，增强区域相关技术交流。适当采取点对点扶持措施，增强科技实力，把科学开发、利用和管理海洋落实到位。

3. 完善法律法规，加大执法力度

中国海洋相关法律法规的颁布起步较晚，尽管在实行中央集中管理后，推出了一些系列法律法规，但并不完善，现行制度缺乏可操作性。因此，要规范相应的管理条例，从严治理，提升海域证书颁布标准，加大各省份的执法力度，切实为推动海洋产业发展做好制度保障。

四、中国海洋环境与海洋经济的脱钩分析

得益于世界第四长海岸线的先天优势，中国海洋经济在整体经济中的地位越来越突出。近年来，伴随着中国经济进入"中速"增长的新常态，海洋经济发展对中国经济增长具有重要意义。

但是，随着学者们对海洋经济发展研究的不断深入，基尔多等（Kildow et al.，2009）开始意识到传统的海洋经济价值评估方法已经不能满足海洋经济发展研究的要求。海洋经济活动外部性造成的环境影响难以被考虑到，存在很大的缺陷。现实中，海洋经济活动通常伴随着过度捕捞、海洋油气资源开采溢出、沿海生态系统的破坏、陆源污染以及海洋气候破坏，海洋生态系统被一些不可持续的人类活动深刻影响。在这种背景下，越来越多的学者、机构开始倡导建立一个具有生态环境可持续性的、有广阔发展前景的海洋经济（Lubchenco，2009）。尽管发展生态可持续性海洋经济的口号已被广泛地提出，有关中国海洋环境与海洋经济增长关系的分析也开始逐步深入，目前对中国海洋环境与经济增长关系的研究仍旧偏重理论推导和演绎分析，使用量化分析方法进行的研究屈指可数（Wang，2013），且采用的研究方法存在很大争议。

目前，在资源环境与经济增长关系的研究中，脱钩分析在能源消耗、污染废弃物排放以及交通运输等领域都有广泛的应用。随着研究的深入，脱钩分析的内容不断被丰富，一些学者将脱钩方法分为两类：一是基于"速度标准"的脱钩测度方法，主要测度的是经济增长与资源环境消耗速度之间的关系，具体包括Tapio弹性系数法、以物质消耗强度为主要指标的IU曲线分析法等（Cleveland et al.，1998；Sheng et al.，2015）；另一类是基于"数量标准"的脱钩测度方法，主要测度的是一定时间内经济发展与资源环境消耗数量之间的关系，具体包括"环境库兹涅茨曲线"模型、IPAT方程（Ehrlich et al.，1971）等。由于不同的脱钩方法适用的分析对象不同，在某种程度上，其结果具有互补性，不同脱钩方法的综合应用可以避免单一脱钩测度方法所得出结论片面化的问题，增强分析的准确性。鉴于此，本部分结合以"环境库兹涅茨曲线"模型为代表的数量方法和以塔皮奥（Tapio）弹性系数分析法为代表的速度方法，探究海洋环境压力指标与海洋经济增长指标之间的关系。

（一）主要研究方法

1. 数量脱钩估计方法——环境库兹涅兹曲线模型

基于数量关系衡量资源环境质量与经济脱钩状态的方法有很多，其中，格罗斯曼和克鲁格（Grossman and Krueger，1991）在收入库兹涅茨倒"U"型假说基础上提出，并由帕纳约图（Panayotou，1997）正式定义的环境库兹涅茨曲线（Environmental Kuznets Curve，EKC）发展最为成熟，被广泛应用于资源环境研究中。随着研究的深入，越来越多反映环境污染的指标被引入其中，例如二氧化碳指标（Panayotou，1997）、化工国家原材料（Angela et al.，2003）、汽车尾气排放量（Andreoni and Levinsonl，2001）等。因此，本部分采用EKC模型全面分析中国海洋环境质量与经济增长的关系。一般而言，环境库兹涅茨曲线的基本形式为：

$$Y = \beta_0 + \beta_1 X + \beta_2 X^2 + \varepsilon \qquad (10.55)$$

其中，Y 表示环境污染，X 表示经济发展水平，β 为待定系数，ε 为随机扰动项。

式（10.55）能够很好地判断出指标之间是否存在线性或者"U"型关系。不过，在指标关系未知的情况下，模型能够判断的关系状态越多，准确性也就越高。因此，拓展式（10.55）的模型，得到如下形式：

$$Y = \beta_0 + \beta_1 X + \beta_2 X^2 + \beta_3 X^3 + \varepsilon \qquad (10.56)$$

式（10.56）中引入三次方项，可以判断环境与经济指标之间是否存在"N"型关系，使判断结果更加严谨全面。

根据式（10.56），鉴于待估系数的符号，模型可以分别表示 7 种不同的关系，如表 10 - 26 所示。

表 10 - 26 　　　　　　　　　EKC 曲线关系类型

β_1	β_2	β_3	关系
> 0	= 0	= 0	经济增长，环境质量恶化
< 0	= 0	= 0	经济增长，环境质量改善
> 0	> 0	= 0	"U" 型
> 0	< 0	= 0	倒 "U" 型
> 0	< 0	> 0	"N" 型
< 0	> 0	< 0	倒 "N" 型
= 0	= 0	= 0	没有联系

2. 速度脱钩估计方法——Tapio 弹性系数法

与数量脱钩方法不同，速度脱钩方法对两项指标之间的脱钩关系的判断以增长量的相对变化程度为标准，该方法在使用上可以使脱钩分析变得更为细致，适用于具体时间段内的脱钩状态观测，与数量脱钩方式形成很好的互补。

在速度脱钩方法的选取中，塔皮奥（Tapio，2005）提出的弹性系数法能够判断经济和环境相关指标之间的关系，并确定其所处的阶段以及动态演变趋势，可用来探究 2002 ~ 2013 年中国四大海区海洋环境与海洋经济增长之间脱钩关系的演变过程。

为了更加清晰地解释脱钩状态结果，首先，根据 Tapio 模型，将海洋经济增长指标与海洋环境压力指标的脱钩计算公式表示为：

$$E_{(MEP,GOP)} = \frac{\dfrac{\Delta MEP}{MEP}}{\dfrac{\Delta GOP}{GOP}} = \frac{(MEP_n - MEP_m)/MEP_m}{(GOP_n - GOP_m)/GOP_m} \qquad (10.57)$$

其中，GOP 和 MEP 分别代表海洋经济增长指标和海洋环境压力指标，n 和 m 分别表示观测期间的末端时间和起始时间。

其次，根据 Tapio（2005）提出的八种脱钩状态划分法，划分不同的脱钩状态，如表 10-27 所示。

表 10-27　　　海洋经济增长与海洋环境压力脱钩状态划分

脱钩		负脱钩		耦合	
强脱钩	$\Delta MEP < 0$ $\Delta GOP > 0$ $E_{(MEP,GOP)} < 0$	增长负脱钩	$\Delta MEP > 0$ $\Delta GOP > 0$ $E_{(MEP,GOP)} > 1.2$	增长连接	$\Delta MEP > 0$ $\Delta GOP > 0$ $0.8 < E_{(MEP,GOP)} < 1.2$
弱脱钩	$\Delta MEP > 0$ $\Delta GOP > 0$ $0 < E_{(MEP,GOP)} < 0.8$	弱负脱钩	$\Delta MEP < 0$ $\Delta GOP < 0$ $0 < E_{(MEP,GOP)} < 0.8$	衰退连接	$\Delta MEP < 0$ $\Delta GOP < 0$ $0.8 < E_{(MEP,GOP)} < 1.2$
衰退脱钩	$\Delta MEP < 0$ $\Delta GOP < 0$ $E_{(MEP,GOP)} > 1.2$	强脱钩	$\Delta MEP > 0$ $\Delta GOP < 0$ $E_{(MEP,GOP)} < 0$		

在表 10-27 中，八种脱钩状态所表示的含义各不相同，例如强脱钩表示海洋环境压力指标变化率数值小于零，而海洋生产总值变化率大于零，且脱钩弹性系数数值小于零的状态。其他状态的解释以此类推。

（二）指标选取与数据来源

中国海洋环境污染的评价指标主要可以分为以沿海地区赤潮累计发生面积表示的海洋环境污染直观表现指标、以含油污水排放量和疏浚物排放量表示的原因指标以及以海水 pH、无机氮（Inorganic Nitrogen）、溶解氧（DO）浓度和铜、汞、镉等表示的污染指标（Wang，2013）。后两类指标的污染程度可以直接由海水环境质量反映，因此，基于指标数据的可得性，海洋环境压力指标主要以各海域未达到第一类海水水质标准的海域面积和沿海地区海洋赤潮灾害面积表示。海洋经济增长以按可比价格计算的海洋经济水平表示。各项指标的选取标准以及来源具体说明如下：

（1）海洋环境污染指标，以各海区各年份未达到第一类海水水质标准的海域面积表示，数据源于《中国环境统计年鉴》，全国数据由各个海区的数据加总而来。

（2）海洋自然灾害指标，以各海区赤潮发生面积表示，数据源于各年《中国海洋环境质量公报》。

（3）海洋经济增长指标，以沿海各省的海洋生产总值表示，数据源于各年《中国海洋统计年鉴》。各海区的海洋经济总产值由年鉴中对应省份的值加总而来，其中，默认渤海对应辽宁、河北、天津、山东四个省份，黄海对应江苏，东海对应上海、福建、浙江、广州，南海对应广西和海南。基于国内生产总值指数，将海洋生产总值调整为以 2001 年为基期的可比价数据。

（4）其他指标，第一类是沿海地区的年末总人口数，由于进入海洋的全部污染物中有 80% 左右源于陆源污染，而陆源垃圾主要产生于人类的生产生活，因此，应将人口因素纳入分析，称为规模效应；第二类是所在海区海洋生产总值中第二产业产值所占的比重，称为结构效应，海洋第二产业包括的产业种类最多，相对于第一和第三产业，第二产业具有高能耗、高污染特征；第三类是海洋环境污染的原因指标，包括沿海地区工业废水排放（直接排入海的）和沿海地区工业固体废弃物排放（直接排入海的），引入上述变量能提高模型估计的准确性，并有效减少误差。

（三）模型构建和结果分析

1. "环境库兹涅茨曲线"模型脱钩分析

（1）模型设定及变量选择。

本部分主要探讨中国海洋环境质量状况与海洋经济指标之间的关系，在式（10.56）的基础上，代入各个变量将回归模型改写成式（10.58），采用二、三次方函数模型两种形式对两者关系进行全面分析，具体的回归方程设定如下：

$$\ln mep_{it} = \beta_0 + \beta_1 \ln mep_{i,t-1} + \beta_2 \ln GOP_{it} + \beta_3 (\ln GOP_{it})^2$$
$$+ \beta_4 (\ln GOP_{it})^3 + \varphi_1 \ln pop_{it} + \varphi_2 secIP_{it} + \varphi_3 \ln GYFS \quad (10.58)$$

其中，β_0 是常数项，β_1、β_2、β_3、β_4 和 φ_1、φ_2、φ_3、φ_4 为变量的待定参数，ε_{it} 为随机误差干扰项。

各变量的含义为：mep_{it} 表示海洋环境污染压力，包括 i 海区第 t 年未达到第一类海水水质标准的海域面积 mep_{1it} 和赤潮发生面积 mep_{2it}；$mep_{1,t-1}$ 为相应环境压力指标滞后 1 期的值；GOP_{it} 指 i 海区第 t 年海洋生产总值。为消除价格因素的影响，以 2001 年为基期，按可比价格的计算方法测算出 2002～2013 年间各海区真实的 GOP 水平。

在此基础上，考虑到海洋环境质量与经济增长之间关系的不同形式，将海洋经济增长分解为 $\ln GOP_{it}$、$(\ln GOP_{it})^2$ 和 $(\ln GOP_{it})^3$ 三部分；pop_{it} 指 i 海区第 t 年末总人口数，年末总人口控制的是规模效应；$secIP_{it}$ 指 i 海区第 t 年第二产业占 GOP 的比重；$GYFS_{it}$ 指 i 海区第 t 年工业废水排放量；$GYGF_{it}$ 指 i 海区第 t 年工业固体废弃物排放量。

（2）数据描述性统计和平稳性检验。

各变量的描述性统计结果如表 10 - 28 所示。可以看出，Mep_1、Mep_2、Gop、Pop、$GYFS$、$GYGF$ 的标准差均较大，数据分布较为离散，能够较好地反映数据信息。为减少数据存在的异方差性，将主要变量均取自然对数（Li et al.，2015）。

表 10 - 28 　　　　　　　　　各变量的描述性统计

变量标识	变量含义	单位	均值	标准差	最小值	最大值
Mep_1	末达到第一类海水水质标准的海域面积	平方千米	37 672.29	17 753.78	11 300	70 600
Mep_2	赤潮累计面积	平方千米	3 472.90	4 842.96	30	19 270
Gop	海洋生产总值	亿元	5 014.72	4 960.26	211.17	16 871.64
Pop	年末总人口	万人	5 668.80	4 980.51	568.09	14 530.68
$Sec IP$	第二产业占比	无	0.37	0.14	0.02	0.54
$GYFS$	沿海地区工业废水排放（直接排入海）	万吨	31 709	35 280.29	368	133 712.40
$GYGF$	沿海地区工业固体废弃物排放（直接排入海）	吨	154 921.70	223 904.40	0	1 087 107

为防止出现伪回归现象，进一步检验数据的平稳性，包括单位根检验和协整性检验。单位根检验的结果如表 10 - 29 所示。

表 10 – 29　　　　　　　　变量的单位根检验结果

变量	LLC 检验
$\ln mep_{it}$	-1.34781^{*} (0.0889)
$\Delta\ln mep_{1it}$	-6.60032^{***} (0.0000)
$\ln mep_{1i,t-1}$	-1.86984^{**} (0.0308)
$\ln mep_{2it}$	-2.14790^{***} (0.0159)
$\ln mep_{2i,t-1}$	-2.47455^{***} (0.0067)
$\ln GOP_{it}$	-7.67274^{***} (0.0000)
$\ln pop_{it}$	-2.25551^{**} (0.0121)
$secIP_{it}$	-1.82812^{**} (0.0338)
$\ln GYFS_{it}$	-9.29812^{***} (0.0000)
$\ln GYGF_{it}$	-1.96960^{**} (0.0244)

注：括号中为 P 值，估计方程包括控制变量，***、** 和 * 分别代表在 1%、5%、10% 的置信水平下平稳，即拒绝存在的单位根原假设。

由表 10 – 29 可知，除未达到第一类海水水质标准的海域面积变量外，其他变量的检验统计量均在 0.05 的显著性水平下通过检验，拒绝原假设，即不存在单位根，数据平稳。因此，对未达到第一类海水水质标准的海域面积变量的序列进行一阶差分，一阶差分后拒绝原假设，不存在单位根，数据平稳。

在此基础上，为保证检验结果的全面性，分别检验可能涉及的以下四个方程的协整性。检验结果如表 10 – 30 所示。

表 10 – 30

协整检验结果

	(1)					(2)				
	Weighted Statistic	prob.	Statistic	prob.	是否协整	Weighted Statistic	prob.	Statistic	prob.	是否协整
Panel PP – Statistic	-1.769720	0.0384	—	—	是	-7.570134	0.0000	—	—	是
Panel ADF – Statistic	-1.073587	0.1415	—	—	否	-3.485876	0.0002	—	—	是
Group PP – Statistic	—	—	-2.111572	0.0174	是	—	—	-8.305816	0.0000	是
Group ADF – Statistic	—	—	-0.199031	0.4211	否	—	—	-2.339008	0.0097	是

	(3)					(4)				
	Weighted Statistic	prob.	Statistic	prob.	是否协整	Weighted Statistic	prob.	Statistic	prob.	是否协整
Panel PP – Statistic	-6.150633	0.0000	—	—	是	-6.399960	0.0000	—	—	是
Panel ADF – Statistic	-2.461858	0.0069	—	—	是	-2.071746	0.0191	—	—	是
Group PP – Statistic	—	—	-7.067432	0.0000	是	—	—	-6.889756	0.0000	是
Group ADF – Statistic	—	—	-3.615017	0.0002	是	—	—	-2.747889	0.0030	是

注：在 5% 置信水平下检验是否协整。

①以未达第一类海水水质标准的海域面积为污染指标的二次方形式：

$$\ln mep_{1it} = \beta_0 + \beta_1 \ln mep_{1t,t-1} + \beta_2 \ln GOP_{it} + \beta_3 (\ln GOP_{it})^2 + \varphi_1 \ln pop_{it}$$
$$+ \varphi_2 \sec IP_{it} + \varphi_3 GYFS_{it} + \varphi_4 GYGF_{it} + \varepsilon_{it} \tag{10.59}$$

②以未达第一类海水水质标准的海域面积为污染指标的三次方形式：

$$\ln mep_{1it} = \beta_0 + \beta_1 \ln mep_{1t,t-1} + \beta_2 \ln GOP_{it} + \beta_3 (\ln GOP_{it})^2$$
$$+ \beta_4 (\ln GOP_{it})^3 + \varphi_1 \ln pop_{it} + \varphi_2 \sec IP_{it} + \varphi_3 GYFS_{it}$$
$$+ \varphi_4 GYGF_{it} + \varepsilon_{it} \tag{10.60}$$

③以赤潮累计面积为污染指标的二次方形式：

$$\ln mep_{2it} = \beta_0 + \beta_1 \ln mep_{2i,t-1} + \beta_2 \ln GOP_{it} + \beta_3 (\ln GOP_{it})^2$$
$$+ \varphi_1 \ln pop_{it} + \varphi_2 \sec IP_{it} + \varphi_3 GYFS_{it} + \varphi_4 GYGF_{it} + \varepsilon_{it} \tag{10.61}$$

④以赤潮累计面积为污染指标的三次方形式：

$$\ln mep_{2it} = \beta_0 + \beta_1 \ln mep_{1i,t-1} + \beta_2 \ln GOP_{it} + \beta_3 (\ln GOP_{it})^2$$
$$+ \beta_4 (\ln GOP_{it})^3 + \varphi_1 \ln pop_{it} + \varphi_2 \sec IP_{it} + \varphi_3 GYFS_{it}$$
$$+ \varphi_4 GYGF_{it} + \varepsilon_{it} \tag{10.62}$$

（3）模型回归结果。

协整检验结果显示，以未达到第一类海水水质标准的海域面积为海洋环境压力指标时，其与各解释变量之间不存在协整关系，也不存在长期均衡关系。由于样本数量较小，为防止短期出现失衡，增强模型的精确度，仅使用通过平稳性检验的方程进行回归分析。

在采用面板数据进行线性回归时，首先需要采用 Wald – F 检验方法确定选择混合效应模型还是固定效应模型，由于二次和三次型模型的个体随机检验结果均是拒绝原假设，个体固定效应模型更合适。同时，研究时间跨度是 2002～2013年，我国海洋各项指标并未出现较大的结构性变动，因此，这样的选择方式具有合理性。具体估计结果如表 10 – 31 所示。

表 10 –31　　　　海洋经济增长与海洋环境污染压力指标关系

变量	(1)		(2)		(3)	
	系数	t 值	系数	t 值	系数	t 值
C	249.862	(1.234)	– 27.754	(– 0.535)	5 724.460	3.116
$\ln mep_{i,t-1}$	0.334	(1.853)	0.336	(1.970)	0.162	1.039
$\ln GDP_{it}$	– 66.885	(– 1.258)	8.309	(1.075)	– 665.400	– 3.153
$(\ln GDP_{it})^2$	5.914	(1.268)	– 0.384	(– 1.111)	25.697	3.184

变量	(1)		(2)		(3)	
	系数	t 值	系数	t 值	系数	t 值
$(\ln GDP_{it})^2$	−0.174	(−1.278)	—	—	−0.330	−3.215
$\ln pop_{it}$	0.528	(1.774)	−1.388	(−0.599)	0.760	2.113
$secP_{it}$	−0.012	(−0.079)	−0.064	(−0.064)	−1.005	−0.612
$\ln GYFS_{it}$	0.108	(1.580)	−0.452	(−1.199)	0.402	1.955
$\ln GYGF_{it}$	0.023	(0.757)	−0.130	(−1.266)	−0.177	−2.619
R − squared	0.930		0.722		0.772	
Adjusted R − squared	0.903		0.630		0.715	
F − statistic	34.776		7.809		13.516	
备注	倒 "N" 型		倒 "U" 型		倒 "N" 型	

注：各系数和 t 统计量均保留三位小数，***、**、*分别代表在 1%、5%、10% 水平上显著。

首先对式（10.60）进行估计，该式以未达到第一类海水水质标准的海域面积为海洋环境压力指标。可以看到，在 10% 的显著性水平下，关注变量和控制变量几乎都不显著，结合被解释变量的平稳性检验结果可知，以未达到第一类海水水质标准的海域面积作为海洋环境污染压力指标时，我国海洋的环境库兹涅茨曲线并不显著，与现有研究的研究结论基本一致（Qin et al.，2009）。因此，以未达清洁的海水面积为环境污染指标时，海洋环境的改善并非随着经济发展水平的提高而呈现相应的环境库兹涅茨曲线形状。

式（10.61）和式（10.62）将海洋灾害表现之一的赤潮面积作为海洋环境压力指标代表被解释变量时，二次函数形式的变量拟合情况也并不理想，大部分参数在 10% 的显著性水平下无法通过检验，这表明以赤潮面积作为海洋环境压力指标时，其与海洋经济增长之间并没有呈现 "U" 型或倒 "U" 型的关系。三次方函数结果显示，在 10% 的显著性水平下，滞后一期和第二产业比重变量都不显著。这表明赤潮灾害并不会对下一年的海洋环境产生较大的影响，同时海洋第二产业比重的变化也并不能对海洋环境产生明显的影响。但三次方函数中除上述两变量外，其余变量均在 1%、5% 或 10% 的水平上显著，且 Wald chi^2 检验表明模型整体显著。因此，选择式（10.62）作为动态面板模型，即：

$$\ln mep_{2it} = 5\ 724.460 + 0.162\ln mep_{1i,t-1} + 665.400\ln GOP_{it} + 25.697\ (\ln GOP_{it})^2$$
$$+ 0.330\ (\ln GOP_{it})^3 + 0.760\ln pop_{it} + 1.005\sec IP_{it} + 0.402 GYFS_{it}$$
$$+ 0.177 GYGF_{it} + \varepsilon_{it} \tag{10.63}$$

式（10.63）表明，海洋生产总值与赤潮灾害面积之间存在倒"N"型关系，可见，2002~2013年，赤潮灾害并非单纯地随着海洋经济增长而下降或上升，而是呈现出一种有规律的波动现象。

同时，一些估计值较为显著的控制变量，如东部沿海地区的年末人口数在5%的显著性水平下显著为正，说明沿海人口数量对海洋环境污染有加重的影响，且其对数每增加1个百分点，赤潮面积的对数就会增加0.76个百分点。在所有控制变量中，人口因素对环境的影响最大，在一定程度上是由于东部沿海地区不断膨胀的人口导致陆源污染物增多，从而影响近海环境，而陆源污染物又是影响海洋环境的主要污染来源。沿海地区直接排入海的工业废水对海洋环境压力指标的影响为正向，其对数每增加1个百分点，海洋环境压力指标对数就增加0.402个百分点左右。另外，工业固体排放物的影响是反向的，但是这种反向的数值不大。相比其他控制变量，固体排放对赤潮发生起到的影响较小。

赤潮发生面积的自然对数受到自身滞后1期值的影响，当滞后1期值增加1个百分点，面积的对数会增加0.162个百分点。海洋的第二产业比重的绝对值却较大，为 -1.005。$\sec IP_{it}$ 表示其他条件不变时，第二产业产值占比每上升1个百分点，赤潮面积的对数就会下降约 -1.005个百分点，其系数是所有控制变量中最高的，对模型影响较大。总体上看，2002~2013年，东部沿海地区的经济发展和海洋灾害面积表现出一种相互影响的关系。

（4）我国海洋环境库兹涅茨曲线。

为了绘制出赤潮面积与海洋经济产值之间关系的大致图形，依照相关研究对环境库兹涅茨曲线模型的处理，先对主要控制变量海洋生产总值之外的其他控制变量取样本均值然后乘以各自的估计系数，得到 $\overline{X}$（Zhang et al.，2012），相应的表达式变为：

$$\ln mep_{2it} = 5\ 724.460 + 664.400\ln GOP_{it}$$
$$+ 25.697(\ln GOD_{it})^2 + 0.330(\ln GOP_{it})^3 + X \tag{10.64}$$

再根据上式结果描绘出大致的图像，如图10-26所示。

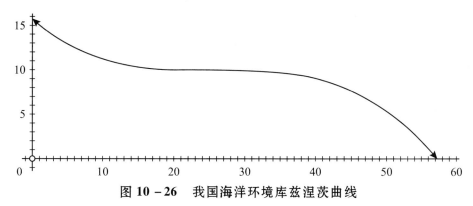

图 10 - 26　我国海洋环境库兹涅茨曲线

注：横坐标表示 $\ln GOP_{it}$，纵坐标表示 $\ln mep_{2it}$。

图 10 - 26 中曲线的含义为，在控制其他影响海洋赤潮发生面积变量的情况下，仅仅由于海洋生产总值所导致的污染的变化趋势。该曲线直观地展示出海洋环境压力与海洋经济增长之间呈现倒 "N" 型曲线关系，且总体上呈下降趋势。进一步从图 10 - 27 可以看出，2002～2013 年，海洋生产总值一直呈现上升态势，而相应时期的赤潮发生面积从 2005 年开始波动下降。

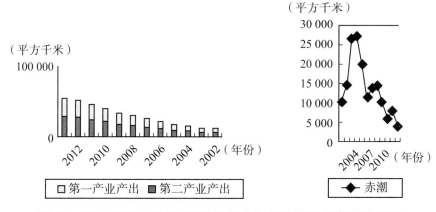

图 10 - 27　2002～2013 年国内海洋生产总值和赤潮发生面积

通过动态面板模型的构建以及图形的描绘，可以看出，关注变量之间的关系在图形上呈现一种近似于平滑下降曲线的倒 "N" 型库兹涅兹环境曲线形式，除前一年的赤潮发生面积与本年的海洋第二产业比重这两个控制变量在模型中不显著外，其他控制变量对海洋环境污染的影响程度按绝对值大小排列依次为：沿海地区年末人口数、沿海工业废水直接排入海量和沿海工业固体排放物直接入海量。

不过，该面板模型只能解读全国平均情况下，海洋环境污染与经济增长之间的库兹涅茨数量脱钩关系，以及影响海洋环境污染的控制因素在数量上的相互影响，需要采用 Tapio 脱钩分析进一步了解各海区、各年份的具体情况。

2. Tapio 弹性系数脱钩分析

Tapio 弹性分析中，采用 *GOP* 和 *MEP* 分别代表海洋经济增长指标和海洋环境压力指标，海洋经济增长指标选取沿海区域各个年份的海洋生产总值来表示，同时，依旧选用未达到第一类海水水质标准的海域面积以及赤潮发生面积来表示海洋环境压力指标。

根据前文脱钩状态划分标准，计算 2002 ～ 2013 年各海域经济增长与海洋环境压力的脱钩弹性系数，如表 10 - 32 所示。可以看出，总体上，全国以及各海域海洋未达到第一类海水水质标准的海域面积与经济增长都处于强脱钩状态。也就是说，2002 ～ 2013 年，我国沿海地区的海洋环境污染压力指标的相关数值随着地区海洋生产总值的增加而减少，但其下降的速度小于经济增长的速度，说明在观测年份期间，我国海区总体上的经济增长与以海水水质为评判标准的污染指数已经开始趋向一种协调发展的脱钩状态。关于赤潮累计面积的脱钩系数，除渤海和黄海外，海域脱钩状态都表现为强脱钩，可能是与 2002 ～ 2013 年渤海和黄海赤潮大面积爆发并没有得到及时处理有关。如图 10 - 28 所示，渤海和黄海的赤潮发生面积呈现平稳波动的态势，变动幅度并不明显。

表 10 - 32　　　　　**2002 ～ 2013 年各海域经济增长与海洋**

环境压力的脱钩弹性系数

区域	未达清洁海域水质标准（平方千米）		赤潮累计面积（平方千米）	
	脱钩弹性系数	脱钩状态	脱钩弹性系数	脱钩状态
全国	- 0.092	强脱钩	- 0.313	强脱钩
渤海	- 0.043	强脱钩	1.058	增长连接
黄海	- 0.013	强脱钩	0.036	弱脱钩
东海	- 0.047	强脱钩	- 0.219	强脱钩
南海	- 0.043	强脱钩	- 0.219	强脱钩

注：脱钩弹性系数值均保留三位小数。

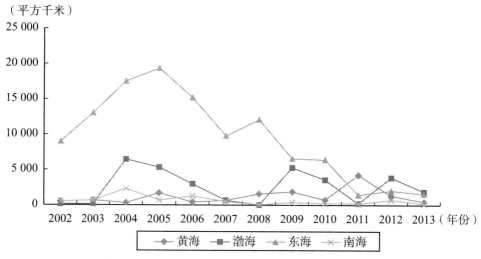

（平方千米）

图 10 - 28　2002～2013 年各海域赤潮发生面积

　　进一步，计算以年为跨度的年度脱钩弹性系数，以具体分析各个年份各地区速度脱钩的演变过程，如表 10 - 33 所示。其中，由于按年度计算时要损失一年基期值，统计范围限定为 2003～2013 年。

表 10 - 33　　　　　　　2003～2013 年各年海洋经济增长
与海洋环境压力脱钩弹性系数

区域	年份	未达清洁海域水质标准（平方千米）		赤潮累计面积（平方千米）	
		脱钩弹性系数	脱钩状态	脱钩弹性系数	脱钩状态
全国	2003	− 1.846	强脱钩	4.335	扩张负脱钩
	2004	1.773	扩张负脱钩	8.220	扩张负脱钩
	2005	− 1.217	强脱钩	0.146	弱脱钩
	2006	0.251	弱脱钩	− 2.103	强脱钩
	2007	− 0.184	强脱钩	− 2.921	强脱钩
	2008	− 0.566	强脱钩	1.909	扩张负脱钩
	2009	0.767	弱脱钩	0.288	弱脱钩
	2010	− 0.264	强脱钩	− 2.147	强脱钩
	2011	0.096	弱脱钩	− 4.654	强脱钩
	2012	2.271	扩张负脱钩	4.050	扩张负脱钩
	2013	− 1.984	强脱钩	− 6.356	强脱钩

续表

区域	年份	未达清洁海域水质标准（平方千米）		赤潮累计面积（平方千米）	
		脱钩弹性系数	脱钩状态	脱钩弹性系数	脱钩状态
渤海	2003	− 1. 121	强脱钩	1. 214	扩张负脱钩
	2004	0. 658	弱脱钩	36. 542	扩张负脱钩
	2005	− 1. 673	强脱钩	− 1. 222	强脱钩
	2006	0. 042	弱脱钩	− 1. 210	强脱钩
	2007	1. 318	扩张负脱钩	− 5. 028	强脱钩
	2008	− 1. 115	强脱钩	− 10. 229	强脱钩
	2009	− 0. 166	强脱钩	3716. 983	扩张负脱钩
	2010	0. 581	弱脱钩	− 2. 740	强脱钩
	2011	3. 022	扩张负脱钩	− 7. 664	强脱钩
	2012	4. 072	扩张负脱钩	228. 243	扩张负脱钩
	2013	− 2. 034	强脱钩	− 5. 558	强脱钩
黄海	2003	− 0. 317	强脱钩	0. 287	弱脱钩
	2004	6. 652	扩张负脱钩	8. 449	扩张负脱钩
	2005	0. 012	弱脱钩	5. 591	扩张负脱钩
	2006	− 0. 078	强脱钩	− 0. 606	强脱钩
	2007	− 21. 312	强脱钩	34. 501	扩张负脱钩
	2008	− 3. 656	强脱钩	30. 866	扩张负脱钩
	2009	0. 431	弱脱钩	0. 659	弱脱钩
	2010	0. 448	弱脱钩	− 3. 404	强脱钩
	2011	1. 486	扩张负脱钩	33. 892	扩张负脱钩
	2012	1. 874	扩张负脱钩	− 7. 859	强脱钩
	2013	− 4. 072	强脱钩	− 19. 462	强脱钩

续表

区域	年份	未达清洁海域水质标准（平方千米）		赤潮累计面积（平方千米）	
		脱钩弹性系数	脱钩状态	脱钩弹性系数	脱钩状态
东海	2003	-0.044	强脱钩	1.686	扩张负脱钩
	2004	0.059	弱脱钩	0.475	弱脱钩
	2005	-0.162	强脱钩	0.665	弱脱钩
	2006	0.507	弱脱钩	-3.916	强脱钩
	2007	0.478	弱脱钩	-3.254	强脱钩
	2008	-0.533	强脱钩	2.201	扩张负脱钩
	2009	0.235	弱脱钩	-4.802	强脱钩
	2010	-0.239	强脱钩	-0.315	强脱钩
	2011	-0.866	强脱钩	-11.173	强脱钩
	2012	0.101	弱脱钩	5.814	扩张负脱钩
	2013	-2.369	强脱钩	-3.264	强脱钩
南海	2003	-0.867	强负脱钩	-1.481	强负脱钩
	2004	-0.240	强脱钩	2.054	扩张负脱钩
	2005	-7.609	强脱钩	-6.661	强脱钩
	2006	1.450	扩张负脱钩	1.853	扩张负脱钩
	2007	1.442	扩张负脱钩	-4.644	强脱钩
	2008	2.078	扩张负脱钩	-11.960	强脱钩
	2009	1.944	扩张负脱钩	49.989	扩张负脱钩
	2010	-2.258	强脱钩	-4.743	强脱钩
	2011	-4.257	强脱钩	-1.669	强脱钩
	2012	3.707	扩张负脱钩	17.097	扩张负脱钩
	2013	-0.544	强脱钩	-4.592	强脱钩

从表10-33可以看出，全国以及各海区海洋环境压力与海洋经济增长之间的脱钩结果基本呈现出强脱钩、弱脱钩和扩张负脱钩三种状态，为了使脱钩状态的变化过程更加直观，采用部分学者的赋值处理方法，根据污染物排放与经济增

长的动态脱钩关系，重新诠释脱钩状态类别与内涵，并借助脱钩弹性系数值，将脱钩状态进行区间等分，以赋值作为脱钩状态的划分依据，进而通过排序和判定条件来具体阐述相应脱钩状态的经济寓意（Gou et al.，2013）。如表 10 – 34 所示，脱钩指数越大代表的脱钩状态越理想。

表 10 – 34　　　　　　　　　脱钩状态评价指标

脱钩状态排序	$\dfrac{\Delta MEP}{MEP}$	$\dfrac{\Delta GOP}{GOP}$	$E_{(MEP,GOP)}$		脱钩状态评价值
强脱钩	< 0	> 0	$E_{(MEP,GOP)} < 0$	$(-\infty,\ -0.6)$	28
				$[-0.6,\ -0.4)$	27
				$[-0.4,\ -0.2)$	26
				$[-0.2,\ 0)$	25
弱脱钩	> 0	> 0	$0 < E_{(MEP,GOP)} < 0.8$	$[0,\ 0.2)$	24
				$[0.2,\ 0.4)$	23
				$[0.4,\ 0.6)$	22
				$[0.6,\ 0.8)$	21
衰退脱钩	< 0	< 0	$E_{(MEP,GOP)} > 1.2$	$(1.8,\ +\infty)$	20
				$(1.6,\ 1.8]$	19
				$(1.4,\ 1.6]$	18
				$(1.2,\ 1.4]$	17
增长连接	> 0	> 0	$0.8 < E_{(MEP,GOP)} < 1.2$	$[0.8,\ 1.0)$	16
				$[1.0,\ 1.2)$	15
衰退连接	< 0	< 0	$0.8 < E_{(MEP,GOP)} < 1.2$	$[1.0,\ 1.2]$	14
				$[0.8,\ 1.0)$	13
扩张连接	> 0	> 0	$E_{(MEP,GOP)} > 1.2$	$(1.2,\ 1.4]$	12
				$(1.4,\ 1.6]$	11
				$(1.6,\ 1.8]$	10
				$(1.8,\ +\infty)$	9

脱钩状态排序	$\dfrac{\Delta MEP}{MEP}$	$\dfrac{\Delta GOP}{GOP}$	$E_{(MEP, GOP)}$		脱钩状态评价值
弱负脱钩	<0	<0	$0 < E_{(MEP, GOP)} < 0.8$	[0.6, 0.8)	8
				[0.4, 0.6)	7
				[0.2, 0.4)	6
				[0, 0.2)	5
强负脱钩	>0	<0		[−0.2, 0)	4
				[−0.4, −0.2)	3
				[−0.6, −0.4)	2
				(−∞, −0.6)	1

结合表 10 – 34 的脱钩评价指标，绘制全国以及各海域脱钩指数的变动情况，如图 10 – 29 和图 10 – 30 所示。

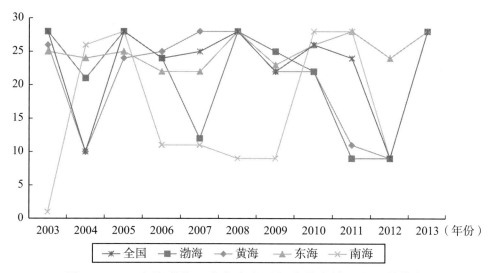

图 10 – 29　未达到第一类海水水质标准的海域面积脱钩指标

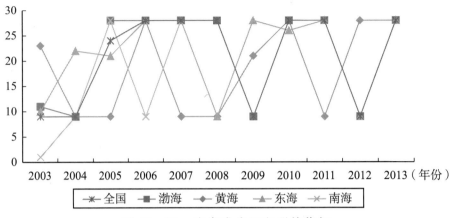

图 10 - 30   赤潮发生面积脱钩指标

从图 10 - 29 可以看出,以未达到第一类海水水质标准的海域面积为海洋环境质量指标时,全国总海域呈现出处在较高区位的波动,除 2004 年和 2012 年两年的脱钩系数值较低外,其他年份都出现明显的强脱钩状态。分海区来看,东海的脱钩状态最为稳定,数值分布在 22~28,处于弱脱钩和强脱钩之间,环境污染和经济增长的脱钩状态良好。渤海的指数总体上呈现一种"W"型的发展趋势,其中有 5 年呈现强脱钩状态,虽然从 2008 年开始脱钩状态有明显的下降趋势,但 2013 年大幅反弹。黄海与渤海的情况类似。南海也有 5 年处于强脱钩状态,但其他年份脱钩数值波动非常明显,数值从低位到高位或从高位到低位的反应时间非常快,说明南海的海洋经济与环境质量之间并没有进入一种长期协调的状态,两者之间的关系呈现反复变动。

从图 12 - 30 可以看出,以赤潮为环境压力指标代表与经济增长作脱钩分析的结果总体上波动更为明显,尤其是全国水平之下,其波动区间从最低值到最高值,而且各个海区的波动跨度以及频率都较大,说明在观测年度区间,我国海洋赤潮灾害并没有随着经济增长有较大变化,两者之间并没有建立起一种长期的脱钩关系,海洋经济增长的同时并未有效稳定减少赤潮灾害,而是呈现一种反复的循环。

(四) 主要结论与政策建议

本节首先基于环境库兹涅茨曲线模型,探讨 2002~2013 年四大海域未达到第一类海水水质标准的海域面积以及赤潮发生面积与海洋生产总值之间在数量上的脱钩关系。进而,采用 Tapio 弹性系数法讨论 2002~2013 年海洋环境与经济增长之间脱钩关系的演变。得出以下结论:

第一，2002～2013年，未达第一类海水水质标准的海域面积与海洋经济之间不存在环境库兹涅茨曲线关系，海洋赤潮发生面积与海洋经济增长之间呈现倒"N"型的环境库兹涅茨曲线关系，但这种倒"N"型的关系并不十分显著。

第二，根据Tapio弹性脱钩分析的结果，在测度期间，各海域海洋环境污染指标变化率与经济增长率之间均呈现出以强脱钩、弱脱钩以及扩张负脱钩为主的脱钩状态，变化具有反复性，中国海洋经济增长与各项海洋环境压力指标之间尚未完全进入稳定的强脱钩状态，海洋环境仍具有较强的经济增长压力，两者尚未进入可持续性的发展状态，海洋环境仍具有较强的经济增长压力。

针对以上研究结果，提出如下建议：

第一，加大海洋环境保护的投入力度。有学者认为，在经济增长十分迅速的今天，环境污染问题变得日益严重，如果要达到遏制环境恶化的目的，需要把环保投入占GDP的比重增至1%～1.5%，而若想显著提升环境质量，改善环境状况，则需要将这一比重提高到3%（Zhang et al.，2009）。而长期以来，我国总体的环保投入还不到GDP的2%，海洋环保投入的比重更低。海洋环境和海洋经济增长之间不协调的发展状态与海洋环保力度不够直接相关，海洋环境质量状况并不会单纯随着海洋经济相关指标的变动而自发得到改善，之所以出现两者的脱钩，很大程度上是因为海洋经济增长的同时，海洋生态系统保护的程度不断加深。而海洋环保的投入力度加强不仅表现在环保资金的直接支出上，同时政府、企业以及全社会多方力量共同投入来鼓励低耗能、低污染的海洋产业发展，鼓励海洋科技创新也可以达到海洋环境保护的目的（Ding et al.，2014）。

第二，运用宏观调控的手段，用税费杠杆来减少海洋环境污染。与税费相关的经济手段，可以影响和调节社会生产、分配、流通以及消费四个环节，限制一些破坏海洋环境的行为，促进合理开发利用资源环境，最终实现可持续性发展。

第三，发挥法律手段进行海洋环境监管，将不断完善海洋法律法规政策作为国家海洋发展重要任务之一（Wang et al.，2014）。中国海洋经济发展起步较晚，早期沿海地区的海洋资源开发水平较低，与海洋相关的法律法规也不健全。随着海洋经济的发展，海洋法制化进程也不断加快。虽然目前现有的法规促使中国海洋环境走向规范化、法制化的轨道，环境污染的现象在一系列的保护措施下有所缓解，但随着海洋经济与环境的不断变化，已有的海洋法律法规远远不够，完善海洋法制化建设，加强环保监督部门的执法力度迫在眉睫。

第四，充分尊重各个海域的特点，因地制宜制定海洋经济增长与环境保护目标。每个海域的具体情况有不同的特点，并不是每个海域的海洋经济发展与环境质量都呈现相同的关系。如环渤海地区人口稠密，工业发达，每年几十亿吨的城市污水及上百万吨的污染物排入渤海近岸海域，此类行径致使渤海成为我国海洋环境破坏严重的海区之一。同时，渤海的环境质量状况较其他海区更为严重，不宜将南海、东海、黄海的环境保护目标转移到渤海，因此，为各个海区制定不同的海洋发展方针是改变目前海洋状况的首要任务。

参 考 文 献

［1］［美］巴利·C.菲尔德、玛莎·K·菲尔德：《环境经济学》，东北财经大学出版社 2010 年版。

［2］柴济坤：《南木林区森林资源生态效益价值评估的研究——基于替代工程法》，兰州财经大学硕士学位论文，2016 年。

［3］常洪玮：《林业生产的技术效率测算与分析》，载于《黑龙江科学》2017 年第 8 期。

［4］陈丽萍、陈静、汤文豪、杨杰、赵晓宇：《关于自然资源管理若干思考》，载于《国土资源情报》2018 年第 4 期。

［5］陈晓红、万鲁河：《城市化与生态环境耦合的脆弱性与协调性作用机制研究》，载于《地理科学》2013 年第 12 期。

［6］成金华、李世祥、吴巧生：《关于中国水资源管理问题的思考》，载于《中国人口·资源与环境》2006 年第 6 期。

［7］邓宏兵、张毅：《人口·资源与环境经济学》，科学出版社 2005 年版。

［8］高兵：《内蒙古林业经济增长的影响因素分析》，内蒙古农业大学硕士学位论文，2007 年。

［9］韩茂莉：《中国历史农业地理》，北京大学出版社 2012 年版。

［10］胡德胜、王涛：《中美澳水资源管理责任考核制度的比较研究》，载于《中国地质大学学报（社会科学版）》2013 年第 3 期。

［11］姜文来：《水资源价值模型研究》，载于《资源科学》1998 年第 1 期。

［12］靳利华：《自然界外部性视域下中国生态文明建设策略选择》，载于《生态经济》2014 年第 1 期。

［13］李刚、卢晓宁、边金虎、李爱农、雷光斌、南希、姜琳：《岷江上游土地资源承载力评价》，载于《水土保持研究》2015 年第 1 期。

［14］李国敏、卢珂：《中国土地管理体制变革的路径选择》，载于《国家行政学院学报》2011 年第 6 期。

[15] 李国平、华晓龙：《我国非再生能源资源定价改革构想》，载于《华东经济管理》2008 年第 6 期。

[16] 李金昌：《论自然资源的价值管理与产业化》，载于《国有资产管理》1992 年第 4 期。

[17] 李香菊、祝玉坤：《我国矿产资源价格重构中的税收效应分析》，载于《当代经济科学》2012 年第 2 期。

[18] 连素兰等：《低碳经济视角下福建省林业产业结构与林业经济协同发展研究——基于耦合协调度模型》，载于《林业经济》2016 年第 11 期。

[19] 刘丽、陈丽萍、吴初国：《国际自然资源资产管理体制概览》，载于《国土资源情报》2015 年第 2 期。

[20] 刘世荣、代力民、温远光、王晖：《面向生态系统服务的森林生态系统经营：现状、挑战与展望》，载于《生态学报》2015 年第 1 期。

[21] 刘铁铎：《吉林省森林资源可持续利用与经济社会协调发展研究》，吉林农业大学博士学位论文，2015 年。

[22] 刘先：《基于 DEA 方法的江苏省林业生产效率研究》，北京林业大学硕士学位论文，2014 年。

[23] 刘心竹、米锋、张爽、苏立娟、顾艳红、张大红：《基于有害干扰的中国省域森林生态安全评价》，载于《生态学报》2014 年第 11 期。

[24] 刘学敏：《以循环经济理念发展生物质能源产业》，载于《中国科技投资》2008 年第 9 期。

[25] 刘子玉：《吉林省农村居民消费问题研究》，吉林大学博士学位论文，2010 年。

[26] 罗德江、吴尚昆、郭科：《基于组合权—灰色关联分析法的矿产资源开发利用综合评价》，载于《金属矿山》2015 年第 2 期。

[27] 马永欢、李晓波、陈从喜、张丽君、符蓉、苏利阳：《对建立全国统一空间规划体系的构想》，载于《中国软科学》2017 年第 3 期。

[28] 马永欢、黄宝荣、林慧、吴初国、苏利阳：《创新自然资源监管体制促进国土空间全域保护》，载于《宏观经济管理》2017 年第 10 期。

[29] 孟凡强、赵媛：《不可再生资源、寡头垄断及税收的影响》，载于《经济科学》2009 年第 3 期。

[30] 米锋、刘智丹、李卓蔚、纪应勋：《甘肃省林业投入产出效率及其各指标影响力分析——基于 DEA 模型的实证研究》，载于《林业经济》2013 年第 12 期。

[31] 缪宁、刘世荣、史作民、马姜明、王晖：《强度干扰后退化森林生态

系统中保留木的生态效应研究综述》，载于《生态学报》2013 年第 13 期。

[32] 孙涛、马明、王定勇：《中亚热带典型森林生态系统对降水中铅镉的截留特征》，载于《生态学报》2016 年第 1 期。

[33] 田淑英、白燕：《森林生态效益补偿：现实依据及政策探讨》，载于《林业经济》2009 年第 11 期。

[34] 田淑英、许文立：《基于 DEA 模型的中国林业投入产出效率评价》，载于《资源科学》2012 年第 10 期。

[35] 王俊：《中国政府卫生支出规模研究——三个误区及经验证据》，载于《管理世界》2007 年第 2 期。

[36] 王立磊：《近代以来我国林业税费制度变迁研究》，河北农业大学硕士学位论文，2011 年。

[37] 王舒曼、王玉栋：《自然资源定价方法研究》，载于《生态经济》2000 年第 4 期。

[38] 王渊、马治国：《我国水资源管理的改革研究》，载于《科技管理研究》2008 年第 6 期。

[39] 王志宏：《矿产资源竞争力及其评价指标体系》，载于《煤炭学报》2002 年第 1 期。

[40] 魏静、段红梅、闫强、汪莉丽：《能源新政下的美国页岩气产业新动向及中美合作前景》，载于《中国矿业》2018 年第 2 期。

[41] 魏言妮：《基于 DEA 模型的中国林业生产效率测度分析》，载于《市场周刊（理论研究）》2016 年第 7 期。

[42] 吴沂隆：《邱家山林场森林资源资产化管理对策研究》，福建农林大学硕士学位论文，2007 年。

[43] 肖文海：《循环经济的价格支持框架——以资源环境价格改革为视角》，载于《江西社会科学》2011 年第 2 期。

[44] 谢宝：《试探讨我国林业生产要素配置效率》，载于《科技展望》2017 年第 7 期。

[45] 谢子远、闫国庆：《澳大利亚发展海洋经济的经验及我国的战略选择》，载于《中国软科学》2011 年第 9 期。

[46] 邢伟：《当前我国城市环境管理中社会公众参与的路径阐释》，载于《中国市场》2018 年第 12 期。

[47] 徐晓雯：《农业绿色补贴及其经济学分析》，载于《财政研究》2007 年第 7 期。

[48] 薛斌瑞、宁宝山、王红平、柴宗政：《森林经营历史对林业发展的哲

学思考》，载于《安徽农业科学》2015 年第 34 期。

［49］严金明、夏方舟、马梅：《中国土地整治转型发展战略导向研究》，载于《中国土地科学》2016 年第 2 期。

［50］杨玺：《WTO 体制下我国绿色补贴制度研究》，西南大学硕士学位论文，2015 年。

［51］臧良震、支玲、郭小年：《中国西部地区林业生产技术效率的测算和动态演进分析》，载于《统计与信息论坛》2014 年第 1 期。

［52］张大璐：《我国农村土地规划管理工作中存在的问题与策略探析》，载于《统计与管理》2015 年第 11 期。

［53］张明生：《德国水资源管理的启示》，载于《科技通报》2008 年第 2 期。

［54］赵新宇：《论代际公平视角下不可再生资源利用的外部性》，载于《当代经济研究》2008 年第 11 期。

［55］郑云虹、李凯：《基于 AHP 的矿产资源型企业生态安全综合评价》，载于《东北大学学报》（自然科学版）2007 年第 3 期。

［56］周光益、徐义刚、吴仲民、骆土寿、李炳球、何在成：《广州市酸雨对不同森林冠层淋溶规律的研究》，载于《林业科学研究》2000 年第 6 期。

［57］周洁敏、寇文正：《区域森林生产力评价的分析》，载于《南京林业大学学报》（自然科学版）2011 年第 1 期。

［58］朱丽华、王海南、李学友、杨立学：《吉林省临江林业局森林资源的生态效益价值分析》，载于《东北林业大学学报》2012 年第 7 期。

［59］邹涛、田森：《义乌市森林资源生态效益价值评估初探》，载于《华东森林经理》2013 年第 2 期。

［60］Acemoglu D. Technical Change, Inequality, and the Labor Market. *Journal of Economic Literature*, 2002, 40（1）：7 – 72.

［61］Achterman G L, Fairfax S K. Public Participation Requirements of the Federal Land Policy and Management Act. *Arizona Law Review*, 1979, 21：501.

［62］Aiken D V, Fare R, Grosskopf S, et al. Pollution Abatement and Productivity Growth: Evidence from Germany, Japan, the Netherlands, and the United States. *Environmental & Resource Economics*, 2009, 44（1）：11 – 28.

［63］Albrecht J, Francois D, Schoors K. A Shapley decomposition of carbon emissions without residuals. *Energy Policy*, 2002, 30：727 – 736.

［64］Alexander P, Rounsevell M D, Dislich C, Dodson J R, Engström K, Moran D. Drivers for global agricultural land use change: the nexus of diet, population, yield and bioenergy. *Global Environmental Change*, 2015, 35：138 – 147.

［65］ Alfsen K H, Greaker M. From Natural Resources and Environmental Accounting to Construction of Indicators for Sustainable Development. *Ecological Economics*, 2007, 61: 600 - 610.

［66］ Amirteimoori A, Shafiei M. Characterizing An Equitable Omission of Shared Resources: a DEA - based approach. *Applied Mathematics & Computation*, 2006, 177 (1): 18 - 23.

［67］ Andersen P, Petersen N C. A Procedure for Ranking Efficient Units in Data Envelopment Analysis. *Management Science*, 1993, 39 (10): 1261 - 1264.

［68］ Anderson D H, A E Pamela, Jakes J. Building Trust in Natural Resource Management within Local Communities: A Case Study of the Midewin National Tallgrass Prairie. *Environmental Management*, 2007, 39 (3): 353 - 368.

［69］ Andreoni J, Levinson A. The Simple Analytics of the Environmental Kuznets curve. *Journal of Public Economics*, 2001, 80 (2): 269 - 286.

［70］ Ang B W, Liu F L. A New Energy Decomposition Method: perfect in decomposition and consistent in aggregation. *Energy*, 2001, 26: 537 - 548.

［71］ Ang B W, Zhang F Q. A Survey of Index Decomposition Analysis in Energy and Environmental Studies. *Energy*, 2000, 25: 1149 - 1176.

［72］ Ang B W. LMDI Decomposition Approach: a guide for implementation. *Energy Policy*, 2015, 86: 233 - 238.

［73］ Antweiler W, Copeland B R, Taylor M S. Is Free Trade Good for the Environment? *American Economic Review*, 2001, 91 (4): 877 - 908.

［74］ Atkins J P, Burdon D. An Initial Economic Evaluation of Water Quality Improvements in the Randers Fjord, Denmark. *Marine Pollution Bulletin*, 2006, 53 (1): 195 - 204.

［75］ Barba - Gutiérrez Y, Adenso - Díaz B, Lozano S. Eco - Efficiency of Electric and Electronic Appliances: A Data Envelopment Analysis (DEA). *Environmental Modeling & Assessment*, 2009, 14 (4): 439 - 447.

［76］ Baskent E Z, Kadiogullari A I. Spatial and Temporal Dynamics of Land Use Pattern in Turkey: a case study in Inegöl. *Landscape and Urban Planning*, 2007, 81 (4): 316 - 327.

［77］ Bateman I J, Cole M A, Georgiou S, et al. Comparing Contingent Valuation and Contingent Ranking: a case study considering the benefits of urban river water quality improvements. *Journal of Environmental Management*, 2006, 79 (3): 221 - 231.

［78］ Bebbington A J, Bebbington D H. Development Alternatives: practice, dilemmas and theory. *Area*, 2001, 33 (1): 7 – 17.

［79］ Bellamy J A, Johnson A K L. Integrated Resource Management: Moving from Rhetoric to Practice in Australian Agriculture. *Environmental Management*, 2000, 25 (3): 265 – 280.

［80］ Bennetzen E H, Smith P, Porter J R. Agricultural Production and Greenhouse Gas Emissions from World Regions: the major trends over 40 years. *Global Environmental Change*, 2016, 37: 43 – 55.

［81］ Benson M H, Garmestani A S. Embracing Panarchy, Building Resilience and Integrating Adaptive Management Through A Rebirth of the National Environmental Policy Act. *Journal of Environmental Management*, 2011, 92 (5): 1420 – 1427.

［82］ Billgren C, Holmen H. Approaching Reality: comparing stakeholder analysis and cultural theory in the context of natural resource management. *Land Use Policy*, 2008, 25: 550 – 562.

［83］ Bosch P, Büchele M, Gee D, Smeets E, Weterings R. Technical Report No. 25. Environmental Indicators: Typology and Overview. *Copenhagen: European Environment Agency. EEA*, 1999.

［84］ Brock W A, Taylor M S. The Green Solow Model. *Journal of Economic Growth*, 2010, 15 (2): 127 – 153.

［85］ Brown M T, Ulgiati S. Emergy Measures of Carrying Capacity to Evaluate Economic Investments. *Population and Environment*, 2001, 22 (5): 471 – 501.

［86］ Bullock A, King B. Evaluating China's Slope Land Conversion Program as Sustainable Management in Tianquan and Wuqi Counties. *Journal of Environmental Management*, 2011, 92: 1916 – 1922.

［87］ Caves D W, Christensen L R, Diewert W E. The Economic Theory of Index Numbers and the Measurement of Input, Output, and Productivity. *Econometrica*, 1982, 50 (6): 1393 – 1414.

［88］ Cesaroni F, Arduini R. Environmental Technology in the European Chemical Industry. *LEM Working Paper Series*, 2001.

［89］ Charnes A, Cooper W W, Learner D B. Constrained Information Theoretic Characterizations in Consumer Purchase Behaviour. *Journal of the Operational Research Society*, 1978, 29 (9): 833 – 842.

［90］ Charnes A, Cooper W W, Li S. Using Data Envelopment Analysis to Evaluate Efficiency in the Economic Performance of Chinese Cities. *Socio – Economic Plan-*

ning Sciences, 1989, 23 (6): 325 – 344.

［91］Chen J, Gao J, Chen W. Urban Land Expansion and the Transitional Mechanisms in Nanjing, China. *Habitat International*, 2016, 53: 274 – 283.

［92］Chen J D, Cheng S L, Song M L, Wu Y Y. A Carbon Emissions Reduction index: integrating the volume and allocation of regional emissions. *Applied Energy*, 2016.

［93］Chen M X, Liu W D, Lu D D. Challenges and the Way Forward in China's new – type Urbanization. *Land Use Policy*, 2016, 55: 334 – 339.

［94］Chen R S, Ye C, Cai Y L, Xing X S, Chen Q. The Impact of Rural Out-migration on Land Use Transition in China: past, present and trend. *Land Use Policy*, 2014, 40: 101 – 110.

［95］Chen Y, Chen Z, Xu G, et al. Built – up Land Efficiency in Urban China: Insights from the General Land Use Plan (2006 – 2020). *Habitat International*, 2016, 51: 31 – 38.

［96］Chichilnisky G. North – South Trade and the Global Environment. *American Economic Review*, 1994, 84 (4): 851 – 874.

［97］Chichilnisky G. Property Rights and the Dynamics of Renewable Resources in North – South Trade. *Mpra Paper*, 1994, 2: 15 – 54.

［98］Chotikapanich S, Griffiths W. On Calculation of the Extended Gini Coefficient. *Review of Income and Wealth*, 2001, 47: 541 – 547.

［99］Christie M. An Examination of the Disparity Between Hypothetical and Actual Willingness to Pay Using the Contingent Valuation Method: The Case of Red Kite Conservation in the United Kingdom. *Canadian Journal of Agricultural Economics/revue Canadienne Dagroeconomie*, 2010, 55 (2): 159 – 169.

［100］Christopher J. O' Donnell, Rao D S P, Battese G E. Metafrontier Frameworks for the Study of Firm-level Efficiencies and Technology Ratios. *Empirical Economics*, 2008, 34 (2): 231 – 255.

［101］Chung Y H H, Fare, R, Grosskopf S. Productivity and Undesirable Outputs: A Directional Distance Function Approach. *Microeconomics*, 1997, 51 (3): 229 – 240.

［102］Ciriacy – Wantrup S V. Capital Returns from Soil – Conservation Practices. *Journal of Farm Economics*, 1947, 29 (3): 1181 – 1202.

［103］Coase R H. The Problem of Social Cost. *Classic Papers in Natural Resource Economics*. Palgrave Macmillan UK, 1960, 1 – 13.

［104］ Cohen J C. Expanding Drug Access in Brazil: Lessons for Latin America and Canada. *Canadian Journal of Public Health = Revue canadienne de santé publique*, 2006, 97 (6): I15.

［105］ Cole D H, Grossman P Z. The Meaning of Property Rights: Law versus Economics? *Land Economics*, 2002.

［106］ Coleman E A. Common Property Rights, Adaptive Capacity, and Response to Forest Disturbance. *Global Environmental Change*, 2011, 21 (3): 855 – 865.

［107］ Costanza R, d'Arge R, De Groot R, et al. The Value of the World's Ecosystem Services and Natural Capital. *Nature*, 1997, 387 (6630): 253.

［108］ Costello C J, Kaffine D. Natural Resource Use with Limited – tenure Property Rights. *Journal of Environmental Economics & Management*, 2008, 55 (1): 20 – 36.

［109］ Daubanes J, Grimaud A. Erratum to: Taxation of a Polluting Non – renewable Resource in the Heterogeneous World. *Environmental & Resource Economics*, 2011, 49 (2): 309 – 309.

［110］ Davis D, Gartside D F. Challenges for Economic Policy in Sustainable Management of Marine Natural Resource. *Ecological Economics*, 2001, 36: 223 – 236.

［111］ Demsetz H. Monopolistic Competition: A Reply. *Journal of Economic Dynamics & Control*, 1967, 77 (306): 412.

［112］ Deng X Z, Huang J K, Rozelle S, Zhang J P, Li Z H. Impact of Urbanization on Cultivated Land Changes in China. *Land Use Policy*, 2015, 45: 1 – 7.

［113］ Dennis O' Grady. Sociopolitical Conditions for Successful Water Quality Trading in the South Nation River Watershed, Ontario, Canada. *JAWRA Journal of the American Water Resources Association*, 2011, 47 (1): 13.

［114］ Diakoulaki D, Mandaraka M. Decomposition Analysis for Assessing the Progress in Decoupling Industrial Growth from CO_2 Emissions in the EU Manufacturing Sector. *Energy Economics*, 2007, 29: 636 – 664.

［115］ Ding J, Ge X, Casey R. "Blue Competition" in China: Current Situation and Challenges. *Marine Policy*, 2014, 44: 351 – 359.

［116］ Dong – Lan X U, Chao W. Coordination Analysis of Marine Economy and Marine Environment in China based on Entropy Change Equation. *Marine Environmental Science*, 2013.

自然资源管理体制研究

[117] Drechsler M, Wätzold F. The Importance of Economic Costs in the Development of Guidelines for Spatial Conservation Management. *Biological Conservation*, 2001, 97 (1): 51 –59.

[118] Duangjai W, Schmidt – Vogt D, Shrestha R P. Farmers' Land Use Decision-making in the Context of Changing Land and Conservation Policies: a case study of Doi Mae Salong in Chiang Rai Province, Northern Thailand. *Land Use Policy*, 2015, 48: 179 –189.

[119] Durucan S, Korre A, Munoz – Melendez G. Mining Life Cycle Modelling: a cradle-to-gate approach to environmental management in the minerals industry. *Journal of Cleaner Production*, 2006, 14 (12 –13): 1057 –1070.

[120] Economou A, Mitoula R. Management of Natural Resources and Protection of the Coastal Urban Area of Glyfada. *Land Use Policy*, 2013, 35: 204 –212.

[121] Ehrlich P R, Holdren J P. Impact of Population Growth. *Science*, 1971, 171 (3977): 1212 –1217.

[122] Elkington, J. Accounting for the Triple Bottom Line. *Measuring Business Excellence*, 1998, 2 (3): 18 –22.

[123] Fare R, Grosskopf S, Lovell C A K, et al. Multilateral Productivity Comparisons When Some Outputs are Undesirable: A Nonparametric Approach. *The Review of Economics and Statistics*, 1989, 71 (1): 90.

[124] Fare R, Grosskopf S, Norris M, Zhang Z Y. Productivity Growth, Technical Progress and Efficiency Change in Industrialized Countries. *American Economic Review*, 1994, 84 (1), 66 –83.

[125] Fare R, Grosskopf S, Lindgren B, Roos P. Productivity Changes in Swedish Pharamacies 1980 – 1989: A non-parametric Malmquist approach. *Journal of Productivity Analysis*, 1992, (3): 85 –101.

[126] Fernandez L. Natural Resources, Agriculture and Property Rights. *Ecological Economics*, 2006, 57: 359 –373.

[127] Fosgerau M, Bjørner T B. Joint Models for Noise Annoyance and Willingness to Pay for Road Noise Reduction. *Transportation Research Part B*, 2015, 40 (2): 164 –178.

[128] Gai, M., Liu, D. D., Qu, B. L. The Research for Spatial – Temporal Differentiation and Influence Factors of Green Marine Economic Efficiency in China. *Ecological Economy*, 2016, 32 (12): 97 –103.

[129] Galinato G I, Galinato S P. The Effects of Government Spending on Defor-

estation Due to Agricultural Land Expansion and CO_2 Related Emissions. *Ecological Economics*, 2016, 122: 43 – 53.

[130] Giles D E A. Modelling the Hidden Economy and the Tax-gap in New Zealand. *Empirical Economics*, 1999, 24 (4): 621 – 640.

[131] Giupponi C, Vladimirova I. Ag – PIE: A GIS – based Screening Model for Assessing Agricultural Pressures and Impacts on Water Quality on A European Scale. *Science of the Total Environment*, 2006, 359 (1): 57 – 75.

[132] Graymore M L M, Sipe N G, Rickson R E. Sustaining Human Carrying Capacity: A tool for regional sustainability assessment. *Ecological Economics*, 2010, 69 (3): 459 – 468.

[133] Grossman G M, Krueger A B. Economic Growth and the Environment. *Quarterly Journal of Economics*, 1995, 46 (5): 147 – 162.

[134] Grossman G M, Krueger A B. Environmental Impacts of a North American Free Trade Agreement. *NBER Working Paper*, 1991.

[135] Grossman G M, Krueger A B. Environmental Impacts of a North American Free Trade Agreement. *Social Science Electronic Publishing*, 1991, 8 (2): 223 – 250.

[136] Groth C, Schou P. Growth and Non-renewable Resources: The different roles of capital and resource taxes. *Journal of Environmental Economics & Management*, 2007, 53 (1): 80 – 98.

[137] Guida M, Pulcini G. Automotive Reliability Inference Based on Past Data and Technical Knowledge. *Reliability Engineering & System Safety*, 2002, 76 (2): 129 – 137.

[138] Gupta D J. Global Governance of Water: Trends, Processes, and Ideas for the Future Toward Global Law on Water. *Global Governance*, 2008, 14 (4): 437 – 453.

[139] Hadi – Vencheh A, Foroughi A A, Soleimani – Damaneh M. A DEA model for resource allocation. *Economic Modelling*, 2008, 25 (5): 983 – 993.

[140] Hartman R, Kwon O S. Sustainable Growth and the Environmental Kuznets Curve. *Journal of Economic Dynamics & Control*, 2002, 29 (10): 1701 – 1736.

[141] Hayami Y R V W, Ruttan V W, Pray, C. E. Wolek, F. W. Ruttan, V. W, et al. Agricultural Development An International Perspective. *Economic Development & Cultural Change*, 1985, 82 (2): 123 – 141 (19).

［142］Hoekstra R，Van der Bergh J J. Comparing Structural and Index Decomposition Analysis. *Energy Economics*，2003，25：39 – 64.

［143］Holling C S. Resilience and Stability of Ecological Systems. *Annual Review of Ecology and Systematics*，1973，4（4）：1 – 23.

［144］Hong Liang，G. A Study of the Conceptions and Methods of China's Marine Power Strategy. *Asia – Pacific Security and Maritime Affairs*，2017，（4）：56 – 65.

［145］Hourcade J C，Pottier A，Etienne E. *The Environment and Directed Technical Change*：*Comment*，2012.

［146］Hsieh，P.，Yan Ru，Li. A Cluster Perspective of the Development of the Deep Ocean Water Industry. *Ocean & Coastal management*，2009，52（6）：287 – 293.

［147］Izquierdo AE，Grau HR. Agriculture Adjustment，Land – use Transition and Protected Areas in Northwestern Argentina. *Journal of Environmental Management*，2009，90：858 – 865.

［148］James A，Aadland D. The Curse of Natural Resources：An empirical investigation of U. S. counties. *Resource & Energy Economics*，2011，33（2）：440 – 453.

［149］Jayne TS，Chamberlin J，Headey D D. Land Pressure，the Evolution of Farming Systems，and Development Strategies in Africa：a synthesis. *Food Policy*，2014，48：1 – 17.

［150］Jiang Y L，Chen Y S，Younos T，et al. Urban Water Resources Quota Management：The Core Strategy for Water Demand Management in China. *Ambio*，2010，39（7）：467 – 475.

［151］Jim C Y，Chen S S. Comprehensive Greenspace Planning Based on Landscape Ecology Principles in Compact Nanjing City，China. *Landscape & Urban Planning*，2003，65（3）：95 – 116.

［152］Johst K，Brandl R，Eber S. Metapopulation Persistence in Dynamic Landscapes：The Role of Dispersal Distance. *Oikos*，2002，98（2）：263 – 270.

［153］Jorgensen P E T. Essential Self-adjointness of the Graph – Laplacian. *Journal of Mathematical Physics*，2008，49（7）：97.

［154］Karabati S，Kouvelis P，Yu G. A Min – Max – Sum Resource Allocation Problem and Its Applications. *Operations Research*，2001，49（6）：913 – 922.

［155］Kildow，J. T.，McIlgorm，A. The Importance of Estimating the Contribution of the Oceans to National Economies. *Marine Policy*，2009，34（3）：367 – 374.

［156］Kooten G C V, Bulte E H. The Economics of Nature: Managing Biological Assets. *Malden Mass*, 2000.

［157］Korhonen P, Syrjänen M. Resource Allocation Based on Efficiency Analysis. Management Science, 2004, 50（8）: 1134 – 1144.

［158］Lambini C K, Nguyen T T. A Comparative Analysis of the Effects of Institutional Property Rights on Forest Livelihoods and Forest Conditions: Evidence from Ghana and Vietnam. *Forest Policy & Economics*, 2014, 38（1）: 178 – 190.

［159］Lane M. The Carrying Capacity Imperative: Assessing regional carrying capacity methodologies for sustainable land-use planning. *Land Use Policy*, 2010, 27（4）: 0 – 1045.

［160］Lawn P A, Sanders R D. Has Australia Surpassed Its Optimal Macroeconomic Scale? Finding out with the aid of "benefit" and "cost" accounts and a sustainable net benefit index. *Ecological Economics*, 1999, 28（2）: 213 – 229.

［161］Lefcoe G. Right to Develop Land: The German and Dutch Experience. *The Oregon Law Review*, 1977.

［162］Lempert R J, Groves D G. Identifying and Evaluating Robust Adaptive Policy Responses to Climate Change for Water Management Agencies in the American West. *Technological Forecasting and Social Change*, 2010, 77（6）: 960 – 974.

［163］Li Y H, Li Y R, Westlund H, Liu Y S. Urban – rural Transformation in Relation to Cultivated Land Conversion in China: implications for optimizing land use and balanced regional development. *Land Use Policy*, 2015, 47: 218 – 224.

［164］Li, H., Wei, Y. D., Liao, F. H., Huang, Z. Administrative Hierarchy and Urban Land Expansion in Transitional China. *Applied Geography*, 2015, 56: 177 – 186.

［165］Lin B, Du K. Energy and CO_2 Emissions Performance in China's Regional Economies: Do market-oriented reforms matter? *Energy Policy*, 2015, 78: 113 – 124.

［166］Liu R Z, Borthwick A G L. Measurement and Assessment of Carrying Capacity of the Environment in Ningbo, China. *Journal of Environmental Management*, 2011, 92（8）: 2047 – 2053.

［167］Liu Y S, Fang F, Li Y H. Key Issues of Land Use in China and Implications for Policy Making. *Land Use Policy*, 2014, 40: 6 – 12.

［168］Liu Y S, Wang J Y, Long H L. Analysis of Arable Land Loss and Its Impact on Rural Sustainability in Southern Jiangsu Province of China. *Journal of Environ-*

mental Management，2010，91：646 – 653.

［169］ Locascio A. Manufacturing Cost Modeling for Product Design. *International Journal of Flexible Manufacturing Systems*，2000，12（2 – 3）：207 – 217.

［170］ Long H L，Li Y R，Liu Y S，Woods M，Zou J. Accelerated Restructuring in Rural China Fueled by "Increasing VS. Decreasing Balance" Land-use Policy for Dealing with Hollowed Villages. *Land Use Policy*，2012，29：11 – 22.

［171］ MacDonald D H，Morrison M D，Ward J R，MacRae A. Do Regional Natural Resource Management Leaders Reflect the Attitudes of the Landholders? *Land Use Policy*，2013，34：53 – 61.

［172］ Malmquist S. Index Numbers and Indifference Surfaces. *Tradajos de Estadistica*，1953，4（2）：209 – 242.

［173］ Mansoorian A. Resource Discoveries and "Excessive" External Borrowing. *Economic Journal*，1991，101（409）：1497 – 1509.

［174］ Manzano，O.，R. Rigobon. *Microeconomic Evidence on the Dynamics of Crude Oil Supply*，2011.

［175］ Mao Shisong. Bayesian Statistics. Beijing：China Statistics Press，1999，35 – 72.

［176］ MartínezFernández，Julia，Esteveselma M A，Baños González，Isabel，et al. Sustainability of Mediterranean irrigated agro-landscapes. *Ecological Modelling*，2013，1751（248）：11 – 19.

［177］ Mclain R J，Lee R G. Adaptive Management：Promises and pitfalls. *Environmental Management*，1996，20（4）：437 – 448.

［178］ Meadows J，Emtage N，Herbohn J. Engaging Australian Small-scale Lifestyle Landowners in Natural Resource Management Programmes – Perceptions，Past Experiences and Policy Implications. *Land Use Policy*，2014，36：618 – 627.

［179］ Meyar – Naimi H，Vaez – Zadeh S. *Sustainable Development Based Energy Policy Making Frameworks，A Critical Review. Energy Policy*，2012，43（none）：351 – 361.

［180］ Miao，L. J.，Wang，Y. G.，Zhang，Y. H.，et al. Assessing Index System for Bearing Capacity of Marine Ecological Environment. *Marine Environment Science*，2006，25（3）：75 – 77.

［181］ Mitchell B，Hollick M. Integrated Catchment Management in Western Australia：Transition from concept to implementation. *Environmental Management*，1993，17（6）：735 – 743.

［182］ Muys J. Public Land Law Review Commission's Impact on the Federal Land Policy and Management Act of 1976. *Arizona Law Review*, 1979, 21: 301.

［183］ Naughton B. How Much can Regional Integration do to Unify China's Markets? *How Far across the River*, 2003, 204 – 232.

［184］ Nordhaus W D, Tobin J. *Is Growth Obsolete? Economic Research*: *Retrospect and prospect*, *Volume* 5, *Economic growth*, 1972, 1 – 80.

［185］ Obst C, Vardon M. Recording Environmental Assets in the National Accounts. *Oxford Review of Economic Policy*, 2014, 30 (1): 126 – 144.

［186］ Oh D H. A global Malmquist of Efficiency in Data Envelopment Analysis. *European Journal of Operation Research*, 2010, 130 (3): 498 – 509.

［187］ Panayotou T. Demystifying the Environmental Kuznets Curve: turning a black box into a policy tool. *Environment and development economics*, 1997, 2 (4): 465 – 484.

［188］ Papyrakis E, Gerlagh R. Resource Abundance and Economic Growth in the United States. *European Economic Review*, 2007, 51 (4): 1011 – 1039.

［189］ Park, R. E. , Burgess, E. W. *Introduction to the Science of Sociology*. The University of Chicago Press, 1920, 131 (6): 1 – 12.

［190］ Popp D, Newell R G, Jaffe A B. Chapter 21 – Energy, the Environment, and Technological Change. *Nber Working Papers*, 2009, 2: 873 – 937.

［191］ Popp D. ENTICE: endogenous technological change in the DICE model of global warming. *Journal of Environmental Economics & Management*, 2004, 48 (1): 0 – 768.

［192］ Qin, H. Y. , Tang, N. The EKC Analysis between the Economic Growth of Marine and Marine Pollution. *Contemporary Economics*, 2009, (9): 158 – 159.

［193］ Rao X, Wu J, Zhang Z, et al. Energy Efficiency and Energy Saving Potential in China: An analysis based on slacks – based measure model. *Computers & Industrial Engineering*, 2012, 63 (3): 578 – 584.

［194］ Ren, G. C. , Yang, D. L. , Guan, H. B. Application of Principal Component Analysis in the Study of the Change Trend of Marine Resources Carrying Capacity in China. *Marine Science Bulletin*, 2012, 31 (1): 21 – 25.

［195］ Schilling M, Chiang LC. The Effect of Natural Resources on a Sustainable Development Policy: the approach of non-sustainable externalities. *Energy Policy*, 2011, 39: 990 – 998.

［196］ Schuch G, Serrao – Neumann S, Morgan E, et al. Water in the City:

Green open spaces, land use planning and flood management – An Australian case study. *Land Use Policy*, 2017, 63: 539 – 550.

[197] Selden T M, Song D. Environmental Quality and Development: is there a Kuznets curve for air pollution emissions? *Journal of Environmental Economics and management*, 1994, 27 (2): 147 – 162.

[198] Smart M D, Pettis J S, Euliss N, Spivak M S. Land Use in the Northern Great Plains Regions of the U. S. Influences the Survival and Productivity of Honey Bee Colonies. *Agriculture, Ecosystems and Environment*, 2016, 230: 139 – 149.

[199] Solow R M. A Contribution to the Theory of Economic Growth. *The Quarterly Journal of Economics*, 1956, 70 (1): 65 – 94.

[200] Song M, Peng J, Wang J, et al. Environmental Efficiency and Economic Growth of China: A Ray slack – based model analysis. *European Journal of Operational Research*, 2018, 269.

[201] Sophocleous M. The Science and Practice of Environmental Flows and the Role of Hydrogeologists. *Groundwater*, 2010, 45 (4): 393 – 401.

[202] Sueyoshi T, Goto M. DEA Environmental Assessment of Coal Fired Power Plants: Methodological comparison between radial and non-radial models. *Energy Economics*, 2012, 34 (6): 1854 – 1863.

[203] Sun J W. Changes in Energy Consumption and Energy Intensity: a complete decomposition model. *Energy Economics*, 1998, 20: 85 – 100.

[204] Sun J W. Quantitative Analysis of Energy Consumption, Efficiency and Savings in the World, 1973 – 1990. *Turku School of Economics Press*, series A – 4, 1996.

[205] Sutton – Grier A E, Moore A K, Wiley P C, et al. Incorporating Ecosystem Services into the Implementation of Existing U. S. Natural Resource Management Regulations: Operationalizing carbon sequestration and storage. *Marine Policy*, 2014, 43 (1): 246 – 253.

[206] Tapio P. Towards a Theory of Decoupling: degrees of decoupling in the EU and the case of road traffic in Finland between 1970 and 2001. *Transport Policy*, 2005, 12 (2): 0 – 151.

[207] Tennent R, Lockie S. Market – based Instruments and Competitive Stewardship Funding for Biodiversity Conservation: the achievable reality. *Australian Journal of Environmental Management*, 2013, 20 (1): 15.

[208] Thackway R, Lee A, Donohue R, et al. Vegetation Information for Im-

proved Natural Resource Management in Australia. *Landscape and Urban Planning*, 2007, 79 (2): 0 – 136.

[209] Tietenberg T. Limits of Law: The Public Regulation of Private Pollution, by Peter C. *Yeager. Economica*, 1992, 59 (234): 257.

[210] Timah E A, Ajaga N, Tita D F, Ntonga L M, Bongsiysi I B. Demographic Pressure and Natural Resources Conservation. *Ecological Economics*, 2008, 64: 475 – 483.

[211] Tone K. Dealing with Undesirable Outputs in DEA: A slacks-based measure (SBM) approach. *GRIPS Research Report Series*, 2004.

[212] United Nations. *The World Population Situation in* 2014. Department of Economic and Social Affairs Population Division, 2014.

[213] Varian A, Nichols K M. Heritability of Morphology in Brook Trout with Variable Life Histories. *Plos One*, 2010, 5 (9): e12950.

[214] Venkatachalam L. The Contingent Valuation Method: a review. *Environmental Impact Assessment Review*, 2004, 24 (1): 89 – 124.

[215] Vera I A, Abdalla K L. Energy Indicators to Assess Sustainable Development at the National Level: acting on the Johannesburg plan of implementation. *Energy Studies Review*, 2006, 14 (1): 154.

[216] Wackernagel M. Our Ecological Footprint: reducing human impact on the earth. *Population & Environment*, 1995, 1 (3): 171 – 174.

[217] Wang HL, Qiu F, Rua XF. Loss or Gain: a spatial regression analysis of switching land conversions between agriculture and natural land. *Agriculture, Ecosystems and Environment*, 2016, 221: 222 – 234.

[218] Wang S H, Song M L. Review of Hidden Carbon Emissions, Trade, and Labor Income Share in China, 2001 – 2011. *Energy Policy*, 2014, 74 (C): 395 – 405.

[219] Wang T, Kang F, Cheng X, et al. Soil Organic Carbon and Total Nitrogen Stocks Under Different Land Uses in a Hilly Ecological Restoration Area of North China. *Soil and Tillage Research*, 2016, 163: 176 – 184.

[220] Wang, D S, Bing Yi, Z. H. Marine Fishery Resource Management in PR China. *Marine Policy*, 1992, 16 (3): 197 – 209.

[221] Wang, G S. *A Study on the Interplay Between the Coastal Economic Growth and the Marine Environment Pollution*, Ocean University of China, 2013.

[222] Wise M, Calvin K, Thomson A, Clarke L, Bond – Lamberty B, Sands

自然资源管理体制研究

R，Smith S J，Janetos A，Edmonds J. Implications of Limiting CO_2 Concentrations for Land Use and Energy. *Science*，2009，324：1183 – 1186.

［223］ Xu S，Zhang C，Yang J. The TOPSIS Evaluation on Carbon Emission Economic Efficiency. *Asian Agricultural Research*，2013，（6）：1 – 4.

［224］ Xu Y，Tang Q，Fan J，et al. Assessing Construction Land Potential and Its Spatial Pattern in China. *Landscape and Urban Planning*，2011，103（2）：216.

［225］ Xue S，Lewandowski I，Wang X Y，Yi Z L. Assessment of the Production Potentials of Miscanthus on Marginal Land in China. *Renewable and Sustainable Energy Reviews*，2016，54：932 – 943.

［226］ Yang M，Khan F I，Lye L. Precursor – based Hierarchical Bayesian Approach for Rare Event Frequency Estimation：A case of oil spill accidents. *Process Safety and Environmental Protection*，2013，91（5）：333 – 342.

［227］ Yang S，Wang Y T. Analysis on Sustainable Development of Marine Economy in Jiangsu Province Based on Marine Ecological Footprint Correction Model. *Chinese Journal of Applied Ecology*，2011，22（3）：748 – 754.

［228］ Young A. The Razor's Edge：Distortions and Incremental Reform in the People's Republic of China. *The Quarterly Journal of Economics*，2000，115（4）：1091 – 1135.

［229］ Zacharias S，Bogena H，Samaniego L，et al. A Network of Terrestrial Environmental Observatories in Germany. *Vadose Zone Journal*，2011，10（3）：955 – 973.

［230］ Zaharia I，Zaharia C. The Growth of Environmentally Sustainable Consumerism. *Economics，Management，and Finance Markets*，2015，10：115 – 120.

［231］ Zhang F Q，Ang B W. Methodological Issues in Cross-country/Region Decomposition of Energy and Environmental Indicators. *Energy Economics*，2001，23：179 – 190.

［232］ Zhang M，Mu H L，Ning Y D，Song YC. Decomposition of Energy-related CO_2 Emission over 1991 – 2006 in China. *Ecological Economics*，2009，68：2122 – 2128.

［233］ Zhang Z，Guo J，Qian D，et al. Effects and Mechanism of Influence of China's Resource Tax Reform：A regional perspective. *Energy Economics*，2013，36（C）：676 – 685.

［234］ Zhao R，Chen S. Fuzzy Pricing for Urban Water Resources：Model construction and application. *Journal of Environmental Management*, 2008, 88 (3): 458 – 466.

[235] Zhu Q Y, Wu J, Li X C, Xiong BB. China's Regional Natural Resource Allocation and Utilization: a DEA – based approach in a big data environment. *Journal of Cleaner Production*, 2016.

后 记

　　本书作为教育部哲学社会科学研究重大课题攻关项目"自然资源管理体制研究"（14JZD031）的主要成果，详细分析了中国自然资源管理体制的基本状况，结合国外成功案例探讨了适合中国国情的管理方案，从全国层面科学评价不同自然资源的利用状况，并深入探究时空差异性，给出各地区资源利用效率的提升策略，继而有针对性地提出各地区在资源利用和环境保护过程中存在的问题，并提出科学合理的解决途径。

　　本书基于国际自然资源管理体制的比较，分析了中国自然管理制度的现状、不足和解决之道。从经济学和生态学的视角，基于资源经济学、环境经济学和产业经济学的基本理论和方法，分别从理论基础、制度安排和方法体系等层面，详细阐述自然资源管理体系中存在的问题以及解决路径，建立资源保护、资源节约、生态补偿的自然资源管理体系。在完成研究任务的同时，本书的成果具有显著的创新程度和较高的学术价值，并形成了广泛的社会影响。

　　本书在写作过程中，得到了国内外众多专家和学者的指导，在此表示衷心的感谢。

　　由于时间紧迫，加之笔者水平有限，书中难免有疏漏之处，真诚恳请各位读者和同行对这一成果进行指导，以便在后续研究中日臻完善。

宋马林

2020 年 2 月 20 日

教育部哲学社會科學研究重大課題攻関項目
成果出版列表

序号	书　名	首席专家
1	《马克思主义基础理论若干重大问题研究》	陈先达
2	《马克思主义理论学科体系建构与建设研究》	张雷声
3	《马克思主义整体性研究》	逄锦聚
4	《改革开放以来马克思主义在中国的发展》	顾钰民
5	《新时期　新探索　新征程 ——当代资本主义国家共产党的理论与实践研究》	聂运麟
6	《坚持马克思主义在意识形态领域指导地位研究》	陈先达
7	《当代资本主义新变化的批判性解读》	唐正东
8	《当代中国人精神生活研究》	童世骏
9	《弘扬与培育民族精神研究》	杨叔子
10	《当代科学哲学的发展趋势》	郭贵春
11	《服务型政府建设规律研究》	朱光磊
12	《地方政府改革与深化行政管理体制改革研究》	沈荣华
13	《面向知识表示与推理的自然语言逻辑》	鞠实儿
14	《当代宗教冲突与对话研究》	张志刚
15	《马克思主义文艺理论中国化研究》	朱立元
16	《历史题材文学创作重大问题研究》	童庆炳
17	《现代中西高校公共艺术教育比较研究》	曾繁仁
18	《西方文论中国化与中国文论建设》	王一川
19	《中华民族音乐文化的国际传播与推广》	王耀华
20	《楚地出土戰國簡册［十四種］》	陈　伟
21	《近代中国的知识与制度转型》	桑　兵
22	《中国抗战在世界反法西斯战争中的历史地位》	胡德坤
23	《近代以来日本对华认识及其行动选择研究》	杨栋梁
24	《京津冀都市圈的崛起与中国经济发展》	周立群
25	《金融市场全球化下的中国监管体系研究》	曹凤岐
26	《中国市场经济发展研究》	刘　伟
27	《全球经济调整中的中国经济增长与宏观调控体系研究》	黄　达
28	《中国特大都市圈与世界制造业中心研究》	李廉水

序号	书 名	首席专家
29	《中国产业竞争力研究》	赵彦云
30	《东北老工业基地资源型城市发展可持续产业问题研究》	宋冬林
31	《转型时期消费需求升级与产业发展研究》	臧旭恒
32	《中国金融国际化中的风险防范与金融安全研究》	刘锡良
33	《全球新型金融危机与中国的外汇储备战略》	陈雨露
34	《全球金融危机与新常态下的中国产业发展》	段文斌
35	《中国民营经济制度创新与发展》	李维安
36	《中国现代服务经济理论与发展战略研究》	陈 宪
37	《中国转型期的社会风险及公共危机管理研究》	丁烈云
38	《人文社会科学研究成果评价体系研究》	刘大椿
39	《中国工业化、城镇化进程中的农村土地问题研究》	曲福田
40	《中国农村社区建设研究》	项继权
41	《东北老工业基地改造与振兴研究》	程 伟
42	《全面建设小康社会进程中的我国就业发展战略研究》	曾湘泉
43	《自主创新战略与国际竞争力研究》	吴贵生
44	《转轨经济中的反行政性垄断与促进竞争政策研究》	于良春
45	《面向公共服务的电子政务管理体系研究》	孙宝文
46	《产权理论比较与中国产权制度变革》	黄少安
47	《中国企业集团成长与重组研究》	蓝海林
48	《我国资源、环境、人口与经济承载能力研究》	邱 东
49	《"病有所医"——目标、路径与战略选择》	高建民
50	《税收对国民收入分配调控作用研究》	郭庆旺
51	《多党合作与中国共产党执政能力建设研究》	周淑真
52	《规范收入分配秩序研究》	杨灿明
53	《中国社会转型中的政府治理模式研究》	娄成武
54	《中国加入区域经济一体化研究》	黄卫平
55	《金融体制改革和货币问题研究》	王广谦
56	《人民币均衡汇率问题研究》	姜波克
57	《我国土地制度与社会经济协调发展研究》	黄祖辉
58	《南水北调工程与中部地区经济社会可持续发展研究》	杨云彦
59	《产业集聚与区域经济协调发展研究》	王 珺

序号	书　名	首席专家
60	《我国货币政策体系与传导机制研究》	刘　伟
61	《我国民法典体系问题研究》	王利明
62	《中国司法制度的基础理论问题研究》	陈光中
63	《多元化纠纷解决机制与和谐社会的构建》	范　愉
64	《中国和平发展的重大前沿国际法律问题研究》	曾令良
65	《中国法制现代化的理论与实践》	徐显明
66	《农村土地问题立法研究》	陈小君
67	《知识产权制度变革与发展研究》	吴汉东
68	《中国能源安全若干法律与政策问题研究》	黄　进
69	《城乡统筹视角下我国城乡双向商贸流通体系研究》	任保平
70	《产权强度、土地流转与农民权益保护》	罗必良
71	《我国建设用地总量控制与差别化管理政策研究》	欧名豪
72	《矿产资源有偿使用制度与生态补偿机制》	李国平
73	《巨灾风险管理制度创新研究》	卓　志
74	《国有资产法律保护机制研究》	李曙光
75	《中国与全球油气资源重点区域合作研究》	王　震
76	《可持续发展的中国新型农村社会养老保险制度研究》	邓大松
77	《农民工权益保护理论与实践研究》	刘林平
78	《大学生就业创业教育研究》	杨晓慧
79	《新能源与可再生能源法律与政策研究》	李艳芳
80	《中国海外投资的风险防范与管控体系研究》	陈菲琼
81	《生活质量的指标构建与现状评价》	周长城
82	《中国公民人文素质研究》	石亚军
83	《城市化进程中的重大社会问题及其对策研究》	李　强
84	《中国农村与农民问题前沿研究》	徐　勇
85	《西部开发中的人口流动与族际交往研究》	马　戎
86	《现代农业发展战略研究》	周应恒
87	《综合交通运输体系研究——认知与建构》	荣朝和
88	《中国独生子女问题研究》	风笑天
89	《我国粮食安全保障体系研究》	胡小平
90	《我国食品安全风险防控研究》	王　硕

序号	书 名	首席专家
91	《城市新移民问题及其对策研究》	周大鸣
92	《新农村建设与城镇化推进中农村教育布局调整研究》	史宁中
93	《农村公共产品供给与农村和谐社会建设》	王国华
94	《中国大城市户籍制度改革研究》	彭希哲
95	《国家惠农政策的成效评价与完善研究》	邓大才
96	《以民主促进和谐——和谐社会构建中的基层民主政治建设研究》	徐 勇
97	《城市文化与国家治理——当代中国城市建设理论内涵与发展模式建构》	皇甫晓涛
98	《中国边疆治理研究》	周 平
99	《边疆多民族地区构建社会主义和谐社会研究》	张先亮
100	《新疆民族文化、民族心理与社会长治久安》	高静文
101	《中国大众媒介的传播效果与公信力研究》	喻国明
102	《媒介素养：理念、认知、参与》	陆 晔
103	《创新型国家的知识信息服务体系研究》	胡昌平
104	《数字信息资源规划、管理与利用研究》	马费成
105	《新闻传媒发展与建构和谐社会关系研究》	罗以澄
106	《数字传播技术与媒体产业发展研究》	黄升民
107	《互联网等新媒体对社会舆论影响与利用研究》	谢新洲
108	《网络舆论监测与安全研究》	黄永林
109	《中国文化产业发展战略论》	胡惠林
110	《20 世纪中国古代文化经典在域外的传播与影响研究》	张西平
111	《国际传播的理论、现状和发展趋势研究》	吴 飞
112	《教育投入、资源配置与人力资本收益》	闵维方
113	《创新人才与教育创新研究》	林崇德
114	《中国农村教育发展指标体系研究》	袁桂林
115	《高校思想政治理论课程建设研究》	顾海良
116	《网络思想政治教育研究》	张再兴
117	《高校招生考试制度改革研究》	刘海峰
118	《基础教育改革与中国教育学理论重建研究》	叶 澜
119	《我国研究生教育结构调整问题研究》	袁本涛 王传毅
120	《公共财政框架下公共教育财政制度研究》	王善迈

序号	书　名	首席专家
152	《非传统安全合作与中俄关系》	冯绍雷
153	《外资并购与我国产业安全研究》	李善民
154	《近代汉字术语的生成演变与中西日文化互动研究》	冯天瑜
155	《新时期加强社会组织建设研究》	李友梅
156	《民办学校分类管理政策研究》	周海涛
157	《我国城市住房制度改革研究》	高　波
158	《新媒体环境下的危机传播及舆论引导研究》	喻国明
159	《法治国家建设中的司法判例制度研究》	何家弘
160	《中国女性高层次人才发展规律及发展对策研究》	佟　新
161	《国际金融中心法制环境研究》	周仲飞
162	《居民收入占国民收入比重统计指标体系研究》	刘　扬
163	《中国历代边疆治理研究》	程妮娜
164	《性别视角下的中国文学与文化》	乔以钢
165	《我国公共财政风险评估及其防范对策研究》	吴俊培
166	《中国历代民歌史论》	陈书录
167	《大学生村官成长成才机制研究》	马抗美
168	《完善学校突发事件应急管理机制研究》	马怀德
169	《秦简牍整理与研究》	陈　伟
170	《出土简帛与古史再建》	李学勤
171	《民间借贷与非法集资风险防范的法律机制研究》	岳彩申
172	《新时期社会治安防控体系建设研究》	宫志刚
173	《加快发展我国生产服务业研究》	李江帆
174	《基本公共服务均等化研究》	张贤明
175	《职业教育质量评价体系研究》	周志刚
176	《中国大学校长管理专业化研究》	宣　勇
177	《"两型社会"建设标准及指标体系研究》	陈晓红
178	《中国与中亚地区国家关系研究》	潘志平
179	《保障我国海上通道安全研究》	吕　靖
180	《世界主要国家安全体制机制研究》	刘胜湘
181	《中国流动人口的城市逐梦》	杨菊华
182	《建设人口均衡型社会研究》	刘渝琳
183	《农产品流通体系建设的机制创新与政策体系研究》	夏春玉

序号	书 名	首席专家
184	《区域经济一体化中府际合作的法律问题研究》	石佑启
185	《城乡劳动力平等就业研究》	姚先国
186	《20世纪朱子学研究精华集成——从学术思想史的视角》	乐爱国
187	《拔尖创新人才成长规律与培养模式研究》	林崇德
188	《生态文明制度建设研究》	陈晓红
189	《我国城镇住房保障体系及运行机制研究》	虞晓芬
190	《中国战略性新兴产业国际化战略研究》	汪　涛
191	《证据科学论纲》	张保生
192	《要素成本上升背景下我国外贸中长期发展趋势研究》	黄建忠
193	《中国历代长城研究》	段清波
194	《当代技术哲学的发展趋势研究》	吴国林
195	《20世纪中国社会思潮研究》	高瑞泉
196	《中国社会保障制度整合与体系完善重大问题研究》	丁建定
197	《民族地区特殊类型贫困与反贫困研究》	李俊杰
198	《扩大消费需求的长效机制研究》	臧旭恒
199	《我国土地出让制度改革及收益共享机制研究》	石晓平
200	《高等学校分类体系及其设置标准研究》	史秋衡
201	《全面加强学校德育体系建设研究》	杜时忠
202	《生态环境公益诉讼机制研究》	颜运秋
203	《科学研究与高等教育深度融合的知识创新体系建设研究》	杜德斌
204	《女性高层次人才成长规律与发展对策研究》	罗瑾琏
205	《岳麓秦简与秦代法律制度研究》	陈松长
206	《民办教育分类管理政策实施跟踪与评估研究》	周海涛
207	《建立城乡统一的建设用地市场研究》	张安录
208	《迈向高质量发展的经济结构转变研究》	郭熙保
209	《中国社会福利理论与制度构建——以适度普惠社会福利制度为例》	彭华民
210	《提高教育系统廉政文化建设实效性和针对性研究》	罗国振
211	《毒品成瘾及其复吸行为——心理学的研究视角》	沈模卫
212	《英语世界的中国文学译介与研究》	曹顺庆
213	《建立公开规范的住房公积金制度研究》	王先柱